皖北公共体育设施
"拥挤度"及优化研究

王建涛 著

上海三联书店

前　言

公共体育设施是改善国民体质与健康状况，提高中华民族整体素质，促进社会主义物质文明和社会主义精神文明建设必不可少的重要保障条件。随着人民群众物质生活水平的提高，当前人民群众日益增长的健身娱乐需求与公共体育设施供给不平衡不充分的矛盾日益突出。

针对当前公共体育设施评价存在的问题，本文引用"拥挤度"概念，采用问卷调查和实地调查等方法，以皖北六市居民和皖北城区公共体育设施为研究对象，对皖北六市居民健身"拥挤感"和公共体育设施"拥挤度"进行调查，目的是反映公共体育设施的实际供需情况。根据基于"拥挤度"评价视角的皖北六市公共体育设施供需特征，提出构建"智慧"公共体育设施服务体系有助于缓解锻炼高峰期皖北六市公共体育设施"拥挤"的命题。

基于"拥挤度"评价视角的皖北六市公共体育设施优化研究包括对公共体育设施外延、公益性和管理的问题分析、"智慧"公共体育设施服务体系的界定、"智慧"公共体育设施服务体系构建的理论基础、"智慧"公共体育设施服务体系建设的必要性、"智慧"公共体育设施服务体系建设的可行性、"智慧"公共体育设施服务体系建设的注意事项六个方面。研究意义在于。

基于"拥挤度"评价视角的公共体育设施供需特征及优化研究，有助于评价皖北六市现有公共体育设施布局的科学性和合理性，有助于政府部门完善现有的公共体育设施，有助于皖北六市政府部门为人民群众提供更好地公共体育服务，更好地满足人民群众的健身娱乐需求，提高人民群众的体质健康水平。

感谢课题组成员肖玉红、孟祥武、王俊、郭祥轩老师在研究过程中积极配合，感谢专家对问卷设计提出的宝贵修改意见！感谢本科生石超在问卷调查过程中的付出以及广大市民的积极配合！感谢家人、同事和学校对本课题的大力支持！最后，感谢上海三联出版社提出的宝贵修改意见！

限于本人能力和学识，本书难免存在疏漏之处，欢迎广大读者批评指正！

目 录

1 绪论
  1.1 选题背景 ··· 1
  1.2 选题依据 ··· 2
  1.3 研究目的和意义 ··· 2

2 文献综述
  2.1 公共体育设施建设的影响因素研究 ·· 3
  2.2 公共体育设施建设的融资方式研究 ·· 3
  2.3 公共体育设施建设的规划设计研究 ·· 4
  2.4 公共体育设施的管理方式研究 ·· 4
  2.5 公共体育设施的效益评价研究 ·· 5
  2.6 公共体育设施研究评述 ·· 6
  2.7 拥挤度概念及其评价方法的前期研究成果 ·································· 6

3 研究对象与方法
  3.1 研究对象 ··· 9
  3.2 研究方法 ··· 9
    3.2.1 问卷调查 ··· 9
    3.2.2 实地调查 ··· 14

4 基于拥挤度评价视角的皖北公共体育设施供需特征
  4.1 皖北六市居民健身拥挤感调查结果 ··· 17
    4.1.1 皖北六市居民健身广场拥挤感 ·· 17
    4.1.2 皖北六市居民健身步道拥挤感 ·· 151
    4.1.3 皖北六市居民健身器材拥挤感 ·· 275
    4.1.4 公共体育设施对皖北六市居民健身的影响 ··························· 380
  4.2 皖北六市公共体育设施拥挤度实地调查结果 ···························· 500
    4.2.1 皖北六市健身广场拥挤度 ·· 500

4.2.2 皖北六市健身步道拥挤度 ·· 513

4.2.3 皖北六市健身器材拥挤度 ·· 524

4.2.4 小结 ·· 535

4.3 基于拥挤度评价视角的皖北城区公共体育设施供需特征研究小结 ······· 538

4.3.1 皖北六市居民健身拥挤感问卷调查研究小结 ························· 538

4.3.2 皖北六市公共体育设施拥挤度实地调查研究小结 ················· 562

5 基于拥挤度评价视角的皖北城区公共体育设施优化策略

5.1 公共体育设施界定和管理存在的问题 ·· 565

5.1.1 公共体育设施的外延 ·· 565

5.1.2 公共体育设施的公益性 ·· 565

5.1.3 公共体育设施的智能程度 ··· 566

5.2 "智慧"公共体育设施服务体系的构建 ·· 566

5.2.1 "智慧"公共体育设施的定义 ·· 566

5.2.2 "智慧"公共体育设施服务体系的定义 ································· 569

5.3 "智慧"公共体育设施服务体系构建的理论基础 ······························· 570

5.3.1 系统论基础 ·· 570

5.3.2 逻辑学基础 ·· 571

5.3.3 协同论基础 ·· 571

5.4 "智慧"公共体育设施服务体系建设的必要性 ································· 572

5.4.1 建设"智慧"公共体育设施服务体系是实现城市可持续发展的需要 ······ 572

5.4.2 建设"智慧"公共体育设施服务体系是信息技术发展的需要 ············ 572

5.4.3 建设"智慧"公共体育设施服务体系是全面深化公共体育服务

改革的重要载体 ·· 572

5.5 "智慧"公共体育设施服务体系建设的可行性 ································· 573

5.5.1 政策红利为"智慧"公共体育设施服务体系的建设提供了

良好的机遇 ·· 573

5.5.2 新兴技术为"智慧"公共体育设施服务体系的建设提供了强大的

支撑 ··· 573

5.6 "智慧"公共体育设施服务体系建设的注意事项 ····························· 574

5.6.1 "智慧"公共体育设施服务体系建设应与智慧城市建设统筹规划 ······ 574

5.6.2 "智慧"公共体育设施服务体系建设应转变思维方式 ················· 574

5.6.3 "智慧"公共体育设施服务体系建设应重视信息技术的国产化 ······· 574

5.6.4 "智慧"公共体育设施服务体系建设应重视法律法规的完善 ········· 575

5.7 小结 ··· 575

5.7.1 公共体育设施界定和管理存在的问题 ································· 575

5.7.2 "智慧"公共体育设施及其服务体系的定义 ························· 575

5.7.3 "智慧"公共体育设施服务体系构建的理论基础及功能 ··········· 576

5.7.4 "智慧"公共体育设施服务体系建设的必要性 ······················· 576

5.7.5　"智慧"公共体育设施服务体系建设的可行性 …………………………… 576
5.7.6　"智慧"公共体育设施服务体系建设的注意事项 ………………………… 576

6　结束章

6.1　基于拥挤度评价视角的皖北城区公共体育设施供需特征研究结论 ………… 579
　　6.1.1　皖北六市居民健身拥挤感问卷调查结论 ………………………………… 579
　　6.1.2　皖北六市公共体育设施拥挤度实地调查结论 …………………………… 603
6.2　基于拥挤度评价视角的皖北城区公共体育设施优化研究结论 ……………… 605
　　6.2.1　公共体育设施界定和管理存在的问题 …………………………………… 605
　　6.2.2　"智慧"公共体育设施及其服务体系的定义 …………………………… 606
　　6.2.3　"智慧"公共体育设施服务体系构建的理论基础及功能 …………… 606
　　6.2.4　"智慧"公共体育设施服务体系建设的必要性 ………………………… 606
　　6.2.5　"智慧"公共体育设施服务体系建设的可行性 ………………………… 607
　　6.2.6　"智慧"公共体育设施服务体系建设的注意事项 ……………………… 607

7　参考文献 …………………………………………………………………………… 609

8　附件

附件1　居民健身拥挤感调查问卷 ………………………………………………… 613
附件2　淮北市城区公共体育设施调查数据 ……………………………………… 615
附件3　宿州市城区公共体育设施调查数据 ……………………………………… 617
附件4　蚌埠市城区公共体育设施调查数据 ……………………………………… 620
附件5　淮南市城区公共体育设施调查数据 ……………………………………… 622
附件6　阜阳市城区公共体育设施调查数据 ……………………………………… 626
附件7　亳州市城区公共体育设施调查数据 ……………………………………… 631

1 绪 论

1.1 选 题 背 景

2017 年 10 月 18 日,习近平同志在十九大报告中强调,中国特色社会主义进入新时代,我国社会的主要矛盾已经转化为人民群众日益增长的美好生活需求与不平衡不充分发展之间的矛盾[1]。体育是人民群众生活方式的重要组成部分,随着人民群众物质生活水平的提高,当前人民群众日益增长的健身娱乐需求与公共体育设施供给不平衡不充分的矛盾日益突出。公共体育设施是改善国民体质与健康状况,提高中华民族整体素质,促进社会主义物质文明和社会主义精神文明建设必不可少的重要保障条件[2]。

公共体育设施是指向公众开放、供广大群众进行体育锻炼或观赏运动竞技以及业余运动员训练的体育设施及共用地,不包括各类学校、企事业单位和部队内部以及优秀运动员训练基地的体育运动设施用地[3]。公共体育设施主要包括公共健身广场、公共健身步道、公共健身器材。公共体育设施建设和使用具有政府主导、面向公众开放、具有公益性三个特点[4]。政府是公共体育设施的供给方和责任方,而人民群众是公共体育设施的需求方和受益方。

近年来公共体育设施评价研究增多,对提高公共体育服务水平起到了积极的作用,但还存在一些问题,比如根据居民平均出行距离、平均出行时间、人均占地面积、人均占有器械数量等指标设计和评价公共体育设施[5],采用这些指标评价存在一定的弊端,这些指标主要是从理论上反映公共体育设施的设计,而缺乏对公共体育设施实际使用情况的反映。笔者认为,引用"拥挤度"概念评价公共体育设施的实际使用情况,对完善公共体育设施更具有指导意义。公共体育设施"拥挤度"界定如下。

拥挤通常指人或车船等紧紧地挤在一起。拥挤度是指拥挤的程度。不同的拥挤程度引起人的主观心理体验不同。一般拥挤程度大易引起人的消极负性反应,例如交通阻塞对汽车驾驶员的焦虑程度有很大关系[6]。根据拥挤及拥挤度的定义,公共体育设施"拥挤度"是指居民使用公共体育设施健身时的拥挤程度,公共体育设施拥挤度由健身者与公共体育设施的数量关系决定。这一数量关系的不同引起健身者的主观心理体验不同,即居民健身拥挤感不同。

居民使用公共体育设施健身时的拥挤程度以及居民感知到的公共体育空间的拥挤程度是反映公共体育设施供需状况的客观指标和主观指标。根据公共体育设施内容的分类,居民使用公共体育设施健身时的拥挤度,包括健身广场拥挤度、健身步道拥挤程度和健身器材拥挤度[7]。居民使用公共体育设施健身时感知到的公共体育空间的拥挤程度,即居民健身拥挤感,包括居民健身广场拥挤感、居民健身步道拥挤感和居民健身器材拥挤感。居民健身广场拥挤感是指居民使用健身广场进行健身时感知到的健身广场空间的拥挤程度。居民健身步道拥挤感是指居民使用健身步道进行健身时感知到的健身步道空间的拥挤程度。居民健身器材拥挤感是指居民使用健身器材进行健身时感知到的健身器材空间的拥挤程度[8]。笔者认为采用"拥挤度"这一评价指标更为科学,更能反映公共体育设施设计的合理性,依据如下。

1.2 选题依据

首先平均出行距离、平均出行时间、人均占地面积、人均占有的器械数量等指标主要集中在理论层次,而非实践层次,根据这些评价指标大部分研究结论是公共体育设施供给缺乏,但实际供需情况较为复杂,公共体育设施供给未必缺乏,对公共体育设施的完善指导意义有限。众所周知,设计和建设公共体育设施的目的是为广大人民群众提供更好的公共体育服务,因而公共体育设施设计和建设的科学性和合理性最终要落实在公共体育设施的实际使用上。目前公共体育设施使用的评价常采用居民满意度来反映,虽然居民对公共体育设施的满意度能够在一定程度上反映公共体育设施设计和规划的科学性,但这一评价指标过于笼统、不具体,还需要具体的主观评价指标以及客观的评价指标来反映公共体育设施的使用情况。从"拥挤度"的概念来看,拥挤度测量和拥挤感调查更能够反映居民使用公共体育设施的实际情况以及居民健身的主观体验,因而对完善公共体育设施更具有指导意义。

其次"拥挤度"是一个内涵明确的概念,拥挤度评价在交通领域[9][10]、建筑领域[11]、农业领域[12]、医学领域[13]、旅游管理[14]等领域是广泛被采用的评价方式,特别是在交通领域有着广泛的应用,比如公路、地铁、高速、铁路、海运、航空等领域广泛运用拥挤度评价交通运输情况[15],对提高交通运输质量和效率、完善交通设施具有重要的指导意义。因此,通过类比推理引用"拥挤度"概念评价公共体育设施的实际使用情况,更有可能反映公共体育设施设计和建设存在的问题,对完善公共体育设施和提高公共体育服务水平更具有指导意义。

1.3 研究目的和意义

限于条件本书稿只对皖北六市公共体育设施的拥挤情况进行了实地调查和问卷调查。根据皖北六市公共体育设施的供需情况,提出优化皖北六市公共体育设施的策略,旨在为皖北六市政府部门完善公共体育设施提供参考,意义在于。

基于"拥挤度"评价视角的皖北公共体育设施供需特征及优化研究有助于评价皖北现有公共体育设施布局的科学性和合理性,有助于皖北政府部门完善现有的公共体育设施,有助于皖北政府部门为市民提供更好地公共体育服务,更好地满足皖北市民的健身娱乐需求,提高皖北市民的体质健康水平。

2　文　献　综　述

公共体育设施是人民群众健身娱乐的重要场所。随着人民群众物质生活水平的提高,当前人民群众日益增长的健身娱乐需求与公共体育设施供给不平衡不充分的矛盾日益突出。近年来相关研究呈现增多的趋势,主要集中在公共体育设施建设的影响因素、融资方式、规划设计、管理方式、效益评价等几个方面。

2.1　公共体育设施建设的影响因素研究

崔瑞华等人对公共体育设施建设与经济发展之间的关系进行了研究,他们认为二者是相辅相成的关系,公共体育设施的建设水平要与经济发展水平相协调[16]。张金桥等人认为社会条件是公共体育设施供给和发展的根本前提[17]。崔瑞华等人运用变异系数、集中化指数、泰尔指数、综合公平指数模型,分析了辽宁省城市公共体育设施空间分布特征及形成机制,认为影响辽宁省城市公共体育设施空间分布格局形成和演变的因素有历史因素、经济发展与布局、消费水平、地方政府的重视程度、大型体育赛事的承办和制度政策等[18]。

2.2　公共体育设施建设的融资方式研究

除了政府投资供给公共体育设施之外,杨乃彤等人探讨了社会投资、运营、移交给政府的方式在我国公共体育设施建设中存在的观念障碍、法规政策障碍、专业人才缺乏等障碍,并提出了更新观念、健全法规、培养专业人才和风险控制对策[19]。邓波运用SWOT分析法分析了民营企业从事开发、建设和经营公共体育设施的PFI融资模式的优势和劣势、机会与威胁,并提出了发挥优势,克服劣势,抓住机会,化解威胁,寻求发展的最优策略[20]。汪全胜等人认为公共体育设施不足已严重制约了我国体育事业的发展,因而倡导融资方式的多元化,同时需要加强顶层设计和完善制度保障[21]。

2.3　公共体育设施建设的规划设计研究

徐卫华等人探讨了公共体育设施规划的法律定位、可操作性及其与其他公共设施规划的衔接问题[22]。马成国等人通过调查不同行政级别的公共体育设施数量及分布,认为公共体育设施需要加强内涵建设、布局不均衡需要完善[23]。张欣利用地理信息及可视化技术展现城市公共体育设施服务的综合辐射范围,分析城市公共体育设施辐射的真空地带,为科学规划和布局城市公共体育设施提供依据[24]。毕红星以点-轴系统理论为依据提出在不同等级的发展轴上合理布局市级与片区级公共体育设施[25]。蔡玉军等人通过对城市公共体育空间等级体系、服务半径、选址布局、数量规模进行研究,认为构建城市公共体育空间理想模式应兼顾公平与效率的总体原则[26]。他们以上海市中心城区为典型调查区域,采用 Arc-GIS 分析等方法探讨城市公共体育空间结构现状及其存在的问题,认为未来城市公共体育空间建设的重心应由内圈层逐渐向中、外圈层偏移[27]。他们在对城市公共体育空间结构与居民体育活动行为之间关系探讨的基础上,认为城市公共体育空间布局应遵循公平性、高效性、便捷性、中心性等 6 项原则[28]。他们从城市空间集约化利用的角度,探讨城市公共体育空间的协调发展模式,认为公共体育设施建设通过与城市中的学校、公园绿地、文化设施、楼宇建筑、道路、山水和广场等空间形态相结合,可以大幅增加城市现有公共体育空间的服务能力[29]。朱宏以低碳出行视角,在厘清低碳出行与城市空间结构之间关系以及当前我国城市公共体育设施建设中存在问题的基础上,试图提出适合居民生活的低碳出行的城市公共体育设施规划布局原则[30]。张峰筠等人采用 GIS 技术、地理分析与统计分析等方法揭示上海市杨浦区社区公共体育设施的地理分布、场地数与人口分布、场地面积与人口数、人口密度、行政区划分等因素之间关系的基础上提出规划建议[31]。朱晓东等人运用"都市生活圈"和"时间地理学"的理论与方法,提出了上海日常体育生活圈的公共体育设施配置模式和公共体育设施配置体系[32]。闫永涛等人认为公共体育设施规划应改变之前依附于城市总体规划或因大型体育赛事规划的思路,转向以公共体育设施均等化布局为目标、以群众体育设施的建设和品质提升为导向、以社区级体育用地控制为重点及以专项规划为形式进行单独规划[33]。谢冬兴等人运用文献法与田野调查法提出绿道公共体育服务空间一体化与多元化的观点[34]。杜长亮等人运用 GIS 技术和 K-means、划分聚类方法处理连续居民区离散化问题,提取需求点,认为应通过对需求点进行缓冲区分析,优化设施位置候选点,构建设施选址网络[35]。张利认为公共体育设施供给侧改革包括增加公共体育设施土地供给和集约化使用土地,推行智能化公共体育设施,吸引社会力量参与公共体育设施供给等[36]。

2.4　公共体育设施的管理方式研究

罗平借鉴日本公共体育设施管理的经验,认为应立法完善民营化管理的外部环境、规范招标、加强综合评价[37]。汪一鸣等人借鉴英国地方公共体育设施管理的经验,认为我国公共体育管理设施应突显公共服务、多元管理及获得政策支持等[38]。桂海辰等人认为英国公共体育设施管理包含一种同时存在概念和实践措施的意识形态,对我国体育设施的管理有着专业管理、凸显公共服务以及政策支持等方面的重要启示[39]。高军等人借鉴日本指定管理者制度的经验,认为我国应转变政府公共体育设施管理职能、进行运营管理模式的改革创新,具体包括统筹规划、承担运营管理的主导职责、将部分业务工作委托给民间组织、引导民间组织专注于提供公共体育服务[40]。徐盛城等人借鉴日本残疾人公共体育设施发展的经验,认为我国应保持体育设施数量增长的同时,提高残疾人公共体育设施的利用率[41]。马玉芳针对公共体育设施的负外部性问题,提出明确责任主体、立法保障权利和运用市场加强监督对策[42]。吴建依认为服务型政府的职责是应在公共体育设施特许经营中分摊责任和指导监督[43]。

陈德旭等人分析了欧美部分发达国家公共体育服务体系建设的特征,认为我国应确保公共体育设施规范推进且有效利用,积极推动公共体育服务智慧平台的搭建[44]。苏文典通过调查发现厦门市社区体育资源分布不均衡,全市体育场馆设施单一及社区体育公共信息网络不够完善等问题[45]。高海潮对中原经济区智慧体育教育资源共享服务平台进行了构建研究[46]。李德智认为智慧体育是一种为满足人的体育健身和休闲娱乐行为,并通过科学技术和智能化产品提供多样性、指导性、可监测的便捷活动方式,是由组织、终端、场地三点组成[47]。朱琳祎提出共生、活力、智慧、生态四个方面的更新理念和策略,重构城市空间结构,强化公共开放空间,优化交通组织与系统,形成生态空间与网络[48]。顾碧威等人对互联网+亚运会背景下杭州共享智慧体育平台建设进行了探讨,设计出了共享智慧体育平台逻辑框架和试验系统,并提出了体育平台的推广思路[49]。陈晓静等人基于武汉智慧城市建设的成果对智慧场馆建设进行了研究[50]。杜恺对体育健身信息服务平台的传播模式及特点进行了研究[51]。谢颖调查发现宁波智慧体育程度较低、智慧管理与服务有待提高、体育人才及相关教育缺乏等问题[52]。冯岩对体育场馆的发展历史和现状进行了整理分析,探析智慧型体育场馆建设存在的问题和困难,从而尝试拟定出智慧型体育场馆的构建内容及应对策略[53]。李静通过分析智慧型体育场馆建设的问题与难题制定出应对策略[54]。周靖雄利用 GIS 方法为城市体育场馆建立空间分析模型[55]。

2.5 公共体育设施的效益评价研究

郑美艳等人以费用-效果、费用-效益等传统国民经济评价方法为基础,认为综合效益-净投资是大型公共体育设施的适用性评价方法,并结合经济评价相关理论成果,从经济效益、社会效益、环境效益三个层面构建大型公共体育设施投资的前期经济合理性综合评价指标体系[56][57]。程敏构建了公共体育设施项目评价的内容体系,该体系虽然层次分明内容全面但指标较为宏观,其中社会影响评价包括就业影响、居民生活条件和生活质量、受益范围及其反应和社区发展评价[58]。张大超等人运用德尔菲法、层次分析等方法构建了我国公共体育设施发展水平的评估指标体系[59]。郑旗等人以锻炼者为评价主体,以重要性-绩效分析法和满意度三因素理论为基础,提出持续改进县域公共体育设施服务质量和运营管理的策略[60]。

2.6　公共体育设施研究评述

上述研究从不同的研究视角对公共体育设施的建设、管理和评价进行了研究,取得了很多研究成果,但在公共体育设施规划设计是否科学合理的评价上还存在一些问题,比如规划设计依据往往是根据居民的平均出行距离、平均出行时间、人均占地面积、人均占有的器械数量等指标进行评价,采用这些"平均数"作为规划设计的评价指标并不完全科学。众所周知,设计和建设公共体育设施的目的是为广大人民群众提供更好的公共体育服务,因而公共体育设施设计和建设的是否科学合理最终要落实在公共体育设施的使用上。目前公共体育设施使用的评价常采用居民满意度来反映,居民对公共体育设施的满意度能够在一定程度上反映公共体育设施设计和规划的科学性,但这一主观评价指标过于笼统、不具体,还需具体的主观评价指标以及客观的评价指标来反映公共体育设施的使用情况。笔者认为采用"拥挤度"这一评价指标更为科学,更能反映公共体育设施设计的合理性。这一评价指标不仅能反映居民对公共体育设施的主观感受,而且能反映公共体育设施的实际使用情况。前人关于"拥挤度"的界定及评价方法如下。

2.7　拥挤度概念及其评价方法的前期研究成果

拥,从手从雍,收谓敛持在手,拥谓抱之于怀。本意多指用手去抱,或者具有、拥有之意,也指人或车船等紧紧地挤在一起。引申意多指拥护,对领袖、党派、政策、措施等表示赞成并全力支持[61]。挤,释义为人或物紧紧挨在一起,如拥挤或挤满一屋子人。在拥挤的环境中互相拥、推,用身体排开密集人或物,如人多挤不进去或挤上了车。用压力使物体从孔隙中排出,如挤牙膏或挤牛奶。排除、排斥,如排挤或他的名额被别人挤掉了[62]。

拥挤的基本解释为人或车船等紧紧地挤在一起,如闹市区交通拥挤不堪,没有较大的空隙。交通阻塞影响人们到达目的地,它是穿行距离和穿行时间的函数。交通阻塞对驾驶汽车上下班者的焦虑程度有很大的关系[63]。交通拥挤度有多种评价方法,例如。

评价方法之一:某公路当量中型车平均交通量与中型车交通适应量的比值。适应交通量指公路上所能适应的标准当量中型车的交通量。这一比值反映了公路的总体拥挤状况[64]。

评价方法之二:指同一辆车经过规定距离时所要花费的时间,主要考核时间的长短。如果一条路每天都经过很多辆车但是很快经过,那只能说明车流量大。因此计算交通拥挤度可以这样计算:选定一段100米的道路,测算车辆从进入到驶出这100米路段时所花费的时间,为保证精确性,可采取平均值计算,单位是多少时间/100米[65]。

评价方法之三:实际交通流量与该车流的饱和通行能力的比值。由道路或交叉口的交通流量除以该道路或交叉口的通行能力而得,它反映交通的繁忙程度。交通饱和度计算方法:计算公式为V/C,其中V是最大交通量,C是最大通行能力,其比值即为交通饱和度。道路饱和度是反映道路服务水平的重要指标之一。饱和度值越高,代表道路服务水平越低。

由于道路服务水平、拥挤程度受多方面因素的制约,实际中因难以考虑多方面因素,常以饱和度数值作为评价服务水平的主要指标。一般根据饱和度值将道路拥挤程度、服务水平分为四级。一级服务水平:道路交通顺畅、服务水平好,V/C 介于 0 至 0.6 之间。二级服务水平:道路稍有拥堵,服务水平较高,V/C 介于 0.6 至 0.8 之间。三级服务水平:道路拥堵,服务水平较差,V/C 介于 0.8 至 1.0 之间。四级服务水平:V/C>1.0,道路严重拥堵,服务水平极差。交通量的数据一般是通过交通调查数据经过计算获得,通行能力的计算则相对较为复杂。根据通行能力的性质和使用要求,分成基本通行能力、设计通行能力、实际通行能力。基本通行能力是指在理想的道路、交通、控制和环境条件下,公路设施在四级服务水平时所能通过的最大小时交通量,即理论上所能通行的最大小时交通量。设计通行能力是指在设计某一公路设施时,根据对交通运行质量的要求,即在一定服务水平要求下,公路设施所能通行的最大小时交通量。因此,设计通行能力与选取的服务水平级别有关。实际通行能力是指根据公路的几何构造、交通条件以及交通管理水平,对不同服务水平下的服务交通量按实际公路条件、交通条件等进行相应修正后的小时交通量[66]。

评价方法之四:计算交通拥堵指数,它是一种综合反映道路畅通状况的概念性数值,相当于把道路畅通状况进行数字化。根据这套理论体系,0 至 2 之间为畅通、2 至 4 之间为基本畅通、4 至 6 之间为轻度拥堵、6 至 8 之间为中度拥堵、8 至 10 之间为严重拥堵,分别对应着按照道路限速标准行驶和多耗时 0.2 至 0.5 倍、0.5 至 0.8 倍、0.8 至 1.1 倍、1.1 倍以上[67]。

地铁拥堵状况在地铁线网图上分别用黑、红、黄、绿 4 种颜色实时显示,分别对应严重拥挤、拥挤、比较拥挤和舒适 4 种状态。黑色表示车厢严重拥挤,一列车开走后,站台上仍会有乘客滞留;红色表示车厢拥挤,乘客此时已经很难在车厢内移动,站在站台透过车窗往里看,已经看不到对面站台;黄色表示车厢内比较拥挤,乘客在车厢移动有困难,此时在车厢里看报纸不现实,但看手机的空儿还是可以找到的;绿色则表示车厢比较舒适,乘客可以在车厢内走动。按照目前的状态,非高峰状态下的北京地铁路网处于长绿状态,而早晚高峰期,红色、黑色和黄色成为主色调[68]。

航班拥挤度一般指客舱密度,就是形容机舱挤不挤。春秋所有的机型是 A320—214 可容纳 180 座。飞机座位排列为 30 排,一排 6 座,左:A、B、C 三个位,右:D、E、F 三个位。A 座和 F 座靠窗,C 座和 D 座之间是过道,紧急出口是在 12—13 排。紧急出口和第一排是座位稍微宽敞。春秋航空以上海为主基地,运营着国内、国际地区航线 130 余条。拥有由 60 架 A320 飞机组成的单一机型机队。空客 A320 系列飞机座位数介于 100 座至 240 座之间,能够完美覆盖低密度、高密度、国内短程以及中远程区域航线的所有单通道飞机市场[69]。

住房拥挤度通过计算容积率来表示。最适容积率是能够使利润最大的容积率数值。一定的土地转让、建安等成本条件下,项目的利润取决于产品的单价和产品的总量,也就是总面积。容积率决定了总面积,也决定了单价。而随着项目容积率的上升,售价并非等比例下降,因而总利润额随容积率的上升而上升,当容积率高出最适容积率的数值的时候,产品的品质开始下降,售价下降,利润下降。在最适容积率点上,销售额与总成本的差值最大,也就是利润最大。明确了容积率的重要性,接下来就是最核心的问题:对于一个低层项目,容积率的最佳值是多少。回答这个问题,必须通过经济测算,即在一定的容积率下,本项目可以有多少的销售面积(总规模减去一些必要的配套设施),同时这些面积又可以以多少价格售出,当然这个价格是市场能够接受而反映良好的。容积率确定之后,项目的总规模和可出售面积是很快可以计算出来的,但合理的售价如何确定?在项目区位,成本等各方面条件确定的情况下,售价与住宅的舒适度有很大关系,除去建筑设计方面的因素,住宅之间的拥挤程度,层数就是一个很重要的因素了,而这些因素是直接与容积率相关的。那么建立一个容积率与建筑的拥挤程度、层数之间的变化函数就是最终的解决办法。当然,这个函数并非严格意义上的数学公式,而是一个相关性的变化分析。这种相关性分析的基本思路,可以通过建筑的层数、面宽、进深等条件,粗略的估计一个低层或多层住宅项目的容积率[70]。

网络拥挤是一种网络故障现象。办公局域网计算机使用一个带路由功能的 ADSL Modem＋HUB 共享上网。当同一时间上网人数较少的时候网络比较通畅,上网人数多了以后网络会时断时通,并且 HUB 的 Collision 指示灯会闪烁不停。网络拥挤是因某种原因使网络中的通信量超过了它的传送能力时出现的状态。为了避免拥挤,要对网络的信息流量进行控制,否则容易造成网络信息吞吐能力下降,甚至导致网络瘫痪[71]。在生态学中,平均拥挤度是指每个个体在一个样方中的平均他个体数,即每个个体的平均邻居数[72]。在医学中,牙齿拥挤度是指牙齿的平均密集程度[73]。在化学中,大分子拥挤度用饱和度度量,饱和度是指在 100g 溶液中溶质在溶液中所占质量分数[74]。

在体育领域,公共体育场地设施的供需情况通常用人均占地面积、人均占有的器械数量等指标进行评价,例如用某一区域的公共体育设施的面积或数量除以该区域的总人口数。采用这些"平均数"作为规划设计的评价指标并不完全科学,这一评价方法只是反映了"理论上"的供需情况,根据这一评价方法大部分研究结论是公共体育设施缺乏,但实际情况未必缺乏。在评价方式上,引用"拥挤度"概念更能反映公共体育设施的实际使用情况。

3 研究对象与方法

3.1 研究对象

采用调查法调查皖北六市居民健身拥挤感和公共体育设施使用的实际情况。调查分为问卷调查和实地调查两个部分。问卷调查以皖北六市居民为研究对象。实地调查以皖北六市城区公共健身广场、公共健身步道、公共健身器材为调查对象。皖北六市是指淮北市、宿州市、蚌埠市、淮南市、阜阳市和亳州市[75]。

3.2 研究方法

3.2.1 问卷调查

3.2.1.1 调查目的

在阐明公共体育设施拥挤度概念的基础上,设计问卷调查皖北六市居民健身拥挤感,旨在通过居民的主观心理体验来了解公共体育设施的拥挤程度,为皖北六市完善公共体育场地设施提供参考。

3.2.1.2 调查假设

不同市、不同区域、不同居住密度、不同性别、不同年龄区间、不同锻炼次数的居民感知健身广场、健身步道、健身器材的拥挤度不同,公共体育设施对不同市、不同区域、不同居住密度、不同性别、不同年龄区间、不同锻炼次数居民的健身影响不同。具体研究假设如下。

（1）居民感知健身广场拥挤度

1）皖北不同市居民感知健身广场拥挤度的原假设

皖北六市居民感知健身广场数量之间的差异在 0.05 水平上不具有显著性。皖北六市居民感知健身广场面积之间的差异在 0.05 水平上不具有显著性。皖北六市居民感知锻炼高峰期健身广场上健身者密度之间的差异在 0.05 水平上不具有显著性。皖北六市居民感知锻炼高峰期健身者人数比预期情况之间的差异在 0.05 水平上不具有显著性。

2）皖北六市不同居住区居民感知健身广场拥挤度的原假设

皖北六市不同居住区居民感知居住区健身广场数量之间的差异在 0.05 水平上不具有显著性。皖北六市不同居住区居民感知居住区健身广场面积之间的差异在 0.05 水平上不具有显著性。皖北六市不同居住区居民感知锻炼高峰期健身广场上健身者密度之间的差异在 0.05 水平上不具有显著性。皖北六市不同居住区居民感知锻炼高峰期健身广场上人数比预期人数之间的差异在 0.05 水平上不具有显著性。

3）皖北六市不同居住密度居民感知健身广场拥挤度的原假设

皖北六市不同居住密度居民感知居住区健身广场数量之间的差异在 0.05 水平上不具有显著性。皖北六市不同居住密度居民感知居住区健身广场面积之间的差异在 0.05 水平上不具有显著性。皖北六市不同居住密度居民感知锻炼高峰期健身广场上健身者密度之间的差异在 0.05 水平上不具有显著性。皖北六市不同居住密度居民感知锻炼高峰期健身广场上人数比预期人数之间的差异在 0.05 水平上不具有显著性。

4）皖北六市不同性别居民感知健身广场拥挤度的原假设

皖北六市不同性别居民感知居住区健身广场数量的差异在 0.05 水平上不具有显著性。皖北六市不同性别居民感知居住区健身广场面积的差异在 0.05 水平上不具有显著性。皖北六市不同性别居民感知锻炼高峰期健身广场上健身者密度的差异在 0.05 水平上不具有显著性。皖北六市不同性别居民感知锻炼高峰期健身广场上人数比预期人数的差异在 0.05 水平上不具有显著性。

5）皖北六市不同年龄区间居民感知健身广场拥挤度的原假设

皖北六市不同年龄区间居民感知居住区健身广场数量之间的差异在 0.05 水平上不具有显著性。皖北六市不同年龄区间居民感知居住区健身广场面积之间的差异在 0.05 水平上不具有显著性。皖北六市不同年龄区间居民感知锻炼高峰期健身广场上健身者密度的差异在 0.05 水平上不具有显著性。皖北六市不同年龄区间居民感知锻炼高峰期健身广场上人数比预期人数之间的差异在 0.05 水平上不具有显著性。

6）皖北六市不同锻炼次数居民感知健身广场拥挤度的原假设

皖北六市不同锻炼次数居民感知居住区健身广场数量之间的差异在 0.05 水平上不具有显著性。皖北六市不同锻炼次数居民感知居住区健身广场面积之间的差异在 0.05 水平上不具有显著性。皖北六市不同锻炼次数居民感知锻炼高峰期健身广场上健身者密度之间的差异在 0.05 水平上不具有显著性。皖北六市不同锻炼次数居民感知锻炼高峰期健身广场上人数比预期人数之间的差异在 0.05 水平上不具有显著性。

（2）居民感知健身步道拥挤度

1）皖北不同市居民感知健身步道拥挤度的原假设

皖北六市居民感知健身步道数量之间的差异在 0.05 水平上不具有显著性。皖北六市居民感知健身步道长度之间的差异在 0.05 水平上不具有显著性。皖北六市居民感知健身步道宽度之间的差异在 0.05 水平上不具有显著性。皖北六市居民感知锻炼高峰期通过一段健身步道所需时间之间的差异在 0.05 水平上不具有显著性。

2）皖北六市不同居住区居民感知健身步道拥挤度的原假设

皖北六市不同居住区居民感知居住区健身步道数量之间的差异在 0.05 水平上不具有显著性。皖北六市不同居住区居民感知居住区健身步道长度之间的差异在 0.05 水平上不具有显著性。皖北六市不同居住区居民感知居住区健身步道宽度之间的差异在 0.05 水平上不具有显著性。皖北六市不同居住区居民感知锻炼高峰期通过一段健身步道时间之间的差异在 0.05 水平上不具有显著性。

3）皖北六市不同居住密度居民感知健身步道拥挤度的原假设

皖北六市不同居住密度居民感知居住区健身步道数量之间的差异在 0.05 水平上不具有显著性。皖北六市不同居住密度居民感知居住区健身步道长度之间的差异在 0.05 水平上不具有显著性。皖北六市不同居住密度居民感知居住区健身步道宽度之间的差异在 0.05 水平上不具有显著性。皖北六市不同居住密度居民感知锻炼高峰期通过一段健身步道时间之间的差异在 0.05 水平上不具有显著性。

4）皖北六市不同性别居民感知健身步道的拥挤度

皖北六市不同性别居民感知居住区健身步道数量的差异在 0.05 水平上不具有显著性。皖北六市不同性别居民感知居住区健身步道长度的差异在 0.05 水平上不具有显著性。皖北六市不同性别居民感知居住区健身步道宽度的差异在 0.05 水平上不具有显著性。皖北六市不同性别居民感知锻炼高峰期通过一段健身步道时间的差异在 0.05 水平上不具有显著性。

5）皖北六市不同年龄区间居民感知健身步道拥挤度的原假设

皖北六市不同年龄区间居民感知居住区健身步道数量之间的差异在 0.05 水平上不具有显著性。皖北六市不同年龄区间居民感知居住区健身步道长度之间的差异在 0.05 水平上不具有显著性。皖北六市不同年龄区间居民感知居住区健身步道宽度之间的差异在 0.05 水平上不具有显著性。皖北六市不同年龄区间居民感知锻炼高峰期通过一段健身步道时间之间的差异在 0.05 水平上不具有显著性。

6）皖北六市不同锻炼次数居民感知健身步道拥挤度的原假设

皖北六市不同锻炼次数居民感知居住区健身步道数量之间的差异在 0.05 水平上不具有显著性。皖北六市不同锻炼次数居民感知居住区健身步道长度之间的差异在 0.05 水平上不具有显著性。皖北六市不同锻炼次数居民感知居住区健身步道宽度之间的差异在 0.05 水平上不具有显著性。皖北六市不同锻炼次数居民感知锻炼高峰期通过一段健身步道时间之间的差异在 0.05 水平上不具有显著性。

（3）居民感知健身器材拥挤度

1）皖北不同市居民感知健身器材拥挤度的原假设

皖北六市居民感知居住周围健身器材数量之间的差异在 0.05 水平上不具有显著性。皖北六市居民感知锻炼高峰期使用健身器材人数之间的差异在 0.05 水平上不具有显著性。皖北六市居民感知锻炼高峰期使用健身器材排队时间之间的差异在 0.05 水平上不具有显著性。

2）皖北六市不同居住区居民感知健身器材拥挤度的原假设

皖北六市不同居住区居民感知居住区健身器材数量之间的差异在 0.05 水平上不具有显著性。皖北六市不同居住区居民感知锻炼高峰期使用健身器材人数之间的差异在 0.05 水平上不具有显著性。皖北六市不同居住区居民感知锻炼高峰期使用健身器材排队时间之间的差异在 0.05 水平上不具有显著性。

3）皖北六市不同居住密度居民感知健身器材拥挤度的原假设

皖北六市不同居住密度居民感知居住区健身器材数量之间的差异在 0.05 水平上不具有显著性。皖北六市不同居住密度居民感知锻炼高峰期使用健身器材人数之间的差异在 0.05 水平上不具有显著性。皖北六市不同居住密度居民感知锻炼高峰期使用健身器材排队时间之间的差异在 0.05 水平上不具有显著性。

4）皖北六市不同性别居民感知健身器材拥挤度的原假设

皖北六市不同性别居民感知居住区健身器材数量的差异在 0.05 水平上不具有显著性。皖北六市不同性别居民感知锻炼高峰期使用健身器材人数的差异在 0.05 水平上不具有显著性。皖北六市不同性别居民感知锻炼高峰期使用健身器材排队时间的差异在 0.05 水平上不具有显著性。

5）皖北六市不同年龄区间居民感知健身器材拥挤度的原假设

皖北六市不同年龄区间居民感知居住区健身器材数量之间的差异在 0.05 水平上不具有显著性。皖北六市不同年龄区间居民感知锻炼高峰期使用健身器材人数之间的差异在 0.05 水平上不具有显著性。皖北六市不同年龄区间居民感知锻炼高峰期使用健身器材排队时间之间的差异在 0.05 水平上不具有显著性。

6）皖北六市不同锻炼次数居民感知健身器材拥挤度的原假设

皖北六市不同锻炼次数居民感知居住区健身器材数量之间的差异在 0.05 水平上不具有显著性。皖北六市不同锻炼次数居民感知锻炼高峰期使用健身器材人数之间的差异在 0.05 水平上不具有显著性。皖北六市不同锻炼次数居民感知锻炼高峰期使用健身器材排队时间之间的差异在 0.05 水平上不具有显著性。

（4）公共体育设施对居民健身的影响

1）公共体育设施对皖北不同市居民健身影响的原假设

皖北六市居民对居住区周围公共体育设施满意度之间的差异在 0.05 水平上不具有显著性。皖北六市居民对公共体育设施使用的拥挤度影响锻炼看法之间的差异在 0.05 水平上不具有显著性。皖北不同市居民下次锻炼是否来这里锻炼之间的差异在 0.05 水平上不具有显著性。皖北不同市居民是否推荐朋友来这里锻炼之间的差异在 0.05 水平上不具有显著性。

2）公共体育设施对皖北六市不同居住区居民健身影响的原假设

皖北六市不同居住区居民对居住区周围公共体育设施满意度之间的差异在 0.05 水平上不具有显著性。皖北六市不同居住区居民对公共体育设施使用的拥挤度影响锻炼看法之间的差异在 0.05 水平上不具有显著性。皖北六市不同居住区居民下次锻炼是否来这里之间的差异在 0.05 水平上不具有显著性。皖北六市不同居住区居民是否推荐朋友来这里锻炼之间的差异在 0.05 水平上不具有显著性。

3）公共体育设施对皖北六市不同居住密度居民健身影响的原假设

皖北六市不同居住密度居民对居住区周围公共体育设施满意度之间的差异在 0.05 水平上不具有显著性。皖北六市不同居住密度居民对公共体育设施使用的拥挤度影响锻炼看法之间的差异在 0.05 水平上不具有显著性。皖北六市不同居住密度居民下次锻炼是否来这里之间的差异在 0.05 水平上不具有显著性。皖北六市不同居住密度居民是否推荐朋友来这里锻炼之间的差异在 0.05 水平上不具有显著性。

4）公共体育设施对皖北六市不同性别居民健身影响的原假设

皖北六市不同性别居民对居住区周围公共体育设施满意度的差异在 0.05 水平上不具有显著性。皖北六市不同性别居民对公共体育设施使用的拥挤度影响锻炼看法的差异在 0.05 水平上不具有显著性。皖北六市不同性别居民下次锻炼是否来这里的差异在 0.05 水平上不具有显著性。皖北六市不同性别居民是否推荐朋友来这里锻炼的差异在 0.05 水平上不具有显著性。

5）公共体育设施对皖北六市不同年龄区间居民健身影响的原假设

皖北六市不同年龄区间居民对居住区周围公共体育设施满意度之间的差异在 0.05 水平上不具有显著性。皖北六市不同年龄区间居民对公共体育设施使用的拥挤度影响锻炼看法之间的差异在 0.05 水平上不具有显著性。皖北六市不同年龄区间居民下次锻炼是否来这里之间的差异在 0.05 水平上不具有显著性。皖北六市不同年龄区间居民下次锻炼是否来这里之间的差异在 0.05 水平上不具有显著性。

6）公共体育设施对皖北六市不同锻炼次数居民健身影响的原假设

皖北六市不同锻炼次数居民对居住区周围公共体育设施满意度之间的差异在 0.05 水平上不具有显著性。皖北六市不同锻炼次数居民对公共体育设施使用的拥挤度影响锻炼看法之间的差异在 0.05 水平上不具有显著性。皖北六市不同锻炼次数居民下次锻炼是否来这里之间的差异在 0.05 水平上不具有显著性。皖北六市不同锻炼次数居民是否推荐朋友来这里锻炼之间的差异在 0.05 水平上不具有显著性。

3.2.1.3　调查方法

设计问卷采用微信问卷星调查皖北六市居民健身拥挤感。居民健身拥挤感是居民使用公共体育设施健身时感知到的公共体育空间的拥挤程度，包括居民健身广场拥挤感、居民健身步道拥挤感和居民健身器材拥挤感。居民健身广场拥挤感是指居民使用健身广场进行健身时感知到的健身广场空间的拥挤程度。居民健身步道拥挤感是指居民使用健身步道进行健身时感知到的健身步道空间的拥挤程度。居民健身器材拥挤感是指居民使用健身器材进行健身时感知到的健身器材空间的拥挤程度。

居民健身广场拥挤感涉及居民感知健身广场的数量、面积、锻炼高峰期健身广场上人的密度以及锻炼高峰期健身广场上的人数比预期的情况。居民健身步道拥挤感涉及居民感知健身步道的数量、长度、宽度以及锻炼高峰期通过一段健身步道所需的时间。居民健身器材拥挤感涉及居民感知居住周围健身器材的数量、锻炼高峰期使用健身器材的人数以及锻炼高峰期使用健身器材的排队时间。问卷设计遵循体育科研方法要求，问卷经过专家效度检验并修改。信度检验抽取 30 个样本进行重测，间隔 15 天，皮尔逊相关系数 r＝0.672（P＝0.000＜0.05）。

问卷发放时间为 2020 年 1 月至 2 月，回收有效问卷总数 668 份。其中淮北市 141 份、宿州市 105 份、蚌埠市 109 份、淮南市 102 份、阜阳市 100 份和亳州市 111 份。被调查者居住在城市中央区域的 212 人，居住在郊区的 85 人，居住在中央区域与郊区之间的 240 人，居住在农村地区的 131 人。男性填写问卷 352 份，女性填写问卷 316 份。12 岁以下的填写问卷 23 份，13—19 岁的填写问卷 51 份，20—39 岁的填写问卷 300 人，40—59 岁的填写问卷 195 人，60 岁以上的填写问卷 99 人。

3.2.1.4 统计方法

（1）数据筛选步骤

1）异常值：在数据录入完毕后，使用统计软件中 Frequencies 的功能对异常值进行核实，确保了录入数据的准确性。

2）缺失值：对于漏填的数据，查原始问卷补齐，查不到的采用平均数补齐。

（2）描述性统计

进行频数、列联表等描述统计，输出的统计量包括均数、标准差、方差、样本量、组数、频数、均数、平均秩次、秩和等。

（3）推断性统计

根据数据的随机性、正态性以及变量的特征，采用非参数检验方法对数据进行处理。不同性别居民感知健身广场、健身步道、建设器材拥挤度之间的差异显著性检验，采用两个独立样本的非参数检验。不同市、不同区域、不同居住密度、不同年龄区间、不同锻炼次数居民感知健身广场、健身步道、建设器材拥挤度之间的差异显著性检验，采用多个独立样本的非参数检验，如果差异具有显著性，再采用两个独立样本的非参数检验进行两两检验[76]，调查结果分析见 4.1。

3.2.2　实地调查

3.2.2.1　调查目的

在阐明公共体育设施拥挤度概念的基础上，通过实地调查皖北六市城区公共健身广场、公共健身步道、公共健身器材的实际使用情况，计算公共健身广场、公共健身步道、公共健身器材的拥挤度，旨在为皖北六市完善公共体育场地设施提供参考。

3.2.2.2　调查假设

不同市、不同锻炼时间段的健身广场、健身步道、健身器材的拥挤度不同。不同市是指淮北市、宿州市、蚌埠市、淮南市、阜阳市和亳州市。不同锻炼时间段是指晨练阶段、傍晚锻炼阶段和晚练阶段。晨练阶段时间界定为 05：00—09：00；傍晚锻炼阶段时间界定为 16：00—19：00；晚练阶段时间界定为 19：00—22：00。具体研究假设如下。

（1）皖北六市健身广场拥挤度的原假设

皖北不同市每平方米健身广场上人数之间的差异在 0.05 水平上不具有显著性。皖北六市不同锻炼时间段每平方米健身广场上人数之间的差异在 0.05 水平上不具有显著性。

（2）皖北六市健身步道拥挤度的原假设

皖北不同市健身步道上每分钟通行人数之间的差异在 0.05 水平上不具有显著性。皖北六市不同锻炼时间段健身步道上每分钟通行人数之间的差异在 0.05 水平上不具有显著性。

（3）皖北六市健身器材拥挤度的原假设

皖北不同市健身人数与器材数量比之间的差异在 0.05 水平上不具有显著性。皖北六市不同锻炼时间段健身人数与器材数量比之间的差异在 0.05 水平上不具有显著性。

3.2.2.3　调查方法

实地调查以皖北六市城区公共健身广场、公共健身步道、公共健身器材为调查对象,皖北六市是指淮北市、宿州市、蚌埠市、淮南市、阜阳市和亳州市。调查时间为 2019 年 8 月。通过测量健身广场的尺寸和清点健身广场上的人数计算每平方米健身广场上的人数,获得样本总数 109 个,其中淮北市 16 个、宿州市 17 个、蚌埠市 9 个、淮南市 18 个、阜阳市 28 个和亳州市 21 个。调查时间段 05:00—09:00 样本 33 个、19:00—22:00 样本 26 个、16:00—19:00 样本 50 个。通过计算健身步道上每分钟的通行人数,获得样本总数 66 个,其中淮北市 7 个、宿州市 14 个、蚌埠市 8 个、淮南市 13 个、阜阳市 12 个和亳州市 12 个。调查时间段 05:00—09:00 样本 18 个、19:00—22:00 样本 23 个、16:00—19:00 样本 25 个。通过计算健身人数与健身器材数量比,获得样本总数 133 个,其中淮北市 9 个、宿州市 9 个、蚌埠市 8 个、淮南市 11 个、阜阳市 39 个和亳州市 57 个。调查时间段 05:00—09:00 样本 32 个、19:00—22:00 样本 39 个、16:00—19:00 样本 62 个。

3.2.2.4　统计方法

(1) 数据筛选步骤

1) 异常值:在数据录入完毕后,使用统计软件中 Frequencies 的功能对异常值进行核实,确保了录入数据的准确性。

2) 缺失值:对于漏填的数据,查原始调查数据补齐,查不到的采用平均数补齐。

(2) 描述性统计

进行频数、列联表等描述统计,输出的统计量包括均数、标准差、方差、样本量、组数、频数、均数、平均秩次、秩和等。

(3) 推断性统计

根据数据的随机性、正态性以及变量的特征,采用非参数检验方法对数据进行处理。不同市、不同时间段健身广场、健身步道、健身器材拥挤度之间的差异显著性检验,采用多个独立样本的非参数检验。如果差异具有显著性,再采用两个独立样本的非参数检验进行两两检验[76],调查结果分析见 4.2。

4 基于拥挤度评价视角的皖北公共体育设施供需特征

4.1 皖北六市居民健身拥挤感调查结果

4.1.1 皖北六市居民健身广场拥挤感

4.1.1.1 居民感知健身广场的数量

（1）皖北不同市居民感知健身广场数量的列联表统计和非参数检验

1）皖北不同市居民感知健身广场数量的列联表统计

表 1　被调查者居住的城市 ＊ 被调查者感知居住区健身广场数量

		被调查者感知居住区的健身广场数量					Total
		非常少	少	中等	多	非常多	
被调查者居住的城市	淮北市	5.0％	19.9％	39.0％	23.4％	12.8％	100.0％
	宿州市	7.6％	19.0％	31.4％	12.4％	29.5％	100.0％
	蚌埠市	12.8％	29.4％	16.5％	28.4％	12.8％	100.0％
	淮南市	7.8％	26.5％	43.1％	13.7％	8.8％	100.0％
	阜阳市	11.0％	12.0％	33.0％	31.0％	13.0％	100.0％
	亳州市	19.8％	21.6％	24.3％	22.5％	11.7％	100.0％
	Total	10.5％	21.4％	31.4％	22.0％	14.7％	100.0％

　　表 1 显示，皖北六市居民感知健身广场数量：淮北市"少"和"非常少"占 24.9％（35）、中等 39.0％（55）、"多"和"非常多"占 36.2％（51）；宿州市"少"和"非常少"占 26.6％（28）、中等 31.4％（33）、"多"和"非常多"占 41.9％（44）；蚌埠市"少"和"非常少"占 42.2％（46）、中等 16.5％（18）、"多"和"非常多"占 41.2％（45）；淮南市"少"和"非常少"占 34.3％（35）、中等 43.1％（44）、"多"和"非常多"占 22.5％（23）；阜阳市"少"和"非常少"占 23.0％（23）、中等 33.0％（33）、"多"和"非常多"占 44％（51）；亳州市"少"和"非常少"占 41.4％（46）、中等 24.3％（27）、"多"和"非常多"占 34.2％（38）；总体："少"和"非常少"占 31.9％（213）、中等 31.4％（210）、"多"和"非常多"占 36.7％（245）。

　　"多"和"非常多"占比与"少"和"非常少"占比之差：淮北市 11.3％；宿州市 15.3％；蚌埠市 －1％；淮南市 －11.8％；阜阳市 21％；亳州市 －7.2％；总体：4.8％。总体上皖北六市居民感知健身广场数量"多"的占比比"少"的占比偏多一点。但各市情况不同,阜阳市、宿州市、淮北市"多"和"非常多"占比与"少"和"非常少"占比之差为正,蚌埠市、亳州市、淮南市为负。排序为:阜阳市>宿州市>淮北市>蚌埠市>亳州市>淮南市。

2) 皖北不同市居民感知健身广场数量的非参数检验

表 2   皖北六市居民感知居住区健身广场数量的平均秩

	被调查者居住的城市	N	Mean Rank
	淮北市	141	349.60
	宿州市	105	374.29
	蚌埠市	109	319.76
被调查者感知居住区的健身广场数量	淮南市	102	300.64
	阜阳市	100	360.65
	亳州市	111	299.70
	Total	668	

表 2 为皖北六市居民感知健身广场数量的样本量和平均秩次,降序排列为:宿州市为374.29(105)、阜阳市为 360.65(100)、淮北市为 349.60(141)、蚌埠市为 319.76(109)、淮南市为 300.64(102)、亳州市为 299.70(111)。

表 3   皖北六市居民感知居住区健身广场数量的非参数检验结果[a,b]

	被调查者感知居住区的健身广场数量
Chi-Square	15.409
Df	5
Asymp. Sig.	.009

a. Kruskal Wallis Test

b. Grouping Variable:被调查者居住的城市

表 3 为 Kruskal-Wallis 检验,Asymp. Sig. 为检验统计量 $\chi^2 = 15.409$、df=5 时基于渐近分布概率,本例概率 p=0.009<0.05,所以否定检验的原假设,即可以认为皖北六市居民感知健身广场数量之间的差异在 0.05 水平上具有显著性。

表 4   淮北市与宿州市被调查者感知居住区的健身广场数量的秩次统计

	被调查者居住的城市	N	Mean Rank	Sum of Ranks
被调查者感知居住区的健身广场数量	淮北市	141	119.35	16829.00
	宿州市	105	129.07	13552.00
	Total	246		

表 5   淮北市与宿州市被调查者感知居住区的健身广场数量的非参数检验结果[a]

	被调查者感知居住区的健身广场数量
Mann-Whitney U	6818.000
Wilcoxon W	16829.00
Z	−1.097
Asymp. Sig. (2-tailed)	.273

a. Grouping Variable:被调查者居住的城市

　　表4为淮北市与宿州市被调查者感知居住区的健身广场数量的秩次统计表,第一栏列出被调查城市,N为样本量,Mean Rank为平均秩次,Sum of Ranks为秩和。表5为淮北市与宿州市被调查者感知居住区的健身广场数量的非参数检验结果,其中Mann-Whitney U、Wilcoxon W以及Z为统计量,Asymp. sig. (2-tailed)为基于渐近分布的双侧检验概率,本例概率大于0.05,可以认为在0.05水平上淮北市与宿州市被调查者感知居住区的健身广场数量之间的差异不具有显著性。

表6　淮北市与蚌埠市被调查者感知居住区的健身广场数量的秩次统计

	被调查者居住的城市	N	Mean Rank	Sum of Ranks
被调查者感知居住区的健身广场数量	淮北市	141	130.39	18384.50
	蚌埠市	109	119.18	12990.50
	Total	250		

表7　淮北市与蚌埠市被调查者感知居住区健身广场数量的非参数检验结果[a]

	被调查者感知居住区的健身广场数量
Mann-Whitney U	6995.500
Wilcoxon W	12990.500
Z	−1.252
Asymp. Sig. (2-tailed)	.211

　　a. Grouping Variable：被调查者居住的城市

　　表6为淮北市与蚌埠市被调查者感知居住区的健身广场数量的秩次统计表,第一栏列出被调查城市,N为样本量,Mean Rank为平均秩次,Sum of Ranks为秩和。表7为淮北市与蚌埠市被调查者感知居住区的健身广场数量的非参数检验结果,其中Mann-Whitney U、Wilcoxon W以及Z为统计量,Asymp. sig. (2-tailed)为基于渐近分布的双侧检验概率,本例概率大于0.05,可以认为在0.05水平上淮北市与蚌埠市被调查者感知居住区的健身广场数量之间的差异不具有显著性。

表8　淮北市与淮南市被调查者感知居住区的健身广场数量的秩次统计

	被调查者居住的城市	N	Mean Rank	Sum of Ranks
被调查者感知居住区的健身广场数量	淮北市	141	130.28	18369.00
	淮南市	102	110.56	11277.00
	Total	243		

表9　淮北市与淮南市被调查者感知居住区健身广场数量的非参数检验结果[a]

	被调查者感知居住区的健身广场数量
Mann-Whitney U	6024.000
Wilcoxon W	11277.000
Z	−2.260
Asymp. Sig. (2-tailed)	.024

　　a. Grouping Variable：被调查者居住的城市

　　表 8 为淮北市与淮南市被调查者感知居住区的健身广场数量的秩次统计表,第一栏列出被调查城市,N 为样本量,Mean Rank 为平均秩次,Sum of Ranks 为秩和。表 9 为淮北市与淮南市被调查者感知居住区的健身广场数量的非参数检验结果,其中 Mann-Whitney U、Wilcoxon W 以及 Z 为统计量,Asymp. sig. (2-tailed)为基于渐近分布的双侧检验概率,本例概率小于 0.05,可以认为在 0.05 水平上淮北市与淮南市被调查者感知居住区的健身广场数量之间的差异具有显著性。

表 10　淮北市与阜阳市被调查者感知居住区的健身广场数量的秩次统计

	被调查者居住的城市	N	Mean Rank	Sum of Ranks
被调查者感知居住区的健身广场数量	淮北市	141	118.73	16740.50
	阜阳市	100	124.21	12420.50
	Total	241		

表 11　淮北市与阜阳市被调查者感知居住区健身广场数量的非参数检验结果[a]

	被调查者感知居住区的健身广场数量
Mann-Whitney U	6729.500
Wilcoxon W	16740.500
Z	−.625
Asymp. Sig. (2-tailed)	.532

　　a. Grouping Variable:被调查者居住的城市

　　表 10 为淮北市与阜阳市被调查者感知居住区的健身广场数量的秩次统计表,第一栏列出被调查城市,N 为样本量,Mean Rank 为平均秩次,Sum of Ranks 为秩和。表 11 为淮北市与阜阳市被调查者感知居住区的健身广场数量的非参数检验结果,其中 Mann-Whitney U、Wilcoxon W 以及 Z 为统计量,Asymp. sig. (2-tailed)为基于渐近分布的双侧检验概率,本例概率大于 0.05,可以认为在 0.05 水平上淮北市与阜阳市被调查者感知居住区的健身广场数量之间的差异不具有显著性。

表 12　淮北市与亳州市被调查者感知居住区的健身广场数量的秩次统计

	被调查者居住的城市	N	Mean Rank	Sum of Ranks
被调查者感知居住区的健身广场数量	淮北市	141	134.86	19015.00
	亳州市	111	115.88	12863.00
	Total	252		

表 13　淮北市与亳州市被调查者感知居住区健身广场数量的非参数检验结果[a]

	被调查者感知居住区的健身广场数量
Mann-Whitney U	6647.000
Wilcoxon W	12863.000
Z	−2.115
Asymp. Sig. (2-tailed)	.034

　　a. Grouping Variable:被调查者居住的城市

表 12 为淮北市与亳州市被调查者感知居住区的健身广场数量的秩次统计表，第一栏列出被调查城市，N 为样本量，Mean Rank 为平均秩次，Sum of Ranks 为秩和。表 13 为淮北市与亳州市被调查者感知居住区的健身广场数量的非参数检验结果，其中 Mann-Whitney U、Wilcoxon W 以及 Z 为统计量，Asymp. sig.（2-tailed）为基于渐近分布的双侧检验概率，本例概率小于 0.05，可以认为在 0.05 水平上淮北市与亳州市被调查者感知居住区的健身广场数量之间的差异具有显著性。

表 14　宿州市与蚌埠市被调查者感知居住区的健身广场数量的秩次统计

	被调查者居住的城市	N	Mean Rank	Sum of Ranks
被调查者感知居住区的健身广场数量	宿州市	105	116.49	12231.50
	蚌埠市	109	98.84	10773.50
	Total	214		

表 15　宿州市与蚌埠市被调查者感知居住区健身广场数量的非参数检验结果[a]

	被调查者感知居住区的健身广场数量
Mann-Whitney U	4778.500
Wilcoxon W	10773.500
Z	−2.135
Asymp. Sig. (2-tailed)	.033

a. Grouping Variable：被调查者居住的城市

表 14 为宿州市与蚌埠市被调查者感知居住区的健身广场数量的秩次统计表，第一栏列出被调查城市，N 为样本量，Mean Rank 为平均秩次，Sum of Ranks 为秩和。表 15 为宿州市与蚌埠市被调查者感知居住区的健身广场数量的非参数检验结果，其中 Mann-Whitney U、Wilcoxon W 以及 Z 为统计量，Asymp. sig.（2-tailed）为基于渐近分布的双侧检验概率，本例概率小于 0.05，可以认为在 0.05 水平上宿州市与蚌埠市被调查者感知居住区的健身广场数量之间的差异具有显著性。

表 16　宿州市与淮南市被调查者感知居住区的健身广场数量的秩次统计

	被调查者居住的城市	N	Mean Rank	Sum of Ranks
被调查者感知居住区的健身广场数量	宿州市	105	114.75	12048.50
	淮南市	102	92.94	9479.50
	Total	207		

表 17　宿州市与淮南市被调查者感知居住区健身广场数量的非参数检验结果[a]

	被调查者感知居住区的健身广场数量
Mann-Whitney U	4226.500
Wilcoxon W	9479.500
Z	−2.720
Asymp. Sig. (2-tailed)	.007

a. Grouping Variable：被调查者居住的城市

表 16 为宿州市与淮南市被调查者感知居住区的健身广场数量的秩次统计表,第一栏列出被调查城市,N 为样本量,Mean Rank 为平均秩次,Sum of Ranks 为秩和。表 17 为宿州市与淮南市被调查者感知居住区的健身广场数量的非参数检验结果,其中 Mann-Whitney U、Wilcoxon W 以及 Z 为统计量,Asymp. sig.(2-tailed)为基于渐近分布的双侧检验概率,本例概率小于 0.05,可以认为在 0.05 水平上宿州市与淮南市被调查者感知居住区的健身广场数量之间的差异具有显著性。

表 18　宿州市与阜阳市被调查者感知居住区的健身广场数量的秩次统计

	被调查者居住的城市	N	Mean Rank	Sum of Ranks
被调查者感知居住区的健身广场数量	宿州市	105	105.53	11080.50
	阜阳市	100	100.35	10034.50
	Total	205		

表 19　宿州市与阜阳市被调查者感知居住区健身广场数量的非参数检验结果[a]

	被调查者感知居住区的健身广场数量
Mann-Whitney U	4984.500
Wilcoxon W	10034.500
Z	−.644
Asymp. Sig. (2-tailed)	.519

a. Grouping Variable:被调查者居住的城市

表 18 为宿州市与阜阳市被调查者感知居住区的健身广场数量的秩次统计表,第一栏列出被调查城市,N 为样本量,Mean Rank 为平均秩次,Sum of Ranks 为秩和。表 19 为宿州市与阜阳市被调查者感知居住区的健身广场数量的非参数检验结果,其中 Mann-Whitney U、Wilcoxon W 以及 Z 为统计量,Asymp. sig.(2-tailed)为基于渐近分布的双侧检验概率,本例概率大于 0.05,可以认为在 0.05 水平上宿州市与阜阳市被调查者感知居住区的健身广场数量之间的差异不具有显著性。

表 20　宿州市与亳州市被调查者感知居住区的健身广场数量的秩次统计

	被调查者居住的城市	N	Mean Rank	Sum of Ranks
被调查者感知居住区的健身广场数量	宿州市	105	120.45	12647.50
	亳州市	111	97.19	10788.50
	Total	216		

表 21　宿州市与亳州市被调查者感知居住区健身广场数量的非参数检验结果[a]

	被调查者感知居住区的健身广场数量
Mann-Whitney U	4572.500
Wilcoxon W	10788.500
Z	−2.799
Asymp. Sig. (2-tailed)	.005

a. Grouping Variable:被调查者居住的城市

　　表 20 为宿州市与亳州市被调查者感知居住区的健身广场数量的秩次统计表,第一栏列出被调查城市,N 为样本量,Mean Rank 为平均秩次,Sum of Ranks 为秩和。表 21 为宿州市与亳州市被调查者感知居住区的健身广场数量的非参数检验结果,其中 Mann-Whitney U、Wilcoxon W 以及 Z 为统计量,Asymp. sig.(2-tailed)为基于渐近分布的双侧检验概率,本例概率小于 0.05,可以认为在 0.05 水平上宿州市与亳州市被调查者感知居住区的健身广场数量之间的差异具有显著性。

表 22　蚌埠市与淮南市被调查者感知居住区的健身广场数量的秩次统计

	被调查者居住的城市	N	Mean Rank	Sum of Ranks
被调查者感知居住区的健身广场数量	蚌埠市	109	108.22	11796.00
	淮南市	102	103.63	10570.00
	Total	211		

表 23　蚌埠市与淮南市被调查者感知居住区健身广场数量的非参数检验结果[a]

	被调查者感知居住区的健身广场数量
Mann-Whitney U	5317.000
Wilcoxon W	10570.000
Z	−.563
Asymp. Sig. (2-tailed)	.573

a. Grouping Variable:被调查者居住的城市

　　表 22 为蚌埠市与淮南市被调查者感知居住区的健身广场数量的秩次统计表,第一栏列出被调查城市,N 为样本量,Mean Rank 为平均秩次,Sum of Ranks 为秩和。表 23 为蚌埠市与淮南市被调查者感知居住区的健身广场数量的非参数检验结果,其中 Mann-Whitney U、Wilcoxon W 以及 Z 为统计量,Asymp. sig.(2-tailed)为基于渐近分布的双侧检验概率,本例概率大于 0.05,可以认为在 0.05 水平上蚌埠市与淮南市被调查者感知居住区的健身广场数量之间的差异不具有显著性。

表 24　蚌埠市与阜阳市被调查者感知居住区的健身广场数量的秩次统计

	被调查者居住的城市	N	Mean Rank	Sum of Ranks
被调查者感知居住区的健身广场数量	蚌埠市	109	99.56	10852.50
	阜阳市	100	110.93	11092.50
	Total	209		

表 25　蚌埠市与阜阳市被调查者感知居住区健身广场数量的非参数检验结果[a]

	被调查者感知居住区的健身广场数量
Mann-Whitney U	4857.500
Wilcoxon W	10852.500
Z	−1.395
Asymp. Sig. (2-tailed)	.163

a. Grouping Variable:被调查者居住的城市

表 24 为蚌埠市与阜阳市被调查者感知居住区的健身广场数量的秩次统计表,第一栏列出被调查城市,N 为样本量,Mean Rank 为平均秩次,Sum of Ranks 为秩和。表 25 为蚌埠市与阜阳市被调查者感知居住区的健身广场数量的非参数检验结果,其中 Mann-Whitney U、Wilcoxon W 以及 Z 为统计量,Asymp. sig.(2-tailed)为基于渐近分布的双侧检验概率,本例概率大于 0.05,可以认为在 0.05 水平上蚌埠市与阜阳市被调查者感知居住区的健身广场数量之间的差异不具有显著性。

表 26 蚌埠市与亳州市被调查者感知居住区的健身广场数量的秩次统计

	被调查者居住的城市	N	Mean Rank	Sum of Ranks
被调查者感知居住区的健身广场数量	蚌埠市	109	113.96	12421.50
	亳州市	111	107.10	11888.50
	Total	220		

表 27 蚌埠市与亳州市被调查者感知居住区健身广场数量的非参数检验结果[a]

	被调查者感知居住区的健身广场数量
Mann-Whitney U	5672.500
Wilcoxon W	11888.500
Z	−.818
Asymp. Sig. (2-tailed)	.413

a. Grouping Variable:被调查者居住的城市

表 26 为蚌埠市与亳州市被调查者感知居住区的健身广场数量的秩次统计表,第一栏列出被调查城市,N 为样本量,Mean Rank 为平均秩次,Sum of Ranks 为秩和。表 27 为蚌埠市与亳州市被调查者感知居住区的健身广场数量的非参数检验结果,其中 Mann-Whitney U、Wilcoxon W 以及 Z 为统计量,Asymp. sig.(2-tailed)为基于渐近分布的双侧检验概率,本例概率大于 0.05,可以认为在 0.05 水平上蚌埠市与亳州市被调查者感知居住区的健身广场数量之间的差异不具有显著性。

表 28 淮南市与阜阳市被调查者感知居住区的健身广场数量的秩次统计

	被调查者居住的城市	N	Mean Rank	Sum of Ranks
被调查者感知居住区的健身广场数量	淮南市	102	91.53	9336.50
	阜阳市	100	111.67	11166.50
	Total	202		

表 29 淮南市与阜阳市被调查者感知居住区健身广场数量的非参数检验结果[a]

	被调查者感知居住区的健身广场数量
Mann-Whitney U	4083.500
Wilcoxon W	9336.500
Z	−2.545
Asymp. Sig. (2-tailed)	.011

a. Grouping Variable:被调查者居住的城市

表28为淮南市与阜阳市被调查者感知居住区的健身广场数量的秩次统计表,第一栏列出被调查城市,N为样本量,Mean Rank为平均秩次,Sum of Ranks为秩和。表29为淮南市与阜阳市被调查者感知居住区的健身广场数量的非参数检验结果,其中 Mann-Whitney U、Wilcoxon W 以及 Z 为统计量,Asymp. sig. (2-tailed)为基于渐近分布的双侧检验概率,本例概率小于0.05,可以认为在0.05水平上淮南市与阜阳市被调查者感知居住区的健身广场数量之间的差异具有显著性。

表30 淮南市与亳州市被调查者感知居住区的健身广场数量的秩次统计

	被调查者居住的城市	N	Mean Rank	Sum of Ranks
被调查者感知居住区的健身广场数量	淮南市	102	107.99	11014.50
	亳州市	111	106.09	11776.50
	Total	213		

表31 淮南市与亳州市被调查者感知居住区健身广场数量的非参数检验结果[a]

	被调查者感知居住区的健身广场数量
Mann-Whitney U	5560.500
Wilcoxon W	11776.500
Z	−.231
Asymp. Sig. (2-tailed)	.817

a. Grouping Variable:被调查者居住的城市

表30为淮南市与亳州市被调查者感知居住区的健身广场数量的秩次统计表,第一栏列出被调查城市,N为样本量,Mean Rank为平均秩次,Sum of Ranks为秩和。表31为淮南市与亳州市被调查者感知居住区的健身广场数量的非参数检验结果,其中 Mann-Whitney U、Wilcoxon W 以及 Z 为统计量,Asymp. sig. (2-tailed)为基于渐近分布的双侧检验概率,本例概率大于0.05,可以认为在0.05水平上淮南市与亳州市被调查者感知居住区的健身广场数量之间的差异不具有显著性。

表32 阜阳市与亳州市被调查者感知居住区的健身广场数量的秩次统计

	被调查者居住的城市	N	Mean Rank	Sum of Ranks
被调查者感知居住区的健身广场数量	阜阳市	100	115.51	11551.50
	亳州市	111	97.43	10814.50
	Total	211		

表33 阜阳市与亳州市被调查者感知居住区健身广场数量的非参数检验结果[a]

	被调查者感知居住区的健身广场数量
Mann-Whitney U	4598.500
Wilcoxon W	10814.500
Z	−2.207
Asymp. Sig. (2-tailed)	.027

a. Grouping Variable:被调查者居住的城市

表 32 为阜阳市与亳州市被调查者感知居住区的健身广场数量的秩次统计表,第一栏列出被调查城市,N 为样本量,Mean Rank 为平均秩次,Sum of Ranks 为秩和。表 33 为阜阳市与亳州市被调查者感知居住区的健身广场数量的非参数检验结果,其中 Mann-Whitney U、Wilcoxon W 以及 Z 为统计量,Asymp. sig. (2-tailed)为基于渐近分布的双侧检验概率,本例概率小于 0.05,可以认为在 0.05 水平上阜阳市与亳州市被调查者感知居住区的健身广场数量之间的差异具有显著性。

(2) 皖北六市不同居住区居民感知健身广场数量的列联表统计和非参数检验

1) 皖北六市不同居住区居民感知健身广场数量的列联表统计

表 34 被调查者居住的区域 * 被调查者感知居住区健身广场数量

		非常少	少	中等	多	非常多	Total
		\multicolumn{5}{c}{被调查者感知居住区的健身广场数量}	Total
被调查者居住的区域	中央区域	3.3%	7.1%	32.5%	27.8%	29.2%	100.0%
	中央与郊区之间	4.6%	16.3%	39.2%	30.4%	9.6%	100.0%
	郊 区	8.2%	38.8%	30.6%	12.9%	9.4%	100.0%
	农村地区	34.4%	42.7%	16.0%	3.1%	3.8%	100.0%
	Total	10.5%	21.4%	31.4%	22.0%	14.7%	100.0%

表 34 显示,皖北不同居住区域居民感知健身广场数量:中央区域"少"和"非常少"占 10.4%、中等 32.5%、"多"和"非常多"占 57.0%;中央与郊区之间"少"和"非常少"占 20.9%、中等 39.2%、"多"和"非常多"占 40.0%;郊区"少"和"非常少"占 47.0%、中等 30.6%、"多"和"非常多"占 22.3%;农村地区"少"和"非常少"占 77.1%、中等 16.0%、"多"和"非常多"占 6.7%;总体:"少"和"非常少"占 31.9%、中等 31.4%、"多"和"非常多"占 36.7%。

"多"和"非常多"占比与"少"和"非常少"占比之差:中央区域 46.6%;中央与郊区之间 19.1%;郊区 −24.7%;农村地区 −70.4%;总体:4.8%。总体上皖北六市不同居住区域居民感知健身广场数量"多"的占比比"少"的占比偏多一点。但各区域情况不同,中央区域、中央与郊区之间"多"和"非常多"占比与"少"和"非常少"占比之差为正,郊区、农村地区为负。排序为:中央区域>中央与郊区之间>郊区>农村地区。相关检验显示,皖北六市被调查者居住的区域与被调查者感知健身广场数量的皮尔逊相关系数为 0.517,斯皮尔曼相关系数为 0.505,p=0.000<0.05,相关具有显著性。

2) 皖北六市不同居住区居民感知健身广场数量的非参数检验

表 35 皖北六市不同居住区居民感知居住区健身广场数量的平均秩

	被调查者居住的区域	N	Mean Rank
被调查者感知居住区的健身广场数量	中央区域	212	434.37
	中央与郊区之间	240	359.99
	郊 区	85	278.10
	农村地区	131	162.77
	Total	668	

表 35 为皖北六市不同居住区居民感知居住区健身广场数量的样本量和平均秩,平均秩降序排列为:中央区域为 434.37(212)、中央与郊区之间为 359.99(240)、郊区为 278.10 (85)、农村地区为 162.77(131)。

表 36　皖北六市不同居住区居民感知居住区健身广场数量的非参数检验结果[a,b]

	被调查者居住区的健身广场数量
Chi-Square	182.132
Df	3
Asymp. Sig.	.000

a. Kruskal Wallis Test
b. Grouping Variable:被调查者居住的区域

表 36 为 Kruskal-Wallis 检验,Asymp. Sig. 为检验统计量 $\chi^2 = 182.132$、df = 3 时基于渐近分布概率,本例概率 p = 0.000 < 0.05,所以否定检验的原假设,即可以认为皖北六市不同居住区居民感知居住区健身广场数量之间的差异在 0.05 水平上具有显著性。

表 37　中央区域与中央与郊区之间被调查者感知居住区的健身广场数量的秩次统计

	被调查者居住的区域	N	Mean Rank	Sum of Ranks
被调查者感知居住区的健身广场数量	中央区域	212	257.47	54583.50
	中央与郊区之间	240	199.14	47794.50
	Total	452		

表 38　中央区域与中央与郊区之间被调查者感知居住区的健身广场数量的非参数检验结果[a]

	被调查者感知居住区的健身广场数量
Mann-Whitney U	18874.500
Wilcoxon W	47794.500
Z	−4.940
Asymp. Sig. (2-tailed)	.000

a. Grouping Variable:被调查者居住的区域

表 37 为中央区域与中央与郊区之间被调查者感知居住区的健身广场数量的秩次统计表,第一栏列出被调查城市,N 为样本量,Mean Rank 为平均秩次,Sum of Ranks 为秩和。表 38 为中央区域与中央与郊区之间被调查者感知居住区的健身广场数量的非参数检验结果,其中 Mann-Whitney U、Wilcoxon W 以及 Z 为统计量,Asymp. sig. (2-tailed) 为基于渐近分布的双侧检验概率,本例概率小于 0.05,可以认为在 0.05 水平上中央区域与中央与郊区之间被调查者感知居住区的健身广场数量之间的差异具有显著性。

表 39　中央区域与郊区被调查者感知居住区的健身广场数量的秩次统计

	被调查者居住的区域	N	Mean Rank	Sum of Ranks
被调查者感知居住区的健身广场数量	中央区域	212	169.12	35852.50
	郊　区	85	98.83	8400.50
	Total	297		

表 40   中央区域与郊区被调查者感知居住区的健身广场数量的非参数检验结果ª

	被调查者感知居住区的健身广场数量
Mann-Whitney U	4745.500
Wilcoxon W	8400.500
Z	−6.587
Asymp. Sig. (2-tailed)	.000

a. Grouping Variable：被调查者居住的区域

表 39 为中央区域与郊区被调查者感知居住区的健身广场数量的秩次统计表，第一栏列出被调查城市，N 为样本量，Mean Rank 为平均秩次，Sum of Ranks 为秩和。表 40 为中央区域与郊区被调查者感知居住区的健身广场数量的非参数检验结果，其中 Mann-Whitney U、Wilcoxon W 以及 Z 为统计量，Asymp. sig.（2-tailed）为基于渐近分布的双侧检验概率，本例概率小于 0.05，可以认为在 0.05 水平上中央区域与郊区被调查者感知居住区的健身广场数量之间的差异具有显著性。

表 41   中央区域与农村地区被调查者感知居住区的健身广场数量的秩次统计

	被调查者居住的区域	N	Mean Rank	Sum of Ranks
被调查者感知居住区的健身广场数量	中央区域	212	220.79	46807.00
	农村地区	131	93.05	12189.00
	Total	343		

表 42   中央区域与农村地区被调查者感知居住区的健身广场数量的非参数检验结果ª

	被调查者感知居住区的健身广场数量
Mann-Whitney U	3543.000
Wilcoxon W	12189.000
Z	−11.856
Asymp. Sig. (2-tailed)	.000

a. Grouping Variable：被调查者居住的区域

表 41 为中央区域与农村地区被调查者感知居住区的健身广场数量的秩次统计表，第一栏列出被调查城市，N 为样本量，Mean Rank 为平均秩次，Sum of Ranks 为秩和。表 42 为中央区域与农村地区被调查者感知居住区的健身广场数量的非参数检验结果，其中 Mann-Whitney U、Wilcoxon W 以及 Z 为统计量，Asymp. sig.（2-tailed）为基于渐近分布的双侧检验概率，本例概率小于 0.05，可以认为在 0.05 水平上中央区域与农村地区被调查者感知居住区的健身广场数量之间的差异具有显著性。

表 43   中央区域与郊区之间与郊区被调查者感知居住区的健身广场数量的秩次统计

	被调查者居住的区域	N	Mean Rank	Sum of Ranks
被调查者感知居住区的健身广场数量	中央与郊区之间	240	174.75	41939.50
	郊 区	85	129.83	11035.50
	Total	325		

表 44　中央区域与郊区之间与郊区被调查者感知居住区的健身广场数量的非参数检验结果[a]

	被调查者感知居住区的健身广场数量
Mann-Whitney U	7380.500
Wilcoxon W	11035.500
Z	−3.948
Asymp. Sig. (2-tailed)	.000

a. Grouping Variable：被调查者居住的区域

表 43 为中央区域与郊区之间与郊区被调查者感知居住区的健身广场数量的秩次统计表，第一栏列出被调查城市，N 为样本量，Mean Rank 为平均秩次，Sum of Ranks 为秩和。表 44 为中央区域与郊区之间与郊区被调查者感知居住区的健身广场数量的非参数检验结果，其中 Mann-Whitney U、Wilcoxon W 以及 Z 为统计量，Asymp. sig. (2-tailed) 为基于渐近分布的双侧检验概率，本例概率小于 0.05，可以认为在 0.05 水平上中央区域与郊区之间与郊区被调查者感知居住区的健身广场数量之间的差异具有显著性。

表 45　中央区域与郊区之间与农村地区被调查者感知居住区的健身广场数量的秩次统计

	被调查者居住的区域	N	Mean Rank	Sum of Ranks
被调查者感知居住区的健身广场数量	中央与郊区之间	240	227.10	54503.00
	农村地区	131	110.71	14503.00
	Total	371		

表 46　中央区域与郊区之间与农村地区被调查者感知居住区的健身广场数量的非参数检验结果[a]

	被调查者感知居住区的健身广场数量
Mann-Whitney U	5857.000
Wilcoxon W	14503.000
Z	−10.301
Asymp. Sig. (2-tailed)	.000

a. Grouping Variable：被调查者居住的区域

表 45 为中央区域与郊区之间与农村地区被调查者感知居住区的健身广场数量的秩次统计表，第一栏列出被调查城市，N 为样本量，Mean Rank 为平均秩次，Sum of Ranks 为秩和。表 46 为中央区域与郊区之间与农村地区被调查者感知居住区的健身广场数量的非参数检验结果，其中 Mann-Whitney U、Wilcoxon W 以及 Z 为统计量，Asymp. sig. (2-tailed) 为基于渐近分布的双侧检验概率，本例概率小于 0.05，可以认为在 0.05 水平上中央区域与郊区之间与农村地区被调查者感知居住区的健身广场数量之间的差异具有显著性。

表 47　郊区与农村地区被调查者感知居住区的健身广场数量的秩次统计

	被调查者居住的区域	N	Mean Rank	Sum of Ranks
被调查者感知居住区的健身广场数量	郊　区	85	135.44	11512.50
	农村地区	131	91.02	11923.50
	Total	216		

表 48　郊区与农村地区被调查者感知居住区的健身广场数量的非参数检验结果[a]

	被调查者感知居住区的健身广场数量
Mann-Whitney U	3277.500
Wilcoxon W	11923.5000
Z	−5.364
Asymp. Sig. (2-tailed)	.000

a. Grouping Variable：被调查者居住的区域

　　表 47 为郊区与农村地区被调查者感知居住区的健身广场数量的秩次统计表，第一栏列出被调查城市，N 为样本量，Mean Rank 为平均秩次，Sum of Ranks 为秩和。表 48 为郊区与农村地区被调查者感知居住区的健身广场数量的非参数检验结果，其中 Mann-Whitney U、Wilcoxon W 以及 Z 为统计量，Asymp. sig. (2-tailed) 为基于渐近分布的双侧检验概率，本例概率小于 0.05，可以认为在 0.05 水平上郊区与农村地区被调查者感知居住区的健身广场数量之间的差异具有显著性。

　　（3）皖北六市不同居住密度居民感知健身广场数量的列联表统计和非参数检验

　　1）皖北六市不同居住密度居民感知健身广场数量的列联表统计

表 49　被调查者居住区人口密度 * 被调查者感知居住区健身广场数量

		被调查者感知居住区的健身广场数量					Total
		非常少	少	中等	多	非常多	
被调查者居住区的人口密度	非常稀疏	34.6%	50.0%	7.7%	3.8%	3.8%	100.0%
	稀疏	33.8%	47.9%	11.3%	7.0%	0.0%	100.0%
	中等	8.4%	26.4%	46.0%	14.8%	4.4%	100.0%
	大	4.9%	11.0%	31.9%	35.2%	17.0%	100.0%
	非常大	5.0%	7.2%	19.4%	28.8%	39.6%	100.0%
	Total	10.5%	21.4%	31.4%	22.0%	14.7%	100.0%

　　表 49 显示，皖北不同居住密度居民感知居住区健身广场数量：非常稀疏"非常少"和"少"占 84.6%、中等 7.7%、"多"和"非常多"占 7.6%；稀疏"非常少"和"少"占 81.7%、中等 11.3%、"多"和"非常多"占 7.0%；中等"非常少"和"少"占 34.8%、中等 46.0%、"多"和"非常多"占 19.2%；大"非常少"和"少"占 15.9%、中等 31.9%、"多"和"非常多"占 52.2%；非常大"非常少"和"少"占 12.2%、中等 19.4%、"多"和"非常多"占 68.4%；总体："非常少"和"少"占 31.9%、中等 31.4%、"多"和"非常多"占 36.7%。

　　"多"和"非常多"占比与"非常少"和"少"占比之差：非常稀疏−77%；稀疏−74.7%；中等−15.6%；大 36.3%；非常大 56.2%；总体：4.8%。总体上皖北六市不同居住密度居民感知居住区健身广场数量"多"的占比比"少"的占比偏多一点。但不同居住密度情况不同，居住密度大、非常大的居民感知居住区健身广场数量"多"和"非常多"占比与"非常少"和"少"占比之差为正，居住密度中等、稀疏、非常稀疏的地区为负。排序为：居住密度非常大＞大＞中等＞稀疏＞非常稀疏。相关检验显示，皖北六市被调查者居住的密度与被调查者感知居住区健身广场数量的皮尔逊相关系数为 0.525，斯皮尔曼相关系数为 0.532，p＝0.000＜0.05，相关具有显著性。

2）皖北六市不同居住密度居民感知健身广场数量的非参数检验

表 50 皖北六市不同居住密度居民感知居住区健身广场数量的平均秩

	被调查者居住的人口密度	N	Mean Rank
被调查者居住区的健身广场数量	非常稀疏	26	150.73
	稀疏	71	150.89
	中等	250	287.79
	大	182	399.15
	非常大	139	462.02
	Total	668	

表 50 为皖北六市不同居住密度居民感知居住区健身广场数量的样本量和平均秩,平均秩升序排列为:"非常稀疏"为 150.73、"稀疏"为 150.89、中等 287.79、"大"为 399.15、"非常大"为 462.02。

表 51 皖北六市不同居住密度居民感知居住区健身广场数量的非参数检验结果[a,b]

	被调查者居住区的健身广场数量
Chi-Square	194.474
Df	4
Asymp. Sig.	.000

a. Kruskal Wallis Test

b. Grouping Variable:被调查者居住区的人口密度

表 51 为 Kruskal-Wallis 检验,Asymp. Sig. 为检验统计量 $\chi^2 = 194.474$、df=4 时基于渐近分布概率,本例概率 p=0.000<0.05,所以否定检验的原假设,即可以认为皖北六市不同居住密度居民感知居住区健身广场数量之间的差异在 0.05 水平上具有显著性。

表 52 居住密度非常稀疏与稀疏被调查者感知居住区的健身广场数量的秩次统计

	被调查者居住区的人口密度	N	Mean Rank	Sum of Ranks
被调查者感知居住区的健身广场数量	非常稀疏	26	48.29	1255.50
	稀疏	71	49.26	3497.50
	Total	97		

表 53 居住密度非常稀疏与稀疏被调查者感知居住区的健身广场数量的非参数检验结果[a]

	被调查者感知居住区的健身广场数量
Mann-Whitney U	904.500
Wilcoxon W	1255.500
Z	−.164
Asymp. Sig. (2-tailed)	.870

a. Grouping Variable:被调查者居住区的人口密度

表 52 为居住密度非常稀疏与稀疏被调查者感知居住区的健身广场数量的秩次统计表,第一栏列出被调查城市,N 为样本量,Mean Rank 为平均秩次,Sum of Ranks 为秩和。表 53

为居住密度非常稀疏与稀疏被调查者感知居住区的健身广场数量的非参数检验结果,其中Mann-Whitney U、Wilcoxon W 以及 Z 为统计量,Asymp. sig.（2-tailed）为基于渐近分布的双侧检验概率,本例概率大于 0.05,可以认为在 0.05 水平上居住密度非常稀疏与稀疏被调查者感知居住区的健身广场数量之间的差异不具有显著性。

表 54　居住密度非常稀疏与中等被调查者感知居住区的健身广场数量的秩次统计

	被调查者居住区的人口密度	N	Mean Rank	Sum of Ranks
被调查者感知居住区的健身广场数量	非常稀疏	26	73.13	1901.50
	中等	250	145.30	36324.50
	Total	276		

表 55　居住密度非常稀疏与中等被调查者感知居住区的健身广场数量的非参数检验结果[a]

	被调查者感知居住区的健身广场数量
Mann-Whitney U	1550.50
Wilcoxon W	1901.500
Z	−4.634
Asymp. Sig. (2-tailed)	.000

a. Grouping Variable：被调查者居住区的人口密度

表 54 为居住密度非常稀疏与中等被调查者感知居住区的健身广场数量的秩次统计表,第一栏列出被调查城市,N 为样本量,Mean Rank 为平均秩次,Sum of Ranks 为秩和。表 55 为居住密度非常稀疏与中等被调查者感知居住区的健身广场数量的非参数检验结果,其中Mann-Whitney U、Wilcoxon W 以及 Z 为统计量,Asymp. sig.（2-tailed）为基于渐近分布的双侧检验概率,本例概率小于 0.05,可以认为在 0.05 水平上居住密度非常稀疏与中等被调查者感知居住区的健身广场数量之间的差异具有显著性。

表 56　居住密度非常稀疏与大被调查者感知居住区的健身广场数量的秩次统计

	被调查者居住区的人口密度	N	Mean Rank	Sum of Ranks
被调查者感知居住区的健身广场数量	非常稀疏	26	40.00	1040.00
	大	182	113.71	20696.00
	Total	208		

表 57　居住密度非常稀疏与大被调查者感知居住区的健身广场数量的非参数检验结果[a]

	被调查者感知居住区的健身广场数量
Mann-Whitney U	689.000
Wilcoxon W	1040.000
Z	−6.034
Asymp. Sig. (2-tailed)	.000

a. Grouping Variable：被调查者居住区的人口密度

表 56 为居住密度非常稀疏与大被调查者感知居住区的健身广场数量的秩次统计表,第一栏列出被调查城市,N 为样本量,Mean Rank 为平均秩次,Sum of Ranks 为秩和。表 57

为居住密度非常稀疏与大被调查者感知居住区的健身广场数量的非参数检验结果,其中 Mann-Whitney U、Wilcoxon W 以及 Z 为统计量,Asymp. sig.(2-tailed)为基于渐近分布的双侧检验概率,本例概率小于 0.05,可以认为在 0.05 水平上居住密度非常稀疏与大被调查者感知居住区的健身广场数量之间的差异具有显著性。

表 58　居住密度非常稀疏与非常大被调查者感知居住区的健身广场数量的秩次统计

	被调查者居住区的人口密度	N	Mean Rank	Sum of Ranks
被调查者感知居住区的健身广场数量	非常稀疏	26	29.81	775.00
	非常大	139	92.95	12920.00
	Total	165		

表 59　居住密度非常稀疏与非常大被调查者感知居住区的健身广场数量的非参数检验结果[a]

	被调查者感知居住区的健身广场数量
Mann-Whitney U	424.000
Wilcoxon W	775.000
Z	—6.391
Asymp. Sig. (2-tailed)	.000

a. Grouping Variable:被调查者居住区的人口密度

表 58 为居住密度非常稀疏与非常大被调查者感知居住区的健身广场数量的秩次统计表,第一栏列出被调查城市,N 为样本量,Mean Rank 为平均秩次,Sum of Ranks 为秩和。表 59 为居住密度非常稀疏与非常大被调查者感知居住区的健身广场数量的非参数检验结果,其中 Mann-Whitney U、Wilcoxon W 以及 Z 为统计量,Asymp. sig.(2-tailed)为基于渐近分布的双侧检验概率,本例概率小于 0.05,可以认为在 0.05 水平上居住密度非常稀疏与非常大被调查者感知居住区的健身广场数量之间的差异具有显著性。

表 60　居住密度稀疏与中等被调查者感知居住区的健身广场数量的秩次统计

	被调查者居住区的人口密度	N	Mean Rank	Sum of Ranks
被调查者感知居住区的健身广场数量	稀疏	71	97.22	6902.50
	中等	250	179.11	44778.50
	Total	321		

表 61　居住密度稀疏与中等被调查者感知居住区的健身广场数量的非参数检验结果[a]

	被调查者感知居住区的健身广场数量
Mann-Whitney U	4346.500
Wilcoxon W	6902.500
Z	—6.884
Asymp. Sig. (2-tailed)	.000

a. Grouping Variable:被调查者居住区的人口密度

表 60 为居住密度稀疏与中等被调查者感知居住区的健身广场数量的秩次统计表,第一栏列出被调查城市,N 为样本量,Mean Rank 为平均秩次,Sum of Ranks 为秩和。表 61 为

居住密度稀疏与中等被调查者感知居住区的健身广场数量的非参数检验结果,其中 Mann-Whitney U、Wilcoxon W 以及 Z 为统计量,Asymp. sig.（2-tailed)为基于渐近分布的双侧检验概率,本例概率小于 0.05,可以认为在 0.05 水平上居住密度稀疏与中等被调查者感知居住区的健身广场数量之间的差异具有显著性。

表 62　居住密度稀疏与大被调查者感知居住区的健身广场数量的秩次统计

	被调查者居住区的人口密度	N	Mean Rank	Sum of Ranks
被调查者感知居住区的健身广场数量	稀疏	71	61.54	4369.00
	大	182	152.54	27762.00
	Total	253		

表 63　居住密度稀疏与大被调查者感知居住区的健身广场数量的非参数检验结果[a]

	被调查者感知居住区的健身广场数量
Mann-Whitney U	1813.000
Wilcoxon W	4369.000
Z	−9.127
Asymp. Sig. (2-tailed)	.000

a. Grouping Variable：被调查者居住区的人口密度

表 62 为居住密度稀疏与大被调查者感知居住区的健身广场数量的秩次统计表,第一栏列出被调查城市,N 为样本量,Mean Rank 为平均秩次,Sum of Ranks 为秩和。表 63 为居住密度稀疏与大被调查者感知居住区的健身广场数量的非参数检验结果,其中 Mann-Whitney U、Wilcoxon W 以及 Z 为统计量,Asymp. sig.（2-tailed)为基于渐近分布的双侧检验概率,本例概率小于 0.05,可以认为在 0.05 水平上居住密度稀疏与大被调查者感知居住区的健身广场数量之间的差异具有显著性。

表 64　居住密度稀疏与非常大被调查者感知居住区的健身广场数量的秩次统计

	被调查者居住区的人口密度	N	Mean Rank	Sum of Ranks
被调查者感知居住区的健身广场数量	稀疏	71	50.87	3612.00
	非常大	139	133.40	18543.00
	Total	210		

表 65　居住密度稀疏与非常大被调查者感知居住区的健身广场数量的非参数检验结果[a]

	被调查者感知居住区的健身广场数量
Mann-Whitney U	1056.000
Wilcoxon W	3612.000
Z	−9.527
Asymp. Sig. (2-tailed)	.000

a. Grouping Variable：被调查者居住区的人口密度

表 64 为居住密度稀疏与非常大被调查者感知居住区的健身广场数量的秩次统计表,第一栏列出被调查城市,N 为样本量,Mean Rank 为平均秩次,Sum of Ranks 为秩和。表 65

为居住密度稀疏与非常大被调查者感知居住区的健身广场数量的非参数检验结果,其中 Mann-Whitney U、Wilcoxon W 以及 Z 为统计量,Asymp. sig.（2-tailed）为基于渐近分布的双侧检验概率,本例概率小于 0.05,可以认为在 0.05 水平上居住密度稀疏与非常大被调查者感知居住区的健身广场数量之间的差异具有显著性。

表 66　居住密度中等与大被调查者感知居住区的健身广场数量的秩次统计

	被调查者居住区的人口密度	N	Mean Rank	Sum of Ranks
被调查者感知居住区的健身广场数量	中等	250	182.51	45628.00
	大	182	263.19	47900.00
	Total	432		

表 67　居住密度中等与大被调查者感知居住区的健身广场数量的非参数检验结果ᵃ

	被调查者感知居住区的健身广场数量
Mann-Whitney U	14253.000
Wilcoxon W	45628.000
Z	−6.937
Asymp. Sig. (2-tailed)	.000

a. Grouping Variable:被调查者居住区的人口密度

表 66 为居住密度中等与大被调查者感知居住区的健身广场数量的秩次统计表,第一栏列出被调查城市,N 为样本量,Mean Rank 为平均秩次,Sum of Ranks 为秩和。表 67 为居住密度中等与大被调查者感知居住区的健身广场数量的非参数检验结果,其中 Mann-Whitney U、Wilcoxon W 以及 Z 为统计量,Asymp. sig.（2-tailed）为基于渐近分布的双侧检验概率,本例概率小于 0.05,可以认为在 0.05 水平上居住密度中等与大被调查者感知居住区的健身广场数量之间的差异具有显著性。

表 68　居住密度中等与非常大被调查者感知居住区的健身广场数量的秩次统计

	被调查者居住区的人口密度	N	Mean Rank	Sum of Ranks
被调查者感知居住区的健身广场数量	中等	250	157.37	39342.50
	非常大	139	262.68	36512.50
	Total	389		

表 69　居住密度中等与非常大被调查者感知居住区的健身广场数量的非参数检验结果ᵃ

	被调查者感知居住区的健身广场数量
Mann-Whitney U	7967.500
Wilcoxon W	39342.500
Z	−9.175
Asymp. Sig. (2-tailed)	.000

a. Grouping Variable:被调查者居住区的人口密度

表 68 为居住密度中等与非常大被调查者感知居住区的健身广场数量的秩次统计表,第一栏列出被调查城市,N 为样本量,Mean Rank 为平均秩次,Sum of Ranks 为秩和。表 69

为居住密度中等与非常大被调查者感知居住区的健身广场数量的非参数检验结果,其中 Mann-Whitney U、Wilcoxon W 以及 Z 为统计量,Asymp. sig.（2-tailed）为基于渐近分布的双侧检验概率,本例概率小于 0.05,可以认为在 0.05 水平上居住密度中等与非常大被调查者感知居住区的健身广场数量之间的差异具有显著性。

表70　居住密度大与非常大被调查者感知居住区的健身广场数量的秩次统计

	被调查者居住区的人口密度	N	Mean Rank	Sum of Ranks
被调查者感知居住区的健身广场数量	大	182	144.21	26246.00
	非常大	139	182.99	25435.00
	Total	321		

表71　居住密度大与非常大被调查者感知居住区的健身广场数量的非参数检验结果[a]

	被调查者感知居住区的健身广场数量
Mann-Whitney U	9593.000
Wilcoxon W	26246.000
Z	−3.852
Asymp. Sig. (2-tailed)	.000

a. Grouping Variable：被调查者居住区的人口密度

表70 为居住密度大与非常大被调查者感知居住区的健身广场数量的秩次统计表,第一栏列出被调查城市,N 为样本量,Mean Rank 为平均秩次,Sum of Ranks 为秩和。表71 为居住密度大与非常大被调查者感知居住区的健身广场数量的非参数检验结果,其中 Mann-Whitney U、Wilcoxon W 以及 Z 为统计量,Asymp. sig.（2-tailed）为基于渐近分布的双侧检验概率,本例概率小于 0.05,可以认为在 0.05 水平上居住密度大与非常大被调查者感知居住区的健身广场数量的差异具有显著性。

（4）皖北六市不同性别居民感知健身广场数量的列联表统计和非参数检验

1）皖北六市不同性别居民感知健身广场数量的列联表统计

表72　被调查者性别 * 被调查者感知居住区健身广场数量

		被调查者感知居住区的健身广场数量					Total
		非常少	少	中等	多	非常多	
被调查者的性别	男	8.2%	20.5%	26.7%	24.1%	20.5%	100.0%
	女	13.0%	22.5%	36.7%	19.6%	8.2%	100.0%
	Total	10.5%	21.4%	31.4%	22.0%	14.7%	100.0%

表72 显示,皖北不同性别居民感知居住区健身广场数量:男性"非常少"和"少"占28.7%、中等 26.7%、"多"和"非常多"占 44.6%;女性"非常少"和"少"占 35.5%、中等36.7%、"多"和"非常多"占 27.8%;总体:"非常少"和"少"占 31.9%、中等 31.4%、"多"和"非常多"占 36.7%。

"多"和"非常多"占比与"非常少"和"少"占比之差:男性 15.9%;女性−7.7%;总体:4.8%。总体上皖北六市不同性别居民感知居住区健身广场数量,"多"的占比比"少"的占比偏多一点。男性居民感知居住区健身广场数量"多"的占比与"少"的占比之差为正,女性为负。排序为:男性＞女性。相关检验显示,皖北六市被调查者的性别与被调查者感知居住区健身广场数量的皮尔逊相关系数为 0.169,斯皮尔曼相关系数为 0.165,p＝0.000＜0.05,相关具有显著性。

2）皖北六市不同性别居民感知健身广场数量的非参数检验

表 73　皖北六市不同性别居民感知居住区健身广场数量的秩次统计量

	被调查者的性别	N	Mean Rank	Sum of Ranks
被调查者感知居住区的健身广场数量	男	352	363.75	128041.50
	女	316	301.91	95404.50
	Total	668		

表 74　皖北六市不同性别居民感知居住区健身广场数量的非参数检验结果[a]

	被调查者感知居住区的健身广场数量
Mann-Whitney U	45318.500
Wilcoxon W	95404.500
Z	−4.256
Asymp. Sig. (2-tailed)	.000

a. Grouping Variable:被调查者的性别

表 73 为皖北六市不同性别居民感知居住区健身广场数量的秩次表,第一栏列出被调查者的性别,N 为性别人数,Mean Rank 为平均秩次,Sum of Ranks 为秩和。表 74 为皖北六市不同性别居民感知居住区健身广场数量的非参数检验结果,其中 Mann-Whitney U、Wilcoxon W 以及 Z 为统计量,Asymp. sig. (2-tailed)为基于渐近分布的双侧检验概率,本例概率小于 0.05。可以认为在 0.05 水平上男女之间的感知差异具有显著性。

（5）皖北六市不同年龄区间居民感知健身广场数量的列联表统计和非参数检验

1）皖北六市不同年龄区间居民感知健身广场数量的列联表统计

表 75　被调查者年龄区间 * 被调查者感知居住区健身广场数量

		被调查者感知居住区的健身广场数量					Total
		非常少	少	中等	多	非常多	
被调查者的年龄区间	12 岁以下	4.3%	13.0%	8.7%	8.7%	65.2%	100.0%
	13—19 岁	3.9%	27.5%	35.3%	21.6%	11.8%	100.0%
	20—39 岁	10.7%	25.3%	35.7%	18.7%	9.7%	100.0%
	40—59 岁	9.7%	18.5%	40.0%	22.6%	9.2%	100.0%
	60 岁以上	16.2%	14.1%	5.1%	34.3%	30.3%	100.0%
	Total	10.5%	21.4%	31.4%	22.0%	14.7%	100.0%

表 75 显示,皖北不同年龄区间居民感知居住区健身广场数量:12 岁以下"少"和"非常少"占 17.3%、中等 8.7%、"多"和"非常多"占 73.2%;13—19 岁"少"和"非常少"占 31.4%、中等 35.3%、"多"和"非常多"占 33.4%;20—39 岁"少"和"非常少"占 36.0%、中等 35.7%、"多"和"非常多"占 28.4%;40—59 岁"少"和"非常少"占 28.2%、中等 40.0%、"多"和"非常多"占 31.8%;60 岁以上"少"和"非常少"占 30.3%、中等 5.1%、"多"和"非

常多"占 64.6%;总体:"少"和"非常少"占 31.9%、中等 31.4%、"多"和"非常多"
占 36.7%。

"多"和"非常多"占比与"少"和"非常少"占比之差:12 岁以下 55.9%;13—19 岁 2%;
20—39 岁 −7.6%;40—59 岁 3.6%;60 岁以上 34.3%;总体:4.8%。总体上皖北六市不同
年龄区间居民感知居住区健身广场数量,"多"的占比比"少"的占比偏多一点。12 岁以下、
13—19 岁、40—59 岁、60 岁以上居民感知居住区健身广场数量,"多"和"非常多"的占比与
"少"和"非常少"的占比之差为正,20—39 岁为负。排序为:12 岁以下>60 岁以上>40—59
岁>13—19 岁>20—39 岁。相关检验显示,皖北六市被调查者的年龄区间与被调查者感知
居住区健身广场数量的皮尔逊相关系数为 0.022,p=0.577>0.05,相关不具有显著性。斯
皮尔曼相关系数为 0.062,p=0.108>0.05,相关不具有显著性。

2)皖北六市不同年龄区间居民感知健身广场数量的非参数检验

表 76　皖北六市不同年龄区间居民感知居住区健身广场数量的平均秩

	被调查者的年龄区间	N	Mean Rank
被调查者感知居住区的健身广场数量	12 岁以下	23	495.00
	13—19 岁	51	332.86
	20—39 岁	300	306.02
	40—59 岁	195	326.40
	60 岁以上	99	400.32
	Total	668	

表 76 为皖北六市不同年龄区间居民感知居住区健身广场数量的样本量和平均秩,平均
秩升序排列为:"20—39 岁"为 306.02、"40—59 岁"为 326.40、"13—19 岁"为 332.86、"60
岁以上"为 400.32、"12 岁以下"为 495.00。

表 77　皖北六市不同年龄区间居民感知居住区健身广场数量的非参数检验结果[a,b]

	被调查者居住区的健身广场数量
Chi-Square	36.337
Df	4
Asymp. Sig.	.000

a. Kruskal Wallis Test

b. Grouping Variable:被调查者的年龄区间

表 77 为 Kruskal-Wallis 检验,Asymp. Sig. 为检验统计量 $\chi^2=36.337$、df=4 时基于渐
近分布概率,本例概率 p=0.000<0.05,所以否定检验的原假设,即可以认为皖北六市不同
年龄区间居民感知居住区健身广场数量之间的差异在 0.05 水平上具有显著性。

表 78　12 岁以下与 13—19 岁被调查者感知居住区的健身广场数量的秩次统计

	被调查者的年龄区间	N	Mean Rank	Sum of Ranks
被调查者感知居住区的健身广场数量	12 岁以下	23	50.13	1153.00
	13—19 岁	51	31.80	1622.00
	Total	74		

表 79 12 岁以下与 13—19 岁被调查者感知居住区的健身广场数量的非参数检验结果ᵃ

	被调查者感知居住区的健身广场数量
Mann-Whitney U	296.000
Wilcoxon W	1622.000
Z	−3.499
Asymp. Sig. (2-tailed)	.000

a. Grouping Variable：被调查者的年龄区间

表 78 为 12 岁以下与 13—19 岁被调查者感知居住区的健身广场数量的秩次统计表，第一栏列出被调查城市，N 为样本量，Mean Rank 为平均秩次，Sum of Ranks 为秩和。表 79 为 12 岁以下与 13—19 岁被调查者感知居住区的健身广场数量的非参数检验结果，其中 Mann-Whitney U、Wilcoxon W 以及 Z 为统计量，Asymp. sig.（2-tailed）为基于渐近分布的双侧检验概率，本例概率小于 0.05，可以认为在 0.05 水平上 12 岁以下与 13—19 岁被调查者感知居住区的健身广场数量的差异具有显著性。

表 80 12 岁以下与 20—39 岁被调查者感知居住区的健身广场数量的秩次统计

	被调查者的年龄区间	N	Mean Rank	Sum of Ranks
被调查者感知居住区的健身广场数量	12 岁以下	23	243.20	5593.50
	20—39 岁	300	155.77	46732.50
	Total	323		

表 81 12 岁以下与 20—39 岁被调查者感知居住区的健身广场数量的非参数检验结果ᵃ

	被调查者感知居住区的健身广场数量
Mann-Whitney U	1582.500
Wilcoxon W	46732.500
Z	−4.468
Asymp. Sig. (2-tailed)	.000

a. Grouping Variable：被调查者的年龄区间

表 80 为 12 岁以下与 20—39 岁被调查者感知居住区的健身广场数量的秩次统计表，第一栏列出被调查城市，N 为样本量，Mean Rank 为平均秩次，Sum of Ranks 为秩和。表 81 为 12 岁以下与 20—39 岁被调查者感知居住区的健身广场数量的非参数检验结果，其中 Mann-Whitney U、Wilcoxon W 以及 Z 为统计量，Asymp. sig.（2-tailed）为基于渐近分布的双侧检验概率，本例概率小于 0.05，可以认为在 0.05 水平上 12 岁以下与 20—39 岁被调查者感知居住区的健身广场数量的差异具有显著性。

表 82 12 岁以下与 40—59 岁被调查者感知居住区的健身广场数量的秩次统计

	被调查者的年龄区间	N	Mean Rank	Sum of Ranks
被调查者感知居住区的健身广场数量	12 岁以下	23	160.20	3684.50
	40—59 岁	195	103.52	20186.50
	Total	218		

表 83　12 岁以下与 40—59 岁被调查者感知居住区的健身广场数量的非参数检验结果ᵃ

	被调查者感知居住区的健身广场数量
Mann-Whitney U	1076.500
Wilcoxon W	20186.500
Z	−4.223
Asymp. Sig. (2-tailed)	.000

a. Grouping Variable：被调查者的年龄区间

　　表 82 为 12 岁以下与 40—59 岁被调查者感知居住区的健身广场数量的秩次统计表,第一栏列出被调查城市,N 为样本量,Mean Rank 为平均秩次,Sum of Ranks 为秩和。表 83 为 12 岁以下与 40—59 岁被调查者感知居住区的健身广场数量的非参数检验结果,其中 Mann-Whitney U、Wilcoxon W 以及 Z 为统计量,Asymp. sig. (2-tailed) 为基于渐近分布的双侧检验概率,本例概率小于 0.05,可以认为在 0.05 水平上 12 岁以下与 40—59 岁被调查者感知居住区的健身广场数量的差异具有显著性。

表 84　12 岁以下与 60 岁以上被调查者感知居住区的健身广场数量的秩次统计

	被调查者的年龄区间	N	Mean Rank	Sum of Ranks
被调查者感知居住区的健身广场数量	12 岁以下	23	77.48	1782.00
	60 岁以上	99	57.79	5721.00
	Total	122		

表 85　12 岁以下与 60 岁以上被调查者感知居住区的健身广场数量的非参数检验结果ᵃ

	被调查者感知居住区的健身广场数量
Mann-Whitney U	771.000
Wilcoxon W	5721.000
Z	−2.510
Asymp. Sig. (2-tailed)	.012

a. Grouping Variable：被调查者的年龄区间

　　表 84 为 12 岁以下与 60 岁以上被调查者感知居住区的健身广场数量的秩次统计表,第一栏列出被调查城市,N 为样本量,Mean Rank 为平均秩次,Sum of Ranks 为秩和。表 85 为 12 岁以下与 60 岁以上被调查者感知居住区的健身广场数量的非参数检验结果,其中 Mann-Whitney U、Wilcoxon W 以及 Z 为统计量,Asymp. sig. (2-tailed) 为基于渐近分布的双侧检验概率,本例概率小于 0.05,可以认为在 0.05 水平上 12 岁以下与 60 岁以上被调查者感知居住区的健身广场数量的差异具有显著性。

表 86　13—19 岁与 20—39 岁被调查者感知居住区的健身广场数量的秩次统计

	被调查者的年龄区间	N	Mean Rank	Sum of Ranks
被调查者感知居住区的健身广场数量	13—19 岁	51	188.84	9631.00
	20—39 岁	300	173.82	52145.00
	Total	351		

表 87 13—19 岁与 20—39 岁被调查者感知居住区的健身广场数量的非参数检验结果ᵃ

	被调查者感知居住区的健身广场数量
Mann-Whitney U	6995.000
Wilcoxon W	52145.000
Z	−1.014
Asymp. Sig. (2-tailed)	.310

a. Grouping Variable：被调查者的年龄区间

表 86 为 13—19 岁与 20—39 岁被调查者感知居住区的健身广场数量的秩次统计表，第一栏列出被调查城市，N 为样本量，Mean Rank 为平均秩次，Sum of Ranks 为秩和。表 87 为 13—19 岁与 20—39 岁被调查者感知居住区的健身广场数量的非参数检验结果，其中 Mann-Whitney U、Wilcoxon W 以及 Z 为统计量，Asymp. sig. (2-tailed) 为基于渐近分布的双侧检验概率，本例概率大于 0.05，可以认为在 0.05 水平上 13—19 岁与 20—39 岁被调查者感知居住区的健身广场数量的差异不具有显著性。

表 88 13—19 岁与 40—59 岁被调查者感知居住区的健身广场数量的秩次统计

	被调查者的年龄区间	N	Mean Rank	Sum of Ranks
被调查者感知居住区的健身广场数量	13—19 岁	51	125.02	6376.00
	40—59 岁	195	123.10	24005.00
	Total	246		

表 89 13—19 岁与 40—59 岁被调查者感知居住区的健身广场数量的非参数检验结果ᵃ

	被调查者感知居住区的健身广场数量
Mann-Whitney U	4895.000
Wilcoxon W	24005.000
Z	−.179
Asymp. Sig. (2-tailed)	.858

a. Grouping Variable：被调查者的年龄区间

表 88 为 13—19 岁与 40—59 岁被调查者感知居住区的健身广场数量的秩次统计表，第一栏列出被调查城市，N 为样本量，Mean Rank 为平均秩次，Sum of Ranks 为秩和。表 89 为 13—19 岁与 40—59 岁被调查者感知居住区的健身广场数量的非参数检验结果，其中 Mann-Whitney U、Wilcoxon W 以及 Z 为统计量，Asymp. sig. (2-tailed) 为基于渐近分布的双侧检验概率，本例概率大于 0.05，可以认为在 0.05 水平上 13—19 岁与 40—59 岁被调查者感知居住区的健身广场数量的差异不具有显著性。

表 90 13—19 岁与 60 岁以上被调查者感知居住区的健身广场数量的秩次统计

	被调查者的年龄区间	N	Mean Rank	Sum of Ranks
被调查者感知居住区的健身广场数量	13—19 岁	51	65.20	3325.00
	60 岁以上	99	80.81	8000.00
	Total	150		

表 91 13—19 岁与 60 岁以上被调查者感知居住区的健身广场数量的非参数检验结果a

	被调查者感知居住区的健身广场数量
Mann-Whitney U	1999.000
Wilcoxon W	3325.000
Z	−2.142
Asymp. Sig. (2-tailed)	.032

a. Grouping Variable：被调查者的年龄区间

表 90 为 13—19 岁与 60 岁以上被调查者感知居住区的健身广场数量的秩次统计表，第一栏列出被调查城市，N 为样本量，Mean Rank 为平均秩次，Sum of Ranks 为秩和。表 91 为 13—19 岁与 60 岁以上被调查者感知居住区的健身广场数量的非参数检验结果，其中 Mann-Whitney U、Wilcoxon W 以及 Z 为统计量，Asymp. sig. (2-tailed) 为基于渐近分布的双侧检验概率，本例概率小于 0.05，可以认为在 0.05 水平上 13—19 岁与 60 岁以上被调查者感知居住区的健身广场数量的差异具有显著性。

表 92 20—39 岁与 40—59 岁被调查者感知居住区的健身广场数量的秩次统计

	被调查者的年龄区间	N	Mean Rank	Sum of Ranks
被调查者感知居住区的健身广场数量	20—39 岁	300	241.33	72398.00
	40—59 岁	195	258.27	50362.00
	Total	495		

表 93 20—39 岁与 40—59 岁被调查者感知居住区的健身广场数量的非参数检验结果a

	被调查者感知居住区的健身广场数量
Mann-Whitney U	27248.000
Wilcoxon W	72398.000
Z	−1.338
Asymp. Sig. (2-tailed)	.181

a. Grouping Variable：被调查者的年龄区间

表 92 为 20—39 岁与 40—59 岁被调查者感知居住区的健身广场数量的秩次统计表，第一栏列出被调查城市，N 为样本量，Mean Rank 为平均秩次，Sum of Ranks 为秩和。表 93 为 20—39 岁与 40—59 岁被调查者感知居住区的健身广场数量的非参数检验结果，其中 Mann-Whitney U、Wilcoxon W 以及 Z 为统计量，Asymp. sig. (2-tailed) 为基于渐近分布的双侧检验概率，本例概率大于 0.05，可以认为在 0.05 水平上 20—39 岁与 40—59 岁被调查者感知居住区的健身广场数量的差异不具有显著性。

表 94 20—39 岁与 60 岁以上被调查者感知居住区的健身广场数量的秩次统计

	被调查者的年龄区间	N	Mean Rank	Sum of Ranks
被调查者感知居住区的健身广场数量	20—39 岁	300	186.60	55979.50
	60 岁以上	99	240.61	23820.50
	Total	399		

表 95　20—39 岁与 60 岁以上被调查者感知居住区的健身广场数量的非参数检验结果[a]

	被调查者感知居住区的健身广场数量
Mann-Whitney U	10829.500
Wilcoxon W	55979.500
Z	−4.146
Asymp. Sig. (2-tailed)	.000

a. Grouping Variable：被调查者的年龄区间

　　表 94 为 20—39 岁与 60 岁以上被调查者感知居住区的健身广场数量的秩次统计表，第一栏列出被调查城市，N 为样本量，Mean Rank 为平均秩次，Sum of Ranks 为秩和。表 95 为 20—39 岁与 60 岁以上被调查者感知居住区的健身广场数量的非参数检验结果，其中 Mann-Whitney U、Wilcoxon W 以及 Z 为统计量，Asymp. sig. (2-tailed) 为基于渐近分布的双侧检验概率，本例概率小于 0.05，可以认为在 0.05 水平上 20—39 岁与 60 岁以上被调查者感知居住区的健身广场数量的差异具有显著性。

表 96　40—59 岁与 60 岁以上被调查者感知居住区的健身广场数量的秩次统计

	被调查者的年龄区间	N	Mean Rank	Sum of Ranks
被调查者感知居住区的健身广场数量	40—59 岁	195	135.51	26425.00
	60 岁以上	99	171.11	16940.00
	Total	294		

表 97　40—59 岁与 60 岁以上被调查者感知居住区的健身广场数量的非参数检验结果[a]

	被调查者感知居住区的健身广场数量
Mann-Whitney U	7315.000
Wilcoxon W	26425.000
Z	−3.485
Asymp. Sig. (2-tailed)	.000

a. Grouping Variable：被调查者的年龄区间

　　表 96 为 40—59 岁与 60 岁以上被调查者感知居住区的健身广场数量的秩次统计表，第一栏列出被调查城市，N 为样本量，Mean Rank 为平均秩次，Sum of Ranks 为秩和。表 97 为 40—59 岁与 60 岁以上被调查者感知居住区的健身广场数量的非参数检验结果，其中 Mann-Whitney U、Wilcoxon W 以及 Z 为统计量，Asymp. sig. (2-tailed) 为基于渐近分布的双侧检验概率，本例概率小于 0.05，可以认为在 0.05 水平上 40—59 岁与 60 岁以上被调查者感知居住区的健身广场数量的差异具有显著性。

（6）皖北六市不同锻炼次数居民感知健身广场数量的列联表统计和非参数检验

1）皖北六市不同锻炼次数居民感知健身广场数量的列联表统计

表98   被调查者锻炼次数＊被调查者感知居住区健身广场数量

| | | 被调查者感知居住区的健身广场数量 | | | | | Total |
		非常少	少	中等	多	非常多	
被调查者参加体育锻炼次数	非常少	32.7％	32.7％	13.5％	13.5％	7.7％	100.0％
	少	15.9％	27.2％	32.5％	14.6％	9.9％	100.0％
	中等	9.5％	21.2％	45.5％	17.5％	6.3％	100.0％
	多	3.7％	22.1％	31.9％	30.7％	11.7％	100.0％
	非常多	4.4％	8.0％	14.2％	31.0％	42.5％	100.0％
	Total	10.5％	21.4％	31.4％	22.0％	14.7％	100.0％

表98显示,皖北不同锻炼次数居民感知居住区健身广场数量:非常少"少"和"非常少"占65.4％、中等13.5％、"多"和"非常多"占21.2％;少"少"和"非常少"占43.1％、中等32.5％、"多"和"非常多"占24.5％;中等"少"和"非常少"占30.7％、中等45.5％、"多"和"非常多"占23.8％;多"少"和"非常少"占25.8％、中等31.9％、"多"和"非常多"占42.4％;非常多"少"和"非常少"占12.4％、中等14.2％、"多"和"非常多"占73.5％;总体:"少"和"非常少"占31.9％、中等31.4％、"多"和"非常多"占36.7％。

"多"和"非常多"占比与"少"和"非常少"占比之差:非常少－44.2％;少－18.6％;中等－6.9％;多16.6％;非常多61.1％;总体:4.8％。总体上皖北六市不同锻炼次数居民感知居住区健身广场数量,"多"的占比比"少"的占比偏多一点。锻炼次数多、非常多的居民感知居住区健身广场数量,"多"和"非常多"的占比与"少"和"非常少"的占比之差为正。锻炼次数非常少、少、中等的居民感知居住区健身广场数量,"多"和"非常多"的占比与"少"和"非常少"的占比之差为负。排序为:非常少＜少＜中等＜多＜非常多。相关检验显示,皖北六市被调查者的锻炼次数与被调查者感知居住区健身广场数量的皮尔逊相关系数为0.379,斯皮尔曼相关系数为0.372,p＝0.000＜0.05,相关具有显著性。

2）皖北六市不同锻炼次数居民感知健身广场数量的非参数检验

表99   皖北六市不同锻炼次数居民感知居住区健身广场数量的平均秩

	被调查者参加体育锻炼的次数	N	Mean Rank
被调查者感知居住区的健身广场数量	非常少	52	215.46
	少	151	281.50
	中等	189	304.47
	多	163	358.94
	非常多	113	475.07
	Total	668	

表99为皖北六市不同锻炼次数居民感知居住区健身广场数量的样本量和平均秩,平均秩升序排列为:"非常少"为215.46、"少"为281.50、"中等"为304.47、"多"为358.94、"非常多"为475.07。

表 100 皖北六市不同锻炼次数居民感知居住区健身广场数量的非参数检验结果[a,b]

	被调查者居住区的健身广场数量
Chi-Square	104.135
Df	4
Asymp. Sig.	.000

a. Kruskal Wallis Test
b. Grouping Variable：被调查者参加体育锻炼的次数

表 100 为 Kruskal-Wallis 检验，Asymp. Sig. 为检验统计量 $\chi^2=104.135$、df=4 时基于渐近分布概率，本例概率 p=0.000<0.05，所以否定检验的原假设，即可以认为皖北六市不同锻炼次数居民感知居住区健身广场数量之间的差异在 0.05 水平上具有显著性。

表 101 体育锻炼次数非常少与少被调查者感知居住区健身广场数量的秩次统计

	被调查者参加体育锻炼次数	N	Mean Rank	Sum of Ranks
被调查者感知居住区的健身广场数量	非常少	52	84.88	4414.00
	少	151	107.89	16292.00
	Total	203		

表 102 体育锻炼次数非常少与少被调查者感知居住区健身广场数量的非参数检验结果[a]

	被调查者感知居住区的健身广场数量
Mann-Whitney U	3036.000
Wilcoxon W	4414.000
Z	−2.508
Asymp. Sig. (2-tailed)	.012

a. Grouping Variable：被调查者参加体育锻炼次数

表 101 为体育锻炼次数非常少与少被调查者感知居住区健身广场数量的秩次统计表，第一栏列出被调查城市，N 为样本量，Mean Rank 为平均秩次，Sum of Ranks 为秩和。表 102 为体育锻炼次数非常少与少被调查者感知居住区健身广场数量的非参数检验结果，其中 Mann-Whitney U、Wilcoxon W 以及 Z 为统计量，Asymp. sig.（2-tailed）为基于渐近分布的双侧检验概率，本例概率小于 0.05，可以认为在 0.05 水平上体育锻炼次数非常少与少被调查者感知居住区健身广场数量的差异具有显著性。

表 103 体育锻炼次数非常少与中等被调查者感知居住区健身广场数量的秩次统计

	被调查者参加体育锻炼次数	N	Mean Rank	Sum of Ranks
被调查者感知居住区的健身广场数量	非常少	52	91.14	4739.50
	中等	189	129.21	24421.50
	Total	241		

表 104 体育锻炼次数非常少与中等被调查者感知居住区健身广场数量的非参数检验结果[a]

	被调查者感知居住区的健身广场数量
Mann-Whitney U	3361.500
Wilcoxon W	4739.500
Z	−3.633
Asymp. Sig. (2-tailed)	.000

a. Grouping Variable: 被调查者参加体育锻炼次数

表 103 为体育锻炼次数非常少与中等被调查者感知居住区健身广场数量的秩次统计表,第一栏列出被调查城市,N 为样本量,Mean Rank 为平均秩次,Sum of Ranks 为秩和。表 104 为体育锻炼次数非常少与中等被调查者感知居住区健身广场数量的非参数检验结果,其中 Mann-Whitney U、Wilcoxon W 以及 Z 为统计量,Asymp. sig. (2-tailed)为基于渐近分布的双侧检验概率,本例概率小于 0.05,可以认为在 0.05 水平上体育锻炼次数非常少与中等被调查者感知居住区健身广场数量的差异具有显著性。

表 105 体育锻炼次数非常少与多被调查者感知居住区健身广场数量的秩次统计

	被调查者参加体育锻炼次数	N	Mean Rank	Sum of Ranks
被调查者感知居住区的健身广场数量	非常少	52	72.31	3760.00
	多	163	119.39	19460.00
	Total	215		

表 106 体育锻炼次数非常少与多被调查者感知居住区健身广场数量的非参数检验结果[a]

	被调查者感知居住区的健身广场数量
Mann-Whitney U	2382.000
Wilcoxon W	3760.000
Z	−4.892
Asymp. Sig. (2-tailed)	.000

a. Grouping Variable: 被调查者参加体育锻炼次数

表 105 为体育锻炼次数非常少与多被调查者感知居住区健身广场数量的秩次统计表,第一栏列出被调查城市,N 为样本量,Mean Rank 为平均秩次,Sum of Ranks 为秩和。表 106 为体育锻炼次数非常少与多被调查者感知居住区健身广场数量的非参数检验结果,其中 Mann-Whitney U、Wilcoxon W 以及 Z 为统计量,Asymp. sig. (2-tailed)为基于渐近分布的双侧检验概率,本例概率小于 0.05,可以认为在 0.05 水平上体育锻炼次数非常少与多被调查者感知居住区健身广场数量的差异具有显著性。

表 107 体育锻炼次数非常少与非常多被调查者感知居住区健身广场数量的秩次统计

	被调查者参加体育锻炼次数	N	Mean Rank	Sum of Ranks
被调查者感知居住区的健身广场数量	非常少	52	46.63	2424.50
	非常多	113	99.74	11270.50
	Total	165		

表 108　体育锻炼次数非常少与非常多被调查者感知居住区健身广场数量的非参数检验结果[a]

	被调查者感知居住区的健身广场数量
Mann-Whitney U	1046.500
Wilcoxon W	2424.500
Z	−6.831
Asymp. Sig.（2-tailed）	.000

a. Grouping Variable：被调查者参加体育锻炼次数

　　表 107 为体育锻炼次数非常少与非常多被调查者感知居住区健身广场数量的秩次统计表,第一栏列出被调查城市,N 为样本量,Mean Rank 为平均秩次,Sum of Ranks 为秩和。表 108 为体育锻炼次数非常少与非常多被调查者感知居住区健身广场数量的非参数检验结果,其中 Mann-Whitney U、Wilcoxon W 以及 Z 为统计量,Asymp. sig.（2-tailed）为基于渐近分布的双侧检验概率,本例概率小于 0.05,可以认为在 0.05 水平上体育锻炼次数非常少与非常多被调查者感知居住区健身广场数量的差异具有显著性。

表 109　体育锻炼次数少与中等被调查者感知居住区健身广场数量的秩次统计

	被调查者参加体育锻炼次数	N	Mean Rank	Sum of Ranks
被调查者感知居住区的健身广场数量	少	151	162.09	24475.00
	中等	189	177.22	33495.00
	Total	340		

表 110　体育锻炼次数少与中等被调查者感知居住区健身广场数量的非参数检验结果[a]

	被调查者感知居住区的健身广场数量
Mann-Whitney U	12999.000
Wilcoxon W	24475.000
Z	−1.473
Asymp. Sig.（2-tailed）	.141

a. Grouping Variable：被调查者参加体育锻炼次数

　　表 109 为体育锻炼次数少与中等被调查者感知居住区健身广场数量的秩次统计表,第一栏列出被调查城市,N 为样本量,Mean Rank 为平均秩次,Sum of Ranks 为秩和。表 110 为体育锻炼次数少与中等被调查者感知居住区健身广场数量的非参数检验结果,其中 Mann-Whitney U、Wilcoxon W 以及 Z 为统计量,Asymp. sig.（2-tailed）为基于渐近分布的双侧检验概率,本例概率大于 0.05,可以认为在 0.05 水平上体育锻炼次数少与中等被调查者感知居住区健身广场数量的差异不具有显著性。

表 111　体育锻炼次数少与多被调查者感知居住区健身广场数量的秩次统计

	被调查者参加体育锻炼次数	N	Mean Rank	Sum of Ranks
被调查者感知居住区的健身广场数量	少	151	137.65	20784.50
	多	163	175.89	28670.50
	Total	314		

表 112   体育锻炼次数少与多被调查者感知居住区健身广场数量的非参数检验结果ª

	被调查者感知居住区的健身广场数量
Mann-Whitney U	9308.500
Wilcoxon W	20784.500
Z	−3.852
Asymp. Sig. (2-tailed)	.000

a. Grouping Variable：被调查者参加体育锻炼次数

表 111 为体育锻炼次数少与多被调查者感知居住区健身广场数量的秩次统计表，第一栏列出被调查城市，N 为样本量，Mean Rank 为平均秩次，Sum of Ranks 为秩和。表 112 为体育锻炼次数少与多被调查者感知居住区健身广场数量的非参数检验结果，其中 Mann-Whitney U、Wilcoxon W 以及 Z 为统计量，Asymp. sig. (2-tailed) 为基于渐近分布的双侧检验概率，本例概率小于 0.05，可以认为在 0.05 水平上体育锻炼次数少与多被调查者感知居住区健身广场数量的差异具有显著性。

表 113   体育锻炼次数少与非常多被调查者感知居住区健身广场数量的秩次统计

	被调查者参加体育锻炼次数	N	Mean Rank	Sum of Ranks
被调查者感知居住区的健身广场数量	少	151	101.88	15383.50
	非常多	113	173.42	19596.50
	Total	264		

表 114   体育锻炼次数少与非常多被调查者感知居住区健身广场数量的非参数检验结果ª

	被调查者感知居住区的健身广场数量
Mann-Whitney U	3907.500
Wilcoxon W	15383.500
Z	−7.715
Asymp. Sig. (2-tailed)	.000

a. Grouping Variable：被调查者参加体育锻炼次数

表 113 为体育锻炼次数少与非常多被调查者感知居住区健身广场数量的秩次统计表，第一栏列出被调查城市，N 为样本量，Mean Rank 为平均秩次，Sum of Ranks 为秩和。表 114 为体育锻炼次数少与非常多被调查者感知居住区健身广场数量的非参数检验结果，其中 Mann-Whitney U、Wilcoxon W 以及 Z 为统计量，Asymp. sig. (2-tailed) 为基于渐近分布的双侧检验概率，本例概率小于 0.05，可以认为在 0.05 水平上体育锻炼次数少与非常多被调查者感知居住区健身广场数量的差异具有显著性。

表 115   体育锻炼次数中等与多被调查者感知居住区健身广场数量的秩次统计

	被调查者参加体育锻炼次数	N	Mean Rank	Sum of Ranks
被调查者感知居住区的健身广场数量	中等	189	161.83	30586.00
	多	163	193.51	31542.00
	Total	352		

表 116　体育锻炼次数中等与多被调查者感知居住区健身广场数量的非参数检验结果ª

	被调查者感知居住区的健身广场数量
Mann-Whitney U	12631.000
Wilcoxon W	30586.000
Z	−3.044
Asymp. Sig. (2-tailed)	.002

a. Grouping Variable：被调查者参加体育锻炼次数

　　表 115 为体育锻炼次数中等与多被调查者感知居住区健身广场数量的秩次统计表，第一栏列出被调查城市，N 为样本量，Mean Rank 为平均秩次，Sum of Ranks 为秩和。表 116 为体育锻炼次数中等与多被调查者感知居住区健身广场数量的非参数检验结果，其中 Mann-Whitney U、Wilcoxon W 以及 Z 为统计量，Asymp. sig.（2-tailed）为基于渐近分布的双侧检验概率，本例概率小于 0.05，可以认为在 0.05 水平上体育锻炼次数中等与多被调查者感知居住区健身广场数量的差异具有显著性。

表 117　体育锻炼次数中等与非常多被调查者感知居住区健身广场数量的秩次统计

	被调查者参加体育锻炼次数	N	Mean Rank	Sum of Ranks
被调查者感知居住区的健身广场数量	中等	189	121.20	22907.50
	非常多	113	202.17	22845.50
	Total	302		

表 118　体育锻炼次数中等与非常多被调查者感知居住区健身广场数量的非参数检验结果ª

	被调查者感知居住区的健身广场数量
Mann-Whitney U	4952.500
Wilcoxon W	22907.500
Z	−8.053
Asymp. Sig. (2-tailed)	.000

a. Grouping Variable：被调查者参加体育锻炼次数

　　表 117 为体育锻炼次数中等与非常多被调查者感知居住区健身广场数量的秩次统计表，第一栏列出被调查城市，N 为样本量，Mean Rank 为平均秩次，Sum of Ranks 为秩和。表 118 为体育锻炼次数中等与非常多被调查者感知居住区健身广场数量的非参数检验结果，其中 Mann-Whitney U、Wilcoxon W 以及 Z 为统计量，Asymp. sig.（2-tailed）为基于渐近分布的双侧检验概率，本例概率小于 0.05，可以认为在 0.05 水平上体育锻炼次数中等与非常多被调查者感知居住区健身广场数量的差异具有显著性。

表 119　体育锻炼次数多与非常多被调查者感知居住区健身广场数量的秩次统计

	被调查者参加体育锻炼次数	N	Mean Rank	Sum of Ranks
被调查者感知居住区的健身广场数量	多	163	116.15	18933.00
	非常多	113	170.73	19293.00
	Total	276		

表 120   体育锻炼次数多与非常多被调查者感知居住区健身广场数量的非参数检验结果[a]

	被调查者感知居住区的健身广场数量
Mann-Whitney U	5567.000
Wilcoxon W	18933.000
Z	−5.771
Asymp. Sig. (2-tailed)	.000

a. Grouping Variable:被调查者参加体育锻炼次数

表 119 为体育锻炼次数多与非常多被调查者感知居住区健身广场数量的秩次统计表，第一栏列出被调查城市，N 为样本量，Mean Rank 为平均秩次，Sum of Ranks 为秩和。表 120 为体育锻炼次数多与非常多被调查者感知居住区健身广场数量的非参数检验结果，其中 Mann-Whitney U、Wilcoxon W 以及 Z 为统计量，Asymp. sig. (2-tailed) 为基于渐近分布的双侧检验概率，本例概率小于 0.05，可以认为在 0.05 水平上体育锻炼次数多与非常多被调查者感知居住区健身广场数量的差异具有显著性。

4.1.1.2   居民感知健身广场的面积

（1）皖北不同市居民感知健身广场面积的列联表统计和非参数检验

1）皖北不同市居民感知健身广场面积的列联表统计

表 121   被调查者居住的城市 * 被调查者感知居住区健身广场面积

		被调查者感知居住区的健身广场面积					Total
		非常少	少	中等	多	非常多	
被调查者居住的城市	淮北市	5.0%	17.0%	50.4%	18.4%	9.2%	100.0%
	宿州市	3.8%	20.0%	38.1%	14.3%	23.8%	100.0%
	蚌埠市	11.9%	25.7%	21.1%	16.5%	24.8%	100.0%
	淮南市	7.8%	26.5%	42.2%	17.6%	5.9%	100.0%
	阜阳市	11.0%	11.0%	37.0%	25.0%	16.0%	100.0%
	亳州市	18.0%	24.3%	23.4%	20.7%	13.5%	100.0%
	Total	9.4%	20.7%	35.9%	18.7%	15.3%	100.0%

表 121 显示，皖北六市居民感知健身广场面积：淮北市"小"和"非常小"占 22.0%（31）、中等 50.4%（71）、"大"和"非常大"占 27.6%（39）；宿州市"小"和"非常小"占 23.8%（25）、中等 38.1%（40）、"大"和"非常大"占 38.1%（40）；蚌埠市"小"和"非常小"占 37.6%（41）、中等 21.1%（23）、"大"和"非常大"占 41.3%（45）；淮南市"小"和"非常小"占 34.3%（35）、中等 42.2%（43）、"大"和"非常大"占 23.5%（24）；阜阳市"小"和"非常小"占 22.0%（22）、中等 37.0%（37）、"大"和"非常大"占 41%（41）；亳州市"小"和"非常小"占 42.3%（47）、中等 23.4%（26）、"大"和"非常大"占 34.2%（38）；总体："小"和"非常小"占 30.1%（201）、中等 35.9%（240）、"大"和"非常大"占 34.0%（227）。

"大"和"非常大"占比与"小"和"非常小"占比之差：淮北市 5.6%；宿州市 14.3%；蚌埠市 3.7%；淮南市 −10.8%；阜阳市 19%；亳州市 −8.1%；总体：3.9%。总体上皖北六市居民感知健身广场面积"大"的占比比"小"的占比偏多一点。但各市情况不同，阜阳市、宿州市、淮北市、蚌埠市"大"和"非常大"占比与"小"和"非常小"占比之差为正,亳州市、淮南市为负。排序为:阜阳市＞宿州市＞淮北市＞蚌埠市＞亳州市＞淮南市。

2) 皖北不同市居民感知健身广场面积的非参数检验

表 122　皖北六市居民感知居住区健身广场面积的平均秩

	被调查者居住的城市	N	Mean Rank
被调查者感知居住区的健身广场面积	淮北市	141	335.90
	宿州市	105	369.22
	蚌埠市	109	341.88
	淮南市	102	298.38
	阜阳市	100	361.85
	亳州市	111	301.18
	Total	668	

表 122 为皖北六市居民感知健身广场面积的样本量和平均秩,降序排列为:宿州市为 369.22(105)、阜阳市为 361.85(100)、蚌埠市为 341.88(109)、淮北市为 335.90(141)、亳州市为 301.18(111)、淮南市为 298.38(102)。

表 123　皖北六市居民感知居住区健身广场面积的非参数检验结果[a,b]

	被调查者感知居住区的健身广场面积
Chi-Square	13.338
Df	5
Asymp. Sig.	.020

a. Kruskal Wallis Test
b. Grouping Variable:被调查者居住的城市

表 123 为 Kruskal-Wallis 检验,Asymp. Sig. 为检验统计量 $\chi^2 = 13.338$、df=5 时基于渐近分布概率,本例概率 p＝0.020＜0.05,所以否定检验的原假设,即可以认为皖北六市居民感知健身广场面积之间的差异在 0.05 水平上具有显著性。

表 124　淮北市与宿州市被调查者感知居住区健身广场面积的秩次统计

	被调查者居住的城市	N	Mean Rank	Sum of Ranks
被调查者感知居住区健身广场的面积	淮北市	141	118.12	16655.50
	宿州市	105	130.72	13725.50
	Total	246		

表 125　淮北市与宿州市被调查者感知居住区健身广场的面积的非参数检验结果[a]

	被调查者感知居住区健身广场的面积
Mann-Whitney U	6644.500
Wilcoxon W	16655.500
Z	−1.453
Asymp. Sig. (2-tailed)	.146

a. Grouping Variable:被调查者居住的城市

　　表124为淮北市与宿州市被调查者感知居住区健身广场面积的秩次统计表,第一栏列出被调查城市,N为样本量,Mean Rank为平均秩次,Sum of Ranks为秩和。表125为淮北市与宿州市被调查者感知居住区健身广场面积的非参数检验结果,其中 Mann-Whitney U、Wilcoxon W 以及 Z 为统计量,Asymp. sig. (2-tailed)为基于渐近分布的双侧检验概率,本例概率大于0.05,可以认为在0.05水平上淮北市与宿州市被调查者感知居住区健身广场面积之间的差异不具有显著性。

表126　淮北市与蚌埠市被调查者感知居住区健身广场面积的秩次统计

	被调查者居住的城市	N	Mean Rank	Sum of Ranks
被调查者感知居住区健身广场的面积	淮北市	141	124.62	17571.50
	蚌埠市	109	126.64	13803.50
	Total	250		

表127　淮北市与蚌埠市被调查者感知居住区健身广场的面积的非参数检验结果ª

	被调查者感知居住区健身广场的面积
Mann-Whitney U	7560.500
Wilcoxon W	17571.500
Z	−.227
Asymp. Sig. (2-tailed)	.820

a. Grouping Variable:被调查者居住的城市

　　表126为淮北市与蚌埠市被调查者感知居住区健身广场面积的秩次统计表,第一栏列出被调查城市,N为样本量,Mean Rank为平均秩次,Sum of Ranks为秩和。表127为淮北市与蚌埠市被调查者感知居住区健身广场面积的非参数检验结果,其中 Mann-Whitney U、Wilcoxon W 以及 Z 为统计量,Asymp. sig. (2-tailed)为基于渐近分布的双侧检验概率,本例概率大于0.05,可以认为在0.05水平上淮北市与蚌埠市被调查者感知居住区健身广场面积之间的差异不具有显著性。

表128　淮北市与淮南市被调查者感知居住区健身广场面积的秩次统计

	被调查者居住的城市	N	Mean Rank	Sum of Ranks
被调查者感知居住区健身广场的面积	淮北市	141	128.48	18115.50
	淮南市	102	113.04	11530.50
	Total	243		

表129　淮北市与淮南市被调查者感知居住区健身广场的面积的非参数检验结果ª

	被调查者感知居住区健身广场的面积
Mann-Whitney U	6277.500
Wilcoxon W	11530.500
Z	−1.800
Asymp. Sig. (2-tailed)	.072

a. Grouping Variable:被调查者居住的城市

表128为淮北市与淮南市被调查者感知居住区健身广场面积的秩次统计表,第一栏列出被调查城市,N为样本量,Mean Rank为平均秩次,Sum of Ranks为秩和。表129为淮北市与淮南市被调查者感知居住区健身广场面积的非参数检验结果,其中Mann-Whitney U、Wilcoxon W以及Z为统计量,Asymp. sig. (2-tailed)为基于渐近分布的双侧检验概率,本例概率大于0.05,可以认为在0.05水平上淮北市与淮南市被调查者感知居住区健身广场面积之间的差异不具有显著性。

表130　淮北市与阜阳市被调查者感知居住区健身广场面积的秩次统计

	被调查者居住的城市	N	Mean Rank	Sum of Ranks
被调查者感知居住区健身广场的面积	淮北市	141	116.14	16376.00
	阜阳市	100	127.85	12785.00
	Total	241		

表131　淮北市与阜阳市被调查者感知居住区健身广场的面积的非参数检验结果[a]

	被调查者感知居住区健身广场的面积
Mann-Whitney U	6365.000
Wilcoxon W	16376.000
Z	−1.358
Asymp. Sig. (2-tailed)	.175

a. Grouping Variable:被调查者居住的城市

表130为淮北市与阜阳市被调查者感知居住区健身广场面积的秩次统计表,第一栏列出被调查城市,N为样本量,Mean Rank为平均秩次,Sum of Ranks为秩和。表131为淮北市与阜阳市被调查者感知居住区健身广场面积的非参数检验结果,其中Mann-Whitney U、Wilcoxon W以及Z为统计量,Asymp. sig. (2-tailed)为基于渐近分布的双侧检验概率,本例概率大于0.05,可以认为在0.05水平上淮北市与阜阳市被调查者感知居住区健身广场面积之间的差异不具有显著性。

表132　淮北市与亳州市被调查者感知居住区健身广场面积的秩次统计

	被调查者居住的城市	N	Mean Rank	Sum of Ranks
被调查者感知居住区健身广场的面积	淮北市	141	132.54	18687.50
	亳州市	111	118.83	13190.50
	Total	252		

表133　淮北市与亳州市被调查者感知居住区健身广场的面积的非参数检验结果[a]

	被调查者感知居住区健身广场的面积
Mann-Whitney U	6974.500
Wilcoxon W	13190.500
Z	−1.541
Asymp. Sig. (2-tailed)	.123

a. Grouping Variable:被调查者居住的城市

　　表132为淮北市与亳州市被调查者感知居住区健身广场面积的秩次统计表,第一栏列出被调查城市,N为样本量,Mean Rank为平均秩次,Sum of Ranks为秩和。表133为淮北市与亳州市被调查者感知居住区健身广场面积的非参数检验结果,其中Mann-Whitney U、Wilcoxon W以及Z为统计量,Asymp. sig. (2-tailed)为基于渐近分布的双侧检验概率,本例概率大于0.05,可以认为在0.05水平上淮北市与亳州市被调查者感知居住区健身广场面积之间的差异不具有显著性。

表134　宿州市与蚌埠市被调查者感知居住区健身广场面积的秩次统计

	被调查者居住的城市	N	Mean Rank	Sum of Ranks
被调查者感知居住区健身广场的面积	宿州市	105	111.81	11740.50
	蚌埠市	109	103.34	11264.50
	Total	214		

表135　宿州市与蚌埠市被调查者感知居住区健身广场的面积的非参数检验结果[a]

	被调查者感知居住区健身广场的面积
Mann-Whitney U	5269.500
Wilcoxon W	11264.500
Z	−1.030
Asymp. Sig. (2-tailed)	.303

　　a. Grouping Variable：被调查者居住的城市

　　表134为宿州市与蚌埠市被调查者感知居住区健身广场面积的秩次统计表,第一栏列出被调查城市,N为样本量,Mean Rank为平均秩次,Sum of Ranks为秩和。表135为宿州市与蚌埠市被调查者感知居住区健身广场面积的非参数检验结果,其中Mann-Whitney U、Wilcoxon W以及Z为统计量,Asymp. sig. (2-tailed)为基于渐近分布的双侧检验概率,本例概率大于0.05,可以认为在0.05水平上宿州市与蚌埠市被调查者感知居住区健身广场面积之间的差异不具有显著性。

表136　宿州市与淮南市被调查者感知居住区健身广场面积的秩次统计

	被调查者居住的城市	N	Mean Rank	Sum of Ranks
被调查者感知居住区健身广场的面积	宿州市	105	114.98	12072.50
	淮南市	102	92.70	9455.50
	Total	207		

表137　宿州市与淮南市被调查者感知居住区健身广场的面积的非参数检验结果[a]

	被调查者感知居住区健身广场的面积
Mann-Whitney U	4202.500
Wilcoxon W	9455.500
Z	−2.796
Asymp. Sig. (2-tailed)	.005

　　a. Grouping Variable：被调查者居住的城市

表 136 为宿州市与淮南市被调查者感知居住区健身广场面积的秩次统计表,第一栏列出被调查城市,N 为样本量,Mean Rank 为平均秩次,Sum of Ranks 为秩和。表 137 为宿州市与淮南市被调查者感知居住区健身广场面积的非参数检验结果,其中 Mann-Whitney U、Wilcoxon W 以及 Z 为统计量,Asymp. sig. (2-tailed)为基于渐近分布的双侧检验概率,本例概率小于 0.05,可以认为在 0.05 水平上宿州市与淮南市被调查者感知居住区健身广场面积之间的差异具有显著性。

表 138　宿州市与阜阳市被调查者感知居住区健身广场面积的秩次统计

被调查者感知居住区健身广场的面积	被调查者居住的城市	N	Mean Rank	Sum of Ranks
	宿州市	105	104.06	10926.00
	阜阳市	100	101.89	10189.00
	Total	205		

表 139　宿州市与阜阳市被调查者感知居住区健身广场的面积的非参数检验结果a

	被调查者感知居住区健身广场的面积
Mann-Whitney U	5139.000
Wilcoxon W	10189.000
Z	−.271
Asymp. Sig. (2-tailed)	.786

a. Grouping Variable:被调查者居住的城市

表 138 为宿州市与阜阳市被调查者感知居住区健身广场面积的秩次统计表,第一栏列出被调查城市,N 为样本量,Mean Rank 为平均秩次,Sum of Ranks 为秩和。表 139 为宿州市与阜阳市被调查者感知居住区健身广场面积的非参数检验结果,其中 Mann-Whitney U、Wilcoxon W 以及 Z 为统计量,Asymp. sig. (2-tailed)为基于渐近分布的双侧检验概率,本例概率大于 0.05,可以认为在 0.05 水平上宿州市与阜阳市被调查者感知居住区健身广场面积之间的差异不具有显著性。

表 140　宿州市与亳州市被调查者感知居住区健身广场面积的秩次统计

被调查者感知居住区健身广场的面积	被调查者居住的城市	N	Mean Rank	Sum of Ranks
	宿州市	105	119.65	12563.50
	亳州市	111	97.95	10872.50
	Total	216		

表 141　宿州市与亳州市被调查者感知居住区健身广场的面积的非参数检验结果a

	被调查者感知居住区健身广场的面积
Mann-Whitney U	4656.500
Wilcoxon W	10872.500
Z	−2.621
Asymp. Sig. (2-tailed)	.009

a. Grouping Variable:被调查者居住的城市

　　表140为宿州市与亳州市被调查者感知居住区健身广场面积的秩次统计表,第一栏列出被调查城市,N为样本量,Mean Rank为平均秩次,Sum of Ranks为秩和。表141为宿州市与亳州市被调查者感知居住区健身广场面积的非参数检验结果,其中Mann-Whitney U、Wilcoxon W以及Z为统计量,Asymp. sig. (2-tailed)为基于渐近分布的双侧检验概率,本例概率小于0.05,可以认为在0.05水平上宿州市与亳州市被调查者感知居住区健身广场面积之间的差异不具有显著性。

表142　蚌埠市与淮南市被调查者感知居住区健身广场面积的秩次统计

	被调查者居住的城市	N	Mean Rank	Sum of Ranks
被调查者感知居住区健身广场的面积	蚌埠市	109	111.81	12187.50
	淮南市	102	99.79	10178.50
	Total	211		

表143　蚌埠市与淮南市被调查者感知居住区健身广场的面积的非参数检验结果[a]

	被调查者感知居住区健身广场的面积
Mann-Whitney U	4925.500
Wilcoxon W	10178.500
Z	−1.473
Asymp. Sig. (2-tailed)	.141

　　a. Grouping Variable:被调查者居住的城市

　　表142为蚌埠市与淮南市被调查者感知居住区健身广场面积的秩次统计表,第一栏列出被调查城市,N为样本量,Mean Rank为平均秩次,Sum of Ranks为秩和。表143为蚌埠市与淮南市被调查者感知居住区健身广场面积的非参数检验结果,其中Mann-Whitney U、Wilcoxon W以及Z为统计量,Asymp. sig. (2-tailed)为基于渐近分布的双侧检验概率,本例概率大于0.05,可以认为在0.05水平上蚌埠市与淮南市被调查者感知居住区健身广场面积之间的差异不具有显著性。

表144　蚌埠市与阜阳市被调查者感知居住区健身广场面积的秩次统计

	被调查者居住的城市	N	Mean Rank	Sum of Ranks
被调查者感知居住区健身广场的面积	蚌埠市	109	103.04	11231.00
	阜阳市	100	107.14	10714.00
	Total	209		

表145　蚌埠市与阜阳市被调查者感知居住区健身广场的面积的非参数检验结果[a]

	被调查者感知居住区健身广场的面积
Mann-Whitney U	5236.000
Wilcoxon W	11231.000
Z	−.502
Asymp. Sig. (2-tailed)	.615

　　a. Grouping Variable:被调查者居住的城市

　　表 144 为蚌埠市与阜阳市被调查者感知居住区健身广场面积的秩次统计表,第一栏列出被调查城市,N 为样本量,Mean Rank 为平均秩次,Sum of Ranks 为秩和。表 145 为蚌埠市与阜阳市被调查者感知居住区健身广场面积的非参数检验结果,其中 Mann-Whitney U、Wilcoxon W 以及 Z 为统计量,Asymp. sig. (2-tailed)为基于渐近分布的双侧检验概率,本例概率大于 0.05,可以认为在 0.05 水平上蚌埠市与阜阳市被调查者感知居住区健身广场面积之间的差异不具有显著性。

表 146　蚌埠市与亳州市被调查者感知居住区健身广场面积的秩次统计

	被调查者居住的城市	N	Mean Rank	Sum of Ranks
被调查者感知居住区健身广场的面积	蚌埠市	109	117.05	12758.50
	亳州市	111	104.07	11551.50
	Total	220		

表 147　蚌埠市与亳州市被调查者感知居住区健身广场的面积的非参数检验结果[a]

	被调查者感知居住区健身广场的面积
Mann-Whitney U	5335.500
Wilcoxon W	11551.500
Z	−1.547
Asymp. Sig. (2-tailed)	.122

　　a. Grouping Variable:被调查者居住的城市

　　表 146 为蚌埠市与亳州市被调查者感知居住区健身广场面积的秩次统计表,第一栏列出被调查城市,N 为样本量,Mean Rank 为平均秩次,Sum of Ranks 为秩和。表 147 为蚌埠市与亳州市被调查者感知居住区健身广场面积的非参数检验结果,其中 Mann-Whitney U、Wilcoxon W 以及 Z 为统计量,Asymp. sig. (2-tailed)为基于渐近分布的双侧检验概率,本例概率小于 0.05,可以认为在 0.05 水平上蚌埠市与亳州市被调查者感知居住区健身广场面积之间的差异具有显著性。

表 148　淮南市与阜阳市被调查者感知居住区健身广场面积的秩次统计

	被调查者居住的城市	N	Mean Rank	Sum of Ranks
被调查者感知居住区健身广场的面积	淮南市	102	91.40	9323.00
	阜阳市	100	111.80	11180.00
	Total	202		

表 149　淮南市与阜阳市被调查者感知居住区健身广场的面积的非参数检验结果[a]

	被调查者感知居住区健身广场的面积
Mann-Whitney U	4070.000
Wilcoxon W	9323.000
Z	−2.588
Asymp. Sig. (2-tailed)	.010

　　a. Grouping Variable:被调查者居住的城市

表148为淮南市与阜阳市被调查者感知居住区健身广场面积的秩次统计表,第一栏列出被调查城市,N为样本量,Mean Rank为平均秩次,Sum of Ranks为秩和。表149为淮南市与阜阳市被调查者感知居住区健身广场面积的非参数检验结果,其中Mann-Whitney U、Wilcoxon W以及Z为统计量,Asymp. sig.(2-tailed)为基于渐近分布的双侧检验概率,本例概率小于0.05,可以认为在0.05水平上淮南市与阜阳市被调查者感知居住区健身广场面积之间的差异具有显著性。

表150　淮南市与亳州市被调查者感知居住区健身广场面积的秩次统计

	被调查者居住的城市	N	Mean Rank	Sum of Ranks
被调查者感知居住区健身广场的面积	淮南市	102	107.45	10959.50
	亳州市	111	106.59	11831.50
	Total	213		

表151　淮南市与亳州市被调查者感知居住区健身广场的面积的非参数检验结果[a]

	被调查者感知居住区健身广场的面积
Mann-Whitney U	5615.500
Wilcoxon W	11831.500
Z	−.104
Asymp. Sig. (2-tailed)	.917

a. Grouping Variable:被调查者居住的城市

表150为淮南市与亳州市被调查者感知居住区健身广场面积的秩次统计表,第一栏列出被调查城市,N为样本量,Mean Rank为平均秩次,Sum of Ranks为秩和。表151为淮南市与亳州市被调查者感知居住区健身广场面积的非参数检验结果,其中Mann-Whitney U、Wilcoxon W以及Z为统计量,Asymp. sig.(2-tailed)为基于渐近分布的双侧检验概率,本例概率大于0.05,可以认为在0.05水平上淮南市与亳州市被调查者感知居住区健身广场面积之间的差异不具有显著性。

表152　阜阳市与亳州市被调查者感知居住区健身广场面积的秩次统计

	被调查者居住的城市	N	Mean Rank	Sum of Ranks
被调查者感知居住区健身广场的面积	阜阳市	100	115.17	11517.00
	亳州市	111	97.74	10849.00
	Total	211		

表153　阜阳市与亳州市被调查者感知居住区健身广场的面积的非参数检验结果[a]

	被调查者感知居住区健身广场的面积
Mann-Whitney U	4633.000
Wilcoxon W	10849.000
Z	−2.125
Asymp. Sig. (2-tailed)	.034

a. Grouping Variable:被调查者居住的城市

　　表152为阜阳市与亳州市被调查者感知居住区健身广场面积的秩次统计表,第一栏列出被调查城市,N为样本量,Mean Rank为平均秩次,Sum of Ranks为秩和。表153为阜阳市与亳州市被调查者感知居住区健身广场面积的非参数检验结果,其中Mann-Whitney U、Wilcoxon W以及Z为统计量,Asymp. sig. (2-tailed)为基于渐近分布的双侧检验概率,本例概率小于0.05,可以认为在0.05水平上阜阳市与亳州市被调查者感知居住区健身广场面积之间的差异具有显著性。

　　(2) 皖北六市不同居住区居民感知健身广场面积的列联表统计和非参数检验

　　1) 皖北六市不同居住区居民感知健身广场面积的列联表统计

表154　被调查者居住的区域 * 被调查者感知居住区健身广场面积

		被调查者感知居住区的健身广场面积					Total
		非常小	小	中等	大	非常大	
被调查者居住的区域	中央区域	2.8%	8.0%	40.6%	19.8%	28.8%	100.0%
	中央与郊区之间	4.2%	18.8%	41.3%	23.8%	12.1%	100.0%
	郊　区	9.4%	30.6%	32.9%	18.8%	8.2%	100.0%
	农村地区	29.8%	38.2%	20.6%	7.6%	3.8%	100.0%
	Total	9.4%	20.7%	35.9%	18.7%	15.3%	100.0%

　　表154显示,皖北不同居住区域居民感知居住区健身广场面积:中央区域"小"和"非常小"占3.6%、中等40.6%、"大"和"非常大"占58.6%;中央与郊区之间"小"和"非常小"占23.0%、中等41.3%、"大"和"非常大"占35.9%;郊区"小"和"非常小"占40.0%、中等32.9%、"大"和"非常大"占27.0%;农村地区"小"和"非常小"占68.0%、中等20.6%、"大"和"非常大"占11.4%;总体:"小"和"非常小"占30.1%、中等35.9%、"大"和"非常大"占34.0%。

　　"大"和"非常大"占比与"小"和"非常小"占比之差:中央区域55%;中央与郊区之间12.9%;郊区-13%;农村地区-56.6%;总体:3.9%。总体上皖北六市不同居住区域居民感知居住区健身广场面积"大"的占比比"小"的占比偏多一点。但各区域情况不同,中央区域、中央与郊区之间"大"和"非常大"占比与"小"和"非常小"占比之差为正,郊区、农村地区为负。排序为:中央区域>中央与郊区之间>郊区>农村地区。相关检验显示,皖北六市被调查者居住的区域与被调查者感知居住区健身广场面积的皮尔逊相关系数为0.441,斯皮尔曼相关系数为0.427,p=0.000<0.05,相关具有显著性。

　　2) 皖北六市不同居住区居民感知健身广场面积的非参数检验

表155　皖北六市不同居住区居民感知居住区健身广场面积的平均秩

	被调查者居住的区域	N	Mean Rank
被调查者感知居住区的健身广场面积	中央区域	212	419.48
	中央与郊区之间	240	353.11
	郊　区	85	295.17
	农村地区	131	188.40
	Total	668	

表 155 为皖北六市不同居住区居民感知居住区健身广场面积的样本量和平均秩,平均秩降序排列为:中央区域为 419.48(212)、中央与郊区之间为 353.11(240)、郊区为 295.17(85)、农村地区为 188.40(131)。

表 156　皖北六市不同居住区居民感知居住区健身广场面积的非参数检验结果[a,b]

	被调查者感知居住的健身广场面积
Chi-Square	130.586
Df	3
Asymp. Sig.	.000

a. Kruskal Wallis Test
b. Grouping Variable:被调查者居住的区域

表 156 为 Kruskal-Wallis 检验,Asymp. Sig. 为检验统计量 $\chi^2 = 130.586$、df$=3$ 时基于渐近分布概率,本例概率 p$=0.000 < 0.05$,所以否定检验的原假设,即可以认为皖北六市不同居住区居民感知居住区健身广场面积之间的差异在 0.05 水平上具有显著性。

表 157　中央区域与中央与郊区之间被调查者感知居住区的健身广场面积的秩次统计

	被调查者居住的区域	N	Mean Rank	Sum of Ranks
被调查者感知居住区的健身广场面积	中央区域	212	252.68	53568.00
	中央与郊区之间	240	203.38	48810.00
	Total	452		

表 158　中央区域与中央与郊区之间被调查者感知居住区的健身广场面积的非参数检验结果[a]

	被调查者感知居住区的健身广场面积
Mann-Whitney U	19890.000
Wilcoxon W	48810.000
Z	−4.197
Asymp. Sig. (2-tailed)	.000

a. Grouping Variable:被调查者居住的区域

表 157 为中央区域与中央与郊区之间被调查者感知居住区的健身广场面积的秩次统计表,第一栏列出被调查城市,N 为样本量,Mean Rank 为平均秩次,Sum of Ranks 为秩和。表 158 为中央区域与中央与郊区之间被调查者感知居住区的健身广场面积的非参数检验结果,其中 Mann-Whitney U、Wilcoxon W 以及 Z 为统计量,Asymp. sig. (2-tailed)为基于渐近分布的双侧检验概率,本例概率小于 0.05,可以认为在 0.05 水平上中央区域与中央与郊区之间被调查者感知居住区的健身广场面积之间的差异具有显著性。

表 159　中央区域与郊区被调查者感知居住区的健身广场面积的秩次统计

	被调查者居住的区域	N	Mean Rank	Sum of Ranks
被调查者感知居住区的健身广场面积	中央区域	212	165.09	34998.50
	郊　区	85	108.88	9254.50
	Total	297		

表 160　中央区域与郊区被调查者感知居住区的健身广场面积的非参数检验结果ª

	被调查者感知居住区的健身广场面积
Mann-Whitney U	5599.500
Wilcoxon W	9254.500
Z	−5.313
Asymp. Sig. (2-tailed)	.000

a. Grouping Variable：被调查者居住的区域

　　表 159 为中央区域与郊区被调查者感知居住区的健身广场面积的秩次统计表，第一栏列出被调查城市，N 为样本量，Mean Rank 为平均秩次，Sum of Ranks 为秩和。表 160 为中央区域与郊区被调查者感知居住区的健身广场面积的非参数检验结果，其中 Mann-Whitney U、Wilcoxon W 以及 Z 为统计量，Asymp. sig. (2-tailed) 为基于渐近分布的双侧检验概率，本例概率小于 0.05，可以认为在 0.05 水平上中央区域与郊区被调查者感知居住区的健身广场面积之间的差异具有显著性。

表 161　中央区域与农村地区被调查者感知居住区的健身广场面积的秩次统计

	被调查者居住的区域	N	Mean Rank	Sum of Ranks
被调查者感知居住区的健身广场面积	中央区域	212	214.71	45518.50
	农村地区	131	102.88	13477.50
	Total	343		

表 162　中央区域与农村地区被调查者感知居住区的健身广场面积的非参数检验结果ª

	被调查者感知居住区的健身广场面积
Mann-Whitney U	4831.500
Wilcoxon W	13477.500
Z	−10.445
Asymp. Sig. (2-tailed)	.000

a. Grouping Variable：被调查者居住的区域

　　表 161 为中央区域与农村地区被调查者感知居住区的健身广场面积的秩次统计表，第一栏列出被调查城市，N 为样本量，Mean Rank 为平均秩次，Sum of Ranks 为秩和。表 162 为中央区域与农村地区被调查者感知居住区的健身广场面积的非参数检验结果，其中 Mann-Whitney U、Wilcoxon W 以及 Z 为统计量，Asymp. sig. (2-tailed) 为基于渐近分布的双侧检验概率，本例概率小于 0.05，可以认为在 0.05 水平上中央区域与农村地区被调查者感知居住区的健身广场面积之间的差异具有显著性。

表 163　中央区域与郊区之间与郊区被调查者感知居住区的健身广场面积的秩次统计

	被调查者居住的区域	N	Mean Rank	Sum of Ranks
被调查者感知居住区的健身广场面积	中央与郊区之间	240	170.88	41010.50
	郊　区	85	140.76	11964.50
	Total	325		

表 164　中央区域与郊区之间与郊区被调查者感知居住区的健身广场面积的非参数检验结果[a]

	被调查者感知居住区的健身广场面积
Mann-Whitney U	8309.500
Wilcoxon W	11964.500
Z	−2.652
Asymp. Sig. (2-tailed)	.008

a. Grouping Variable：被调查者居住的区域

表 163 为中央区域与郊区之间与郊区被调查者感知居住区的健身广场面积的秩次统计表,第一栏列出被调查城市,N 为样本量,Mean Rank 为平均秩次,Sum of Ranks 为秩和。表 164 为中央区域与郊区之间与郊区被调查者感知居住区的健身广场面积的非参数检验结果,其中 Mann-Whitney U、Wilcoxon W 以及 Z 为统计量,Asymp. sig. (2-tailed)为基于渐近分布的双侧检验概率,本例概率小于 0.05,可以认为在 0.05 水平上中央区域与郊区之间与郊区被调查者感知居住区的健身广场面积之间的差异具有显著性。

表 165　中央区域与郊区之间与农村地区被调查者感知居住区的健身广场面积的秩次统计

	被调查者居住的区域	N	Mean Rank	Sum of Ranks
被调查者感知居住区的健身广场面积	中央与郊区之间	240	219.86	52766.00
	农村地区	131	123.97	16240.00
	Total	371		

表 166　中央区域与郊区之间与农村地区被调查者感知居住区的健身广场面积的非参数检验结果[a]

	被调查者感知居住区的健身广场面积
Mann-Whitney U	7594.000
Wilcoxon W	16240.000
Z	−8.512
Asymp. Sig. (2-tailed)	.000

a. Grouping Variable：被调查者居住的区域

表 165 为中央区域与郊区之间与农村地区被调查者感知居住区的健身广场面积的秩次统计表,第一栏列出被调查城市,N 为样本量,Mean Rank 为平均秩次,Sum of Ranks 为秩和。表 166 为中央区域与郊区之间与农村地区被调查者感知居住区的健身广场面积的非参数检验结果,其中 Mann-Whitney U、Wilcoxon W 以及 Z 为统计量,Asymp. sig. (2-tailed)为基于渐近分布的双侧检验概率,本例概率小于 0.05,可以认为在 0.05 水平上中央区域与郊区之间与农村地区被调查者感知居住区的健身广场面积之间的差异具有显著性。

表 167　郊区与农村地区被调查者感知居住区的健身广场面积的秩次统计

	被调查者居住的区域	N	Mean Rank	Sum of Ranks
被调查者感知居住区的健身广场面积	郊　区	85	131.54	11180.50
	农村地区	131	93.55	12255.50
	Total	216		

表 168　郊区与农村地区被调查者感知居住区的健身广场面积的非参数检验结果[a]

	被调查者感知居住区的健身广场面积
Mann-Whitney U	3609.500
Wilcoxon W	12255.500
Z	−4.530
Asymp. Sig. (2-tailed)	.000

a. Grouping Variable：被调查者居住的区域

表 167 为郊区与农村地区被调查者感知居住区的健身广场面积的秩次统计表,第一栏列出被调查城市,N 为样本量,Mean Rank 为平均秩次,Sum of Ranks 为秩和。表 168 为郊区与农村地区被调查者感知居住区的健身广场面积的非参数检验结果,其中 Mann-Whitney U、Wilcoxon W 以及 Z 为统计量,Asymp. sig. (2-tailed)为基于渐近分布的双侧检验概率,本例概率小于 0.05,可以认为在 0.05 水平上郊区与农村地区被调查者感知居住区的健身广场面积之间的差异具有显著性。

(3) 皖北六市不同居住密度居民感知健身广场面积的列联表统计和非参数检验

1) 皖北六市不同居住密度居民感知健身广场面积的列联表统计

表 169　被调查者居住区人口密度 * 被调查者感知居住区健身广场面积

		被调查者感知居住区的健身广场面积					Total
		非常小	小	中等	大	非常大	
被调查者居住区的人口密度	非常稀疏	53.8%	23.1%	7.7%	3.8%	11.5%	100.0%
	稀疏	25.4%	50.7%	14.1%	7.0%	2.8%	100.0%
	中等	8.0%	22.0%	50.0%	16.8%	3.2%	100.0%
	大	2.7%	12.1%	40.1%	29.1%	15.9%	100.0%
	非常大	4.3%	13.7%	21.6%	17.3%	43.2%	100.0%
	Total	9.4%	20.7%	35.9%	18.7%	15.3%	100.0%

表 169 显示,皖北不同居住密度居民感知居住区健身广场面积:非常稀疏"非常小"和"小"占 76.9%、中等 7.7%、"大"和"非常大"占 15.3%;稀疏"非常小"和"小"占 76.1%、中等 14.1%、"大"和"非常大"占 9.8%;中等"非常小"和"小"占 30.0%、中等 50.0%、"大"和"非常大"占 20.0%;大"非常小"和"小"占 14.8%、中等 40.1%、"大"和"非常大"占 45.0%;非常大"非常小"和"小"占 18.0%、中等 21.6%、"大"和"非常大"占 60.5%;总体:"非常小"和"小"占 30.1%、中等 35.9%、"大"和"非常大"占 34.0%。

"大"和"非常大"占比与"非常小"和"小"占比之差:非常稀疏−61.6%;稀疏−66.3%;中等−10.0%;大 30.2%;非常大 42.5%;总体:3.9%。总体上皖北六市不同居住密度居民感知居住区健身广场面积"大"的占比比"小"的占比偏多一点。但不同居住密度情况不同,居住密度大、非常大的居民感知居住区健身广场面积"大"和"非常大"占比与"非常小"和"小"占比之差为正,居住密度中等、稀疏、非常稀疏的地区为负。排序为:居住密度非常大>大>中等>非常稀疏>稀疏。相关检验显示,皖北六市被调查者居住的密度与被调查者感知居住区健身广场面积的皮尔逊相关系数为 0.472,斯皮尔曼相关系数为 0.463,p=0.000 <0.05,相关具有显著性。

2）皖北六市不同居住密度居民感知健身广场面积的非参数检验

表 170   皖北六市不同居住密度居民感知居住区健身广场面积的平均秩

	被调查者居住区的人口密度	N	Mean Rank
被调查者感知居住区的健身广场面积	非常稀疏	26	163.17
	稀疏	71	173.46
	中等	250	296.89
	大	182	391.01
	非常大	139	442.45
	Total	668	

表 170 为皖北六市不同居住密度居民感知居住区健身广场面积的样本量和平均秩,平均秩升序排列为:"非常稀疏"为 163.17、"稀疏"为 173.46、中等为 296.89、"大"为 391.01、"非常大"为 442.45。

表 171   皖北六市不同居住密度居民感知居住区健身广场面积的非参数检验结果[a,b]

	被调查者感知居住区的健身广场面积
Chi-Square	148.341
Df	4
Asymp. Sig.	.000

a. Kruskal Wallis Test
b. Grouping Variable:被调查者居住区的人口密度

表 171 为 Kruskal-Wallis 检验,Asymp. Sig. 为检验统计量 $\chi^2 = 148.341$、$df = 4$ 时基于渐近分布概率,本例概率 $p = 0.000 < 0.05$,所以否定检验的原假设,即可以认为皖北六市不同居住密度居民感知居住区健身广场面积之间的差异在 0.05 水平上具有显著性。

表 172   居住密度非常稀疏与稀疏被调查者感知居住区的健身广场面积的秩次统计

	被调查者居住区的人口密度	N	Mean Rank	Sum of Ranks
被调查者感知居住区的健身广场面积	非常稀疏	26	41.83	1087.50
	稀疏	71	51.63	3665.50
	Total	97		

表 173   居住密度非常稀疏与稀疏被调查者感知居住区的健身广场面积的非参数检验结果[a]

	被调查者感知居住区的健身广场面积
Mann-Whitney U	736.500
Wilcoxon W	1087.500
Z	−1.619
Asymp. Sig. (2-tailed)	.106

a. Grouping Variable:被调查者居住区的人口密度

表 172 为居住密度非常稀疏与稀疏被调查者感知居住区的健身广场面积的秩次统计表,第一栏列出被调查城市,N 为样本量,Mean Rank 为平均秩次,Sum of Ranks 为秩和。

表 173 为居住密度非常稀疏与稀疏被调查者感知居住区的健身广场面积的非参数检验结果，其中 Mann-Whitney U、Wilcoxon W 以及 Z 为统计量，Asymp. sig. (2-tailed)为基于渐近分布的双侧检验概率，本例概率大于 0.05，可以认为在 0.05 水平上居住密度非常稀疏与稀疏被调查者感知居住区的健身广场面积之间的差异不具有显著性。

表 174　居住密度非常稀疏与中等被调查者感知居住区的健身广场面积的秩次统计

	被调查者居住区的人口密度	N	Mean Rank	Sum of Ranks
被调查者感知居住区的健身广场面积	非常稀疏	26	77.31	2010.00
	中等	250	144.86	36216.00
	Total	276		

表 175　居住密度非常稀疏与中等被调查者感知居住区的健身广场面积的非参数检验结果[a]

	被调查者感知居住区的健身广场面积
Mann-Whitney U	1659.000
Wilcoxon W	2010.000
Z	−4.363
Asymp. Sig. (2-tailed)	.000

a. Grouping Variable：被调查者居住区的人口密度

表 174 为居住密度非常稀疏与中等被调查者感知居住区的健身广场面积的秩次统计表，第一栏列出被调查城市，N 为样本量，Mean Rank 为平均秩次，Sum of Ranks 为秩和。表 175 为居住密度非常稀疏与中等被调查者感知居住区的健身广场面积的非参数检验结果，其中 Mann-Whitney U、Wilcoxon W 以及 Z 为统计量，Asymp. sig. (2-tailed)为基于渐近分布的双侧检验概率，本例概率小于 0.05，可以认为在 0.05 水平上居住密度非常稀疏与中等被调查者感知居住区的健身广场面积之间的差异具有显著性。

表 176　居住密度非常稀疏与大被调查者感知居住区的健身广场面积的秩次统计

	被调查者居住区的人口密度	N	Mean Rank	Sum of Ranks
被调查者感知居住区的健身广场面积	非常稀疏	26	47.62	1238.00
	大	182	112.63	20498.00
	Total	208		

表 177　居住密度非常稀疏与大被调查者感知居住区的健身广场面积的非参数检验结果[a]

	被调查者感知居住区的健身广场面积
Mann-Whitney U	887.000
Wilcoxon W	1238.000
Z	−5.346
Asymp. Sig. (2-tailed)	.000

a. Grouping Variable：被调查者居住区的人口密度

表 176 为居住密度非常稀疏与非常大被调查者感知居住区的健身广场面积的秩次统计表，第一栏列出被调查城市，N 为样本量，Mean Rank 为平均秩次，Sum of Ranks 为秩和。

表 177 为居住密度非常稀疏与非常大被调查者感知居住区的健身广场面积的非参数检验结果,其中 Mann-Whitney U、Wilcoxon W 以及 Z 为统计量,Asymp. sig. (2-tailed)为基于渐近分布的双侧检验概率,本例概率小于 0.05,可以认为在 0.05 水平上居住密度非常稀疏与非常大被调查者感知居住区的健身广场面积之间的差异具有显著性。

表 178　居住密度非常稀疏与非常大被调查者感知居住区的健身广场面积的秩次统计

	被调查者居住区的人口密度	N	Mean Rank	Sum of Ranks
被调查者感知居住区的健身广场面积	非常稀疏	26	36.92	960.00
	非常大	139	91.62	12735.00
	Total	165		

表 179　居住密度非常稀疏与非常大被调查者感知居住区的健身广场面积的非参数检验结果[a]

	被调查者感知居住区的健身广场面积
Mann-Whitney U	609.000
Wilcoxon W	960.000
Z	−5.561
Asymp. Sig. (2-tailed)	.000

a. Grouping Variable:被调查者居住区的人口密度

表 178 为居住密度非常稀疏与非常大被调查者感知居住区的健身广场面积的秩次统计表,第一栏列出被调查城市,N 为样本量,Mean Rank 为平均秩次,Sum of Ranks 为秩和。表 179 为居住密度非常稀疏与非常大被调查者感知居住区的健身广场面积的非参数检验结果,其中 Mann-Whitney U、Wilcoxon W 以及 Z 为统计量,Asymp. sig. (2-tailed)为基于渐近分布的双侧检验概率,本例概率小于 0.05,可以认为在 0.05 水平上居住密度非常稀疏与非常大被调查者感知居住区的健身广场面积之间的差异具有显著性。

表 180　居住密度稀疏与中等被调查者感知居住区的健身广场面积的秩次统计

	被调查者居住区的人口密度	N	Mean Rank	Sum of Ranks
被调查者感知居住区的健身广场面积	稀疏	71	104.48	7418.00
	中等	250	177.05	44263.00
	Total	321		

表 181　居住密度稀疏与中等被调查者感知居住区的健身广场面积的非参数检验结果[a]

	被调查者感知居住区的健身广场面积
Mann-Whitney U	4862.000
Wilcoxon W	7418.000
Z	−6.136
Asymp. Sig. (2-tailed)	.000

a. Grouping Variable:被调查者居住区的人口密度

表 180 为居住密度稀疏与中等被调查者感知居住区的健身广场面积的秩次统计表,第一栏列出被调查城市,N 为样本量,Mean Rank 为平均秩次,Sum of Ranks 为秩和。表 181

为居住密度稀疏与中等被调查者感知居住区的健身广场面积的非参数检验结果,其中
Mann-Whitney U、Wilcoxon W 以及 Z 为统计量,Asymp. sig. (2-tailed)为基于渐近分布的
双侧检验概率,本例概率小于 0.05,可以认为在 0.05 水平上居住密度稀疏与中等被调查者
感知居住区的健身广场面积之间的差异具有显著性。

表 182　居住密度稀疏与大被调查者感知居住区的健身广场面积的秩次统计

	被调查者居住区的人口密度	N	Mean Rank	Sum of Ranks
被调查者感知居住区的健身广场面积	稀疏	71	67.32	4779.50
	大	182	150.28	27351.50
	Total	253		

表 183　居住密度稀疏与大被调查者感知居住区的健身广场面积的非参数检验结果[a]

	被调查者感知居住区的健身广场面积
Mann-Whitney U	2223.500
Wilcoxon W	4779.500
Z	−8.366
Asymp. Sig. (2-tailed)	.000

a. Grouping Variable:被调查者居住区的人口密度

　　表 182 为居住密度稀疏与大被调查者感知居住区的健身广场面积的秩次统计表,第一
栏列出被调查城市,N 为样本量,Mean Rank 为平均秩次,Sum of Ranks 为秩和。表 183 为
居住密度稀疏与大被调查者感知居住区的健身广场面积的非参数检验结果,其中 Mann-
Whitney U、Wilcoxon W 以及 Z 为统计量,Asymp. sig. (2-tailed)为基于渐近分布的双侧检
验概率,本例概率小于 0.05,可以认为在 0.05 水平上居住密度稀疏与大被调查者感知居住
区的健身广场面积之间的差异具有显著性。

表 184　居住密度稀疏与非常大被调查者感知居住区的健身广场面积的秩次统计

	被调查者居住区的人口密度	N	Mean Rank	Sum of Ranks
被调查者感知居住区的健身广场面积	稀疏	71	58.04	4121.00
	非常大	139	129.74	18034.00
	Total	210		

表 185　居住密度稀疏与非常大被调查者感知居住区的健身广场面积的非参数检验结果[a]

	被调查者感知居住区的健身广场面积
Mann-Whitney U	1565.000
Wilcoxon W	4121.00
Z	−8.319
Asymp. Sig. (2-tailed)	.000

a. Grouping Variable:被调查者居住区的人口密度

　　表 184 为居住密度稀疏与非常大被调查者感知居住区的健身广场面积的秩次统计表,
第一栏列出被调查城市,N 为样本量,Mean Rank 为平均秩次,Sum of Ranks 为秩和。表

185 为居住密度稀疏与非常大被调查者感知居住区的健身广场面积的非参数检验结果,其中 Mann-Whitney U、Wilcoxon W 以及 Z 为统计量,Asymp. sig.(2-tailed)为基于渐近分布的双侧检验概率,本例概率小于 0.05,可以认为在 0.05 水平上居住密度稀疏与非常大被调查者感知居住区的健身广场面积之间的差异具有显著性。

表 186　居住密度中等与大被调查者感知居住区的健身广场面积的秩次统计

	被调查者居住区的人口密度	N	Mean Rank	Sum of Ranks
被调查者感知居住区的健身广场面积	中等	250	187.58	46895.50
	大	182	256.22	46632.50
	Total	432		

表 187　居住密度中等与大被调查者感知居住区的健身广场面积的非参数检验结果ᵃ

	被调查者感知居住区的健身广场面积
Mann-Whitney U	15520.500
Wilcoxon W	46895.500
Z	−5.992
Asymp. Sig.(2-tailed)	.000

a. Grouping Variable:被调查者居住区的人口密度

　　表 186 为居住密度中等与大被调查者感知居住区的健身广场面积的秩次统计表,第一栏列出被调查城市,N 为样本量,Mean Rank 为平均秩次,Sum of Ranks 为秩和。表 187 为居住密度中等与大被调查者感知居住区的健身广场面积的非参数检验结果,其中 Mann-Whitney U、Wilcoxon W 以及 Z 为统计量,Asymp. sig.(2-tailed)为基于渐近分布的双侧检验概率,本例概率小于 0.05,可以认为在 0.05 水平上居住密度中等与大被调查者感知居住区的健身广场面积之间的差异具有显著性。

表 188　居住密度中等与非常大被调查者感知居住区的健身广场面积的秩次统计

	被调查者居住区的人口密度	N	Mean Rank	Sum of Ranks
被调查者感知居住区的健身广场面积	中等	250	163.89	40973.50
	非常大	139	250.95	34881.50
	Total	389		

表 189　居住密度中等与非常大被调查者感知居住区的健身广场面积的非参数检验结果ᵃ

	被调查者感知居住区的健身广场面积
Mann-Whitney U	9598.500
Wilcoxon W	40973.500
Z	−7.632
Asymp. Sig.(2-tailed)	.000

a. Grouping Variable:被调查者居住区的人口密度

　　表 188 为居住密度中等与非常大被调查者感知居住区的健身广场面积的秩次统计表,第一栏列出被调查城市,N 为样本量,Mean Rank 为平均秩次,Sum of Ranks 为秩和。表

189 为居住密度中等与非常大被调查者感知居住区的健身广场面积的非参数检验结果,其中 Mann-Whitney U、Wilcoxon W 以及 Z 为统计量,Asymp. sig. (2-tailed)为基于渐近分布的双侧检验概率,本例概率小于 0.05,可以认为在 0.05 水平上居住密度中等与非常大被调查者感知居住区的健身广场面积之间的差异具有显著性。

表 190　居住密度大与非常大被调查者感知居住区的健身广场面积的秩次统计

	被调查者居住区的人口密度	N	Mean Rank	Sum of Ranks
被调查者感知居住区的健身广场面积	大	182	146.38	26641.00
	非常大	139	180.14	25040.00
	Total	321		

表 191　居住密度大与非常大被调查者感知居住区的健身广场面积的非参数检验结果a

	被调查者感知居住区的健身广场面积
Mann-Whitney U	9988.000
Wilcoxon W	26641.000
Z	−3.350
Asymp. Sig. (2-tailed)	.001

a. Grouping Variable:被调查者居住区的人口密度

表 190 为居住密度大与非常大被调查者感知居住区的健身广场面积的秩次统计表,第一栏列出被调查城市,N 为样本量,Mean Rank 为平均秩次,Sum of Ranks 为秩和。表 191 为居住密度大与非常大被调查者感知居住区的健身广场面积的非参数检验结果,其中 Mann-Whitney U、Wilcoxon W 以及 Z 为统计量,Asymp. sig. (2-tailed)为基于渐近分布的双侧检验概率,本例概率小于 0.05,可以认为在 0.05 水平上居住密度大与非常大被调查者感知居住区的健身广场面积之间的差异具有显著性。

(4) 皖北六市不同性别居民感知健身广场面积的列联表统计和非参数检验

1) 皖北六市不同性别居民感知健身广场面积的列联表统计

表 192　被调查者性别 * 被调查者感知居住区健身广场面积

		被调查者感知居住区的健身广场面积					Total
		非常小	小	中等	大	非常大	
被调查者的性别	男	7.4%	20.2%	31.3%	19.6%	21.6%	100.0%
	女	11.7%	21.2%	41.1%	17.7%	8.2%	100.0%
	Total	9.4%	20.7%	35.9%	18.7%	15.3%	100.0%

表 192 显示,皖北不同性别居民感知居住区健身广场面积:男性“非常小”和“小”占 27.6%、中等 31.3%、“大”和“非常大”占 41.2%;女性“非常小”和“小”占 32.9%、中等 41.1%、“大”和“非常大”占 25.9%;总体:“非常小”和“小”占 30.1%、中等 35.9%、“大”和“非常大”占 34.0%。

“大”和“非常大”占比与“非常小”和“小”占比之差:男性 13.6%;女性−7%;总体:3.9%。总体上皖北六市不同性别居民感知居住区健身广场面积“大”的占比比“小”的占比偏多一点。男性居民感知居住区健身广场面积“大”的占比与“小”的占比之差为正,女性为负。排序为:男性>女性。相关检验显示,皖北六市被调查者的性别与被调查者感知居住区健身广场面积的皮尔逊相关系数为 0.163,斯皮尔曼相关系数为 0.154,p=0.000<0.05,相关具有显著性。

2)皖北六市不同性别居民感知健身广场面积的非参数检验

表 193　皖北六市不同性别居民感知居住区健身广场面积的秩次统计量

	被调查者的性别	N	Mean Rank	Sum of Ranks
被调查者感知居住区的健身广场面积	男	352	361.68	127310.50
	女	316	304.23	96135.50
	Total	668		

表 194　皖北六市不同性别居民感知居住区健身广场面积的非参数检验结果[a]

	被调查者感知居住区的健身广场面积
Mann-Whitney U	46049.500
Wilcoxon W	96135.500
Z	−3.975
Asymp. Sig. (2-tailed)	.000

a. Grouping Variable:被调查者的性别

表 193 为皖北六市不同性别居民感知居住区健身广场面积的秩次表,第一栏列出被调查者的性别,N 为性别人数,Mean Rank 为平均秩次,Sum of Ranks 为秩和。表 194 为皖北六市不同性别居民感知居住区健身广场面积的非参数检验结果,其中 Mann-Whitney U、Wilcoxon W 以及 Z 为统计量,Asymp. sig. (2-tailed)为基于渐近分布的双侧检验概率,本例概率小于 0.05。可以认为在 0.05 水平上男女之间的感知差异具有显著性。

(5)皖北六市不同年龄区间居民感知健身广场面积的列联表统计和非参数检验

1)皖北六市不同年龄区间居民感知健身广场面积的列联表统计

表 195　被调查者年龄区间 * 被调查者感知居住区健身广场面积

		被调查者感知居住区的健身广场面积					Total
		非常小	小	中等	大	非常大	
被调查者的年龄区间	12 岁以下	4.3%	4.3%	21.7%	13.0%	56.5%	100.0%
	13—19 岁	3.9%	21.6%	41.2%	15.7%	17.6%	100.0%
	20—39 岁	10.3%	23.0%	44.7%	16.3%	5.7%	100.0%
	40—59 岁	8.2%	19.0%	37.9%	23.6%	11.3%	100.0%
	60 岁以上	13.1%	20.2%	6.1%	19.2%	41.4%	100.0%
	Total	9.4%	20.7%	35.9%	18.7%	15.3%	100.0%

表 195 显示,皖北不同年龄区间居民感知居住区健身广场面积:12 岁以下"小"和"非常小"占 8.6%、中等 21.7%、"大"和"非常大"占 69.5%;13—19 岁"小"和"非常小"占25.5%、中等 41.2%、"大"和"非常大"占 33.3%;20—39 岁"小"和"非常小"占 33.3%、中等44.7%、"大"和"非常大"占 22.0%;40—59 岁"小"和"非常小"占 27.2%、中等 37.9%、"大"和"非常大"占 34.9%;60 岁以上"小"和"非常小"占 33.3%、中等 6.1%、"大"和"非

常大"占 60.6%;总体:"小"和"非常小"占 30.1%、中等 35.9%、"大"和"非常大"占 34.0%。

"大"和"非常大"占比与"小"和"非常小"占比之差:12 岁以下 60.9%;13—19 岁 7.8%;20—39 岁−11.3%;40—59 岁 7.7%;60 岁以上 27.3%;总体:3.9%。总体上皖北六市不同年龄区间居民感知居住区健身广场面积,"大"的占比比"小"的占比偏多一点。12 岁以下、13—19 岁、40—59 岁、60 岁以上居民感知居住区健身广场面积,"大"和"非常大"的占比与"小"和"非常小"的占比之差为正,20—39 岁为负。排序为:12 岁以下>60 岁以上>13—19 岁>40—59 岁>20—39 岁。相关检验显示,皖北六市被调查者的年龄区间与被调查者感知居住区健身广场面积的皮尔逊相关系数为 0.053,p=0.173>0.05,相关不具有显著性。斯皮尔曼相关系数为 0.086,p=0.025<0.05,相关具有显著性。

2)皖北六市不同年龄区间居民感知健身广场面积的非参数检验

表 196　皖北六市不同年龄区间居民感知居住区健身广场面积的平均秩

	被调查者的年龄区间	N	Mean Rank
被调查者感知居住区的健身广场面积	12 岁以下	23	491.80
	13—19 岁	51	350.25
	20—39 岁	300	294.70
	40—59 岁	195	338.33
	60 岁以上	99	402.91
	Total	668	

表 196 为皖北六市不同年龄区间居民感知居住区健身广场面积的样本量和平均秩,平均秩升序排列为:"20—39 岁"为 294.70、"40—59 岁"为 338.33、"13—19 岁"为 350.25、"60 岁以上"为 402.91、"12 岁以下"为 491.80。

表 197　皖北六市不同年龄区间居民感知居住区健身广场面积的非参数检验结果[a,b]

	被调查者感知居住区的健身广场面积
Chi-Square	43.801
Df	4
Asymp. Sig.	.000

a. Kruskal Wallis Test
b. Grouping Variable:被调查者的年龄区间

表 197 为 Kruskal-Wallis 检验,Asymp. Sig. 为检验统计量 $\chi^2 = 43.801$、df=4 时基于渐近分布概率,本例概率 p=0.000<0.05,所以否定检验的原假设,即可以认为皖北六市不同年龄区间居民感知居住区健身广场面积之间的差异在 0.05 水平上具有显著性。

表 198　12 岁以下与 13—19 岁被调查者感知居住区健身广场面积的秩次统计

	被调查者的年龄区间	N	Mean Rank	Sum of Ranks
被调查者感知居住区健身广场面积	12 岁以下	23	48.72	1120.50
	13—19 岁	51	32.44	1654.50
	Total	74		

表 199　12 岁以下与 13—19 岁被调查者感知居住区健身广场面积的非参数检验结果[a]

	被调查者感知居住区健身广场面积
Mann-Whitney U	328.500
Wilcoxon W	1654.500
Z	−3.137
Asymp. Sig. (2-tailed)	.002

a. Grouping Variable：被调查者的年龄区间

　　表 198 为 12 岁以下与 13—19 岁被调查者感知居住区健身广场面积的秩次统计表,第一栏列出被调查城市,N 为样本量,Mean Rank 为平均秩次,Sum of Ranks 为秩和。表 199 为 12 岁以下与 13—19 岁被调查者感知居住区健身广场面积的非参数检验结果,其中 Mann-Whitney U、Wilcoxon W 以及 Z 为统计量,Asymp. sig.（2-tailed）为基于渐近分布的双侧检验概率,本例概率小于 0.05,可以认为在 0.05 水平上 12 岁以下与 13—19 岁被调查者感知居住区健身广场面积的差异具有显著性。

表 200　12 岁以下与 20—39 岁被调查者感知居住区健身广场面积的秩次统计

	被调查者的年龄区间	N	Mean Rank	Sum of Ranks
被调查者感知居住区健身广场面积	12 岁以下	23	250.30	5757.00
	20—39 岁	300	155.23	46569.00
	Total	323		

表 201　12 岁以下与 20—39 岁被调查者感知居住区健身广场面积的非参数检验结果[a]

	被调查者感知居住区健身广场面积
Mann-Whitney U	1419.000
Wilcoxon W	46569.000
Z	−4.949
Asymp. Sig. (2-tailed)	.000

a. Grouping Variable：被调查者的年龄区间

　　表 200 为 12 岁以下与 20—39 岁被调查者感知居住区健身广场面积的秩次统计表,第一栏列出被调查城市,N 为样本量,Mean Rank 为平均秩次,Sum of Ranks 为秩和。表 201 为 12 岁以下与 20—39 岁被调查者感知居住区健身广场面积的非参数检验结果,其中 Mann-Whitney U、Wilcoxon W 以及 Z 为统计量,Asymp. sig.（2-tailed）为基于渐近分布的双侧检验概率,本例概率小于 0.05,可以认为在 0.05 水平上 12 岁以下与 20—39 岁被调查者感知居住区健身广场面积的差异具有显著性。

表 202　12 岁以下与 40—59 岁被调查者感知居住区健身广场面积的秩次统计

	被调查者的年龄区间	N	Mean Rank	Sum of Ranks
被调查者感知居住区健身广场面积	12 岁以下	23	156.98	3610.50
	40—59 岁	195	103.90	20260.50
	Total	218		

表 203　12 岁以下与 40—59 岁被调查者感知居住区健身广场面积的非参数检验结果ᵃ

	被调查者感知居住区健身广场面积
Mann-Whitney U	1150.500
Wilcoxon W	20260.500
Z	−3.955
Asymp. Sig. (2-tailed)	.000

a. Grouping Variable：被调查者的年龄区间

　　表 202 为 12 岁以下与 40—59 岁被调查者感知居住区健身广场面积的秩次统计表,第一栏列出被调查城市,N 为样本量,Mean Rank 为平均秩次,Sum of Ranks 为秩和。表 203 为 12 岁以下与 40—59 岁被调查者感知居住区健身广场面积的非参数检验结果,其中 Mann-Whitney U、Wilcoxon W 以及 Z 为统计量,Asymp. sig. (2-tailed) 为基于渐近分布的双侧检验概率,本例概率小于 0.05,可以认为在 0.05 水平上 12 岁以下与 40—59 岁被调查者感知居住区健身广场面积的差异具有显著性。

表 204　12 岁以下与 60 岁以上被调查者感知居住区健身广场面积的秩次统计

	被调查者的年龄区间	N	Mean Rank	Sum of Ranks
被调查者感知居住区健身广场面积	12 岁以下	23	71.80	1651.50
	60 岁以上	99	59.11	5851.50
	Total	122		

表 205　12 岁以下与 60 岁以上被调查者感知居住区健身广场面积的非参数检验结果ᵃ

	被调查者感知居住区健身广场面积
Mann-Whitney U	901.500
Wilcoxon W	5851.500
Z	−1.635
Asymp. Sig. (2-tailed)	.102

a. Grouping Variable：被调查者的年龄区间

　　表 204 为 12 岁以下与 60 岁以上被调查者感知居住区健身广场面积的秩次统计表,第一栏列出被调查城市,N 为样本量,Mean Rank 为平均秩次,Sum of Ranks 为秩和。表 205 为 12 岁以下与 60 岁以上被调查者感知居住区健身广场面积的非参数检验结果,其中 Mann-Whitney U、Wilcoxon W 以及 Z 为统计量,Asymp. sig. (2-tailed) 为基于渐近分布的双侧检验概率,本例概率大于 0.05,可以认为在 0.05 水平上 12 岁以下与 60 岁以上被调查者感知居住区健身广场面积的差异不具有显著性。

表 206　13—19 岁与 20—39 岁被调查者感知居住区健身广场面积的秩次统计

	被调查者的年龄区间	N	Mean Rank	Sum of Ranks
被调查者感知居住区健身广场面积	13—19 岁	51	201.49	10276.00
	20—39 岁	300	171.67	51500.00
	Total	351		

表 207　13—19 岁与 20—39 岁被调查者感知居住区健身广场面积的非参数检验结果ᵃ

	被调查者感知居住区健身广场面积
Mann-Whitney U	6350.000
Wilcoxon W	51500.000
Z	−2.049
Asymp. Sig. (2-tailed)	.040

a. Grouping Variable：被调查者的年龄区间

　　表 206 为 13—19 岁与 20—39 岁被调查者感知居住区健身广场面积的秩次统计表，第一栏列出被调查城市，N 为样本量，Mean Rank 为平均秩次，Sum of Ranks 为秩和。表 207 为 13—19 岁与 20—39 岁被调查者感知居住区健身广场面积的非参数检验结果，其中 Mann-Whitney U、Wilcoxon W 以及 Z 为统计量，Asymp. sig. (2-tailed) 为基于渐近分布的双侧检验概率，本例概率小于 0.05，可以认为在 0.05 水平上 13—19 岁与 20—39 岁被调查者感知居住区健身广场面积的差异具有显著性。

表 208　13—19 岁与 40—59 岁被调查者感知居住区健身广场面积的秩次统计

	被调查者的年龄区间	N	Mean Rank	Sum of Ranks
被调查者感知居住区健身广场面积	13—19 岁	51	126.81	6467.50
	40—59 岁	195	122.63	23913.50
	Total	246		

表 209　13—19 岁与 40—59 岁被调查者感知居住区健身广场面积的非参数检验结果ᵃ

	被调查者感知居住区健身广场面积
Mann-Whitney U	4803.500
Wilcoxon W	23913.500
Z	−.389
Asymp. Sig. (2-tailed)	.697

a. Grouping Variable：被调查者的年龄区间

　　表 208 为 13—19 岁与 40—59 岁被调查者感知居住区健身广场面积的秩次统计表，第一栏列出被调查城市，N 为样本量，Mean Rank 为平均秩次，Sum of Ranks 为秩和。表 209 为 13—19 岁与 40—59 岁被调查者感知居住区健身广场面积的非参数检验结果，其中 Mann-Whitney U、Wilcoxon W 以及 Z 为统计量，Asymp. sig. (2-tailed) 为基于渐近分布的双侧检验概率，本例概率大于 0.05，可以认为在 0.05 水平上 13—19 岁与 40—59 岁被调查者感知居住区健身广场面积的差异不具有显著性。

表 210　13—19 岁与 60 岁以上被调查者感知居住区健身广场面积的秩次统计

	被调查者的年龄区间	N	Mean Rank	Sum of Ranks
被调查者感知居住区健身广场面积	13—19 岁	51	67.50	3442.50
	60 岁以上	99	79.62	7882.50
	Total	150		

表 211　13—19 岁与 60 岁以上被调查者感知居住区健身广场面积的非参数检验结果ᵃ

	被调查者感知居住区健身广场面积
Mann-Whitney U	2116.500
Wilcoxon W	3442.500
Z	−1.668
Asymp. Sig. (2-tailed)	.095

a. Grouping Variable：被调查者的年龄区间

表 210 为 13—19 岁与 60 岁以上被调查者感知居住区健身广场面积的秩次统计表，第一栏列出被调查城市，N 为样本量，Mean Rank 为平均秩次，Sum of Ranks 为秩和。表 211 为 13—19 岁与 60 岁以上被调查者感知居住区健身广场面积的非参数检验结果，其中 Mann-Whitney U、Wilcoxon W 以及 Z 为统计量，Asymp. sig.（2-tailed）为基于渐近分布的双侧检验概率，本例概率大于 0.05，可以认为在 0.05 水平上 13—19 岁与 60 岁以上被调查者感知居住区健身广场面积的差异不具有显著性。

表 212　20—39 岁与 40—59 岁被调查者感知居住区健身广场面积的秩次统计

	被调查者的年龄区间	N	Mean Rank	Sum of Ranks
被调查者感知居住区健身广场面积	20—39 岁	300	234.39	70316.50
	40—59 岁	195	268.94	52443.50
	Total	495		

表 213　20—39 岁与 40—59 岁被调查者感知居住区健身广场面积的非参数检验结果ᵃ

	被调查者感知居住区健身广场面积
Mann-Whitney U	25166.500
Wilcoxon W	70316.500
Z	−2.757
Asymp. Sig. (2-tailed)	.006

a. Grouping Variable：被调查者的年龄区间

表 212 为 20—39 岁与 40—59 岁被调查者感知居住区健身广场面积的秩次统计表，第一栏列出被调查城市，N 为样本量，Mean Rank 为平均秩次，Sum of Ranks 为秩和。表 213 为 20—39 岁与 40—59 岁被调查者感知居住区健身广场面积的非参数检验结果，其中 Mann-Whitney U、Wilcoxon W 以及 Z 为统计量，Asymp. sig.（2-tailed）为基于渐近分布的双侧检验概率，本例概率小于 0.05，可以认为在 0.05 水平上 20—39 岁与 40—59 岁被调查者感知居住区健身广场面积的差异具有显著性。

表 214　20—39 岁与 60 岁以上被调查者感知居住区健身广场面积的秩次统计

	被调查者的年龄区间	N	Mean Rank	Sum of Ranks
被调查者感知居住区健身广场面积	20—39 岁	300	184.91	55473.50
	60 岁以上	99	245.72	24326.50
	Total	399		

表 215　20—39 岁与 60 岁以上被调查者感知居住区健身广场面积的非参数检验结果a

	被调查者感知居住区健身广场面积
Mann-Whitney U	10323.500
Wilcoxon W	55473.500
Z	−4.701
Asymp. Sig. (2-tailed)	.000

a. Grouping Variable：被调查者的年龄区间

表 214 为 20—39 岁与 60 岁以上被调查者感知居住区健身广场面积的秩次统计表,第一栏列出被调查城市,N 为样本量,Mean Rank 为平均秩次,Sum of Ranks 为秩和。表 215 为 20—39 岁与 60 岁以上被调查者感知居住区健身广场面积的非参数检验结果,其中 Mann-Whitney U、Wilcoxon W 以及 Z 为统计量,Asymp. sig. (2-tailed)为基于渐近分布的双侧检验概率,本例概率小于 0.05,可以认为在 0.05 水平上 20—39 岁与 60 岁以上被调查者感知居住区健身广场面积的差异具有显著性。

表 216　40—59 岁与 60 岁以上被调查者感知居住区健身广场面积的秩次统计

	被调查者的年龄区间	N	Mean Rank	Sum of Ranks
被调查者感知居住区健身广场面积	40—59 岁	195	136.86	26687.00
	60 岁以上	99	168.46	16678.00
	Total	294		

表 217　40—59 岁与 60 岁以上被调查者感知居住区健身广场面积的非参数检验结果a

	被调查者感知居住区健身广场面积
Mann-Whitney U	7577.000
Wilcoxon W	26687.000
Z	−3.089
Asymp. Sig. (2-tailed)	.002

a. Grouping Variable：被调查者的年龄区间

表 216 为 40—59 岁与 60 岁以上被调查者感知居住区健身广场面积的秩次统计表,第一栏列出被调查城市,N 为样本量,Mean Rank 为平均秩次,Sum of Ranks 为秩和。表 217 为 40—59 岁与 60 岁以上被调查者感知居住区健身广场面积的非参数检验结果,其中 Mann-Whitney U、Wilcoxon W 以及 Z 为统计量,Asymp. sig. (2-tailed)为基于渐近分布的双侧检验概率,本例概率小于 0.05,可以认为在 0.05 水平上 40—59 岁与 60 岁以上被调查者感知居住区健身广场面积的差异具有显著性。

(6) 皖北六市不同锻炼次数居民感知健身广场面积的列联表统计和非参数检验

1) 皖北六市不同锻炼次数居民感知健身广场面积的列联表统计

表 218　被调查者锻炼次数 * 被调查者感知居住区健身广场面积

		被调查者感知居住区的健身广场面积					Total
		非常小	小	中等	大	非常大	
被调查者参加体育锻炼次数	非常少	42.3%	23.1%	19.2%	7.7%	7.7%	100.0%
	少	7.3%	34.4%	37.7%	12.6%	7.9%	100.0%
	中等	9.5%	19.6%	51.3%	14.8%	4.8%	100.0%
	多	4.9%	17.8%	33.1%	31.9%	12.3%	100.0%
	非常多	3.5%	7.1%	19.5%	19.5%	50.4%	100.0%
	Total	9.4%	20.7%	35.9%	18.7%	15.3%	100.0%

表 218 显示,皖北不同锻炼次数居民感知居住区健身广场面积:非常少"小"和"非常小"占 65.4%、中等 19.2%、"大"和"非常大"占 15.4%;少"小"和"非常小"占 41.7%、中等 37.7%、"大"和"非常大"占 20.5%;中等"小"和"非常小"占 29.1%、中等 51.3%、"大"和"非常大"占 19.6%;多"小"和"非常小"占 22.7%、中等 33.1%、"大"和"非常大"占 44.2%;非常多"小"和"非常小"占 10.6%、中等 19.5%、"大"和"非常大"占 69.9%;总体:"小"和"非常小"占 30.1%、中等 35.9%、"大"和"非常大"占 34.0%。

"大"和"非常大"占比与"小"和"非常小"占比之差:非常少-50%;少-21.2%;中等-9.5%;多 21.5%;非常多 59.3%;总体:3.9%。总体上皖北六市不同锻炼次数居民感知居住区健身广场面积,"大"的占比比"小"的占比偏多一点。锻炼次数多、非常多的居民感知居住区健身广场面积,"大"和"非常大"的占比与"小"和"非常小"的占比之差为正。锻炼次数非常少、少、中等的居民感知居住区健身广场面积,"大"和"非常大"的占比与"小"和"非常小"的占比之差为负。排序为:非常少<少<中等<多<非常多。相关检验显示,皖北六市被调查者的锻炼次数与被调查者感知居住区健身广场面积的皮尔逊相关系数为 0.422,斯皮尔曼相关系数为 0.411,p=0.000<0.05,相关具有显著性。

2) 皖北六市不同锻炼次数居民感知健身广场面积的非参数检验

表 219　皖北六市不同锻炼次数居民感知居住区健身广场面积的平均秩

	被调查者参加体育锻炼的次数	N	Mean Rank
被调查者感知居住区的健身广场面积	非常少	52	192.21
	少	151	281.81
	中等	189	298.06
	多	163	368.21
	非常多	113	482.71
	Total	668	

表 219 为皖北六市不同锻炼次数居民感知居住区健身广场面积的样本量和平均秩,平均秩升序排列为:"非常少"为 192.21、"少"为 281.81、"中等"为 298.06、"多"为 368.21、"非常多"为 482.71。

表 220　皖北六市不同锻炼次数居民感知居住区健身广场面积的非参数检验结果[a,b]

	被调查者感知居住区的健身广场面积
Chi-Square	126.241
Df	4
Asymp. Sig.	.000

a. Kruskal Wallis Test
b. Grouping Variable：被调查者参加体育锻炼的次数

　　表 220 为 Kruskal-Wallis 检验，Asymp. Sig. 为检验统计量 $\chi^2=126.241$、df＝4 时基于渐近分布概率，本例概率 p＝0.000＜0.05，所以否定检验的原假设，即可以认为皖北六市不同锻炼次数居民感知居住区健身广场面积之间的差异在 0.05 水平上具有显著性。

表 221　体育锻炼次数非常少与少被调查者感知居住区健身广场面积的秩次统计

	被调查者参加体育锻炼次数	N	Mean Rank	Sum of Ranks
被调查者感知居住区健身广场面积	非常少	52	76.08	3956.00
	少	151	110.93	16750.00
	Total	203		

表 222　体育锻炼次数非常少与少被调查者感知居住区健身广场面积的非参数检验结果[a]

	被调查者感知居住区健身广场面积
Mann-Whitney U	2578.000
Wilcoxon W	3956.000
Z	−3.833
Asymp. Sig. (2-tailed)	.000

a. Grouping Variable：被调查者参加体育锻炼次数

　　表 221 为体育锻炼次数非常少与少被调查者感知居住区健身广场面积的秩次统计表，第一栏列出被调查城市，N 为样本量，Mean Rank 为平均秩次，Sum of Ranks 为秩和。表 222 为体育锻炼次数非常少与少被调查者感知居住区健身广场面积的非参数检验结果，其中 Mann-Whitney U、Wilcoxon W 以及 Z 为统计量，Asymp. sig. (2-tailed) 为基于渐近分布的双侧检验概率，本例概率小于 0.05，可以认为在 0.05 水平上体育锻炼次数非常少与少被调查者感知居住区健身广场面积的差异具有显著性。

表 223　体育锻炼次数非常少与中等被调查者感知居住区健身广场面积的秩次统计

	被调查者参加体育锻炼次数	N	Mean Rank	Sum of Ranks
被调查者感知居住区健身广场面积	非常少	52	85.60	4451.00
	中等	189	130.74	24710.00
	Total	241		

表 224　体育锻炼次数非常少与中等被调查者感知居住区健身广场面积的非参数检验结果^a

	被调查者感知居住区健身广场面积
Mann-Whitney U	3073.000
Wilcoxon W	4451.000
Z	−4.366
Asymp. Sig.（2-tailed）	.000

a. Grouping Variable：被调查者参加体育锻炼次数

表 223 为体育锻炼次数非常少与中等被调查者感知居住区健身广场面积的秩次统计表，第一栏列出被调查城市，N 为样本量，Mean Rank 为平均秩次，Sum of Ranks 为秩和。表 224 为体育锻炼次数非常少与中等被调查者感知居住区健身广场面积的非参数检验结果，其中 Mann-Whitney U、Wilcoxon W 以及 Z 为统计量，Asymp. sig.（2-tailed）为基于渐近分布的双侧检验概率，本例概率小于 0.05，可以认为在 0.05 水平上体育锻炼次数非常少与中等被调查者感知居住区健身广场面积的差异具有显著性。

表 225　体育锻炼次数非常少与多被调查者感知居住区健身广场面积的秩次统计

	被调查者参加体育锻炼次数	N	Mean Rank	Sum of Ranks
被调查者感知居住区健身广场面积	非常少	52	66.46	3456.00
	多	163	121.25	19764.00
	Total	215		

表 226　体育锻炼次数非常少与多被调查者感知居住区健身广场面积的非参数检验结果^a

	被调查者感知居住区健身广场面积
Mann-Whitney U	2078.000
Wilcoxon W	3456.000
Z	−5.689
Asymp. Sig.（2-tailed）	.000

a. Grouping Variable：被调查者参加体育锻炼次数

表 225 为体育锻炼次数非常少与多被调查者感知居住区健身广场面积的秩次统计表，第一栏列出被调查城市，N 为样本量，Mean Rank 为平均秩次，Sum of Ranks 为秩和。表 226 为体育锻炼次数非常少与多被调查者感知居住区健身广场面积的非参数检验结果，其中 Mann-Whitney U、Wilcoxon W 以及 Z 为统计量，Asymp. sig.（2-tailed）为基于渐近分布的双侧检验概率，本例概率小于 0.05，可以认为在 0.05 水平上体育锻炼次数非常少与多被调查者感知居住区健身广场面积的差异具有显著性。

表 227　体育锻炼次数非常少与非常多被调查者感知居住区健身广场面积的秩次统计

	被调查者参加体育锻炼次数	N	Mean Rank	Sum of Ranks
被调查者感知居住区健身广场面积	非常少	52	43.58	2266.00
	非常多	113	101.14	11429.00
	Total	165		

表 228　体育锻炼次数非常少与非常多被调查者感知居住区健身广场面积的非参数检验结果[a]

	被调查者感知居住区健身广场面积
Mann-Whitney U	888.000
Wilcoxon W	2266.000
Z	−7.446
Asymp. Sig. (2-tailed)	.000

a. Grouping Variable：被调查者参加体育锻炼次数

表 227 为体育锻炼次数非常少与非常多被调查者感知居住区健身广场面积的秩次统计表，第一栏列出被调查城市，N 为样本量，Mean Rank 为平均秩次，Sum of Ranks 为秩和。表 228 为体育锻炼次数非常少与非常多被调查者感知居住区健身广场面积的非参数检验结果，其中 Mann-Whitney U、Wilcoxon W 以及 Z 为统计量，Asymp. sig. (2-tailed) 为基于渐近分布的双侧检验概率，本例概率小于 0.05，可以认为在 0.05 水平上体育锻炼次数非常少与非常多被调查者感知居住区健身广场面积的差异具有显著性。

表 229　体育锻炼次数少与中等被调查者感知居住区健身广场面积的秩次统计

	被调查者参加体育锻炼次数	N	Mean Rank	Sum of Ranks
被调查者感知居住区健身广场面积	少	151	163.84	24740.50
	中等	189	175.82	33229.50
	Total	340		

表 230　体育锻炼次数少与中等被调查者感知居住区健身广场面积的非参数检验结果[a]

	被调查者感知居住区健身广场面积
Mann-Whitney U	13264.500
Wilcoxon W	24740.500
Z	−1.186
Asymp. Sig. (2-tailed)	.236

a. Grouping Variable：被调查者参加体育锻炼次数

表 229 为体育锻炼次数少与中等被调查者感知居住区健身广场面积的秩次统计表，第一栏列出被调查城市，N 为样本量，Mean Rank 为平均秩次，Sum of Ranks 为秩和。表 230 为体育锻炼次数少与中等被调查者感知居住区健身广场面积的非参数检验结果，其中 Mann-Whitney U、Wilcoxon W 以及 Z 为统计量，Asymp. sig. (2-tailed) 为基于渐近分布的双侧检验概率，本例概率大于 0.05，可以认为在 0.05 水平上体育锻炼次数少与中等被调查者感知居住区健身广场面积的差异不具有显著性。

表 231　体育锻炼次数少与多被调查者感知居住区健身广场面积的秩次统计

	被调查者参加体育锻炼次数	N	Mean Rank	Sum of Ranks
被调查者感知居住区健身广场面积	少	151	135.08	20397.00
	多	163	178.27	29058.00
	Total	314		

表 232 体育锻炼次数少与多被调查者感知居住区健身广场面积的非参数检验结果[a]

	被调查者感知居住区健身广场面积
Mann-Whitney U	8921.000
Wilcoxon W	20397.000
Z	-4.377
Asymp. Sig. (2-tailed)	.000

a. Grouping Variable：被调查者参加体育锻炼次数

表 231 为体育锻炼次数少与多被调查者感知居住区健身广场面积的秩次统计表，第一栏列出被调查城市，N 为样本量，Mean Rank 为平均秩次，Sum of Ranks 为秩和。表 232 为体育锻炼次数少与多被调查者感知居住区健身广场面积的非参数检验结果，其中 Mann-Whitney U、Wilcoxon W 以及 Z 为统计量，Asymp. sig. (2-tailed) 为基于渐近分布的双侧检验概率，本例概率小于 0.05，可以认为在 0.05 水平上体育锻炼次数少与多被调查者感知居住区健身广场面积的差异具有显著性。

表 233 体育锻炼次数少与非常多被调查者感知居住区健身广场面积的秩次统计

	被调查者参加体育锻炼次数	N	Mean Rank	Sum of Ranks
被调查者感知居住区健身广场面积	少	151	99.96	15094.00
	非常多	113	175.98	19886.00
	Total	264		

表 234 体育锻炼次数少与非常多被调查者感知居住区健身广场面积的非参数检验结果[a]

	被调查者感知居住区健身广场面积
Mann-Whitney U	3618.000
Wilcoxon W	15094.000
Z	-8.257
Asymp. Sig. (2-tailed)	.000

a. Grouping Variable：被调查者参加体育锻炼次数

表 233 为体育锻炼次数少与非常多被调查者感知居住区健身广场面积的秩次统计表，第一栏列出被调查城市，N 为样本量，Mean Rank 为平均秩次，Sum of Ranks 为秩和。表 234 为体育锻炼次数少与非常多被调查者感知居住区健身广场面积的非参数检验结果，其中 Mann-Whitney U、Wilcoxon W 以及 Z 为统计量，Asymp. sig. (2-tailed) 为基于渐近分布的双侧检验概率，本例概率小于 0.05，可以认为在 0.05 水平上体育锻炼次数少与非常多被调查者感知居住区健身广场面积的差异具有显著性。

表 235 体育锻炼次数中等与多被调查者感知居住区健身广场面积的秩次统计

	被调查者参加体育锻炼次数	N	Mean Rank	Sum of Ranks
被调查者感知居住区健身广场面积	中等	189	157.25	29720.50
	多	163	198.82	32407.50
	Total	352		

表 236　体育锻炼次数中等与多被调查者感知居住区健身广场面积的非参数检验结果[a]

	被调查者感知居住区健身广场面积
Mann-Whitney U	11765.500
Wilcoxon W	29720.500
Z	−4.024
Asymp. Sig. (2-tailed)	.000

a. Grouping Variable：被调查者参加体育锻炼次数

　　表 235 为体育锻炼次数中等与多被调查者感知居住区健身广场面积的秩次统计表,第一栏列出被调查城市,N 为样本量,Mean Rank 为平均秩次,Sum of Ranks 为秩和。表 236 为体育锻炼次数中等与多被调查者感知居住区健身广场面积的非参数检验结果,其中 Mann-Whitney U、Wilcoxon W 以及 Z 为统计量,Asymp. sig. (2-tailed)为基于渐近分布的双侧检验概率,本例概率小于 0.05,可以认为在 0.05 水平上体育锻炼次数中等与多被调查者感知居住区健身广场面积的差异具有显著性。

表 237　体育锻炼次数中等与非常多被调查者感知居住区健身广场面积的秩次统计

	被调查者参加体育锻炼次数	N	Mean Rank	Sum of Ranks
被调查者感知居住区健身广场面积	中等	189	119.25	22538.50
	非常多	113	205.44	23214.50
	Total	302		

表 238　体育锻炼次数中等与非常多被调查者感知居住区健身广场面积的非参数检验结果[a]

	被调查者感知居住区健身广场面积
Mann-Whitney U	4583.500
Wilcoxon W	22538.500
Z	−8.653
Asymp. Sig. (2-tailed)	.000

a. Grouping Variable：被调查者参加体育锻炼次数

　　表 237 为体育锻炼次数中等与非常多被调查者感知居住区健身广场面积的秩次统计表,第一栏列出被调查城市,N 为样本量,Mean Rank 为平均秩次,Sum of Ranks 为秩和。表 238 为体育锻炼次数中等与非常多被调查者感知居住区健身广场面积的非参数检验结果,其中 Mann-Whitney U、Wilcoxon W 以及 Z 为统计量,Asymp. sig. (2-tailed)为基于渐近分布的双侧检验概率,本例概率小于 0.05,可以认为在 0.05 水平上体育锻炼次数中等与非常多被调查者感知居住区健身广场面积的差异具有显著性。

表 239　体育锻炼次数多与非常多被调查者感知居住区健身广场面积的秩次统计

	被调查者参加体育锻炼次数	N	Mean Rank	Sum of Ranks
被调查者感知居住区健身广场面积	多	163	115.87	18886.00
	非常多	113	171.15	19340.00
	Total	276		

表 240　体育锻炼次数多与非常多被调查者感知居住区健身广场面积的非参数检验结果[a]

	被调查者感知居住区健身广场面积
Mann-Whitney U	5520.000
Wilcoxon W	18886.000
Z	−5.850
Asymp. Sig. (2-tailed)	.000

a. Grouping Variable：被调查者参加体育锻炼次数

　　表 239 为体育锻炼次数多与非常多被调查者感知居住区健身广场面积的秩次统计表，第一栏列出被调查城市，N 为样本量，Mean Rank 为平均秩次，Sum of Ranks 为秩和。表 240 为体育锻炼次数多与非常多被调查者感知居住区健身广场面积的非参数检验结果，其中 Mann-Whitney U、Wilcoxon W 以及 Z 为统计量，Asymp. sig. (2-tailed)为基于渐近分布的双侧检验概率，本例概率小于 0.05，可以认为在 0.05 水平上体育锻炼次数多与非常多被调查者感知居住区健身广场面积的差异具有显著性。

4.1.1.3　居民感知锻炼高峰期健身广场上健身者密度

（1）皖北不同市居民感知锻炼高峰期健身广场上健身者密度的列联表统计和非参数检验

1）皖北不同市居民感知锻炼高峰期健身广场上健身者密度的列联表统计

表 241　被调查者居住的城市 * 被调查者感知锻炼高峰期健身广场上健身者密度

		被调查者感知锻炼高峰期健身广场上健身者的密度					Total
		非常小	小	中等	大	非常大	
被调查者居住的城市	淮北市	4.3%	5.7%	44.0%	29.8%	16.3%	100.0%
	宿州市	3.8%	8.6%	35.2%	22.9%	29.5%	100.0%
	蚌埠市	9.2%	20.2%	23.9%	27.5%	19.3%	100.0%
	淮南市	7.8%	17.6%	36.3%	30.4%	7.8%	100.0%
	阜阳市	9.0%	9.0%	33.0%	33.0%	16.0%	100.0%
	亳州市	12.6%	24.3%	18.0%	25.2%	19.8%	100.0%
	Total	7.6%	13.9%	32.2%	28.1%	18.1%	100.0%

　　表 241 显示，皖北六市居民感知锻炼高峰期健身广场上健身者密度：淮北市"小"和"非常小"占 10.0%（14）、中等 44.0%（62）、"大"和"非常大"占 46.1%（65）；宿州市"小"和"非常小"占 12.4%（13）、中等 35.2%（37）、"大"和"非常大"占 52.4%（55）；蚌埠市"小"和"非常小"占 29.4%（32）、中等 23.9%（26）、"大"和"非常大"占 46.8%（51）；淮南市"小"和"非常小"占 25.4%（26）、中等 36.3%（37）、"大"和"非常大"占 38.2%（39）；阜阳市"小"和"非常小"占 18.0%（18）、中等 33.0%（33）、"大"和"非常大"占 49.0%（49）；亳州市"小"和"非常小"占 36.9%（41）、中等 18.0%（20）、"大"和"非常大"占 45%（50）；总体："小"和"非常小"占 21.5%（144）、中等 32.2%（215）、"大"和"非常大"占 46.2%（309）。

　　"大"和"非常大"占比与"小"和"非常小"占比之差：淮北市 36.1%；宿州市 40.0%；蚌埠市 17.4%；淮南市 12.8%；阜阳市 31%；亳州市 8.1%；总体：24.7%。总体上皖北六市居民感知锻炼高峰期健身广场上健身者密度"大"的占比比"小"的占比普遍偏多。皖北六市居民感知锻炼高峰期健身广场上健身者密度"大"和"非常大"占比与"小"和"非常小"占比之差都为为正。排序为：宿州市＞淮北市＞阜阳市＞蚌埠市＞淮南市＞亳州市。

2）皖北不同市居民感知锻炼高峰期健身广场上健身者密度的非参数检验

表 242　皖北六市居民感知锻炼高峰期健身广场上健身者密度的平均秩

	被调查者居住的城市	N	Mean Rank
被调查者感知锻炼高峰期健身广场上健身者的密度	淮北市	141	351.74
	宿州市	105	381.35
	蚌埠市	109	324.23
	淮南市	102	296.26
	阜阳市	100	341.26
	亳州市	111	307.42
	Total	668	

表 242 为皖北六市居民感知锻炼高峰期健身广场上健身者密度的样本量和平均秩,降序排列为：宿州市为 381.35(105)、淮北市为 351.74(141)、阜阳市为 341.26(100)、蚌埠市为 324.23(109)、亳州市为 307.42(111)、淮南市为 296.26(102)。

表 243　皖北六市居民感知锻炼高峰期健身广场上健身者密度的非参数检验结果[a,b]

	被调查者感知锻炼高峰期健身广场上健身者的密度
Chi-Square	14.900
Df	5
Asymp. Sig.	.011

a. Kruskal Wallis Test
b. Grouping Variable：被调查者居住的城市

表 243 为 Kruskal-Wallis 检验,Asymp. Sig. 为检验统计量 $\chi^2 = 14.900$、$df = 5$ 时基于渐近分布概率,本例概率 $p = 0.011 < 0.05$,所以否定检验的原假设,即可以认为皖北六市居民感知锻炼高峰期健身广场上健身者密度之间的差异在 0.05 水平上具有显著性。

表 244　淮北市与宿州市被调查者感知锻炼高峰期健身广场上健身者的密度的秩次统计

	被调查者居住的城市	N	Mean Rank	Sum of Ranks
被调查者感知锻炼高峰期健身广场上健身者的密度	淮北市	141	118.49	16706.50
	宿州市	105	130.23	13674.50
	Total	246		

表 245　淮北市与宿州市被调查者感知锻炼高峰期健身广场上健身者的密度的非参数检验结果[a]

	被调查者感知锻炼高峰期健身广场上健身者的密度
Mann-Whitney U	6695.500
Wilcoxon W	16706.500
Z	−1.347
Asymp. Sig. (2-tailed)	.178

a. Grouping Variable：被调查者居住的城市

　　表244为淮北市与宿州市被调查者感知锻炼高峰期健身广场上健身者的密度的秩次统计表，第一栏列出被调查城市，N为样本量，Mean Rank为平均秩次，Sum of Ranks为秩和。表245为淮北市与宿州市被调查者感知锻炼高峰期健身广场上健身者的密度的非参数检验结果，其中Mann-Whitney U、Wilcoxon W以及Z为统计量，Asymp. sig.（2-tailed）为基于渐近分布的双侧检验概率，本例概率大于0.05，可以认为在0.05水平上淮北市与宿州市被调查者感知锻炼高峰期健身广场上健身者的密度之间的差异不具有显著性。

表246　淮北市与蚌埠市被调查者感知锻炼高峰期健身广场上健身者的密度的秩次统计

	被调查者居住的城市	N	Mean Rank	Sum of Ranks
被调查者感知锻炼高峰期健身广场上健身者的密度	淮北市	141	130.00	18330.50
	蚌埠市	109	119.67	13044.50
	Total	250		

表247　淮北市与蚌埠市被调查者感知锻炼高峰期健身广场上健身者的密度的非参数检验结果[a]

	被调查者感知锻炼高峰期健身广场上健身者的密度
Mann-Whitney U	7049.500
Wilcoxon W	13044.500
Z	−1.164
Asymp. Sig. (2-tailed)	.244

a. Grouping Variable：被调查者居住的城市

　　表246为淮北市与蚌埠市被调查者感知锻炼高峰期健身广场上健身者的密度的秩次统计表，第一栏列出被调查城市，N为样本量，Mean Rank为平均秩次，Sum of Ranks为秩和。表247为淮北市与蚌埠市被调查者感知锻炼高峰期健身广场上健身者的密度的非参数检验结果，其中Mann-Whitney U、Wilcoxon W以及Z为统计量，Asymp. sig.（2-tailed）为基于渐近分布的双侧检验概率，本例概率大于0.05，可以认为在0.05水平上淮北市与蚌埠市被调查者感知锻炼高峰期健身广场上健身者的密度之间的差异不具有显著性。

表248　淮北市与淮南市被调查者感知锻炼高峰期健身广场上健身者的密度的秩次统计

	被调查者居住的城市	N	Mean Rank	Sum of Ranks
被调查者感知锻炼高峰期健身广场上健身者的密度	淮北市	141	131.07	18481.00
	淮南市	102	109.46	11165.00
	Total	243		

表249　淮北市与淮南市被调查者感知锻炼高峰期健身广场上健身者的密度的非参数检验结果[a]

	被调查者感知锻炼高峰期健身广场上健身者的密度
Mann-Whitney U	5912.000
Wilcoxon W	11165.000
Z	−2.491
Asymp. Sig. (2-tailed)	.013

a. Grouping Variable：被调查者居住的城市

　　表248为淮北市与淮南市被调查者感知锻炼高峰期健身广场上健身者的密度的秩次统计表,第一栏列出被调查城市,N为样本量,Mean Rank为平均秩次,Sum of Ranks为秩和。表249为淮北市与淮南市被调查者感知锻炼高峰期健身广场上健身者的密度的非参数检验结果,其中Mann-Whitney U、Wilcoxon W以及Z为统计量,Asymp. sig. (2-tailed)为基于渐近分布的双侧检验概率,本例概率小于0.05,可以认为在0.05水平上淮北市与淮南市被调查者感知锻炼高峰期健身广场上健身者的密度之间的差异具有显著性。

表250　淮北市与阜阳市被调查者感知锻炼高峰期健身广场上健身者的密度的秩次统计

	被调查者居住的城市	N	Mean Rank	Sum of Ranks
被调查者感知锻炼高峰期健身广场上健身者的密度	淮北市	141	122.24	17236.00
	阜阳市	100	119.25	11925.00
	Total	241		

表251　淮北市与阜阳市被调查者感知锻炼高峰期健身广场上健身者的密度的非参数检验结果[a]

	被调查者感知锻炼高峰期健身广场上健身者的密度
Mann-Whitney U	6875.000
Wilcoxon W	11925.000
Z	−.345
Asymp. Sig. (2-tailed)	.730

　　a. Grouping Variable:被调查者居住的城市

　　表250为淮北市与阜阳市被调查者感知锻炼高峰期健身广场上健身者的密度的秩次统计表,第一栏列出被调查城市,N为样本量,Mean Rank为平均秩次,Sum of Ranks为秩和。表251为淮北市与阜阳市被调查者感知锻炼高峰期健身广场上健身者的密度的非参数检验结果,其中Mann-Whitney U、Wilcoxon W以及Z为统计量,Asymp. sig. (2-tailed)为基于渐近分布的双侧检验概率,本例概率大于0.05,可以认为在0.05水平上淮北市与阜阳市被调查者感知锻炼高峰期健身广场上健身者的密度之间的差异不具有显著性。

表252　淮北市与亳州市被调查者感知锻炼高峰期健身广场上健身者的密度的秩次统计

	被调查者居住的城市	N	Mean Rank	Sum of Ranks
被调查者感知锻炼高峰期健身广场上健身者的密度	淮北市	141	133.94	18885.00
	亳州市	111	117.05	12993.00
	Total	252		

表253　淮北市与亳州市被调查者感知锻炼高峰期健身广场上健身者的密度的非参数检验结果[a]

	被调查者感知锻炼高峰期健身广场上健身者的密度
Mann-Whitney U	6777.000
Wilcoxon W	12993.000
Z	−1.887
Asymp. Sig. (2-tailed)	.059

　　a. Grouping Variable:被调查者居住的城市

表 252 为淮北市与亳州市被调查者感知锻炼高峰期健身广场上健身者的密度的秩次统计表,第一栏列出被调查城市,N 为样本量,Mean Rank 为平均秩次,Sum of Ranks 为秩和。表 253 为淮北市与亳州市被调查者感知锻炼高峰期健身广场上健身者的密度的非参数检验结果,其中 Mann-Whitney U、Wilcoxon W 以及 Z 为统计量,Asymp. sig.（2-tailed）为基于渐近分布的双侧检验概率,本例概率大于 0.05,可以认为在 0.05 水平上淮北市与亳州市被调查者感知锻炼高峰期健身广场上健身者的密度之间的差异不具有显著性。

表 254　宿州市与蚌埠市被调查者感知锻炼高峰期健身广场上健身者的密度的秩次统计

	被调查者居住的城市	N	Mean Rank	Sum of Ranks
被调查者感知锻炼高峰期健身广场上健身者的密度	宿州市	105	116.61	12244.50
	蚌埠市	109	98.72	10760.50
	Total	214		

表 255　宿州市与蚌埠市被调查者感知锻炼高峰期健身广场上健身者的密度的非参数检验结果[a]

	被调查者感知锻炼高峰期健身广场上健身者的密度
Mann-Whitney U	4765.500
Wilcoxon W	10760.500
Z	−2.179
Asymp. Sig.（2-tailed）	.029

a. Grouping Variable：被调查者居住的城市

表 254 为宿州市与蚌埠市被调查者感知锻炼高峰期健身广场上健身者的密度的秩次统计表,第一栏列出被调查城市,N 为样本量,Mean Rank 为平均秩次,Sum of Ranks 为秩和。表 255 为宿州市与蚌埠市被调查者感知锻炼高峰期健身广场上健身者的密度的非参数检验结果,其中 Mann-Whitney U、Wilcoxon W 以及 Z 为统计量,Asymp. sig.（2-tailed）为基于渐近分布的双侧检验概率,本例概率小于 0.05,可以认为在 0.05 水平上宿州市与蚌埠市被调查者感知锻炼高峰期健身广场上健身者的密度之间的差异具有显著性。

表 256　宿州市与淮南市被调查者感知锻炼高峰期健身广场上健身者的密度的秩次统计

	被调查者居住的城市	N	Mean Rank	Sum of Ranks
被调查者感知锻炼高峰期健身广场上健身者的密度	宿州市	105	117.17	12302.50
	淮南市	102	90.45	9225.50
	Total	207		

表 257　宿州市与淮南市被调查者感知锻炼高峰期健身广场上健身者的密度的非参数检验结果[a]

	被调查者感知锻炼高峰期健身广场上健身者的密度
Mann-Whitney U	3972.500
Wilcoxon W	9225.500
Z	−3.334
Asymp. Sig.（2-tailed）	.001

a. Grouping Variable：被调查者居住的城市

　　表 256 为宿州市与淮南市被调查者感知锻炼高峰期健身广场上健身者的密度的秩次统计表,第一栏列出被调查城市,N 为样本量,Mean Rank 为平均秩次,Sum of Ranks 为秩和。表 257 为宿州市与淮南市被调查者感知锻炼高峰期健身广场上健身者的密度的非参数检验结果,其中 Mann-Whitney U、Wilcoxon W 以及 Z 为统计量,Asymp. sig. (2-tailed)为基于渐近分布的双侧检验概率,本例概率小于 0.05,可以认为在 0.05 水平上宿州市与淮南市被调查者感知锻炼高峰期健身广场上健身者的密度之间的差异具有显著性。

表 258　宿州市与阜阳市被调查者感知锻炼高峰期健身广场上健身者的密度的秩次统计

	被调查者居住的城市	N	Mean Rank	Sum of Ranks
被调查者感知锻炼高峰期健身广场上健身者的密度	宿州市	105	109.08	11453.00
	阜阳市	100	96.62	9662.00
	Total	205		

表 259　宿州市与阜阳市被调查者感知锻炼高峰期健身广场上健身者的密度的非参数检验结果[a]

	被调查者感知锻炼高峰期健身广场上健身者的密度
Mann-Whitney U	4612.000
Wilcoxon W	9662.000
Z	−1.562
Asymp. Sig. (2-tailed)	.118

　　a. Grouping Variable:被调查者居住的城市

　　表 258 为宿州市与阜阳市被调查者感知锻炼高峰期健身广场上健身者的密度的秩次统计表,第一栏列出被调查城市,N 为样本量,Mean Rank 为平均秩次,Sum of Ranks 为秩和。表 259 为宿州市与阜阳市被调查者感知锻炼高峰期健身广场上健身者的密度的非参数检验结果,其中 Mann-Whitney U、Wilcoxon W 以及 Z 为统计量,Asymp. sig. (2-tailed)为基于渐近分布的双侧检验概率,本例概率大于 0.05,可以认为在 0.05 水平上宿州市与阜阳市被调查者感知锻炼高峰期健身广场上健身者的密度之间的差异不具有显著性。

表 260　宿州市与亳州市被调查者感知锻炼高峰期健身广场上健身者的密度的秩次统计

	被调查者居住的城市	N	Mean Rank	Sum of Ranks
被调查者感知锻炼高峰期健身广场上健身者的密度	宿州市	105	120.26	12627.50
	亳州市	111	97.37	10808.50
	Total	216		

表 261　宿州市与亳州市被调查者感知锻炼高峰期健身广场上健身者的密度的非参数检验结果[a]

	被调查者感知锻炼高峰期健身广场上健身者的密度
Mann-Whitney U	4592.500
Wilcoxon W	10808.500
Z	−2.763
Asymp. Sig. (2-tailed)	.006

　　a. Grouping Variable:被调查者居住的城市

　　表 260 为宿州市与亳州市被调查者感知锻炼高峰期健身广场上健身者的密度的秩次统计表,第一栏列出被调查城市,N 为样本量,Mean Rank 为平均秩次,Sum of Ranks 为秩和。表 261 为宿州市与亳州市被调查者感知锻炼高峰期健身广场上健身者的密度的非参数检验结果,其中 Mann-Whitney U、Wilcoxon W 以及 Z 为统计量,Asymp. sig. (2-tailed)为基于渐近分布的双侧检验概率,本例概率小于 0.05,可以认为在 0.05 水平上宿州市与亳州市被调查者感知锻炼高峰期健身广场上健身者的密度之间的差异具有显著性。

表 262　蚌埠市与淮南市被调查者感知锻炼高峰期健身广场上健身者的密度的秩次统计

	被调查者居住的城市	N	Mean Rank	Sum of Ranks
被调查者感知锻炼高峰期健身广场上健身者的密度	蚌埠市	109	109.90	11979.00
	淮南市	102	101.83	10387.00
	Total	211		

表 263　蚌埠市与淮南市被调查者感知锻炼高峰期健身广场上健身者的密度的非参数检验结果[a]

	被调查者感知锻炼高峰期健身广场上健身者的密度
Mann-Whitney U	5134.000
Wilcoxon W	10387.000
Z	−.990
Asymp. Sig. (2-tailed)	.322

　　a. Grouping Variable:被调查者居住的城市

　　表 262 为蚌埠市与淮南市被调查者感知锻炼高峰期健身广场上健身者的密度的秩次统计表,第一栏列出被调查城市,N 为样本量,Mean Rank 为平均秩次,Sum of Ranks 为秩和。表 263 为蚌埠市与淮南市被调查者感知锻炼高峰期健身广场上健身者的密度的非参数检验结果,其中 Mann-Whitney U、Wilcoxon W 以及 Z 为统计量,Asymp. sig. (2-tailed)为基于渐近分布的双侧检验概率,本例概率大于 0.05,可以认为在 0.05 水平上蚌埠市与淮南市被调查者感知锻炼高峰期健身广场上健身者的密度之间的差异不具有显著性。

表 264　蚌埠市与阜阳市被调查者感知锻炼高峰期健身广场上健身者的密度的秩次统计

	被调查者居住的城市	N	Mean Rank	Sum of Ranks
被调查者感知锻炼高峰期健身广场上健身者的密度	蚌埠市	109	102.67	11191.00
	阜阳市	100	107.54	10754.00
	Total	209		

表 265　蚌埠市与阜阳市被调查者感知锻炼高峰期健身广场上健身者的密度的非参数检验结果[a]

	被调查者感知锻炼高峰期健身广场上健身者的密度
Mann-Whitney U	5196.000
Wilcoxon W	11191.000
Z	−.600
Asymp. Sig. (2-tailed)	.549

　　a. Grouping Variable:被调查者居住的城市

表 264 为蚌埠市与阜阳市被调查者感知锻炼高峰期健身广场上健身者的密度的秩次统计表,第一栏列出被调查城市,N 为样本量,Mean Rank 为平均秩次,Sum of Ranks 为秩和。表 265 为蚌埠市与阜阳市被调查者感知锻炼高峰期健身广场上健身者的密度的非参数检验结果,其中 Mann-Whitney U、Wilcoxon W 以及 Z 为统计量,Asymp. sig. (2-tailed)为基于渐近分布的双侧检验概率,本例概率大于 0.05,可以认为在 0.05 水平上蚌埠市与阜阳市被调查者感知锻炼高峰期健身广场上健身者的密度之间的差异不具有显著性。

表 266　蚌埠市与亳州市被调查者感知锻炼高峰期健身广场上健身者的密度的秩次统计

	被调查者居住的城市	N	Mean Rank	Sum of Ranks
被调查者感知锻炼高峰期健身广场上健身者的密度	蚌埠市	109	113.27	12346.00
	亳州市	111	107.78	11964.00
	Total	220		

表 267　蚌埠市与亳州市被调查者感知锻炼高峰期健身广场上健身者的密度的非参数检验结果[a]

	被调查者感知锻炼高峰期健身广场上健身者的密度
Mann-Whitney U	5748.000
Wilcoxon W	11964.000
Z	−.654
Asymp. Sig. (2-tailed)	.513

a. Grouping Variable：被调查者居住的城市

表 266 为蚌埠市与亳州市被调查者感知锻炼高峰期健身广场上健身者的密度的秩次统计表,第一栏列出被调查城市,N 为样本量,Mean Rank 为平均秩次,Sum of Ranks 为秩和。表 267 为蚌埠市与亳州市被调查者感知锻炼高峰期健身广场上健身者的密度的非参数检验结果,其中 Mann-Whitney U、Wilcoxon W 以及 Z 为统计量,Asymp. sig. (2-tailed)为基于渐近分布的双侧检验概率,本例概率大于 0.05,可以认为在 0.05 水平上蚌埠市与亳州市被调查者感知锻炼高峰期健身广场上健身者的密度之间的差异不具有显著性。

表 268　淮南市与阜阳市被调查者感知锻炼高峰期健身广场上健身者的密度的秩次统计

	被调查者居住的城市	N	Mean Rank	Sum of Ranks
被调查者感知锻炼高峰期健身广场上健身者的密度	淮南市	102	94.48	9637.00
	阜阳市	100	108.66	10866.00
	Total	202		

表 269　淮南市与阜阳市被调查者感知锻炼高峰期健身广场上健身者的密度的非参数检验结果[a]

	被调查者感知锻炼高峰期健身广场上健身者的密度
Mann-Whitney U	4384.000
Wilcoxon W	9637.000
Z	−1.795
Asymp. Sig. (2-tailed)	.073

a. Grouping Variable：被调查者居住的城市

表 268 为淮南市与阜阳市被调查者感知锻炼高峰期健身广场上健身者的密度的秩次统计表,第一栏列出被调查城市,N 为样本量,Mean Rank 为平均秩次,Sum of Ranks 为秩和。表 269 为淮南市与阜阳市被调查者感知锻炼高峰期健身广场上健身者的密度的非参数检验结果,其中 Mann-Whitney U、Wilcoxon W 以及 Z 为统计量,Asymp. sig. (2-tailed)为基于渐近分布的双侧检验概率,本例概率大于 0.05,可以认为在 0.05 水平上淮南市与阜阳市被调查者感知锻炼高峰期健身广场上健身者的密度之间的差异不具有显著性。

表 270　淮南市与亳州市被调查者感知锻炼高峰期健身广场上健身者的密度的秩次统计

	被调查者居住的城市	N	Mean Rank	Sum of Ranks
被调查者感知锻炼高峰期健身广场上健身者的密度	淮南市	102	106.04	10816.00
	亳州市	111	107.88	11975.00
	Total	213		

表 271　淮南市与亳州市被调查者感知锻炼高峰期健身广场上健身者的密度的非参数检验结果[a]

	被调查者感知锻炼高峰期健身广场上健身者的密度
Mann-Whitney U	5563.000
Wilcoxon W	10816.000
Z	−.224
Asymp. Sig. (2-tailed)	.823

a. Grouping Variable:被调查者居住的城市

表 270 为淮南市与亳州市被调查者感知锻炼高峰期健身广场上健身者的密度的秩次统计表,第一栏列出被调查城市,N 为样本量,Mean Rank 为平均秩次,Sum of Ranks 为秩和。表 271 为淮南市与亳州市被调查者感知锻炼高峰期健身广场上健身者的密度的非参数检验结果,其中 Mann-Whitney U、Wilcoxon W 以及 Z 为统计量,Asymp. sig. (2-tailed)为基于渐近分布的双侧检验概率,本例概率大于 0.05,可以认为在 0.05 水平上淮南市与亳州市被调查者感知锻炼高峰期健身广场上健身者的密度之间的差异不具有显著性。

表 272　阜阳市与亳州市被调查者感知锻炼高峰期健身广场上健身者的密度的秩次统计

	被调查者居住的城市	N	Mean Rank	Sum of Ranks
被调查者感知锻炼高峰期健身广场上健身者的密度	阜阳市	100	111.18	11118.50
	亳州市	111	101.33	11247.50
	Total	211		

表 273　阜阳市与亳州市被调查者感知锻炼高峰期健身广场上健身者的密度的非参数检验结果[a]

	被调查者感知锻炼高峰期健身广场上健身者的密度
Mann-Whitney U	5031.500
Wilcoxon W	11247.500
Z	−1.203
Asymp. Sig. (2-tailed)	.229

a. Grouping Variable:被调查者居住的城市

　　表272为阜阳市与亳州市被调查者感知锻炼高峰期健身广场上健身者的密度的秩次统计表,第一栏列出被调查城市,N为样本量,Mean Rank为平均秩次,Sum of Ranks为秩和。表273为阜阳市与亳州市被调查者感知锻炼高峰期健身广场上健身者的密度的非参数检验结果,其中Mann-Whitney U、Wilcoxon W以及Z为统计量,Asymp. sig. (2-tailed)为基于渐近分布的双侧检验概率,本例概率大于0.05,可以认为在0.05水平上阜阳市与亳州市被调查者感知锻炼高峰期健身广场上健身者的密度之间的差异不具有显著性。

　　(2)皖北六市不同居住区居民感知锻炼高峰期健身广场上健身者密度的列联表统计和非参数检验

1)皖北六市不同居住区居民感知锻炼高峰期健身广场上健身者密度的列联表统计

表274　被调查者居住的区域 ＊ 被调查者感知锻炼高峰期健身广场上健身者密度

| | | 被调查者感知锻炼高峰期健身广场上健身者的密度 | | | | | Total |
		非常小	小	中等	大	非常大	
被调查者居住的区域	中央区域	3.3%	5.7%	30.7%	31.6%	28.8%	100.0%
	中央与郊区之间	3.8%	9.6%	35.4%	34.6%	16.7%	100.0%
	郊区	5.9%	23.5%	31.8%	23.5%	15.3%	100.0%
	农村地区	22.9%	29.0%	29.0%	13.7%	5.3%	100.0%
	Total	7.6%	13.9%	32.2%	28.1%	18.1%	100.0%

　　表274显示,皖北不同居住区域居民感知锻炼高峰期健身广场上健身者密度:中央区域"小"和"非常小"占9.0%、中等30.7%、"大"和"非常大"占60.4%;中央与郊区之间"小"和"非常小"占13.4%、中等35.4%、"大"和"非常大"占51.3%;郊区"小"和"非常小"占29.4%、中等31.8%、"大"和"非常大"占38.8%;农村地区"小"和"非常小"占51.9%、中等29.0%、"大"和"非常大"占19.0%;总体:"小"和"非常小"占21.5%、中等32.2%、"大"和"非常大"占46.2%。

　　"大"和"非常大"占比与"小"和"非常小"占比之差:中央区域51.4%;中央与郊区之间37.9%;郊区9.4%;农村地区－32.9%;总体:24.7%。总体上皖北六市不同居住区域居民感知锻炼高峰期健身广场上健身者密度"大"的占比比"小"的占比偏多。但各区域情况不同,中央区域、中央与郊区之间、郊区"大"和"非常大"占比与"小"和"非常小"占比之差为正,农村地区为负。排序为:中央区域>中央与郊区之间>郊区>农村地区。相关检验显示,皖北六市被调查者居住的区域与被调查者感知锻炼高峰期健身广场上健身者密度的皮尔逊相关系数为0.389,斯皮尔曼相关系数为0.363,p＝0.000＜0.05,相关具有显著性。

2)皖北六市不同居住区居民感知锻炼高峰期健身广场上健身者密度的非参数检验

表275　皖北六市不同居住区居民感知锻炼高峰期健身广场上健身者密度的平均秩

	被调查者居住的区域	N	Mean Rank
被调查者感知锻炼高峰期健身广场上健身者的密度	中央区域	212	401.94
	中央与郊区之间	240	357.79
	郊区	85	304.33
	农村地区	131	202.28
	Total	668	

　　表 275 为皖北六市不同居住区居民感知锻炼高峰期健身广场上健身者密度的样本量和平均秩,平均秩降序排列为:中央区域为 401.94(212)、中央与郊区之间为 357.79(240)、郊区为 304.33(85)、农村地区为 202.28(131)。

表 276　皖北六市不同居住区居民感知锻炼高峰期健身广场上健身者密度的非参数检验结果[a,b]

	被调查者感知锻炼高峰期健身广场上健身者的密度
Chi-Square	99.386
Df	3
Asymp. Sig.	.000

　　a. Kruskal Wallis Test
　　b. Grouping Variable:被调查者居住的区域

　　表 276 为 Kruskal-Wallis 检验,Asymp. Sig. 为检验统计量 $\chi^2 = 99.386$、$df = 3$ 时基于渐近分布概率,本例概率 $p = 0.000 < 0.05$,所以否定检验的原假设,即可以认为皖北六市不同居住区居民感知锻炼高峰期健身广场上健身者密度之间的差异在 0.05 水平上具有显著性。

表 277　中央区域与中央与郊区之间被调查者感知锻炼高峰期健身广场上健身者的密度的秩次统计

	被调查者居住的区域	N	Mean Rank	Sum of Ranks
被调查者感知锻炼高峰期健身广场上健身者的密度	中央区域	212	244.04	51737.50
	中央与郊区之间	240	211.00	50640.50
	Total	452		

表 278　中央区域与中央与郊区之间被调查者感知锻炼
高峰期健身广场上健身者的密度的非参数检验结果[a]

	被调查者感知锻炼高峰期健身广场上健身者的密度
Mann-Whitney U	21720.500
Wilcoxon W	50640.500
Z	−2.805
Asymp. Sig. (2-tailed)	.005

　　a. Grouping Variable:被调查者居住的区域

　　表 277 为中央区域与中央与郊区之间被调查者感知锻炼高峰期健身广场上健身者的密度的秩次统计表,第一栏列出被调查城市,N 为样本量,Mean Rank 为平均秩次,Sum of Ranks 为秩和。表 278 为中央区域与中央与郊区之间被调查者感知锻炼高峰期健身广场上健身者的密度的非参数检验结果,其中 Mann-Whitney U、Wilcoxon W 以及 Z 为统计量,Asymp. sig. (2-tailed)为基于渐近分布的双侧检验概率,本例概率小于 0.05,可以认为在 0.05 水平上中央区域与中央与郊区之间被调查者感知锻炼高峰期健身广场上健身者的密度之间的差异具有显著性。

表 279   中央区域与郊区被调查者感知锻炼高峰期健身广场上健身者的密度的秩次统计

	被调查者居住的区域	N	Mean Rank	Sum of Ranks
被调查者感知锻炼高峰期健身广场上健身者的密度	中央区域	212	161.42	34220.50
	郊　区	85	118.03	10032.50
	Total	297		

表 280   中央区域与郊区被调查者感知锻炼高峰期健身广场上健身者的密度的非参数检验结果a

	被调查者感知锻炼高峰期健身广场上健身者的密度
Mann-Whitney U	6377.500
Wilcoxon W	10032.500
Z	−4.084
Asymp. Sig. (2-tailed)	.000

a. Grouping Variable：被调查者居住的区域

表 279 为中央区域与郊区被调查者感知锻炼高峰期健身广场上健身者的密度的秩次统计表，第一栏列出被调查城市，N 为样本量，Mean Rank 为平均秩次，Sum of Ranks 为秩和。表 280 为中央区域与郊区被调查者感知锻炼高峰期健身广场上健身者的密度的非参数检验结果，其中 Mann-Whitney U、Wilcoxon W 以及 Z 为统计量，Asymp. sig. (2-tailed)为基于渐近分布的双侧检验概率，本例概率小于 0.05，可以认为在 0.05 水平上中央区域与郊区被调查者感知锻炼高峰期健身广场上健身者的密度之间的差异具有显著性。

表 281   中央区域与农村地区被调查者感知锻炼高峰期健身广场上健身者的密度的秩次统计

	被调查者居住的区域	N	Mean Rank	Sum of Ranks
被调查者感知锻炼高峰期健身广场上健身者的密度	中央区域	212	209.47	44408.50
	农村地区	131	111.35	14587.50
	Total	343		

表 282   中央区域与农村地区被调查者感知锻炼高峰期健身广场上健身者的密度的非参数检验结果a

	被调查者感知锻炼高峰期健身广场上健身者的密度
Mann-Whitney U	5941.500
Wilcoxon W	14587.500
Z	−9.156
Asymp. Sig. (2-tailed)	.000

a. Grouping Variable：被调查者居住的区域

表 281 为中央区域与农村地区被调查者感知锻炼高峰期健身广场上健身者的密度的秩次统计表，第一栏列出被调查城市，N 为样本量，Mean Rank 为平均秩次，Sum of Ranks 为秩和。表 282 为中央区域与农村地区被调查者感知锻炼高峰期健身广场上健身者的密度的非参数检验结果，其中 Mann-Whitney U、Wilcoxon W 以及 Z 为统计量，Asymp. sig. (2-tailed)为基于渐近分布的双侧检验概率，本例概率小于 0.05，可以认为在 0.05 水平上中央区域与农村地区被调查者感知锻炼高峰期健身广场上健身者的密度之间的差异具有显著性。

表 283　中央区域与郊区之间与郊区被调查者感知锻炼高峰期健身广场上健身者的密度的秩次统计

	被调查者居住的区域	N	Mean Rank	Sum of Ranks
被调查者感知锻炼高峰期健身广场上健身者的密度	中央与郊区之间	240	170.19	40846.00
	郊　区	85	142.69	12129.00
	Total	325		

表 284　中央区域与郊区之间与郊区被调查者感知锻炼高峰期
健身广场上健身者的密度的非参数检验结果[a]

	被调查者感知锻炼高峰期健身广场上健身者的密度
Mann-Whitney U	8474.000
Wilcoxon W	12129.000
Z	−2.417
Asymp. Sig. (2-tailed)	.016

a. Grouping Variable：被调查者居住的区域

　　表 283 为中央区域与郊区之间与郊区被调查者感知锻炼高峰期健身广场上健身者的密度的秩次统计表，第一栏列出被调查城市，N 为样本量，Mean Rank 为平均秩次，Sum of Ranks 为秩和。表 284 为中央区域与郊区之间与郊区被调查者感知锻炼高峰期健身广场上健身者的密度的非参数检验结果，其中 Mann-Whitney U、Wilcoxon W 以及 Z 为统计量，Asymp. sig. (2-tailed) 为基于渐近分布的双侧检验概率，本例概率小于 0.05，可以认为在 0.05 水平上中央区域与郊区之间与郊区被调查者感知锻炼高峰期健身广场上健身者的密度之间的差异具有显著性。

表 285　中央区域与郊区之间与农村地区被调查者感知
锻炼高峰期健身广场上健身者的密度的秩次统计

	被调查者居住的区域	N	Mean Rank	Sum of Ranks
被调查者感知锻炼高峰期健身广场上健身者的密度	中央与郊区之间	240	217.59	52222.00
	农村地区	131	128.12	16784.00
	Total	371		

表 286　中央区域与郊区之间与农村地区被调查者感知锻炼
高峰期健身广场上健身者的密度的非参数检验结果[a]

	被调查者感知锻炼高峰期健身广场上健身者的密度
Mann-Whitney U	8138.000
Wilcoxon W	16784.000
Z	−7.939
Asymp. Sig. (2-tailed)	.000

a. Grouping Variable：被调查者居住的区域

　　表 285 为中央区域与郊区之间与农村地区被调查者感知锻炼高峰期健身广场上健身者的密度的秩次统计表，第一栏列出被调查城市，N 为样本量，Mean Rank 为平均秩次，Sum of Ranks 为秩和。表 286 为中央区域与郊区之间与农村地区被调查者感知锻炼高峰期健身广

场上健身者的密度的非参数检验结果,其中 Mann-Whitney U、Wilcoxon W 以及 Z 为统计量,Asymp. sig. (2-tailed)为基于渐近分布的双侧检验概率,本例概率小于 0.05,可以认为在 0.05 水平上中央区域与郊区之间与农村地区被调查者感知锻炼高峰期健身广场上健身者的密度之间的差异具有显著性。

表 287　郊区与农村地区被调查者感知锻炼高峰期健身广场上健身者的密度的秩次统计

	被调查者居住的区域	N	Mean Rank	Sum of Ranks
被调查者感知锻炼高峰期健身广场上健身者的密度	郊　区	85	129.61	11016.50
	农村地区	131	94.81	12419.50
	Total	216		

表 288　郊区与农村地区被调查者感知锻炼高峰期健身广场上健身者的密度的非参数检验结果[a]

	被调查者感知锻炼高峰期健身广场上健身者的密度
Mann-Whitney U	3773.500
Wilcoxon W	12419.500
Z	−4.117
Asymp. Sig. (2-tailed)	.000

　　a. Grouping Variable:被调查者居住的区域

　　表 287 为郊区与农村地区被调查者感知锻炼高峰期健身广场上健身者的密度的秩次统计表,第一栏列出被调查城市,N 为样本量,Mean Rank 为平均秩次,Sum of Ranks 为秩和。表 288 为郊区与农村地区被调查者感知锻炼高峰期健身广场上健身者的密度的非参数检验结果,其中 Mann-Whitney U、Wilcoxon W 以及 Z 为统计量,Asymp. sig. (2-tailed)为基于渐近分布的双侧检验概率,本例概率小于 0.05,可以认为在 0.05 水平上郊区与农村地区被调查者感知锻炼高峰期健身广场上健身者的密度之间的差异具有显著性。

　　(3) 皖北六市不同居住密度居民感知锻炼高峰期健身广场上健身者密度的列联表统计和非参数检验

　　1) 皖北六市不同居住密度居民感知锻炼高峰期健身广场上健身者密度的列联表统计

表 289　被调查者居住区人口密度 * 被调查者感知锻炼高峰期健身广场上健身者密度

		锻炼高峰期健身广场上健身者的密度					Total
		非常小	小	中等	大	非常大	
被调查者居住区的人口密度	非常稀疏	34.6%	30.8%	11.5%	7.7%	15.4%	100.0%
	稀疏	19.7%	43.7%	19.7%	14.1%	2.8%	100.0%
	中等	4.8%	14.0%	48.4%	27.6%	5.2%	100.0%
	大	4.4%	7.7%	24.7%	39.6%	23.6%	100.0%
	非常大	5.8%	3.6%	23.0%	25.2%	42.4%	100.0%
	Total	7.6%	13.9%	32.2%	28.1%	18.1%	100.0%

　　表 289 显示,皖北不同居住密度居民感知锻炼高峰期健身广场上健身者密度:非常稀疏

"非常小"和"小"占 65.4％、中等 11.5％、"大"和"非常大"占 23.1％；稀疏"非常小"和"小"
占 63.4％、中等 19.7％、"大"和"非常大"占 16.9％；中等"非常小"和"小"占 18.8％、中等
48.4％、"大"和"非常大"占 32.8％；大"非常小"和"小"占 12.1％、中等 24.7％、"大"和"非
常大"占 63.2％；非常大"非常小"和"小"占 9.4％、中等 23.0％、"大"和"非常大"占 67.6％；
总体："非常小"和"小"占 21.5％、中等 32.2％、"大"和"非常大"占 46.2％。

　　"大"和"非常大"占比与"非常小"和"小"占比之差：非常稀疏－42.3％；稀疏－46.5％；
中等 14.0％；大 51.1％；非常大 58.2％；总体：24.7％。总体上皖北六市不同居住密度居民
感知锻炼高峰期健身广场上健身者密度"大"的占比比"小"的占比偏多。但不同居住密度情
况不同，居住密度中等、大、非常大的居民感知锻炼高峰期健身广场上健身者密度"大"和"非
常大"占比与"非常小"和"小"占比之差为正，居住密度稀疏、非常稀疏的地区为负。排序为：
居住密度非常大＞大＞中等＞非常稀疏＞稀疏。相关检验显示，皖北六市被调查者居住的
密度与被调查者感知锻炼高峰期健身广场上健身者密度的皮尔逊相关系数为 0.432，斯皮
尔曼相关系数为 0.441，p＝0.000＜0.05，相关具有显著性。

　　2）皖北六市不同居住密度居民感知锻炼高峰期健身广场上健身者密度的非参数检验

表 290　皖北六市不同居住密度居民感知锻炼高峰期健身广场上健身者密度的平均秩

	被调查者居住区的人口密度	N	Mean Rank
被调查者感知锻炼高峰期健身广场上健身者的密度	非常稀疏	26	196.65
	稀疏	71	178.61
	中等	250	293.72
	大	182	394.04
	非常大	139	435.30
	Total	668	

　　表 290 为皖北六市不同居住密度居民感知锻炼高峰期健身广场上健身者密度的样本量
和平均秩，平均秩升序排列为："稀疏"为 178.61、"非常稀疏"为 196.65、中等为 293.72、
"大"为 394.04、"非常大"为 435.30。

表 291　皖北六市不同居住密度居民感知锻炼高峰期健身广场上健身者密度的非参数检验结果[a,b]

	被调查者感知锻炼高峰期健身广场上健身者的密度
Chi-Square	134.735
Df	4
Asymp. Sig.	.000

a. Kruskal Wallis Test

b. Grouping Variable：被调查者居住区的人口密度

　　表 291 为 Kruskal-Wallis 检验，Asymp. Sig. 为检验统计量 $\chi^2=134.735$、df＝4 时基于
渐近分布概率，本例概率 p＝0.000＜0.05，所以否定检验的原假设，即可以认为皖北六市不
同居住密度居民感知锻炼高峰期健身广场上健身者密度之间的差异在 0.05 水平上具有显
著性。

表 292   居住密度非常稀疏与稀疏被调查者感知锻炼高峰期健身广场上健身者密度的秩次统计

	被调查者居住区的人口密度	N	Mean Rank	Sum of Ranks
被调查者感知锻炼高峰期健身广场上健身者密度	非常稀疏	26	46.69	1214.00
	稀疏	71	49.85	3539.00
	Total	97		

表 293   居住密度非常稀疏与稀疏被调查者感知锻炼高峰期健身广场上健身者密度的非参数检验结果[a]

	被调查者感知锻炼高峰期健身广场上健身者密度
Mann-Whitney U	863.000
Wilcoxon W	1214.000
Z	−.511
Asymp. Sig. (2-tailed)	.609

a. Grouping Variable：被调查者居住区的人口密度

表 292 为居住密度非常稀疏与稀疏被调查者感知锻炼高峰期健身广场上健身者密度的秩次统计表,第一栏列出被调查城市,N 为样本量,Mean Rank 为平均秩次,Sum of Ranks 为秩和。表 293 为居住密度非常稀疏与稀疏被调查者感知锻炼高峰期健身广场上健身者密度的非参数检验结果,其中 Mann-Whitney U、Wilcoxon W 以及 Z 为统计量,Asymp. sig. (2-tailed)为基于渐近分布的双侧检验概率,本例概率大于 0.05,可以认为在 0.05 水平上居住密度非常稀疏与稀疏被调查者感知锻炼高峰期健身广场上健身者密度之间的差异不具有显著性。

表 294   居住密度非常稀疏与中等被调查者感知锻炼高峰期健身广场上健身者密度的秩次统计

	被调查者居住区的人口密度	N	Mean Rank	Sum of Ranks
被调查者感知锻炼高峰期健身广场上健身者密度	非常稀疏	26	90.10	2342.50
	中等	250	143.53	35883.50
	Total	276		

表 295   居住密度非常稀疏与中等被调查者感知锻炼高峰期健身广场上健身者密度的非参数检验结果[a]

	被调查者感知锻炼高峰期健身广场上健身者密度
Mann-Whitney U	1991.500
Wilcoxon W	2342.500
Z	−3.448
Asymp. Sig. (2-tailed)	.001

a. Grouping Variable：被调查者居住区的人口密度

表 294 为居住密度非常稀疏与中等被调查者感知锻炼高峰期健身广场上健身者密度的秩次统计表,第一栏列出被调查城市,N 为样本量,Mean Rank 为平均秩次,Sum of Ranks 为秩和。表 295 为居住密度非常稀疏与中等被调查者感知锻炼高峰期健身广场上健身者密度的非参数检验结果,其中 Mann-Whitney U、Wilcoxon W 以及 Z 为统计量,Asymp. sig. (2-tailed)为基于渐近分布的双侧检验概率,本例概率小于 0.05,可以认为在 0.05 水平上居住密度非常稀疏与中等被调查者感知锻炼高峰期健身广场上健身者密度之间的差异具有显

著性。

表296 居住密度非常稀疏与大被调查者感知锻炼高峰期健身广场上健身者密度的秩次统计

	被调查者居住区的人口密度	N	Mean Rank	Sum of Ranks
被调查者感知锻炼高峰期健身广场上健身者密度	非常稀疏	26	57.25	1488.50
	大	182	111.25	20247.50
	Total	208		

表297 居住密度非常稀疏与非常大被调查者感知锻炼高峰期健身广场上健身者密度的非参数检验结果[a]

	被调查者感知锻炼高峰期健身广场上健身者密度
Mann-Whitney U	1137.500
Wilcoxon W	1488.500
Z	−4.439
Asymp. Sig. (2-tailed)	.000

a. Grouping Variable：被调查者居住区的人口密度

表296为居住密度非常稀疏与非常大被调查者感知锻炼高峰期健身广场上健身者密度的秩次统计表，第一栏列出被调查城市，N为样本量，Mean Rank为平均秩次，Sum of Ranks为秩和。表297为居住密度非常稀疏与非常大被调查者感知锻炼高峰期健身广场上健身者密度的非参数检验结果，其中Mann-Whitney U、Wilcoxon W以及Z为统计量，Asymp. sig. (2-tailed)为基于渐近分布的双侧检验概率，本例概率小于0.05，可以认为在0.05水平上居住密度非常稀疏与非常大被调查者感知锻炼高峰期健身广场上健身者密度之间的差异具有显著性。

表298 居住密度非常稀疏与非常大被调查者感知锻炼高峰期健身广场上健身者密度的秩次统计

	被调查者居住区的人口密度	N	Mean Rank	Sum of Ranks
被调查者感知锻炼高峰期健身广场上健身者密度	非常稀疏	26	43.12	1121.00
	非常大	139	90.46	12574.00
	Total	165		

表299 居住密度非常稀疏与非常大被调查者感知锻炼高峰期健身广场上健身者密度的非参数检验结果[a]

	被调查者感知锻炼高峰期健身广场上健身者密度
Mann-Whitney U	770.000
Wilcoxon W	1121.000
Z	−4.830
Asymp. Sig. (2-tailed)	.000

a. Grouping Variable：被调查者居住区的人口密度

表298为居住密度非常稀疏与非常大被调查者感知锻炼高峰期健身广场上健身者密度的秩次统计表，第一栏列出被调查城市，N为样本量，Mean Rank为平均秩次，Sum of Ranks为秩和。表299为居住密度非常稀疏与非常大被调查者感知锻炼高峰期健身广场上健身者密度的非参数检验结果，其中Mann-Whitney U、Wilcoxon W以及Z为统计量，Asymp. sig.

（2-tailed）为基于渐近分布的双侧检验概率，本例概率小于 0.05，可以认为在 0.05 水平上居住密度非常稀疏与非常大被调查者感知锻炼高峰期健身广场上健身者密度之间的差异具有显著性。

表 300　居住密度稀疏与中等被调查者感知锻炼高峰期健身广场上健身者密度的秩次统计

	被调查者居住区的人口密度	N	Mean Rank	Sum of Ranks
被调查者感知锻炼高峰期健身广场上健身者密度	稀疏	71	106.64	7571.50
	中等	250	176.44	44109.50
	Total	321		

表 301　居住密度稀疏与中等被调查者感知锻炼高峰期健身广场上健身者密度的非参数检验结果[a]

	被调查者感知锻炼高峰期健身广场上健身者密度
Mann-Whitney U	5015.500
Wilcoxon W	7571.500
Z	−5.890
Asymp. Sig. (2-tailed)	.000

a. Grouping Variable：被调查者居住区的人口密度

　　表 300 为居住密度稀疏与中等被调查者感知锻炼高峰期健身广场上健身者密度的秩次统计表，第一栏列出被调查城市，N 为样本量，Mean Rank 为平均秩次，Sum of Ranks 为秩和。表 301 为居住密度稀疏与中等被调查者感知锻炼高峰期健身广场上健身者密度的非参数检验结果，其中 Mann-Whitney U、Wilcoxon W 以及 Z 为统计量，Asymp. sig.（2-tailed）为基于渐近分布的双侧检验概率，本例概率小于 0.05，可以认为在 0.05 水平上居住密度稀疏与中等被调查者感知锻炼高峰期健身广场上健身者密度之间的差异具有显著性。

表 302　居住密度稀疏与大被调查者感知锻炼高峰期健身广场上健身者密度的秩次统计

	被调查者居住区的人口密度	N	Mean Rank	Sum of Ranks
被调查者感知锻炼高峰期健身广场上健身者密度	稀疏	71	71.14	5051.00
	大	182	148.79	27080.00
	Total	253		

表 303　居住密度稀疏与大被调查者感知锻炼高峰期健身广场上健身者密度的非参数检验结果[a]

	被调查者感知锻炼高峰期健身广场上健身者密度
Mann-Whitney U	2495.000
Wilcoxon W	5051.000
Z	−7.816
Asymp. Sig. (2-tailed)	.000

a. Grouping Variable：被调查者居住区的人口密度

　　表 302 为居住密度稀疏与大被调查者感知锻炼高峰期健身广场上健身者密度的秩次统计表，第一栏列出被调查城市，N 为样本量，Mean Rank 为平均秩次，Sum of Ranks 为秩和。表 303 为居住密度稀疏与大被调查者感知锻炼高峰期健身广场上健身者密度的非参数检验

结果,其中 Mann-Whitney U、Wilcoxon W 以及 Z 为统计量,Asymp. sig. (2-tailed)为基于渐近分布的双侧检验概率,本例概率小于 0.05,可以认为在 0.05 水平上居住密度稀疏与大被调查者感知锻炼高峰期健身广场上健身者密度之间的差异具有显著性。

表 304   居住密度稀疏与非常大被调查者感知锻炼高峰期健身广场上健身者密度的秩次统计

	被调查者居住区的人口密度	N	Mean Rank	Sum of Ranks
被调查者感知锻炼高峰期健身广场上健身者密度	稀疏	71	58.98	4187.50
	非常大	139	129.26	17967.50
	Total	210		

表 305   居住密度稀疏与非常大被调查者感知锻炼高峰期健身广场上健身者密度的非参数检验结果[a]

	被调查者感知锻炼高峰期健身广场上健身者密度
Mann-Whitney U	1631.500
Wilcoxon W	4187.500
Z	−8.139
Asymp. Sig. (2-tailed)	.000

a. Grouping Variable:被调查者居住区的人口密度

表 304 为居住密度稀疏与非常大被调查者感知锻炼高峰期健身广场上健身者密度的秩次统计表,第一栏列出被调查城市,N 为样本量,Mean Rank 为平均秩次,Sum of Ranks 为秩和。表 305 为居住密度稀疏与非常大被调查者感知锻炼高峰期健身广场上健身者密度的非参数检验结果,其中 Mann-Whitney U、Wilcoxon W 以及 Z 为统计量,Asymp. sig. (2-tailed)为基于渐近分布的双侧检验概率,本例概率小于 0.05,可以认为在 0.05 水平上居住密度稀疏与非常大被调查者感知锻炼高峰期健身广场上健身者密度之间的差异具有显著性。

表 306   居住密度中等与大被调查者感知锻炼高峰期健身广场上健身者密度的秩次统计

	被调查者居住区的人口密度	N	Mean Rank	Sum of Ranks
被调查者感知锻炼高峰期健身广场上健身者密度	中等	250	186.10	46526.00
	大	182	258.25	47002.00
	Total	432		

表 307   居住密度中等与大被调查者感知锻炼高峰期健身广场上健身者密度的非参数检验结果[a]

	被调查者感知锻炼高峰期健身广场上健身者密度
Mann-Whitney U	15151.000
Wilcoxon W	46526.00
Z	−6.235
Asymp. Sig. (2-tailed)	.000

a. Grouping Variable:被调查者居住区的人口密度

表 306 为居住密度中等与大被调查者感知锻炼高峰期健身广场上健身者密度的秩次统计表,第一栏列出被调查城市,N 为样本量,Mean Rank 为平均秩次,Sum of Ranks 为秩和。

表307为居住密度中等与大被调查者感知锻炼高峰期健身广场上健身者密度的非参数检验结果,其中 Mann-Whitney U、Wilcoxon W 以及 Z 为统计量,Asymp. sig. (2-tailed)为基于渐近分布的双侧检验概率,本例概率小于0.05,可以认为在0.05水平上居住密度中等与大被调查者感知锻炼高峰期健身广场上健身者密度之间的差异具有显著性。

表308   居住密度中等与非常大被调查者感知锻炼高峰期健身广场上健身者密度的秩次统计

	被调查者居住区的人口密度	N	Mean Rank	Sum of Ranks
被调查者感知锻炼高峰期健身广场上健身者密度	中等	250	164.14	41035.50
	非常大	139	250.50	34819.50
	Total	389		

表309   居住密度中等与非常大被调查者感知锻炼高峰期健身广场上健身者密度的非参数检验结果[a]

	被调查者感知锻炼高峰期健身广场上健身者密度
Mann-Whitney U	9660.500
Wilcoxon W	41035.500
Z	−7.599
Asymp. Sig. (2-tailed)	.000

a. Grouping Variable:被调查者居住区的人口密度

表308为居住密度中等与非常大被调查者感知锻炼高峰期健身广场上健身者密度的秩次统计表,第一栏列出被调查城市,N 为样本量,Mean Rank 为平均秩次,Sum of Ranks 为秩和。表309为居住密度中等与非常大被调查者感知锻炼高峰期健身广场上健身者密度的非参数检验结果,其中 Mann-Whitney U、Wilcoxon W 以及 Z 为统计量,Asymp. sig. (2-tailed)为基于渐近分布的双侧检验概率,本例概率小于0.05,可以认为在0.05水平上居住密度中等与非常大被调查者感知锻炼高峰期健身广场上健身者密度之间的差异具有显著性。

表310   居住密度大与非常大被调查者感知锻炼高峰期健身广场上健身者密度的秩次统计

	被调查者居住区的人口密度	N	Mean Rank	Sum of Ranks
被调查者感知锻炼高峰期健身广场上健身者密度	大	182	150.25	27345.50
	非常大	139	175.08	24335.50
	Total	321		

表311   居住密度大与非常大被调查者感知锻炼高峰期健身广场上健身者密度的非参数检验结果[a]

	被调查者感知锻炼高峰期健身广场上健身者密度
Mann-Whitney U	10692.500
Wilcoxon W	27345.500
Z	−2.480
Asymp. Sig. (2-tailed)	.013

a. Grouping Variable:被调查者居住区的人口密度

表310为居住密度大与非常大被调查者感知锻炼高峰期健身广场上健身者密度的秩次

统计表,第一栏列出被调查城市,N 为样本量,Mean Rank 为平均秩次,Sum of Ranks 为秩和。表 311 为居住密度大与非常大被调查者感知锻炼高峰期健身广场上健身者密度的非参数检验结果,其中 Mann-Whitney U、Wilcoxon W 以及 Z 为统计量,Asymp. sig. (2-tailed)为基于渐近分布的双侧检验概率,本例概率小于 0.05,可以认为在 0.05 水平上居住密度大与非常大被调查者感知锻炼高峰期健身广场上健身者密度之间的差异具有显著性。

(4) 皖北六市不同性别居民感知锻炼高峰期健身广场上健身者密度的列联表统计和非参数检验

1) 皖北六市不同性别居民感知锻炼高峰期健身广场上健身者密度的列联表统计

表 312　被调查者性别 * 被调查者感知锻炼高峰期健身广场上健身者密度

| | | 被调查者感知锻炼高峰期健身广场上健身者的密度 | | | | | Total |
		非常小	小	中等	大	非常大	
被调查者的性别	男	6.0%	15.1%	29.3%	27.0%	22.7%	100.0%
	女	9.5%	12.7%	35.4%	29.4%	13.0%	100.0%
	Total	7.6%	13.9%	32.2%	28.1%	18.1%	100.0%

表 312 显示,皖北不同性别居民感知锻炼高峰期健身广场上健身者密度:男性"非常小"和"小"占 21.1%、中等 29.3%、"大"和"非常大"占 49.7%;女性"非常小"和"小"占 22.2%、中等 35.4%、"大"和"非常大"占 42.4%;总体:"非常小"和"小"占 21.5%、中等 32.2%、"大"和"非常大"占 46.2%。

"大"和"非常大"占比与"非常小"和"小"占比之差:男性 28.6%;女性 20.2%;总体:24.7%。总体上皖北六市不同性别居民感知锻炼高峰期健身广场上健身者密度"大"的占比比"小"的占比偏多。男性和女性居民感知锻炼高峰期健身广场上健身者密度"大"的占比与"小"的占比之差都为正。排序为:男性>女性。相关检验显示,皖北六市被调查者的性别与被调查者感知锻炼高峰期健身广场上健身者密度的皮尔逊相关系数为 0.094,p=0.015<0.05,斯皮尔曼相关系数为 0.091,p=0.018<0.05,相关具有显著性。

2) 皖北六市不同性别居民感知锻炼高峰期健身广场上健身者密度的非参数检验

表 313　皖北六市不同性别居民感知锻炼高峰期健身广场上健身者密度的秩次统计量

	被调查者的性别	N	Mean Rank	Sum of Ranks
被调查者感知锻炼高峰期健身广场上健身者的密度	男	352	350.62	123418.50
	女	316	316.54	100027.50
	Total	668		

表 314　皖北六市不同性别居民感知锻炼高峰期健身广场上健身者密度的非参数检验结果[a]

	被调查者感知锻炼高峰期健身广场上健身者的密度
Mann-Whitney U	49941.500
Wilcoxon W	100027.50
Z	−2.356
Asymp. Sig. (2-tailed)	.018

a. Grouping Variable:被调查者的性别

表 313 为皖北六市不同性别居民感知锻炼高峰期健身广场上健身者密度的秩次表,第一栏列出被调查者的性别,N 为性别人数,Mean Rank 为平均秩次,Sum of Ranks 为秩和。表 314 为皖北六市不同性别居民感知锻炼高峰期健身广场上健身者密度的非参数检验结果,其中 Mann-Whitney U、Wilcoxon W 以及 Z 为统计量,Asymp. sig. (2-tailed)为基于渐近分布的双侧检验概率,本例概率小于 0.05。可以认为在 0.05 水平上男女之间的感知差异具有显著性。

(5) 皖北六市不同年龄区间居民感知锻炼高峰期健身广场上健身者密度的列联表统计和非参数检验

1) 皖北六市不同年龄区间居民感知锻炼高峰期健身广场上健身者密度的列联表统计

表 315　被调查者年龄区间 * 被调查者感知锻炼高峰期健身广场上健身者密度

		被调查者感知锻炼高峰期健身广场上健身者的密度					Total
		非常小	小	中等	大	非常大	
被调查者的年龄区间	12 岁以下	13.0%	4.3%	8.7%	17.4%	56.5%	100.0%
	13—19 岁	2.0%	11.8%	43.1%	27.5%	15.7%	100.0%
	20—39 岁	7.3%	12.7%	39.3%	31.3%	9.3%	100.0%
	40—59 岁	4.6%	14.9%	34.4%	30.3%	15.9%	100.0%
	60 岁以上	16.2%	19.2%	6.1%	17.2%	41.4%	100.0%
	Total	7.6%	13.9%	32.2%	28.1%	18.1%	100.0%

表 315 显示,皖北不同年龄区间居民感知锻炼高峰期健身广场上健身者密度:12 岁以下"小"和"非常小"占 17.3%、中等 8.7%、"大"和"非常大"占 73.9%;13—19 岁"小"和"非常小"占 13.8%、中等 43.1%、"大"和"非常大"占 43.2%;20—39 岁"小"和"非常小"占 20.0%、中等 39.3%、"大"和"非常大"占 40.6%;40—59 岁"小"和"非常小"占 19.5%、中等 34.4%、"大"和"非常大"占 46.2%;60 岁以上"小"和"非常小"占 35.4%、中等 6.1%、"大"和"非常大"占 58.6%;总体:"小"和"非常小"占 21.5%、中等 32.2%、"大"和"非常大"占 46.2%。

"大"和"非常大"占比与"小"和"非常小"占比之差:12 岁以下 56.6%;13—19 岁 29.4%;20—39 岁 20.6%;40—59 岁 26.7%;60 岁以上 23.2%;总体:24.7%。总体上皖北六市不同年龄区间居民感知锻炼高峰期健身广场上健身者密度,"大"的占比比"小"的占比偏多。各年龄区间居民感知锻炼高峰期健身广场上健身者密度,"大"和"非常大"的占比与"小"和"非常小"的占比之差都为正。排序为:12 岁以下>13—19 岁>40—59 岁>60 岁以上>20—39 岁。相关检验显示,皖北六市被调查者的年龄区间与被调查者感知锻炼高峰期健身广场上健身者密度的皮尔逊相关系数为 0.003,$p=0.940>0.05$,相关不具有显著性。斯皮尔曼相关系数为 0.034,$p=0.384>0.05$,相关不具有显著性。

2）皖北六市不同年龄区间居民感知锻炼高峰期健身广场上健身者密度的非参数检验

表 316　皖北六市不同年龄区间居民感知锻炼高峰期健身广场上健身者密度的平均秩

	被调查者的年龄区间	N	Mean Rank
被调查者感知锻炼高峰期健身广场上健身者的密度	12 岁以下	23	452.09
	13—19 岁	51	340.61
	20—39 岁	300	312.28
	40—59 岁	195	336.23
	60 岁以上	99	367.95
	Total	668	

表 316 为皖北六市不同年龄区间居民感知锻炼高峰期健身广场上健身者密度的样本量和平均秩，平均秩升序排列为："20—39 岁"为 312.28、"40—59 岁"为 336.23、"13—19 岁"为 340.61、"60 岁以上"为 367.95、"12 岁以下"为 452.09。

表 317　皖北六市不同年龄区间居民感知锻炼高峰期健身广场上健身者密度的非参数检验结果[a,b]

	被调查者感知锻炼高峰期健身广场上健身者的密度
Chi-Square	16.634
Df	4
Asymp. Sig.	.002

a. Kruskal Wallis Test
b. Grouping Variable：被调查者的年龄区间

表 317 为 Kruskal-Wallis 检验，Asymp. Sig. 为检验统计量 $\chi^2 = 16.634$、$df = 4$ 时基于渐近分布概率，本例概率 $p = 0.002 < 0.05$，所以否定检验的原假设，即可以认为皖北六市不同年龄区间居民感知锻炼高峰期健身广场上健身者密度的差异在 0.05 水平上具有显著性。

表 318　12 岁以下与 13—19 岁被调查者感知锻炼高峰期健身广场上健身者密度的秩次统计

	被调查者的年龄区间	N	Mean Rank	Sum of Ranks
被调查者感知锻炼高峰期健身广场上健身者密度	12 岁以下	23	46.63	1072.50
	13—19 岁	51	33.38	1702.50
	Total	74		

表 319　12 岁以下与 13—19 岁被调查者感知锻炼高峰期健身广场上健身者密度的非参数检验结果[a]

	被调查者感知锻炼高峰期健身广场上健身者密度
Mann-Whitney U	376.500
Wilcoxon W	1702.500
Z	−2.546
Asymp. Sig. (2-tailed)	.011

a. Grouping Variable：被调查者的年龄区间

表 318 为 12 岁以下与 13—19 岁被调查者感知锻炼高峰期健身广场上健身者密度的秩次统计表，第一栏列出被调查城市，N 为样本量，Mean Rank 为平均秩次，Sum of Ranks 为秩

和。表 319 为 12 岁以下与 13—19 岁被调查者感知锻炼高峰期健身广场上健身者密度的非参数检验结果,其中 Mann-Whitney U、Wilcoxon W 以及 Z 为统计量,Asymp. sig. (2-tailed) 为基于渐近分布的双侧检验概率,本例概率小于 0.05,可以认为在 0.05 水平上 12 岁以下与 13—19 岁被调查者感知锻炼高峰期健身广场上健身者密度的差异具有显著性。

表 320　12 岁以下与 20—39 岁被调查者感知锻炼高峰期健身广场上健身者密度的秩次统计

	被调查者的年龄区间	N	Mean Rank	Sum of Ranks
被调查者感知锻炼高峰期健身广场上健身者密度	12 岁以下	23	226.35	5206.00
	20—39 岁	300	157.07	47120.00
	Total	323		

表 321　12 岁以下与 20—39 岁被调查者感知锻炼高峰期健身广场上健身者密度的非参数检验结果[a]

	被调查者感知锻炼高峰期健身广场上健身者密度
Mann-Whitney U	1970.000
Wilcoxon W	47120.000
Z	−3.582
Asymp. Sig. (2-tailed)	.000

a. Grouping Variable:被调查者的年龄区间

表 320 为 12 岁以下与 20—39 岁被调查者感知锻炼高峰期健身广场上健身者密度的秩次统计表,第一栏列出被调查城市,N 为样本量,Mean Rank 为平均秩次,Sum of Ranks 为秩和。表 321 为 12 岁以下与 20—39 岁被调查者感知锻炼高峰期健身广场上健身者密度的非参数检验结果,其中 Mann-Whitney U、Wilcoxon W 以及 Z 为统计量,Asymp. sig. (2-tailed) 为基于渐近分布的双侧检验概率,本例概率小于 0.05,可以认为在 0.05 水平上 12 岁以下与 20—39 岁被调查者感知锻炼高峰期健身广场上健身者密度的差异具有显著性。

表 322　12 岁以下与 40—59 岁被调查者感知锻炼高峰期健身广场上健身者密度的秩次统计

	被调查者的年龄区间	N	Mean Rank	Sum of Ranks
被调查者感知锻炼高峰期健身广场上健身者密度	12 岁以下	23	144.67	3327.50
	40—59 岁	195	105.35	20543.50
	Total	218		

表 323　12 岁以下与 40—59 岁被调查者感知锻炼高峰期健身广场上健身者密度的非参数检验结果[a]

	被调查者感知锻炼高峰期健身广场上健身者密度
Mann-Whitney U	1433.500
Wilcoxon W	20543.500
Z	−2.927
Asymp. Sig. (2-tailed)	.003

a. Grouping Variable:被调查者的年龄区间

表 322 为 12 岁以下与 40—59 岁被调查者感知锻炼高峰期健身广场上健身者密度的秩次统计表,第一栏列出被调查城市,N 为样本量,Mean Rank 为平均秩次,Sum of Ranks 为秩

和。表323为12岁以下与40—59岁被调查者感知锻炼高峰期健身广场上健身者密度的非
参数检验结果,其中Mann-Whitney U、Wilcoxon W以及Z为统计量,Asymp. sig.（2-tailed）
为基于渐近分布的双侧检验概率,本例概率小于0.05,可以认为在0.05水平上12岁以下与
40—59岁被调查者感知锻炼高峰期健身广场上健身者密度的差异具有显著性。

表324　12岁以下与60岁以上被调查者感知锻炼高峰期健身广场上健身者密度的秩次统计

	被调查者的年龄区间	N	Mean Rank	Sum of Ranks
被调查者感知锻炼高峰期健身广场上健身者密度	12岁以下	23	70.43	1620.00
	60岁以上	99	59.42	5883.00
	Total	122		

表325　12岁以下与60岁以上被调查者感知锻炼高峰期健身广场上健身者密度的非参数检验结果[a]

	被调查者感知锻炼高峰期健身广场上健身者密度
Mann-Whitney U	933.000
Wilcoxon W	5883.000
Z	−1.418
Asymp. Sig. (2-tailed)	.156

a. Grouping Variable：被调查者的年龄区间

　　表324为12岁以下与60岁以上被调查者感知锻炼高峰期健身广场上健身者密度的秩
次统计表,第一栏列出被调查城市,N为样本量,Mean Rank为平均秩次,Sum of Ranks为秩
和。表325为12岁以下与60岁以上被调查者感知锻炼高峰期健身广场上健身者密度的非
参数检验结果,其中Mann-Whitney U、Wilcoxon W以及Z为统计量,Asymp. sig.（2-tailed）
为基于渐近分布的双侧检验概率,本例概率大于0.05,可以认为在0.05水平上12岁以下与
60岁以上被调查者感知锻炼高峰期健身广场上健身者密度的差异不具有显著性。

表326　13—19岁与20—39岁被调查者感知锻炼高峰期健身广场上健身者密度的秩次统计

	被调查者的年龄区间	N	Mean Rank	Sum of Ranks
被调查者感知锻炼高峰期健身广场上健身者密度	13—19岁	51	189.00	9639.00
	20—39岁	300	173.79	52137.00
	Total	351		

表327　13—19岁与20—39岁被调查者感知锻炼高峰期健身广场上健身者密度的非参数检验结果[a]

	被调查者感知锻炼高峰期健身广场上健身者密度
Mann-Whitney U	6987.000
Wilcoxon W	52137.000
Z	−1.041
Asymp. Sig. (2-tailed)	.298

a. Grouping Variable：被调查者的年龄区间

　　表326为13—19岁与20—39岁被调查者感知锻炼高峰期健身广场上健身者密度的秩
次统计表,第一栏列出被调查城市,N为样本量,Mean Rank为平均秩次,Sum of Ranks为秩

和。表 327 为 13—19 岁与 20—39 岁被调查者感知锻炼高峰期健身广场上健身者密度的非参数检验结果,其中 Mann-Whitney U、Wilcoxon W 以及 Z 为统计量,Asymp. sig.（2-tailed）为基于渐近分布的双侧检验概率,本例概率大于 0.05,可以认为在 0.05 水平上 13—19 岁与 20—39 岁被调查者感知锻炼高峰期健身广场上健身者密度的差异不具有显著性。

表 328　13—19 岁与 40—59 岁被调查者感知锻炼高峰期健身广场上健身者密度的秩次统计

	被调查者的年龄区间	N	Mean Rank	Sum of Ranks
被调查者感知锻炼高峰期健身广场上健身者密度	13—19 岁	51	124.77	6363.50
	40—59 岁	195	123.17	24017.50
	Total	246		

表 329　13—19 岁与 40—59 岁被调查者感知锻炼高峰期健身广场上健身者密度的非参数检验结果[a]

	被调查者感知锻炼高峰期健身广场上健身者密度
Mann-Whitney U	4907.500
Wilcoxon W	24017.500
Z	−.150
Asymp. Sig. (2-tailed)	.881

　　a. Grouping Variable：被调查者的年龄区间

　　表 328 为 13—19 岁与 40—59 岁被调查者感知锻炼高峰期健身广场上健身者密度的秩次统计表,第一栏列出被调查城市,N 为样本量,Mean Rank 为平均秩次,Sum of Ranks 为秩和。表 329 为 13—19 岁与 40—59 岁被调查者感知锻炼高峰期健身广场上健身者密度的非参数检验结果,其中 Mann-Whitney U、Wilcoxon W 以及 Z 为统计量,Asymp. sig.（2-tailed）为基于渐近分布的双侧检验概率,本例概率大于 0.05,可以认为在 0.05 水平上 13—19 岁与 40—59 岁被调查者感知锻炼高峰期健身广场上健身者密度的差异不具有显著性。

表 330　13—19 岁与 60 岁以上被调查者感知锻炼高峰期健身广场上健身者密度的秩次统计

	被调查者的年龄区间	N	Mean Rank	Sum of Ranks
被调查者感知锻炼高峰期健身广场上健身者密度	13—19 岁	51	71.45	3644.00
	60 岁以上	99	77.59	7681.00
	Total	150		

表 331　13—19 岁与 60 岁以上被调查者感知锻炼高峰期健身广场上健身者密度的非参数检验结果[a]

	被调查者感知锻炼高峰期健身广场上健身者密度
Mann-Whitney U	2318.000
Wilcoxon W	3644.000
Z	−.843
Asymp. Sig. (2-tailed)	.399

　　a. Grouping Variable：被调查者的年龄区间

　　表 330 为 13—19 岁与 60 岁以上被调查者感知锻炼高峰期健身广场上健身者密度的秩次统计表,第一栏列出被调查城市,N 为样本量,Mean Rank 为平均秩次,Sum of Ranks 为秩

和。表 331 为 13—19 岁与 60 岁以上被调查者感知锻炼高峰期健身广场上健身者密度的非参数检验结果,其中 Mann-Whitney U、Wilcoxon W 以及 Z 为统计量,Asymp. sig.（2-tailed）为基于渐近分布的双侧检验概率,本例概率大于 0.05,可以认为在 0.05 水平上 13—19 岁与 60 岁以上被调查者感知锻炼高峰期健身广场上健身者密度的差异不具有显著性。

表 332　20—39 岁与 40—59 岁被调查者感知锻炼高峰期健身广场上健身者密度的秩次统计

	被调查者的年龄区间	N	Mean Rank	Sum of Ranks
被调查者感知锻炼高峰期健身广场上健身者密度	20—39 岁	300	240.83	72248.00
	40—59 岁	195	259.04	50512.00
	Total	495		

表 333　20—39 岁与 40—59 岁被调查者感知锻炼高峰期健身广场上健身者密度的非参数检验结果[a]

	被调查者感知锻炼高峰期健身广场上健身者密度
Mann-Whitney U	27098.000
Wilcoxon W	72248.000
Z	−1.448
Asymp. Sig. (2-tailed)	.148

a. Grouping Variable：被调查者的年龄区间

表 332 为 20—39 岁与 40—59 岁被调查者感知锻炼高峰期健身广场上健身者密度的秩次统计表,第一栏列出被调查城市,N 为样本量,Mean Rank 为平均秩次,Sum of Ranks 为秩和。表 333 为 20—39 岁与 40—59 岁被调查者感知锻炼高峰期健身广场上健身者密度的非参数检验结果,其中 Mann-Whitney U、Wilcoxon W 以及 Z 为统计量,Asymp. sig.（2-tailed）为基于渐近分布的双侧检验概率,本例概率大于 0.05,可以认为在 0.05 水平上 20—39 岁与 40—59 岁被调查者感知锻炼高峰期健身广场上健身者密度的差异不具有显著性。

表 334　20—39 岁与 60 岁以上被调查者感知锻炼高峰期健身广场上健身者密度的秩次统计

	被调查者的年龄区间	N	Mean Rank	Sum of Ranks
被调查者感知锻炼高峰期健身广场上健身者密度	20—39 岁	300	192.10	57630.00
	60 岁以上	99	223.94	22170.00
	Total	399		

表 335　20—39 岁与 60 岁以上被调查者感知锻炼高峰期健身广场上健身者密度的非参数检验结果[a]

	被调查者感知锻炼高峰期健身广场上健身者密度
Mann-Whitney U	12480.000
Wilcoxon W	57630.000
Z	−2.457
Asymp. Sig. (2-tailed)	.014

a. Grouping Variable：被调查者的年龄区间

表 334 为 20—39 岁与 60 岁以上被调查者感知锻炼高峰期健身广场上健身者密度的秩次统计表,第一栏列出被调查城市,N 为样本量,Mean Rank 为平均秩次,Sum of Ranks 为秩

和。表 335 为 20—39 岁与 60 岁以上被调查者感知锻炼高峰期健身广场上健身者密度的非参数检验结果,其中 Mann-Whitney U、Wilcoxon W 以及 Z 为统计量,Asymp. sig.（2-tailed）为基于渐近分布的双侧检验概率,本例概率小于 0.05,可以认为在 0.05 水平上 20—39 岁与60 岁以上被调查者感知锻炼高峰期健身广场上健身者密度的差异具有显著性。

表 336　40—59 岁与 60 岁以上被调查者感知锻炼高峰期健身广场上健身者密度的秩次统计

	被调查者的年龄区间	N	Mean Rank	Sum of Ranks
被调查者感知锻炼高峰期健身广场上健身者密度	40—59 岁	195	142.67	27821.50
	60 岁以上	99	157.01	15543.50
	Total	294		

表 337　40—59 岁与 60 岁以上被调查者感知锻炼高峰期健身广场上健身者密度的非参数检验结果[a]

	被调查者感知锻炼高峰期健身广场上健身者密度
Mann-Whitney U	8711.500
Wilcoxon W	27821.500
Z	−1.403
Asymp. Sig. (2-tailed)	.161

a. Grouping Variable:被调查者的年龄区间

表 336 为 40—59 岁与 60 岁以上被调查者感知锻炼高峰期健身广场上健身者密度的秩次统计表,第一栏列出被调查城市,N 为样本量,Mean Rank 为平均秩次,Sum of Ranks 为秩和。表 337 为 40—59 岁与 60 岁以上被调查者感知锻炼高峰期健身广场上健身者密度的非参数检验结果,其中 Mann-Whitney U、Wilcoxon W 以及 Z 为统计量,Asymp. sig.（2-tailed）为基于渐近分布的双侧检验概率,本例概率大于 0.05,可以认为在 0.05 水平上 40—59 岁与 60 岁以上被调查者感知锻炼高峰期健身广场上健身者密度的差异不具有显著性。

（6）皖北六市不同锻炼次数居民感知锻炼高峰期健身广场上健身者密度的列联表统计和非参数检验

1）皖北六市不同锻炼次数居民感知锻炼高峰期健身广场上健身者密度的列联表统计

表 338　被调查者锻炼次数＊被调查者感知锻炼高峰期健身广场上健身者密度

		被调查者感知锻炼高峰期健身广场上健身者的密度					Total
		非常小	小	中等	大	非常大	
被调查者参加体育锻炼次数	非常少	48.1%	17.3%	15.4%	11.5%	7.7%	100.0%
	少	7.3%	23.8%	33.8%	24.5%	10.6%	100.0%
	中等	2.1%	13.2%	49.7%	28.0%	6.9%	100.0%
	多	3.1%	9.8%	28.2%	41.7%	17.2%	100.0%
	非常多	5.3%	6.2%	14.2%	21.2%	53.1%	100.0%
	Total	7.6%	13.9%	32.2%	28.1%	18.1%	100.0%

表 338 显示,皖北不同锻炼次数居民感知锻炼高峰期健身广场上健身者密度:非常少"小"和"非常小"占 65.4%、中等 15.4%、"大"和"非常大"占 19.2%;少"小"和"非常

小"占 31.1％、中等 33.8％、"大"和"非常大"占 35.1％；中等"小"和"非常小"占 15.3％、中等 49.7％、"大"和"非常大"占 34.9％；多"小"和"非常小"占 12.9％、中等 28.2％、"大"和"非常大"占 58.9％；非常多"小"和"非常小"占 11.5％、中等 14.2％、"大"和"非常大"占 74.3％；总体："小"和"非常小"占 21.5％、中等 32.2％、"大"和"非常大"占 46.2％。

　　"大"和"非常大"占比与"小"和"非常小"占比之差：非常少－46.2％；少－4.0％；中等－19.6％；多 46.0％；非常多 62.8％；总体：24.7％。总体上皖北六市不同锻炼次数居民感知锻炼高峰期健身广场上健身者密度，"大"的占比比"小"的占比偏多一点。锻炼次数多、非常多的居民感知锻炼高峰期健身广场上健身者密度，"大"和"非常大"的占比与"小"和"非常小"的占比之差为正。锻炼次数非常少、少、中等的居民感知锻炼高峰期健身广场上健身者密度，"大"和"非常大"的占比与"小"和"非常小"的占比之差为负。排序为：非常少＜少＜中等＜多＜非常多。相关检验显示，皖北六市被调查者的锻炼次数与被调查者感知锻炼高峰期健身广场上健身者密度的皮尔逊相关系数为 0.415，斯皮尔曼相关系数为 0.398，p＝0.000＜0.05，相关具有显著性。

　　2）皖北六市不同锻炼次数居民感知锻炼高峰期健身广场上健身者密度的非参数检验

表 339　皖北六市不同锻炼次数居民感知锻炼高峰期健身广场上健身者密度的平均秩

	被调查者参加体育锻炼的次数	N	Mean Rank
被调查者感知锻炼高峰期健身广场上健身者的密度	非常少	52	167.33
	少	151	285.92
	中等	189	307.84
	多	163	375.17
	非常多	113	462.28
	Total	668	

　　表 339 为皖北六市不同锻炼次数居民感知锻炼高峰期健身广场上健身者密度的样本量和平均秩，平均秩升序排列为："非常少"为 167.33、"少"为 285.92、"中等"为 307.84、"多"为 375.17、"非常多"为 462.28。

表 340　皖北六市不同锻炼次数居民感知锻炼高峰期健身广场上健身者密度的非参数检验结果[a,b]

	被调查者感知锻炼高峰期健身广场上健身者的密度
Chi-Square	116.525
Df	4
Asymp. Sig.	.000

a. Kruskal Wallis Test

b. Grouping Variable：被调查者参加体育锻炼的次数

　　表 340 为 Kruskal-Wallis 检验，Asymp. Sig. 为检验统计量 $\chi^2 = 116.525$、$df = 4$ 时基于渐近分布概率，本例概率 p＝0.000＜0.05，所以否定检验的原假设，即可以认为皖北六市不同锻炼次数居民感知锻炼高峰期健身广场上健身者密度之间的差异在 0.05 水平上具有显著性。

表 341　体育锻炼次数非常少与少被调查者感知锻炼高峰期健身广场上健身者密度的秩次统计

	被调查者参加体育锻炼次数	N	Mean Rank	Sum of Ranks
被调查者感知锻炼高峰期健身广场上健身者密度	非常少	52	69.76	3627.50
	少	151	113.10	17078.50
	Total	203		

表 342　体育锻炼次数非常少与少被调查者感知锻炼高峰期健身广场上健身者密度的非参数检验结果[a]

	被调查者感知锻炼高峰期健身广场上健身者密度
Mann-Whitney U	2249.500
Wilcoxon W	3627.500
Z	−4.712
Asymp. Sig. (2-tailed)	.000

a. Grouping Variable：被调查者参加体育锻炼次数

表 341 为体育锻炼次数非常少与少被调查者感知锻炼高峰期健身广场上健身者密度的秩次统计表，第一栏列出被调查城市，N 为样本量，Mean Rank 为平均秩次，Sum of Ranks 为秩和。表 342 为体育锻炼次数非常少与少被调查者感知锻炼高峰期健身广场上健身者密度的非参数检验结果，其中 Mann-Whitney U、Wilcoxon W 以及 Z 为统计量，Asymp. sig. (2-tailed) 为基于渐近分布的双侧检验概率，本例概率小于 0.05，可以认为在 0.05 水平上体育锻炼次数非常少与少被调查者感知锻炼高峰期健身广场上健身者密度的差异具有显著性。

表 343　体育锻炼次数非常少与中等被调查者感知锻炼高峰期健身广场上健身者密度的秩次统计

	被调查者参加体育锻炼次数	N	Mean Rank	Sum of Ranks
被调查者感知锻炼高峰期健身广场上健身者密度	非常少	52	73.30	3811.50
	中等	189	134.12	25349.50
	Total	241		

表 344　体育锻炼次数非常少与中等被调查者感知锻炼高峰期健身广场上健身者密度非参数检验结果[a]

	被调查者感知锻炼高峰期健身广场上健身者密度
Mann-Whitney U	2433.500
Wilcoxon W	3811.500
Z	−5.858
Asymp. Sig. (2-tailed)	.000

a. Grouping Variable：被调查者参加体育锻炼次数

表 343 为体育锻炼次数非常少与中等被调查者感知锻炼高峰期健身广场上健身者密度的秩次统计表，第一栏列出被调查城市，N 为样本量，Mean Rank 为平均秩次，Sum of Ranks 为秩和。表 344 为体育锻炼次数非常少与中等被调查者感知锻炼高峰期健身广场上健身者密度的非参数检验结果，其中 Mann-Whitney U、Wilcoxon W 以及 Z 为统计量，Asymp. sig. (2-tailed) 为基于渐近分布的双侧检验概率，本例概率小于 0.05，可以认为在 0.05 水平上体育锻炼次数非常少与中等被调查者感知锻炼高峰期健身广场上健身者密度的差异具有显

著性。

表 345　体育锻炼次数非常少与多被调查者感知锻炼高峰期健身广场上健身者密度的秩次统计

	被调查者参加体育锻炼次数	N	Mean Rank	Sum of Ranks
被调查者感知锻炼高峰期健身广场上健身者密度	非常少	52	59.84	3111.50
	多	163	123.37	20108.50
	Total	215		

表 346　体育锻炼次数非常少与多被调查者感知锻炼高峰期健身广场上健身者密度的非参数检验结果[a]

	被调查者感知锻炼高峰期健身广场上健身者密度
Mann-Whitney U	1733.500
Wilcoxon W	3111.500
Z	−6.628
Asymp. Sig. (2-tailed)	.000

a. Grouping Variable：被调查者参加体育锻炼次数

　　表 345 为体育锻炼次数非常少与多被调查者感知锻炼高峰期健身广场上健身者密度的秩次统计表，第一栏列出被调查城市，N 为样本量，Mean Rank 为平均秩次，Sum of Ranks 为秩和。表 346 为体育锻炼次数非常少与多被调查者感知锻炼高峰期健身广场上健身者密度的非参数检验结果，其中 Mann-Whitney U、Wilcoxon W 以及 Z 为统计量，Asymp. sig. (2-tailed)为基于渐近分布的双侧检验概率，本例概率小于 0.05，可以认为在 0.05 水平上体育锻炼次数非常少与多被调查者感知锻炼高峰期健身广场上健身者密度的差异具有显著性。

表 347　体育锻炼次数非常少与非常多被调查者感知锻炼高峰期健身广场上健身者密度的秩次统计

	被调查者参加体育锻炼次数	N	Mean Rank	Sum of Ranks
被调查者感知锻炼高峰期健身广场上健身者密度	非常少	52	43.93	2284.50
	非常多	113	100.98	11410.50
	Total	165		

表 348　体育锻炼次数非常少与非常多被调查者感知锻炼高峰期健身广场上健身者密度的非参数检验结果[a]

	被调查者感知锻炼高峰期健身广场上健身者密度
Mann-Whitney U	906.500
Wilcoxon W	2284.500
Z	−7.409
Asymp. Sig. (2-tailed)	.000

a. Grouping Variable：被调查者参加体育锻炼次数

　　表 347 为体育锻炼次数非常少与非常多被调查者感知锻炼高峰期健身广场上健身者密度的秩次统计表，第一栏列出被调查城市，N 为样本量，Mean Rank 为平均秩次，Sum of Ranks 为秩和。表 348 为体育锻炼次数非常少与非常多被调查者感知锻炼高峰期健身广场

上健身者密度的非参数检验结果,其中 Mann-Whitney U、Wilcoxon W 以及 Z 为统计量,Asymp. sig.(2-tailed)为基于渐近分布的双侧检验概率,本例概率小于 0.05,可以认为在 0.05 水平上体育锻炼次数非常少与非常多被调查者感知锻炼高峰期健身广场上健身者密度的差异具有显著性。

表 349　体育锻炼次数少与中等被调查者感知锻炼高峰期健身广场上健身者密度的秩次统计

	被调查者参加体育锻炼次数	N	Mean Rank	Sum of Ranks
被调查者感知锻炼高峰期健身广场上健身者密度	少	151	161.72	24419.50
	中等	189	177.52	33550.50
	Total	340		

表 350　体育锻炼次数少与中等被调查者感知锻炼高峰期健身广场上健身者密度的非参数检验结果[a]

	被调查者感知锻炼高峰期健身广场上健身者密度
Mann-Whitney U	12943.500
Wilcoxon W	24419.500
Z	−1.554
Asymp. Sig. (2-tailed)	.120

a. Grouping Variable:被调查者参加体育锻炼次数

　　表 349 为体育锻炼次数少与中等被调查者感知锻炼高峰期健身广场上健身者密度的秩次统计表,第一栏列出被调查城市,N 为样本量,Mean Rank 为平均秩次,Sum of Ranks 为秩和。表 350 为体育锻炼次数少与中等被调查者感知锻炼高峰期健身广场上健身者密度的非参数检验结果,其中 Mann-Whitney U、Wilcoxon W 以及 Z 为统计量,Asymp. sig. (2-tailed)为基于渐近分布的双侧检验概率,本例概率大于 0.05,可以认为在 0.05 水平上体育锻炼次数少与中等被调查者感知锻炼高峰期健身广场上健身者密度的差异不具有显著性。

表 351　体育锻炼次数少与多被调查者感知锻炼高峰期健身广场上健身者密度的秩次统计

	被调查者参加体育锻炼次数	N	Mean Rank	Sum of Ranks
被调查者感知锻炼高峰期健身广场上健身者密度	少	151	134.68	20336.50
	多	163	178.64	29118.50
	Total	314		

表 352　体育锻炼次数少与多被调查者感知锻炼高峰期健身广场上健身者密度的非参数检验结果[a]

	被调查者感知锻炼高峰期健身广场上健身者密度
Mann-Whitney U	8860.500
Wilcoxon W	20336.500
Z	−4.456
Asymp. Sig. (2-tailed)	.000

a. Grouping Variable:被调查者参加体育锻炼次数

　　表 351 为体育锻炼次数少与多被调查者感知锻炼高峰期健身广场上健身者密度的秩次统计表,第一栏列出被调查城市,N 为样本量,Mean Rank 为平均秩次,Sum of Ranks 为秩

和。表352为体育锻炼次数少与多被调查者感知锻炼高峰期健身广场上健身者密度的非参数检验结果,其中 Mann-Whitney U、Wilcoxon W 以及 Z 为统计量,Asymp. sig. (2-tailed)为基于渐近分布的双侧检验概率,本例概率小于 0.05,可以认为在 0.05 水平上体育锻炼次数少与多被调查者感知锻炼高峰期健身广场上健身者密度的差异具有显著性。

表353   体育锻炼次数少与非常多被调查者感知锻炼高峰期健身广场上健身者密度的秩次统计

	被调查者参加体育锻炼次数	N	Mean Rank	Sum of Ranks
被调查者感知锻炼高峰期健身广场上健身者密度	少	151	104.42	15767.00
	非常多	113	170.03	19213.00
	Total	264		

表354   体育锻炼次数少与非常多被调查者感知锻炼高峰期健身广场上健身者密度的非参数检验结果[a]

	被调查者感知锻炼高峰期健身广场上健身者密度
Mann-Whitney U	4291.000
Wilcoxon W	15767.000
Z	−7.114
Asymp. Sig. (2-tailed)	.000

a. Grouping Variable:被调查者参加体育锻炼次数

表353为体育锻炼次数少与非常多被调查者感知锻炼高峰期健身广场上健身者密度的秩次统计表,第一栏列出被调查城市,N 为样本量,Mean Rank 为平均秩次,Sum of Ranks 为秩和。表354为体育锻炼次数少与非常多被调查者感知锻炼高峰期健身广场上健身者密度的非参数检验结果,其中 Mann-Whitney U、Wilcoxon W 以及 Z 为统计量,Asymp. sig. (2-tailed)为基于渐近分布的双侧检验概率,本例概率小于 0.05,可以认为在 0.05 水平上体育锻炼次数少与非常多被调查者感知锻炼高峰期健身广场上健身者密度的差异具有显著性。

表355   体育锻炼次数中等与多被调查者感知锻炼高峰期健身广场上健身者密度的秩次统计

	被调查者参加体育锻炼次数	N	Mean Rank	Sum of Ranks
被调查者感知锻炼高峰期健身广场上健身者密度	中等	189	157.23	29716.00
	多	163	198.85	32412.00
	Total	352		

表356   体育锻炼次数中等与多被调查者感知锻炼高峰期健身广场上健身者密度的非参数检验结果[a]

	被调查者感知锻炼高峰期健身广场上健身者密度
Mann-Whitney U	11761.000
Wilcoxon W	29716.000
Z	−4.048
Asymp. Sig. (2-tailed)	.000

a. Grouping Variable:被调查者参加体育锻炼次数

表355为体育锻炼次数中等与多被调查者感知锻炼高峰期健身广场上健身者密度的秩

次统计表,第一栏列出被调查城市,N 为样本量,Mean Rank 为平均秩次,Sum of Ranks 为秩和。表 356 为体育锻炼次数中等与多被调查者感知锻炼高峰期健身广场上健身者密度的非参数检验结果,其中 Mann-Whitney U、Wilcoxon W 以及 Z 为统计量,Asymp. sig.(2-tailed)为基于渐近分布的双侧检验概率,本例概率小于 0.05,可以认为在 0.05 水平上体育锻炼次数中等与多被调查者感知锻炼高峰期健身广场上健身者密度的差异具有显著性。

表 357　体育锻炼次数中等与非常多被调查者感知锻炼高峰期健身广场上健身者密度的秩次统计

	被调查者参加体育锻炼次数	N	Mean Rank	Sum of Ranks
被调查者感知锻炼高峰期健身广场上健身者密度	中等	189	123.97	23430.50
	非常多	113	197.54	22322.50
	Total	302		

表 358　体育锻炼次数中等与非常多被调查者感知锻炼高峰期健身广场上健身者密度的非参数检验结果[a]

	被调查者感知锻炼高峰期健身广场上健身者密度
Mann-Whitney U	5475.500
Wilcoxon W	23430.500
Z	−7.388
Asymp. Sig. (2-tailed)	.000

a. Grouping Variable:被调查者参加体育锻炼次数

　　表 357 为体育锻炼次数中等与非常多被调查者感知锻炼高峰期健身广场上健身者密度的秩次统计表,第一栏列出被调查城市,N 为样本量,Mean Rank 为平均秩次,Sum of Ranks 为秩和。表 358 为 4 体育锻炼次数中等与非常多被调查者感知锻炼高峰期健身者密度的非参数检验结果,其中 Mann-Whitney U、Wilcoxon W 以及 Z 为统计量,Asymp. sig.(2-tailed)为基于渐近分布的双侧检验概率,本例概率小于 0.05,可以认为在 0.05 水平上 4 体育锻炼次数中等与非常多被调查者感知锻炼高峰期健身广场上健身者密度的差异具有显著性。

表 359　体育锻炼次数多与非常多被调查者感知锻炼高峰期健身广场上健身者密度的秩次统计

	被调查者参加体育锻炼次数	N	Mean Rank	Sum of Ranks
被调查者感知锻炼高峰期健身广场上健身者密度	多	163	120.31	19611.00
	非常多	113	164.73	18615.00
	Total	276		

表 360　体育锻炼次数多与非常多被调查者感知锻炼高峰期健身广场上健身者密度的非参数检验结果[a]

	被调查者感知锻炼高峰期健身广场上健身者密度
Mann-Whitney U	6245.000
Wilcoxon W	19611.000
Z	−4.744
Asymp. Sig. (2-tailed)	.000

a. Grouping Variable:被调查者参加体育锻炼次数

　　表 359 为体育锻炼次数多与非常多被调查者感知锻炼高峰期健身广场上健身者密度的秩次统计表,第一栏列出被调查城市,N 为样本量,Mean Rank 为平均秩次,Sum of Ranks 为秩和。表 360 为体育锻炼次数多与非常多被调查者感知锻炼高峰期健身广场上健身者密度的非参数检验结果,其中 Mann-Whitney U、Wilcoxon W 以及 Z 为统计量,Asymp. sig. (2-tailed)为基于渐近分布的双侧检验概率,本例概率小于 0.05,可以认为在 0.05 水平上体育锻炼次数多与非常多被调查者感知锻炼高峰期健身广场上健身者密度的差异具有显著性。

4.1.1.4　居民感知锻炼高峰期的人数比预期人数

（1）皖北不同市居民感知锻炼高峰期健身广场上人数比预期人数的列联表统计和非参数检验

1）皖北不同市居民感知锻炼高峰期健身广场上人数比预期人数的列联表统计

表 361　被调查者居住的城市 * 被调查者感知锻炼高峰期健身广场上人数比预期人数

		被调查者感知锻炼高峰期健身广场上人数比预期人数					Total
		非常少	少	中等	多	非常多	
被调查者居住的城市	淮北市	3.5%	14.2%	39.0%	31.2%	12.1%	100.0%
	宿州市	3.8%	12.4%	34.3%	24.8%	24.8%	100.0%
	蚌埠市	9.2%	22.0%	19.3%	36.7%	12.8%	100.0%
	淮南市	5.9%	18.6%	36.3%	31.4%	7.8%	100.0%
	阜阳市	4.0%	20.0%	29.0%	27.0%	20.0%	100.0%
	亳州市	15.3%	21.6%	13.5%	37.8%	11.7%	100.0%
	Total	6.9%	18.0%	28.9%	31.6%	14.7%	100.0%

　　表 361 显示,皖北六市居民感知锻炼高峰期锻炼人数比被调查者预期的人数:淮北市"少"和"非常少"占 17.7%(25)、中等 39.0%(55)、"多"和"非常多"占 43.3%(61);宿州市"少"和"非常少"占 16.2%(17)、中等 34.3%(36)、"多"和"非常多"占 49.6%(52);蚌埠市"少"和"非常少"占 31.2%(34)、中等 19.3%(21)、"多"和"非常多"占 49.5%(54);淮南市"少"和"非常少"占 24.5%(25)、中等 36.3%(37)、"多"和"非常多"占 39.2%(40);阜阳市"少"和"非常少"占 24.0%(24)、中等 29.0%(29)、"多"和"非常多"占 47.0%(47);亳州市"少"和"非常少"占 36.9%(41)、中等 13.5%(15)、"多"和"非常多"占 49.5%(55);总体:"少"和"非常少"占 24.9%(166)、中等 28.9%(193)、"多"和"非常多"占 46.3%(309)。

　　"多"和"非常多"占比与"少"和"非常少"占比之差:淮北市 25.6%;宿州市 33.4%;蚌埠市 18.3%;淮南市 14.7%;阜阳市 23%;亳州市 12.6%;总体:21.4%。总体上皖北六市居民感知锻炼高峰期锻炼人数比被调查者预期的人数"多"的占比比"少"的占比普遍偏多。皖北六市居民感知锻炼高峰期锻炼人数比被调查者预期的人数"多"和"非常多"占比与"少"和"非常少"占比之差都为为正。排序为:宿州市＞淮北市＞阜阳市＞蚌埠市＞淮南市＞亳州市。

2) 皖北不同市居民感知锻炼高峰期健身广场上人数比预期人数的非参数检验

表 362 皖北六市居民感知锻炼高峰期健身广场上人数比预期人数的平均秩

	被调查者居住的城市	N	Mean Rank
被调查者感知锻炼高峰期健身广场上人数比预期人数	淮北市	141	338.33
	宿州市	105	372.80
	蚌埠市	109	326.49
	淮南市	102	311.09
	阜阳市	100	347.96
	亳州市	111	310.67
	Total	668	

表 362 为皖北六市居民感知锻炼高峰期健身者人数比预期情况的样本量和平均秩,降序排列为:宿州市为 372.80(105)、阜阳市为 347.96(100)、淮北市为 338.33(141)、蚌埠市为 326.49(109)、淮南市为 311.09(102)、亳州市为 310.67(111)。

表 363 皖北六市居民感知锻炼高峰期健身广场上人数比预期人数的非参数检验结果[a,b]

	被调查者感知锻炼高峰期健身广场上人数比预期人数
Chi-Square	8.618
Df	5
Asymp. Sig.	.125

a. Kruskal Wallis Test
b. Grouping Variable:被调查者居住的城市

表 363 为 Kruskal-Wallis 检验,Asymp. Sig. 为检验统计量 $\chi^2 = 8.618$、df=5 时基于渐近分布概率,本例概率 p=0.125＞0.05,所以肯定检验的原假设,即可以认为皖北六市居民感知锻炼高峰期健身者人数比预期情况之间的差异在 0.05 水平上不具有显著性。

(2) 皖北六市不同居住区居民感知锻炼高峰期健身广场上人数比预期人数的列联表统计和非参数检验

1) 皖北六市不同居住区居民感知锻炼高峰期健身广场上人数比预期人数的列联表统计

表 364 被调查者居住的区域 * 被调查者感知锻炼高峰期健身广场上人数比预期人数

		被调查者感知锻炼高峰期健身广场上人数比预期人数					Total
		非常少	少	中等	多	非常多	
被调查者居住的区域	中央区域	2.8%	10.4%	27.4%	35.4%	24.1%	100.0%
	中央与郊区之间	3.3%	12.9%	30.8%	40.8%	12.1%	100.0%
	郊区	10.6%	23.5%	32.9%	21.2%	11.8%	100.0%
	农村地区	17.6%	35.9%	25.2%	15.3%	6.1%	100.0%
	Total	6.9%	18.0%	28.9%	31.6%	14.7%	100.0%

表 364 显示,皖北不同居住区域居民感知锻炼高峰期健身广场上人数比预期人数:中央区域"少"和"非常少"占 13.2%、中等 27.4%、"多"和"非常多"占 59.5%;中央与郊区之间"少"和"非常少"占 16.2%、中等 30.8%、"多"和"非常多"占 52.9%;郊区"少"和"非常少"

占 34.1%、中等 32.9%、"多"和"非常多"占 33.0%；农村地区"少"和"非常少"占 53.5%、中等 25.2%、"多"和"非常多"占 21.7%；总体："少"和"非常少"占 24.9%、中等 28.9%、"多"和"非常多"占 46.3%。

"多"和"非常多"占比与"少"和"非常少"占比之差：中央区域 46.3%；中央与郊区之间 36.7%；郊区－1.1%；农村地区－31.8%；总体：21.4%。总体上皖北六市不同居住区域居民感知锻炼高峰期健身广场上人数比预期人数"多"的占比比"少"的占比偏多。但各区域情况不同，中央区域、中央与郊区之间"多"和"非常多"占比与"少"和"非常少"占比之差为正，郊区、农村地区为负。排序为：中央区域＞中央与郊区之间＞郊区＞农村地区。相关检验显示，皖北六市被调查者居住的区域与被调查者感知锻炼高峰期健身广场上人数比预期人数的皮尔逊相关系数为 0.361，斯皮尔曼相关系数为 0.341，p=0.000＜0.05，相关具有显著性。

2）皖北六市不同居住区居民感知锻炼高峰期健身广场上人数比预期人数的非参数检验

表 365　皖北六市不同居住区居民感知锻炼高峰期健身广场上人数比预期人数的平均秩

	被调查者居住的区域	N	Mean Rank
被调查者感知锻炼高峰期健身广场上人数比预期人数	中央区域	212	397.21
	中央与郊区之间	240	360.36
	郊　区	85	285.54
	农村地区	131	217.41
	Total	668	

表 365 为皖北六市不同居住区居民感知锻炼高峰期健身广场上人数比预期人数的样本量和平均秩，平均秩降序排列为：中央区域为 397.21(212)、中央与郊区之间为 360.36(240)、郊区为 285.54(85)、农村地区为 217.41(131)。

表 366　皖北六市不同居住区居民感知锻炼高峰期健身广场上人数比预期人数的非参数检验结果[a,b]

	被调查者感知锻炼高峰期健身广场上人数比预期人数
Chi-Square	85.972
Df	3
Asymp. Sig.	.000

a. Kruskal Wallis Test
b. Grouping Variable：被调查者居住的区域

表 366 为 Kruskal-Wallis 检验，Asymp. Sig. 为检验统计量 χ^2=85.972、df=3 时基于渐近分布概率，本例概率 p=0.000＜0.05，所以否定检验的原假设，即可以认为皖北六市不同居住区居民感知锻炼高峰期健身广场上人数比预期人数之间的差异在 0.05 水平上具有显著性。

表 367　中央区域与中央与郊区之间被调查者感知锻炼高峰期健身广场上人数比预期人数的秩次统计

	被调查者居住的区域	N	Mean Rank	Sum of Ranks
被调查者感知锻炼高峰期健身广场上人数比预期人数	中央区域	212	241.40	51177.50
	中央与郊区之间	240	213.34	51200.50
	Total	452		

表 368　中央区域与中央与郊区之间被调查者感知锻炼高峰期
健身广场上人数比预期人数的非参数检验结果[a]

	被调查者感知锻炼高峰期健身广场上人数比预期人数
Mann-Whitney U	22280.500
Wilcoxon W	51200.500
Z	-2.387
Asymp. Sig. (2-tailed)	.017

a. Grouping Variable:被调查者居住的区域

　　表 367 为中央区域与中央与郊区之间被调查者感知锻炼高峰期健身广场上人数比预期人数的秩次统计表,第一栏列出被调查城市,N 为样本量,Mean Rank 为平均秩次,Sum of Ranks 为秩和。表 368 为中央区域与中央与郊区之间被调查者感知锻炼高峰期健身广场上人数比预期人数的非参数检验结果,其中 Mann-Whitney U、Wilcoxon W 以及 Z 为统计量,Asymp. sig. (2-tailed)为基于渐近分布的双侧检验概率,本例概率小于 0.05,可以认为在 0.05 水平上中央区域与中央与郊区之间被调查者感知锻炼高峰期健身广场上人数比预期人数之间的差异具有显著性。

表 369　中央区域与郊区被调查者感知锻炼高峰期健身广场上人数比预期人数的秩次统计

	被调查者居住的区域	N	Mean Rank	Sum of Ranks
被调查者感知锻炼高峰期健身广场上人数比预期人数	中央区域	212	162.96	34547.00
	郊区	85	114.19	9706.00
	Total	297		

表 370　中央区域与郊区被调查者感知锻炼高峰期健身广场上人数比预期人数的非参数检验结果[a]

	被调查者感知锻炼高峰期健身广场上人数比预期人数
Mann-Whitney U	6051.000
Wilcoxon W	9706.000
Z	-4.578
Asymp. Sig. (2-tailed)	.000

a. Grouping Variable:被调查者居住的区域

　　表 369 为中央区域与郊区被调查者感知锻炼高峰期健身广场上人数比预期人数的秩次统计表,第一栏列出被调查城市,N 为样本量,Mean Rank 为平均秩次,Sum of Ranks 为秩和。表 370 为中央区域与郊区被调查者感知锻炼高峰期健身广场上人数比预期人数的非参数检验结果,其中 Mann-Whitney U、Wilcoxon W 以及 Z 为统计量,Asymp. sig. (2-tailed)为基于渐近分布的双侧检验概率,本例概率小于 0.05,可以认为在 0.05 水平上中央区域与郊区被调查者感知锻炼高峰期健身广场上人数比预期人数之间的差异具有显著性。

表 371　中央区域与农村地区被调查者感知锻炼高峰期健身广场上人数比预期人数的秩次统计

	被调查者居住的区域	N	Mean Rank	Sum of Ranks
被调查者感知锻炼高峰期健身广场上人数比预期人数	中央区域	212	205.84	43639.00
	农村地区	131	117.23	15357.00
	Total	343		

表 372　中央区域与农村地区被调查者感知锻炼高峰期健身
广场上人数比预期人数的非参数检验结果ª

	被调查者感知锻炼高峰期健身广场上人数比预期人数
Mann-Whitney U	6711.000
Wilcoxon W	15357.000
Z	−8.267
Asymp. Sig. (2-tailed)	.000

a. Grouping Variable:被调查者居住的区域

表 371 为中央区域与农村地区被调查者感知锻炼高峰期健身广场上人数比预期人数的秩次统计表,第一栏列出被调查城市,N 为样本量,Mean Rank 为平均秩次,Sum of Ranks 为秩和。表 372 为中央区域与农村地区被调查者感知锻炼高峰期健身广场上人数比预期人数的非参数检验结果,其中 Mann-Whitney U、Wilcoxon W 以及 Z 为统计量,Asymp. sig. (2-tailed)为基于渐近分布的双侧检验概率,本例概率小于 0.05,可以认为在 0.05 水平上中央区域与农村地区被调查者感知锻炼高峰期健身广场上人数比预期人数之间的差异具有显著性。

表 373　中央区域与郊区之间与郊区被调查者感知锻炼高峰期健身广场上人数比预期人数的秩次统计

	被调查者居住的区域	N	Mean Rank	Sum of Ranks
被调查者感知锻炼高峰期健身广场上人数比预期人数	中央与郊区之间	240	172.98	41515.00
	郊　区	85	134.82	11460.00
	Total	325		

表 374　中央区域与郊区之间与郊区被调查者感知锻炼高峰期健身
广场上人数比预期人数的非参数检验结果ª

	被调查者感知锻炼高峰期健身广场上人数比预期人数
Mann-Whitney U	7805.000
Wilcoxon W	11460.000
Z	−3.358
Asymp. Sig. (2-tailed)	.001

a. Grouping Variable:被调查者居住的区域

表 373 为中央区域与郊区之间与郊区被调查者感知锻炼高峰期健身广场上人数比预期人数的秩次统计表,第一栏列出被调查城市,N 为样本量,Mean Rank 为平均秩次,Sum of Ranks 为秩和。表 374 为中央区域与郊区之间与郊区被调查者感知锻炼高峰期健身广场上人数比预期人数的非参数检验结果,其中 Mann-Whitney U、Wilcoxon W 以及 Z 为统计量,Asymp. sig. (2-tailed)为基于渐近分布的双侧检验概率,本例概率小于 0.05,可以认为在 0.05 水平上中央区域与郊区之间与郊区被调查者感知锻炼高峰期健身广场上人数比预期人数之间的差异具有显著性。

表375　中央区域与郊区之间与农村地区被调查者感知锻炼高峰期
健身广场上人数比预期人数的秩次统计

	被调查者居住的区域	N	Mean Rank	Sum of Ranks
被调查者感知锻炼高峰期健身广场上人数比预期人数	中央与郊区之间	240	215.05	51611.50
	农村地区	131	132.78	17394.50
	Total	371		

表376　中央区域与郊区之间与农村地区被调查者感知锻炼高峰期
健身广场上人数比预期人数的非参数检验结果[a]

	被调查者感知锻炼高峰期健身广场上人数比预期人数
Mann-Whitney U	8748.500
Wilcoxon W	17394.500
Z	-7.311
Asymp. Sig. (2-tailed)	.000

a. Grouping Variable：被调查者居住的区域

　　表375为中央区域与郊区之间与农村地区被调查者感知锻炼高峰期健身广场上人数比预期人数的秩次统计表,第一栏列出被调查城市,N为样本量,Mean Rank为平均秩次,Sum of Ranks为秩和。表376为中央区域与郊区之间与农村地区被调查者感知锻炼高峰期健身广场上人数比预期人数的非参数检验结果,其中Mann-Whitney U、Wilcoxon W以及Z为统计量,Asymp. sig. (2-tailed)为基于渐近分布的双侧检验概率,本例概率小于0.05,可以认为在0.05水平上中央区域与郊区之间与农村地区被调查者感知锻炼高峰期健身广场上人数比预期人数之间的差异具有显著性。

表377　郊区与农村地区被调查者感知锻炼高峰期健身广场上人数比预期人数的秩次统计

	被调查者居住的区域	N	Mean Rank	Sum of Ranks
被调查者感知锻炼高峰期健身广场上人数比预期人数	郊　区	85	122.52	10414.50
	农村地区	131	99.40	13021.50
	Total	216		

表378　郊区与农村地区被调查者感知锻炼高峰期健身广场上人数比预期人数的非参数检验结果[a]

	被调查者感知锻炼高峰期健身广场上人数比预期人数
Mann-Whitney U	4375.500
Wilcoxon W	13021.500
Z	-2.742
Asymp. Sig. (2-tailed)	.006

a. Grouping Variable：被调查者居住的区域

　　表377为郊区与农村地区被调查者感知锻炼高峰期健身广场上人数比预期人数的秩次统计表,第一栏列出被调查城市,N为样本量,Mean Rank为平均秩次,Sum of Ranks为秩和。表378为郊区与农村地区被调查者感知锻炼高峰期健身广场上人数比预期人数的非参数检验结果,其中Mann-Whitney U、Wilcoxon W以及Z为统计量,Asymp. sig. (2-tailed)为

基于渐近分布的双侧检验概率,本例概率小于 0.05,可以认为在 0.05 水平上郊区与农村地区被调查者感知锻炼高峰期健身广场上人数比预期人数之间的差异具有显著性。

（3）皖北六市不同居住密度居民感知锻炼高峰期健身广场上人数比预期人数的列联表统计和非参数检验

1）皖北六市不同居住密度居民感知锻炼高峰期健身广场上人数比预期人数的列联表统计

表 379　被调查者居住区人口密度 * 被调查者感知锻炼高峰期健身广场上人数比预期人数

| | | 被调查者感知锻炼高峰期健身广场上人数比预期人数 | | | | | Total |
		非常少	少	中等	多	非常多	
被调查者居住区的人口密度	非常稀疏	30.8%	38.5%	3.8%	15.4%	11.5%	100.0%
	稀疏	21.1%	36.6%	16.9%	22.5%	2.8%	100.0%
	中等	4.4%	21.6%	41.6%	27.6%	4.8%	100.0%
	大	3.3%	10.4%	26.4%	42.3%	17.6%	100.0%
	非常大	4.3%	7.9%	20.1%	32.4%	35.3%	100.0%
	Total	6.9%	18.0%	28.9%	31.6%	14.7%	100.0%

表 379 显示,皖北不同居住密度居民感知锻炼高峰期健身广场上人数比预期人数:非常稀疏"非常少"和"少"占 69.3%、中等 3.8%、"多"和"非常多"占 26.9%;稀疏"非常少"和"少"占 57.7%、中等 16.9%、"多"和"非常多"占 25.3%;中等"非常少"和"少"占 26.0%、中等 41.6%、"多"和"非常多"占 32.4%;大"非常少"和"少"占 13.7%、中等 26.4%、"多"和"非常多"占 59.9%;非常大"非常少"和"少"占 12.2%、中等 20.1%、"多"和"非常多"占 67.7%;总体:"非常少"和"少"占 24.9%、中等 28.9%、"多"和"非常多"占 46.3%。

"多"和"非常多"占比与"非常少"和"少"占比之差:非常稀疏-42.4%;稀疏-32.4%;中等 6.4%;大 46.2%;非常大 55.5%;总体:21.4%。总体上皖北六市不同居住密度居民感知锻炼高峰期健身广场上人数比预期人数"多"的占比比"少"的占比偏多。但不同居住密度情况不同,居住密度中等、大、非常大的居民感知锻炼高峰期健身广场上人数比预期人数"多"和"非常多"占比与"非常少"和"少"占比之差为正,居住密度稀疏、非常稀疏的地区为负。排序为:居住密度非常大>大>中等>稀疏>非常稀疏。相关检验显示,皖北六市被调查者居住的密度与被调查者感知锻炼高峰期健身广场上人数比预期人数的皮尔逊相关系数为 0.402,斯皮尔曼相关系数为 0.403,p＝0.000<0.05,相关具有显著性。

2）皖北六市不同居住密度居民感知锻炼高峰期健身广场上人数比预期人数的非参数检验

表 380　皖北六市不同居住密度居民感知锻炼高峰期健身广场上人数比预期人数的平均秩

	被调查者居住区的人口密度	N	Mean Rank
被调查者感知锻炼高峰期健身广场上人数比预期人数	非常稀疏	26	201.33
	稀疏	71	210.65
	中等	250	291.52
	大	182	386.91
	非常大	139	431.35
	Total	668	

表 380 为皖北六市不同居住密度居民感知锻炼高峰期健身广场上人数比预期人数的样本量和平均秩,平均秩升序排列为:"非常稀疏"为 201.33、"稀疏"为 210.65、中等为 291.52、"大"为 386.91、"非常大"为 431.35。

表 381　皖北六市不同居住密度居民感知锻炼高峰期健身
广场上人数比预期人数的非参数检验结果[a,b]

	被调查者感知锻炼高峰期健身广场上人数比预期人数
Chi-Square	109.565
Df	4
Asymp. Sig.	.000

a. Kruskal Wallis Test
b. Grouping Variable:被调查者居住区的人口密度

表 381 为 Kruskal-Wallis 检验,Asymp. Sig. 为检验统计量 $\chi^2 = 109.565$、df=4 时基于渐近分布概率,本例概率 p=0.000<0.05,所以否定检验的原假设,即可以认为皖北六市不同居住密度居民感知锻炼高峰期健身广场上人数比预期人数之间的差异在 0.05 水平上具有显著性。

表 382　居住密度非常稀疏与稀疏被调查者感知锻炼高峰期
健身广场上人数比预期人数的秩次统计

	被调查者居住区的人口密度	N	Mean Rank	Sum of Ranks
被调查者感知锻炼高峰期健身广场上人数比预期人数	非常稀疏	26	45.85	1192.00
	稀疏	71	50.15	3561.00
	Total	97		

表 383　居住密度非常稀疏与稀疏被调查者感知锻炼高峰期
健身广场上人数比预期人数的非参数检验结果[a]

	被调查者感知锻炼高峰期健身广场上人数比预期人数
Mann-Whitney U	841.000
Wilcoxon W	1192.000
Z	−.695
Asymp. Sig. (2-tailed)	.487

a. Grouping Variable:被调查者居住区的人口密度

表 382 为居住密度非常稀疏与稀疏被调查者感知锻炼高峰期健身广场上人数比预期人数的秩次统计表,第一栏列出被调查城市,N 为样本量,Mean Rank 为平均秩次,Sum of Ranks 为秩和。表 383 为居住密度非常稀疏与稀疏被调查者感知锻炼高峰期健身广场上人数比预期人数的非参数检验结果,其中 Mann-Whitney U、Wilcoxon W 以及 Z 为统计量,Asymp. sig. (2-tailed)为基于渐近分布的双侧检验概率,本例概率大于 0.05,可以认为在 0.05 水平上居住密度非常稀疏与稀疏被调查者感知锻炼高峰期健身广场上人数比预期人数之间的差异不具有显著性。

表 384   居住密度非常稀疏与中等被调查者感知锻炼高峰期健身广场上人数比预期人数的秩次统计

	被调查者居住区的人口密度	N	Mean Rank	Sum of Ranks
被调查者感知锻炼高峰期健身广场上人数比预期人数	非常稀疏	26	93.77	2438.00
	中等	250	143.15	35788.00
	Total	276		

表 385   居住密度非常稀疏与中等被调查者感知锻炼高峰期健身

广场上人数比预期人数的非参数检验结果ᵃ

	被调查者感知锻炼高峰期健身广场上人数比预期人数
Mann-Whitney U	2087.000
Wilcoxon W	2438.000
Z	−3.141
Asymp. Sig. (2-tailed)	.002

a. Grouping Variable：被调查者居住区的人口密度

表 384 为居住密度非常稀疏与中等被调查者感知锻炼高峰期健身广场上人数比预期人数的秩次统计表，第一栏列出被调查城市，N 为样本量，Mean Rank 为平均秩次，Sum of Ranks 为秩和。表 385 为居住密度非常稀疏与中等被调查者感知锻炼高峰期健身广场上人数比预期人数的非参数检验结果，其中 Mann-Whitney U、Wilcoxon W 以及 Z 为统计量，Asymp. sig. (2-tailed)为基于渐近分布的双侧检验概率，本例概率小于 0.05，可以认为在 0.05 水平上居住密度非常稀疏与中等被调查者感知锻炼高峰期健身广场上人数比预期人数之间的差异具有显著性。

表 386   居住密度非常稀疏与大被调查者感知锻炼高峰期健身广场上人数比预期人数的秩次统计

	被调查者居住区的人口密度	N	Mean Rank	Sum of Ranks
被调查者感知锻炼高峰期健身广场上人数比预期人数	非常稀疏	26	58.58	1523.00
	大	182	111.06	20213.00
	Total	208		

表 387   居住密度非常稀疏与大被调查者感知锻炼高峰期健身

广场上人数比预期人数的非参数检验结果ᵃ

	被调查者感知锻炼高峰期健身广场上人数比预期人数
Mann-Whitney U	1172.000
Wilcoxon W	1523.000
Z	−4.336
Asymp. Sig. (2-tailed)	.000

a. Grouping Variable：被调查者居住区的人口密度

表 386 为居住密度非常稀疏与大被调查者感知锻炼高峰期健身广场上人数比预期人数的秩次统计表，第一栏列出被调查城市，N 为样本量，Mean Rank 为平均秩次，Sum of Ranks 为秩和。表 387 为居住密度非常稀疏与大被调查者感知锻炼高峰期健身广场上人数比预期人数的非参数检验结果，其中 Mann-Whitney U、Wilcoxon W 以及 Z 为统计量，Asymp. sig.

(2-tailed)为基于渐近分布的双侧检验概率,本例概率小于 0.05,可以认为在 0.05 水平上居住密度非常稀疏与大被调查者感知锻炼高峰期健身广场上人数比预期人数之间的差异具有显著性。

表 388　居住密度非常稀疏与非常大被调查者感知锻炼高峰期健身
广场上人数比预期人数的秩次统计

	被调查者居住区的人口密度	N	Mean Rank	Sum of Ranks
被调查者感知锻炼高峰期健身广场上人数比预期人数	非常稀疏	26	43.63	1134.50
	非常大	139	90.36	12560.50
	Total	165		

表 389　居住密度非常稀疏与非常大被调查者感知锻炼高峰期健身
广场上人数比预期人数的非参数检验结果[a]

	被调查者感知锻炼高峰期健身广场上人数比预期人数
Mann-Whitney U	783.500
Wilcoxon W	1134.500
Z	−4.735
Asymp. Sig. (2-tailed)	.000

a. Grouping Variable:被调查者居住区的人口密度

表 388 为居住密度非常稀疏与非常大被调查者感知锻炼高峰期健身广场上人数比预期人数的秩次统计表,第一栏列出被调查城市,N 为样本量,Mean Rank 为平均秩次,Sum of Ranks 为秩和。表 389 为居住密度非常稀疏与非常大被调查者感知锻炼高峰期健身广场上人数比预期人数的非参数检验结果,其中 Mann-Whitney U、Wilcoxon W 以及 Z 为统计量,Asymp. sig. (2-tailed)为基于渐近分布的双侧检验概率,本例概率小于 0.05,可以认为在 0.05 水平上居住密度非常稀疏与非常大被调查者感知锻炼高峰期健身广场上人数比预期人数之间的差异具有显著性。

表 390　居住密度稀疏与中等被调查者感知锻炼高峰期健身广场上人数比预期人数的秩次统计

	被调查者居住区的人口密度	N	Mean Rank	Sum of Ranks
被调查者感知锻炼高峰期健身广场上人数比预期人数	稀疏	71	123.58	8774.50
	中等	250	171.63	42906.50
	Total	321		

表 391　居住密度稀疏与中等被调查者感知锻炼高峰期健身广场上人数比预期人数的非参数检验结果[a]

	被调查者感知锻炼高峰期健身广场上人数比预期人数
Mann-Whitney U	6218.500
Wilcoxon W	8774.500
Z	−4.017
Asymp. Sig. (2-tailed)	.000

a. Grouping Variable:被调查者居住区的人口密度

表 390 为居住密度稀疏与中等被调查者感知锻炼高峰期健身广场上人数比预期人数的

秩次统计表,第一栏列出被调查城市,N 为样本量,Mean Rank 为平均秩次,Sum of Ranks 为秩和。表 391 为居住密度稀疏与中等被调查者感知锻炼高峰期健身广场上人数比预期人数的非参数检验结果,其中 Mann-Whitney U、Wilcoxon W 以及 Z 为统计量,Asymp. sig. (2-tailed)为基于渐近分布的双侧检验概率,本例概率小于 0.05,可以认为在 0.05 水平上居住密度稀疏与中等被调查者感知锻炼高峰期健身广场上人数比预期人数之间的差异具有显著性。

表 392　居住密度稀疏与大被调查者感知锻炼高峰期健身广场上人数比预期人数的秩次统计

	被调查者居住区的人口密度	N	Mean Rank	Sum of Ranks
被调查者感知锻炼高峰期健身广场上人数比预期人数	稀疏	71	80.39	5708.00
	大	182	145.18	26423.00
	Total	253		

表 393　居住密度稀疏与大被调查者感知锻炼高峰期健身广场上人数比预期人数的非参数检验结果[a]

	被调查者感知锻炼高峰期健身广场上人数比预期人数
Mann-Whitney U	3152.000
Wilcoxon W	5708.000
Z	−6.567
Asymp. Sig. (2-tailed)	.000

a. Grouping Variable:被调查者居住区的人口密度

表 392 为居住密度稀疏与大被调查者感知锻炼高峰期健身广场上人数比预期人数的秩次统计表,第一栏列出被调查城市,N 为样本量,Mean Rank 为平均秩次,Sum of Ranks 为秩和。表 393 为居住密度稀疏与大被调查者感知锻炼高峰期健身广场上人数比预期人数的非参数检验结果,其中 Mann-Whitney U、Wilcoxon W 以及 Z 为统计量,Asymp. sig. (2-tailed)为基于渐近分布的双侧检验概率,本例概率小于 0.05,可以认为在 0.05 水平上居住密度稀疏与大被调查者感知锻炼高峰期健身广场上人数比预期人数之间的差异具有显著性。

表 394　居住密度稀疏与非常大被调查者感知锻炼高峰期健身广场上人数比预期人数的秩次统计

	被调查者居住区的人口密度	N	Mean Rank	Sum of Ranks
被调查者感知锻炼高峰期健身广场上人数比预期人数	稀疏	71	64.52	4581.00
	非常大	139	126.43	17574.00
	Total	210		

表 395　居住密度稀疏与非常大被调查者感知锻炼高峰期健身广场上人数比预期人数的非参数检验结果[a]

	被调查者感知锻炼高峰期健身广场上人数比预期人数
Mann-Whitney U	2025.000
Wilcoxon W	4581.000
Z	−7.174
Asymp. Sig. (2-tailed)	.000

a. Grouping Variable:被调查者居住区的人口密度

表 394 为居住密度稀疏与非常大被调查者感知锻炼高峰期健身广场上人数比预期人数的秩次统计表,第一栏列出被调查城市,N 为样本量,Mean Rank 为平均秩次,Sum of Ranks 为秩和。表 395 为居住密度稀疏与非常大被调查者感知锻炼高峰期健身广场上人数比预期人数的非参数检验结果,其中 Mann-Whitney U、Wilcoxon W 以及 Z 为统计量,Asymp. sig. (2-tailed) 为基于渐近分布的双侧检验概率,本例概率小于 0.05,可以认为在 0.05 水平上居住密度稀疏与非常大被调查者感知锻炼高峰期健身广场上人数比预期人数之间的差异具有显著性。

表 396　居住密度中等与大被调查者感知锻炼高峰期健身广场上人数比预期人数的秩次统计

	被调查者居住区的人口密度	N	Mean Rank	Sum of Ranks
被调查者感知锻炼高峰期健身广场上人数比预期人数	中等	250	188.11	47026.50
	大	182	255.50	46501.50
	Total	432		

表 397　居住密度中等与大被调查者感知锻炼高峰期健身广场上人数比预期人数的非参数检验结果[a]

	被调查者感知锻炼高峰期健身广场上人数比预期人数
Mann-Whitney U	15651.500
Wilcoxon W	47026.500
Z	−5.801
Asymp. Sig. (2-tailed)	.000

a. Grouping Variable:被调查者居住区的人口密度

表 396 为居住密度中等与大被调查者感知锻炼高峰期健身广场上人数比预期人数的秩次统计表,第一栏列出被调查城市,N 为样本量,Mean Rank 为平均秩次,Sum of Ranks 为秩和。表 397 为居住密度中等与大被调查者感知锻炼高峰期健身广场上人数比预期人数的非参数检验结果,其中 Mann-Whitney U、Wilcoxon W 以及 Z 为统计量,Asymp. sig. (2-tailed) 为基于渐近分布的双侧检验概率,本例概率小于 0.05,可以认为在 0.05 水平上居住密度中等与大被调查者感知锻炼高峰期健身广场上人数比预期人数之间的差异具有显著性。

表 398　居住密度中等与非常大被调查者感知锻炼高峰期健身广场上人数比预期人数的秩次统计

	被调查者居住区的人口密度	N	Mean Rank	Sum of Ranks
被调查者感知锻炼高峰期健身广场上人数比预期人数	中等	250	165.14	41284.50
	非常大	139	248.71	34570.50
	Total	389		

表 399　居住密度中等与非常大被调查者感知锻炼高峰期健身广场上人数比预期人数的非参数检验结果[a]

	被调查者感知锻炼高峰期健身广场上人数比预期人数
Mann-Whitney U	9909.500
Wilcoxon W	41284.500
Z	−7.296
Asymp. Sig. (2-tailed)	.000

a. Grouping Variable:被调查者居住区的人口密度

表 398 为居住密度中等与非常大被调查者感知锻炼高峰期健身广场上人数比预期人数的秩次统计表,第一栏列出被调查城市,N 为样本量,Mean Rank 为平均秩次,Sum of Ranks 为秩和。表 399 为居住密度中等与非常大被调查者感知锻炼高峰期健身广场上人数比预期人数的非参数检验结果,其中 Mann-Whitney U、Wilcoxon W 以及 Z 为统计量,Asymp. sig. (2-tailed) 为基于渐近分布的双侧检验概率,本例概率小于 0.05,可以认为在 0.05 水平上居住密度中等与非常大被调查者感知锻炼高峰期健身广场上人数比预期人数之间的差异具有显著性。

表 400 居住密度大与非常大被调查者感知锻炼高峰期健身广场上人数比预期人数的秩次统计

	被调查者居住区的人口密度	N	Mean Rank	Sum of Ranks
被调查者感知锻炼高峰期健身广场上人数比预期人数	大	182	149.66	27239.00
	非常大	139	175.84	24442.00
	Total	321		

表 401 居住密度大与非常大被调查者感知锻炼高峰期健身广场上人数比预期人数的非参数检验结果[a]

	被调查者感知锻炼高峰期健身广场上人数比预期人数
Mann-Whitney U	10586.000
Wilcoxon W	27239.000
Z	−2.618
Asymp. Sig. (2-tailed)	.009

a. Grouping Variable:被调查者居住区的人口密度

表 400 为居住密度大与非常大被调查者感知锻炼高峰期健身广场上人数比预期人数的秩次统计表,第一栏列出被调查城市,N 为样本量,Mean Rank 为平均秩次,Sum of Ranks 为秩和。表 401 为居住密度大与非常大被调查者感知锻炼高峰期健身广场上人数比预期人数的非参数检验结果,其中 Mann-Whitney U、Wilcoxon W 以及 Z 为统计量,Asymp. sig. (2-tailed) 为基于渐近分布的双侧检验概率,本例概率小于 0.05,可以认为在 0.05 水平上居住密度大与非常大被调查者感知锻炼高峰期健身广场上人数比预期人数之间的差异具有显著性。

(4) 皖北六市不同性别居民感知锻炼高峰期健身广场上人数比预期人数的列联表统计和非参数检验

1) 皖北六市不同性别居民感知锻炼高峰期健身广场上人数比预期人数的列联表统计

表 402 被调查者性别 * 被调查者感知锻炼高峰期健身广场上人数比预期人数

		被调查者感知锻炼高峰期健身广场上人数比预期人数					Total
		非常少	少	中等	多	非常多	
被调查者的性别	男	6.5%	17.3%	25.9%	31.0%	19.3%	100.0%
	女	7.3%	18.7%	32.3%	32.3%	9.5%	100.0%
	Total	6.9%	18.0%	28.9%	31.6%	14.7%	100.0%

表 402 显示,皖北不同性别居民感知锻炼高峰期健身广场上人数比预期人数:男性"非常少"和"少"占 23.8%、中等 25.9%、"多"和"非常多"占 50.3%;女性"非常少"和"少"占 26.0%、中等 32.3%、"多"和"非常多"占 41.8%;总体:"非常少"和"少"占 24.9%、中等 28.9%、"多"和"非常多"占 46.3%。

"多"和"非常多"占比与"非常少"和"少"占比之差:男性 26.5%;女性 15.8%;总体:21.4%。总体上皖北六市不同性别居民感知居住区健身广场数量,"多"的占比比"少"的占比偏多。男性和女性居民感知锻炼高峰期健身广场上人数比预期人数"多"的占比与"少"的占比之差都为正。排序为:男性>女性。相关检验显示,皖北六市被调查者的性别与被调查者感知锻炼高峰期健身广场上人数比预期人数的皮尔逊相关系数为 0.094,p=0.015<0.05,斯皮尔曼相关系数为 0.097,p=0.012<0.05,相关具有显著性。

2) 皖北六市不同性别居民感知锻炼高峰期健身广场上人数比预期人数的非参数检验

表 403 皖北六市不同性别居民感知锻炼高峰期健身广场上人数比预期人数的秩次统计量

	被调查者的性别	N	Mean Rank	Sum of Ranks
被调查者感知锻炼高峰期健身广场上人数比预期人数	男	352	351.65	123781.00
	女	316	315.40	99665.00
	Total	668		

表 404 皖北六市不同性别居民感知锻炼高峰期健身广场上人数比预期人数的非参数检验结果[a]

	被调查者感知锻炼高峰期健身广场上人数比预期人数
Mann-Whitney U	49579.000
Wilcoxon W	99665.000
Z	−2.507
Asymp. Sig. (2-tailed)	.012

a. Grouping Variable:被调查者的性别

表 403 为皖北六市不同性别居民感知锻炼高峰期健身广场上人数比预期人数的秩次表,第一栏列出被调查者的性别,N 为性别人数,Mean Rank 为平均秩次,Sum of Ranks 为秩和。表 404 为皖北六市不同性别居民感知锻炼高峰期健身广场上人数比预期人数的非参数检验结果,其中 Mann-Whitney U、Wilcoxon W 以及 Z 为统计量,Asymp. sig. (2-tailed)为基于渐近分布的双侧检验概率,本例概率小于 0.05。可以认为在 0.05 水平上男女之间的感知差异具有显著性。

（5）皖北六市不同年龄区间居民感知锻炼高峰期健身广场上人数比预期人数的列联表统计和非参数检验

1) 皖北六市不同年龄区间居民感知锻炼高峰期健身广场上人数比预期人数的列联表统计

表 405 被调查者年龄区间 * 被调查者感知锻炼高峰期健身广场上人数比预期人数

		被调查者感知锻炼高峰期健身广场上人数比预期人数					Total
		非常少	少	中等	多	非常多	
被调查者的年龄区间	12 岁以下	4.3%	17.4%	17.4%	8.7%	52.2%	100.0%
	13—19 岁	3.9%	13.7%	29.4%	33.3%	19.6%	100.0%
	20—39 岁	6.7%	17.0%	37.3%	33.0%	6.0%	100.0%
	40—59 岁	4.6%	21.5%	27.7%	31.3%	14.9%	100.0%
	60 岁以上	14.1%	16.2%	8.1%	32.3%	29.3%	100.0%
	Total	6.9%	18.0%	28.9%	31.6%	14.7%	100.0%

表 405 显示,皖北不同年龄区间居民感知锻炼高峰期健身广场上人数比预期人数:12岁以下"少"和"非常少"占 21.7%、中等 17.4%、"多"和"非常多"占 26.1%;13—19 岁"少"和"非常少"占 17.6%、中等 29.4%、"多"和"非常多"占 52.9%;20—39 岁"少"和"非常少"占 23.7%、中等 37.3%、"多"和"非常多"占 39.0%;40—59 岁"少"和"非常少"占 26.1%、中等 27.7%、"多"和"非常多"占 46.2%;60 岁以上"少"和"非常少"占 30.3%、中等 8.1%、"多"和"非常多"占 61.6%;总体:"少"和"非常少"占 24.9%、中等 28.9%、"多"和"非常多"占 46.3%。

"多"和"非常多"占比与"少"和"非常少"占比之差:12 岁以下 4.4%;13—19 岁 35.3%;20—39 岁 15.3%;40—59 岁 20.1%;60 岁以上 31.3%;总体:21.4%。总体上皖北六市不同年龄区间居民感知锻炼高峰期健身广场上人数比预期人数,"多"的占比比"少"的占比偏多。各年龄区间居民感知锻炼高峰期健身广场上人数比预期人数,"多"和"非常多"的占比与"少"和"非常少"的占比之差都为正。排序为:13—19 岁>60 岁以上>40—59 岁>20—39 岁>12 岁以下。相关检验显示,皖北六市被调查者的年龄区间与被调查者感知锻炼高峰期健身广场上人数比预期人数的皮尔逊相关系数为 0.002,p=0.960>0.05,相关不具有显著性。斯皮尔曼相关系数为 0.033,p=0.391>0.05,相关不具有显著性。

2)皖北六市不同年龄区间居民感知锻炼高峰期健身广场上人数比预期人数的非参数检验

表 406　皖北六市不同年龄区间居民感知锻炼高峰期健身广场上人数比预期人数的平均秩

	被调查者的年龄区间	N	Mean Rank
被调查者感知锻炼高峰期健身广场上人数比预期人数	12 岁以下	23	428.93
	13—19 岁	51	369.36
	20—39 岁	300	308.48
	40—59 岁	195	334.45
	60 岁以上	99	373.56
	Total	668	

表 406 为皖北六市不同年龄区间居民感知锻炼高峰期健身广场上人数比预期人数的样本量和平均秩,平均秩升序排列为:"20—39 岁"为 308.48、"40—59 岁"为 334.45、"13—19岁"为 369.36、"60 岁以上"为 373.56、"12 岁以下"为 428.93。

表 407　皖北六市不同年龄区间居民感知锻炼高峰期健身广场上人数比预期人数的非参数检验结果[a,b]

	被调查者感知锻炼高峰期健身广场上人数比预期人数
Chi-Square	17.841
Df	4
Asymp. Sig.	.001

a. Kruskal Wallis Test

b. Grouping Variable:被调查者的年龄区间

表 407 为 Kruskal-Wallis 检验,Asymp. Sig. 为检验统计量 $\chi^2=17.841$、df=4 时基于渐近分布概率,本例概率 p=0.001<0.05,所以否定检验的原假设,即可以认为皖北六市不

同年龄区间居民感知锻炼高峰期健身广场上人数比预期人数之间的差异在 0.05 水平上具有显著性。

表 408 12 岁以下与 13—19 岁被调查者感知锻炼高峰期健身广场上人数比预期人数的秩次统计

	被调查者的年龄区间	N	Mean Rank	Sum of Ranks
被调查者感知锻炼高峰期健身广场上人数比预期人数	12 岁以下	23	42.70	982.00
	13—19 岁	51	35.16	1793.00
	Total	74		

表 409 12 岁以下与 13—19 岁被调查者感知锻炼高峰期健身广场上人数比预期人数的非参数检验结果ᵃ

	被调查者感知锻炼高峰期健身广场上人数比预期人数
Mann-Whitney U	467.000
Wilcoxon W	1793.000
Z	−1.442
Asymp. Sig. (2-tailed)	.149

a. Grouping Variable：被调查者的年龄区间

表 408 为 12 岁以下与 13—19 岁被调查者感知锻炼高峰期健身广场上人数比预期人数的秩次统计表，第一栏列出被调查城市，N 为样本量，Mean Rank 为平均秩次，Sum of Ranks 为秩和。表 409 为 12 岁以下与 13—19 岁被调查者感知锻炼高峰期健身广场上人数比预期人数的非参数检验结果，其中 Mann-Whitney U、Wilcoxon W 以及 Z 为统计量，Asymp. sig. (2-tailed)为基于渐近分布的双侧检验概率，本例概率大于 0.05，可以认为在 0.05 水平上 12 岁以下与 13—19 岁被调查者感知锻炼高峰期健身广场上人数比预期人数的差异不具有显著性。

表 410 12 岁以下与 20—39 岁被调查者感知锻炼高峰期健身广场上人数比预期人数的秩次统计

	被调查者的年龄区间	N	Mean Rank	Sum of Ranks
被调查者感知锻炼高峰期健身广场上人数比预期人数	12 岁以下	23	214.48	4933.00
	20—39 岁	300	157.98	47393.00
	Total	323		

表 411 12 岁以下与 20—39 岁被调查者感知锻炼高峰期健身广场上人数比预期人数的非参数检验结果ᵃ

	被调查者感知锻炼高峰期健身广场上人数比预期人数
Mann-Whitney U	2243.000
Wilcoxon W	47393.000
Z	−2.920
Asymp. Sig. (2-tailed)	.003

a. Grouping Variable：被调查者的年龄区间

表 410 为 12 岁以下与 20—39 岁被调查者感知锻炼高峰期健身广场上人数比预期人数的秩次统计表，第一栏列出被调查城市，N 为样本量，Mean Rank 为平均秩次，Sum of Ranks 为秩和。表 411 为 12 岁以下与 20—39 岁被调查者感知锻炼高峰期健身广场上人数比预期

人数的非参数检验结果,其中 Mann-Whitney U、Wilcoxon W 以及 Z 为统计量,Asymp. sig. (2-tailed)为基于渐近分布的双侧检验概率,本例概率小于 0.05,可以认为在 0.05 水平上 12 岁以下与 20—39 岁被调查者感知锻炼高峰期健身广场上人数比预期人数的差异具有显著性。

表 412　12 岁以下与 40—59 岁被调查者感知锻炼高峰期健身广场上人数比预期人数的秩次统计

	被调查者的年龄区间	N	Mean Rank	Sum of Ranks
被调查者感知锻炼高峰期健身广场上人数比预期人数	12 岁以下	23	136.93	3149.50
	40—59 岁	195	106.26	20721.50
	Total	218		

表 413　12 岁以下与 40—59 岁被调查者感知锻炼高峰期健身广场上人数比预期人数的非参数检验结果[a]

	被调查者感知锻炼高峰期健身广场上人数比预期人数
Mann-Whitney U	1611.500
Wilcoxon W	20721.500
Z	−2.274
Asymp. Sig. (2-tailed)	.023

a. Grouping Variable:被调查者的年龄区间

　　表 412 为 12 岁以下与 40—59 岁被调查者感知锻炼高峰期健身广场上人数比预期人数的秩次统计表,第一栏列出被调查城市,N 为样本量,Mean Rank 为平均秩次,Sum of Ranks 为秩和。表 413 为 12 岁以下与 40—59 岁被调查者感知锻炼高峰期健身广场上人数比预期人数的非参数检验结果,其中 Mann-Whitney U、Wilcoxon W 以及 Z 为统计量,Asymp. sig. (2-tailed)为基于渐近分布的双侧检验概率,本例概率小于 0.05,可以认为在 0.05 水平上 12 岁以下与 40—59 岁被调查者感知锻炼高峰期健身广场上人数比预期人数的差异具有显著性。

表 414　12 岁以下与 60 岁以上被调查者感知锻炼高峰期健身广场上人数比预期人数的秩次统计

	被调查者的年龄区间	N	Mean Rank	Sum of Ranks
被调查者感知锻炼高峰期健身广场上人数比预期人数	12 岁以下	23	70.83	1629.00
	60 岁以上	99	59.33	5874.00
	Total	122		

表 415　12 岁以下与 60 岁以上被调查者感知锻炼高峰期健身广场上人数比预期人数的非参数检验结果[a]

	被调查者感知锻炼高峰期健身广场上人数比预期人数
Mann-Whitney U	924.000
Wilcoxon W	5874.000
Z	−1.453
Asymp. Sig. (2-tailed)	.146

a. Grouping Variable:被调查者的年龄区间

　　表 414 为 12 岁以下与 60 岁以上被调查者感知锻炼高峰期健身广场上人数比预期人数

的秩次统计表,第一栏列出被调查城市,N 为样本量,Mean Rank 为平均秩次,Sum of Ranks 为秩和。表 415 为 12 岁以下与 60 岁以上被调查者感知锻炼高峰期健身广场上人数比预期 人数的非参数检验结果,其中 Mann-Whitney U、Wilcoxon W 以及 Z 为统计量,Asymp. sig. (2-tailed)为基于渐近分布的双侧检验概率,本例概率大于 0.05,可以认为在 0.05 水平上 12 岁以下与 60 岁以上被调查者感知锻炼高峰期健身广场上人数比预期人数的差异不具有 显著性。

表 416　13—19 岁与 20—39 岁被调查者感知锻炼高峰期健身广场上人数比预期人数的秩次统计

	被调查者的年龄区间	N	Mean Rank	Sum of Ranks
被调查者感知锻炼高峰期健身广场上人数比预期人数	13—19 岁	51	204.55	10432.00
	20—39 岁	300	171.15	51344.00
	Total	351		

表 417　13—19 岁与 20—39 岁被调查者感知锻炼高峰期健身广场上人数比预期人数的非参数检验结果[a]

	被调查者感知锻炼高峰期健身广场上人数比预期人数
Mann-Whitney U	6194.000
Wilcoxon W	51344.000
Z	−2.277
Asymp. Sig. (2-tailed)	.023

a. Grouping Variable:被调查者的年龄区间

　　表 416 为 13—19 岁与 20—39 岁被调查者感知锻炼高峰期健身广场上人数比预期人数 的秩次统计表,第一栏列出被调查城市,N 为样本量,Mean Rank 为平均秩次,Sum of Ranks 为秩和。表 417 为 13—19 岁与 20—39 岁被调查者感知锻炼高峰期健身广场上人数比预期 人数的非参数检验结果,其中 Mann-Whitney U、Wilcoxon W 以及 Z 为统计量,Asymp. sig. (2-tailed)为基于渐近分布的双侧检验概率,本例概率小于 0.05,可以认为在 0.05 水平上 13—19 岁与 20—39 岁被调查者感知锻炼高峰期健身广场上人数比预期人数的差异具有显 著性。

表 418　13—19 岁与 40—59 岁被调查者感知锻炼高峰期健身广场上人数比预期人数的秩次统计

	被调查者的年龄区间	N	Mean Rank	Sum of Ranks
被调查者感知锻炼高峰期健身广场上人数比预期人数	13—19 岁	51	133.79	6823.50
	40—59 岁	195	120.81	23557.50
	Total	246		

表 419　13—19 岁与 40—59 岁被调查者感知锻炼高峰期健身广场上人数比预期人数的非参数检验结果[a]

	被调查者感知锻炼高峰期健身广场上人数比预期人数
Mann-Whitney U	4447.500
Wilcoxon W	23557.500
Z	−1.201
Asymp. Sig. (2-tailed)	.230

a. Grouping Variable:被调查者的年龄区间

　　表418为13—19岁与40—59岁被调查者感知锻炼高峰期健身广场上人数比预期人数的秩次统计表，第一栏列出被调查城市，N为样本量，Mean Rank为平均秩次，Sum of Ranks为秩和。表419为13—19岁与40—59岁被调查者感知锻炼高峰期健身广场上人数比预期人数的非参数检验结果，其中Mann-Whitney U、Wilcoxon W以及Z为统计量，Asymp. sig. (2-tailed)为基于渐近分布的双侧检验概率，本例概率大于0.05，可以认为在0.05水平上13—19岁与40—59岁被调查者感知锻炼高峰期健身广场上人数比预期人数的差异不具有显著性。

表420　13—19岁与60岁以上被调查者感知锻炼高峰期健身广场上人数比预期人数的秩次统计

	被调查者的年龄区间	N	Mean Rank	Sum of Ranks
被调查者感知锻炼高峰期健身广场上人数比预期人数	13—19岁	51	73.86	3767.00
	60岁以上	99	76.34	7558.00
	Total	150		

表421　13—19岁与60岁以上被调查者感知锻炼高峰期健身广场上人数比预期人数的非参数检验结果[a]

	被调查者感知锻炼高峰期健身广场上人数比预期人数
Mann-Whitney U	2441.000
Wilcoxon W	3767.000
Z	−.342
Asymp. Sig. (2-tailed)	.732

　　a. Grouping Variable：被调查者的年龄区间

　　表420为13—19岁与60岁以上被调查者感知锻炼高峰期健身广场上人数比预期人数的秩次统计表，第一栏列出被调查城市，N为样本量，Mean Rank为平均秩次，Sum of Ranks为秩和。表421为13—19岁与60岁以上被调查者感知锻炼高峰期健身广场上人数比预期人数的非参数检验结果，其中Mann-Whitney U、Wilcoxon W以及Z为统计量，Asymp. sig. (2-tailed)为基于渐近分布的双侧检验概率，本例概率大于0.05，可以认为在0.05水平上13—19岁与60岁以上被调查者感知锻炼高峰期健身广场上人数比预期人数的差异不具有显著性。

表422　20—39岁与40—59岁被调查者感知锻炼高峰期健身广场上人数比预期人数的秩次统计

	被调查者的年龄区间	N	Mean Rank	Sum of Ranks
被调查者感知锻炼高峰期健身广场上人数比预期人数	20—39岁	300	240.57	72169.50
	40—59岁	195	259.44	50590.50
	Total	495		

表423　20—39岁与40—59岁被调查者感知锻炼高峰期健身广场上人数比预期人数的非参数检验结果[a]

	被调查者感知锻炼高峰期健身广场上人数比预期人数
Mann-Whitney U	27019.500
Wilcoxon W	72169.500
Z	−1.495
Asymp. Sig. (2-tailed)	.135

　　a. Grouping Variable：被调查者的年龄区间

表 422 为 20—39 岁与 40—59 岁被调查者感知锻炼高峰期健身广场上人数比预期人数的秩次统计表,第一栏列出被调查城市,N 为样本量,Mean Rank 为平均秩次,Sum of Ranks 为秩和。表 423 为 20—39 岁与 40—59 岁被调查者感知锻炼高峰期健身广场上人数比预期人数的非参数检验结果,其中 Mann-Whitney U、Wilcoxon W 以及 Z 为统计量,Asymp. sig. (2-tailed)为基于渐近分布的双侧检验概率,本例概率大于 0.05,可以认为在 0.05 水平上 20—39 岁与 40—59 岁被调查者感知锻炼高峰期健身广场上人数比预期人数的差异不具有显著性。

表 424　20—39 岁与 60 岁以上被调查者感知锻炼高峰期健身广场上人数比预期人数的秩次统计

	被调查者的年龄区间	N	Mean Rank	Sum of Ranks
被调查者感知锻炼高峰期健身广场上人数比预期人数	20—39 岁	300	190.29	57087.00
	60 岁以上	99	229.42	22713.00
	Total	399		

表 425　20—39 岁与 60 岁以上被调查者感知锻炼高峰期健身广场上人数比预期人数的非参数检验结果[a]

	被调查者感知锻炼高峰期健身广场上人数比预期人数
Mann-Whitney U	11937.000
Wilcoxon W	57087.000
Z	−3.035
Asymp. Sig. (2-tailed)	.002

a. Grouping Variable:被调查者的年龄区间

表 424 为 20—39 岁与 60 岁以上被调查者感知锻炼高峰期健身广场上人数比预期人数的秩次统计表,第一栏列出被调查城市,N 为样本量,Mean Rank 为平均秩次,Sum of Ranks 为秩和。表 425 为 20—39 岁与 60 岁以上被调查者感知锻炼高峰期健身广场上人数比预期人数的非参数检验结果,其中 Mann-Whitney U、Wilcoxon W 以及 Z 为统计量,Asymp. sig. (2-tailed)为基于渐近分布的双侧检验概率,本例概率小于 0.05,可以认为在 0.05 水平上 20—39 岁与 60 岁以上被调查者感知锻炼高峰期健身广场上人数比预期人数的差异具有显著性。

表 426　40—59 岁与 60 岁以上被调查者感知锻炼高峰期健身广场上人数比预期人数的秩次统计

	被调查者的年龄区间	N	Mean Rank	Sum of Ranks
被调查者感知锻炼高峰期健身广场上人数比预期人数	40—59 岁	195	141.94	27677.50
	60 岁以上	99	158.46	15687.50
	Total	294		

表 427　40—59 岁与 60 岁以上被调查者感知锻炼高峰期健身广场上人数比预期人数的非参数检验结果[a]

	被调查者感知锻炼高峰期健身广场上人数比预期人数
Mann-Whitney U	8567.500
Wilcoxon W	27677.500
Z	−1.622
Asymp. Sig. (2-tailed)	.105

a. Grouping Variable:被调查者的年龄区间

表 426 为 40—59 岁与 60 岁以上被调查者感知锻炼高峰期健身广场上人数比预期人数的秩次统计表,第一栏列出被调查城市,N 为样本量,Mean Rank 为平均秩次,Sum of Ranks 为秩和。表 427 为 40—59 岁与 60 岁以上被调查者感知锻炼高峰期健身广场上人数比预期人数的非参数检验结果,其中 Mann-Whitney U、Wilcoxon W 以及 Z 为统计量,Asymp. sig. (2-tailed)为基于渐近分布的双侧检验概率,本例概率大于 0.05,可以认为在 0.05 水平上 40—59 岁与 60 岁以上被调查者感知锻炼高峰期健身广场上人数比预期人数的差异不具有显著性。

（6）皖北六市不同锻炼次数居民感知锻炼高峰期健身广场上人数比预期人数的列联表统计和非参数检验

1）皖北六市不同锻炼次数居民感知锻炼高峰期健身广场上人数比预期人数的列联表统计

表 428　被调查者锻炼次数 * 被调查者感知锻炼高峰期健身广场上人数比预期人数

| | | 被调查者感知锻炼高峰期健身广场上人数比预期人数 | | | | | Total |
		非常少	少	中等	多	非常多	
被调查者参加体育锻炼次数	非常少	38.5%	25.0%	15.4%	13.5%	7.7%	100.0%
	少	10.6%	27.8%	26.5%	31.1%	4.0%	100.0%
	中等	2.6%	18.5%	46.6%	27.0%	5.3%	100.0%
	多	0.6%	14.1%	28.2%	47.2%	9.8%	100.0%
	非常多	3.5%	6.2%	9.7%	25.7%	54.9%	100.0%
	Total	6.9%	18.0%	28.9%	31.6%	14.7%	100.0%

表 428 显示,皖北不同锻炼次数居民感知锻炼高峰期健身广场上人数比预期人数:非常少"少"和"非常少"占 63.5%、中等 15.4%、"多"和"非常多"占 21.2%;少"少"和"非常少"占 38.4%、中等 26.5%、"多"和"非常多"占 35.1%;中等"少"和"非常少"占 21.1%、中等 46.6%、"多"和"非常多"占 32.3%;多"少"和"非常少"占 14.7%、中等 28.2%、"多"和"非常多"占 57.0%;非常多"少"和"非常少"占 9.7%、中等 9.7%、"多"和"非常多"占 80.6%;总体:"少"和"非常少"占 24.9%、中等 28.9%、"多"和"非常多"占46.3%。

"多"和"非常多"占比与"少"和"非常少"占比之差:非常少－42.3%;少－3.3%;中等 42.3%;多 16.6%;非常多 70.9%;总体:21.4%。总体上皖北六市不同锻炼次数居民感知锻炼高峰期健身广场上人数比预期人数,"多"的占比比"少"的占比偏多。锻炼次数多、非常多、中等的居民感知锻炼高峰期健身广场上人数比预期人数,"多"和"非常多"的占比与"少"和"非常少"的占比之差为正。锻炼次数非常少、少的居民感知锻炼高峰期健身广场上人数比预期人数,"多"和"非常多"的占比与"少"和"非常少"的占比之差为负。排序为:非常少＜少＜多＜中等＜非常多。相关检验显示,皖北六市被调查者的锻炼次数与被调查者感知锻炼高峰期健身广场上人数比预期人数的皮尔逊相关系数为 0.459,斯皮尔曼相关系数为 0.442,p＝0.000＜0.05,相关具有显著性。

2）皖北六市不同锻炼次数居民感知锻炼高峰期健身广场上人数比预期人数的非参数检验

表 429   皖北六市不同锻炼次数居民感知锻炼高峰期健身广场上人数比预期人数的平均秩

	被调查者参加体育锻炼的次数	N	Mean Rank
被调查者感知锻炼高峰期健身广场上人数比预期人数	非常少	52	186.38
	少	151	271.13
	中等	189	301.05
	多	163	369.87
	非常多	113	492.27
	Total	668	

表 429 为皖北六市不同锻炼次数居民感知锻炼高峰期健身广场上人数比预期人数的样本量和平均秩，平均秩升序排列为："非常少"为 186.38、"少"为 271.13、"中等"为 301.05、"多"为 369.87、"非常多"为 492.27。

表 430   皖北六市不同锻炼次数居民感知锻炼高峰期健身广场上人数比预期人数的非参数检验结果[a,b]

	被调查者感知锻炼高峰期健身广场上人数比预期人数
Chi-Square	142.871
Df	4
Asymp. Sig.	.000

a. Kruskal Wallis Test
b. Grouping Variable：被调查者参加体育锻炼的次数

表 430 为 Kruskal-Wallis 检验，Asymp. Sig. 为检验统计量 $\chi^2=142.871$、df＝4 时基于渐近分布概率，本例概率 p＝0.000＜0.05，所以否定检验的原假设，即可以认为皖北六市不同锻炼次数居民感知锻炼高峰期健身广场上人数比预期人数之间的差异在 0.05 水平上具有显著性。

表 431   体育锻炼次数非常少与少被调查者感知锻炼高峰期健身广场上人数比预期人数的秩次统计

	被调查者参加体育锻炼次数	N	Mean Rank	Sum of Ranks
被调查者感知锻炼高峰期健身广场上人数比预期人数	非常少	52	78.57	4085.50
	少	151	110.07	16620.50
	Total	203		

表 432   体育锻炼次数非常少与少被调查者感知锻炼高峰期健身广场上人数比预期人数的非参数检验结果[a]

	被调查者感知锻炼高峰期健身广场上人数比预期人数
Mann-Whitney U	2707.500
Wilcoxon W	4085.500
Z	−3.436
Asymp. Sig. (2-tailed)	.001

a. Grouping Variable：被调查者参加体育锻炼次数

表 431 为体育锻炼次数非常少与少被调查者感知锻炼高峰期健身广场上人数比预期人数的秩次统计表，第一栏列出被调查城市，N 为样本量，Mean Rank 为平均秩次，Sum of Ranks 为秩和。表 432 为体育锻炼次数非常少与少被调查者感知锻炼高峰期健身广场上人数比预期人数的非参数检验结果，其中 Mann-Whitney U、Wilcoxon W 以及 Z 为统计量，Asymp. sig. (2-tailed)为基于渐近分布的双侧检验概率，本例概率小于 0.05，可以认为在 0.05 水平上体育锻炼次数非常少与少被调查者感知锻炼高峰期健身广场上人数比预期人数的差异具有显著性。

表 433 体育锻炼次数非常少与中等被调查者感知锻炼高峰期健身广场上人数比预期人数的秩次统计

	被调查者参加体育锻炼次数	N	Mean Rank	Sum of Ranks
被调查者感知锻炼高峰期健身广场上人数比预期人数	非常少	52	80.83	4203.00
	中等	189	132.05	24958.00
	Total	241		

表 434 体育锻炼次数非常少与中等被调查者感知锻炼高峰期健身广场上人数比预期人数的非参数检验结果[a]

	被调查者感知锻炼高峰期健身广场上人数比预期人数
Mann-Whitney U	2825.000
Wilcoxon W	4203.000
Z	-4.909
Asymp. Sig. (2-tailed)	.000

a. Grouping Variable：被调查者参加体育锻炼次数

表 433 为体育锻炼次数非常少与中等被调查者感知锻炼高峰期健身广场上人数比预期人数的秩次统计表，第一栏列出被调查城市，N 为样本量，Mean Rank 为平均秩次，Sum of Ranks 为秩和。表 434 为体育锻炼次数非常少与中等被调查者感知锻炼高峰期健身广场上人数比预期人数的非参数检验结果，其中 Mann-Whitney U、Wilcoxon W 以及 Z 为统计量，Asymp. sig. (2-tailed)为基于渐近分布的双侧检验概率，本例概率小于 0.05，可以认为在 0.05 水平上体育锻炼次数非常少与中等被调查者感知锻炼高峰期健身广场上人数比预期人数的差异具有显著性。

表 435 体育锻炼次数非常少与多被调查者感知锻炼高峰期健身广场上人数比预期人数的秩次统计

	被调查者参加体育锻炼次数	N	Mean Rank	Sum of Ranks
被调查者感知锻炼高峰期健身广场上人数比预期人数	非常少	52	63.58	3306.00
	多	163	122.17	19914.00
	Total	215		

表 436　体育锻炼次数非常少与多被调查者感知锻炼高峰期健身

广场上人数比预期人数的非参数检验结果ᵃ

	被调查者感知锻炼高峰期健身广场上人数比预期人数
Mann-Whitney U	1928.00
Wilcoxon W	3306.000
Z	−6.172
Asymp. Sig. (2-tailed)	.000

a. Grouping Variable：被调查者参加体育锻炼次数

　　表 435 为体育锻炼次数非常少与多被调查者感知锻炼高峰期健身广场上人数比预期人数的秩次统计表，第一栏列出被调查城市，N 为样本量，Mean Rank 为平均秩次，Sum of Ranks 为秩和。表 436 为体育锻炼次数非常少与多被调查者感知锻炼高峰期健身广场上人数比预期人数的非参数检验结果，其中 Mann-Whitney U、Wilcoxon W 以及 Z 为统计量，Asymp. sig. (2-tailed)为基于渐近分布的双侧检验概率，本例概率小于 0.05，可以认为在 0.05 水平上体育锻炼次数非常少与多被调查者感知锻炼高峰期健身广场上人数比预期人数的差异具有显著性。

表 437　体育锻炼次数非常少与非常多被调查者感知锻炼高峰期健身

广场上人数比预期人数的秩次统计

	被调查者参加体育锻炼次数	N	Mean Rank	Sum of Ranks
被调查者感知锻炼高峰期健身广场上人数比预期人数	非常少	52	42.90	2231.00
	非常多	113	101.45	11464.00
	Total	165		

表 438　体育锻炼次数非常少与非常多被调查者感知锻炼高峰期健身

广场上人数比预期人数的非参数检验结果ᵃ

	被调查者感知锻炼高峰期健身广场上人数比预期人数
Mann-Whitney U	853.00
Wilcoxon W	2231.000
Z	−7.627
Asymp. Sig. (2-tailed)	.000

a. Grouping Variable：被调查者参加体育锻炼次数

　　表 437 为体育锻炼次数非常少与非常多被调查者感知锻炼高峰期健身广场上人数比预期人数的秩次统计表，第一栏列出被调查城市，N 为样本量，Mean Rank 为平均秩次，Sum of Ranks 为秩和。表 438 为体育锻炼次数非常少与非常多被调查者感知锻炼高峰期健身广场上人数比预期人数的非参数检验结果，其中 Mann-Whitney U、Wilcoxon W 以及 Z 为统计量，Asymp. sig. (2-tailed)为基于渐近分布的双侧检验概率，本例概率小于 0.05，可以认为在 0.05 水平上体育锻炼次数非常少与非常多被调查者感知锻炼高峰期健身广场上人数比预期人数的差异具有显著性。

表 439 体育锻炼次数少与中等被调查者感知锻炼高峰期健身广场上人数比预期人数的秩次统计

	被调查者参加体育锻炼次数	N	Mean Rank	Sum of Ranks
被调查者感知锻炼高峰期健身广场上人数比预期人数	少	151	159.86	24139.50
	中等	189	179.00	33830.50
	Total	340		

表 440 体育锻炼次数少与中等被调查者感知锻炼高峰期健身广场上人数比预期人数的非参数检验结果[a]

	被调查者感知锻炼高峰期健身广场上人数比预期人数
Mann-Whitney U	12663.500
Wilcoxon W	24139.500
Z	−1.869
Asymp. Sig. (2-tailed)	.062

a. Grouping Variable：被调查者参加体育锻炼次数

表 439 为体育锻炼次数少与中等被调查者感知锻炼高峰期健身广场上人数比预期人数的秩次统计表，第一栏列出被调查城市，N 为样本量，Mean Rank 为平均秩次，Sum of Ranks 为秩和。表 440 为体育锻炼次数少与中等被调查者感知锻炼高峰期健身广场上人数比预期人数的非参数检验结果，其中 Mann-Whitney U、Wilcoxon W 以及 Z 为统计量，Asymp. sig. (2-tailed) 为基于渐近分布的双侧检验概率，本例概率大于 0.05，可以认为在 0.05 水平上体育锻炼次数少与中等被调查者感知锻炼高峰期健身广场上人数比预期人数的差异不具有显著性。

表 441 体育锻炼次数少与多被调查者感知锻炼高峰期健身广场上人数比预期人数的秩次统计

	被调查者参加体育锻炼次数	N	Mean Rank	Sum of Ranks
被调查者感知锻炼高峰期健身广场上人数比预期人数	少	151	131.91	19918.50
	多	163	181.21	29536.50
	Total	314		

表 442 体育锻炼次数少与多被调查者感知锻炼高峰期健身广场上人数比预期人数的非参数检验结果[a]

	被调查者感知锻炼高峰期健身广场上人数比预期人数
Mann-Whitney U	8442.500
Wilcoxon W	19918.500
Z	−5.043
Asymp. Sig. (2-tailed)	.000

a. Grouping Variable：被调查者参加体育锻炼次数

表 441 为体育锻炼次数少与多被调查者感知锻炼高峰期健身广场上人数比预期人数的秩次统计表，第一栏列出被调查城市，N 为样本量，Mean Rank 为平均秩次，Sum of Ranks 为秩和。表 442 为体育锻炼次数少与多被调查者感知锻炼高峰期健身广场上人数比预期人数的非参数检验结果，其中 Mann-Whitney U、Wilcoxon W 以及 Z 为统计量，Asymp. sig. (2-tailed) 为基于渐近分布的双侧检验概率，本例概率小于 0.05，可以认为在 0.05 水平上体育锻炼次数少与多被调查者感知锻炼高峰期健身广场上人数比预期人数的差异具有显

著性。

表 443　体育锻炼次数少与非常多被调查者感知锻炼高峰期健身广场上人数比预期人数的秩次统计

	被调查者参加体育锻炼次数	N	Mean Rank	Sum of Ranks
被调查者感知锻炼高峰期健身广场上人数比预期人数	少	151	97.29	14690.50
	非常多	113	179.55	20289.50
	Total	264		

表 444　体育锻炼次数少与非常多被调查者感知锻炼高峰期健身
广场上人数比预期人数的非参数检验结果[a]

	被调查者感知锻炼高峰期健身广场上人数比预期人数
Mann-Whitney U	3214.500
Wilcoxon W	14690.500
Z	−8.910
Asymp. Sig. (2-tailed)	.000

　　a. Grouping Variable：被调查者参加体育锻炼次数

　　表 443 为体育锻炼次数少与非常多被调查者感知锻炼高峰期健身广场上人数比预期人数的秩次统计表，第一栏列出被调查城市，N 为样本量，Mean Rank 为平均秩次，Sum of Ranks 为秩和。表 444 为体育锻炼次数少与非常多被调查者感知锻炼高峰期健身广场上人数比预期人数的非参数检验结果，其中 Mann-Whitney U、Wilcoxon W 以及 Z 为统计量，Asymp. sig. (2-tailed)为基于渐近分布的双侧检验概率，本例概率小于 0.05，可以认为在 0.05 水平上体育锻炼次数少与非常多被调查者感知锻炼高峰期健身广场上人数比预期人数的差异具有显著性。

表 445　体育锻炼次数中等与多被调查者感知锻炼高峰期健身广场上人数比预期人数的秩次统计

	被调查者参加体育锻炼次数	N	Mean Rank	Sum of Ranks
被调查者感知锻炼高峰期健身广场上人数比预期人数	中等	189	156.69	29614.50
	多	163	199.47	32513.50
	Total	352		

表 446　体育锻炼次数中等与多被调查者感知锻炼高峰期健身
广场上人数比预期人数的非参数检验结果[a]

	被调查者感知锻炼高峰期健身广场上人数比预期人数
Mann-Whitney U	11659.500
Wilcoxon W	29614.500
Z	−4.164
Asymp. Sig. (2-tailed)	.000

　　a. Grouping Variable：被调查者参加体育锻炼次数

　　表 445 为体育锻炼次数中等与多被调查者感知锻炼高峰期健身广场上人数比预期人数的秩次统计表，第一栏列出被调查城市，N 为样本量，Mean Rank 为平均秩次，Sum of Ranks 为秩和。表 446 为体育锻炼次数中等与多被调查者感知锻炼高峰期健身广场上人数比预期

人数的非参数检验结果,其中 Mann-Whitney U、Wilcoxon W 以及 Z 为统计量,Asymp. sig. (2-tailed)为基于渐近分布的双侧检验概率,本例概率小于 0.05,可以认为在 0.05 水平上体育锻炼次数中等与多被调查者感知锻炼高峰期健身广场上人数比预期人数的差异具有显著性。

表 447　体育锻炼次数中等与非常多被调查者感知锻炼高峰期健身广场上人数比预期人数的秩次统计

	被调查者参加体育锻炼次数	N	Mean Rank	Sum of Ranks
被调查者感知锻炼高峰期健身广场上人数比预期人数	中等	189	118.31	22361.00
	非常多	113	207.01	23392.00
	Total	302		

表 448　体育锻炼次数中等与非常多被调查者感知锻炼高峰期健身广场上人数比预期人数的非参数检验结果[a]

	被调查者感知锻炼高峰期健身广场上人数比预期人数
Mann-Whitney U	4406.000
Wilcoxon W	22361.000
Z	−8.858
Asymp. Sig. (2-tailed)	.000

a. Grouping Variable:被调查者参加体育锻炼次数

表 447 为体育锻炼次数中等与非常多被调查者感知锻炼高峰期健身广场上人数比预期人数的秩次统计表,第一栏列出被调查城市,N 为样本量,Mean Rank 为平均秩次,Sum of Ranks 为秩和。表 448 为体育锻炼次数中等与非常多被调查者感知锻炼高峰期健身广场上人数比预期人数的非参数检验结果,其中 Mann-Whitney U、Wilcoxon W 以及 Z 为统计量,Asymp. sig. (2-tailed)为基于渐近分布的双侧检验概率,本例概率小于 0.05,可以认为在 0.05 水平上体育锻炼次数中等与非常多被调查者感知锻炼高峰期健身广场上人数比预期人数的差异具有显著性。

表 449　体育锻炼次数多与非常多被调查者感知锻炼高峰期健身广场上人数比预期人数的秩次统计

	被调查者参加体育锻炼次数	N	Mean Rank	Sum of Ranks
被调查者感知锻炼高峰期健身广场上人数比预期人数	多	163	113.02	18422.00
	非常多	113	175.26	19804.00
	Total	276		

表 450　体育锻炼次数多与非常多被调查者感知锻炼高峰期健身广场上人数比预期人数的非参数检验结果[a]

	被调查者感知锻炼高峰期健身广场上人数比预期人数
Mann-Whitney U	5056.000
Wilcoxon W	18422.000
Z	−6.675
Asymp. Sig. (2-tailed)	.000

a. Grouping Variable:被调查者参加体育锻炼次数

表449为体育锻炼次数多与非常多被调查者感知锻炼高峰期健身广场上人数比预期人数的秩次统计表,第一栏列出被调查城市,N为样本量,Mean Rank为平均秩次,Sum of Ranks为秩和。表450为体育锻炼次数多与非常多被调查者感知锻炼高峰期健身广场上人数比预期人数的非参数检验结果,其中Mann-Whitney U、Wilcoxon W以及Z为统计量,Asymp. sig. (2-tailed)为基于渐近分布的双侧检验概率,本例概率小于0.05,可以认为在0.05水平上体育锻炼次数多与非常多被调查者感知锻炼高峰期健身广场上人数比预期人数的差异具有显著性。

4.1.1.5 小结

(1) 皖北不同市居民感知健身广场的拥挤度

总体上皖北六市居民感知健身广场数量"多"的占比比"少"的占比偏多一点。但各市情况不同,阜阳市、宿州市、淮北市"多"和"非常多"占比与"少"和"非常少"占比之差为正,蚌埠市、亳州市、淮南市为负。排序为:阜阳市>宿州市>淮北市>蚌埠市>亳州市>淮南市。

多个独立样本的非参数检验显示,皖北六市居民感知健身广场数量之间的差异在0.05水平上具有显著性。两个独立样本的非参数检验显示,淮北市与宿州市、淮北市与蚌埠市、淮北市与阜阳市、宿州市与阜阳市、蚌埠市与淮南市、蚌埠市与阜阳市、蚌埠市与亳州市、淮南市与亳州市被调查者感知居住区的健身广场数量之间的差异不具有显著性。淮北市与淮南市、淮北市与亳州市、宿州市与蚌埠市、宿州市与淮南市、宿州市与亳州市、淮南市与阜阳市、阜阳市与亳州市被调查者感知居住区的健身广场数量之间的差异具有显著性。

总体上皖北六市居民感知健身广场面积"大"的占比比"小"的占比偏多一点。但各市情况不同,阜阳市、宿州市、淮北市、蚌埠市"大"和"非常大"占比与"小"和"非常小"占比之差为正,亳州市、淮南市为负。排序为:阜阳市>宿州市>淮北市>蚌埠市>亳州市>淮南市。

多个独立样本的非参数检验显示,皖北六市居民感知健身广场面积之间的差异在0.05水平上具有显著性。两个独立样本的非参数检验显示,淮北市与宿州市、淮北市与蚌埠市、淮北市与淮南市、淮北市与阜阳市、淮北市与亳州市、宿州市与蚌埠市、宿州市与阜阳市、宿州市与亳州市、蚌埠市与淮南市、蚌埠市与阜阳市、淮南市与亳州市被调查者感知居住区健身广场面积之间的差异不具有显著性。宿州市与淮南市、蚌埠市与亳州市、淮南市与阜阳市、阜阳市与亳州市被调查者感知居住区健身广场面积之间的差异具有显著性。

总体上皖北六市居民感知锻炼高峰期健身广场上健身者密度"大"的占比比"小"的占比普遍偏多。皖北六市居民感知锻炼高峰期健身广场上健身者密度"大"和"非常大"占比与"小"和"非常小"占比之差都为为正。排序为:宿州市>淮北市>阜阳市>蚌埠市>淮南市>亳州市。

多个独立样本的非参数检验显示,皖北六市居民感知锻炼高峰期健身广场上健身者密度之间的差异在0.05水平上具有显著性。两个独立样本的非参数检验显示,淮北市与宿州市、淮北市与蚌埠市、淮北市与阜阳市、淮北市与亳州市、宿州市与阜阳市、蚌埠市与淮南市、蚌埠市与阜阳市、蚌埠市与亳州市、淮南市与阜阳市、淮南市与亳州市、阜阳市与亳州市被调查者感知锻炼高峰期健身广场上健身者的密度之间的差异不具有显著性。淮北市与淮南市、宿州市与蚌埠市、宿州市与淮南市、宿州市与亳州市被调查者感知锻炼高峰期健身广场上健身者的密度之间的差异具有显著性。

　　总体上皖北六市居民感知锻炼高峰期锻炼人数比被调查者预期的人数"多"的占比比"少"的占比普遍偏多。皖北六市居民感知锻炼高峰期锻炼人数比被调查者预期的人数"多"和"非常多"占比与"少"和"非常少"占比之差都为为正。排序为：宿州市＞淮北市＞阜阳市＞蚌埠市＞淮南市＞亳州市。

　　多个独立样本的非参数检验显示，皖北六市居民感知锻炼高峰期健身者人数比预期情况之间的差异在 0.05 水平上不具有显著性。

　　(2) 皖北六市不同居住区居民感知健身广场的拥挤度

　　总体上皖北六市不同居住区域居民感知健身广场数量"多"的占比比"少"的占比偏多一点。但各区域情况不同，中央区域、中央与郊区之间"多"和"非常多"占比与"少"和"非常少"占比之差为正，郊区、农村地区为负。排序为：中央区域＞中央与郊区之间＞郊区＞农村地区。相关检验显示，皖北六市被调查者居住的区域与被调查者感知健身广场数量的皮尔逊相关系数为 0.517，斯皮尔曼相关系数为 0.505，p＝0.000＜0.05，相关具有显著性。

　　多个独立样本的非参数检验显示，皖北六市不同居住区居民感知居住区健身广场数量之间的差异在 0.05 水平上具有显著性。两个独立样本的非参数检验显示，中央区域与中央与郊区之间、中央区域与郊区、中央区域与农村地区、中央区域与郊区之间与郊区、中央区域与郊区之间与农村地区、郊区与农村地区被调查者感知居住区的健身广场数量之间的差异具有显著性。

　　总体上皖北六市不同居住区域居民感知居住区健身广场面积"大"的占比比"小"的占比偏多一点。但各区域情况不同，中央区域、中央与郊区之间"大"和"非常大"占比与"小"和"非常小"占比之差为正，郊区、农村地区为负。排序为：中央区域＞中央与郊区之间＞郊区＞农村地区。相关检验显示，皖北六市被调查者居住的区域与被调查者感知居住区健身广场面积的皮尔逊相关系数为 0.441，斯皮尔曼相关系数为 0.427，p＝0.000＜0.05，相关具有显著性。

　　多个独立样本的非参数检验显示，皖北六市不同居住区居民感知居住区健身广场面积之间的差异在 0.05 水平上具有显著性。两个独立样本的非参数检验显示，中央区域与中央与郊区之间、中央区域与郊区、中央区域与农村地区、中央区域与郊区之间与郊区、郊区与农村地区、中央区域与郊区之间与农村地区被调查者感知居住区的健身广场面积之间的差异具有显著性。

　　总体上皖北六市不同居住区域居民感知锻炼高峰期健身广场上健身者密度"大"的占比比"小"的占比偏多。但各区域情况不同，中央区域、中央与郊区之间、郊区"大"和"非常大"占比与"小"和"非常小"占比之差为正，农村地区为负。排序为：中央区域＞中央与郊区之间＞郊区＞农村地区。相关检验显示，皖北六市被调查者居住的区域与被调查者感知锻炼高峰期健身广场上健身者密度的皮尔逊相关系数为 0.389，斯皮尔曼相关系数为 0.363，p＝0.000＜0.05，相关具有显著性。

　　多个独立样本的非参数检验显示，皖北六市不同居住区居民感知锻炼高峰期健身广场上健身者密度之间的差异在 0.05 水平上具有显著性。两个独立样本的非参数检验显示，中央区域与中央与郊区之间、中央区域与郊区、中央区域与农村地区、中央区域与郊区之间与郊区、中央区域与郊区之间与农村地区、郊区与农村地区被调查者感知锻炼高峰期健身广场上健身者的密度之间的差异具有显著性。

总体上皖北六市不同居住区域居民感知锻炼高峰期健身广场上人数比预期人数"多"的占比比"少"的占比偏多。但各区域情况不同,中央区域、中央与郊区之间"多"和"非常多"占比与"少"和"非常少"占比之差为正,郊区、农村地区为负。排序为:中央区域>中央与郊区之间>郊区>农村地区。相关检验显示,皖北六市被调查者居住的区域与被调查者感知锻炼高峰期健身广场上人数比预期人数的皮尔逊相关系数为 0.361,斯皮尔曼相关系数为 0.341,p=0.000<0.05,相关具有显著性。

多个独立样本的非参数检验显示,皖北六市不同居住区居民感知锻炼高峰期健身广场上人数比预期人数之间的差异在 0.05 水平上具有显著性。两个独立样本的非参数检验显示,中央区域与中央与郊区之间、中央区域与郊区、中央区域与农村地区、中央区域与郊区之间与郊区、中央区域与郊区之间与农村地区、郊区与农村地区被调查者感知锻炼高峰期健身广场上人数比预期人数之间的差异具有显著性。

(3)皖北六市不同居住密度居民感知健身广场的拥挤度

总体上皖北六市不同居住密度居民感知居住区健身广场数量"多"的占比比"少"的占比偏多一点。但不同居住密度情况不同,居住密度大、非常大的居民感知居住区健身广场数量"多"和"非常多"占比与"非常少"和"少"占比之差为正,居住密度中等、稀疏、非常稀疏的地区为负。排序为:居住密度非常大>大>中等>稀疏>非常稀疏。相关检验显示,皖北六市被调查者居住的密度与被调查者感知居住区健身广场数量的皮尔逊相关系数为 0.525,斯皮尔曼相关系数为 0.532,p=0.000<0.05,相关具有显著性。

多个独立样本的非参数检验显示,皖北六市不同居住密度居民感知居住区健身广场数量之间的差异在 0.05 水平上具有显著性。两个独立样本的非参数检验显示,居住密度非常稀疏与稀疏被调查者感知居住区的健身广场数量之间的差异不具有显著性。居住密度非常稀疏与中等、非常稀疏与大、非常稀疏与非常大、稀疏与中等、稀疏与大、稀疏与非常大、中等与大、中等与非常大、大与非常大被调查者感知居住区的健身广场数量的差异具有显著性。

总体上皖北六市不同居住密度居民感知居住区健身广场面积"大"的占比比"小"的占比偏多一点。但不同居住密度情况不同,居住密度大、非常大的居民感知居住区健身广场面积"大"和"非常大"占比与"非常小"和"小"占比之差为正,居住密度中等、稀疏、非常稀疏的地区为负。排序为:居住密度大>非常大>中等>非常稀疏>稀疏。相关检验显示,皖北六市被调查者居住的密度与被调查者感知居住区健身广场面积的皮尔逊相关系数为 0.472,斯皮尔曼相关系数为 0.463,p=0.000<0.05,相关具有显著性。

多个独立样本的非参数检验显示,皖北六市不同居住密度居民感知居住区健身广场面积之间的差异在 0.05 水平上具有显著性。两个独立样本的非参数检验显示,居住密度非常稀疏与稀疏被调查者感知居住区的健身广场面积之间的差异不具有显著性。居住密度非常稀疏与中等、非常稀疏与非常大、非常稀疏与非常大、稀疏与中等、稀疏与大、稀疏与非常大、中等与大、中等与非常大、大与非常大被调查者感知居住区的健身广场面积之间的差异具有显著性。

总体上皖北六市不同居住密度居民感知锻炼高峰期健身广场上健身者密度"大"的占比比"小"的占比偏多。但不同居住密度情况不同,居住密度中等、大、非常大的居民感知锻炼高峰期健身广场上健身者密度"大"和"非常大"占比与"非常小"和"小"占比之差为正,居住密度稀疏、非常稀疏的地区为负。排序为:居住密度非常大>大>中等>非常稀疏>稀疏。

相关检验显示,皖北六市被调查者居住的密度与被调查者感知锻炼高峰期健身广场上健身者密度的皮尔逊相关系数为 0.432,斯皮尔曼相关系数为 0.441,p=0.000<0.05,相关具有显著性。

多个独立样本的非参数检验显示,皖北六市不同居住密度居民感知锻炼高峰期健身广场上健身者密度之间的差异在 0.05 水平上具有显著性。两个独立样本的非参数检验显示,居住密度非常稀疏与稀疏被调查者感知锻炼高峰期健身广场上健身者密度之间的差异不具有显著性。居住密度非常稀疏与中等、非常稀疏与非常大、非常稀疏与非常大、稀疏与中等、稀疏与大、稀疏与非常大、中等与大、中等与非常大、大与非常大居住密度被调查者感知锻炼高峰期健身广场上健身者密度之间的差异具有显著性。

总体上皖北六市不同居住密度居民感知锻炼高峰期健身广场上人数比预期人数"多"的占比比"少"的占比偏多。但不同居住密度情况不同,居住密度中等、大、非常大的居民感知锻炼高峰期健身广场上人数比预期人数"多"和"非常多"占比与"非常少"和"少"占比之差为正,居住密度稀疏、非常稀疏的地区为负。排序为:居住密度非常大>大>中等>稀疏>非常稀疏。相关检验显示,皖北六市被调查者居住的密度与被调查者感知锻炼高峰期健身广场上人数比预期人数的皮尔逊相关系数为 0.402,斯皮尔曼相关系数为 0.403,p=0.000<0.05,相关具有显著性。

多个独立样本的非参数检验显示,皖北六市不同居住密度居民感知锻炼高峰期健身广场上人数比预期人数之间的差异在 0.05 水平上具有显著性。两个独立样本的非参数检验显示,居住密度非常稀疏与稀疏被调查者感知锻炼高峰期健身广场上人数比预期人数之间的差异不具有显著性。居住密度非常稀疏与中等、非常稀疏与大、非常稀疏与非常大、稀疏与中等、稀疏与大、稀疏与非常大、中等与大、大与非常大、中等与非常大被调查者感知锻炼高峰期健身广场上人数比预期人数之间的差异具有显著性。

(4)皖北六市不同性别居民感知健身广场的拥挤度

两个独立样本的非参数检验显示,皖北六市不同性别居民感知居住区健身广场数量的差异具有显著性。总体上皖北六市不同性别居民感知居住区健身广场数量,"多"的占比比"少"的占比偏多一点。男性居民感知居住区健身广场数量"多"的占比与"少"的占比之差为正,女性为负。排序为:男性>女性。相关检验显示,皖北六市被调查者的性别与被调查者感知居住区健身广场数量的皮尔逊相关系数为 0.169,斯皮尔曼相关系数为 0.165,p=0.000<0.05,相关具有显著性。

两个独立样本的非参数检验显示,皖北六市不同性别居民感知居住区健身广场面积的差异具有显著性。总体上皖北六市不同性别居民感知居住区健身广场面积"大"的占比比"小"的占比偏多一点。男性居民感知居住区健身广场面积"大"的占比与"小"的占比之差为正,女性为负。排序为:男性>女性。相关检验显示,皖北六市被调查者的性别与被调查者感知居住区健身广场面积的皮尔逊相关系数为 0.163,斯皮尔曼相关系数为 0.154,p=0.000<0.05,相关具有显著性。

两个独立样本的非参数检验显示,皖北六市不同性别居民感知锻炼高峰期健身广场上健身者密度的差异具有显著性。总体上皖北六市不同性别居民感知锻炼高峰期健身广场上健身者密度"大"的占比比"小"的占比偏多。男性和女性居民感知锻炼高峰期健身广场上健身者密度"大"的占比与"小"的占比之差都为正。排序为:男性>女性。相关检验显示,皖北六市被调查者的性别与被调查者感知锻炼高峰期健身广场上健身者密度的皮尔逊相关系数为 0.094,p＝0.015＜0.05,斯皮尔曼相关系数为 0.091,p＝0.018＜0.05,相关具有显著性。

两个独立样本的非参数检验显示,皖北六市不同性别居民感知锻炼高峰期健身广场上人数比预期人数的差异具有显著性。总体上皖北六市不同性别居民感知居住区健身广场数量,"多"的占比比"少"的占比偏多。男性和女性居民感知锻炼高峰期健身广场上人数比预期人数"多"的占比与"少"的占比之差都为正。排序为:男性＞女性。相关检验显示,皖北六市被调查者的性别与被调查者感知锻炼高峰期健身广场上人数比预期人数的皮尔逊相关系数为 0.094,p＝0.015＜0.05,斯皮尔曼相关系数为 0.097,p＝0.012＜0.05,相关具有显著性。

（5）皖北六市不同年龄区间居民感知健身广场的拥挤度

总体上皖北六市不同年龄区间居民感知居住区健身广场面积,"大"的占比比"小"的占比偏多一点。12 岁以下、13—19 岁、40—59 岁、60 岁以上居民感知居住区健身广场面积,"大"和"非常大"的占比与"小"和"非常小"的占比之差为正,20—39 岁为负。排序为:12 岁以下＞60 岁以上＞13—19 岁＞40—59 岁＞20—39 岁。相关检验显示,皖北六市被调查者的年龄区间与被调查者感知居住区健身广场面积的皮尔逊相关系数为 0.053,p＝0.173＞0.05,相关不具有显著性。斯皮尔曼相关系数为 0.086,p＝0.025＜0.05,相关具有显著性。

多个独立样本的非参数检验显示,皖北六市不同年龄区间居民感知居住区健身广场数量之间的差异在 0.05 水平上具有显著性。两个独立样本的非参数检验显示,年龄区间13—19 岁与 20—39 岁、13—19 岁与 40—59 岁、20—39 岁与 40—59 岁被调查者感知居住区的健身广场数量的差异不具有显著性。年龄区间 12 岁以下与 13—19 岁、12 岁以下与20—39 岁、12 岁以下与 40—59 岁、12 岁以下与 60 岁以上、13—19 岁与 60 岁以上、20—39 岁与 60 岁以上、40—59 岁与 60 岁以上被调查者感知居住区的健身广场数量的差异具有显著性。

总体上皖北六市不同年龄区间居民感知居住区健身广场面积,"大"的占比比"小"的占比偏多一点。12 岁以下、13—19 岁、40—59 岁、60 岁以上居民感知居住区健身广场面积,"大"和"非常大"的占比与"小"和"非常小"的占比之差为正,20—39 岁为负。排序为:12 岁以下＞60 岁以上＞13—19 岁＞40—59 岁＞20—39 岁。相关检验显示,皖北六市被调查者的年龄区间与被调查者感知居住区健身广场面积的皮尔逊相关系数为 0.053,p＝0.173＞0.05,相关不具有显著性。斯皮尔曼相关系数为 0.086,p＝0.025＜0.05,相关具有显著性。

多个独立样本的非参数检验显示,皖北六市不同年龄区间居民感知居住区健身广场面积之间的差异在 0.05 水平上具有显著性。两个独立样本的非参数检验显示,年龄区间12 岁以下与 60 岁以上、13—19 岁与 40—59 岁、13—19 岁与 60 岁以上被调查者感知居住区健身广场面积的差异不具有显著性。年龄区间 12 岁以下与 13—19 岁、12 岁以下与20—39 岁、12 岁以下与 40—59 岁、13—19 岁与 20—39 岁、20—39 岁与 40—59 岁、20—39 岁与 60 岁以上、40—59 岁与 60 岁以上被调查者感知居住区健身广场面积的差异具有显著性。

总体上皖北六市不同年龄区间居民感知锻炼高峰期健身广场上健身者密度,"大"的占比比"小"的占比偏多。各年龄区间居民感知锻炼高峰期健身广场上健身者密度,"大"

和"非常大"的占比与"小"和"非常小"的占比之差都为正。排序为:12岁以下>13—19岁>40—59岁>60岁以上>20—39岁。相关检验显示,皖北六市被调查者的年龄区间与被调查者感知锻炼高峰期健身广场上健身者密度的皮尔逊相关系数为0.003,p=0.940>0.05,相关不具有显著性。斯皮尔曼相关系数为0.034,p=0.384>0.05,相关不具有显著性。

多个独立样本的非参数检验显示,皖北六市不同年龄区间居民感知锻炼高峰期健身广场上健身者密度的差异在0.05水平上具有显著性。两个独立样本的非参数检验显示,年龄区间12岁以下与60岁以上、13—19岁与20—39岁、13—19岁与40—59岁、13—19岁与60岁以上、20—39岁与40—59岁、40—59岁与60岁以上被调查者感知锻炼高峰期健身广场上健身者密度的差异不具有显著性。年龄区间12岁以下与13—19岁、12岁以下与20—39岁、12岁以下与40—59岁、20—39岁与60岁以上被调查者感知锻炼高峰期健身广场上健身者密度的差异具有显著性。

总体上皖北六市不同年龄区间居民感知锻炼高峰期健身广场上人数比预期人数,"多"的占比比"少"的占比偏多。各年龄区间居民感知锻炼高峰期健身广场上人数比预期人数,"多"和"非常多"的占比与"少"和"非常少"的占比之差都为正。排序为:13—19岁>60岁以上>40—59岁>20—39岁>12岁以下。相关检验显示,皖北六市被调查者的年龄区间与被调查者感知锻炼高峰期健身广场上人数比预期人数的皮尔逊相关系数为0.002,p=0.960>0.05,相关不具有显著性。斯皮尔曼相关系数为0.033,p=0.391>0.05,相关不具有显著性。

多个独立样本的非参数检验显示,皖北六市不同年龄区间居民感知锻炼高峰期健身广场上人数比预期人数之间的差异在0.05水平上具有显著性。两个独立样本的非参数检验显示,年龄区间12岁以下与13—19岁、12岁以下与60岁以上、13—19岁与40—59岁、13—19岁与60岁以上、20—39岁与40—59岁、40—59岁与60岁以上被调查者感知锻炼高峰期健身广场上人数比预期人数的差异不具有显著性。年龄区间12岁以下与20—39岁、12岁以下与40—59岁、13—19岁与20—39岁、20—39岁与60岁以上被调查者感知锻炼高峰期健身广场上人数比预期人数的差异具有显著性。

(6) 皖北六市不同锻炼次数居民感知健身广场的拥挤度

总体上皖北六市不同锻炼次数居民感知居住区健身广场数量,"多"的占比比"少"的占比偏多一点。锻炼次数多、非常多的居民感知居住区健身广场数量,"多"和"非常多"的占比与"少"和"非常少"的占比之差为正。锻炼次数非常少、少、中等的居民感知居住区健身广场数量,"多"和"非常多"的占比与"少"和"非常少"的占比之差为负。排序为:非常少<少<中等<多<非常多。相关检验显示,皖北六市被调查者的锻炼次数与被调查者感知居住区健身广场数量的皮尔逊相关系数为0.379,斯皮尔曼相关系数为0.372,p=0.000<0.05,相关具有显著性。

多个独立样本的非参数检验显示,皖北六市不同锻炼次数居民感知居住区健身广场数量之间的差异在0.05水平上具有显著性。两个独立样本的非参数检验显示,体育锻炼次数少与中等被调查者感知居住区健身广场数量的差异不具有显著性。体育锻炼次数非常少与少、非常少与中等、非常少与多、非常少与非常多、少与多、少与非常多、中等与多、中等与非常多、多与非常多被调查者感知居住区健身广场数量的差异具有显著性。

　　总体上皖北六市不同锻炼次数居民感知居住区健身广场面积,"大"的占比比"小"的占比偏多一点。锻炼次数多、非常多的居民感知居住区健身广场面积,"大"和"非常大"的占比与"小"和"非常小"的占比之差为正。锻炼次数非常少、少、中等的居民感知居住区健身广场面积,"大"和"非常大"的占比与"小"和"非常小"的占比之差为负。排序为:非常少<少<中等<多<非常多。相关检验显示,皖北六市被调查者的锻炼次数与被调查者感知居住区健身广场面积的皮尔逊相关系数为 0.422,斯皮尔曼相关系数为 0.411,p=0.000<0.05,相关具有显著性。

　　多个独立样本的非参数检验显示,皖北六市不同锻炼次数居民感知居住区健身广场面积之间的差异在 0.05 水平上具有显著性。两个独立样本的非参数检验显示,体育锻炼次数少与中等被调查者感知居住区健身广场面积的差异不具有显著性。体育锻炼次数非常少与少、非常少与中等、非常少与多、非常少与非常多、少与多、少与非常多、中等与多、中等与非常多、多与非常多被调查者感知居住区健身广场面积的差异具有显著性。

　　总体上皖北六市不同锻炼次数居民感知锻炼高峰期健身广场上健身者密度,"大"的占比比"小"的占比偏多一点。锻炼次数多、非常多的居民感知锻炼高峰期健身广场上健身者密度,"大"和"非常大"的占比与"小"和"非常小"的占比之差为正。锻炼次数非常少、少、中等的居民感知锻炼高峰期健身广场上健身者密度,"大"和"非常大"的占比与"小"和"非常小"的占比之差为负。排序为:非常少<少<中等<多<非常多。相关检验显示,皖北六市被调查者的锻炼次数与被调查者感知锻炼高峰期健身广场上健身者密度的皮尔逊相关系数为 0.415,斯皮尔曼相关系数为 0.398,p=0.000<0.05,相关具有显著性。

　　多个独立样本的非参数检验显示,皖北六市不同锻炼次数居民感知锻炼高峰期健身广场上健身者密度之间的差异在 0.05 水平上具有显著性。两个独立样本的非参数检验显示,体育锻炼次数少与中等被调查者感知锻炼高峰期健身广场上健身者密度的差异不具有显著性。体育锻炼次数非常少与少、非常少与中等、非常少与多、非常少与非常多、少与多、少与非常多、中等与多、中等与非常多、多与非常多被调查者感知锻炼高峰期健身广场上健身者密度的差异具有显著性。

　　总体上皖北六市不同锻炼次数居民感知锻炼高峰期健身广场上人数比预期人数,"多"的占比比"少"的占比偏多。锻炼次数多、非常多、中等的居民感知锻炼高峰期健身广场上人数比预期人数,"多"和"非常多"的占比与"少"和"非常少"的占比之差为正。锻炼次数非常少、少的居民感知锻炼高峰期健身广场上人数比预期人数,"多"和"非常多"的占比与"少"和"非常少"的占比之差为负。排序为:非常少<少<多<中等<非常多。相关检验显示,皖北六市被调查者的锻炼次数与被调查者感知锻炼高峰期健身广场上人数比预期人数的皮尔逊相关系数为 0.459,斯皮尔曼相关系数为 0.442,p=0.000<0.05,相关具有显著性。

　　多个独立样本的非参数检验显示,皖北六市不同锻炼次数居民感知锻炼高峰期健身广场上人数比预期人数之间的差异在 0.05 水平上具有显著性。两个独立样本的非参数检验显示,体育锻炼次数少与中等被调查者感知锻炼高峰期健身广场上人数比预期人数的差异不具有显著性。体育锻炼次数非常少与少、非常少与中等、非常少与多、非常少与非常多、少与多、少与非常多、中等与多、中等与非常多、多与非常多被调查者感知锻炼高峰期健身广场上人数比预期人数的差异具有显著性。

4.1.2 皖北六市居民健身步道拥挤感

4.1.2.1 居民感知健身步道的数量

（1）皖北不同市居民感知健身步道数量的列联表统计和非参数检验

1）皖北不同市居民感知健身步道数量的列联表统计

表 451　被调查者居住的城市 * 被调查者感知居住区健身步道数量

		被调查者感知居住区的健身步道数量					Total
		非常少	少	中等	多	非常多	
被调查者居住的城市	淮北市	7.1%	27.7%	40.4%	14.9%	9.9%	100.0%
	宿州市	12.4%	17.1%	31.4%	13.3%	25.7%	100.0%
	蚌埠市	16.5%	22.0%	25.7%	11.9%	23.9%	100.0%
	淮南市	9.8%	34.3%	33.3%	16.7%	5.9%	100.0%
	阜阳市	10.0%	27.0%	29.0%	21.0%	13.0%	100.0%
	亳州市	22.5%	21.6%	24.3%	19.0%	11.7%	100.0%
	Total	12.9%	25.0%	31.1%	16.2%	14.8%	100.0%

表451显示,皖北六市居民感知健身步道数量:淮北市"少"和"非常少"占34.8%(49)、中等40.4%(57)、"多"和"非常多"占24.8%(35);宿州市"少"和"非常少"占29.5%(31)、中等31.4%(33)、"多"和"非常多"占39.0%(41);蚌埠市"少"和"非常少"占38.5%(42)、中等25.7%(28)、"多"和"非常多"占35.8%(39);淮南市"少"和"非常少"占44.1%(45)、中等33.3%(34)、"多"和"非常多"占22.6%(23);阜阳市"少"和"非常少"占37.0%(37)、中等29.0%(29)、"多"和"非常多"占34%(34);亳州市"少"和"非常少"占44.1%(49)、中等24.3%(27)、"多"和"非常多"占31.5%(35);总体:"少"和"非常少"占37.9%(253)、中等31.1%(208)、"多"和"非常多"占31%(207)。

"多"和"非常多"占比与"少"和"非常少"占比之差:淮北市-10%;宿州市9.5%;蚌埠市-2.7%;淮南市-11.8%;阜阳市-3%;亳州市-12.6%;总体:-6.9%。总体上皖北六市居民感知健身步道数量"多"的占比比"少"的占比偏少一点。宿州市"多"和"非常多"占比与"少"和"非常少"占比之差为正,阜阳市、淮北市、蚌埠市、亳州市、淮南市为负。排序为:宿州市＞蚌埠市＞阜阳市＞淮北市＞淮南市＞亳州市。

2）皖北不同市居民感知健身步道数量的非参数检验

表 452　皖北六市居民感知居住区健身步道数量的平均秩

	被调查者居住的城市	N	Mean Rank
被调查者感知居住区的健身步道数量	淮北市	141	332.87
	宿州市	105	374.79
	蚌埠市	109	345.58
	淮南市	102	304.09
	阜阳市	100	342.65
	亳州市	111	308.18
	Total	668	

表452为皖北六市居民感知健身步道数量的样本量和平均秩,降序排列为:宿州市为374.79(105)、蚌埠市为345.58(109)、阜阳市为342.65(100)、淮北市为332.87(141)、亳州市为308.18(111)、淮南市为304.09(102)。

表453 皖北六市居民感知居住区健身步道数量的非参数检验结果[a,b]

	被调查者感知居住区的健身步道数量
Chi-Square	10.292
Df	5
Asymp. Sig.	.067

a. Kruskal Wallis Test
b. Grouping Variable:被调查者居住的城市

表453为Kruskal-Wallis检验,Asymp. Sig.为检验统计量$\chi^2=10.292$、df=5时基于渐近分布概率,本例概率p=0.067>0.05,所以肯定检验的原假设,即可以认为皖北六市居民感知健身步道数量之间的差异在0.05水平上不具有显著性。

(2) 皖北六市不同居住区居民感知健身步道数量的列联表统计和非参数检验

1) 皖北六市不同居住区居民感知健身步道数量的列联表统计

表454 被调查者居住的区域＊被调查者感知居住区健身步道数量

		被调查者感知居住区的健身步道数量					Total
		非常少	少	中等	多	非常多	
被调查者居住的区域	中央区域	5.2%	11.8%	35.8%	17.5%	29.7%	100.0%
	中央与郊区之间	7.1%	25.4%	34.2%	23.8%	9.6%	100.0%
	郊　区	12.9%	35.3%	29.4%	12.9%	9.4%	100.0%
	农村地区	35.9%	38.9%	19.1%	2.3%	3.8%	100.0%
	Total	12.9%	25.0%	31.1%	16.2%	14.8%	100.0%

表454显示,皖北不同居住区域居民感知居住区健身步道数量:中央区域"少"和"非常少"占17.0%、中等35.8%、"多"和"非常多"占47.2%;中央与郊区之间"少"和"非常少"占32.5%、中等34.2%、"多"和"非常多"占33.4%;郊区"少"和"非常少"占48.2%、中等29.4%、"多"和"非常多"占22.3%;农村地区"少"和"非常少"占74.8%、中等19.1%、"多"和"非常多"占6.1%;总体:"少"和"非常少"占37.9%、中等31.1%、"多"和"非常多"占31.0%。

"多"和"非常多"占比与"少"和"非常少"占比之差:中央区域30.2%;中央与郊区之间0.9%;郊区-25.9%;农村地区-68.7%;总体:-6.9%。总体上皖北六市不同居住区域居民感知居住区健身步道数量"多"的占比比"少"的占比偏少一点。但各区域情况不同,中央区域、中央与郊区之间"多"和"非常多"占比与"少"和"非常少"占比之差为正,郊区、农村地区为负。排序为:中央区域>中央与郊区之间>郊区>农村地区。相关检验显示,皖北六市被调查者居住的区域与被调查者感知居住区健身步道数量的皮尔逊相关系数为0.444,斯皮尔曼相关系数为0.439,p=0.000<0.05,相关具有显著性。

2) 皖北六市不同居住区居民感知健身步道数量的非参数检验

表 455　皖北六市不同居住区居民感知居住区健身步道数量的平均秩

	被调查者居住的区域	N	Mean Rank
被调查者感知居住区的健身步道数量	中央区域	212	424.38
	中央与郊区之间	240	350.19
	郊　区	85	295.75
	农村地区	131	185.45
	Total	668	

表 455 为皖北六市不同居住区居民感知居住区健身步道数量的样本量和平均秩,平均秩降序排列为:中央区域为 424.38(212)、中央与郊区之间为 350.19(240)、郊区为 295.75(85)、农村地区为 185.45(131)。

表 456　皖北六市不同居住区居民感知居住区健身步道数量的非参数检验结果[a,b]

	被调查者感知居住区的健身步道数量
Chi-Square	136.733
Df	3
Asymp. Sig.	.000

a. Kruskal Wallis Test
b. Grouping Variable:被调查者居住的区域

表 456 为 Kruskal-Wallis 检验,Asymp. Sig. 为检验统计量 $\chi^2=136.733$、df$=3$ 时基于渐近分布概率,本例概率 $p=0.000<0.05$,所以否定检验的原假设,即可以认为皖北六市不同居住区居民感知居住区健身步道数量之间的差异在 0.05 水平上具有显著性。

表 457　中央区域与中央与郊区之间被调查者感知居住区的健身步道数量的秩次统计

	被调查者居住的区域	N	Mean Rank	Sum of Ranks
被调查者感知居住区的健身步道数量	中央区域	212	256.00	54273.00
	中央与郊区之间	240	200.44	48105.00
	Total	452		

表 458　中央区域与中央与郊区之间被调查者感知居住区的健身步道数量的非参数检验结果[a]

	被调查者感知居住区的健身步道数量
Mann-Whitney U	19185.000
Wilcoxon W	48105.000
Z	−4.669
Asymp. Sig. (2-tailed)	.000

a. Grouping Variable:被调查者居住的区域

表 457 为中央区域与中央与郊区之间被调查者感知居住区的健身步道数量的秩次统计表,第一栏列出被调查城市,N 为样本量,Mean Rank 为平均秩次,Sum of Ranks 为秩和。表 458 为中央区域与中央与郊区之间被调查者感知居住区的健身步道数量的非参数检验结

果,其中 Mann-Whitney U、Wilcoxon W 以及 Z 为统计量,Asymp. sig. (2-tailed)为基于渐近分布的双侧检验概率,本例概率小于 0.05,可以认为在 0.05 水平上中央区域与中央与郊区之间被调查者感知居住的健身步道数量之间的差异具有显著性。

表 459　中央区域与郊区被调查者感知居住区的健身步道数量的秩次统计

	被调查者居住的区域	N	Mean Rank	Sum of Ranks
被调查者感知居住区的健身步道数量	中央区域	212	165.58	35103.00
	郊　区	85	107.65	9150.00
	Total	297		

表 460　中央区域与郊区被调查者感知居住区的健身步道数量的非参数检验结果[a]

	被调查者感知居住区的健身步道数量
Mann-Whitney U	5495.000
Wilcoxon W	9150.000
Z	−5.431
Asymp. Sig. (2-tailed)	.000

a. Grouping Variable:被调查者居住的区域

　　表 459 为中央区域与郊区被调查者感知居住区的健身步道数量的秩次统计表,第一栏列出被调查城市,N 为样本量,Mean Rank 为平均秩次,Sum of Ranks 为秩和。表 460 为中央区域与郊区被调查者感知居住区的健身步道数量的非参数检验结果,其中 Mann-Whitney U、Wilcoxon W 以及 Z 为统计量,Asymp. sig. (2-tailed)为基于渐近分布的双侧检验概率,本例概率小于 0.05,可以认为在 0.05 水平上中央区域与郊区被调查者感知居住区的健身步道数量之间的差异具有显著性。

表 461　中央区域与农村地区被调查者感知居住区的健身步道数量的秩次统计

	被调查者居住的区域	N	Mean Rank	Sum of Ranks
被调查者感知居住区的健身步道数量	中央区域	212	215.80	45749.00
	农村地区	131	101.12	13247.00
	Total	343		

表 462　中央区域与农村地区被调查者感知居住区的健身步道数量的非参数检验结果[a]

	被调查者感知居住区的健身步道数量
Mann-Whitney U	4601.000
Wilcoxon W	13247.000
Z	−10.680
Asymp. Sig. (2-tailed)	.000

a. Grouping Variable:被调查者居住的区域

　　表 461 为中央区域与农村地区被调查者感知居住区的健身步道数量的秩次统计表,第一栏列出被调查城市,N 为样本量,Mean Rank 为平均秩次,Sum of Ranks 为秩和。表 462 为中央区域与农村地区被调查者感知居住区的健身步道数量的非参数检验结果,其中

Mann-Whitney U、Wilcoxon W 以及 Z 为统计量,Asymp. sig.(2-tailed)为基于渐近分布的双侧检验概率,本例概率小于 0.05,可以认为在 0.05 水平上中央区域与农村地区被调查者感知居住区的健身步道数量之间的差异具有显著性。

表 463　中央区域与郊区之间与郊区被调查者感知居住区的健身步道数量的秩次统计

	被调查者居住的区域	N	Mean Rank	Sum of Ranks
被调查者感知居住区的健身步道数量	中央与郊区之间	240	170.52	40925.00
	郊　区	85	141.76	12050.00
	Total	325		

表 464　中央区域与郊区之间与郊区被调查者感知居住区的健身步道数量的非参数检验结果[a]

	被调查者感知居住区的健身步道数量
Mann-Whitney U	8395.000
Wilcoxon W	12050.000
Z	−2.512
Asymp. Sig. (2-tailed)	.012

a. Grouping Variable:被调查者居住的区域

表 463 为中央区域与郊区之间与郊区被调查者感知居住区的健身步道数量的秩次统计表,第一栏列出被调查城市,N 为样本量,Mean Rank 为平均秩次,Sum of Ranks 为秩和。表 464 为中央区域与郊区之间与郊区被调查者感知居住区的健身步道数量的非参数检验结果,其中 Mann-Whitney U、Wilcoxon W 以及 Z 为统计量,Asymp. sig.(2-tailed)为基于渐近分布的双侧检验概率,本例概率小于 0.05,可以认为在 0.05 水平上中央区域与郊区之间与郊区被调查者感知居住区的健身步道数量之间的差异具有显著性。

表 465　中央区域与郊区之间与农村地区被调查者感知居住区的健身步道数量的秩次统计

	被调查者居住的区域	N	Mean Rank	Sum of Ranks
被调查者感知居住区的健身步道数量	中央与郊区之间	240	220.23	52855.00
	农村地区	131	123.29	16151.00
	Total	371		

表 466　中央区域与郊区之间与农村地区被调查者感知居住区的健身步道数量的非参数检验结果[a]

	被调查者感知居住区的健身步道数量
Mann-Whitney U	7505.000
Wilcoxon W	16151.000
Z	−8.589
Asymp. Sig. (2-tailed)	.000

a. Grouping Variable:被调查者居住的区域

表 465 为中央区域与郊区之间与农村地区被调查者感知居住区的健身步道数量的秩次统计表,第一栏列出被调查城市,N 为样本量,Mean Rank 为平均秩次,Sum of Ranks 为秩和。表 466 为中央区域与郊区之间与农村地区被调查者感知居住区的健身步道数量的非参

数检验结果,其中 Mann-Whitney U、Wilcoxon W 以及 Z 为统计量,Asymp. sig.（2-tailed）为基于渐近分布的双侧检验概率,本例概率小于 0.05,可以认为在 0.05 水平上中央区域与郊区之间与农村地区被调查者感知居住区的健身步道数量之间的差异具有显著性。

表 467　郊区与农村地区被调查者感知居住区的健身步道数量的秩次统计

	被调查者居住的区域	N	Mean Rank	Sum of Ranks
被调查者感知居住区的健身步道数量	郊　区	85	132.34	11248.50
	农村地区	131	93.03	12187.50
	Total	216		

表 468　郊区与农村地区被调查者感知居住区的健身步道数量的非参数检验结果[a]

	被调查者感知居住区的健身步道数量
Mann-Whitney U	3541.500
Wilcoxon W	12187.500
Z	−4.720
Asymp. Sig. (2-tailed)	.000

a. Grouping Variable：被调查者居住的区域

表 467 为郊区与农村地区被调查者感知居住区的健身步道数量数的秩次统计表,第一栏列出被调查城市,N 为样本量,Mean Rank 为平均秩次,Sum of Ranks 为秩和。表 468 为郊区与农村地区被调查者感知居住区的健身步道数量的非参数检验结果,其中 Mann-Whitney U、Wilcoxon W 以及 Z 为统计量,Asymp. sig.（2-tailed）为基于渐近分布的双侧检验概率,本例概率小于 0.05,可以认为在 0.05 水平上郊区与农村地区被调查者感知居住区的健身步道数量之间的差异具有显著性。

（3）皖北六市不同居住密度居民感知健身步道数量的列联表统计和非参数检验

1）皖北六市不同居住密度居民感知健身步道数量的列联表统计

表 469　被调查者居住区人口密度 * 被调查者感知居住区健身步道数量

		被调查者感知居住区的健身步道数量					Total
		非常少	少	中等	多	非常多	
被调查者居住区的人口密度	非常稀疏	46.2%	38.5%	0.0%	7.7%	7.7%	100.0%
	稀疏	36.6%	42.3%	12.7%	7.0%	1.4%	100.0%
	中等	9.2%	30.4%	44.4%	10.8%	5.2%	100.0%
	大	7.1%	17.0%	34.1%	26.9%	14.8%	100.0%
	非常大	8.6%	14.4%	18.7%	18.0%	40.3%	100.0%
	Total	12.9%	25.0%	31.1%	16.2%	14.8%	100.0%

表 469 显示,皖北不同居住密度居民感知居住区健身步道数量:非常稀疏"非常少"和"少"占 84.7%、中等 0%、"多"和"非常多"占 15.4%;稀疏"非常少"和"少"占 78.9%、中等 12.7%、"多"和"非常多"占 8.4%;中等"非常少"和"少"占 39.6%、中等 44.4%、"多"和"非常多"占 16.0%;大"非常少"和"少"占 24.1%、中等 34.1%、"多"和"非常多"占 41.7%;非常大"非常少"和"少"占 23.0%、中等 18.7%、"多"和"非常多"占 58.3%;总体:"非常少"和

"少"占 37.9%、中等 31.1%、"多"和"非常多"占 31.0%。

　　"多"和"非常多"占比与"非常少"和"少"占比之差:非常稀疏－69.3%;稀疏－70.5%;中等－23.6%;大 17.6%;非常大 35.3%;总体:－6.9%。总体上皖北六市不同居住密度居民感知居住区健身步道数量"多"的占比比"少"的占比偏少一点。但不同居住密度情况不同,居住密度大、非常大的居民感知居住区健身步道数量"多"和"非常多"占比与"非常少"和"少"占比之差为正,居住密度中等、稀疏、非常稀疏的地区为负。排序为:居住密度非常大＞大＞中等＞非常稀疏＞稀疏。相关检验显示,皖北六市被调查者居住的密度与被调查者感知居住区健身步道数量的皮尔逊相关系数为 0.438,斯皮尔曼相关系数为 0.433,p＝0.000 ＜0.05,相关具有显著性。

　　2) 皖北六市不同居住密度居民感知健身步道数量的非参数检验

表 470　皖北六市不同居住密度居民感知居住区健身步道数量的平均秩

	被调查者感知居住区的人口密度	N	Mean Rank
被调查者居住区的健身步道数量	非常稀疏	26	172.73
	稀疏	71	178.10
	中等	250	302.27
	大	182	384.47
	非常大	139	437.18
	Total	668	

　　表 470 为皖北六市不同居住密度居民感知居住区健身步道数量的样本量和平均秩,平均秩升序排列为:"非常稀疏"为 172.73、"稀疏"为 178.10、中等为 302.27、"大"为 384.47、"非常大"为 437.18。

表 471　皖北六市不同居住密度居民感知居住区健身步道数量的非参数检验结果[a,b]

	被调查者感知居住区的健身步道数量
Chi-Square	130.677
Df	4
Asymp. Sig.	.000

a. Kruskal Wallis Test
b. Grouping Variable:被调查者居住区的人口密度

　　表 471 为 Kruskal-Wallis 检验,Asymp. Sig. 为检验统计量 $\chi^2＝130.677$、df＝4 时基于渐近分布概率,本例概率 p＝0.000＜0.05,所以否定检验的原假设,即可以认为皖北六市不同居住密度居民感知居住区健身步道数量之间的差异在 0.05 水平上具有显著性。

表 472　居住密度非常稀疏与稀疏被调查者感知居住区的健身步道数量的秩次统计

	被调查者居住区的人口密度	N	Mean Rank	Sum of Ranks
被调查者感知居住区的健身步道数量	非常稀疏	26	45.88	1193.00
	稀疏	71	50.14	3560.00
	Total	97		

表 473　居住密度非常稀疏与稀疏被调查者感知居住区的健身步道数量的非参数检验结果ª

	被调查者感知居住区的健身步道数量
Mann-Whitney U	842.000
Wilcoxon W	1193.000
Z	−.708
Asymp. Sig. (2-tailed)	.479

a. Grouping Variable：被调查者居住区的人口密度

　　表 472 为居住密度非常稀疏与稀疏被调查者感知居住区的健身步道数量的秩次统计表，第一栏列出被调查城市，N 为样本量，Mean Rank 为平均秩次，Sum of Ranks 为秩和。表 473 为居住密度非常稀疏与稀疏被调查者感知居住区的健身步道数量的非参数检验结果，其中 Mann-Whitney U、Wilcoxon W 以及 Z 为统计量，Asymp. sig. (2-tailed)为基于渐近分布的双侧检验概率，本例概率大于 0.05，可以认为在 0.05 水平上居住密度非常稀疏与稀疏被调查者感知居住区的健身步道数量之间的差异不具有显著性。

表 474　居住密度非常稀疏与中等被调查者感知居住区的健身步道数量的秩次统计

	被调查者居住区的人口密度	N	Mean Rank	Sum of Ranks
被调查者感知居住区的健身步道数量	非常稀疏	26	78.19	2033.00
	中等	250	144.77	36193.00
	Total	276		

表 475　居住密度非常稀疏与中等被调查者感知居住区的健身步道数量的非参数检验结果ª

	被调查者感知居住区的健身步道数量
Mann-Whitney U	1682.000
Wilcoxon W	2033.000
Z	−4.264
Asymp. Sig. (2-tailed)	.000

a. Grouping Variable：被调查者居住区的人口密度

　　表 474 为居住密度非常稀疏与中等被调查者感知居住区的健身步道数量的秩次统计表，第一栏列出被调查城市，N 为样本量，Mean Rank 为平均秩次，Sum of Ranks 为秩和。表 475 为居住密度非常稀疏与中等被调查者感知居住区的健身步道数量的非参数检验结果，其中 Mann-Whitney U、Wilcoxon W 以及 Z 为统计量，Asymp. sig. (2-tailed)为基于渐近分布的双侧检验概率，本例概率小于 0.05，可以认为在 0.05 水平上居住密度非常稀疏与中等被调查者感知居住区的健身步道数量之间的差异具有显著性。

表 476　居住密度非常稀疏与大被调查者感知居住区的健身步道数量的秩次统计

	被调查者居住区的人口密度	N	Mean Rank	Sum of Ranks
被调查者感知居住区的健身步道数量	非常稀疏	26	50.46	1312.00
	大	182	112.22	20424.00
	Total	208		

表 477　居住密度非常稀疏与大被调查者感知居住区的健身步道数量的非参数检验结果[a]

	被调查者感知居住区的健身步道数量
Mann-Whitney U	961.000
Wilcoxon W	1312.000
Z	−5.030
Asymp. Sig. (2-tailed)	.000

a. Grouping Variable：被调查者居住区的人口密度

　　表 476 为居住密度非常稀疏与大被调查者感知居住区的健身步道数量的秩次统计表，第一栏列出被调查城市，N 为样本量，Mean Rank 为平均秩次，Sum of Ranks 为秩和。表 477 为居住密度非常稀疏与大被调查者感知居住区的健身步道数量的非参数检验结果，其中 Mann-Whitney U、Wilcoxon W 以及 Z 为统计量，Asymp. sig. (2-tailed)为基于渐近分布的双侧检验概率，本例概率小于 0.05，可以认为在 0.05 水平上居住密度非常稀疏与大被调查者感知居住区的健身步道数量之间的差异具有显著性。

表 478　居住密度非常稀疏与非常大被调查者感知居住区的健身步道数量的秩次统计

	被调查者居住区的人口密度	N	Mean Rank	Sum of Ranks
被调查者感知居住区的健身步道数量	非常稀疏	26	38.69	1006.00
	非常大	139	91.29	12689.00
	Total	165		

表 479　居住密度非常稀疏与非常大被调查者感知居住区的健身步道数量的非参数检验结果[a]

	被调查者感知居住区的健身步道数量
Mann-Whitney U	655.000
Wilcoxon W	1006.000
Z	−5.316
Asymp. Sig. (2-tailed)	.000

a. Grouping Variable：被调查者居住区的人口密度

　　表 478 为居住密度非常稀疏与非常大被调查者感知居住区的健身步道数量的秩次统计表，第一栏列出被调查城市，N 为样本量，Mean Rank 为平均秩次，Sum of Ranks 为秩和。表 479 为居住密度非常稀疏与非常大被调查者感知居住区的健身步道数量的非参数检验结果，其中 Mann-Whitney U、Wilcoxon W 以及 Z 为统计量，Asymp. sig. (2-tailed)为基于渐近分布的双侧检验概率，本例概率小于 0.05，可以认为在 0.05 水平上居住密度非常稀疏与非常大被调查者感知居住区的健身步道数量之间的差异具有显著性。

表 480　居住密度稀疏与中等被调查者感知居住区的健身步道数量的秩次统计

	被调查者居住区的人口密度	N	Mean Rank	Sum of Ranks
被调查者感知居住区的健身步道数量	稀疏	71	104.74	7436.50
	中等	250	176.98	44244.50
	Total	321		

表 481   居住密度稀疏与中等被调查者感知居住区的健身步道数量的非参数检验结果[a]

	被调查者感知居住区的健身步道数量
Mann-Whitney U	4880.500
Wilcoxon W	7436.500
Z	−6.077
Asymp. Sig. (2-tailed)	.000

a. Grouping Variable：被调查者居住区的人口密度

表 480 为居住密度稀疏与中等被调查者感知居住区的健身步道数量的秩次统计表,第一栏列出被调查城市,N 为样本量,Mean Rank 为平均秩次,Sum of Ranks 为秩和。表 481 为居住密度稀疏与中等被调查者感知居住区的健身步道数量的非参数检验结果,其中 Mann-Whitney U、Wilcoxon W 以及 Z 为统计量,Asymp. sig. (2-tailed) 为基于渐近分布的双侧检验概率,本例概率小于 0.05,可以认为在 0.05 水平上居住密度稀疏与中等被调查者感知居住区的健身步道数量之间的差异具有显著性。

表 482   居住密度稀疏与大被调查者感知居住区的健身步道数量的秩次统计

	被调查者居住区的人口密度	N	Mean Rank	Sum of Ranks
被调查者感知居住区的健身步道数量	稀疏	71	71.49	5076.00
	大	182	148.65	27055.00
	Total	253		

表 483   居住密度稀疏与大被调查者感知居住区的健身步道数量的非参数检验结果[a]

	被调查者感知居住区的健身步道数量
Mann-Whitney U	2520.000
Wilcoxon W	5076.000
Z	−7.735
Asymp. Sig. (2-tailed)	.000

a. Grouping Variable：被调查者居住区的人口密度

表 482 为居住密度稀疏与大被调查者感知居住区的健身步道数量的秩次统计表,第一栏列出被调查城市,N 为样本量,Mean Rank 为平均秩次,Sum of Ranks 为秩和。表 483 为居住密度稀疏与大被调查者感知居住区的健身步道数量的非参数检验结果,其中 Mann-Whitney U、Wilcoxon W 以及 Z 为统计量,Asymp. sig. (2-tailed) 为基于渐近分布的双侧检验概率,本例概率小于 0.05,可以认为在 0.05 水平上居住密度稀疏与大被调查者感知居住区的健身步道数量之间的差异具有显著性。

表 484   居住密度稀疏与非常大被调查者感知居住区的健身步道数量的秩次统计

	被调查者居住区的人口密度	N	Mean Rank	Sum of Ranks
被调查者感知居住区的健身步道数量	稀疏	71	59.73	4240.50
	非常大	139	128.88	17914.50
	Total	210		

表 485　居住密度稀疏与非常大被调查者感知居住区的健身步道数量的非参数检验结果[a]

	被调查者感知居住区的健身步道数量
Mann-Whitney U	1684.500
Wilcoxon W	4240.500
Z	−7.992
Asymp. Sig. (2-tailed)	.000

a. Grouping Variable：被调查者居住区的人口密度

　　表 484 为居住密度稀疏与非常大被调查者感知居住区的健身步道数量的秩次统计表，第一栏列出被调查城市，N 为样本量，Mean Rank 为平均秩次，Sum of Ranks 为秩和。表 485 为居住密度稀疏与非常大被调查者感知居住区的健身步道数量的非参数检验结果，其中 Mann-Whitney U、Wilcoxon W 以及 Z 为统计量，Asymp. sig. (2-tailed)为基于渐近分布的双侧检验概率，本例概率小于 0.05，可以认为在 0.05 水平上居住密度稀疏与非常大被调查者感知居住区的健身步道数量之间的差异具有显著性。

表 486　居住密度中等与大被调查者感知居住区的健身步道数量的秩次统计

	被调查者居住区的人口密度	N	Mean Rank	Sum of Ranks
被调查者感知居住区的健身步道数量	中等	250	190.92	47729.50
	大	182	251.64	45798.50
	Total	432		

表 487　居住密度中等与大被调查者感知居住区的健身步道数量的非参数检验结果[a]

	被调查者感知居住区的健身步道数量
Mann-Whitney U	16354.500
Wilcoxon W	47729.500
Z	−5.222
Asymp. Sig. (2-tailed)	.000

a. Grouping Variable：被调查者居住区的人口密度

　　表 486 为居住密度中等与大被调查者感知居住区的健身步道数量的秩次统计表，第一栏列出被调查城市，N 为样本量，Mean Rank 为平均秩次，Sum of Ranks 为秩和。表 487 为居住密度中等与大被调查者感知居住区的健身步道数量的非参数检验结果，其中 Mann-Whitney U、Wilcoxon W 以及 Z 为统计量，Asymp. sig. (2-tailed)为基于渐近分布的双侧检验概率，本例概率小于 0.05，可以认为在 0.05 水平上居住密度中等与大被调查者感知居住区的健身步道数量之间的差异具有显著性。

表 488　居住密度中等与非常大被调查者感知居住区的健身步道数量的秩次统计

	被调查者居住区的人口密度	N	Mean Rank	Sum of Ranks
被调查者感知居住区的健身步道数量	中等	250	166.11	41526.50
	非常大	139	246.97	34328.50
	Total	389		

表489 居住密度中等与非常大被调查者感知居住区的健身步道数量的非参数检验结果ª

	被调查者感知居住区的健身步道数量
Mann-Whitney U	10151.500
Wilcoxon W	41526.500
Z	−7.039
Asymp. Sig. (2-tailed)	.000

a. Grouping Variable：被调查者居住区的人口密度

　　表488为居住密度中等与非常大被调查者感知居住区的健身步道数量的秩次统计表，第一栏列出被调查城市，N为样本量，Mean Rank为平均秩次，Sum of Ranks为秩和。表489为居住密度中等与非常大被调查者感知居住区的健身步道数量的非参数检验结果，其中Mann-Whitney U、Wilcoxon W以及Z为统计量，Asymp. sig.（2-tailed）为基于渐近分布的双侧检验概率，本例概率小于0.05，可以认为在0.05水平上居住密度中等与非常大被调查者感知居住区的健身步道数量之间的差异具有显著性。

表490 居住密度大与非常大被调查者感知居住区的健身步道数量的秩次统计

	被调查者居住区的人口密度	N	Mean Rank	Sum of Ranks
被调查者感知居住区的健身步道数量	大	182	146.45	26654.50
	非常大	139	180.05	25026.50
	Total	321		

表491 居住密度大与非常大被调查者感知居住区的健身步道数量的非参数检验结果ª

	被调查者感知居住区的健身步道数量
Mann-Whitney U	10001.500
Wilcoxon W	26654.500
Z	−3.305
Asymp. Sig. (2-tailed)	.001

a. Grouping Variable：被调查者居住区的人口密度

　　表490为居住密度大与非常大被调查者感知居住区的健身步道数量的秩次统计表，第一栏列出被调查城市，N为样本量，Mean Rank为平均秩次，Sum of Ranks为秩和。表491为居住密度大与非常大被调查者感知居住区的健身步道数量的非参数检验结果，其中Mann-Whitney U、Wilcoxon W以及Z为统计量，Asymp. sig.（2-tailed）为基于渐近分布的双侧检验概率，本例概率小于0.05，可以认为在0.05水平上居住密度大与非常大被调查者感知居住区的健身步道数量之间的差异具有显著性。

（4）皖北六市不同性别居民感知健身步道数量的列联表统计和非参数检验

1）皖北六市不同性别居民感知健身步道数量的列联表统计

表 492　被调查者性别 * 被调查者感知居住区健身步道数量

		被调查者感知居住区的健身步道数量					Total
		非常少	少	中等	多	非常多	
被调查者的性别	男	10.8%	24.1%	26.1%	17.9%	21.0%	100.0%
	女	15.2%	25.9%	36.7%	14.2%	7.9%	100.0%
	Total	12.9%	25.0%	31.1%	16.2%	14.8%	100.0%

表 492 显示，皖北不同性别居民感知居住区健身步道数量：男性"非常少"和"少"占34.9%、中等 26.1%、"多"和"非常多"占 38.9%；女性"非常少"和"少"占 41.1%、中等36.7%、"多"和"非常多"占 22.1%；总体："非常少"和"少"占 37.9%、中等 31.1%、"多"和"非常多"占 31.0%。

"多"和"非常多"占比与"非常少"和"少"占比之差：男性 4%；女性－19%；总体：－6.9%。总体上皖北六市不同性别居民感知居住区健身步道数量"多"的占比比"少"的占比偏少一点。男性居民感知居住区健身步道数量"多"的占比与"少"的占比之差为正，女性为负。排序为：男性＞女性。相关检验显示，皖北六市被调查者的性别与被调查者感知居住区健身步道数量的皮尔逊相关系数为 0.164，斯皮尔曼相关系数为 0.152，p＝0.000＜0.05，相关具有显著性。

2）皖北六市不同性别居民感知健身步道数量的非参数检验

表 493　皖北六市不同性别居民感知居住区健身步道数量的秩次统计量

	被调查者的性别	N	Mean Rank	Sum of Ranks
被调查者感知居住区的健身步道数量	男	352	361.58	127275.50
	女	316	304.34	96170.50
	Total	668		

表 494　皖北六市不同性别居民感知居住区健身步道数量的非参数检验结果[a]

	被调查者感知居住区的健身步道数量
Mann-Whitney U	46084.500
Wilcoxon W	96170.500
Z	－3.938
Asymp. Sig. (2-tailed)	.000

a. Grouping Variable：被调查者的性别

表 493 为皖北六市不同性别居民感知居住区健身步道数量的秩次表，第一栏列出被调查者的性别，N 为性别人数，Mean Rank 为平均秩次，Sum of Ranks 为秩和。表 494 为皖北六市不同性别居民感知居住区健身步道数量的非参数检验结果，其中 Mann-Whitney U、Wilcoxon W 以及 Z 为统计量，Asymp. sig. (2-tailed)为基于渐近分布的双侧检验概率，本例概率小于 0.05。可以认为在 0.05 水平上男女感知居住区健身步道数量之间的差异具有显著性。

（5）皖北六市不同年龄区间居民感知健身步道数量的列联表统计和非参数检验

1）皖北六市不同年龄区间居民感知健身步道数量的列联表统计

表 495 被调查者年龄区间 * 被调查者感知居住区健身步道数量

		被调查者感知居住区的健身步道数量					Total
		非常少	少	中等	多	非常多	
被调查者的年龄区间	12 岁以下	4.3%	21.7%	8.7%	13.0%	52.2%	100.0%
	13—19 岁	9.8%	25.5%	29.4%	13.7%	21.6%	100.0%
	20—39 岁	12.7%	27.3%	39.3%	14.7%	6.0%	100.0%
	40—59 岁	10.3%	25.6%	33.8%	19.0%	11.3%	100.0%
	60 岁以上	22.2%	17.2%	7.1%	17.2%	36.4%	100.0%
	Total	12.9%	25.0%	31.1%	16.2%	14.8%	100.0%

表 495 显示,皖北不同年龄区间居民感知居住区健身步道数量:12 岁以下"少"和"非常少"占 26.0%、中等 8.7%、"多"和"非常多"占 65.2%;13—19 岁"少"和"非常少"占 35.3%、中等 29.4%、"多"和"非常多"占 34.3%;20—39 岁"少"和"非常少"占 40.0%、中等 39.3%、"多"和"非常多"占 20.7%;40—59 岁"少"和"非常少"占 35.9%、中等 33.8%、"多"和"非常多"占 30.3%;60 岁以上"少"和"非常少"占 39.4%、中等 7.1%、"多"和"非常多"占 53.6%;总体:"少"和"非常少"占 37.9%、中等 31.1%、"多"和"非常多"占 31.0%。

"多"和"非常多"占比与"少"和"非常少"占比之差:12 岁以下 39.2%;13—19 岁-1%;20—39 岁-19.3%;40—59 岁-5.6%;60 岁以上 14.2%;总体:-6.9%。总体上皖北六市不同年龄区间居民感知居住区健身步道数量,"多"的占比比"少"的占比偏少一点。12 岁以下、60 岁以上居民感知居住区健身步道数量,"多"和"非常多"的占比与"少"和"非常少"的占比之差为正。13—19 岁、20—39 岁、40—59 岁感知居住区健身步道数量,"多"和"非常多"的占比与"少"和"非常少"的占比之差为负。排序为:12 岁以下>60 岁以上>13—19 岁>40—59 岁>20—39 岁。相关检验显示,皖北六市被调查者的年龄区间与被调查者感知居住区健身步道数量的皮尔逊相关系数为 0.020,p=0.606>0.05,相关不具有显著性。斯皮尔曼相关系数为 0.043,p=0.264>0.05,相关不具有显著性。

2）皖北六市不同年龄区间居民感知健身步道数量的非参数检验

表 496 皖北六市不同年龄区间居民感知居住区健身步道数量的平均秩

	被调查者的年龄区间	N	Mean Rank
被调查者感知居住区的健身步道数量	12 岁以下	23	460.13
	13—19 岁	51	357.01
	20—39 岁	300	305.34
	40—59 岁	195	336.70
	60 岁以上	99	377.75
	Total	668	

表 496 为皖北六市不同年龄区间居民感知居住区健身步道数量的样本量和平均秩,平均秩升序排列为:"20—39 岁"为 305.34、"40—59 岁"为 336.70、"13—19 岁"为 357.01、"60

岁以上"为 377.75、"12 岁以下"为 460.13。

表 497　皖北六市不同年龄区间居民感知居住区健身步道数量的非参数检验结果a,b

	被调查者感知居住区的健身步道数量
Chi-Square	23.597
Df	4
Asymp. Sig.	.000

a. Kruskal Wallis Test

b. Grouping Variable：被调查者的年龄区间

　　表 497 为 Kruskal-Wallis 检验，Asymp. Sig. 为检验统计量 $\chi^2 = 23.597$、df＝4 时基于渐近分布概率，本例概率 p＝0.000＜0.05，所以否定检验的原假设，即可以认为皖北六市不同年龄区间居民感知居住区健身步道数量之间的差异在 0.05 水平上具有显著性。

表 498　12 岁以下与 13—19 岁被调查者感知居住区健身步道数量的秩次统计

	被调查者的年龄区间	N	Mean Rank	Sum of Ranks
被调查者感知居住区健身步道数量	12 岁以下	23	45.33	1042.50
	13—19 岁	51	33.97	1732.50
	Total	74		

表 499　12 岁以下与 13—19 岁被被调查者感知居住区健身步道数量的非参数检验结果a

	被调查者感知居住区健身步道数量
Mann-Whitney U	406.500
Wilcoxon W	1732.500
Z	−2.168
Asymp. Sig. (2-tailed)	.030

a. Grouping Variable：被调查者的年龄区间

　　表 498 为 12 岁以下与 13—19 岁被被调查者感知居住区健身步道数量的秩次统计表，第一栏列出被调查城市，N 为样本量，Mean Rank 为平均秩次，Sum of Ranks 为秩和。表 499 为 12 岁以下与 13—19 岁被被调查者感知居住区健身步道数量的非参数检验结果，其中 Mann-Whitney U、Wilcoxon W 以及 Z 为统计量，Asymp. sig. (2-tailed)为基于渐近分布的双侧检验概率，本例概率小于 0.05，可以认为在 0.05 水平上 12 岁以下与 13—19 岁被调查者感知居住区健身步道数量的差异具有显著性。

表 500　12 岁以下与 20—39 岁被调查者感知居住区健身步道数量的秩次统计

	被调查者的年龄区间	N	Mean Rank	Sum of Ranks
被调查者感知居住区健身步道数量	12 岁以下	23	231.30	5320.00
	20—39 岁	300	156.69	47006.00
	Total	323		

表 501　12 岁以下与 20—39 岁被调查者感知居住区健身步道数量的非参数检验结果ᵃ

	被调查者感知居住区健身步道数量
Mann-Whitney U	1856.000
Wilcoxon W	47006.000
Z	−3.843
Asymp. Sig.（2-tailed）	.000

a. Grouping Variable：被调查者的年龄区间

　　表 500 为 12 岁以下与 20—39 岁被调查者感知居住区健身步道数量的秩次统计表,第一栏列出被调查城市,N 为样本量,Mean Rank 为平均秩次,Sum of Ranks 为秩和。表 501 为 12 岁以下与 20—39 岁被调查者感知居住区健身步道数量的非参数检验结果,其中 Mann-Whitney U、Wilcoxon W 以及 Z 为统计量,Asymp. sig.（2-tailed）为基于渐近分布的双侧检验概率,本例概率小于 0.05,可以认为在 0.05 水平上 12 岁以下与 20—39 岁被调查者感知居住区健身步道数量的差异具有显著性。

表 502　12 岁以下与 40—59 岁被调查者感知居住区健身步道数量的秩次统计

	被调查者的年龄区间	N	Mean Rank	Sum of Ranks
被调查者感知居住区健身步道数量	12 岁以下	23	147.33	3388.50
	40—59 岁	195	105.04	20482.50
	Total	218		

表 503　12 岁以下与 40—59 岁被调查者感知居住区健身步道数量的非参数检验结果ᵃ

	被调查者感知居住区健身步道数量
Mann-Whitney U	1372.500
Wilcoxon W	20482.500
Z	−3.132
Asymp. Sig.（2-tailed）	.002

a. Grouping Variable：被调查者的年龄区间

　　表 502 为 12 岁以下与 40—59 岁被调查者感知居住区健身步道数量的秩次统计表,第一栏列出被调查城市,N 为样本量,Mean Rank 为平均秩次,Sum of Ranks 为秩和。表 503 为 12 岁以下与 40—59 岁被调查者感知居住区健身步道数量的非参数检验结果,其中 Mann-Whitney U、Wilcoxon W 以及 Z 为统计量,Asymp. sig.（2-tailed）为基于渐近分布的双侧检验概率,本例概率小于 0.05,可以认为在 0.05 水平上 12 岁以下与 40—59 岁被调查者感知居住区健身步道数量的差异具有显著性。

表 504　12 岁以下与 60 岁以上被调查者感知居住区健身步道数量的秩次统计

	被调查者的年龄区间	N	Mean Rank	Sum of Ranks
被调查者感知居住区健身步道数量	12 岁以下	23	72.17	1660.00
	60 岁以上	99	59.02	5843.00
	Total	122		

表 505　12 岁以下与 60 岁以上被调查者感知居住区健身步道数量的非参数检验结果[a]

	被调查者感知居住区健身步道数量
Mann-Whitney U	893.000
Wilcoxon W	5843.000
Z	−1.674
Asymp. Sig.（2-tailed）	.094

a. Grouping Variable：被调查者的年龄区间

　　表 504 为 12 岁以下与 60 岁以上被调查者感知居住区健身步道数量的秩次统计表,第一栏列出被调查城市,N 为样本量,Mean Rank 为平均秩次,Sum of Ranks 为秩和。表 505 为 12 岁以下与 60 岁以上被调查者感知居住区健身步道数量的非参数检验结果,其中 Mann-Whitney U、Wilcoxon W 以及 Z 为统计量,Asymp. sig.（2-tailed）为基于渐近分布的双侧检验概率,本例概率大于 0.05,可以认为在 0.05 水平上 12 岁以下与 60 岁以上被调查者感知居住区健身步道数量的差异不具有显著性。

表 506　13—19 岁与 20—39 岁被调查者感知居住区健身步道数量的秩次统计

	被调查者的年龄区间	N	Mean Rank	Sum of Ranks
被调查者感知居住区健身步道数量	13—19 岁	51	199.10	10154.00
	20—39 岁	300	172.07	51622.00
	Total	351		

表 507　13—19 岁与 20—39 岁被调查者感知居住区健身步道数量的非参数检验结果[a]

	被调查者感知居住区健身步道数量
Mann-Whitney U	6472.000
Wilcoxon W	51622.000
Z	−1.833
Asymp. Sig.（2-tailed）	.067

a. Grouping Variable：被调查者的年龄区间

　　表 506 为 13—19 岁与 20—39 岁被调查者感知居住区健身步道数量的秩次统计表,第一栏列出被调查城市,N 为样本量,Mean Rank 为平均秩次,Sum of Ranks 为秩和。表 507 为 13—19 岁与 20—39 岁被调查者感知居住区健身步道数量的非参数检验结果,其中 Mann-Whitney U、Wilcoxon W 以及 Z 为统计量,Asymp. sig.（2-tailed）为基于渐近分布的双侧检验概率,本例概率大于 0.05,可以认为在 0.05 水平上 13—19 岁与 20—39 岁被调查者感知居住区健身步道数量的差异不具有显著性。

表 508　13—19 岁与 40—59 岁被调查者感知居住区健身步道数量的秩次统计

	被调查者的年龄区间	N	Mean Rank	Sum of Ranks
被调查者感知居住区健身步道数量	13—19 岁	51	129.64	6611.50
	40—59 岁	195	121.89	23769.50
	Total	246		

表 509　13—19 岁与 40—59 岁被调查者感知居住区健身步道数量的非参数检验结果[a]

	被调查者感知居住区健身步道数量
Mann-Whitney U	4659.500
Wilcoxon W	23769.500
Z	−.714
Asymp. Sig. (2-tailed)	.475

a. Grouping Variable：被调查者的年龄区间

表 508 为 13—19 岁与 40—59 岁被调查者感知居住区健身步道数量的秩次统计表，第一栏列出被调查城市，N 为样本量，Mean Rank 为平均秩次，Sum of Ranks 为秩和。表 509 为 13—19 岁与 40—59 岁被调查者感知居住区健身步道数量的非参数检验结果，其中 Mann-Whitney U、Wilcoxon W 以及 Z 为统计量，Asymp. sig. (2-tailed) 为基于渐近分布的双侧检验概率，本例概率大于 0.05，可以认为在 0.05 水平上 13—19 岁与 40—59 岁被调查者感知居住区健身步道数量的差异不具有显著性。

表 510　13—19 岁与 60 岁以上被调查者感知居住区健身步道数量的秩次统计

	被调查者的年龄区间	N	Mean Rank	Sum of Ranks
被调查者感知居住区健身步道数量	13—19 岁	51	72.30	3687.50
	60 岁以上	99	77.15	7637.50
	Total	150		

表 511　13—19 岁与 60 岁以上被调查者感知居住区健身步道数量的非参数检验结果[a]

	被调查者感知居住区健身步道数量
Mann-Whitney U	2361.500
Wilcoxon W	3687.500
Z	−.664
Asymp. Sig. (2-tailed)	.507

a. Grouping Variable：被调查者的年龄区间

表 510 为 13—19 岁与 60 岁以上被调查者感知居住区健身步道数量的秩次统计表，第一栏列出被调查城市，N 为样本量，Mean Rank 为平均秩次，Sum of Ranks 为秩和。表 511 为 13—19 岁与 60 岁以上被调查者感知居住区健身步道数量的非参数检验结果，其中 Mann-Whitney U、Wilcoxon W 以及 Z 为统计量，Asymp. sig. (2-tailed) 为基于渐近分布的双侧检验概率，本例概率大于 0.05，可以认为在 0.05 水平上 13—19 岁与 60 岁以上被调查者感知居住区健身步道数量的差异不具有显著性。

表 512　20—39 岁与 40—59 岁被调查者感知居住区健身步道数量的秩次统计

	被调查者的年龄区间	N	Mean Rank	Sum of Ranks
被调查者感知居住区健身步道数量	20—39 岁	300	238.28	71484.00
	40—59 岁	195	262.95	51276.00
	Total	495		

表 513　20—39 岁与 40—59 岁被调查者感知居住区健身步道数量的非参数检验结果[a]

	被调查者感知居住区健身步道数量
Mann-Whitney U	26334.000
Wilcoxon W	71484.000
Z	−1.952
Asymp. Sig. (2-tailed)	.051

a. Grouping Variable：被调查者的年龄区间

　　表 512 为 20—39 岁与 40—59 岁被调查者感知居住区健身步道数量的秩次统计表，第一栏列出被调查城市，N 为样本量，Mean Rank 为平均秩次，Sum of Ranks 为秩和。表 513 为 20—39 岁与 40—59 岁被调查者感知居住区健身步道数量的非参数检验结果，其中 Mann-Whitney U、Wilcoxon W 以及 Z 为统计量，Asymp. sig.（2-tailed）为基于渐近分布的双侧检验概率，本例概率大于 0.05，可以认为在 0.05 水平上 20—39 岁与 40—59 岁被调查者感知居住区健身步道数量的差异不具有显著性。

表 514　20—39 岁与 60 岁以上被调查者感知居住区健身步道数量的秩次统计

	被调查者的年龄区间	N	Mean Rank	Sum of Ranks
被调查者感知居住区健身步道数量	20—39 岁	300	189.80	56940.00
	60 岁以上	99	230.91	22860.00
	Total	399		

表 515　20—39 岁与 60 岁以上被调查者感知居住区健身步道数量的非参数检验结果[a]

	被调查者感知居住区健身步道数量
Mann-Whitney U	11790.000
Wilcoxon W	56940.000
Z	−3.164
Asymp. Sig. (2-tailed)	.002

a. Grouping Variable：被调查者的年龄区间

　　表 514 为 20—39 岁与 60 岁以上被调查者感知居住区健身步道数量的秩次统计表，第一栏列出被调查城市，N 为样本量，Mean Rank 为平均秩次，Sum of Ranks 为秩和。表 515 为 12 岁以下与 13—19 岁被调查者感知锻炼高峰期健身广场上人数比预期人数的非参数检验结果，其中 Mann-Whitney U、Wilcoxon W 以及 Z 为统计量，Asymp. sig.（2-tailed）为基于渐近分布的双侧检验概率，本例概率小于 0.05，可以认为在 0.05 水平上 12 岁以下与 13—19 岁被调查者感知锻炼高峰期健身广场上人数比预期人数的差异具有显著性。

表 516　40—59 岁与 60 岁以上被调查者感知居住区健身步道数量的秩次统计

	被调查者的年龄区间	N	Mean Rank	Sum of Ranks
被调查者感知居住区健身步道数量	40—59 岁	195	140.81	27458.50
	60 岁以上	99	160.67	15906.50
	Total	294		

表 517　40—59 岁与 60 岁以上被调查者感知居住区健身步道数量的非参数检验结果[a]

	被调查者感知居住区健身步道数量
Mann-Whitney U	8348.500
Wilcoxon W	27458.500
Z	−1.936
Asymp. Sig. (2-tailed)	.053

a. Grouping Variable：被调查者的年龄区间

表 516 为 40—59 岁与 60 岁以上被调查者感知居住区健身步道数量的秩次统计表，第一栏列出被调查城市，N 为样本量，Mean Rank 为平均秩次，Sum of Ranks 为秩和。表 517 为 40—59 岁与 60 岁以上被调查者感知居住区健身步道数量的非参数检验结果，其中 Mann-Whitney U、Wilcoxon W 以及 Z 为统计量，Asymp. sig. (2-tailed)为基于渐近分布的双侧检验概率，本例概率大于 0.05，可以认为在 0.05 水平上 40—59 岁与 60 岁以上被调查者感知居住区健身步道数量的差异不具有显著性。

（6）皖北六市不同锻炼次数居民感知健身步道数量的列联表统计和非参数检验

1）皖北六市不同锻炼次数居民感知健身步道数量的列联表统计

表 518　被调查者锻炼次数 * 被调查者感知居住区健身步道数量

		被调查者感知居住区的健身步道数量					Total
		非常少	少	中等	多	非常多	
被调查者参加体育锻炼次数	非常少	44.2%	26.9%	17.3%	5.8%	5.8%	100.0%
	少	15.9%	34.4%	30.5%	13.2%	6.0%	100.0%
	中等	8.5%	25.4%	48.7%	12.2%	5.3%	100.0%
	多	9.8%	25.2%	27.6%	24.5%	12.9%	100.0%
	非常多	6.2%	10.6%	14.2%	19.5%	49.6%	100.0%
	Total	12.9%	25.0%	31.1%	16.2%	14.8%	100.0%

表 518 显示，皖北不同锻炼次数居民感知居住区健身步道数量：非常少"少"和"非常少"占 71.1%、中等 17.3%、"多"和"非常多"占 11.6%；少"少"和"非常少"占 50.3%、中等 30.5%、"多"和"非常多"占 19.2%；中等"少"和"非常少"占 33.9%、中等 48.7%、"多"和"非常多"占 17.5%；多"少"和"非常少"占 35.0%、中等 27.6%、"多"和"非常多"占 36.4%；非常多"少"和"非常少"占 16.8%、中等 14.2%、"多"和"非常多"占 69.1%；总体："少"和"非常少"占 37.9%、中等 31.1%、"多"和"非常多"占 31.0%。

"多"和"非常多"占比与"少"和"非常少"占比之差：非常少−59.5%；少−31.1%；中等−16.4%；多 1.4%；非常多 52.3%；总体：−6.9%。总体上皖北六市不同锻炼次数居民感知居住区健身步道数量，"多"的占比比"少"的占比偏少一点。锻炼次数多、非常多的居民感知居住区健身步道数量，"多"和"非常多"的占比与"少"和"非常少"的占比之差为正。锻炼次数非常少、少、中等的居民感知居住区健身步道数量，"多"和"非常多"的占比与"少"和"非常少"的占比之差为负。排序为：非常少＜少＜中等＜多＜非常多。相关检验显示，皖北六市被调查者的锻炼次数与被调查者感知居住区健身步道数量的皮尔逊相关系数为 0.404，斯皮尔曼相关系数为 0.385，p＝0.000＜0.05，相关具有显著性。

2）皖北六市不同锻炼次数居民感知健身步道数量的非参数检验

表 519　皖北六市不同锻炼次数居民感知居住区健身步道数量的平均秩

	被调查者参加体育锻炼的次数	N	Mean Rank
被调查者感知居住区的健身步道数量	非常少	52	192.34
	少	151	279.54
	中等	189	316.36
	多	163	351.98
	非常多	113	478.49
	Total	668	

表 519 为皖北六市不同锻炼次数居民感知居住区健身步道数量的样本量和平均秩,平均秩升序排列为:"非常少"为 192.34、"少"为 279.54、"中等"为 316.36、"多"为 351.98、"非常多"为 478.49。

表 520　皖北六市不同锻炼次数居民感知居住区健身步道数量的非参数检验结果[a,b]

	被调查者感知居住区的健身步道数量
Chi-Square	112.630
Df	4
Asymp. Sig.	.000

a. Kruskal Wallis Test

b. Grouping Variable:被调查者参加体育锻炼的次数

表 520 为 Kruskal-Wallis 检验,Asymp. Sig. 为检验统计量 $\chi^2 = 112.630$、df=4 时基于渐近分布概率,本例概率 p=0.000<0.05,所以否定检验的原假设,即可以认为皖北六市不同锻炼次数居民感知居住区健身步道数量之间的差异在 0.05 水平上具有显著性。

表 521　体育锻炼次数非常少与少被调查者感知居住区健身步道数量的秩次统计

	被调查者参加体育锻炼次数	N	Mean Rank	Sumof Ranks
被调查者感知居住区的健身步道数量	非常少	52	78.47	4080.50
	少	151	110.10	16625.50
	Total	203		

表 522　体育锻炼次数非常少与少被调查者感知居住区健身步道数量的非参数检验结果[a]

	被调查者感知居住区健身步道数量
Mann-Whitney U	2702.500
Wilcoxon W	4080.500
Z	−3.469
Asymp. Sig. (2-tailed)	.001

a. Grouping Variable:被调查者参加体育锻炼次数

表 521 为体育锻炼次数非常少与少被调查者感知居住区健身步道数量的秩次统计表,第一栏列出被调查城市,N 为样本量,Mean Rank 为平均秩次,Sum of Ranks 为秩和。表

522 为体育锻炼次数非常少与少被调查者感知居住区健身步道数量的非参数检验结果,其中 Mann-Whitney U、Wilcoxon W 以及 Z 为统计量,Asymp. sig.(2-tailed)为基于渐近分布的双侧检验概率,本例概率小于 0.05,可以认为在 0.05 水平上体育锻炼次数非常少与少被调查者感知居住区健身步道数量的差异具有显著性。

表 523　体育锻炼次数非常少与中等被调查者感知居住区健身步道数量的秩次统计

	被调查者参加体育锻炼次数	N	Mean Rank	Sum of Ranks
被调查者感知居住区健身步道数量	非常少	52	80.13	4166.50
	中等	189	132.25	24994.50
	Total	241		

表 524　体育锻炼次数非常少与中等被调查者感知居住区健身步道数量的非参数检验结果[a]

	被调查者感知居住区健身步道数量
Mann-Whitney U	2788.500
Wilcoxon W	4166.500
Z	−5.022
Asymp. Sig. (2-tailed)	.000

a. Grouping Variable:被调查者参加体育锻炼次数

表 523 为体育锻炼次数非常少与中等被调查者感知居住区健身步道数量的秩次统计表,第一栏列出被调查城市,N 为样本量,Mean Rank 为平均秩次,Sum of Ranks 为秩和。表 524 为体育锻炼次数非常少与中等被调查者感知居住区健身步道数量的非参数检验结果,其中 Mann-Whitney U、Wilcoxon W 以及 Z 为统计量,Asymp. sig.(2-tailed)为基于渐近分布的双侧检验概率,本例概率小于 0.05,可以认为在 0.05 水平上体育锻炼次数非常少与中等被调查者感知居住区健身步道数量的差异具有显著性。

表 525　体育锻炼次数非常少与多被调查者感知居住区健身步道数量的秩次统计

	被调查者参加体育锻炼次数	N	Mean Rank	Sum of Ranks
被调查者感知居住区健身步道数量	非常少	52	69.46	3612.00
	多	163	120.29	19608.00
	Total	215		

表 526　体育锻炼次数非常少与多被调查者感知居住区健身步道数量的非参数检验结果[a]

	被调查者感知居住区健身步道数量
Mann-Whitney U	2234.000
Wilcoxon W	3612.000
Z	−5.258
Asymp. Sig. (2-tailed)	.000

a. Grouping Variable:被调查者参加体育锻炼次数

表 525 为体育锻炼次数非常少与多被调查者感知居住区健身步道数量的秩次统计表,第一栏列出被调查城市,N 为样本量,Mean Rank 为平均秩次,Sum of Ranks 为秩和。表

526 为体育锻炼次数非常少与多被调查者感知居住区健身步道数量的非参数检验结果,其中 Mann-Whitney U、Wilcoxon W 以及 Z 为统计量,Asymp. sig.（2-tailed）为基于渐近分布的双侧检验概率,本例概率小于 0.05,可以认为在 0.05 水平上体育锻炼次数非常少与多被调查者感知居住区健身步道数量的差异具有显著性。

表 527　体育锻炼次数非常少与非常多被调查者感知居住区健身步道数量的秩次统计

	被调查者参加体育锻炼次数	N	Mean Rank	Sum of Ranks
被调查者感知居住区健身步道数量	非常少	52	43.78	2276.50
	非常多	113	101.05	11418.50
	Total	165		

表 528　体育锻炼次数非常少与非常多被调查者感知居住区健身步道数量的非参数检验结果[a]

	被调查者感知居住区健身步道数量
Mann-Whitney U	898.500
Wilcoxon W	2276.500
Z	−7.388
Asymp. Sig. (2-tailed)	.000

a. Grouping Variable：被调查者参加体育锻炼次数

表 527 为体育锻炼次数非常少与非常多被调查者感知居住区健身步道数量的秩次统计表,第一栏列出被调查城市,N 为样本量,Mean Rank 为平均秩次,Sum of Ranks 为秩和。表 528 为体育锻炼次数非常少与非常多被调查者感知居住区健身步道数量的非参数检验结果,其中 Mann-Whitney U、Wilcoxon W 以及 Z 为统计量,Asymp. sig.（2-tailed）为基于渐近分布的双侧检验概率,本例概率小于 0.05,可以认为在 0.05 水平上体育锻炼次数非常少与非常多被调查者感知居住区健身步道数量的差异具有显著性。

表 529　体育锻炼次数少与中等被调查者感知居住区健身步道数量的秩次统计

	被调查者参加体育锻炼次数	N	Mean Rank	Sum of Ranks
被调查者感知居住区健身步道数量	少	151	157.71	23814.00
	中等	189	180.72	34156.00
	Total	340		

表 530　体育锻炼次数少与中等被调查者感知居住区健身步道数量的非参数检验结果[a]

	被调查者感知居住区健身步道数量
Mann-Whitney U	12338.00
Wilcoxon W	23814.000
Z	−2.256
Asymp. Sig. (2-tailed)	.024

a. Grouping Variable：被调查者参加体育锻炼次数

表 529 为体育锻炼次数少与中等被调查者感知居住区健身步道数量的秩次统计表,第一栏列出被调查城市,N 为样本量,Mean Rank 为平均秩次,Sum of Ranks 为秩和。表 530

为体育锻炼次数少与中等被调查者感知居住区健身步道数量的非参数检验结果,其中 Mann-Whitney U、Wilcoxon W 以及 Z 为统计量,Asymp. sig.(2-tailed)为基于渐近分布的双侧检验概率,本例概率小于 0.05,可以认为在 0.05 水平上体育锻炼次数少与中等被调查者感知居住区健身步道数量的差异具有显著性。

表 531　体育锻炼次数少与多被调查者感知居住区健身步道数量的秩次统计

	被调查者参加体育锻炼次数	N	Mean Rank	Sum of Ranks
被调查者感知居住区健身步道数量	少	151	139.31	21035.50
	多	163	174.35	28419.50
	Total	314		

表 532　体育锻炼次数少与多被调查者感知居住区健身步道数量的非参数检验结果[a]

	被调查者感知居住区健身步道数量
Mann-Whitney U	9559.500
Wilcoxon W	21035.500
Z	−3.525
Asymp. Sig. (2-tailed)	.000

a. Grouping Variable:被调查者参加体育锻炼次数

表 531 为体育锻炼次数少与多被调查者感知居住区健身步道数量的秩次统计表,第一栏列出被调查城市,N 为样本量,Mean Rank 为平均秩次,Sum of Ranks 为秩和。表 532 为体育锻炼次数少与多被调查者感知居住区健身步道数量的非参数检验结果,其中 Mann-Whitney U、Wilcoxon W 以及 Z 为统计量,Asymp. sig.(2-tailed)为基于渐近分布的双侧检验概率,本例概率小于 0.05,可以认为在 0.05 水平上体育锻炼次数少与多被调查者感知居住区健身步道数量的差异具有显著性。

表 533　体育锻炼次数少与非常多被调查者感知居住区健身步道数量的秩次统计

	被调查者参加体育锻炼次数	N	Mean Rank	Sum of Ranks
被调查者感知居住区健身步道数量	少	151	100.42	15163.00
	非常多	113	175.37	19817.00
	Total	264		

表 534　体育锻炼次数少与非常多被调查者感知居住区健身步道数量的非参数检验结果[a]

	被调查者感知居住区健身步道数量
Mann-Whitney U	3687.000
Wilcoxon W	15163.000
Z	−8.088
Asymp. Sig. (2-tailed)	.000

a. Grouping Variable:被调查者参加体育锻炼次数

表 533 为体育锻炼次数少与非常多被调查者感知居住区健身步道数量的秩次统计表,第一栏列出被调查城市,N 为样本量,Mean Rank 为平均秩次,Sum of Ranks 为秩和。表

534 为体育锻炼次数少与非常多被调查者感知居住区健身步道数量的非参数检验结果,其中 Mann-Whitney U、Wilcoxon W 以及 Z 为统计量,Asymp. sig. (2-tailed)为基于渐近分布的双侧检验概率,本例概率小于 0.05,可以认为在 0.05 水平上体育锻炼次数少与非常多被调查者感知居住区健身步道数量的差异具有显著性。

表 535　体育锻炼次数中等与多被调查者感知居住区健身步道数量的秩次统计

	被调查者参加体育锻炼次数	N	Mean Rank	Sum of Ranks
被调查者感知居住区健身步道数量	中等	189	166.52	31480.00
	多	163	188.02	30648.00
	Total	352		

表 536　体育锻炼次数中等与多被调查者感知居住区健身步道数量的非参数检验结果[a]

	被调查者感知居住区健身步道数量
Mann-Whitney U	13525.000
Wilcoxon W	31480.000
Z	−2.060
Asymp. Sig. (2-tailed)	.039

a. Grouping Variable:被调查者参加体育锻炼次数

　　表 535 为体育锻炼次数中等与多被调查者感知居住区健身步道数量的秩次统计表,第一栏列出被调查城市,N 为样本量,Mean Rank 为平均秩次,Sum of Ranks 为秩和。表 536 为体育锻炼次数中等与多被调查者感知居住区健身步道数量的非参数检验结果,其中 Mann-Whitney U、Wilcoxon W 以及 Z 为统计量,Asymp. sig. (2-tailed)为基于渐近分布的双侧检验概率,本例概率小于 0.05,可以认为在 0.05 水平上体育锻炼次数中等与多被调查者感知居住区健身步道数量的差异具有显著性。

表 537　体育锻炼次数中等与非常多被调查者感知居住区健身步道数量的秩次统计

	被调查者参加体育锻炼次数	N	Mean Rank	Sum of Ranks
被调查者感知居住区健身步道数量	中等	189	121.84	23027.00
	非常多	113	201.12	22726.00
	Total	302		

表 538　体育锻炼次数中等与非常多被调查者感知居住区健身步道数量的非参数检验结果[a]

	被调查者感知居住区健身步道数量
Mann-Whitney U	5072.000
Wilcoxon W	23027.000
Z	−7.907
Asymp. Sig. (2-tailed)	.000

a. Grouping Variable:被调查者参加体育锻炼次数

　　表 537 为体育锻炼次数中等与非常多被调查者感知居住区健身步道数量的秩次统计表,第一栏列出被调查城市,N 为样本量,Mean Rank 为平均秩次,Sum of Ranks 为秩和。

表538为体育锻炼次数中等与非常多被调查者感知居住区健身步道数量的非参数检验结果,其中Mann-Whitney U、Wilcoxon W以及Z为统计量,Asymp. sig. (2-tailed)为基于渐近分布的双侧检验概率,本例概率小于0.05,可以认为在0.05水平上体育锻炼次数中等与非常多被调查者感知居住区健身步道数量的差异具有显著性。

表539 体育锻炼次数多与非常多被调查者感知居住区健身步道数量的秩次统计

	被调查者参加体育锻炼次数	N	Mean Rank	Sum of Ranks
被调查者感知居住区健身步道数量	多	163	115.31	18795.00
	非常多	113	171.96	19431.00
	Total	276		

表540 体育锻炼次数多与非常多被调查者感知居住区健身步道数量的非参数检验结果[a]

	被调查者感知居住区健身步道数量
Mann-Whitney U	5429.000
Wilcoxon W	18795.000
Z	−5.953
Asymp. Sig. (2-tailed)	.000

a. Grouping Variable:被调查者参加体育锻炼次数

表539为体育锻炼次数多与非常多被调查者感知居住区健身步道数量的秩次统计表,第一栏列出被调查城市,N为样本量,Mean Rank为平均秩次,Sum of Ranks为秩和。表540为体育锻炼次数多与非常多被调查者感知居住区健身步道数量的非参数检验结果,其中Mann-Whitney U、Wilcoxon W以及Z为统计量,Asymp. sig. (2-tailed)为基于渐近分布的双侧检验概率,本例概率小于0.05,可以认为在0.05水平上体育锻炼次数多与非常多被调查者感知居住区健身步道数量的差异具有显著性。

4.1.2.2 居民感知健身步道的长度

(1)皖北不同市居民感知健身步道长度的列联表统计和非参数检验

1)皖北不同市居民感知健身步道长度的列联表统计

表541 被调查者居住的城市 * 被调查者感知居住区健身步道长度

		被调查者感知居住区的健身步道长度					Total
		非常短	短	中等	长	非常长	
被调查者居住的城市	淮北市	5.7%	21.3%	43.3%	17.7%	12.1%	100.0%
	宿州市	9.5%	16.2%	35.2%	10.5%	28.6%	100.0%
	蚌埠市	11.9%	22.0%	31.2%	11.9%	22.9%	100.0%
	淮南市	6.9%	24.5%	41.2%	20.6%	6.9%	100.0%
	阜阳市	8.0%	25.0%	29.0%	22.0%	16.0%	100.0%
	亳州市	18.9%	24.3%	27.0%	17.1%	12.6%	100.0%
	Total	10.0%	22.2%	34.9%	16.6%	16.3%	100.0%

表 541 显示,皖北六市居民感知健身步道长度:淮北市"短"和"非常短"占 27.0%(38)、中等 43.3%(61)、"长"和"非常长"占 29.8%(42);宿州市"短"和"非常短"占 25.7%(27)、中等 35.2%(37)、"长"和"非常长"占 39.1%(41);蚌埠市"短"和"非常短"占 33.9%(37)、中等 31.2%(34)、"长"和"非常长"占 34.8%(38);淮南市"短"和"非常短"占 31.4%(32)、中等 41.2%(42)、"长"和"非常长"占 27.5%(28);阜阳市"短"和"非常短"占 33.0%(33)、中等 29.0%(29)、"长"和"非常长"占 38%(38);亳州市"短"和"非常短"占 43.2%(48)、中等 27%(30)、"长"和"非常长"占 29.7%(33);总体:"短"和"非常短"占 32.2%(215)、中等 34.9%(233)、"长"和"非常长"占 32.9%(220)。

"长"和"非常长"占比与"短"和"非常短"占比之差:淮北市 2.8%;宿州市 13.4%;蚌埠市 0.9%;淮南市-3.9%;阜阳市 5%;亳州市-13.5%;总体:0.7%。总体上皖北六市居民感知健身步道长度"长"的占比比"短"的占比偏多一点。淮北市、阜阳市、宿州市、蚌埠市"长"和"非常长"占比与"短"和"非常短"占比之差为正,亳州市、淮南市为负。排序为:宿州市＞阜阳市＞淮北市＞蚌埠市＞淮南市＞亳州市。

2）皖北不同市居民感知健身步道长度的非参数检验

表 542　皖北六市居民感知居住区健身步道长度的平均秩

	被调查者居住的城市	N	Mean Rank
被调查者感知居住区的健身步道长度	淮北市	141	339.06
	宿州市	105	371.37
	蚌埠市	109	339.71
	淮南市	102	319.62
	阜阳市	100	343.49
	亳州市	111	294.29
	Total	668	

表 542 为皖北六市居民感知健身步道长度的样本量和平均秩,降序排列为:宿州市为 371.37(105)、阜阳市为 343.49(100)、蚌埠市为 339.71(109)、淮北市为 339.06(141)、淮南市为 319.62(102)、亳州市为 294.29(111)。

表 543　皖北六市居民感知居住区健身步道长度的非参数检验结果[a,b]

	被调查者感知居住区的健身步道长度
Chi-Square	10.282
Df	5
Asymp. Sig.	.068

a. Kruskal Wallis Test
b. Grouping Variable:被调查者居住的城市

表 543 为 Kruskal-Wallis 检验,Asymp. Sig. 为检验统计量 $\chi^2=10.282$、df＝5 时基于渐近分布概率,本例概率 p＝0.068＞0.05,所以肯定检验的原假设,即可以认为皖北六市居民感知健身步道长度之间的差异在 0.05 水平上不具有显著性。

（2）皖北六市不同居住区居民感知健身步道长度的列联表统计和非参数检验

1）皖北六市不同居住区居民感知健身步道长度的列联表统计

表544   被调查者居住的区域＊被调查者感知居住区健身步道长度

		被调查者感知居住区的健身步道长度					Total
		非常少	少	中等	多	非常多	
被调查者居住的区域	中央区域	3.3％	11.3％	36.3％	18.4％	30.7％	100.0％
	中央与郊区之间	7.1％	19.6％	39.2％	22.1％	12.1％	100.0％
	郊区	8.2％	36.5％	32.9％	12.9％	9.4％	100.0％
	农村地区	27.5％	35.1％	26.0％	6.1％	5.3％	100.0％
	Total	10.0％	22.2％	34.9％	16.6％	16.3％	100.0％

表544显示，皖北不同居住区域居民感知居住区健身步道长度：中央区域"短"和"非常短"占14.6％、中等36.3％、"长"和"非常长"占49.1％；中央与郊区之间"短"和"非常短"占26.7％、中等39.2％、"长"和"非常长"占34.2％；郊区"短"和"非常短"占44.7％、中等32.9％、"长"和"非常长"占22.3％；农村地区"短"和"非常短"占62.6％、中等26.0％、"长"和"非常长"占11.4％；总体："短"和"非常短"占32.2％、中等34.9％、"长"和"非常长"占32.9％。

"长"和"非常长"占比与"短"和"非常短"占比之差：中央区域34.5％；中央与郊区之间7.5％；郊区－22.4％；农村地区－51.2％；总体：0.7％。总体上皖北六市不同居住区域居民感知居住区健身步道长度"长"的占比比"短"的占比偏多一点。但各区域情况不同，中央区域、中央与郊区之间"长"和"非常长"占比与"短"和"非常短"占比之差为正，郊区、农村地区为负。排序为：中央区域＞中央与郊区之间＞郊区＞农村地区。相关检验显示，皖北六市被调查者居住的区域与被调查者感知居住区健身步道长度的皮尔逊相关系数为0.402，斯皮尔曼相关系数为0.398，p＝0.000＜0.05，相关具有显著性。

2）皖北六市不同居住区居民感知健身步道长度的非参数检验

表545   皖北六市不同居住区居民感知居住区健身步道长度的平均秩

	被调查者居住的区域	N	Mean Rank
被调查者感知居住区的健身步道长度	中央区域	212	418.70
	中央与郊区之间	240	345.64
	郊区	85	286.78
	农村地区	131	208.79
	Total	668	

表545为皖北六市不同居住区居民感知居住区健身步道长度的样本量和平均秩，平均秩降序排列为：中央区域为418.70（212）、中央与郊区之间为345.64（240）、郊区为286.78（85）、农村地区为208.79（131）。

表 546　皖北六市不同居住区居民感知居住区健身步道长度的非参数检验结果[a,b]

	被调查者感知居住区的健身步道长度
Chi-Square	108.830
Df	3
Asymp. Sig.	.000

a. Kruskal Wallis Test
b. Grouping Variable：被调查者居住的区域

表 546 为 Kruskal-Wallis 检验，Asymp. Sig. 为检验统计量 $\chi^2=108.830$、df=3 时基于渐近分布概率，本例概率 p=0.000<0.05，所以否定检验的原假设，即可以认为皖北六市不同居住区居民感知居住区健身步道长度之间的差异在 0.05 水平上具有显著性。

表 547　中央区域与中央与郊区之间被调查者感知居住区的健身步道长度的秩次统计

	被调查者居住的区域	N	Mean Rank	Sum of Ranks
被调查者感知居住区的健身步道长度	中央区域	212	254.76	54009.50
	中央与郊区之间	240	201.54	48368.50
	Total	452		

表 548　中央区域与中央与郊区之间被调查者感知居住区的健身步道长度的非参数检验结果[a]

	被调查者感知居住区的健身步道长度
Mann-Whitney U	19448.500
Wilcoxon W	48368.500
Z	−4.496
Asymp. Sig. (2-tailed)	.000

a. Grouping Variable：被调查者居住的区域

表 547 为中央区域与中央与郊区之间被调查者感知居住区的健身步道长度的秩次统计表，第一栏列出被调查城市，N 为样本量，Mean Rank 为平均秩次，Sum of Ranks 为秩和。表 548 为中央区域与中央与郊区之间被调查者感知居住区的健身步道长度的非参数检验结果，其中 Mann-Whitney U、Wilcoxon W 以及 Z 为统计量，Asymp. sig.（2-tailed）为基于渐近分布的双侧检验概率，本例概率小于 0.05，可以认为在 0.05 水平上中央区域与中央与郊区之间被调查者感知居住区的健身步道长度之间的差异具有显著性。

表 549　中央区域与郊区被调查者感知居住区的健身步道长度的秩次统计

	被调查者居住的区域	N	Mean Rank	Sum of Ranks
被调查者感知居住区的健身步道长度	中央区域	212	166.04	35200.00
	郊　区	85	106.51	9053.00
	Total	297		

表 550　中央区域与郊区被调查者感知居住区的健身步道长度的非参数检验结果[a]

	被调查者感知居住区的健身步道长度
Mann-Whitney U	5398.000
Wilcoxon W	9053.000
Z	−5.600
Asymp. Sig.（2-tailed）	.000

　　a. Grouping Variable：被调查者居住的区域

　　表 549 为中央区域与郊区被调查者感知居住区的健身步道长度的秩次统计表，第一栏列出被调查城市，N 为样本量，Mean Rank 为平均秩次，Sum of Ranks 为秩和。表 550 为中央区域与郊区被调查者感知居住区的健身步道长度的非参数检验结果，其中 Mann-Whitney U、Wilcoxon W 以及 Z 为统计量，Asymp. sig.（2-tailed）为基于渐近分布的双侧检验概率，本例概率小于 0.05，可以认为在 0.05 水平上中央区域与郊区被调查者感知居住区的健身步道长度之间的差异具有显著性。

表 551　中央区域与农村地区被调查者感知居住区的健身步道长度的秩次统计

	被调查者居住的区域	N	Mean Rank	Sum of Ranks
被调查者感知居住区的健身步道长度	中央区域	212	210.90	44710.50
	农村地区	131	109.05	14285.50
	Total	343		

表 552　中央区域与农村地区被调查者感知居住区的健身步道长度的非参数检验结果[a]

	被调查者感知居住区的健身步道长度
Mann-Whitney U	5639.500
Wilcoxon W	14285.500
Z	−9.513
Asymp. Sig.（2-tailed）	.000

　　a. Grouping Variable：被调查者居住的区域

　　表 551 为中央区域与农村地区被调查者感知居住区的健身步道长度的秩次统计表，第一栏列出被调查城市，N 为样本量，Mean Rank 为平均秩次，Sum of Ranks 为秩和。表 552 为中央区域与农村地区被调查者感知居住区的健身步道长度的非参数检验结果，其中 Mann-Whitney U、Wilcoxon W 以及 Z 为统计量，Asymp. sig.（2-tailed）为基于渐近分布的双侧检验概率，本例概率小于 0.05，可以认为在 0.05 水平上中央区域与农村地区被调查者感知居住区的健身步道长度之间的差异具有显著性。

表 553　中央区域与郊区之间与郊区被调查者感知居住区的健身步道长度的秩次统计

	被调查者居住的区域	N	Mean Rank	Sum of Ranks
被调查者感知居住区的健身步道长度	中央与郊区之间	240	171.10	41063.50
	郊　区	85	140.14	11911.50
	Total	325		

表 554 　中央区域与郊区之间与郊区被调查者感知居住区的健身步道长度的非参数检验结果ª

	被调查者感知居住区的健身步道长度
Mann-Whitney U	8256.500
Wilcoxon W	11911.500
Z	-2.716
Asymp. Sig. (2-tailed)	.007

a. Grouping Variable: 被调查者居住的区域

　　表 553 为中央区域与郊区之间与郊区被调查者感知居住区的健身步道长度的秩次统计表，第一栏列出被调查城市，N 为样本量，Mean Rank 为平均秩次，Sum of Ranks 为秩和。表 554 为中央区域与郊区之间与郊区被调查者感知居住区的健身步道长度的非参数检验结果，其中 Mann-Whitney U、Wilcoxon W 以及 Z 为统计量，Asymp. sig. (2-tailed) 为基于渐近分布的双侧检验概率，本例概率小于 0.05，可以认为在 0.05 水平上中央区域与郊区之间与郊区被调查者感知居住区的健身步道长度之间的差异具有显著性。

表 555 　中央区域与郊区之间与农村地区被调查者感知居住区的健身步道长度的秩次统计

	被调查者居住的区域	N	Mean Rank	Sum of Ranks
被调查者感知居住区的健身步道长度	中央与郊区之间	240	214.01	51362.50
	农村地区	131	134.68	17643.50
	Total	371		

表 556 　中央区域与郊区之间与农村地区被调查者感知居住区的健身步道长度的非参数检验结果ª

	被调查者感知居住区的健身步道长度
Mann-Whitney U	8997.500
Wilcoxon W	17643.500
Z	-7.042
Asymp. Sig. (2-tailed)	.000

a. Grouping Variable: 被调查者居住的区域

　　表 555 为中央区域与郊区之间与农村地区被调查者感知居住区的健身步道长度的秩次统计表，第一栏列出被调查城市，N 为样本量，Mean Rank 为平均秩次，Sum of Ranks 为秩和。表 556 为中央区域与郊区之间与农村地区被调查者感知居住区的健身步道长度的非参数检验结果，其中 Mann-Whitney U、Wilcoxon W 以及 Z 为统计量，Asymp. sig. (2-tailed) 为基于渐近分布的双侧检验概率，本例概率小于 0.05，可以认为在 0.05 水平上中央区域与郊区之间与农村地区被调查者感知居住区的健身步道长度之间的差异具有显著性。

表 557 　郊区与农村地区被调查者感知居住区的健身步道长度的秩次统计

	被调查者居住的区域	N	Mean Rank	Sum of Ranks
被调查者感知居住区的健身步道长度	郊　区	85	126.14	10722.00
	农村地区	131	97.05	12714.00
	Total	216		

表 558　郊区与农村地区被调查者感知居住区的健身步道长度的非参数检验结果[a]

	被调查者感知居住区的健身步道长度
Mann-Whitney U	4068.000
Wilcoxon W	12714.000
Z	−3.480
Asymp. Sig. (2-tailed)	.001

a. Grouping Variable：被调查者居住的区域

　　表 557 为郊区与农村地区被调查者感知居住区的健身步道长度的秩次统计表,第一栏列出被调查城市,N 为样本量,Mean Rank 为平均秩次,Sum of Ranks 为秩和。表 558 为郊区与农村地区被调查者感知居住区的健身步道长度的非参数检验结果,其中 Mann-Whitney U、Wilcoxon W 以及 Z 为统计量,Asymp. sig. (2-tailed)为基于渐近分布的双侧检验概率,本例概率小于 0.05,可以认为在 0.05 水平上郊区与农村地区被调查者感知居住区的健身步道长度之间的差异具有显著性。

　　(3) 皖北六市不同居住密度居民感知健身步道长度的列联表统计和非参数检验

　　1) 皖北六市不同居住密度居民感知健身步道长度的列联表统计

表 559　被调查者居住区人口密度 * 被调查者感知居住区健身步道长度

		被调查者感知居住区的健身步道长度					Total
		非常短	短	中等	长	非常长	
被调查者居住区的人口密度	非常稀疏	38.5%	26.9%	11.5%	11.5%	11.5%	100.0%
	稀疏	18.3%	50.7%	21.1%	5.6%	4.2%	100.0%
	中等	8.8%	24.0%	47.6%	12.4%	7.2%	100.0%
	大	7.1%	15.4%	35.7%	29.7%	12.1%	100.0%
	非常大	6.5%	12.2%	22.3%	13.7%	45.3%	100.0%
	Total	10.0%	22.2%	34.9%	16.6%	16.3%	100.0%

　　表 559 显示,皖北不同居住密度居民感知居住区健身步道长度:非常稀疏"非常短"和"短"占 65.4%、中等 11.5%、"长"和"非常长"占 23.0%;稀疏"非常短"和"短"占 69.0%、中等 21.1%、"长"和"非常长"占 9.8%;中等"非常短"和"短"占 32.8%、中等 47.6%、"长"和"非常长"占 19.6%;大"非常短"和"短"占 22.5%、中等 35.7%、"长"和"非常长"占 41.8%;非常大"非常短"和"短"占 18.7%、中等 22.3%、"长"和"非常长"占 59.0%;总体:"非常短"和"短"占 32.2%、中等 34.9%、"长"和"非常长"占 32.9%。

　　"长"和"非常长"占比与"非常短"和"短"占比之差:非常稀疏−42.4%;稀疏−59.2%;中等−13.2%;大 19.3%;非常大 40.3%;总体:0.7%。总体上皖北六市不同居住密度居民感知居住区健身步道长度"长"的占比比"短"的占比偏多一点。但不同居住密度情况不同,居住密度大、非常大的居民感知居住区健身步道长度"长"和"非常长"占比与"非常短"和"短"占比之差为正,居住密度中等、稀疏、非常稀疏的地区为负。排序为:居住密度非常大＞大＞中等＞非常稀疏＞稀疏。相关检验显示,皖北六市被调查者居住的密度与被调查者感知居住区健身步道长度的皮尔逊相关系数为 0.389,斯皮尔曼相关系数为 0.389,p＝0.000＜0.05,相关具有显著性。

2) 皖北六市不同居住密度居民感知健身步道长度的非参数检验

表 560　皖北六市不同居住密度居民感知居住区健身步道长度的平均秩

	被调查者感知居住区的人口密度	N	Mean Rank
被调查者感知居住区的健身步道长度	非常稀疏	26	218.48
	稀疏	71	202.45
	中等	250	301.69
	大	182	366.53
	非常大	139	440.73
	Total	668	

　　表 560 为皖北六市不同居住密度居民感知居住区健身步道长度的样本量和平均秩,平均秩升序排列为:"稀疏"为 202.45、"非常稀疏"为 218.48、中等为 301.69、"大"为 366.53、"非常大"为 440.73。

表 561　皖北六市不同居住密度居民感知居住区健身步道长度的非参数检验结果[a,b]

	被调查者感知居住区的健身步道长度
Chi-Square	103.552
Df	4
Asymp. Sig.	.000

a. Kruskal Wallis Test
b. Grouping Variable:被调查者居住区的人口密度

　　表 561 为 Kruskal-Wallis 检验,Asymp. Sig. 为检验统计量 $\chi^2 = 103.552$、df=4 时基于渐近分布概率,本例概率 p=0.000<0.05,所以否定检验的原假设,即可以认为皖北六市不同居住密度居民感知居住区健身步道长度之间的差异在 0.05 水平上具有显著性。

表 562　居住密度非常稀疏与稀疏被调查者感知居住区健身步道长度的秩次统计

	被调查者居住区的人口密度	N	Mean Rank	Sum of Ranks
被调查者感知居住区健身步道长度	非常稀疏	26	46.50	1209.00
	稀疏	71	49.92	3544.00
	Total	97		

表 563　居住密度非常稀疏与稀疏被调查者感知居住区健身步道长度的非参数检验结果[a]

	被调查者感知居住区健身步道长度
Mann-Whitney U	858.000
Wilcoxon W	1209.000
Z	−.560
Asymp. Sig. (2-tailed)	.575

a. Grouping Variable:被调查者居住区的人口密度

　　表 562 为居住密度非常稀疏与稀疏被调查者感知居住区健身步道长度的秩次统计表,第一栏列出被调查城市,N 为样本量,Mean Rank 为平均秩次,Sum of Ranks 为秩和。表

563 为居住密度非常稀疏与稀疏被调查者感知居住区健身步道长度的非参数检验结果,其中 Mann-Whitney U、Wilcoxon W 以及 Z 为统计量,Asymp. sig. (2-tailed)为基于渐近分布的双侧检验概率,本例概率大于 0.05,可以认为在 0.05 水平上居住密度非常稀疏与稀疏被调查者感知居住区健身步道长度之间的差异不具有显著性。

表 564　居住密度非常稀疏与中等被调查者感知居住区健身步道长度的秩次统计

	被调查者居住区的人口密度	N	Mean Rank	Sum of Ranks
被调查者感知居住区健身步道长度	非常稀疏	26	100.85	2622.00
	中等	250	142.42	35604.00
	Total	276		

表 565　居住密度非常稀疏与中等被调查者感知居住区健身步道长度的非参数检验结果[a]

	被调查者感知居住区健身步道长度
Mann-Whitney U	2271.000
Wilcoxon W	2622.000
Z	−2.671
Asymp. Sig. (2-tailed)	.008

a. Grouping Variable:被调查者居住区的人口密度

表 564 为居住密度非常稀疏与中等被调查者感知居住区健身步道长度的秩次统计表,第一栏列出被调查城市,N 为样本量,Mean Rank 为平均秩次,Sum of Ranks 为秩和。表 565 为居住密度非常稀疏与中等被调查者感知居住区健身步道长度的非参数检验结果,其中 Mann-Whitney U、Wilcoxon W 以及 Z 为统计量,Asymp. sig. (2-tailed)为基于渐近分布的双侧检验概率,本例概率小于 0.05,可以认为在 0.05 水平上居住密度非常稀疏与中等被调查者感知居住区健身步道长度之间的差异具有显著性。

表 566　居住密度非常稀疏与大被调查者感知居住区健身步道长度的秩次统计

	被调查者居住区的人口密度	N	Mean Rank	Sum of Ranks
被调查者感知居住区健身步道长度	非常稀疏	26	66.83	1737.50
	大	182	109.88	19998.50
	Total	208		

表 567　居住密度非常稀疏与大被调查者感知居住区健身步道长度的非参数检验结果[a]

	被调查者感知居住区健身步道长度
Mann-Whitney U	1386.500
Wilcoxon W	1737.500
Z	−3.525
Asymp. Sig. (2-tailed)	.000

a. Grouping Variable:被调查者居住区的人口密度

表 566 为居住密度非常稀疏与大被调查者感知居住区健身步道长度的秩次统计表,第一栏列出被调查城市,N 为样本量,Mean Rank 为平均秩次,Sum of Ranks 为秩和。表 567

为居住密度非常稀疏与大被调查者感知居住区健身步道长度的非参数检验结果,其中
Mann-Whitney U、Wilcoxon W 以及 Z 为统计量,Asymp. sig.(2-tailed)为基于渐近分布的
双侧检验概率,本例概率小于 0.05,可以认为在 0.05 水平上居住密度非常稀疏与大被调查
者感知居住区健身步道长度之间的差异具有显著性。

表 568　居住密度非常稀疏与非常大被调查者感知居住区健身步道长度的秩次统计

	被调查者居住区的人口密度	N	Mean Rank	Sum of Ranks
被调查者感知居住区健身步道长度	非常稀疏	26	44.81	1165.00
	非常大	139	90.14	12530.00
	Total	165		

表 569　居住密度非常稀疏与非常大被调查者感知居住区健身步道长度的非参数检验结果[a]

	被调查者感知居住区健身步道长度
Mann-Whitney U	814.000
Wilcoxon W	1165.000
Z	−4.629
Asymp. Sig. (2-tailed)	.000

a. Grouping Variable:被调查者居住区的人口密度

　　表 568 为居住密度非常稀疏与非常大被调查者感知居住区健身步道长度的秩次统计
表,第一栏列出被调查城市,N 为样本量,Mean Rank 为平均秩次,Sum of Ranks 为秩和。
表 569 为居住密度非常稀疏与非常大被调查者感知居住区健身步道长度的非参数检验结
果,其中 Mann-Whitney U、Wilcoxon W 以及 Z 为统计量,Asymp. sig.(2-tailed)为基于渐近
分布的双侧检验概率,本例概率小于 0.05,可以认为在 0.05 水平上居住密度非常稀疏与非
常大被调查者感知居住区健身步道长度之间的差异具有显著性。

表 570　居住密度稀疏与中等被调查者感知居住区健身步道长度的秩次统计

	被调查者居住区的人口密度	N	Mean Rank	Sum of Ranks
被调查者感知居住区健身步道长度	稀疏	71	116.65	8282.50
	中等	250	173.59	43398.50
	Total	321		

表 571　居住密度稀疏与中等被调查者感知居住区健身步道长度的非参数检验结果[a]

	被调查者感知居住区健身步道长度
Mann-Whitney U	5726.500
Wilcoxon W	8282.500
Z	−4.815
Asymp. Sig. (2-tailed)	.000

a. Grouping Variable:被调查者居住区的人口密度

　　表 570 为居住密度稀疏与中等被调查者感知居住区健身步道长度的秩次统计表,第一
栏列出被调查城市,N 为样本量,Mean Rank 为平均秩次,Sum of Ranks 为秩和。表 571 为

居住密度稀疏与中等被调查者感知居住区健身步道长度的非参数检验结果,其中 Mann-Whitney U、Wilcoxon W 以及 Z 为统计量,Asymp. sig.（2-tailed）为基于渐近分布的双侧检验概率,本例概率小于 0.05,可以认为在 0.05 水平上居住密度稀疏与中等被调查者感知居住区健身步道长度之间的差异具有显著性。

表 572　居住密度稀疏与大被调查者感知居住区健身步道长度的秩次统计

	被调查者居住区的人口密度	N	Mean Rank	Sum of Ranks
被调查者感知居住区健身步道长度	稀疏	71	81.13	5760.00
	大	182	144.90	26371.00
	Total	253		

表 573　居住密度稀疏与大被调查者感知居住区健身步道长度的非参数检验结果[a]

	被调查者感知居住区健身步道长度
Mann-Whitney U	3204.000
Wilcoxon W	5760.000
Z	−6.430
Asymp. Sig. (2-tailed)	.000

a. Grouping Variable：被调查者居住区的人口密度

表 572 为居住密度稀疏与大被调查者感知居住区健身步道长度的秩次统计表,第一栏列出被调查城市,N 为样本量,Mean Rank 为平均秩次,Sum of Ranks 为秩和。表 573 为居住密度稀疏与大被调查者感知居住区健身步道长度的非参数检验结果,其中 Mann-Whitney U、Wilcoxon W 以及 Z 为统计量,Asymp. sig.（2-tailed）为基于渐近分布的双侧检验概率,本例概率小于 0.05,可以认为在 0.05 水平上居住密度稀疏与大被调查者感知居住区健身步道长度之间的差异具有显著性。

表 574　居住密度稀疏与非常大被调查者感知居住区健身步道长度的秩次统计

	被调查者居住区的人口密度	N	Mean Rank	Sum of Ranks
被调查者感知居住区健身步道长度	稀疏	71	62.75	4455.50
	非常大	139	127.33	17699.50
	Total	210		

表 575　居住密度稀疏与非常大被调查者感知居住区健身步道长度的非参数检验结果[a]

	被调查者感知居住区健身步道长度
Mann-Whitney U	1899.500
Wilcoxon W	4455.500
Z	−7.515
Asymp. Sig. (2-tailed)	.000

a. Grouping Variable：被调查者居住区的人口密度

表 574 为居住密度稀疏与非常大被调查者感知居住区健身步道长度的秩次统计表,第一栏列出被调查城市,N 为样本量,Mean Rank 为平均秩次,Sum of Ranks 为秩和。表 575

为居住密度稀疏与非常大被调查者感知居住区健身步道长度的非参数检验结果,其中Mann-Whitney U、Wilcoxon W 以及 Z 为统计量,Asymp. sig.（2-tailed）为基于渐近分布的双侧检验概率,本例概率于 0.05,可以认为在 0.05 水平上居住密度稀疏与非常大被调查者感知居住区健身步道长度之间的差异具有显著性。

表 576　居住密度中等与大被调查者感知居住区健身步道长度的秩次统计

	被调查者居住区的人口密度	N	Mean Rank	Sum of Ranks
被调查者感知居住区健身步道长度	中等	250	196.34	49085.50
	大	182	244.19	44442.50
	Total	432		

表 577　居住密度中等与大被调查者感知居住区健身步道长度的非参数检验结果[a]

	被调查者感知居住区健身步道长度
Mann-Whitney U	17710.500
Wilcoxon W	49085.500
Z	−4.134
Asymp. Sig. (2-tailed)	.000

a. Grouping Variable：被调查者居住区的人口密度

表 576 为居住密度中等与大被调查者感知居住区健身步道长度的秩次统计表,第一栏列出被调查城市,N 为样本量,Mean Rank 为平均秩次,Sum of Ranks 为秩和。表 577 为居住密度中等与大被调查者感知居住区健身步道长度的非参数检验结果,其中 Mann-Whitney U、Wilcoxon W 以及 Z 为统计量,Asymp. sig.（2-tailed）为基于渐近分布的双侧检验概率,本例概率小于 0.05,可以认为在 0.05 水平上居住密度中等与大被调查者感知居住区健身步道长度之间的差异具有显著性。

表 578　居住密度中等与非常大被调查者感知居住区健身步道长度的秩次统计

	被调查者居住区的人口密度	N	Mean Rank	Sum of Ranks
被调查者感知居住区健身步道长度	中等	250	165.84	41459.00
	非常大	139	247.45	34396.00
	Total	389		

表 579　居住密度中等与非常大被调查者感知居住区健身步道长度的非参数检验结果[a]

	被调查者感知居住区健身步道长度
Mann-Whitney U	10084.000
Wilcoxon W	41459.000
Z	−7.140
Asymp. Sig. (2-tailed)	.000

a. Grouping Variable：被调查者居住区的人口密度

表 578 为居住密度中等与非常大被调查者感知居住区健身步道长度的秩次统计表,第一栏列出被调查城市,N 为样本量,Mean Rank 为平均秩次,Sum of Ranks 为秩和。表 579

为居住密度中等与非常大被调查者感知居住区健身步道长度的非参数检验结果,其中 Mann-Whitney U、Wilcoxon W 以及 Z 为统计量,Asymp. sig. (2-tailed)为基于渐近分布的双侧检验概率,本例概率小于 0.05,可以认为在 0.05 水平上居住密度中等与非常大被调查者感知居住区健身步道长度之间的差异具有显著性。

表 580　居住密度大与非常大被调查者感知居住区健身步道长度的秩次统计

	被调查者居住区的人口密度	N	Mean Rank	Sum of Ranks
被调查者感知居住区健身步道长度	大	182	142.06	25855.00
	非常大	139	185.80	25826.00
	Total	321		

表 581　居住密度大与非常大被调查者感知居住区健身步道长度的非参数检验结果a

	被调查者感知居住区健身步道长度
Mann-Whitney U	9202.000
Wilcoxon W	25855.000
Z	−4.315
Asymp. Sig. (2-tailed)	.000

a. Grouping Variable:被调查者居住区的人口密度

表 580 为居住密度大与非常大被调查者感知居住区健身步道长度的秩次统计表,第一栏列出被调查城市,N 为样本量,Mean Rank 为平均秩次,Sum of Ranks 为秩和。表 581 为居住密度大与非常大被调查者感知居住区健身步道长度的非参数检验结果,其中 Mann-Whitney U、Wilcoxon W 以及 Z 为统计量,Asymp. sig. (2-tailed)为基于渐近分布的双侧检验概率,本例概率小于 0.05,可以认为在 0.05 水平上居住密度大与非常大被调查者感知居住区健身步道长度之间的差异具有显著性。

(4) 皖北六市不同性别居民感知健身步道长度的列联表统计和非参数检验

1) 皖北六市不同性别居民感知健身步道长度的列联表统计

表 582　被调查者性别 * 被调查者感知居住区健身步道长度

		被调查者感知居住区的健身步道长度					Total
		非常短	短	中等	长	非常长	
被调查者的性别	男	9.9%	19.6%	28.1%	19.0%	23.3%	100.0%
	女	10.1%	25.0%	42.4%	13.9%	8.5%	100.0%
	Total	10.0%	22.2%	34.9%	16.6%	16.3%	100.0%

表 582 显示,皖北不同性别居民感知居住区健身步道长度:男性"非常短"和"短"占 29.5%、中等 28.1%、"长"和"非常长"占 42.3%;女性"非常短"和"短"占 35.1%、中等 42.4%、"长"和"非常长"占 22.4%;总体:"非常短"和"短"占 32.2%、中等 34.9%、"长"和"非常长"占 32.9%。

"长"和"非常长"占比与"非常短"和"短"占比之差:男性 12.8%;女性−12.7%;总体:0.7%。总体上皖北六市不同性别居民感知居住区健身步道"长"的占比比"短"的占比偏多一点。男性居民感知居住区健身步道"长"的占比与"短"的占比之差为正,女性为负。排序为:

男性＞女性。相关检验显示,皖北六市被调查者的性别与被调查者感知居住区健身步道长度的皮尔逊相关系数为 0.168,斯皮尔曼相关系数为 0.164,p＝0.000＜0.05,相关具有显著性。

2）皖北六市不同性别居民感知健身步道长度的非参数检验

表 583 皖北六市不同性别居民感知居住区健身步道长度的秩次统计量

	被调查者的性别	N	Mean Rank	Sum of Ranks
被调查者感知居住区的健身步道长度	男	352	363.46	127937.50
	女	316	302.24	95508.50
	Total	668		

表 584 皖北六市不同性别居民感知居住区健身步道长度的非参数检验结果ᵃ

	被调查者感知居住区的健身步道长度
Mann-Whitney U	45422.500
Wilcoxon W	95508.500
Z	−4.229
Asymp. Sig. (2-tailed)	.000

a. Grouping Variable：被调查者的性别

表 583 为皖北六市不同性别居民感知居住区健身步道长度的秩次表,第一栏列出被调查者的性别,N 为性别人数,Mean Rank 为平均秩次,Sum of Ranks 为秩和。表 584 为皖北六市不同性别居民感知居住区健身步道长度的非参数检验结果,其中 Mann-Whitney U、Wilcoxon W 以及 Z 为统计量,Asymp. sig. (2-tailed)为基于渐近分布的双侧检验概率,本例概率小于 0.05。可以认为在 0.05 水平上男女之间的感知差异具有显著性。

（5）皖北六市不同年龄区间居民感知健身步道长度的列联表统计和非参数检验

1）皖北六市不同年龄区间居民感知健身步道长度的列联表统计

表 585 被调查者年龄区间 * 被调查者感知居住区健身步道长度

		被调查者感知居住区的健身步道长度					Total
		非常短	短	中等	长	非常长	
被调查者的年龄区间	12 岁以下	4.3%	8.7%	17.4%	13.0%	56.5%	100.0%
	13—19 岁	2.0%	25.5%	37.3%	15.7%	19.6%	100.0%
	20—39 岁	12.0%	21.3%	43.3%	14.3%	9.0%	100.0%
	40—59 岁	7.2%	24.6%	36.4%	22.1%	9.7%	100.0%
	60 岁以上	15.2%	21.2%	9.1%	14.1%	40.4%	100.0%
	Total	10.0%	22.2%	34.9%	16.6%	16.3%	100.0%

表 585 显示,皖北不同年龄区间居民感知居住区健身步道长度:12 岁以下"短"和"非常短"占 13.0%、中等 17.4%、"长"和"非常长"占 69.5%;13—19 岁"短"和"非常短"占 27.5%、中等 37.3%、"长"和"非常长"占 35.3%;20—39 岁"短"和"非常短"占 33.3%、中等 43.3%、"长"和"非常长"占 23.3%;40—59 岁"短"和"非常短"占 31.8%、中等 36.4%、"长"和"非常长"占 31.8%;60 岁以上"短"和"非常短"占 36.4%、中等 9.1%、"长"和"非常长"占 54.5%;总体:"短"和"非常短"占 32.2%、中等 34.9%、"长"和"非常长"占 32.9%。

"长"和"非常长"占比与"短"和"非常短"占比之差:12 岁以下 56.5%;13—19 岁 7.8%;20—39 岁 -10%;40—59 岁 0%;60 岁以上 18.1%;总体:0.7%。总体上皖北六市不同年龄区间居民感知居住区健身步道长度,"长"的占比比"短"的占比偏多一点。12 岁以下、13—19 岁、60 岁以上居民感知居住区健身步道长度,"长"和"非常长"的占比与"短"和"非常短"的占比之差为正。20—39 岁感知居住区健身步道长度,"长"和"非常长"的占比与"短"和"非常短"的占比之差为负。40—59 岁感知居住区健身步道长度,"长"和"非常长"的占比与"短"和"非常短"的占比之差为零。排序为:12 岁以下>60 岁以上>13—19 岁>40—59 岁>20—39 岁。相关检验显示,皖北六市被调查者的年龄区间与被调查者感知居住区健身步道长度的皮尔逊相关系数为 0.009,p=0.808>0.05,相关不具有显著性。斯皮尔曼相关系数为 0.033,p=0.396>0.05,相关不具有显著性。

2) 皖北六市不同年龄区间居民感知健身步道长度的非参数检验

表 586　皖北六市不同年龄区间居民感知居住区健身步道长度的平均秩

	被调查者的年龄区间	N	Mean Rank
	12 岁以下	23	484.30
	13—19 岁	51	359.87
被调查者感知居住区的健身步道长度	20—39 岁	300	305.63
	40—59 岁	195	329.12
	60 岁以上	99	384.70
	Total	668	

表 586 为皖北六市不同年龄区间居民感知居住区健身步道长度的样本量和平均秩,平均秩升序排列为:"20—39 岁"为 305.63、"40—59 岁"为 329.12、"13—19 岁"为 359.87、"60 岁以上"为 384.70、"12 岁以下"为 484.30。

表 587　皖北六市不同年龄区间居民感知居住区健身步道长度的非参数检验结果[a,b]

	被调查者感知居住区的健身步道长度
Chi-Square	30.217
Df	4
Asymp. Sig.	.000

a. Kruskal Wallis Test
b. Grouping Variable:被调查者的年龄区间

表 587 为 Kruskal-Wallis 检验,Asymp. Sig. 为检验统计量 $\chi^2=30.217$、df=4 时基于渐近分布概率,本例概率 p=0.000<0.05,所以否定检验的原假设,即可以认为皖北六市不同年龄区间居民感知居住区健身步道长度之间的差异在 0.05 水平上具有显著性。

表 588　12 岁以下与 13—19 岁被调查者感知居住区健身步道长度的秩次统计

	被调查者的年龄区间	N	Mean Rank	Sum of Ranks
被调查者感知居住区健身步道长度	12 岁以下	23	47.59	1094.50
	13—19 岁	51	32.95	1680.50
	Total	74		

表 589　12 岁以下与 13—19 岁被调查者感知居住区健身步道长度的非参数检验结果[a]

	被调查者感知居住区健身步道长度
Mann-Whitney U	354.500
Wilcoxon W	1680.500
Z	−2.812
Asymp. Sig. (2-tailed)	.005

a. Grouping Variable：被调查者的年龄区间

　　表 588 为 12 岁以下与 13—19 岁被调查者感知居住区健身步道长度的秩次统计表，第一栏列出被调查城市，N 为样本量，Mean Rank 为平均秩次，Sum of Ranks 为秩和。表 589 为 12 岁以下与 13—19 岁被调查者感知居住区健身步道长度的非参数检验结果，其中 Mann-Whitney U、Wilcoxon W 以及 Z 为统计量，Asymp. sig. (2-tailed) 为基于渐近分布的双侧检验概率，本例概率小于 0.05，可以认为在 0.05 水平上 12 岁以下与 13—19 岁被调查者感知居住区健身步道长度的差异具有显著性。

表 590　12 岁以下与 20—39 岁被调查者感知居住区健身步道长度的秩次统计

	被调查者的年龄区间	N	Mean Rank	Sum of Ranks
被调查者感知居住区健身步道长度	12 岁以下	23	242.13	5569.00
	20—39 岁	300	155.86	46757.00
	Total	323		

表 591　12 岁以下与 20—39 岁被调查者感知居住区健身步道长度的非参数检验结果[a]

	被调查者感知居住区健身步道长度
Mann-Whitney U	1607.000
Wilcoxon W	46757.000
Z	−4.467
Asymp. Sig. (2-tailed)	.000

a. Grouping Variable：被调查者的年龄区间

　　表 590 为 12 岁以下与 20—39 岁被调查者感知居住区健身步道长度的秩次统计表，第一栏列出被调查城市，N 为样本量，Mean Rank 为平均秩次，Sum of Ranks 为秩和。表 591 为 12 岁以下与 20—39 岁被调查者感知居住区健身步道长度的非参数检验结果，其中 Mann-Whitney U、Wilcoxon W 以及 Z 为统计量，Asymp. sig. (2-tailed) 为基于渐近分布的双侧检验概率，本例概率小于 0.05，可以认为在 0.05 水平上 12 岁以下与 20—39 岁被调查者感知居住区健身步道长度的差异具有显著性。

表 592　12 岁以下与 40—59 岁被调查者感知居住区健身步道长度的秩次统计

	被调查者的年龄区间	N	Mean Rank	Sum of Ranks
被调查者感知居住区健身步道长度	12 岁以下	23	157.57	3624.00
	40—59 岁	195	103.83	20247.00
	Total	218		

表 593 12 岁以下与 40—59 岁被调查者感知居住区健身步道长度的非参数检验结果[a]

	被调查者感知居住区健身步道长度
Mann-Whitney U	1137.000
Wilcoxon W	20247.000
Z	−3.998
Asymp. Sig. (2-tailed)	.000

a. Grouping Variable：被调查者的年龄区间

表 592 为 12 岁以下与 40—59 岁被调查者感知居住区健身步道长度的秩次统计表，第一栏列出被调查城市，N 为样本量，Mean Rank 为平均秩次，Sum of Ranks 为秩和。表 593 为 12 岁以下与 40—59 岁被调查者感知居住区健身步道长度的非参数检验结果，其中 Mann-Whitney U、Wilcoxon W 以及 Z 为统计量，Asymp. sig. (2-tailed)为基于渐近分布的双侧检验概率，本例概率小于 0.05，可以认为在 0.05 水平上 12 岁以下与 40—59 岁被调查者感知居住区健身步道长度的差异具有显著性。

表 594 12 岁以下与 60 岁以上被调查者感知居住区健身步道长度的秩次统计

	被调查者的年龄区间	N	Mean Rank	Sum of Ranks
被调查者感知居住区健身步道长度	12 岁以下	23	73.02	1679.50
	60 岁以上	99	58.82	5823.50
	Total	122		

表 595 12 岁以下与 60 岁以上被调查者感知居住区健身步道长度的非参数检验结果[a]

	被调查者感知居住区健身步道长度
Mann-Whitney U	873.500
Wilcoxon W	5823.500
Z	−1.823
Asymp. Sig. (2-tailed)	.068

a. Grouping Variable：被调查者的年龄区间

表 594 为 12 岁以下与 60 岁以上被调查者感知居住区健身步道长度的秩次统计表，第一栏列出被调查城市，N 为样本量，Mean Rank 为平均秩次，Sum of Ranks 为秩和。表 595 为 12 岁以下与 60 岁以上被调查者感知居住区健身步道长度的非参数检验结果，其中 Mann-Whitney U、Wilcoxon W 以及 Z 为统计量，Asymp. sig. (2-tailed)为基于渐近分布的双侧检验概率，本例概率大于 0.05，可以认为在 0.05 水平上 12 岁以下与 60 岁以上被调查者感知居住区健身步道长度的差异不具有显著性。

表 596 13—19 岁与 20—39 岁被调查者感知居住区健身步道长度的秩次统计

	被调查者的年龄区间	N	Mean Rank	Sum of Ranks
被调查者感知居住区健身步道长度	13—19 岁	51	200.78	10240.00
	20—39 岁	300	171.79	51536.00
	Total	351		

表 597　13—19 岁与 20—39 岁被调查者感知居住区健身步道长度的非参数检验结果[a]

	被调查者感知居住区健身步道长度
Mann-Whitney U	6386.000
Wilcoxon W	51536.000
Z	−1.981
Asymp. Sig. (2-tailed)	.048

a. Grouping Variable: 被调查者的年龄区间

　　表 596 为 13—19 岁与 20—39 岁被调查者感知居住区健身步道长度的秩次统计表,第一栏列出被调查城市,N 为样本量,Mean Rank 为平均秩次,Sum of Ranks 为秩和。表 597 为 13—19 岁与 20—39 岁被调查者感知居住区健身步道长度的非参数检验结果,其中 Mann-Whitney U、Wilcoxon W 以及 Z 为统计量,Asymp. sig. (2-tailed)为基于渐近分布的双侧检验概率,本例概率小于 0.05,可以认为在 0.05 水平上 13—19 岁与 20—39 岁被调查者感知居住区健身步道长度的差异具有显著性。

表 598　13—19 岁与 40—59 岁被调查者感知居住区健身步道长度的秩次统计

	被调查者的年龄区间	N	Mean Rank	Sum of Ranks
被调查者感知居住区健身步道长度	13—19 岁	51	132.75	6770.50
	40—59 岁	195	121.08	23610.50
	Total	246		

表 599　13—19 岁与 40—59 岁被调查者感知居住区健身步道长度的非参数检验结果[a]

	被调查者感知居住区健身步道长度
Mann-Whitney U	4500.500
Wilcoxon W	23610.500
Z	−1.085
Asymp. Sig. (2-tailed)	.278

a. Grouping Variable: 被调查者的年龄区间

　　表 598 为 113—19 岁与 40—59 岁被调查者感知居住区健身步道长度的秩次统计表,第一栏列出被调查城市,N 为样本量,Mean Rank 为平均秩次,Sum of Ranks 为秩和。表 599 为 13—19 岁与 40—59 岁被调查者感知居住区健身步道长度的非参数检验结果,其中 Mann-Whitney U、Wilcoxon W 以及 Z 为统计量,Asymp. sig. (2-tailed)为基于渐近分布的双侧检验概率,本例概率大于 0.05,可以认为在 0.05 水平上 13—19 岁与 40—59 岁被调查者感知居住区健身步道长度的差异不具有显著性。

表 600　13—19 岁与 60 岁以上被调查者感知居住区健身步道长度的秩次统计

	被调查者的年龄区间	N	Mean Rank	Sum of Ranks
被调查者感知居住区健身步道长度	13—19 岁	51	71.38	3640.50
	60 岁以上	99	77.62	7684.50
	Total	150		

表 601   13—19 岁与 60 岁以上被调查者感知居住区健身步道长度的非参数检验结果ᵃ

	被调查者感知居住区健身步道长度
Mann-Whitney U	2314.500
Wilcoxon W	3640.500
Z	−.859
Asymp. Sig. (2-tailed)	.390

a. Grouping Variable：被调查者的年龄区间

表 600 为 13—19 岁与 60 岁以上被调查者感知居住区健身步道长度的秩次统计表，第一栏列出被调查城市，N 为样本量，Mean Rank 为平均秩次，Sum of Ranks 为秩和。表 601 为 13—19 岁与 60 岁以上被调查者感知居住区健身步道长度的非参数检验结果，其中 Mann-Whitney U、Wilcoxon W 以及 Z 为统计量，Asymp. sig.（2-tailed）为基于渐近分布的双侧检验概率，本例概率大于 0.05，可以认为在 0.05 水平上 13—19 岁与 60 岁以上被调查者感知居住区健身步道长度的差异不具有显著性。

表 602   20—39 岁与 40—59 岁被调查者感知居住区健身步道长度的秩次统计

	被调查者的年龄区间	N	Mean Rank	Sum of Ranks
被调查者感知居住区健身步道长度	20—39 岁	300	240.54	72161.00
	40—59 岁	195	259.48	50599.00
	Total	495		

表 603   20—39 岁与 40—59 岁被调查者感知居住区健身步道长度的非参数检验结果ᵃ

	被调查者感知居住区健身步道长度
Mann-Whitney U	27011.000
Wilcoxon W	72161.000
Z	−1.506
Asymp. Sig. (2-tailed)	.132

a. Grouping Variable：被调查者的年龄区间

表 602 为 20—39 岁与 40—59 岁被调查者感知居住区健身步道长度的秩次统计表，第一栏列出被调查城市，N 为样本量，Mean Rank 为平均秩次，Sum of Ranks 为秩和。表 603 为 20—39 岁与 40—59 岁被调查者感知居住区健身步道长度的非参数检验结果，其中 Mann-Whitney U、Wilcoxon W 以及 Z 为统计量，Asymp. sig.（2-tailed）为基于渐近分布的双侧检验概率，本例概率大于 0.05，可以认为在 0.05 水平上 20—39 岁与 40—59 岁被调查者感知居住区健身步道长度的差异不具有显著性。

表 604   20—39 岁与 60 岁以上被调查者感知居住区健身步道长度的秩次统计

	被调查者的年龄区间	N	Mean Rank	Sum of Ranks
被调查者感知居住区健身步道长度	20—39 岁	300	188.95	56686.00
	60 岁以上	99	233.47	23114.00
	Total	399		

表 605　20—39 岁与 60 岁以上被调查者感知居住区健身步道长度的非参数检验结果[a]

	被调查者感知居住区健身步道长度
Mann-Whitney U	11536.000
Wilcoxon W	56686.000
Z	−3.438
Asymp. Sig. (2-tailed)	.001

a. Grouping Variable：被调查者的年龄区间

　　表 604 为 20—39 岁与 60 岁以上被调查者感知居住区健身步道长度的秩次统计表，第一栏列出被调查城市，N 为样本量，Mean Rank 为平均秩次，Sum of Ranks 为秩和。表 605 为 20—39 岁与 60 岁以上被调查者感知居住区健身步道长度的非参数检验结果，其中 Mann-Whitney U、Wilcoxon W 以及 Z 为统计量，Asymp. sig. (2-tailed) 为基于渐近分布的双侧检验概率，本例概率小于 0.05，可以认为在 0.05 水平上 20—39 岁与 60 岁以上被调查者感知居住区健身步道长度的差异具有显著性。

表 606　40—59 岁与 60 岁以上被调查者感知居住区健身步道长度的秩次统计

	被调查者的年龄区间	N	Mean Rank	Sum of Ranks
被调查者感知居住区健身步道长度	40—59 岁	195	138.73	27051.50
	60 岁以上	99	164.78	16313.50
	Total	294		

表 607　40—59 岁与 60 岁以上被调查者感知居住区健身步道长度的非参数检验结果[a]

	被调查者感知居住区健身步道长度
Mann-Whitney U	7941.500
Wilcoxon W	27051.500
Z	−2.547
Asymp. Sig. (2-tailed)	.011

a. Grouping Variable：被调查者的年龄区间

　　表 606 为 40—59 岁与 60 岁以上被调查者感知居住区健身步道长度的秩次统计表，第一栏列出被调查城市，N 为样本量，Mean Rank 为平均秩次，Sum of Ranks 为秩和。表 607 为 40—59 岁与 60 岁以上被调查者感知居住区健身步道长度的非参数检验结果，其中 Mann-Whitney U、Wilcoxon W 以及 Z 为统计量，Asymp. sig. (2-tailed) 为基于渐近分布的双侧检验概率，本例概率小于 0.05，可以认为在 0.05 水平上 40—59 岁与 60 岁以上被调查者感知居住区健身步道长度的差异具有显著性。

（6）皖北六市不同锻炼次数居民感知健身步道长度的列联表统计和非参数检验

1）皖北六市不同锻炼次数居民感知健身步道长度的列联表统计

表 608　被调查者锻炼次数 * 被调查者感知居住区健身步道长度

		被调查者感知居住区的健身步道长度					Total
		非常短	短	中等	长	非常长	
被调查者参加体育锻炼次数	非常少	42.3%	21.2%	19.2%	5.8%	11.5%	100.0%
	少	7.3%	34.4%	39.7%	9.3%	9.3%	100.0%
	中等	8.5%	21.2%	52.4%	14.8%	3.2%	100.0%
	多	7.4%	19.6%	29.4%	30.1%	13.5%	100.0%
	非常多	5.3%	11.5%	14.2%	15.0%	54.0%	100.0%
	Total	10.0%	22.2%	34.9%	16.6%	16.3%	100.0%

表 608 显示,皖北不同锻炼次数居民感知居住区健身步道长度:非常少"短"和"非常短"占 63.5%、中等 19.2%、"长"和"非常长"占 17.3%;少"短"和"非常短"占 42.7%、中等 39.7%、"长"和"非常长"占 18.6%;中等"短"和"非常短"占 29.7%、中等 52.4%、"长"和"非常短"占 17.0%;多"短"和"非常短"占 26.0%、中等 29.4%、"长"和"非常长"占 43.6%;非常多"短"和"非常短"占 16.8%、中等 14.2%、"长"和"非常长"占 69.0%;总体:"短"和"非常短"占 32.2%、中等 34.9%、"长"和"非常长"占 32.9%。

"长"和"非常长"占比与"短"和"非常短"占比之差:非常少-46.2%;少-24.1%;中等-12.7%;多 17.6%;非常多 52.2%;总体:0.7%。总体上皖北六市不同锻炼次数居民感知居住区健身步道长度,"长"的占比比"短"的占比偏多一点。锻炼次数多、非常多的居民感知居住区健身步道长度,"长"和"非常长"的占比与"短"和"非常短"的占比之差为正。锻炼次数非常少、少、中等的居民感知居住区健身步道长度,"长"和"非常长"的占比与"短"和"非常短"的占比之差为负。排序为:非常少<少<中等<多<非常多。相关检验显示,皖北六市被调查者的锻炼次数与被调查者感知居住区健身步道长度的皮尔逊相关系数为 0.386,斯皮尔曼相关系数为 0.372,p=0.000<0.05,相关具有显著性。

2）皖北六市不同锻炼次数居民感知健身步道长度的非参数检验

表 609　皖北六市不同锻炼次数居民感知居住区健身步道长度的平均秩

	被调查者参加体育锻炼的次数	N	Mean Rank
被调查者感知居住区的健身步道长度	非常少	52	208.09
	少	151	286.78
	中等	189	300.89
	多	163	362.43
	非常多	113	472.37
	Total	668	

表 609 为皖北六市不同锻炼次数居民感知居住区健身步道长度的样本量和平均秩,平均秩升序排列为:"非常少"为 208.09、"少"为 286.78、"中等"为 300.89、"多"为 362.43、"非常多"为 472.37。

表 610　皖北六市不同锻炼次数居民感知居住区健身步道长度的非参数检验结果[a,b]

	被调查者感知居住区的健身步道长度
Chi-Square	105.010
Df	4
Asymp. Sig.	.000

a. Kruskal Wallis Test
b. Grouping Variable：被调查者参加体育锻炼的次数

　　表 610 为 Kruskal-Wallis 检验，Asymp. Sig. 为检验统计量 $\chi^2=105.010$、df＝4 时基于渐近分布概率，本例概率 p＝0.000＜0.05，所以否定检验的原假设，即可以认为皖北六市不同锻炼次数居民感知居住区健身步道长度之间的差异在 0.05 水平上具有显著性。

表 611　体育锻炼次数非常少与少被调查者感知居住区健身步道长度的秩次统计

	被调查者参加体育锻炼次数	N	Mean Rank	Sum of Ranks
被调查者感知居住区健身步道长度	非常少	52	78.65	4090.00
	少	151	110.04	16616.00
	Total	203		

表 612　体育锻炼次数非常少与少被调查者感知居住区健身步道长度的非参数检验结果[a]

	被调查者感知居住区健身步道长度
Mann-Whitney U	2712.000
Wilcoxon W	4090.000
Z	−3.458
Asymp. Sig. (2-tailed)	.001

a. Grouping Variable：被调查者参加体育锻炼次数

　　表 611 为体育锻炼次数非常少与少被调查者感知居住区健身步道长度的秩次统计表，第一栏列出被调查城市，N 为样本量，Mean Rank 为平均秩次，Sum of Ranks 为秩和。表 612 为体育锻炼次数非常少与少被调查者感知居住区健身步道长度的非参数检验结果，其中 Mann-Whitney U、Wilcoxon W 以及 Z 为统计量，Asymp. sig.（2-tailed）为基于渐近分布的双侧检验概率，本例概率小于 0.05，可以认为在 0.05 水平上体育锻炼次数非常少与少被调查者感知居住区健身步道长度的差异具有显著性。

表 613　体育锻炼次数非常少与中等被调查者感知居住区健身步道长度的秩次统计

	被调查者参加体育锻炼次数	N	Mean Rank	Sum of Ranks
被调查者感知居住区健身步道长度	非常少	52	89.00	4628.00
	中等	189	129.80	24533.00
	Total	241		

表 614　体育锻炼次数非常少与中等被调查者感知居住区健身步道长度的非参数检验结果ᵃ

	被调查者感知居住区健身步道长度
Mann-Whitney U	3250.000
Wilcoxon W	4628.000
Z	−3.958
Asymp. Sig. (2-tailed)	.000

a. Grouping Variable：被调查者参加体育锻炼次数

表 613 为体育锻炼次数非常少与中等被调查者感知居住区健身步道长度的秩次统计表,第一栏列出被调查城市,N 为样本量,Mean Rank 为平均秩次,Sum of Ranks 为秩和。表 614 为体育锻炼次数非常少与中等被调查者感知居住区健身步道长度的非参数检验结果,其中 Mann-Whitney U、Wilcoxon W 以及 Z 为统计量,Asymp. sig. (2-tailed)为基于渐近分布的双侧检验概率,本例概率小于 0.05,可以认为在 0.05 水平上体育锻炼次数非常少与中等被调查者感知居住区健身步道长度的差异具有显著性。

表 615　体育锻炼次数非常少与多被调查者感知居住区健身步道长度的秩次统计

	被调查者参加体育锻炼次数	N	Mean Rank	Sum of Ranks
被调查者感知居住区健身步道长度	非常少	52	72.30	3759.50
	多	163	119.39	19460.50
	Total	215		

表 616　体育锻炼次数非常少与多被调查者感知居住区健身步道长度的非参数检验结果ᵃ

	被调查者感知居住区健身步道长度
Mann-Whitney U	2381.500
Wilcoxon W	3759.500
Z	−4.871
Asymp. Sig. (2-tailed)	.000

a. Grouping Variable：被调查者参加体育锻炼次数

表 615 为体育锻炼次数非常少与多被调查者感知居住区健身步道长度的秩次统计表,第一栏列出被调查城市,N 为样本量,Mean Rank 为平均秩次,Sum of Ranks 为秩和。表 616 为体育锻炼次数非常少与多被调查者感知居住区健身步道长度的非参数检验结果,其中 Mann-Whitney U、Wilcoxon W 以及 Z 为统计量,Asymp. sig. (2-tailed)为基于渐近分布的双侧检验概率,本例概率小于 0.05,可以认为在 0.05 水平上体育锻炼次数非常少与多被调查者感知居住区健身步道长度的差异具有显著性。

表 617　体育锻炼次数非常少与非常多被调查者感知居住区健身步道长度的秩次统计

	被调查者参加体育锻炼次数	N	Mean Rank	Sum of Ranks
被调查者感知居住区健身步道长度	非常少	52	47.63	2477.00
	非常多	113	99.27	11218.00
	Total	165		

表 618 体育锻炼次数非常少与非常多被调查者感知居住区健身步道长度的非参数检验结果[a]

	被调查者感知居住区健身步道长度
Mann-Whitney U	1099.000
Wilcoxon W	2477.000
Z	−6.727
Asymp. Sig. (2-tailed)	.000

a. Grouping Variable：被调查者参加体育锻炼次数

表 617 为体育锻炼次数非常少与非常多被调查者感知居住区健身步道长度的秩次统计表,第一栏列出被调查城市,N 为样本量,Mean Rank 为平均秩次,Sum of Ranks 为秩和。表 618 为体育锻炼次数非常少与非常多被调查者感知居住区健身步道长度的非参数检验结果,其中 Mann-Whitney U、Wilcoxon W 以及 Z 为统计量,Asymp. sig. (2-tailed)为基于渐近分布的双侧检验概率,本例概率小于 0.05,可以认为在 0.05 水平上体育锻炼次数非常少与非常多被调查者感知居住区健身步道长度的差异具有显著性。

表 619 体育锻炼次数少与中等被调查者感知居住区健身步道长度的秩次统计

	被调查者参加体育锻炼次数	N	Mean Rank	Sum of Ranks
被调查者感知居住区健身步道长度	少	151	163.81	24736.00
	中等	189	175.84	33234.00
	Total	340		

表 620 体育锻炼次数少与中等被调查者感知居住区健身步道长度的非参数检验结果[a]

	被调查者感知居住区健身步道长度
Mann-Whitney U	13260.000
Wilcoxon W	24736.000
Z	−1.198
Asymp. Sig. (2-tailed)	.231

a. Grouping Variable：被调查者参加体育锻炼次数

表 619 为体育锻炼次数少与中等被调查者感知居住区健身步道长度的秩次统计表,第一栏列出被调查城市,N 为样本量,Mean Rank 为平均秩次,Sum of Ranks 为秩和。表 620 为体育锻炼次数少与中等被调查者感知居住区健身步道长度的非参数检验结果,其中 Mann-Whitney U、Wilcoxon W 以及 Z 为统计量,Asymp. sig. (2-tailed)为基于渐近分布的双侧检验概率,本例概率大于 0.05,可以认为在 0.05 水平上体育锻炼次数少与中等被调查者感知居住区健身步道长度的差异不具有显著性。

表 621 体育锻炼次数少与多被调查者感知居住区健身步道长度的秩次统计

	被调查者参加体育锻炼次数	N	Mean Rank	Sum of Ranks
被调查者感知居住区健身步道长度	少	151	137.99	20837.00
	多	163	175.57	28618.00
	Total	314		

表 622　体育锻炼次数少与多被调查者感知居住区健身步道长度的非参数检验结果[a]

	被调查者感知居住区健身步道长度
Mann-Whitney U	9361.000
Wilcoxon W	20837.000
Z	−3.799
Asymp. Sig. (2-tailed)	.000

a. Grouping Variable：被调查者参加体育锻炼次数

　　表 621 为体育锻炼次数少与多被调查者感知居住区健身步道长度的秩次统计表,第一栏列出被调查城市,N 为样本量,Mean Rank 为平均秩次,Sum of Ranks 为秩和。表 622 为体育锻炼次数少与多被调查者感知居住区健身步道长度的非参数检验结果,其中 Mann-Whitney U、Wilcoxon W 以及 Z 为统计量,Asymp. sig. (2-tailed)为基于渐近分布的双侧检验概率,本例概率小于 0.05,可以认为在 0.05 水平上体育锻炼次数少与多被调查者感知居住区健身步道长度的差异具有显著性。

表 623　体育锻炼次数少与非常多被调查者感知居住区健身步道长度的秩次统计

	被调查者参加体育锻炼次数	N	Mean Rank	Sum of Ranks
被调查者感知居住区健身步道长度	少	151	102.93	15543.00
	非常多	113	172.01	19437.00
	Total	264		

表 624　体育锻炼次数少与非常多被调查者感知居住区健身步道长度的非参数检验结果[a]

	被调查者感知居住区健身步道长度
Mann-Whitney U	4067.000
Wilcoxon W	15543.000
Z	−7.516
Asymp. Sig. (2-tailed)	.000

a. Grouping Variable：被调查者参加体育锻炼次数

　　表 623 为体育锻炼次数少与非常多被调查者感知居住区健身步道长度的秩次统计表,第一栏列出被调查城市,N 为样本量,Mean Rank 为平均秩次,Sum of Ranks 为秩和。表 624 为体育锻炼次数少与非常多被调查者感知居住区健身步道长度的非参数检验结果,其中 Mann-Whitney U、Wilcoxon W 以及 Z 为统计量,Asymp. sig. (2-tailed)为基于渐近分布的双侧检验概率,本例概率小于 0.05,可以认为在 0.05 水平上体育锻炼次数少与非常多被调查者感知居住区健身步道长度的差异具有显著性。

表 625　体育锻炼次数中等与多被调查者感知居住区健身步道长度的秩次统计

	被调查者参加体育锻炼次数	N	Mean Rank	Sum of Ranks
被调查者感知居住区健身步道长度	中等	189	159.14	30077.00
	多	163	196.63	32051.00
	Total	352		

表 626　体育锻炼次数中等与多被调查者感知居住区健身步道长度的非参数检验结果ᵃ

	被调查者感知居住区健身步道长度
Mann-Whitney U	12122.000
Wilcoxon W	30077.000
Z	−3.619
Asymp. Sig. (2-tailed)	.000

a. Grouping Variable：被调查者参加体育锻炼次数

　　表625为体育锻炼次数中等与多被调查者感知居住区健身步道长度的秩次统计表，第一栏列出被调查城市，N为样本量，Mean Rank为平均秩次，Sum of Ranks为秩和。表626为体育锻炼次数中等与多被调查者感知居住区健身步道长度的非参数检验结果，其中Mann-Whitney U、Wilcoxon W以及Z为统计量，Asymp. sig. (2-tailed)为基于渐近分布的双侧检验概率，本例概率小于0.05，可以认为在0.05水平上体育锻炼次数中等与多被调查者感知居住区健身步道长度的差异具有显著性。

表 627　体育锻炼次数中等与非常多被调查者感知居住区健身步道长度的秩次统计

	被调查者参加体育锻炼次数	N	Mean Rank	Sum of Ranks
被调查者感知居住区健身步道长度	中等	189	121.11	22889.00
	非常多	113	202.34	22864.00
	Total	302		

表 628　体育锻炼次数中等与非常多被调查者感知居住区健身步道长度的非参数检验结果ᵃ

	被调查者感知居住区健身步道长度
Mann-Whitney U	4934.000
Wilcoxon W	22889.000
Z	−8.135
Asymp. Sig. (2-tailed)	.000

a. Grouping Variable：被调查者参加体育锻炼次数

　　表627为体育锻炼次数中等与非常多被调查者感知居住区健身步道长度的秩次统计表，第一栏列出被调查城市，N为样本量，Mean Rank为平均秩次，Sum of Ranks为秩和。表628为体育锻炼次数中等与非常多被调查者感知居住区健身步道长度的非参数检验结果，其中Mann-Whitney U、Wilcoxon W以及Z为统计量，Asymp. sig. (2-tailed)为基于渐近分布的双侧检验概率，本例概率小于0.05，可以认为在0.05水平上体育锻炼次数中等与非常多被调查者感知居住区健身步道长度的差异具有显著性。

表 629　体育锻炼次数多与非常多被调查者感知居住区健身步道长度的秩次统计

	被调查者参加体育锻炼次数	N	Mean Rank	Sum of Ranks
被调查者感知居住区健身步道长度	多	163	116.84	19044.50
	非常多	113	169.75	19181.50
	Total	276		

表 630　体育锻炼次数多与非常多被调查者感知居住区健身步道长度的非参数检验结果ª

	被调查者感知居住区健身步道长度
Mann-Whitney U	5678.500
Wilcoxon W	19044.500
Z	−5.579
Asymp. Sig. (2-tailed)	.000

a. Grouping Variable：被调查者参加体育锻炼次数

　　表 629 为体育锻炼次数多与非常多被调查者感知居住区健身步道长度的秩次统计表，第一栏列出被调查城市，N 为样本量，Mean Rank 为平均秩次，Sum of Ranks 为秩和。表 630 为体育锻炼次数多与非常多被调查者感知居住区健身步道长度的非参数检验结果，其中 Mann-Whitney U、Wilcoxon W 以及 Z 为统计量，Asymp. sig. (2-tailed) 为基于渐近分布的双侧检验概率，本例概率小于 0.05，可以认为在 0.05 水平上体育锻炼次数多与非常多被调查者感知居住区健身步道长度的差异具有显著性。

4.1.2.3　居民感知健身步道的宽度

（1）皖北不同市居民感知健身步道宽度的列联表统计和非参数检验

1）皖北不同市居民感知健身步道宽度的列联表统计

表 631　被调查者居住的城市 * 被调查者感知居住区健身步道宽度

		被调查者感知居住区的健身步道宽度					Total
		非常窄	窄	中等	宽	非常宽	
被调查者居住的城市	淮北市	5.7%	18.4%	47.5%	19.1%	9.2%	100.0%
	宿州市	6.7%	15.2%	41.0%	11.4%	25.7%	100.0%
	蚌埠市	10.1%	24.8%	32.1%	11.0%	22.0%	100.0%
	淮南市	7.8%	23.5%	39.2%	19.6%	9.8%	100.0%
	阜阳市	12.0%	18.0%	31.0%	26.0%	13.0%	100.0%
	亳州市	22.5%	22.5%	22.5%	21.6%	10.8%	100.0%
	Total	10.6%	20.4%	36.1%	18.1%	14.8%	100.0%

　　表 631 显示，皖北六市居民感知健身步道的宽度：淮北市"窄"和"非常窄"占 24.1%（34）、中等 47.5%（67）、"宽"和"非常宽"占 28.3%（40）；宿州市"窄"和"非常窄"占 21.9%（23）、中等 41.0%（43）、"宽"和"非常宽"占 37.1%（39）；蚌埠市"窄"和"非常窄"占 34.9%（38）、中等 32.1%（35）、"宽"和"非常宽"占 33%（36）；淮南市"窄"和"非常窄"占 31.3%（32）、中等 39.2%（40）、"宽"和"非常宽"占 29.4%（30）；阜阳市"窄"和"非常窄"占 30.0%（30）、中等 31.0%（31）、"宽"和"非常宽"占 39.0%（39）；亳州市"窄"和"非常窄"占 45%（50）、中等 22.5%（25）、"宽"和"非常宽"占 32.4%（36）；总体："窄"和"非常窄"占 31%（207）、中等 36.1%（241）、"宽"和"非常宽"占 32.9%（220）。

　　"宽"和"非常宽"占比与"窄"和"非常窄"占比之差：淮北市 4.2%；宿州市 15.2%；蚌埠市−1.9%；淮南市−1.9%；阜阳市 9%；亳州市−12.6%；总体：1.9%。总体上皖北六市居民感知健身步道宽度"宽"的占比比"窄"的占比偏多一点。淮北市、宿州市、阜阳市居民感知健身步道宽度"宽"和"非常宽"占比与"窄"和"非常窄"占比之差为正。蚌埠市、淮南市、亳州市为负。排序为:宿州市>阜阳市>淮北市>蚌埠市=淮南市>亳州市。

2)皖北不同市居民感知健身步道宽度的非参数检验

表 632　皖北六市居民感知居住区健身步道宽度的平均秩

	被调查者居住的城市	N	Mean Rank
被调查者感知居住区的健身步道宽度	淮北市	141	338.16
	宿州市	105	375.32
	蚌埠市	109	335.84
	淮南市	102	324.76
	阜阳市	100	343.92
	亳州市	111	290.37
	Total	668	

表 632 为皖北六市居民感知健身步道宽度的样本量和平均秩,降序排列为:宿州市为 375.32(105)、阜阳市为 343.92(100)、淮北市为 338.16(141)、蚌埠市为 335.84(109)、淮南市为 324.76(102)、亳州市为 290.37(111)。

表 633　皖北六市居民感知居住区健身步道宽度的非参数检验结果[a,b]

	被调查者感知居住区的健身步道宽度
Chi-Square	11.835
Df	5
Asymp. Sig.	.037

a. Kruskal Wallis Test
b. Grouping Variable:被调查者居住的城市

表 633 为 Kruskal-Wallis 检验,Asymp. Sig. 为检验统计量 $\chi^2=11.835$、df$=5$ 时基于渐近分布概率,本例概率 $p=0.037<0.05$,所以否定检验的原假设,即可以认为皖北六市居民感知健身步道宽度之间的差异在 0.05 水平上具有显著性。

表 634　淮北市与宿州市被调查者感知居住区健身步道宽度的秩次统计

	被调查者居住的城市	N	Mean Rank	Sum of Ranks
被调查者感知居住区健身步道宽度	淮北市	141	117.33	16544.00
	宿州市	105	131.78	13837.00
	Total	246		

表 635　淮北市与宿州市被调查者感知居住区健身步道宽度的非参数检验结果[a]

	被调查者感知居住区健身步道宽度
Mann-Whitney U	6533.000
Wilcoxon W	16544.000
Z	−1.663
Asymp. Sig. (2-tailed)	.096

a. Grouping Variable:被调查者居住的城市

　　表 634 为淮北市与宿州市被调查者感知居住区健身步道宽度的秩次统计表,第一栏列出被调查城市,N 为样本量,Mean Rank 为平均秩次,Sum of Ranks 为秩和。表 635 为淮北市与宿州市被调查者感知居住区健身步道宽度的非参数检验结果,其中 Mann-Whitney U、Wilcoxon W 以及 Z 为统计量,Asymp. sig. (2-tailed)为基于渐近分布的双侧检验概率,本例概率大于 0.05,可以认为在 0.05 水平上淮北市与宿州市被调查者感知居住区健身步道宽度之间的差异不具有显著性。

表 636　淮北市与蚌埠市被调查者感知居住区健身步道宽度的秩次统计

	被调查者居住的城市	N	Mean Rank	Sum of Ranks
被调查者感知居住区健身步道宽度	淮北市	141	126.27	17804.50
	蚌埠市	109	124.50	13570.50
	Total	250		

表 637　淮北市与蚌埠市被调查者感知居住区健身步道宽度的非参数检验结果[a]

	被调查者感知居住区健身步道宽度
Mann-Whitney U	7575.500
Wilcoxon W	13570.500
Z	$-.201$
Asymp. Sig. (2-tailed)	.841

　　a. Grouping Variable:被调查者居住的城市

　　表 636 为淮北市与蚌埠市被调查者感知居住区健身步道宽度的秩次统计表,第一栏列出被调查城市,N 为样本量,Mean Rank 为平均秩次,Sum of Ranks 为秩和。表 637 为淮北市与蚌埠市被调查者感知居住区健身步道宽度的非参数检验结果,其中 Mann-Whitney U、Wilcoxon W 以及 Z 为统计量,Asymp. sig. (2-tailed)为基于渐近分布的双侧检验概率,本例概率大于 0.05,可以认为在 0.05 水平上淮北市与蚌埠市被调查者感知居住区健身步道宽度之间的差异不具有显著性。

表 638　淮北市与淮南市被调查者感知居住区健身步道宽度的秩次统计

	被调查者居住的城市	N	Mean Rank	Sum of Ranks
被调查者感知居住区健身步道宽度	淮北市	141	124.27	17522.00
	淮南市	102	118.86	12124.00
	Total	243		

表 639　淮北市与淮南市被调查者感知居住区健身步道宽度的非参数检验结果[a]

	被调查者感知居住区健身步道宽度
Mann-Whitney U	6871.000
Wilcoxon W	12124.000
Z	$-.625$
Asymp. Sig. (2-tailed)	.532

　　a. Grouping Variable:被调查者居住的城市

　　表 638 为淮北市与淮南市被调查者感知居住区健身步道宽度的秩次统计表,第一栏列出被调查城市,N 为样本量,Mean Rank 为平均秩次,Sum of Ranks 为秩和。表 639 为淮北市与淮南市被调查者感知居住区健身步道宽度的非参数检验结果,其中 Mann-Whitney U、Wilcoxon W 以及 Z 为统计量,Asymp. sig. (2-tailed)为基于渐近分布的双侧检验概率,本例概率大于 0.05,可以认为在 0.05 水平上淮北市与淮南市被调查者感知居住区健身步道宽度之间的差异不具有显著性。

表 640　淮北市与阜阳市被调查者感知居住区健身步道宽度的秩次统计

	被调查者居住的城市	N	Mean Rank	Sum of Ranks
被调查者感知居住区健身步道宽度	淮北市	141	119.62	16867.00
	阜阳市	100	122.94	12294.00
	Total	241		

表 641　淮北市与阜阳市被调查者感知居住区健身步道宽度的非参数检验结果[a]

	被调查者感知居住区健身步道宽度
Mann-Whitney U	6856.000
Wilcoxon W	16867.000
Z	−.380
Asymp. Sig. (2-tailed)	.704

　　a. Grouping Variable:被调查者居住的城市

　　表 640 为淮北市与阜阳市被调查者感知居住区健身步道宽度的秩次统计表,第一栏列出被调查城市,N 为样本量,Mean Rank 为平均秩次,Sum of Ranks 为秩和。表 641 为淮北市与阜阳市被调查者感知居住区健身步道宽度的非参数检验结果,其中 Mann-Whitney U、Wilcoxon W 以及 Z 为统计量,Asymp. sig. (2-tailed)为基于渐近分布的双侧检验概率,本例概率大于 0.05,可以认为在 0.05 水平上淮北市与阜阳市被调查者感知居住区健身步道宽度之间的差异不具有显著性。

表 642　淮北市与亳州市被调查者感知居住区健身步道宽度的秩次统计

	被调查者居住的城市	N	Mean Rank	Sum of Ranks
被调查者感知居住区健身步道宽度	淮北市	141	134.66	18987.50
	亳州市	111	116.13	12890.50
	Total	252		

表 643　淮北市与亳州市被调查者感知居住区健身步道宽度的非参数检验结果[a]

	被调查者感知居住区健身步道宽度
Mann-Whitney U	6674.500
Wilcoxon W	12890.500
Z	−2.076
Asymp. Sig. (2-tailed)	.038

　　a. Grouping Variable:被调查者居住的城市

　　表 642 为淮北市与亳州市被调查者感知居住区健身步道宽度的秩次统计表,第一栏列出被调查城市,N 为样本量,Mean Rank 为平均秩次,Sum of Ranks 为秩和。表 643 为淮北市与亳州市被调查者感知居住区健身步道宽度的非参数检验结果,其中 Mann-Whitney U、Wilcoxon W 以及 Z 为统计量,Asymp. sig. (2-tailed)为基于渐近分布的双侧检验概率,本例概率小于 0.05,可以认为在 0.05 水平上淮北市与亳州市被调查者感知居住区健身步道宽度之间的差异具有显著性。

表 644　宿州市与蚌埠市被调查者感知居住区健身步道宽度的秩次统计

	被调查者居住的城市	N	Mean Rank	Sum of Ranks
被调查者感知居住区健身步道宽度	宿州市	105	113.80	11949.00
	蚌埠市	109	101.43	11056.00
	Total	214		

表 645　宿州市与蚌埠市被调查者感知居住区健身步道宽度的非参数检验结果[a]

	被调查者感知居住区健身步道宽度
Mann-Whitney U	5061.000
Wilcoxon W	11056.000
Z	−1.516
Asymp. Sig. (2-tailed)	.129

a. Grouping Variable:被调查者居住的城市

　　表 644 为宿州市与蚌埠市被调查者感知居住区健身步道宽度的秩次统计表,第一栏列出被调查城市,N 为样本量,Mean Rank 为平均秩次,Sum of Ranks 为秩和。表 645 为宿州市与蚌埠市被调查者感知居住区健身步道宽度的非参数检验结果,其中 Mann-Whitney U、Wilcoxon W 以及 Z 为统计量,Asymp. sig. (2-tailed)为基于渐近分布的双侧检验概率,本例概率大于 0.05,可以认为在 0.05 水平上宿州市与蚌埠市被调查者感知居住区健身步道宽度之间的差异不具有显著性。

表 646　宿州市与淮南市被调查者感知居住区健身步道宽度的秩次统计

	被调查者居住的城市	N	Mean Rank	Sum of Ranks
被调查者感知居住区健身步道宽度	宿州市	105	111.92	11752.00
	淮南市	102	95.84	9776.00
	Total	207		

表 647　宿州市与淮南市被调查者感知居住区健身步道宽度的非参数检验结果[a]

	被调查者感知居住区健身步道宽度
Mann-Whitney U	4523.000
Wilcoxon W	9776.000
Z	−2.015
Asymp. Sig. (2-tailed)	.044

a. Grouping Variable:被调查者居住的城市

表646为宿州市与淮南市被调查者感知居住区健身步道宽度的秩次统计表,第一栏列出被调查城市,N为样本量,Mean Rank为平均秩次,Sum of Ranks为秩和。表647为宿州市与淮南市被调查者感知居住区健身步道宽度的非参数检验结果,其中 Mann-Whitney U、Wilcoxon W 以及 Z 为统计量,Asymp. sig. (2-tailed)为基于渐近分布的双侧检验概率,本例概率小于0.05,可以认为在0.05水平上宿州市与淮南市被调查者感知居住区健身步道宽度之间的差异具有显著性。

表648　宿州市与阜阳市被调查者感知居住区健身步道宽度的秩次统计

	被调查者居住的城市	N	Mean Rank	Sum of Ranks
被调查者感知居住区健身步道宽度	宿州市	105	107.73	11312.00
	阜阳市	100	98.03	9803.00
	Total	205		

表649　宿州市与阜阳市被调查者感知居住区健身步道宽度的非参数检验结果[a]

	被调查者感知居住区健身步道宽度
Mann-Whitney U	4753.000
Wilcoxon W	9803.000
Z	−1.211
Asymp. Sig. (2-tailed)	.226

a. Grouping Variable:被调查者居住的城市

表648为宿州市与阜阳市被调查者感知居住区健身步道宽度的秩次统计表,第一栏列出被调查城市,N为样本量,Mean Rank为平均秩次,Sum of Ranks为秩和。表649为宿州市与阜阳市被调查者感知居住区健身步道宽度的非参数检验结果,其中 Mann-Whitney U、Wilcoxon W 以及 Z 为统计量,Asymp. sig. (2-tailed)为基于渐近分布的双侧检验概率,本例概率大于0.05,可以认为在0.05水平上宿州市与阜阳市被调查者感知居住区健身步道宽度之间的差异不具有显著性。

表650　宿州市与亳州市被调查者感知居住区健身步道宽度的秩次统计

	被调查者居住的城市	N	Mean Rank	Sum of Ranks
被调查者感知居住区健身步道宽度	宿州市	105	122.09	12819.00
	亳州市	111	95.65	10617.00
	Total	216		

表651　宿州市与亳州市被调查者感知居住区健身步道宽度的非参数检验结果[a]

	被调查者感知居住区健身步道宽度
Mann-Whitney U	4401.000
Wilcoxon W	10617.000
Z	−3.191
Asymp. Sig. (2-tailed)	.001

a. Grouping Variable:被调查者居住的城市

　　表 650 为宿州市与亳州市被调查者感知居住区健身步道宽度的秩次统计表,第一栏列出被调查城市,N 为样本量,Mean Rank 为平均秩次,Sum of Ranks 为秩和。表 651 为宿州市与亳州市被调查者感知居住区健身步道宽度的非参数检验结果,其中 Mann-Whitney U、Wilcoxon W 以及 Z 为统计量,Asymp. sig. (2-tailed)为基于渐近分布的双侧检验概率,本例概率小于 0.05,可以认为在 0.05 水平上宿州市与亳州市被调查者感知居住区健身步道宽度之间的差异具有显著性。

表 652　蚌埠市与淮南市被调查者感知居住区健身步道宽度的秩次统计

	被调查者居住的城市	N	Mean Rank	Sum of Ranks
被调查者感知居住区健身步道宽度	蚌埠市	109	107.44	11711.00
	淮南市	102	104.46	10655.00
	Total	211		

表 653　蚌埠市与淮南市被调查者感知居住区健身步道宽度的非参数检验结果[a]

	被调查者感知居住区健身步道宽度
Mann-Whitney U	5402.000
Wilcoxon W	10655.000
Z	−.367
Asymp. Sig. (2-tailed)	.714

　　a. Grouping Variable:被调查者居住的城市

　　表 652 为蚌埠市与淮南市被调查者感知居住区健身步道宽度的秩次统计表,第一栏列出被调查城市,N 为样本量,Mean Rank 为平均秩次,Sum of Ranks 为秩和。表 653 为蚌埠市与淮南市被调查者感知居住区健身步道宽度的非参数检验结果,其中 Mann-Whitney U、Wilcoxon W 以及 Z 为统计量,Asymp. sig. (2-tailed)为基于渐近分布的双侧检验概率,本例概率大于 0.05,可以认为在 0.05 水平上蚌埠市与淮南市被调查者感知居住区健身步道宽度之间的差异不具有显著性。

表 654　蚌埠市与阜阳市被调查者感知居住区健身步道宽度的秩次统计

	被调查者居住的城市	N	Mean Rank	Sum of Ranks
被调查者感知居住区健身步道宽度	蚌埠市	109	104.15	11352.50
	阜阳市	100	105.93	10592.50
	Total	209		

表 655　蚌埠市与阜阳市被调查者感知居住区健身步道宽度的非参数检验结果[a]

	被调查者感知居住区健身步道宽度
Mann-Whitney U	5357.500
Wilcoxon W	11352.500
Z	−.218
Asymp. Sig. (2-tailed)	.828

　　a. Grouping Variable:被调查者居住的城市

 表654为蚌埠市与阜阳市被调查者感知居住区健身步道宽度的秩次统计表,第一栏列出被调查城市,N为样本量,Mean Rank为平均秩次,Sum of Ranks为秩和。表655为蚌埠市与阜阳市被调查者感知居住区健身步道宽度的非参数检验结果,其中Mann-Whitney U、Wilcoxon W以及Z为统计量,Asymp. sig.(2-tailed)为基于渐近分布的双侧检验概率,本例概率大于0.05,可以认为在0.05水平上蚌埠市与阜阳市被调查者感知居住区健身步道宽度之间的差异不具有显著性。

表656　蚌埠市与亳州市被调查者感知居住区健身步道宽度的秩次统计

	被调查者居住的城市	N	Mean Rank	Sum of Ranks
被调查者感知居住区健身步道宽度	蚌埠市	109	118.32	12896.50
	亳州市	111	102.82	11413.50
	Total	220		

表657　蚌埠市与亳州市被调查者感知居住区健身步道宽度的非参数检验结果[a]

	被调查者感知居住区健身步道宽度
Mann-Whitney U	5197.500
Wilcoxon W	11413.500
Z	−1.849
Asymp. Sig. (2-tailed)	.065

a. Grouping Variable:被调查者居住的城市

 表656为蚌埠市与亳州市被调查者感知居住区健身步道宽度的秩次统计表,第一栏列出被调查城市,N为样本量,Mean Rank为平均秩次,Sum of Ranks为秩和。表657为蚌埠市与亳州市被调查者感知居住区健身步道宽度的非参数检验结果,其中Mann-Whitney U、Wilcoxon W以及Z为统计量,Asymp. sig.(2-tailed)为基于渐近分布的双侧检验概率,本例概率大于0.05,可以认为在0.05水平上蚌埠市与亳州市被调查者感知居住区健身步道宽度之间的差异不具有显著性。

表658　淮南市与阜阳市被调查者感知居住区健身步道宽度的秩次统计

	被调查者居住的城市	N	Mean Rank	Sum of Ranks
被调查者感知居住区健身步道宽度	淮南市	102	98.43	10040.00
	阜阳市	100	104.63	10463.00
	Total	202		

表659　淮南市与阜阳市被调查者感知居住区健身步道宽度的非参数检验结果[a]

	被调查者感知居住区健身步道宽度
Mann-Whitney U	4787.000
Wilcoxon W	10040.00
Z	−.780
Asymp. Sig. (2-tailed)	.435

a. Grouping Variable:被调查者居住的城市

表 658 为淮南市与阜阳市被调查者感知居住区健身步道宽度的秩次统计表,第一栏列出被调查城市,N 为样本量,Mean Rank 为平均秩次,Sum of Ranks 为秩和。表 659 为淮南市与阜阳市被调查者感知居住区健身步道宽度的非参数检验结果,其中 Mann-Whitney U、Wilcoxon W 以及 Z 为统计量,Asymp. sig. (2-tailed)为基于渐近分布的双侧检验概率,本例概率大于 0.05,可以认为在 0.05 水平上淮南市与阜阳市被调查者感知居住区健身步道宽度之间的差异不具有显著性。

表 660　淮南市与亳州市被调查者感知居住区健身步道宽度的秩次统计

	被调查者居住的城市	N	Mean Rank	Sum of Ranks
被调查者感知居住区健身步道宽度	淮南市	102	113.17	11543.00
	亳州市	111	101.33	11248.00
	Total	213		

表 661　淮南市与亳州市被调查者感知居住区健身步道宽度的非参数检验结果[a]

	被调查者感知居住区健身步道宽度
Mann-Whitney U	5032.000
Wilcoxon W	11248.000
Z	−1.439
Asymp. Sig. (2-tailed)	.150

a. Grouping Variable:被调查者居住的城市

表 660 为淮南市与亳州市被调查者感知居住区健身步道宽度的秩次统计表,第一栏列出被调查城市,N 为样本量,Mean Rank 为平均秩次,Sum of Ranks 为秩和。表 661 为淮南市与亳州市被调查者感知居住区健身步道宽度的非参数检验结果,其中 Mann-Whitney U、Wilcoxon W 以及 Z 为统计量,Asymp. sig. (2-tailed)为基于渐近分布的双侧检验概率,本例概率大于 0.05,可以认为在 0.05 水平上淮南市与亳州市被调查者感知居住区健身步道宽度之间的差异不具有显著性。

表 662　阜阳市与亳州市被调查者感知居住区健身步道宽度的秩次统计

	被调查者居住的城市	N	Mean Rank	Sum of Ranks
被调查者感知居住区健身步道宽度	阜阳市	100	114.39	11439.50
	亳州市	111	98.44	10926.50
	Total	211		

表 663　阜阳市与亳州市被调查者感知居住区健身步道宽度的非参数检验结果[a]

	被调查者感知居住区健身步道宽度
Mann-Whitney U	4710.500
Wilcoxon W	10926.500
Z	−1.942
Asymp. Sig. (2-tailed)	.052

a. Grouping Variable:被调查者居住的城市

　　表 662 为阜阳市与亳州市被调查者感知居住区健身步道宽度的秩次统计表,第一栏列出被调查城市,N 为样本量,Mean Rank 为平均秩次,Sum of Ranks 为秩和。表 663 为阜阳市与亳州市被调查者感知居住区健身步道宽度的非参数检验结果,其中 Mann-Whitney U、Wilcoxon W 以及 Z 为统计量,Asymp. sig. (2-tailed)为基于渐近分布的双侧检验概率,本例概率大于 0.05,可以认为在 0.05 水平上阜阳市与亳州市被调查者感知居住区健身步道宽度之间的差异不具有显著性。

　　(2) 皖北六市不同居住区居民感知健身步道宽度的列联表统计和非参数检验

　　1) 皖北六市不同居住区居民感知健身步道宽度的列联表统计

表 664　被调查者居住的区域 * 被调查者感知居住区健身步道宽度

		被调查者感知居住区的健身步道宽度					Total
		非常少	少	中等	多	非常多	
被调查者居住的区域	中央区域	3.8%	9.9%	38.7%	19.3%	28.3%	100.0%
	中央与郊区之间	5.4%	19.6%	38.3%	24.2%	12.5%	100.0%
	郊　区	12.9%	28.2%	32.9%	20.0%	5.9%	100.0%
	农村地区	29.8%	33.6%	29.8%	3.8%	3.1%	100.0%
	Total	10.6%	20.4%	36.1%	18.1%	14.8%	100.0%

　　表 664 显示,皖北不同居住区域居民感知居住区健身步道宽度:中央区域"窄"和"非常窄"占 13.7%、中等 38.7%、"宽"和"非常宽"占 47.6%;中央与郊区之间"窄"和"非常窄"占 25.0%、中等 38.3%、"宽"和"非常宽"占 36.7%;郊区"窄"和"非常窄"占 41.1%、中等 32.9%、"宽"和"非常宽"占 25.9%;农村地区"窄"和"非常窄"占 63.4%、中等 29.8%、"宽"和"非常宽"占 6.9%;总体:"窄"和"非常窄"占 31.0%、中等 36.1%、"宽"和"非常宽"占 32.9%。

　　"宽"和"非常宽"占比与"窄"和"非常窄"占比之差:中央区域 33.9%;中央与郊区之间 11.7%;郊区−15.2%;农村地区−56.5%;总体:1.9%。总体上皖北六市不同居住区域居民感知居住区健身步道宽度"宽"的占比比"窄"的占比偏多一点。但各区域情况不同,中央区域、中央与郊区之间"宽"和"非常宽"占比与"窄"和"非常窄"占比之差为正,郊区、农村地区为负。排序为:中央区域>中央与郊区之间>郊区>农村地区。相关检验显示,皖北六市被调查者居住的区域与被调查者感知居住区健身步道宽度的皮尔逊相关系数为 0.429,斯皮尔曼相关系数为 0.414,p=0.000<0.05,相关具有显著性。

　　2) 皖北六市不同居住区居民感知健身步道宽度的非参数检验

表 665　皖北六市不同居住区居民感知居住区健身步道宽度的平均秩

	被调查者居住的区域	N	Mean Rank
被调查者感知居住区的健身步道宽度	中央区域	212	415.67
	中央与郊区之间	240	355.39
	郊　区	85	290.31
	农村地区	131	193.55
	Total	668	

表 665 为皖北六市不同居住区居民感知居住区健身步道宽度的样本量和平均秩,平均秩降序排列为:中央区域为 415.67(212)、中央与郊区之间为 355.39(240)、郊区为 290.31(85)、农村地区为 193.55(131)。

表 666　皖北六市不同居住区居民感知居住区健身步道宽度的非参数检验结果[a,b]

	被调查者感知居住区的健身步道宽度
Chi-Square	122.738
Df	3
Asymp. Sig.	.000

a. Kruskal Wallis Test
b. Grouping Variable:被调查者居住的区域

表 666 为 Kruskal-Wallis 检验,Asymp. Sig. 为检验统计量 $\chi^2 = 122.738$、df=3 时基于渐近分布概率,本例概率 p=0.000<0.05,所以否定检验的原假设,即可以认为皖北六市不同居住区居民感知居住区健身步道宽度之间的差异在 0.05 水平上具有显著性。

表 667　中央区域与中央与郊区之间被调查者感知居住区健身步道宽度的秩次统计

	被调查者居住的区域	N	Mean Rank	Sum of Ranks
被调查者感知居住区健身步道宽度	中央区域	212	250.04	53009.50
	中央与郊区之间	240	205.70	49368.50
	Total	452		

表 668　中央区域与中央与郊区之间被调查者感知居住区健身步道宽度的非参数检验结果[a]

	被调查者感知居住区健身步道宽度
Mann-Whitney U	20448.500
Wilcoxon W	49368.500
Z	−3.753
Asymp. Sig. (2-tailed)	.000

a. Grouping Variable:被调查者居住的区域

表 667 为中央区域与中央与郊区之间被调查者感知居住区健身步道宽度的秩次统计表,第一栏列出被调查城市,N 为样本量,Mean Rank 为平均秩次,Sum of Ranks 为秩和。表 668 为中央区域与中央与郊区之间被调查者感知居住区健身步道宽度的非参数检验结果,其中 Mann-Whitney U、Wilcoxon W 以及 Z 为统计量,Asymp. sig. (2-tailed)为基于渐近分布的双侧检验概率,本例概率小于 0.05,可以认为在 0.05 水平上中央区域与中央与郊区之间被调查者感知居住区健身步道宽度之间的差异具有显著性。

表 669　中央区域与郊区被调查者感知居住区健身步道宽度的秩次统计

	被调查者居住的区域	N	Mean Rank	Sum of Ranks
被调查者感知居住区健身步道宽度	中央区域	212	165.12	35004.50
	郊　区	85	108.81	9248.50
	Total	297		

表 670　中央区域与郊区被调查者感知居住区健身步道宽度的非参数检验结果[a]

	被调查者感知居住区健身步道宽度
Mann-Whitney U	5593.500
Wilcoxon W	9248.500
Z	−5.303
Asymp. Sig. (2-tailed)	.000

a. Grouping Variable：被调查者居住的区域

　　表 669 为中央区域与中央与郊区之间被调查者感知居住区健身步道宽度的秩次统计表,第一栏列出被调查城市,N 为样本量,Mean Rank 为平均秩次,Sum of Ranks 为秩和。表 670 为中央区域与中央与郊区之间被调查者感知居住区健身步道宽度的非参数检验结果,其中 Mann-Whitney U、Wilcoxon W 以及 Z 为统计量,Asymp. sig. (2-tailed)为基于渐近分布的双侧检验概率,本例概率小于 0.05,可以认为在 0.05 水平上中央区域与中央与郊区之间被调查者感知居住区健身步道宽度之间的差异具有显著性。

表 671　中央区域与农村地区被调查者感知居住区健身步道宽度的秩次统计

	被调查者居住的区域	N	Mean Rank	Sum of Ranks
被调查者感知居住区健身步道宽度	中央区域	212	213.51	45264.50
	农村地区	131	104.82	13731.50
	Total	343		

表 672　中央区域与农村地区被调查者感知居住区健身步道宽度的非参数检验结果[a]

	被调查者感知居住区健身步道宽度
Mann-Whitney U	5085.500
Wilcoxon W	13731.500
Z	−10.185
Asymp. Sig. (2-tailed)	.000

a. Grouping Variable：被调查者居住的区域

　　表 671 为中央区域与农村地区被调查者感知居住区健身步道宽度的秩次统计表,第一栏列出被调查城市,N 为样本量,Mean Rank 为平均秩次,Sum of Ranks 为秩和。表 672 为中央区域与农村地区被调查者感知居住区健身步道宽度的非参数检验结果,其中 Mann-Whitney U、Wilcoxon W 以及 Z 为统计量,Asymp. sig. (2-tailed)为基于渐近分布的双侧检验概率,本例概率小于 0.05,可以认为在 0.05 水平上中央区域与农村地区被调查者感知居住区健身步道宽度之间的差异具有显著性。

表 673　中央区域与郊区之间与郊区被调查者感知居住区健身步道宽度的秩次统计

	被调查者居住的区域	N	Mean Rank	Sum of Ranks
被调查者感知居住区健身步道宽度	中央与郊区之间	240	171.68	41202.50
	郊　区	85	138.50	11772.50
	Total	325		

表 674　中央区域与郊区之间与郊区被调查者感知居住区健身步道宽度的非参数检验结果ª

	被调查者感知居住区健身步道宽度
Mann-Whitney U	8117.500
Wilcoxon W	11772.500
Z	−2.908
Asymp. Sig. (2-tailed)	.004

a. Grouping Variable：被调查者居住的区域

　　表 673 为中央区域与郊区之间与郊区被调查者感知居住区健身步道宽度的秩次统计表,第一栏列出被调查城市,N 为样本量,Mean Rank 为平均秩次,Sum of Ranks 为秩和。表 674 为中央区域与郊区之间与郊区被调查者感知居住区健身步道宽度的非参数检验结果,其中 Mann-Whitney U、Wilcoxon W 以及 Z 为统计量,Asymp. sig. (2-tailed)为基于渐近分布的双侧检验概率,本例概率小于 0.05,可以认为在 0.05 水平上中央区域与郊区之间与郊区被调查者感知居住区健身步道宽度之间的差异具有显著性。

表 675　中央区域与郊区之间与农村地区被调查者感知居住区健身步道宽度的秩次统计

	被调查者居住的区域	N	Mean Rank	Sum of Ranks
被调查者感知居住区健身步道宽度	中央与郊区之间	240	219.01	52561.50
	农村地区	131	125.53	16444.50
	Total	371		

表 676　中央区域与郊区之间与农村地区被调查者感知居住区健身步道宽度的非参数检验结果ª

	被调查者感知居住区健身步道宽度
Mann-Whitney U	7798.500
Wilcoxon W	16444.500
Z	−8.308
Asymp. Sig. (2-tailed)	.000

a. Grouping Variable：被调查者居住的区域

　　表 675 为中央区域与郊区之间与农村地区被调查者感知居住区健身步道宽度的秩次统计表,第一栏列出被调查城市,N 为样本量,Mean Rank 为平均秩次,Sum of Ranks 为秩和。表 676 为中央区域与郊区之间与农村地区被调查者感知居住区健身步道宽度的非参数检验结果,其中 Mann-Whitney U、Wilcoxon W 以及 Z 为统计量,Asymp. sig. (2-tailed)为基于渐近分布的双侧检验概率,本例概率小于 0.05,可以认为在 0.05 水平上中央区域与郊区之间与农村地区被调查者感知居住区健身步道宽度之间的差异具有显著性。

表 677　郊区与农村地区被调查者感知居住区健身步道宽度的秩次统计

	被调查者居住的区域	N	Mean Rank	Sum of Ranks
被调查者感知居住区健身步道宽度	郊　区	85	129.00	10965.00
	农村地区	131	95.20	12471.00
	Total	216		

表 678　郊区与农村地区被调查者感知居住区健身步道宽度的非参数检验结果^a

	被调查者感知居住区健身步道宽度
Mann-Whitney U	3825.000
Wilcoxon W	12471.000
Z	−4.037
Asymp. Sig. (2-tailed)	.000

a. Grouping Variable：被调查者居住的区域

表 677 为郊区与农村地区被调查者感知居住区健身步道宽度的秩次统计表，第一栏列出被调查城市，N 为样本量，Mean Rank 为平均秩次，Sum of Ranks 为秩和。表 678 为郊区与农村地区被调查者感知居住区健身步道宽度的非参数检验结果，其中 Mann-Whitney U、Wilcoxon W 以及 Z 为统计量，Asymp. sig.（2-tailed）为基于渐近分布的双侧检验概率，本例概率小于 0.05，可以认为在 0.05 水平上郊区与农村地区被调查者感知居住区健身步道宽度之间的差异具有显著性。

（3）皖北六市不同居住密度居民感知健身步道宽度的列联表统计和非参数检验

1）皖北六市不同居住密度居民感知健身步道宽度的列联表统计

表 679　被调查者居住区人口密度 * 被调查者感知居住区健身步道宽度

		被调查者感知居住区的健身步道宽度					Total
		非常短	短	中等	长	非常长	
被调查者居住区的人口密度	非常稀疏	50.0%	19.2%	11.5%	7.7%	11.5%	100.0%
	稀疏	29.6%	33.8%	25.4%	7.0%	4.2%	100.0%
	中等	6.4%	25.2%	49.2%	15.2%	4.0%	100.0%
	大	6.0%	14.8%	36.3%	27.5%	15.4%	100.0%
	非常大	7.2%	12.2%	22.3%	18.7%	39.6%	100.0%
	Total	10.6%	20.4%	36.1%	18.1%	14.8%	100.0%

表 679 显示，皖北不同居住密度居民感知居住区健身步道宽度：非常稀疏"非常窄"和"窄"占 69.2%、中等 11.5%、"宽"和"非常宽"占 19.2%；稀疏"非常窄"和"窄"占 63.4%、中等 25.4%、"宽"和"非常宽"占 11.2%；中等"非常窄"和"窄"占 31.6%、中等 49.2%、"宽"和"非常宽"占 19.2%；大"非常窄"和"窄"占 20.8%、中等 36.3%、"宽"和"非常宽"占 42.9%；非常大"非常窄"和"窄"占 19.4%、中等 22.3%、"宽"和"非常宽"占 58.3%；总体："非常窄"和"窄"占 31.0%、中等 36.1%、"宽"和"非常宽"占 32.9%。

"宽"和"非常宽"占比与"非常窄"和"窄"占比之差：非常稀疏−50%；稀疏−52.2%；中等−12.4%；大 22.1%；非常大 38.9%；总体：1.9%。总体上皖北六市不同居住密度居民感知居住区健身步道宽度"宽"的占比比"窄"的占比偏多一点。但不同居住密度情况不同，居住密度大、非常大的居民感知居住区健身步道宽度"宽"和"非常宽"占比与"非常窄"和"窄"占比之差为正，居住密度中等、稀疏、非常稀疏的地区为负。排序为：居住密度非常大＞大＞中等＞非常稀疏＞稀疏。相关检验显示，皖北六市被调查者居住的密度与被调查者感知居住区健身步道宽度的皮尔逊相关系数为 0.402，斯皮尔曼相关系数为 0.395，p＝0.000＜0.05，相关具有显著性。

2) 皖北六市不同居住密度居民感知健身步道宽度的非参数检验

表 680　皖北六市不同居住密度居民感知居住区健身步道宽度的平均秩

	被调查者居住区的人口密度	N	Mean Rank
被调查者感知居住区的健身步道宽度	非常稀疏	26	193.25
	稀疏	71	202.96
	中等	250	300.96
	大	182	376.88
	非常大	139	432.94
	Total	668	

表 680 为皖北六市不同居住密度居民感知居住区健身步道宽度的样本量和平均秩,平均秩升序排列:"非常稀疏"为 193.25、"稀疏"为 202.96、中等为 300.96、"大"为 376.88、"非常大"为 432.94。

表 681　皖北六市不同居住密度居民感知居住区健身步道宽度的非参数检验结果[a,b]

	被调查者感知居住区的健身步道宽度
Chi-Square	106.417
Df	4
Asymp. Sig.	.000

a. Kruskal Wallis Test
b. Grouping Variable:被调查者居住区的人口密度

表 681 为 Kruskal-Wallis 检验,Asymp. Sig. 为检验统计量 $\chi^2 = 106.417$、df=4 时基于渐近分布概率,本例概率 p=0.000<0.05,所以否定检验的原假设,即可以认为皖北六市不同居住密度居民感知居住区健身步道宽度之间的差异在 0.05 水平上具有显著性。

表 682　居住密度非常稀疏与稀疏被调查者感知居住区健身步道宽度的秩次统计

	被调查者居住区的人口密度	N	Mean Rank	Sum of Ranks
被调查者感知居住区健身步道宽度	非常稀疏	26	44.38	1154.00
	稀疏	71	50.69	3599.00
	Total	97		

表 683　居住密度非常稀疏与稀疏被调查者感知居住区健身步道宽度的非参数检验结果[a]

	被调查者感知居住区健身步道宽度
Mann-Whitney U	803.000
Wilcoxon W	1154.000
Z	−1.019
Asymp. Sig. (2-tailed)	.308

a. Grouping Variable:被调查者居住区的人口密度

表 682 为居住密度非常稀疏与稀疏被调查者感知居住区健身步道宽度的秩次统计表,第一栏列出被调查城市,N 为样本量,Mean Rank 为平均秩次,Sum of Ranks 为秩和。表

683 为居住密度非常稀疏与稀疏被调查者感知居住区健身步道宽度的非参数检验结果，其中 Mann-Whitney U、Wilcoxon W 以及 Z 为统计量，Asymp. sig.（2-tailed）为基于渐近分布的双侧检验概率，本例概率大于 0.05，可以认为在 0.05 水平上居住密度非常稀疏与稀疏被调查者感知居住区健身步道宽度之间的差异不具有显著性。

表 684　居住密度非常稀疏与中等被调查者感知居住区健身步道宽度的秩次统计

	被调查者居住区的人口密度	N	Mean Rank	Sum of Ranks
被调查者感知居住区健身步道宽度	非常稀疏	26	88.12	2291.00
	中等	250	143.74	35935.00
	Total	276		

表 685　居住密度非常稀疏与中等被调查者感知居住区健身步道宽度的非参数检验结果[a]

	被调查者感知居住区健身步道宽度
Mann-Whitney U	1940.000
Wilcoxon W	2291.000
Z	−3.594
Asymp. Sig. (2-tailed)	.000

a. Grouping Variable：被调查者居住区的人口密度

　　表 684 为居住密度非常稀疏与中等被调查者感知居住区健身步道宽度的秩次统计表，第一栏列出被调查城市，N 为样本量，Mean Rank 为平均秩次，Sum of Ranks 为秩和。表 685 为居住密度非常稀疏与中等被调查者感知居住区健身步道宽度的非参数检验结果，其中 Mann-Whitney U、Wilcoxon W 以及 Z 为统计量，Asymp. sig.（2-tailed）为基于渐近分布的双侧检验概率，本例概率小于 0.05，可以认为在 0.05 水平上居住密度非常稀疏与中等被调查者感知居住区健身步道宽度之间的差异具有显著性。

表 686　居住密度非常稀疏与大被调查者感知居住区健身步道宽度的秩次统计

	被调查者居住区的人口密度	N	Mean Rank	Sum of Ranks
被调查者感知居住区健身步道宽度	非常稀疏	26	58.46	1520.00
	大	182	111.08	20216.00
	Total	208		

表 687　居住密度非常稀疏与大被调查者感知居住区健身步道宽度的非参数检验结果[a]

	被调查者感知居住区健身步道宽度
Mann-Whitney U	1169.000
Wilcoxon W	1520.000
Z	−4.302
Asymp. Sig. (2-tailed)	.000

a. Grouping Variable：被调查者居住区的人口密度

　　表 686 为居住密度非常稀疏与大被调查者感知居住区健身步道宽度的秩次统计表，第一栏列出被调查城市，N 为样本量，Mean Rank 为平均秩次，Sum of Ranks 为秩和。表 687

为居住密度非常稀疏与大被调查者感知居住区健身步道宽度的非参数检验结果,其中 Mann-Whitney U、Wilcoxon W 以及 Z 为统计量,Asymp. sig.(2-tailed)为基于渐近分布的双侧检验概率,本例概率小于 0.05,可以认为在 0.05 水平上居住密度非常稀疏与大被调查者感知居住区健身步道宽度之间的差异具有显著性。

表 688　居住密度非常稀疏与非常大被调查者感知居住区健身步道宽度的秩次统计

	被调查者居住区的人口密度	N	Mean Rank	Sum of Ranks
被调查者感知居住区健身步道宽度	非常稀疏	26	42.79	1112.50
	非常大	139	90.52	12582.50
	Total	165		

表 689　居住密度非常稀疏与非常大被调查者感知居住区健身步道宽度的非参数检验结果a

	被调查者感知居住区健身步道宽度
Mann-Whitney U	761.500
Wilcoxon W	1112.500
Z	−4.828
Asymp. Sig. (2-tailed)	.000

a. Grouping Variable:被调查者居住区的人口密度

表 688 为居住密度非常稀疏与非常大被调查者感知居住区健身步道宽度的秩次统计表,第一栏列出被调查城市,N 为样本量,Mean Rank 为平均秩次,Sum of Ranks 为秩和。表 689 为居住密度非常稀疏与非常大被调查者感知居住区健身步道宽度的非参数检验结果,其中 Mann-Whitney U、Wilcoxon W 以及 Z 为统计量,Asymp. sig.(2-tailed)为基于渐近分布的双侧检验概率,本例概率小于 0.05,可以认为在 0.05 水平上居住密度非常稀疏与非常大被调查者感知居住区健身步道宽度之间的差异具有显著性。

表 690　居住密度稀疏与中等被调查者感知居住区健身步道宽度的秩次统计

	被调查者居住区的人口密度	N	Mean Rank	Sum of Ranks
被调查者感知居住区健身步道宽度	稀疏	71	115.96	8233.00
	中等	250	173.79	43448.00
	Total	321		

表 691　居住密度稀疏与中等被调查者感知居住区健身步道宽度的非参数检验结果a

	被调查者感知居住区健身步道宽度
Mann-Whitney U	5677.000
Wilcoxon W	8233.000
Z	−4.908
Asymp. Sig. (2-tailed)	.000

a. Grouping Variable:被调查者居住区的人口密度

表 690 为居住密度稀疏与中等被调查者感知居住区健身步道宽度的秩次统计表,第一栏列出被调查城市,N 为样本量,Mean Rank 为平均秩次,Sum of Ranks 为秩和。表 691 为

居住密度稀疏与中等被调查者感知居住区健身步道宽度的非参数检验结果，其中 Mann-Whitney U、Wilcoxon W 以及 Z 为统计量，Asymp. sig. （2-tailed）为基于渐近分布的双侧检验概率，本例概率小于 0.05，可以认为在 0.05 水平上居住密度稀疏与中等被调查者感知居住区健身步道宽度之间的差异具有显著性。

表 692　居住密度稀疏与大被调查者感知居住区健身步道宽度的秩次统计

	被调查者居住区的人口密度	N	Mean Rank	Sum of Ranks
被调查者感知居住区健身步道宽度	稀疏	71	80.09	5686.50
	大	182	145.30	26444.50
	Total	253		

表 693　居住密度稀疏与大被调查者感知居住区健身步道宽度的非参数检验结果[a]

	被调查者感知居住区健身步道宽度
Mann-Whitney U	3130.500
Wilcoxon W	5686.500
Z	−6.565
Asymp. Sig. （2-tailed）	.000

a. Grouping Variable：被调查者居住区的人口密度

　　表 692 为居住密度稀疏与大被调查者感知居住区健身步道宽度的秩次统计表，第一栏列出被调查城市，N 为样本量，Mean Rank 为平均秩次，Sum of Ranks 为秩和。表 693 为居住密度稀疏与大被调查者感知居住区健身步道宽度的非参数检验结果，其中 Mann-Whitney U、Wilcoxon W 以及 Z 为统计量，Asymp. sig. （2-tailed）为基于渐近分布的双侧检验概率，本例概率小于 0.05，可以认为在 0.05 水平上居住密度稀疏与大被调查者感知居住区健身步道宽度之间的差异具有显著性。

表 694　居住密度稀疏与非常大被调查者感知居住区健身步道宽度的秩次统计

	被调查者居住区的人口密度	N	Mean Rank	Sum of Ranks
被调查者感知居住区健身步道宽度	稀疏	71	64.22	4559.50
	非常大	139	126.59	17595.50
	Total	210		

表 695　居住密度稀疏与非常大被调查者感知居住区健身步道宽度的非参数检验结果[a]

	被调查者感知居住区健身步道宽度
Mann-Whitney U	2003.500
Wilcoxon W	4559.500
Z	−7.210
Asymp. Sig. （2-tailed）	.000

a. Grouping Variable：被调查者居住区的人口密度

　　表 694 为居住密度稀疏与非常大被调查者感知居住区健身步道宽度的秩次统计表，第一栏列出被调查城市，N 为样本量，Mean Rank 为平均秩次，Sum of Ranks 为秩和。表 695

为居住密度稀疏与非常大被调查者感知居住区健身步道宽度的非参数检验结果,其中 Mann-Whitney U、Wilcoxon W 以及 Z 为统计量,Asymp. sig.（2-tailed）为基于渐近分布的双侧检验概率,本例概率小于 0.05,可以认为在 0.05 水平上居住密度稀疏与非常大被调查者感知居住区健身步道宽度之间的差异具有显著性。

表 696　居住密度中等与大被调查者感知居住区健身步道宽度的秩次统计

	被调查者居住区的人口密度	N	Mean Rank	Sum of Ranks
被调查者感知居住区健身步道宽度	中等	250	193.29	48321.50
	大	182	248.39	45206.50
	Total	432		

表 697　居住密度中等与大被调查者感知居住区健身步道宽度的非参数检验结果[a]

	被调查者感知居住区健身步道宽度
Mann-Whitney U	16946.500
Wilcoxon W	48321.500
Z	−4.780
Asymp. Sig. (2-tailed)	.000

a. Grouping Variable：被调查者居住区的人口密度

　　表 696 为居住密度中等与大被调查者感知居住区健身步道宽度的秩次统计表,第一栏列出被调查城市,N 为样本量,Mean Rank 为平均秩次,Sum of Ranks 为秩和。表 697 为居住密度中等与大被调查者感知居住区健身步道宽度的非参数检验结果,其中 Mann-Whitney U、Wilcoxon W 以及 Z 为统计量,Asymp. sig.（2-tailed）为基于渐近分布的双侧检验概率,本例概率小于 0.05,可以认为在 0.05 水平上居住密度中等与大被调查者感知居住区健身步道宽度之间的差异具有显著性。

表 698　居住密度中等与非常大被调查者感知居住区健身步道宽度的秩次统计

	被调查者居住区的人口密度	N	Mean Rank	Sum of Ranks
被调查者感知居住区健身步道宽度	中等	250	166.64	41661.00
	非常大	139	246.00	34194.00
	Total	389		

表 699　居住密度中等与非常大被调查者感知居住区健身步道宽度的非参数检验结果[a]

	被调查者感知居住区健身步道宽度
Mann-Whitney U	10286.000
Wilcoxon W	41661.000
Z	−6.955
Asymp. Sig. (2-tailed)	.000

a. Grouping Variable：被调查者居住区的人口密度

　　表 698 为居住密度中等与非常大被调查者感知居住区健身步道宽度的秩次统计表,第一栏列出被调查城市,N 为样本量,Mean Rank 为平均秩次,Sum of Ranks 为秩和。表 699

为居住密度中等与非常大被调查者感知居住区健身步道宽度的非参数检验结果,其中
Mann-Whitney U、Wilcoxon W 以及 Z 为统计量,Asymp. sig.（2-tailed)为基于渐近分布的
双侧检验概率,本例概率小于 0.05,可以认为在 0.05 水平上居住密度中等与非常大被调查
者感知居住区健身步道宽度之间的差异具有显著性。

表 700　居住密度大与非常大被调查者感知居住区健身步道宽度的秩次统计

	被调查者居住区的人口密度	N	Mean Rank	Sum of Ranks
被调查者感知居住区健身步道宽度	大	182	146.62	26684.50
	非常大	139	179.83	24996.50
	Total	321		

表 701　居住密度大与非常大被调查者感知居住区健身步道宽度的非参数检验结果[a]

	被调查者感知居住区健身步道宽度
Mann-Whitney U	10031.500
Wilcoxon W	26684.500
Z	−3.278
Asymp. Sig. (2-tailed)	.001

a. Grouping Variable：被调查者居住区的人口密度

　　表 700 为居住密度大与非常大被调查者感知居住区健身步道宽度的秩次统计表,第一
栏列出被调查城市,N 为样本量,Mean Rank 为平均秩次,Sum of Ranks 为秩和。表 701 为
居住密度大与非常大被调查者感知居住区健身步道宽度的非参数检验结果,其中 Mann-
Whitney U、Wilcoxon W 以及 Z 为统计量,Asymp. sig.（2-tailed)为基于渐近分布的双侧检
验概率,本例概率小于 0.05,可以认为在 0.05 水平上居住密度大与非常大被调查者感知居住
住区健身步道宽度之间的差异具有显著性。

　　(4) 皖北六市不同性别居民感知健身步道宽度的列联表统计和非参数检验

　　1) 皖北六市不同性别居民感知健身步道宽度的列联表统计

表 702　被调查者性别 ∗ 被调查者感知居住区健身步道宽度

		被调查者居住区的健身步道宽度					Total
		非常短	短	中等	长	非常长	
被调查者的性别	男	9.1%	20.2%	28.4%	19.9%	22.4%	100.0%
	女	12.3%	20.6%	44.6%	16.1%	6.3%	100.0%
	Total	10.6%	20.4%	36.1%	18.1%	14.8%	100.0%

　　表 702 显示,皖北不同性别居民感知居住区健身步道宽度:男性"非常窄"和"窄"占
29.3%、中等 28.4%、"宽"和"非常宽"占 42.3%;女性"非常窄"和"窄"占 32.9%、中等
44.6%、"宽"和"非常宽"占 32.4%;总体:"非常窄"和"窄"占 31.0%、中等 36.1%、"宽"和
"非常宽"占 32.9%。

　　"宽"和"非常宽"占比与"非常窄"和"窄"占比之差:男性 13%;女性−0.5%;总体:
1.9%。总体上皖北六市不同性别居民感知居住区健身步道"宽"的占比比"窄"的占比偏多
一点。男性居民感知居住区健身步道"宽"的占比与"窄"的占比之差为正,女性为负。排序

为:男性＞女性。相关检验显示,皖北六市被调查者的性别与被调查者感知居住区健身步道宽度的皮尔逊相关系数为 0.181,斯皮尔曼相关系数为 0.171,p＝0.000＜0.05,相关具有显著性。

2) 皖北六市不同性别居民感知健身步道宽度的非参数检验

表 703　皖北六市不同性别居民感知居住区健身步道宽度的秩次统计量

	被调查者的性别	N	Mean Rank	Sum of Ranks
被调查者感知住区的健身步道长度	男	352	364.74	128387.50
	女	316	300.82	95058.50
	Total	668		

表 704　皖北六市不同性别居民感知居住区健身步道宽度的非参数检验结果[a]

	被调查者感知住区的健身步道宽度
Mann-Whitney U	44972.500
Wilcoxon W	95058.500
Z	−4.422
Asymp. Sig. (2-tailed)	.000

a. Grouping Variable:被调查者的性别

　　表 703 为皖北六市不同性别居民感知居住区健身步道宽度的秩次表,第一栏列出被调查者的性别,N 为性别人数,Mean Rank 为平均秩次,Sum of Ranks 为秩和。表 704 为皖北六市不同性别居民感知居住区健身步道宽度的非参数检验结果,其中 Mann-Whitney U、Wilcoxon W 以及 Z 为统计量,Asymp. sig.(2-tailed)为基于渐近分布的双侧检验概率,本例概率小于 0.05。可以认为在 0.05 水平上男女之间的感知差异具有显著性。

　　(5) 皖北六市不同年龄区间居民感知健身步道宽度的列联表统计和非参数检验

　　1) 皖北六市不同年龄区间居民感知健身步道宽度的列联表统计

表 705　被调查者年龄区间 * 被调查者感知居住区健身步道宽度

		被调查者感知住区的健身步道宽度					Total
		非常短	短	中等	长	非常长	
被调查者的年龄区间	12 岁以下	0.0%	0.0%	30.4%	17.4%	52.2%	100.0%
	13—19 岁	3.9%	11.8%	56.9%	7.8%	19.6%	100.0%
	20—39 岁	10.0%	23.3%	43.7%	16.3%	6.7%	100.0%
	40—59 岁	10.8%	20.0%	34.4%	25.1%	9.7%	100.0%
	60 岁以上	18.2%	21.2%	7.1%	15.2%	38.4%	100.0%
	Total	10.6%	20.4%	36.1%	18.1%	14.8%	100.0%

　　表 705 显示,皖北不同年龄区间居民感知居住区健身步道宽度:12 岁以下"窄"和"非常窄"占 0%、中等 30.4%、"宽"和"非常宽"占 69.6%;13—19 岁"窄"和"非常窄"占 15.7%、中等 56.9%、"宽"和"非常宽"占 27.4%;20—39 岁"窄"和"非常窄"占 33.3%、中等 43.7%、"宽"和"非常宽"占 23.0%;40—59 岁"窄"和"非常窄"占 30.8%、中等 34.4%、"宽"和"非常宽"占 34.8%;60 岁以上"窄"和"非常窄"占 39.4%、中等 7.1%、"宽"和"非常宽"占

53.6%；总体："窄"和"非常窄"占 31.0%、中等 36.1%、"宽"和"非常宽"占 32.9%。

　　"宽"和"非常宽"占比与"窄"和"非常窄"占比之差：12 岁以下 69.6%；13—19 岁 11.7%；20—39 岁—10.3%；40—59 岁 4%；60 岁以上 14.2%；总体：1.9%。总体上皖北六市不同年龄区间居民感知居住区健身步道宽度，"宽"的占比比"窄"的占比偏多一点。12 岁以下、13—19 岁、40—59 岁、60 岁以上居民感知居住区健身步道宽度，"宽"和"非常宽"的占比与"窄"和"非常窄"的占比之差为正。20—39 岁感知居住区健身步道宽度，"宽"和"非常宽"的占比与"窄"和"非常窄"的占比之差为负。排序为：12 岁以下>60 岁以上>13—19 岁>40—59 岁>20—39 岁。相关检验显示，皖北六市被调查者的年龄区间与被调查者感知居住区健身步道宽度的皮尔逊相关系数为 0.019，p=0.626>0.05，相关不具有显著性。斯皮尔曼相关系数为 0.014，p=0.719>0.05，相关不具有显著性。

　　2）皖北六市不同年龄区间居民感知健身步道宽度的非参数检验

表 706　皖北六市不同年龄区间居民感知居住区健身步道宽度的平均秩

	被调查者的年龄区间	N	Mean Rank
被调查者感知居住区的健身步道宽度	12 岁以下	23	511.30
	13—19 岁	51	365.63
	20—39 岁	300	303.78
	40—59 岁	195	332.69
	60 岁以上	99	374.05
	Total	668	

　　表 706 为皖北六市不同年龄区间居民感知居住区健身步道宽度的样本量和平均秩，平均秩升序排列为："20—39 岁"为 303.78、"40—59 岁"为 332.69、"13—19 岁"为 365.63、"60 岁以上"为 374.05、"12 岁以下"为 511.30。

表 707　皖北六市不同年龄区间居民感知居住区健身步道宽度的非参数检验结果[a,b]

	被调查者感知居住区的健身步道宽度
Chi-Square	34.692
Df	4
Asymp. Sig.	.000

a. Kruskal Wallis Test

b. Grouping Variable：被调查者的年龄区间

　　表 707 为 Kruskal-Wallis 检验，Asymp. Sig. 为检验统计量 $\chi^2=34.692$、df＝4 时基于渐近分布概率，本例概率 p＝0.000<0.05，所以否定检验的原假设，即可以认为皖北六市不同年龄区间居民感知居住区健身步道宽度之间的差异在 0.05 水平上具有显著性。

表 708　12 岁以下与 13—19 岁被调查者感知居住区健身步道宽度的秩次统计

	被调查者的年龄区间	N	Mean Rank	Sum of Ranks
被调查者感知居住区健身步道宽度	12 岁以下	23	49.63	1141.50
	13—19 岁	51	32.03	1633.50
	Total	74		

表 709　12 岁以下与 13—19 岁被调查者感知居住区健身步道宽度的非参数检验结果[a]

	被调查者感知居住区健身步道宽度
Mann-Whitney U	307.500
Wilcoxon W	1633.500
Z	−3.520
Asymp. Sig. (2-tailed)	.000

a. Grouping Variable：被调查者的年龄区间

　　表 708 为 12 岁以下与 13—19 岁被调查者感知居住区健身步道宽度的秩次统计表，第一栏列出被调查城市，N 为样本量，Mean Rank 为平均秩次，Sum of Ranks 为秩和。表 709 为 12 岁以下与 13—19 岁被调查者感知居住区健身步道宽度的非参数检验结果，其中 Mann-Whitney U、Wilcoxon W 以及 Z 为统计量，Asymp. sig. (2-tailed) 为基于渐近分布的双侧检验概率，本例概率大于 0.05，可以认为在 0.05 水平上 12 岁以下与 13—19 岁被调查者感知居住区健身步道宽度的差异不具有显著性。

表 710　12 岁以下与 20—39 岁被调查者感知居住区健身步道宽度的秩次统计

	被调查者的年龄区间	N	Mean Rank	Sum of Ranks
被调查者感知居住区健身步道宽度	12 岁以下	23	258.11	5936.50
	20—39 岁	300	154.63	46389.50
	Total	323		

表 711　12 岁以下与 20—39 岁被调查者感知居住区健身步道宽度的非参数检验结果[a]

	被调查者感知居住区健身步道宽度
Mann-Whitney U	1239.500
Wilcoxon W	46389.500
Z	−5.382
Asymp. Sig. (2-tailed)	.000

a. Grouping Variable：被调查者的年龄区间

　　表 710 为 12 岁以下与 20—39 岁被调查者感知居住区健身步道宽度的秩次统计表，第一栏列出被调查城市，N 为样本量，Mean Rank 为平均秩次，Sum of Ranks 为秩和。表 711 为 12 岁以下与 20—39 岁被调查者感知居住区健身步道宽度的非参数检验结果，其中 Mann-Whitney U、Wilcoxon W 以及 Z 为统计量，Asymp. sig. (2-tailed) 为基于渐近分布的双侧检验概率，本例概率小于 0.05，可以认为在 0.05 水平上 12 岁以下与 20—39 岁被调查者感知居住区健身步道宽度的差异具有显著性。

表 712　12 岁以下与 40—59 岁被调查者感知居住区健身步道宽度的秩次统计

	被调查者的年龄区间	N	Mean Rank	Sum of Ranks
被调查者感知居住区健身步道宽度	12 岁以下	23	163.59	3762.50
	40—59 岁	195	103.12	20108.50
	Total	218		

表 713　12 岁以下与 40—59 岁被调查者感知居住区健身步道宽度的非参数检验结果ᵃ

	被调查者感知居住区健身步道宽度
Mann-Whitney U	998.500
Wilcoxon W	20108.500
Z	−4.492
Asymp. Sig. (2-tailed)	.000

a. Grouping Variable：被调查者的年龄区间

　　表 712 为 12 岁以下与 40—59 岁被调查者感知居住区健身步道宽度的秩次统计表，第一栏列出被调查城市，N 为样本量，Mean Rank 为平均秩次，Sum of Ranks 为秩和。表 713 为 12 岁以下与 40—59 岁被调查者感知居住区健身步道宽度的非参数检验结果，其中 Mann-Whitney U、Wilcoxon W 以及 Z 为统计量，Asymp. sig. (2-tailed) 为基于渐近分布的双侧检验概率，本例概率小于 0.05，可以认为在 0.05 水平上 12 岁以下与 40—59 岁被调查者感知居住区健身步道宽度的差异具有显著性。

表 714　12 岁以下与 60 岁以上被调查者感知居住区健身步道宽度的秩次统计

	被调查者的年龄区间	N	Mean Rank	Sum of Ranks
被调查者感知居住区健身步道宽度	12 岁以下	23	75.98	1747.50
	60 岁以上	99	58.14	5755.50
	Total	122		

表 715　12 岁以下与 60 岁以上被调查者感知居住区健身步道宽度的非参数检验结果ᵃ

	被调查者感知居住区健身步道宽度
Mann-Whitney U	805.500
Wilcoxon W	5755.500
Z	−2.275
Asymp. Sig. (2-tailed)	.023

a. Grouping Variable：被调查者的年龄区间

　　表 714 为 12 岁以下与 60 岁以上被调查者感知居住区健身步道宽度的秩次统计表，第一栏列出被调查城市，N 为样本量，Mean Rank 为平均秩次，Sum of Ranks 为秩和。表 715 为 12 岁以下与 60 岁以上被调查者感知居住区健身步道宽度的非参数检验结果，其中 Mann-Whitney U、Wilcoxon W 以及 Z 为统计量，Asymp. sig. (2-tailed) 为基于渐近分布的双侧检验概率，本例概率小于 0.05，可以认为在 0.05 水平上 12 岁以下与 60 岁以上被调查者感知居住区健身步道宽度的差异具有显著性。

表 716　13—19 岁与 20—39 岁被调查者感知居住区健身步道宽度的秩次统计

	被调查者的年龄区间	N	Mean Rank	Sum of Ranks
被调查者感知居住区健身步道宽度	13—19 岁	51	205.25	10467.50
	20—39 岁	300	171.03	51308.50
	Total	351		

表 717　13—19 岁与 20—39 岁被调查者感知居住区健身步道宽度的非参数检验结果[a]

	被调查者感知居住区健身步道宽度
Mann-Whitney U	6158.500
Wilcoxon W	51308.500
Z	−2.360
Asymp. Sig. (2-tailed)	.018

a. Grouping Variable：被调查者的年龄区间

　　表 716 为 13—19 岁与 20—39 岁被调查者感知居住区健身步道宽度的秩次统计表，第一栏列出被调查城市，N 为样本量，Mean Rank 为平均秩次，Sum of Ranks 为秩和。表 717 为 13—19 岁与 20—39 岁被调查者感知居住区健身步道宽度的非参数检验结果，其中 Mann-Whitney U、Wilcoxon W 以及 Z 为统计量，Asymp. sig.（2-tailed）为基于渐近分布的双侧检验概率，本例概率小于 0.05，可以认为在 0.05 水平上 13—19 岁与 20—39 岁被调查者感知居住区健身步道宽度的差异具有显著性。

表 718　13—19 岁与 40—59 岁被调查者感知居住区健身步道宽度的秩次统计

	被调查者的年龄区间	N	Mean Rank	Sum of Ranks
被调查者感知居住区健身步道宽度	13—19 岁	51	132.60	6762.50
	40—59 岁	195	121.12	23618.50
	Total	246		

表 719　13—19 岁与 40—59 岁被调查者感知居住区健身步道宽度的非参数检验结果[a]

	被调查者感知居住区健身步道宽度
Mann-Whitney U	4508.500
Wilcoxon W	23618.500
Z	−1.068
Asymp. Sig. (2-tailed)	.285

a. Grouping Variable：被调查者的年龄区间

　　表 718 为 13—19 岁与 40—59 岁被调查者感知居住区健身步道宽度的秩次统计表，第一栏列出被调查城市，N 为样本量，Mean Rank 为平均秩次，Sum of Ranks 为秩和。表 719 为 13—19 岁与 40—59 岁被调查者感知居住区健身步道宽度的非参数检验结果，其中 Mann-Whitney U、Wilcoxon W 以及 Z 为统计量，Asymp. sig.（2-tailed）为基于渐近分布的双侧检验概率，本例概率大于 0.05，可以认为在 0.05 水平上 13—19 岁与 40—59 岁被调查者感知居住区健身步道宽度的差异不具有显著性。

表 720　13—19 岁与 60 岁以上被调查者感知居住区健身步道宽度的秩次统计

	被调查者的年龄区间	N	Mean Rank	Sum of Ranks
被调查者感知居住区健身步道宽度	13—19 岁	51	73.75	3761.50
	60 岁以上	99	76.40	7563.50
	Total	150		

表 721　13—19 岁与 60 岁以上被调查者感知居住区健身步道宽度的非参数检验结果[a]

	被调查者感知居住区健身步道宽度
Mann-Whitney U	2435.500
Wilcoxon W	3761.500
Z	−.364
Asymp. Sig. (2-tailed)	.716

a. Grouping Variable:被调查者的年龄区间

　　表 720 为 13—19 岁与 60 岁以上被调查者感知居住区健身步道宽度的秩次统计表,第一栏列出被调查城市,N 为样本量,Mean Rank 为平均秩次,Sum of Ranks 为秩和。表 721 为 13—19 岁与 60 岁以上被调查者感知居住区健身步道宽度的非参数检验结果,其中 Mann-Whitney U、Wilcoxon W 以及 Z 为统计量,Asymp. sig. (2-tailed)为基于渐近分布的双侧检验概率,本例概率大于 0.05,可以认为在 0.05 水平上 13—19 岁与 60 岁以上被调查者感知居住区健身步道宽度的差异不具有显著性。

表 722　20—39 岁与 40—59 岁被调查者感知居住区健身步道宽度的秩次统计

	被调查者的年龄区间	N	Mean Rank	Sum of Ranks
被调查者感知居住区健身步道宽度	20—39 岁	300	238.94	71682.00
	40—59 岁	195	261.94	51078.00
	Total	495		

表 723　20—39 岁与 40—59 岁被调查者感知居住区健身步道宽度的非参数检验结果[a]

	被调查者感知居住区健身步道宽度
Mann-Whitney U	26532.000
Wilcoxon W	71682.000
Z	−1.826
Asymp. Sig. (2-tailed)	.068

a. Grouping Variable:被调查者的年龄区间

　　表 722 为 20—39 岁与 40—59 岁被调查者感知居住区健身步道宽度的秩次统计表,第一栏列出被调查城市,N 为样本量,Mean Rank 为平均秩次,Sum of Ranks 为秩和。表 723 为 20—39 岁与 40—59 岁被调查者感知居住区健身步道宽度的非参数检验结果,其中 Mann-Whitney U、Wilcoxon W 以及 Z 为统计量,Asymp. sig. (2-tailed)为基于渐近分布的双侧检验概率,本例概率大于 0.05,可以认为在 0.05 水平上 20—39 岁与 40—59 岁被调查者感知居住区健身步道宽度的差异不具有显著性。

表 724　20—39 岁与 60 岁以上被调查者感知居住区健身步道宽度的秩次统计

	被调查者的年龄区间	N	Mean Rank	Sum of Ranks
被调查者感知居住区健身步道宽度	20—39 岁	300	190.68	57204.00
	60 岁以上	99	228.24	22596.00
	Total	399		

表725　20—39岁与60岁以上被调查者感知居住区健身步道宽度的非参数检验结果[a]

	被调查者感知居住区健身步道宽度
Mann-Whitney U	12054.000
Wilcoxon W	57204.000
Z	−2.902
Asymp. Sig. (2-tailed)	.004

a. Grouping Variable：被调查者的年龄区间

　　表724为20—39岁与60岁以上被调查者感知居住区健身步道宽度的秩次统计表，第一栏列出被调查城市，N为样本量，Mean Rank为平均秩次，Sum of Ranks为秩和。表725为20—39岁与60岁以上被调查者感知居住区健身步道宽度的非参数检验结果，其中Mann-Whitney U、Wilcoxon W以及Z为统计量，Asymp. sig. (2-tailed)为基于渐近分布的双侧检验概率，本例概率小于0.05，可以认为在0.05水平上20—39岁与60岁以上被调查者感知居住区健身步道宽度的差异具有显著性。

表726　40—59岁与60岁以上被调查者感知居住区健身步道宽度的秩次统计

	被调查者的年龄区间	N	Mean Rank	Sum of Ranks
被调查者感知居住区健身步道宽度	40—59岁	195	140.51	27399.50
	60岁以上	99	161.27	15965.50
	Total	294		

表727　40—59岁与60岁以上被调查者感知居住区健身步道宽度的非参数检验结果[a]

	被调查者感知居住区健身步道宽度
Mann-Whitney U	8289.500
Wilcoxon W	27399.500
Z	−2.024
Asymp. Sig. (2-tailed)	.043

a. Grouping Variable：被调查者的年龄区间

　　表726为40—59岁与60岁以上被调查者感知居住区健身步道宽度的秩次统计表，第一栏列出被调查城市，N为样本量，Mean Rank为平均秩次，Sum of Ranks为秩和。表727为40—59岁与60岁以上被调查者感知居住区健身步道宽度的非参数检验结果，其中Mann-Whitney U、Wilcoxon W以及Z为统计量，Asymp. sig. (2-tailed)为基于渐近分布的双侧检验概率，本例概率小于0.05，可以认为在0.05水平上40—59岁与60岁以上被调查者感知居住区健身步道宽度的差异具有显著性。

（6）皖北六市不同锻炼次数居民感知健身步道宽度的列联表统计和非参数检验

1）皖北六市不同锻炼次数居民感知健身步道宽度的列联表统计

表728 被调查者锻炼次数 * 被调查者感知居住区健身步道宽度

		被调查者感知居住区的健身步道宽度					Total
		非常短	短	中等	长	非常长	
被调查者参加体育锻炼次数	非常少	34.6%	32.7%	17.3%	9.6%	5.8%	100.0%
	少	12.6%	29.1%	41.7%	11.9%	4.6%	100.0%
	中等	7.4%	20.1%	54.5%	14.8%	3.2%	100.0%
	多	9.2%	17.2%	30.7%	30.7%	12.3%	100.0%
	非常多	4.4%	8.0%	14.2%	17.7%	55.8%	100.0%
	Total	10.6%	20.4%	36.1%	18.1%	14.8%	100.0%

表728显示，皖北不同锻炼次数居民感知居住区健身步道宽度：非常少"窄"和"非常窄"占67.3%、中等17.3%、"宽"和"非常宽"占15.4%；少"窄"和"非常窄"占41.7%、中等41.7%、"宽"和"非常宽"占16.5%；中等"窄"和"非常窄"占27.5%、中等54.5%、"宽"和"非常宽"占18.0%；多"窄"和"非常窄"占26.4%、中等30.7%、"宽"和"非常宽"占43.0%；非常多"窄"和"非常窄"占12.4%、中等14.2%、"宽"和"非常宽"占73.5%；总体："窄"和"非常窄"占31%、中等36.1%、"宽"和"非常宽"占32.9%。

"宽"和"非常宽"占比与"窄"和"非常窄"占比之差：非常少—51.9%；少—25.2%；中等—9.5%；多16.6%；非常多61.1%；总体：1.9%。总体上皖北六市不同锻炼次数居民感知居住区健身步道宽度，"宽"的占比比"窄"的占比偏多一点。锻炼次数多、非常多的居民感知居住区健身步道宽度，"宽"和"非常宽"的占比与"窄"和"非常窄"的占比之差为正。锻炼次数非常少、少、中等的居民感知居住区健身步道宽度，"宽"和"非常宽"的占比与"窄"和"非常窄"的占比之差为负。排序为：非常少<少<中等<多<非常多。相关检验显示，皖北六市被调查者的锻炼次数与被调查者感知居住区健身步道宽度的皮尔逊相关系数为0.438，斯皮尔曼相关系数为0.425，p=0.000<0.05，相关具有显著性。

2）皖北六市不同锻炼次数居民感知健身步道宽度的非参数检验

表729 皖北六市不同锻炼次数居民感知居住区健身步道宽度的平均秩

	被调查者参加体育锻炼的次数	N	Mean Rank
被调查者感知居住区的健身步道宽度	非常少	52	199.49
	少	151	271.40
	中等	189	304.52
	多	163	359.98
	非常多	113	494.34
	Total	668	

表729为皖北六市不同锻炼次数居民感知居住区健身步道宽度的样本量和平均秩，平均秩升序排列为："非常少"为199.49、"少"为271.40、"中等"为304.52、"多"为359.98、"非常多"为494.34。

表 730   皖北六市不同锻炼次数居民感知居住区健身步道宽度的非参数检验结果[a,b]

	被调查者感知居住区的健身步道宽度
Chi-Square	135.432
Df	4
Asymp. Sig.	.000

a. Kruskal Wallis Test
b. Grouping Variable：被调查者参加体育锻炼的次数

表 730 为 Kruskal-Wallis 检验，Asymp. Sig. 为检验统计量 $\chi^2=135.432$、df＝4 时基于渐近分布概率，本例概率 p＝0.000＜0.05，所以否定检验的原假设，即可以认为皖北六市不同锻炼次数居民感知居住区健身步道宽度之间的差异在 0.05 水平上具有显著性。

表 731   体育锻炼次数非常少与少被调查者感知居住区健身步道宽度的秩次统计

	被调查者参加体育锻炼次数	N	Mean Rank	Sum of Ranks
被调查者感知居住区健身步道宽度	非常少	52	81.04	4214.00
	少	151	109.22	16492.00
	Total	203		

表 732   体育锻炼次数非常少与少被调查者感知居住区健身步道宽度的非参数检验结果[a]

	被调查者感知居住区健身步道宽度
Mann-Whitney U	2836.000
Wilcoxon W	4214.000
Z	−3.109
Asymp. Sig. (2-tailed)	.002

a. Grouping Variable：被调查者参加体育锻炼次数

表 731 为体育锻炼次数非常少与少被调查者感知居住区健身步道宽度的秩次统计表，第一栏列出被调查城市，N 为样本量，Mean Rank 为平均秩次，Sum of Ranks 为秩和。表 732 为体育锻炼次数非常少与少被调查者感知居住区健身步道宽度的非参数检验结果，其中 Mann-Whitney U、Wilcoxon W 以及 Z 为统计量，Asymp. sig. (2-tailed) 为基于渐近分布的双侧检验概率，本例概率小于 0.05，可以认为在 0.05 水平上体育锻炼次数非常少与少被调查者感知居住区健身步道宽度的差异具有显著性。

表 733   体育锻炼次数非常少与中等被调查者感知居住区健身步道宽度的秩次统计

	被调查者参加体育锻炼次数	N	Mean Rank	Sum of Ranks
被调查者感知居住区健身步道宽度	非常少	52	84.61	4399.50
	中等	189	131.01	24761.50
	Total	241		

表 734 体育锻炼次数非常少与中等被调查者感知居住区健身步道宽度的非参数检验结果ᵃ

	被调查者感知居住区健身步道宽度
Mann-Whitney U	3021.500
Wilcoxon W	4399.500
Z	−4.524
Asymp. Sig. (2-tailed)	.000

a. Grouping Variable：被调查者参加体育锻炼次数

表 733 为体育锻炼次数非常少与中等被调查者感知居住区健身步道宽度的秩次统计表，第一栏列出被调查城市，N 为样本量，Mean Rank 为平均秩次，Sum of Ranks 为秩和。表 734 为体育锻炼次数非常少与中等被调查者感知居住区健身步道宽度的非参数检验结果，其中 Mann-Whitney U、Wilcoxon W 以及 Z 为统计量，Asymp. sig. (2-tailed)为基于渐近分布的双侧检验概率，本例概率小于 0.05，可以认为在 0.05 水平上体育锻炼次数非常少与中等被调查者感知居住区健身步道宽度的差异具有显著性。

表 735 体育锻炼次数非常少与多被调查者感知居住区健身步道宽度的秩次统计

	被调查者参加体育锻炼次数	N	Mean Rank	Sum of Ranks
被调查者感知居住区健身步道宽度	非常少	52	70.52	3667.00
	多	163	119.96	19553.00
	Total	215		

表 736 体育锻炼次数非常少与多被调查者感知居住区健身步道宽度的非参数检验结果ᵃ

	被调查者感知居住区健身步道宽度
Mann-Whitney U	2289.000
Wilcoxon W	3667.000
Z	−5.123
Asymp. Sig. (2-tailed)	.000

a. Grouping Variable：被调查者参加体育锻炼次数

表 735 为体育锻炼次数非常少与多被调查者感知居住区健身步道宽度的秩次统计表，第一栏列出被调查城市，N 为样本量，Mean Rank 为平均秩次，Sum of Ranks 为秩和。表 736 为体育锻炼次数非常少与多被调查者感知居住区健身步道宽度的非参数检验结果，其中 Mann-Whitney U、Wilcoxon W 以及 Z 为统计量，Asymp. sig. (2-tailed)为基于渐近分布的双侧检验概率，本例概率小于 0.05，可以认为在 0.05 水平上体育锻炼次数非常少与多被调查者感知居住区健身步道宽度的差异具有显著性。

表 737 体育锻炼次数非常少与非常多被调查者感知居住区健身步道宽度的秩次统计

	被调查者参加体育锻炼次数	N	Mean Rank	Sum of Ranks
被调查者感知居住区健身步道宽度	非常少	52	42.83	2227.00
	非常多	113	101.49	11468.00
	Total	165		

表 738 体育锻炼次数非常少与非常多被调查者感知居住区健身步道宽度的非参数检验结果ª

	被调查者感知居住区健身步道宽度
Mann-Whitney U	849.000
Wilcoxon W	2227.000
Z	−7.629
Asymp. Sig. (2-tailed)	.000

a. Grouping Variable：被调查者参加体育锻炼次数

表 737 为体育锻炼次数非常少与非常多被调查者感知居住区健身步道宽度的秩次统计表，第一栏列出被调查城市，N 为样本量，Mean Rank 为平均秩次，Sum of Ranks 为秩和。表 738 为体育锻炼次数非常少与非常多被调查者感知居住区健身步道宽度的非参数检验结果，其中 Mann-Whitney U、Wilcoxon W 以及 Z 为统计量，Asymp. sig. (2-tailed) 为基于渐近分布的双侧检验概率，本例概率小于 0.05，可以认为在 0.05 水平上体育锻炼次数非常少与非常多被调查者感知居住区健身步道宽度的差异具有显著性。

表 739 体育锻炼次数少与中等被调查者感知居住区健身步道宽度的秩次统计

	被调查者参加体育锻炼次数	N	Mean Rank	Sum of Ranks
被调查者感知居住区健身步道宽度	少	151	158.45	23925.50
	中等	189	180.13	34044.50
	Total	340		

表 740 体育锻炼次数少与中等被调查者感知居住区健身步道宽度的非参数检验结果ª

	被调查者感知居住区健身步道宽度
Mann-Whitney U	12449.500
Wilcoxon W	23925.500
Z	−2.172
Asymp. Sig. (2-tailed)	.030

a. Grouping Variable：被调查者参加体育锻炼次数

表 739 为体育锻炼次数少与中等被调查者感知居住区健身步道宽度的秩次统计表，第一栏列出被调查城市，N 为样本量，Mean Rank 为平均秩次，Sum of Ranks 为秩和。表 740 为体育锻炼次数少与中等被调查者感知居住区健身步道宽度的非参数检验结果，其中 Mann-Whitney U、Wilcoxon W 以及 Z 为统计量，Asymp. sig. (2-tailed) 为基于渐近分布的双侧检验概率，本例概率小于 0.05，可以认为在 0.05 水平上体育锻炼次数少与中等被调查者感知居住区健身步道宽度的差异具有显著性。

表 741 体育锻炼次数少与多被调查者感知居住区健身步道宽度的秩次统计

	被调查者参加体育锻炼次数	N	Mean Rank	Sum of Ranks
被调查者感知居住区健身步道宽度	少	151	134.92	20373.50
	多	163	178.41	29081.50
	Total	314		

表 742　体育锻炼次数少与多被调查者感知居住区健身步道宽度的非参数检验结果[a]

	被调查者感知居住区健身步道宽度
Mann-Whitney U	8897.500
Wilcoxon W	20373.500
Z	−4.400
Asymp. Sig. (2-tailed)	.000

a. Grouping Variable：被调查者参加体育锻炼次数

　　表 741 为体育锻炼次数少与多被调查者感知居住区健身步道宽度的秩次统计表,第一栏列出被调查城市,N 为样本量,Mean Rank 为平均秩次,Sum of Ranks 为秩和。表 742 为体育锻炼次数少与多被调查者感知居住区健身步道宽度的非参数检验结果,其中 Mann-Whitney U、Wilcoxon W 以及 Z 为统计量,Asymp. sig. (2-tailed)为基于渐近分布的双侧检验概率,本例概率小于 0.05,可以认为在 0.05 水平上体育锻炼次数少与多被调查者感知居住区健身步道宽度的差异具有显著性。

表 743　体育锻炼次数少与非常多被调查者感知居住区健身步道宽度的秩次统计

	被调查者参加体育锻炼次数	N	Mean Rank	Sum of Ranks
被调查者感知居住区健身步道宽度	少	151	96.81	14618.00
	非常多	113	180.19	20362.00
	Total	264		

表 744　体育锻炼次数少与非常多被调查者感知居住区健身步道宽度的非参数检验结果[a]

	被调查者感知居住区健身步道宽度
Mann-Whitney U	3142.000
Wilcoxon W	14618.000
Z	−9.043
Asymp. Sig. (2-tailed)	.000

a. Grouping Variable：被调查者参加体育锻炼次数

　　表 743 为体育锻炼次数少与非常多被调查者感知居住区健身步道宽度的秩次统计表,第一栏列出被调查城市,N 为样本量,Mean Rank 为平均秩次,Sum of Ranks 为秩和。表 744 为体育锻炼次数少与非常多被调查者感知居住区健身步道宽度的非参数检验结果,其中 Mann-Whitney U、Wilcoxon W 以及 Z 为统计量,Asymp. sig. (2-tailed)为基于渐近分布的双侧检验概率,本例概率小于 0.05,可以认为在 0.05 水平上体育锻炼次数少与非常多被调查者感知居住区健身步道宽度的差异具有显著性。

表 745　体育锻炼次数中等与多被调查者感知居住区健身步道宽度的秩次统计

	被调查者参加体育锻炼次数	N	Mean Rank	Sum of Ranks
被调查者感知居住区健身步道宽度	中等	189	160.78	30388.00
	多	163	194.72	31740.00
	Total	352		

表 746　体育锻炼次数中等与多被调查者感知居住区健身步道宽度的非参数检验结果ᵃ

	被调查者感知居住区健身步道宽度
Mann-Whitney U	12433.000
Wilcoxon W	30388.000
Z	−3.290
Asymp. Sig. (2-tailed)	.001

a. Grouping Variable：被调查者参加体育锻炼次数

　　表 745 为体育锻炼次数中等与多被调查者感知居住区健身步道宽度的秩次统计表，第一栏列出被调查城市，N 为样本量，Mean Rank 为平均秩次，Sum of Ranks 为秩和。表 746 为体育锻炼次数中等与多被调查者感知居住区健身步道宽度的非参数检验结果，其中 Mann-Whitney U、Wilcoxon W 以及 Z 为统计量，Asymp. sig. (2-tailed) 为基于渐近分布的双侧检验概率，本例概率小于 0.05，可以认为在 0.05 水平上体育锻炼次数中等与多被调查者感知居住区健身步道宽度的差异具有显著性。

表 747　体育锻炼次数中等与非常多被调查者感知居住区健身步道宽度的秩次统计

	被调查者参加体育锻炼次数	N	Mean Rank	Sum of Ranks
被调查者感知居住区健身步道宽度	中等	189	117.60	22226.00
	非常多	113	208.20	23527.00
	Total	302		

表 748　体育锻炼次数中等与非常多被调查者感知居住区健身步道宽度的非参数检验结果ᵃ

	被调查者感知居住区健身步道宽度
Mann-Whitney U	4271.000
Wilcoxon W	22226.000
Z	−9.103
Asymp. Sig. (2-tailed)	.000

a. Grouping Variable：被调查者参加体育锻炼次数

　　表 747 为体育锻炼次数中等与非常多被调查者感知居住区健身步道宽度的秩次统计表，第一栏列出被调查城市，N 为样本量，Mean Rank 为平均秩次，Sum of Ranks 为秩和。表 748 为体育锻炼次数中等与非常多被调查者感知居住区健身步道宽度的非参数检验结果，其中 Mann-Whitney U、Wilcoxon W 以及 Z 为统计量，Asymp. sig. (2-tailed) 为基于渐近分布的双侧检验概率，本例概率小于 0.05，可以认为在 0.05 水平上体育锻炼次数中等与非常多被调查者感知居住区健身步道宽度的差异具有显著性。

表 749　体育锻炼次数多与非常多被调查者感知居住区健身步道宽度的秩次统计

	被调查者参加体育锻炼次数	N	Mean Rank	Sum of Ranks
被调查者感知居住区健身步道宽度	多	163	112.88	18399.50
	非常多	113	175.46	19826.50
	Total	276		

表750　体育锻炼次数多与非常多被调查者感知居住区健身步道宽度的非参数检验结果ª

	被调查者感知居住区健身步道宽度
Mann-Whitney U	5033.500
Wilcoxon W	18399.500
Z	−6.605
Asymp. Sig. (2-tailed)	.000

a. Grouping Variable：被调查者参加体育锻炼次数

表749为体育锻炼次数多与非常多被调查者感知居住区健身步道宽度的秩次统计表，第一栏列出被调查城市，N为样本量，Mean Rank为平均秩次，Sum of Ranks为秩和。表750为体育锻炼次数多与非常多被调查者感知居住区健身步道宽度的非参数检验结果，其中Mann-Whitney U、Wilcoxon W以及Z为统计量，Asymp. sig. (2-tailed)为基于渐近分布的双侧检验概率，本例概率小于0.05，可以认为在0.05水平上体育锻炼次数多与非常多被调查者感知居住区健身步道宽度的差异具有显著性。

4.1.2.4　居民感知锻炼高峰期通过一段健身步道的时间

（1）皖北不同市居民感知锻炼高峰期通过一段健身步道时间的列联表统计和非参数检验

1）皖北不同市居民感知锻炼高峰期通过一段健身步道时间的列联表统计

表751　被调查者居住的城市 * 被调查者感知锻炼高峰期通过一段健身步道时间

		被调查者感知锻炼高峰期通过一段健身步道的时间					Total
		非常短	短	中等	长	非常长	
被调查者居住的城市	淮北市	2.8%	14.2%	54.6%	19.1%	9.2%	100.0%
	宿州市	5.7%	13.3%	33.3%	21.0%	26.7%	100.0%
	蚌埠市	10.1%	16.5%	28.4%	27.5%	17.4%	100.0%
	淮南市	5.9%	15.7%	51.0%	19.6%	7.8%	100.0%
	阜阳市	6.0%	15.0%	38.0%	24.0%	17.0%	100.0%
	亳州市	16.2%	21.6%	24.3%	20.7%	17.1%	100.0%
	Total	7.6%	16.0%	38.9%	21.9%	15.6%	100.0%

表751显示，皖北六市居民感知锻炼高峰期通过一段健身步道所需时间：淮北市"短"和"非常短"占17.0%（24）、中等54.6%（77）、"长"和"非常长"占28.3%（40）；宿州市"短"和"非常短"占19%（20）、中等33.3%（35）、"长"和"非常长"占47.7%（50）；蚌埠市"短"和"非常短"占26.6%（29）、中等28.4%（31）、"长"和"非常长"占44.9%（49）；淮南市"短"和"非常短"占21.6%（22）、中等51%（52）、"长"和"非常长"占27.4%（28）；阜阳市"短"和"非常短"占21%（21）、中等38.0%（38）、"长"和"非常长"占41%（41）；亳州市"短"和"非常短"占37.8%（42）、中等24.3%（27）、"长"和"非常长"占37.8%（42）；总体："短"和"非常短"占23.6%（158）、中等38.9%（260）、"长"和"非常长"占37.5%（250）。

"短"和"非常短"占比与"长"和"非常长"占比之差：淮北市−11.3%；宿州市−28.7%；蚌埠市−18.3%；淮南市−5.8%；阜阳市−20%；亳州市0%；总体：−13.9%。总体上皖北六市居民锻炼高峰期通过一段健身步道所需时间"短"的占比比"长"的占比偏少。淮北市、阜阳市、宿州市、蚌埠市、淮南市"短"和"非常短"占比与"长"和"非常长"占比之差为负,亳州市持平。排序为:亳州市>淮南市>淮北市>蚌埠市>阜阳市>宿州市。

2) 皖北不同市居民感知锻炼高峰期通过一段健身步道时间的非参数检验

表 752 皖北六市居民感知锻炼高峰期通过一段健身步道时间的平均秩

	被调查者居住的城市	N	Mean Rank
被调查者感知锻炼高峰期通过一段健身步道的时间	淮北市	141	324.14
	宿州市	105	379.03
	蚌埠市	109	344.75
	淮南市	102	309.80
	阜阳市	100	349.70
	亳州市	111	304.46
	Total	668	

表 752 为皖北六市居民感知锻炼高峰期通过一段健身步道所需时间的样本量和平均秩,降序排列为:宿州市为 379.03(105)、阜阳市为 349.70、蚌埠市为 344.75(109)、淮北市为 324.14(141)、淮南市为 309.80(102)、(100)、亳州市为 304.46(111)。

表 753 皖北六市居民感知锻炼高峰期通过一段健身步道时间的非参数检验结果[a,b]

	被调查者感知锻炼高峰期通过一段健身步道的时间
Chi-Square	12.237
Df	5
Asymp. Sig.	.032

a. Kruskal Wallis Test
b. Grouping Variable:被调查者居住的城市

表 753 为 Kruskal-Wallis 检验,Asymp. Sig. 为检验统计量 $\chi^2=12.237$、df$=5$ 时基于渐近分布概率,本例概率 p$=0.032<0.05$,所以否定检验的原假设,即可以认为皖北六市居民感知锻炼高峰期通过一段健身步道所需时间之间的差异在 0.05 水平上具有显著性。

表 754 淮北市与宿州市感知锻炼高峰期通过一段健身步道时间的秩次统计

	被调查者居住的城市	N	Mean Rank	Sum of Ranks
被调查者感知锻炼高峰期通过一段健身步道的时间	淮北市	141	114.44	16135.50
	宿州市	105	135.67	14245.50
	Total	246		

表 755 淮北市与宿州市感知锻炼高峰期通过一段健身步道时间的非参数检验结果[a]

	被调查者感知锻炼高峰期通过一段健身步道时间
Mann-Whitney U	6124.500
Wilcoxon W	16135.500
Z	−2.453
Asymp. Sig. (2-tailed)	.014

a. Grouping Variable:被调查者居住的城市

表 754 为淮北市与宿州市感知锻炼高峰期通过一段健身步道时间的秩次统计表,第一栏列出被调查城市,N 为样本量,Mean Rank 为平均秩次,Sum of Ranks 为秩和。表 755 为淮北市与宿州市感知锻炼高峰期通过一段健身步道时间的非参数检验结果,其中 Mann-Whitney U、Wilcoxon W 以及 Z 为统计量,Asymp. sig. (2-tailed)为基于渐近分布的双侧检验概率,本例概率小于 0.05,可以认为在 0.05 水平上淮北市与宿州市感知锻炼高峰期通过一段健身步道时间之间的差异具有显著性。

表 756　淮北市与蚌埠市感知锻炼高峰期通过一段健身步道时间的秩次统计

	被调查者居住的城市	N	Mean Rank	Sum of Ranks
被调查者感知锻炼高峰期通过一段健身步道的时间	淮北市	141	121.83	17178.00
	蚌埠市	109	130.25	14197.00
	Total	250		

表 757　淮北市与蚌埠市感知锻炼高峰期通过一段健身步道时间的非参数检验结果[a]

	被调查者感知锻炼高峰期通过一段健身步道的时间
Mann-Whitney U	7167.000
Wilcoxon W	17178.000
Z	−.961
Asymp. Sig. (2-tailed)	.336

a. Grouping Variable:被调查者居住的城市

表 756 为淮北市与蚌埠市感知锻炼高峰期通过一段健身步道时间的秩次统计表,第一栏列出被调查城市,N 为样本量,Mean Rank 为平均秩次,Sum of Ranks 为秩和。表 757 为淮北市与蚌埠市感知锻炼高峰期通过一段健身步道时间的非参数检验结果,其中 Mann-Whitney U、Wilcoxon W 以及 Z 为统计量,Asymp. sig. (2-tailed)为基于渐近分布的双侧检验概率,本例概率大于 0.05,可以认为在 0.05 水平上淮北市与蚌埠市感知锻炼高峰期通过一段健身步道时间之间的差异不具有显著性。

表 758　淮北市与淮南市感知锻炼高峰期通过一段健身步道时间的秩次统计

	被调查者居住的城市	N	Mean Rank	Sum of Ranks
被调查者感知锻炼高峰期通过一段健身步道的时间	淮北市	141	124.40	17541.00
	淮南市	102	118.68	12105.00
	Total	243		

表 759　淮北市与淮南市感知锻炼高峰期通过一段健身步道时间的非参数检验结果[a]

	被调查者感知锻炼高峰期通过一段健身步道的时间
Mann-Whitney U	6871.000
Wilcoxon W	12124.000
Z	−.625
Asymp. Sig. (2-tailed)	.532

a. Grouping Variable:被调查者居住的城市

　　表758为淮北市与淮南市感知锻炼高峰期通过一段健身步道时间的秩次统计表,第一栏列出被调查城市,N为样本量,Mean Rank为平均秩次,Sum of Ranks为秩和。表759为淮北市与淮南市感知锻炼高峰期通过一段健身步道时间的非参数检验结果,其中Mann-Whitney U、Wilcoxon W以及Z为统计量,Asymp. sig. (2-tailed)为基于渐近分布的双侧检验概率,本例概率大于0.05,可以认为在0.05水平上淮北市与淮南市感知锻炼高峰期通过一段健身步道时间之间的差异不具有显著性。

表760　淮北市与阜阳市感知锻炼高峰期通过一段健身步道时间的秩次统计

	被调查者居住的城市	N	Mean Rank	Sum of Ranks
被调查者感知锻炼高峰期通过一段健身步道的时间	淮北市	141	116.88	16479.50
	阜阳市	100	126.82	12681.50
	Total	241		

表761　淮北市与阜阳市感知锻炼高峰期通过一段健身步道时间的非参数检验结果[a]

	被调查者感知锻炼高峰期通过一段健身步道的时间
Mann-Whitney U	6468.500
Wilcoxon W	16479.500
Z	−1.165
Asymp. Sig. (2-tailed)	.244

　　a. Grouping Variable:被调查者居住的城市

　　表760为淮北市与阜阳市感知锻炼高峰期通过一段健身步道时间的秩次统计表,第一栏列出被调查城市,N为样本量,Mean Rank为平均秩次,Sum of Ranks为秩和。表761为淮北市与阜阳市感知锻炼高峰期通过一段健身步道时间的非参数检验结果,其中Mann-Whitney U、Wilcoxon W以及Z为统计量,Asymp. sig. (2-tailed)为基于渐近分布的双侧检验概率,本例概率大于0.05,可以认为在0.05水平上淮北市与阜阳市感知锻炼高峰期通过一段健身步道时间之间的差异不具有显著性。

表762　淮北市与亳州市感知锻炼高峰期通过一段健身步道时间的秩次统计

	被调查者居住的城市	N	Mean Rank	Sum of Ranks
被调查者感知锻炼高峰期通过一段健身步道的时间	淮北市	141	130.59	18413.50
	亳州市	111	121.30	13464.50
	Total	252		

表763　淮北市与亳州市感知锻炼高峰期通过一段健身步道时间的非参数检验结果[a]

	被调查者感知锻炼高峰期通过一段健身步道的时间
Mann-Whitney U	7248.500
Wilcoxon W	13464.500
Z	−1.051
Asymp. Sig. (2-tailed)	.293

　　a. Grouping Variable:被调查者居住的城市

表 762 为淮北市与亳州市感知锻炼高峰期通过一段健身步道时间的秩次统计表,第一栏列出被调查城市,N 为样本量,Mean Rank 为平均秩次,Sum of Ranks 为秩和。表 763 为淮北市与亳州市感知锻炼高峰期通过一段健身步道时间的非参数检验结果,其中 Mann-Whitney U、Wilcoxon W 以及 Z 为统计量,Asymp. sig. (2-tailed)为基于渐近分布的双侧检验概率,本例概率大于 0.05,可以认为在 0.05 水平上淮北市与亳州市感知锻炼高峰期通过一段健身步道时间之间的差异不具有显著性。

表 764　宿州市与蚌埠市感知锻炼高峰期通过一段健身步道时间的秩次统计

	被调查者居住的城市	N	Mean Rank	Sum of Ranks
被调查者感知锻炼高峰期通过一段健身步道的时间	宿州市	105	113.06	11871.50
	蚌埠市	109	102.14	11133.50
	Total	214		

表 765　宿州市与蚌埠市感知锻炼高峰期通过一段健身步道时间的非参数检验结果[a]

	被调查者感知锻炼高峰期通过一段健身步道的时间
Mann-Whitney U	5138.500
Wilcoxon W	11133.500
Z	−1.329
Asymp. Sig. (2-tailed)	.184

a. Grouping Variable:被调查者居住的城市

表 764 为宿州市与蚌埠市感知锻炼高峰期通过一段健身步道时间的秩次统计表,第一栏列出被调查城市,N 为样本量,Mean Rank 为平均秩次,Sum of Ranks 为秩和。表 765 为宿州市与蚌埠市感知锻炼高峰期通过一段健身步道时间的非参数检验结果,其中 Mann-Whitney U、Wilcoxon W 以及 Z 为统计量,Asymp. sig. (2-tailed)为基于渐近分布的双侧检验概率,本例概率大于 0.05,可以认为在 0.05 水平上宿州市与蚌埠市感知锻炼高峰期通过一段健身步道时间之间的差异不具有显著性。

表 766　宿州市与淮南市感知锻炼高峰期通过一段健身步道时间的秩次统计

	被调查者居住的城市	N	Mean Rank	Sum of Ranks
被调查者感知锻炼高峰期通过一段健身步道的时间	宿州市	105	114.77	12051.00
	淮南市	102	92.91	9477.00
	Total	207		

表 767　宿州市与淮南市感知锻炼高峰期通过一段健身步道时间的非参数检验结果[a]

	被调查者感知锻炼高峰期通过一段健身步道的时间
Mann-Whitney U	4224.000
Wilcoxon W	9477.000
Z	−2.753
Asymp. Sig. (2-tailed)	.006

a. Grouping Variable:被调查者居住的城市

表 766 为宿州市与淮南市感知锻炼高峰期通过一段健身步道时间的秩次统计表,第一栏列出被调查城市,N 为样本量,Mean Rank 为平均秩次,Sum of Ranks 为秩和。表 767 为宿州市与淮南市感知锻炼高峰期通过一段健身步道时间的非参数检验结果,其中 Mann-Whitney U、Wilcoxon W 以及 Z 为统计量,Asymp. sig. (2-tailed)为基于渐近分布的双侧检验概率,本例概率小于 0.05,可以认为在 0.05 水平上宿州市与淮南市感知锻炼高峰期通过一段健身步道时间之间的差异具有显著性。

表 768　宿州市与阜阳市感知锻炼高峰期通过一段健身步道时间的秩次统计

	被调查者居住的城市	N	Mean Rank	Sum of Ranks
被调查者感知锻炼高峰期通过一段健身步道的时间	宿州市	105	107.58	11296.00
	阜阳市	100	98.19	9819.00
	Total	205		

表 769　宿州市与阜阳市感知锻炼高峰期通过一段健身步道时间的非参数检验结果[a]

	被调查者感知锻炼高峰期通过一段健身步道的时间
Mann-Whitney U	4769.000
Wilcoxon W	9819.000
Z	−1.175
Asymp. Sig. (2-tailed)	.240

a. Grouping Variable:被调查者居住的城市

表 768 为宿州市与阜阳市感知锻炼高峰期通过一段健身步道时间的秩次统计表,第一栏列出被调查城市,N 为样本量,Mean Rank 为平均秩次,Sum of Ranks 为秩和。表 769 为宿州市与阜阳市感知锻炼高峰期通过一段健身步道时间的非参数检验结果,其中 Mann-Whitney U、Wilcoxon W 以及 Z 为统计量,Asymp. sig. (2-tailed)为基于渐近分布的双侧检验概率,本例概率大于 0.05,可以认为在 0.05 水平上宿州市与阜阳市感知锻炼高峰期通过一段健身步道时间之间的差异不具有显著性。

表 770　宿州市与亳州市感知锻炼高峰期通过一段健身步道时间的秩次统计

	被调查者居住的城市	N	Mean Rank	Sum of Ranks
被调查者感知锻炼高峰期通过一段健身步道的时间	宿州市	105	119.95	12594.50
	亳州市	111	97.67	10841.50
	Total	216		

表 771　宿州市与亳州市感知锻炼高峰期通过一段健身步道时间的非参数检验结果[a]

	被调查者感知锻炼高峰期通过一段健身步道的时间
Mann-Whitney U	4625.500
Wilcoxon W	10841.500
Z	−2.686
Asymp. Sig. (2-tailed)	.007

a. Grouping Variable:被调查者居住的城市

　　表 770 为宿州市与亳州市感知锻炼高峰期通过一段健身步道时间的秩次统计表,第一栏列出被调查城市,N 为样本量,Mean Rank 为平均秩次,Sum of Ranks 为秩和。表 771 为宿州市与亳州市感知锻炼高峰期通过一段健身步道时间的非参数检验结果,其中 Mann-Whitney U、Wilcoxon W 以及 Z 为统计量,Asymp. sig.(2-tailed)为基于渐近分布的双侧检验概率,本例概率小于 0.05,可以认为在 0.05 水平上宿州市与亳州市感知锻炼高峰期通过一段健身步道时间之间的差异具有显著性。

表 772　蚌埠市与淮南市感知锻炼高峰期通过一段健身步道时间的秩次统计

	被调查者居住的城市	N	Mean Rank	Sum of Ranks
被调查者感知锻炼高峰期通过一段健身步道的时间	蚌埠市	109	111.47	12150.00
	淮南市	102	100.16	10216.00
	Total	211		

表 773　蚌埠市与淮南市感知锻炼高峰期通过一段健身步道时间的非参数检验结果[a]

	被调查者感知锻炼高峰期通过一段健身步道的时间
Mann-Whitney U	4963.000
Wilcoxon W	10216.000
Z	−1.403
Asymp. Sig. (2-tailed)	.161

　a. Grouping Variable:被调查者居住的城市

　　表 772 为蚌埠市与淮南市感知锻炼高峰期通过一段健身步道时间的秩次统计表,第一栏列出被调查城市,N 为样本量,Mean Rank 为平均秩次,Sum of Ranks 为秩和。表 773 为蚌埠市与淮南市感知锻炼高峰期通过一段健身步道时间的非参数检验结果,其中 Mann-Whitney U、Wilcoxon W 以及 Z 为统计量,Asymp. sig.(2-tailed)为基于渐近分布的双侧检验概率,本例概率大于 0.05,可以认为在 0.05 水平上蚌埠市与淮南市感知锻炼高峰期通过一段健身步道时间之间的差异不具有显著性。

表 774　蚌埠市与阜阳市感知锻炼高峰期通过一段健身步道时间的秩次统计

	被调查者居住的城市	N	Mean Rank	Sum of Ranks
被调查者感知锻炼高峰期通过一段健身步道的时间	蚌埠市	109	104.40	11379.50
	阜阳市	100	105.65	10565.50
	Total	209		

表 775　蚌埠市与阜阳市感知锻炼高峰期通过一段健身步道时间的非参数检验结果[a]

	被调查者感知锻炼高峰期通过一段健身步道的时间
Mann-Whitney U	5384.500
Wilcoxon W	11379.500
Z	−.155
Asymp. Sig. (2-tailed)	.877

　a. Grouping Variable:被调查者居住的城市

　　表 774 为蚌埠市与阜阳市感知锻炼高峰期通过一段健身步道时间的秩次统计表,第一栏列出被调查城市,N 为样本量,Mean Rank 为平均秩次,Sum of Ranks 为秩和。表 775 为蚌埠市与阜阳市感知锻炼高峰期通过一段健身步道时间的非参数检验结果,其中 Mann-Whitney U、Wilcoxon W 以及 Z 为统计量,Asymp. sig. (2-tailed)为基于渐近分布的双侧检验概率,本例概率大于 0.05,可以认为在 0.05 水平上蚌埠市与阜阳市感知锻炼高峰期通过一段健身步道时间之间的差异不具有显著性。

表 776　蚌埠市与亳州市感知锻炼高峰期通过一段健身步道时间的秩次统计

	被调查者居住的城市	N	Mean Rank	Sum of Ranks
被调查者感知锻炼高峰期通过一段健身步道的时间	蚌埠市	109	116.50	12698.00
	亳州市	111	104.61	11612.00
	Total	220		

表 777　蚌埠市与亳州市感知锻炼高峰期通过一段健身步道时间的非参数检验结果[a]

	被调查者感知锻炼高峰期通过一段健身步道的时间
Mann-Whitney U	5396.000
Wilcoxon W	11612.000
Z	−1.418
Asymp. Sig. (2-tailed)	.156

　　a. Grouping Variable:被调查者居住的城市

　　表 776 为蚌埠市与亳州市感知锻炼高峰期通过一段健身步道时间的秩次统计表,第一栏列出被调查城市,N 为样本量,Mean Rank 为平均秩次,Sum of Ranks 为秩和。表 777 为蚌埠市与亳州市感知锻炼高峰期通过一段健身步道时间的非参数检验结果,其中 Mann-Whitney U、Wilcoxon W 以及 Z 为统计量,Asymp. sig. (2-tailed)为基于渐近分布的双侧检验概率,本例概率大于 0.05,可以认为在 0.05 水平上蚌埠市与亳州市感知锻炼高峰期通过一段健身步道时间之间的差异不具有显著性。

表 778　淮南市与阜阳市感知锻炼高峰期通过一段健身步道时间的秩次统计

	被调查者居住的城市	N	Mean Rank	Sum of Ranks
被调查者感知锻炼高峰期通过一段健身步道的时间	淮南市	102	95.28	9719.00
	阜阳市	100	107.84	10784.00
	Total	202		

表 779　淮南市与阜阳市感知锻炼高峰期通过一段健身步道时间的非参数检验结果[a]

	被调查者感知锻炼高峰期通过一段健身步道的时间
Mann-Whitney U	4466.000
Wilcoxon W	9719.000
Z	−1.613
Asymp. Sig. (2-tailed)	.107

　　a. Grouping Variable:被调查者居住的城市

表 778 为淮南市与阜阳市感知锻炼高峰期通过一段健身步道时间的秩次统计表,第一栏列出被调查城市,N 为样本量,Mean Rank 为平均秩次,Sum of Ranks 为秩和。表 779 为淮南市与阜阳市感知锻炼高峰期通过一段健身步道时间的非参数检验结果,其中 Mann-Whitney U、Wilcoxon W 以及 Z 为统计量,Asymp. sig. (2-tailed)为基于渐近分布的双侧检验概率,本例概率大于 0.05,可以认为在 0.05 水平上淮南市与阜阳市感知锻炼高峰期通过一段健身步道时间之间的差异不具有显著性。

表 780　淮南市与亳州市感知锻炼高峰期通过一段健身步道时间的秩次统计

	被调查者居住的城市	N	Mean Rank	Sum of Ranks
被调查者感知锻炼高峰期通过一段健身步道的时间	淮南市	102	108.77	11095.00
	亳州市	111	105.37	11696.00
	Total	213		

表 781　淮南市与亳州市感知锻炼高峰期通过一段健身步道时间的非参数检验结果[a]

	被调查者感知锻炼高峰期通过一段健身步道的时间
Mann-Whitney U	5480.000
Wilcoxon W	11696.000
Z	−.418
Asymp. Sig. (2-tailed)	.676

a. Grouping Variable:被调查者居住的城市

表 780 为淮南市与亳州市感知锻炼高峰期通过一段健身步道时间的秩次统计表,第一栏列出被调查城市,N 为样本量,Mean Rank 为平均秩次,Sum of Ranks 为秩和。表 781 为淮南市与亳州市感知锻炼高峰期通过一段健身步道时间的非参数检验结果,其中 Mann-Whitney U、Wilcoxon W 以及 Z 为统计量,Asymp. sig. (2-tailed)为基于渐近分布的双侧检验概率,本例概率大于 0.05,可以认为在 0.05 水平上淮南市与亳州市感知锻炼高峰期通过一段健身步道时间之间的差异不具有显著性。

表 782　阜阳市与亳州市感知锻炼高峰期通过一段健身步道时间的秩次统计

	被调查者居住的城市	N	Mean Rank	Sum of Ranks
被调查者感知锻炼高峰期通过一段健身步道的时间	阜阳市	100	113.21	11320.50
	亳州市	111	99.51	11045.50
	Total	211		

表 783　阜阳市与亳州市感知锻炼高峰期通过一段健身步道时间的非参数检验结果[a]

	被调查者感知锻炼高峰期通过一段健身步道的时间
Mann-Whitney U	4829.500
Wilcoxon W	11045.500
Z	−1.672
Asymp. Sig. (2-tailed)	.095

a. Grouping Variable:被调查者居住的城市

表782为阜阳市与亳州市感知锻炼高峰期通过一段健身步道时间的秩次统计表,第一栏列出被调查城市,N为样本量,Mean Rank为平均秩次,Sum of Ranks为秩和。表783为阜阳市与亳州市感知锻炼高峰期通过一段健身步道时间的非参数检验结果,其中 Mann-Whitney U、Wilcoxon W以及 Z为统计量,Asymp. sig.（2-tailed）为基于渐近分布的双侧检验概率,本例概率大于0.05,可以认为在0.05水平上阜阳市与亳州市感知锻炼高峰期通过一段健身步道时间之间的差异不具有显著性。

（2）皖北六市不同居住区居民感知锻炼高峰期通过一段健身步道时间的列联表统计和非参数检验

1）皖北六市不同居住区居民感知锻炼高峰期通过一段健身步道时间的列联表统计

表784　被调查者居住的区域＊被调查者感知锻炼高峰期通过一段健身步道时间

| | | 被调查者感知锻炼高峰期通过一段健身步道的时间 | | | | | Total |
		非常短	短	中等	长	非常长	
被调查者居住的区域	中央区域	2.4%	8.5%	39.2%	23.6%	26.4%	100.0%
	中央与郊区之间	4.6%	13.8%	42.5%	25.4%	13.8%	100.0%
	郊区	10.6%	22.4%	34.1%	22.4%	10.6%	100.0%
	农村地区	19.8%	28.2%	35.1%	12.2%	4.6%	100.0%
	Total	7.6%	16.0%	38.9%	21.9%	15.6%	100.0%

表784显示,皖北不同居住区域居民感知锻炼高峰期通过一段健身步道时间:中央区域"短"和"非常短"占10.9%、中等39.2%、"长"和"非常长"占50.0%;中央与郊区之间"短"和"非常短"占18.4%、中等42.5%、"长"和"非常长"占39.2%;郊区"短"和"非常短"占33.0%、中等34.1%、"长"和"非常长"占33.0%;农村地区"短"和"非常短"占48.0%、中等35.1%、"长"和"非常长"占16.8%;总体:"短"和"非常短"占23.6%、中等38.9%、"长"和"非常长"占37.5%。

"长"和"非常长"占比与"短"和"非常短"占比之差:中央区域39.1%;中央与郊区之间20.8%;郊区0;农村地区－31.2%;总体:13.9%。总体上皖北六市不同居住区域居民感知锻炼高峰期通过一段健身步道时间"长"的占比比"短"的占比偏多。但各区域情况不同,中央区域、中央与郊区之间"长"和"非常长"占比与"短"和"非常短"占比之差为正,郊区为零,农村地区为负。排序为:中央区域＞中央与郊区之间＞郊区＞农村地区。相关检验显示,皖北六市被调查者居住的区域与被调查者感知锻炼高峰期通过一段健身步道时间的皮尔逊相关系数为0.349,斯皮尔曼相关系数为0.333,p＝0.000＜0.05,相关具有显著性。

2）皖北六市不同居住区居民感知锻炼高峰期通过一段健身步道时间的非参数检验

表785　皖北六市不同居住区居民感知锻炼高峰期通过一段健身步道时间的平均秩

	被调查者居住的区域	N	Mean Rank
被调查者感知锻炼高峰期通过一段健身步道的时间	中央区域	212	401.25
	中央与郊区之间	240	347.93
	郊区	85	299.79
	农村地区	131	224.39
	Total	668	

表 785 为皖北六市不同居住区居民感知锻炼高峰期通过一段健身步道时间的样本量和平均秩，平均秩降序排列为：中央区域为 401.25(212)、中央与郊区之间为 347.93(240)、郊区为 299.79(85)、农村地区为 224.39(131)。

表 786　皖北六市不同居住区居民感知锻炼高峰期通过一段健身步道时间的非参数检验结果[a,b]

	被调查者感知锻炼高峰期通过一段健身步道的时间
Chi-Square	77.985
Df	3
Asymp. Sig.	.000

a. Kruskal Wallis Test
b. Grouping Variable：被调查者居住的区域

表 786 为 Kruskal-Wallis 检验，Asymp. Sig. 为检验统计量 $\chi^2 = 77.985$、$df = 3$ 时基于渐近分布概率，本例概率 $p = 0.000 < 0.05$，所以否定检验的原假设，即可以认为皖北六市不同居住区居民感知锻炼高峰期通过一段健身步道时间之间的差异在 0.05 水平上具有显著性。

表 787　中央区域与中央与郊区之间被调查者感知锻炼高峰期
通过一段健身步道时间的秩次统计

	被调查者居住的区域	N	Mean Rank	Sum of Ranks
被调查者感知锻炼高峰期通过一段健身步道时间	中央区域	212	246.82	52326.50
	中央与郊区之间	240	208.55	50051.50
	Total	452		

表 788　中央区域与中央与郊区之间被调查者感知锻炼高峰期
通过一段健身步道时间的非参数检验结果[a]

	被调查者感知锻炼高峰期通过一段健身步道时间
Mann-Whitney U	21131.500
Wilcoxon W	50051.500
Z	−3.263
Asymp. Sig. (2-tailed)	.001

a. Grouping Variable：被调查者居住的区域

表 787 为中央区域与中央与郊区之间被调查者感知锻炼高峰期通过一段健身步道时间的秩次统计表，第一栏列出被调查城市，N 为样本量，Mean Rank 为平均秩次，Sum of Ranks 为秩和。表 788 为中央区域与中央与郊区之间被调查者感知锻炼高峰期通过一段健身步道时间的非参数检验结果，其中 Mann-Whitney U、Wilcoxon W 以及 Z 为统计量，Asymp. sig. (2-tailed)为基于渐近分布的双侧检验概率，本例概率小于 0.05，可以认为在 0.05 水平上中央区域与中央与郊区之间被调查者感知锻炼高峰期通过一段健身步道时间之间的差异具有显著性。

表789 中央区域与郊区被调查者感知锻炼高峰期通过一段健身步道时间的秩次统计

	被调查者居住的区域	N	Mean Rank	Sum of Ranks
被调查者感知锻炼高峰期通过一段健身步道时间	中央区域	212	161.76	34294.00
	郊 区	85	117.16	9959.00
	Total	297		

表790 中央区域与郊区被调查者感知锻炼高峰期通过一段健身步道时间的非参数检验结果[a]

	被调查者感知锻炼高峰期通过一段健身步道时间
Mann-Whitney U	6304.000
Wilcoxon W	9959.000
Z	−4.214
Asymp. Sig. (2-tailed)	.000

a. Grouping Variable：被调查者居住的区域

表789为中央区域与郊区被调查者感知锻炼高峰期通过一段健身步道时间的秩次统计表，第一栏列出被调查城市，N为样本量，Mean Rank为平均秩次，Sum of Ranks为秩和。表790为中央区域与郊区被调查者感知锻炼高峰期通过一段健身步道时间的非参数检验结果，其中Mann-Whitney U、Wilcoxon W以及Z为统计量，Asymp. sig. (2-tailed)为基于渐近分布的双侧检验概率，本例概率小于0.05，可以认为在0.05水平上中央区域与郊区被调查者感知锻炼高峰期通过一段健身步道时间之间的差异具有显著性。

表791 中央区域与农村地区被调查者感知锻炼高峰期通过一段健身步道时间的秩次统计

	被调查者居住的区域	N	Mean Rank	Sum of Ranks
被调查者感知锻炼高峰期通过一段健身步道时间	中央区域	212	205.66	43600.00
	农村地区	131	117.53	15396.00
	Total	343		

表792 中央区域与农村地区被调查者感知锻炼高峰期通过一段健身步道时间的非参数检验结果[a]

	被调查者感知锻炼高峰期通过一段健身步道时间
Mann-Whitney U	6750.000
Wilcoxon W	15396.000
Z	−8.298
Asymp. Sig. (2-tailed)	.000

a. Grouping Variable：被调查者居住的区域

表791为中央区域与农村地区被调查者感知锻炼高峰期通过一段健身步道时间的秩次统计表，第一栏列出被调查城市，N为样本量，Mean Rank为平均秩次，Sum of Ranks为秩和。表792为中央区域与农村地区被调查者感知锻炼高峰期通过一段健身步道时间的非参数检验结果，其中Mann-Whitney U、Wilcoxon W以及Z为统计量，Asymp. sig. (2-tailed)为基于渐近分布的双侧检验概率，本例概率小于0.05，可以认为在0.05水平上中央区域与农村地区被调查者感知锻炼高峰期通过一段健身步道时间之间的差异具有显著性。

表 793 中央区域与郊区之间与郊区被调查者感知锻炼高峰期
通过一段健身步道时间的秩次统计

	被调查者居住的区域	N	Mean Rank	Sum of Ranks
被调查者感知锻炼高峰期通过一段健身步道时间	中央与郊区之间	240	169.28	40628.00
	郊　区	85	145.26	12347.00
	Total	325		

表 794 中央区域与郊区之间与郊区被调查者感知锻炼高峰期
通过一段健身步道时间的非参数检验结果[a]

	被调查者感知锻炼高峰期通过一段健身步道时间
Mann-Whitney U	8692.000
Wilcoxon W	12347.000
Z	-2.120
Asymp. Sig. (2-tailed)	.034

a. Grouping Variable：被调查者居住的区域

表 793 为中央区域与郊区之间与郊区被调查者感知锻炼高峰期通过一段健身步道时间的秩次统计表，第一栏列出被调查城市，N 为样本量，Mean Rank 为平均秩次，Sum of Ranks 为秩和。表 794 为中央区域与郊区之间与郊区被调查者感知锻炼高峰期通过一段健身步道时间的非参数检验结果，其中 Mann-Whitney U、Wilcoxon W 以及 Z 为统计量，Asymp. sig.（2-tailed）为基于渐近分布的双侧检验概率，本例概率小于 0.05，可以认为在 0.05 水平上中央区域与郊区之间与郊区被调查者感知锻炼高峰期通过一段健身步道时间之间的差异具有显著性。

表 795 中央区域与郊区之间与农村地区被调查者感知锻炼高峰期
通过一段健身步道时间的秩次统计

	被调查者居住的区域	N	Mean Rank	Sum of Ranks
被调查者感知锻炼高峰期通过一段健身步道时间	中央与郊区之间	240	211.10	50664.50
	农村地区	131	140.01	18341.50
	Total	371		

表 796 中央区域与郊区之间与农村地区被调查者感知锻炼高峰期
通过一段健身步道时间的非参数检验结果[a]

	被调查者感知锻炼高峰期通过一段健身步道时间
Mann-Whitney U	9695.500
Wilcoxon W	18341.500
Z	-6.367
Asymp. Sig. (2-tailed)	.000

a. Grouping Variable：被调查者居住的区域

表 795 为中央区域与郊区之间与农村地区被调查者感知锻炼高峰期通过一段健身步道时间的秩次统计表，第一栏列出被调查城市，N 为样本量，Mean Rank 为平均秩次，Sum of

Ranks 为秩和。表 796 为中央区域与郊区之间与农村地区被调查者感知锻炼高峰期通过一段健身步道时间的非参数检验结果,其中 Mann-Whitney U、Wilcoxon W 以及 Z 为统计量,Asymp. sig. (2-tailed)为基于渐近分布的双侧检验概率,本例概率小于 0.05,可以认为在 0.05 水平上中央区域与郊区之间与农村地区被调查者感知锻炼高峰期通过一段健身步道时间之间的差异具有显著性。

表 797　郊区与农村地区被调查者感知锻炼高峰期通过一段健身步道时间的秩次统计

	被调查者居住的区域	N	Mean Rank	Sum of Ranks
被调查者感知锻炼高峰期通过一段健身步道时间	郊　区	85	123.37	10486.50
	农村地区	131	98.85	12949.50
	Total	216		

表 798　郊区与农村地区被调查者感知锻炼高峰期通过一段健身步道时间的非参数检验结果[a]

	被调查者感知锻炼高峰期通过一段健身步道时间
Mann-Whitney U	4303.500
Wilcoxon W	12949.500
Z	−2.918
Asymp. Sig. (2-tailed)	.004

a. Grouping Variable：被调查者居住的区域

表 797 为郊区与农村地区被调查者感知锻炼高峰期通过一段健身步道时间的秩次统计表,第一栏列出被调查城市,N 为样本量,Mean Rank 为平均秩次,Sum of Ranks 为秩和。表 798 为郊区与农村地区被调查者感知锻炼高峰期通过一段健身步道时间的非参数检验结果,其中 Mann-Whitney U、Wilcoxon W 以及 Z 为统计量,Asymp. sig. (2-tailed)为基于渐近分布的双侧检验概率,本例概率小于 0.05,可以认为在 0.05 水平上郊区与农村地区被调查者感知锻炼高峰期通过一段健身步道时间之间的差异具有显著性。

（3）皖北六市不同居住密度居民感知锻炼高峰期通过一段健身步道时间的列联表统计和非参数检验

1）皖北六市不同居住密度居民感知锻炼高峰期通过一段健身步道时间的列联表统计

表 799　被调查者居住区人口密度 ＊ 被调查者感知锻炼高峰期通过一段健身步道时间

		被调查者感知锻炼高峰期通过一段健身步道的时间					Total
		非常短	短	中等	长	非常长	
被调查者居住区的人口密度	非常稀疏	38.5%	26.9%	11.5%	11.5%	11.5%	100.0%
	稀疏	22.5%	35.2%	25.4%	15.5%	1.4%	100.0%
	中等	4.0%	21.6%	50.8%	18.4%	5.2%	100.0%
	大	3.3%	6.6%	45.1%	28.0%	17.0%	100.0%
	非常大	6.5%	6.5%	21.6%	25.2%	40.3%	100.0%
	Total	7.6%	16.0%	38.9%	21.9%	15.6%	100.0%

表 799 显示,皖北不同居住密度居民感知锻炼高峰期通过一段健身步道时间:非常稀疏"非常短"和"短"占 65.4%、中等 11.5%、"长"和"非常长"占 23.0%;稀疏"非常短"和"短"

占 57.7％、中等 25.4％、"长"和"非常长"占 16.9％；中等"非常短"和"短"占 25.6％、中等 50.8％、"长"和"非常长"占 23.6％；大"非常短"和"短"占 9.9％、中等 45.1％、"长"和"非常长"占 45.0％；非常大"非常短"和"短"占 13.0％、中等 21.6％、"长"和"非常长"占 65.5％；总体："非常短"和"短"占 23.6％、中等 38.9％、"长"和"非常长"占 37.5％。

"长"和"非常长"占比与"非常短"和"短"占比之差：非常稀疏－42.4％；稀疏－40.8％；中等－2％；大 35.1％；非常大 52.5％；总体：13.9％。总体上皖北六市不同居住密度居民感知锻炼高峰期通过一段健身步道时间"长"的占比比"短"的占比偏多。但不同居住密度情况不同，居住密度大、非常大的居民感知锻炼高峰期通过一段健身步道时间"长"和"非常长"占比与"非常短"和"短"占比之差为正，居住密度中等、稀疏、非常稀疏的地区为负。排序为：居住密度非常大＞大＞中等＞稀疏＞非常稀疏。相关检验显示，皖北六市被调查者居住的密度与被调查者感知锻炼高峰期通过一段健身步道时间的皮尔逊相关系数为 0.425，斯皮尔曼相关系数为 0.426，p＝0.000＜0.05，相关具有显著性。

2）皖北六市不同居住密度居民感知锻炼高峰期通过一段健身步道时间的非参数检验

表 800　皖北六市不同居住密度居民感知锻炼高峰期
通过一段健身步道时间的平均秩

	被调查者居住区的人口密度	N	Mean Rank
被调查者感知锻炼高峰期通过一段健身步道的时间	非常稀疏	26	199.40
	稀疏	71	200.80
	中等	250	292.77
	大	182	380.50
	非常大	139	442.88
	Total	668	

表 800 为皖北六市不同居住密度居民感知锻炼高峰期通过一段健身步道时间的样本量和平均秩，平均秩升序排列为："非常稀疏"为 199.40、"稀疏"为 200.80、中等为 292.77、"大"为 380.50、非常大"为 442.88。

表 801　皖北六市不同居住密度居民感知锻炼高峰期通过
一段健身步道时间的非参数检验结果[a,b]

	被调查者感知锻炼高峰期通过一段健身步道的时间
Chi-Square	122.192
Df	4
Asymp. Sig.	.000

a. Kruskal Wallis Test

b. Grouping Variable：被调查者居住区的人口密度

表 801 为 Kruskal-Wallis 检验，Asymp. Sig. 为检验统计量 $\chi^2＝122.192$、df＝4 时基于渐近分布概率，本例概率 p＝0.000＜0.05，所以否定检验的原假设，即可以认为皖北六市不同居住密度居民感知锻炼高峰期通过一段健身步道时间之间的差异在 0.05 水平上具有显著性。

表 802　居住密度非常稀疏与稀疏被调查者感知锻炼高峰期通过一段健身步道时间的秩次统计

	被调查者居住区的人口密度	N	Mean Rank	Sum of Ranks
被调查者感知锻炼高峰期通过一段健身步道时间	非常稀疏	26	45.60	1185.50
	稀疏	71	50.25	3567.50
	Total	97		

表 803　居住密度非常稀疏与稀疏被调查者感知锻炼高峰期通过一段健身步道时间的非参数检验结果[a]

	被调查者感知锻炼高峰期通过一段健身步道时间
Mann-Whitney U	834.500
Wilcoxon W	1185.500
Z	−.747
Asymp. Sig. (2-tailed)	.455

　　a. Grouping Variable：被调查者居住区的人口密度

　　表 802 为居住密度非常稀疏与稀疏被调查者感知锻炼高峰期通过一段健身步道时间的秩次统计表,第一栏列出被调查城市,N 为样本量,Mean Rank 为平均秩次,Sum of Ranks 为秩和。表 803 为居住密度非常稀疏与稀疏被调查者感知锻炼高峰期通过一段健身步道时间的非参数检验结果,其中 Mann-Whitney U、Wilcoxon W 以及 Z 为统计量,Asymp. sig. (2-tailed)为基于渐近分布的双侧检验概率,本例概率大于 0.05,可以认为在 0.05 水平上居住密度非常稀疏与稀疏被调查者感知锻炼高峰期通过一段健身步道时间之间的差异不具有显著性。

表 804　居住密度非常稀疏与中等被调查者感知锻炼高峰期通过一段健身步道时间的秩次统计

	被调查者居住区的人口密度	N	Mean Rank	Sum of Ranks
被调查者感知锻炼高峰期通过一段健身步道时间	非常稀疏	26	92.88	2415.00
	中等	250	143.24	35811.00
	Total	276		

表 805　居住密度非常稀疏与中等被调查者感知锻炼高峰期通过一段健身步道时间的非参数检验结果[a]

	被调查者感知锻炼高峰期通过一段健身步道时间
Mann-Whitney U	2064.000
Wilcoxon W	2415.000
Z	−3.267
Asymp. Sig. (2-tailed)	.001

　　a. Grouping Variable：被调查者居住区的人口密度

　　表 804 为居住密度非常稀疏与中等被调查者感知锻炼高峰期通过一段健身步道时间的秩次统计表,第一栏列出被调查城市,N 为样本量,Mean Rank 为平均秩次,Sum of Ranks 为秩和。表 805 为居住密度非常稀疏与中等被调查者感知锻炼高峰期通过一段健身步道时间的非参数检验结果,其中 Mann-Whitney U、Wilcoxon W 以及 Z 为统计量,Asymp. sig. (2-tailed)为基于渐近分布的双侧检验概率,本例概率小于 0.05,可以认为在 0.05 水平上居住密度非常稀疏与中等被调查者感知锻炼高峰期通过一段健身步道时间之间的差异具有显

著性。

表 806　居住密度非常稀疏与大被调查者感知锻炼高峰期通过一段健身步道时间的秩次统计

	被调查者居住区的人口密度	N	Mean Rank	Sum of Ranks
被调查者感知锻炼高峰期通过一段健身步道时间	非常稀疏	26	58.38	1518.00
	大	182	111.09	20218.00
	Total	208		

表 807　居住密度非常稀疏与大被调查者感知锻炼高峰期通过
一段健身步道时间的非参数检验结果[a]

	被调查者感知锻炼高峰期通过一段健身步道时间
Mann-Whitney U	1167.000
Wilcoxon W	1518.000
Z	−4.381
Asymp. Sig. (2-tailed)	.000

a. Grouping Variable：被调查者居住区的人口密度

　　表 806 为居住密度非常稀疏与大被调查者感知锻炼高峰期通过一段健身步道时间的秩次统计表，第一栏列出被调查城市，N 为样本量，Mean Rank 为平均秩次，Sum of Ranks 为秩和。表 807 为居住密度非常稀疏与大被调查者感知锻炼高峰期通过一段健身步道时间的非参数检验结果，其中 Mann-Whitney U、Wilcoxon W 以及 Z 为统计量，Asymp. sig. (2-tailed) 为基于渐近分布的双侧检验概率，本例概率小于 0.05，可以认为在 0.05 水平上居住密度非常稀疏与大被调查者感知锻炼高峰期通过一段健身步道时间之间的差异具有显著性。

表 808　居住密度非常稀疏与非常大被调查者感知锻炼高峰期
通过一段健身步道时间的秩次统计

	被调查者居住区的人口密度	N	Mean Rank	Sum of Ranks
被调查者感知锻炼高峰期通过一段健身步道时间	非常稀疏	26	43.04	1119.00
	非常大	139	90.47	12576.00
	Total	165		

表 809　居住密度非常稀疏与非常大被调查者感知锻炼高峰期通过
一段健身步道时间的非参数检验结果[a]

	被调查者感知锻炼高峰期通过一段健身步道时间
Mann-Whitney U	768.000
Wilcoxon W	1119.000
Z	−4.814
Asymp. Sig. (2-tailed)	.000

a. Grouping Variable：被调查者居住区的人口密度

　　表 808 为居住密度非常稀疏与非常大被调查者感知锻炼高峰期通过一段健身步道时间的秩次统计表，第一栏列出被调查城市，N 为样本量，Mean Rank 为平均秩次，Sum of Ranks

为秩和。表 809 为居住密度非常稀疏与非常大被调查者感知锻炼高峰期通过一段健身步道时间的非参数检验结果,其中 Mann-Whitney U、Wilcoxon W 以及 Z 为统计量,Asymp. sig. (2-tailed)为基于渐近分布的双侧检验概率,本例概率小于 0.05,可以认为在 0.05 水平上居住密度非常稀疏与非常大被调查者感知锻炼高峰期通过一段健身步道时间之间的差异具有显著性。

表 810　居住密度稀疏与中等被调查者感知锻炼高峰期通过一段健身步道时间的秩次统计

	被调查者居住区的人口密度	N	Mean Rank	Sum of Ranks
被调查者感知锻炼高峰期通过一段健身步道时间	稀疏	71	119.06	8453.50
	中等	250	172.91	43227.50
	Total	321		

表 811　居住密度稀疏与中等被调查者感知锻炼高峰期通过一段健身步道时间的非参数检验结果[a]

	被调查者感知锻炼高峰期通过一段健身步道时间
Mann-Whitney U	5897.500
Wilcoxon W	8453.500
Z	−4.582
Asymp. Sig. (2-tailed)	.000

a. Grouping Variable:被调查者居住区的人口密度

表 810 为居住密度稀疏与中等被调查者感知锻炼高峰期通过一段健身步道时间的秩次统计表,第一栏列出被调查城市,N 为样本量,Mean Rank 为平均秩次,Sum of Ranks 为秩和。表 811 为居住密度稀疏与中等被调查者感知锻炼高峰期通过一段健身步道时间的非参数检验结果,其中 Mann-Whitney U、Wilcoxon W 以及 Z 为统计量,Asymp. sig. (2-tailed)为基于渐近分布的双侧检验概率,本例概率小于 0.05,可以认为在 0.05 水平上居住密度稀疏与中等被调查者感知锻炼高峰期通过一段健身步道时间之间的差异具有显著性。

表 812　居住密度稀疏与大被调查者感知锻炼高峰期通过一段健身步道时间的秩次统计

	被调查者居住区的人口密度	N	Mean Rank	Sum of Ranks
被调查者感知锻炼高峰期通过一段健身步道时间	稀疏	71	77.65	5513.00
	大	182	146.25	26618.00
	Total	253		

表 813　居住密度稀疏与大被调查者感知锻炼高峰期通过一段健身步道时间的非参数检验结果[a]

	被调查者感知锻炼高峰期通过一段健身步道时间
Mann-Whitney U	2957.000
Wilcoxon W	5513.000
Z	−6.994
Asymp. Sig. (2-tailed)	.000

a. Grouping Variable:被调查者居住区的人口密度

表 812 为居住密度稀疏与大被调查者感知锻炼高峰期通过一段健身步道时间的秩次统

计表,第一栏列出被调查城市,N 为样本量,Mean Rank 为平均秩次,Sum of Ranks 为秩和。表 813 为居住密度稀疏与大被调查者感知锻炼高峰期通过一段健身步道时间的非参数检验结果,其中 Mann-Whitney U、Wilcoxon W 以及 Z 为统计量,Asymp. sig. (2-tailed)为基于渐近分布的双侧检验概率,本例概率小于 0.05,可以认为在 0.05 水平上居住密度稀疏与大被调查者感知锻炼高峰期通过一段健身步道时间之间的差异具有显著性。

表 814　居住密度稀疏与非常大被调查者感知锻炼高峰期通过一段健身步道时间的秩次统计

	被调查者居住区的人口密度	N	Mean Rank	Sum of Ranks
被调查者感知锻炼高峰期通过一段健身步道时间	稀疏	71	61.85	4391.00
	非常大	139	127.80	17764.00
	Total	210		

表 815　居住密度稀疏与非常大被调查者感知锻炼高峰期通过一段健身步道时间的非参数检验结果[a]

	被调查者感知锻炼高峰期通过一段健身步道时间
Mann-Whitney U	1835.000
Wilcoxon W	4391.000
Z	−7.627
Asymp. Sig. (2-tailed)	.000

a. Grouping Variable:被调查者居住区的人口密度

表 814 为居住密度稀疏与非常大被调查者感知锻炼高峰期通过一段健身步道时间的秩次统计表,第一栏列出被调查城市,N 为样本量,Mean Rank 为平均秩次,Sum of Ranks 为秩和。表 815 为居住密度稀疏与非常大被调查者感知锻炼高峰期通过一段健身步道时间的非参数检验结果,其中 Mann-Whitney U、Wilcoxon W 以及 Z 为统计量,Asymp. sig. (2-tailed)为基于渐近分布的双侧检验概率,本例概率小于 0.05,可以认为在 0.05 水平上居住密度稀疏与非常大被调查者感知锻炼高峰期通过一段健身步道时间之间的差异具有显著性。

表 816　居住密度中等与大被调查者感知锻炼高峰期通过一段健身步道时间的秩次统计

	被调查者居住区的人口密度	N	Mean Rank	Sum of Ranks
被调查者感知锻炼高峰期通过一段健身步道时间	中等	250	189.93	47483.50
	大	182	252.99	46044.50
	Total	432		

表 817　居住密度中等与大被调查者感知锻炼高峰期通过一段健身步道时间的非参数检验结果[a]

	被调查者感知锻炼高峰期通过一段健身步道时间
Mann-Whitney U	16108.500
Wilcoxon W	47483.500
Z	−5.555
Asymp. Sig. (2-tailed)	.000

a. Grouping Variable:被调查者居住区的人口密度

表 816 为居住密度中等与大被调查者感知锻炼高峰期通过一段健身步道时间的秩次统

计表,第一栏列出被调查城市,N 为样本量,Mean Rank 为平均秩次,Sum of Ranks 为秩和。表817 为居住密度中等与大被调查者感知锻炼高峰期通过一段健身步道时间的非参数检验结果,其中 Mann-Whitney U、Wilcoxon W 以及 Z 为统计量,Asymp. sig.(2-tailed)为基于渐近分布的双侧检验概率,本例概率小于 0.05,可以认为在 0.05 水平上居住密度中等与大被调查者感知锻炼高峰期通过一段健身步道时间之间的差异具有显著性。

表 818　居住密度中等与非常大被调查者感知锻炼高峰期通过一段健身步道时间的秩次统计

	被调查者居住区的人口密度	N	Mean Rank	Sum of Ranks
被调查者感知锻炼高峰期通过一段健身步道时间	中等	250	163.18	40796.00
	非常大	139	252.22	35059.00
	Total	389		

表 819　居住密度中等与非常大被调查者感知锻炼高峰期通过一段健身步道时间的非参数检验结果[a]

	被调查者感知锻炼高峰期通过一段健身步道时间
Mann-Whitney U	9421.000
Wilcoxon W	40796.000
Z	−7.823
Asymp. Sig. (2-tailed)	.000

a. Grouping Variable:被调查者居住区的人口密度

表 818 为居住密度中等与非常大被调查者感知锻炼高峰期通过一段健身步道时间的秩次统计表,第一栏列出被调查城市,N 为样本量,Mean Rank 为平均秩次,Sum of Ranks 为秩和。表 819 为居住密度中等与非常大被调查者感知锻炼高峰期通过一段健身步道时间的非参数检验结果,其中 Mann-Whitney U、Wilcoxon W 以及 Z 为统计量,Asymp. sig.(2-tailed)为基于渐近分布的双侧检验概率,本例概率小于 0.05,可以认为在 0.05 水平上居住密度中等与非常大被调查者感知锻炼高峰期通过一段健身步道时间之间的差异具有显著性。

表 820　居住密度大与非常大被调查者感知锻炼高峰期通过一段健身步道时间的秩次统计

	被调查者居住区的人口密度	N	Mean Rank	Sum of Ranks
被调查者感知锻炼高峰期通过一段健身步道时间	大	182	144.67	26329.50
	非常大	139	182.38	25351.50
	Total	321		

表 821　居住密度大与非常大被调查者感知锻炼高峰期通过一段健身步道时间的非参数检验结果[a]

	被调查者感知锻炼高峰期通过一段健身步道时间
Mann-Whitney U	9676.500
Wilcoxon W	26329.500
Z	−3.765
Asymp. Sig. (2-tailed)	.000

a. Grouping Variable:被调查者居住区的人口密度

表 820 为居住密度大与非常大被调查者感知锻炼高峰期通过一段健身步道时间的秩次

统计表,第一栏列出被调查城市,N 为样本量,Mean Rank 为平均秩次,Sum of Ranks 为秩和。表 821 为居住密度大与非常大被调查者感知锻炼高峰期通过一段健身步道时间的非参数检验结果,其中 Mann-Whitney U、Wilcoxon W 以及 Z 为统计量,Asymp. sig. (2-tailed)为基于渐近分布的双侧检验概率,本例概率小于 0.05,可以认为在 0.05 水平上居住密度大与非常大被调查者感知锻炼高峰期通过一段健身步道时间之间的差异具有显著性。

(4) 皖北六市不同性别居民感知锻炼高峰期通过一段健身步道时间的列联表统计和非参数检验

1) 皖北六市不同性别居民感知锻炼高峰期通过一段健身步道时间的列联表统计

表 822　被调查者性别 * 被调查者感知锻炼高峰期通过一段健身步道的时间

		被调查者感知锻炼高峰期通过一段健身步道的时间					Total
		非常短	短	中等	长	非常长	
被调查者的性别	男	7.4%	15.6%	32.1%	23.9%	21.0%	100.0%
	女	7.9%	16.5%	46.5%	19.6%	9.5%	100.0%
	Total	7.6%	16.0%	38.9%	21.9%	15.6%	100.0%

表 822 显示,皖北不同性别居民感知锻炼高峰期通过一段健身步道的时间:男性"非常短"和"短"占 23.0%、中等 32.1%、"长"和"非常长"占 56.9%;女性"非常短"和"短"占 24.4%、中等 46.5%、"长"和"非常长"占 29.1%;总体:"非常短"和"短"占 24.6%、中等 38.9%、"长"和"非常长"占 37.5%。

"长"和"非常长"占比与"非常短"和"短"占比之差:男性 33.9%;女性 4.7%;总体:12.9%。总体上皖北六市不同性别居民感知锻炼高峰期通过一段健身步道时间,"长"的占比比"短"的占比偏多。男性和女性居民感知锻炼高峰期通过一段健身步道的时间,"长"的占比与"短"的占比之差都为正。排序为:男性>女性。相关检验显示,皖北六市被调查者的性别与被调查者感知锻炼高峰期通过一段健身步道时间的皮尔逊相关系数为 0.130,斯皮尔曼相关系数为 0.133,p=0.001<0.05,相关具有显著性。

2) 皖北六市不同性别居民感知锻炼高峰期通过一段健身步道时间的非参数检验

表 823　皖北六市不同性别居民感知锻炼高峰期通过一段健身步道时间的秩次统计量

	被调查者的性别	N	Mean Rank	Sum of Ranks
被调查者感知锻炼高峰期通过一段健身步道的时间	男	352	357.84	125958.50
	女	316	308.50	97487.50
	Total	668		

表 824　皖北六市不同性别居民感知锻炼高峰期通过一段健身步道时间的非参数检验结果[a]

	被调查者感知锻炼高峰期通过一段健身步道的时间
Mann-Whitney U	47401.500
Wilcoxon W	97487.500
Z	−3.435
Asymp. Sig. (2-tailed)	.001

a. Grouping Variable:被调查者的性别

表823为皖北六市不同性别居民感知锻炼高峰期通过一段健身步道时间的秩次表,第一栏列出被调查者的性别,N为性别人数,Mean Rank为平均秩次,Sum of Ranks为秩和。表824为皖北六市不同性别居民感知锻炼高峰期通过一段健身步道时间的非参数检验结果,其中Mann-Whitney U、Wilcoxon W以及Z为统计量,Asymp. sig. (2-tailed)为基于渐近分布的双侧检验概率,本例概率小于0.05。可以认为在0.05水平上男女之间的感知差异具有显著性。

（5）皖北六市不同年龄区间居民感知锻炼高峰期通过一段健身步道时间的列联表统计和非参数检验

1）皖北六市不同年龄区间居民感知锻炼高峰期通过一段健身步道时间的列联表统计

表825 被调查者年龄区间 * 被调查者感知锻炼高峰期通过一段健身步道时间

		非常短	短	中等	长	非常长	Total
被调查者的年龄区间	12岁以下	4.3%	17.4%	13.0%	8.7%	56.5%	100.0%
	13—19岁	2.0%	9.8%	45.1%	29.4%	13.7%	100.0%
	20—39岁	7.0%	17.0%	48.3%	21.3%	6.3%	100.0%
	40—59岁	3.1%	17.9%	41.0%	25.6%	12.3%	100.0%
	60岁以上	22.2%	12.1%	9.1%	15.2%	41.4%	100.0%
	Total	7.6%	16.0%	38.9%	21.9%	15.6%	100.0%

表825显示,皖北不同年龄区间居民感知锻炼高峰期通过一段健身步道时间:12岁以下"短"和"非常短"占21.7%、中等13.0%、"长"和"非常长"占65.2%;13—19岁"短"和"非常短"占11.8%、中等45.1%、"长"和"非常长"占43.1%;20—39岁"短"和"非常短"占24.0%、中等48.3%、"长"和"非常长"占27.6%;40—59岁"短"和"非常短"占21.0%、中等41.0%、"长"和"非常长"占37.9%;60岁以上"短"和"非常短"占34.3%、中等9.1%、"长"和"非常长"占56.6%;总体:"短"和"非常短"占23.6%、中等38.9%、"长"和"非常长"占37.5%。

"长"和"非常长"占比与"短"和"非常短"占比之差:12岁以下43.5%;13—19岁31.3%;20—39岁3.6%;40—59岁16.9%;60岁以上22.3%;总体:13.9%。总体上皖北六市不同年龄区间居民感知锻炼高峰期通过一段健身步道时间,"长"的占比比"短"的占比偏多。各年龄区间居民感知锻炼高峰期通过一段健身步道时间,"长"和"非常长"的占比与"短"和"非常短"的占比之差为正。排序为:12岁以下＞13—19岁＞60岁以上＞40—59岁＞20—39岁。相关检验显示,皖北六市被调查者的年龄区间与被调查者感知锻炼高峰期通过一段健身步道时间的皮尔逊相关系数为0.004,p=0.921＞0.05,相关不具有显著性。斯皮尔曼相关系数为0.042,p=0.274＞0.05,相关不具有显著性。

2) 皖北六市不同年龄区间居民感知锻炼高峰期通过一段健身步道时间的非参数检验

表 826　皖北六市不同年龄区间居民感知锻炼高峰期通过一段健身步道时间的平均秩

	被调查者的年龄区间	N	Mean Rank
被调查者感知锻炼高峰期通过一段健身步道的时间	12 岁以下	23	448.22
	13—19 岁	51	370.09
	20—39 岁	300	303.01
	40—59 岁	195	339.91
	60 岁以上	99	374.52
	Total	668	

表 826 为皖北六市不同年龄区间居民感知锻炼高峰期通过一段健身步道时间的样本量和平均秩,平均秩升序排列为:"20—39 岁"为 303.01、"40—59 岁"为 339.91、"13—19 岁"为 370.09、"60 岁以上"为 374.52、"12 岁以下"为 448.22。

表 827　皖北六市不同年龄区间居民感知锻炼高峰期通过一段健身步道时间的非参数检验结果[a,b]

	被调查者感知锻炼高峰期通过一段健身步道的时间
Chi-Square	23.984
Df	4
Asymp. Sig.	.000

a. Kruskal Wallis Test
b. Grouping Variable:被调查者的年龄区间

表 827 为 Kruskal-Wallis 检验,Asymp. Sig. 为检验统计量 $\chi^2 = 23.984$、df$=4$ 时基于渐近分布概率,本例概率 p$=0.000 < 0.05$,所以否定检验的原假设,即可以认为皖北六市不同年龄区间居民感知锻炼高峰期通过一段健身步道时间之间的差异在 0.05 水平上具有显著性。

表 828　12 岁以下与 13—19 岁被调查者感知锻炼高峰期通过一段健身步道时间的秩次统计

	被调查者的年龄区间	N	Mean Rank	Sum of Ranks
被调查者感知锻炼高峰期通过一段健身步道时间	12 岁以下	23	44.93	1033.50
	13—19 岁	51	34.15	1741.50
	Total	74		

表 829　12 岁以下与 13—19 岁被调查者感知锻炼高峰期通过一段健身步道时间的非参数检验结果[a]

	被调查者感知锻炼高峰期通过一段健身步道时间
Mann-Whitney U	415.500
Wilcoxon W	1741.500
Z	−2.079
Asymp. Sig. (2-tailed)	.038

a. Grouping Variable:被调查者的年龄区间

表 828 为 12 岁以下与 13—19 岁被调查者感知锻炼高峰期通过一段健身步道时间的秩

次统计表,第一栏列出被调查城市,N 为样本量,Mean Rank 为平均秩次,Sum of Ranks 为秩和。表 829 为 12 岁以下与 13—19 岁被调查者感知锻炼高峰期通过一段健身步道时间的非参数检验结果,其中 Mann-Whitney U、Wilcoxon W 以及 Z 为统计量,Asymp. sig.（2-tailed）为基于渐近分布的双侧检验概率,本例概率小于 0.05,可以认为在 0.05 水平上 12 岁以下与 13—19 岁被调查者感知锻炼高峰期通过一段健身步道时间的差异具有显著性。

表 830   12 岁以下与 20—39 岁被调查者感知锻炼高峰期通过一段健身步道时间的秩次统计

	被调查者的年龄区间	N	Mean Rank	Sum of Ranks
被调查者感知锻炼高峰期通过一段健身步道时间	12 岁以下	23	225.24	5180.50
	20—39 岁	300	157.15	47145.50
	Total	323		

表 831   12 岁以下与 20—39 岁被调查者感知锻炼高峰期通过一段健身步道时间的非参数检验结果[a]

	被调查者感知锻炼高峰期通过一段健身步道时间
Mann-Whitney U	1995.500
Wilcoxon W	47145.500
Z	−3.574
Asymp. Sig.（2-tailed）	.000

a. Grouping Variable：被调查者的年龄区间

表 830 为 12 岁以下与 20—39 岁被调查者感知锻炼高峰期通过一段健身步道时间的秩次统计表,第一栏列出被调查城市,N 为样本量,Mean Rank 为平均秩次,Sum of Ranks 为秩和。表 831 为 12 岁以下与 20—39 岁被调查者感知锻炼高峰期通过一段健身步道时间的非参数检验结果,其中 Mann-Whitney U、Wilcoxon W 以及 Z 为统计量,Asymp. sig.（2-tailed）为基于渐近分布的双侧检验概率,本例概率小于 0.05,可以认为在 0.05 水平上 12 岁以下与 20—39 岁被调查者感知锻炼高峰期通过一段健身步道时间的差异具有显著性。

表 832   12 岁以下与 40—59 岁被调查者感知锻炼高峰期通过一段健身步道时间的秩次统计

	被调查者的年龄区间	N	Mean Rank	Sum of Ranks
被调查者感知锻炼高峰期通过一段健身步道时间	12 岁以下	23	142.91	3287.00
	40—59 岁	195	105.56	20584.00
	Total	218		

表 833   12 岁以下与 40—59 岁被调查者感知锻炼高峰期通过一段健身步道时间的非参数检验结果[a]

	被调查者感知锻炼高峰期通过一段健身步道时间
Mann-Whitney U	1474.000
Wilcoxon W	20584.000
Z	−2.800
Asymp. Sig.（2-tailed）	.005

a. Grouping Variable：被调查者的年龄区间

表 832 为 12 岁以下与 40—59 岁被调查者感知锻炼高峰期通过一段健身步道时间的秩

次统计表,第一栏列出被调查城市,N 为样本量,Mean Rank 为平均秩次,Sum of Ranks 为秩和。表 833 为 12 岁以下与 40—59 岁被调查者感知锻炼高峰期通过一段健身步道时间的非参数检验结果,其中 Mann-Whitney U、Wilcoxon W 以及 Z 为统计量,Asymp. sig.(2-tailed)为基于渐近分布的双侧检验概率,本例概率小于 0.05,可以认为在 0.05 水平上 12 岁以下与40—59 岁被调查者感知锻炼高峰期通过一段健身步道时间的差异具有显著性。

表 834　12 岁以下与 60 岁以上被调查者感知锻炼高峰期通过一段健身步道时间的秩次统计

	被调查者的年龄区间	N	Mean Rank	Sum of Ranks
被调查者感知锻炼高峰期通过一段健身步道时间	12 岁以下	23	71.13	1636.00
	60 岁以上	99	59.26	5867.00
	Total	122		

表 835　12 岁以下与 60 岁以上被调查者感知锻炼高峰期通过一段健身步道时间的非参数检验结果[a]

	被调查者感知锻炼高峰期通过一段健身步道时间
Mann-Whitney U	917.000
Wilcoxon W	5867.000
Z	−1.528
Asymp. Sig.(2-tailed)	.127

a. Grouping Variable:被调查者的年龄区间

　　表 834 为 12 岁以下与 60 岁以上被调查者感知锻炼高峰期通过一段健身步道时间的秩次统计表,第一栏列出被调查城市,N 为样本量,Mean Rank 为平均秩次,Sum of Ranks 为秩和。表 835 为 12 岁以下与 60 岁以上被调查者感知锻炼高峰期通过一段健身步道时间的非参数检验结果,其中 Mann-Whitney U、Wilcoxon W 以及 Z 为统计量,Asymp. sig.(2-tailed)为基于渐近分布的双侧检验概率,本例概率大于 0.05,可以认为在 0.05 水平上 12 岁以下与60 岁以上被调查者感知锻炼高峰期通过一段健身步道时间的差异不具有显著性。

表 836　13—19 岁与 20—39 岁被调查者感知锻炼高峰期通过一段健身步道时间的秩次统计

	被调查者的年龄区间	N	Mean Rank	Sum of Ranks
被调查者感知锻炼高峰期通过一段健身步道时间	13—19 岁	51	209.04	10661.00
	20—39 岁	300	170.38	51115.00
	Total	351		

表 837　13—19 岁与 20—39 岁被调查者感知锻炼高峰期通过一段健身步道时间的非参数检验结果[a]

	被调查者感知锻炼高峰期通过一段健身步道时间
Mann-Whitney U	5965.000
Wilcoxon W	51115.000
Z	−2.690
Asymp. Sig.(2-tailed)	.007

a. Grouping Variable:被调查者的年龄区间

　　表 836 为 13—19 岁与 20—39 岁被调查者感知锻炼高峰期通过一段健身步道时间的秩

次统计表,第一栏列出被调查城市,N 为样本量,Mean Rank 为平均秩次,Sum of Ranks 为秩和。表 837 为 13—19 岁与 20—39 岁被调查者感知锻炼高峰期通过一段健身步道时间的非参数检验结果,其中 Mann-Whitney U、Wilcoxon W 以及 Z 为统计量,Asymp. sig.（2-tailed）为基于渐近分布的双侧检验概率,本例概率小于 0.05,可以认为在 0.05 水平上 13—19 岁与 20—39 岁被调查者感知锻炼高峰期通过一段健身步道时间的差异具有显著性。

表 838　13—19 岁与 40—59 岁被调查者感知锻炼高峰期通过一段健身步道时间的秩次统计

	被调查者的年龄区间	N	Mean Rank	Sum of Ranks
被调查者感知锻炼高峰期通过一段健身步道时间	13—19 岁	51	132.95	6780.50
	40—59 岁	195	121.03	23600.50
	Total	246		

表 839　13—19 岁与 40—59 岁被调查者感知锻炼高峰期通过一段健身步道时间的非参数检验结果[a]

	被调查者感知锻炼高峰期通过一段健身步道时间
Mann-Whitney U	4490.500
Wilcoxon W	23600.500
Z	−1.122
Asymp. Sig. (2-tailed)	.262

a. Grouping Variable：被调查者的年龄区间

　　表 838 为 13—19 岁与 40—59 岁被调查者感知锻炼高峰期通过一段健身步道时间的秩次统计表,第一栏列出被调查城市,N 为样本量,Mean Rank 为平均秩次,Sum of Ranks 为秩和。表 839 为 13—19 岁与 40—59 岁被调查者感知锻炼高峰期通过一段健身步道时间的非参数检验结果,其中 Mann-Whitney U、Wilcoxon W 以及 Z 为统计量,Asymp. sig.（2-tailed）为基于渐近分布的双侧检验概率,本例概率大于 0.05,可以认为在 0.05 水平上 13—19 岁与 40—59 岁被调查者感知锻炼高峰期通过一段健身步道时间的差异不具有显著性。

表 840　13—19 岁与 60 岁以上被调查者感知锻炼高峰期通过一段健身步道时间的秩次统计

	被调查者的年龄区间	N	Mean Rank	Sum of Ranks
被调查者感知锻炼高峰期通过一段健身步道时间	13—19 岁	51	71.95	3669.50
	60 岁以上	99	77.33	7655.50
	Total	150		

表 841　13—19 岁与 60 岁以上被调查者感知锻炼高峰期通过一段健身步道时间的非参数检验结果[a]

	被调查者感知锻炼高峰期通过一段健身步道时间
Mann-Whitney U	2343.500
Wilcoxon W	3669.500
Z	−.739
Asymp. Sig. (2-tailed)	.460

a. Grouping Variable：被调查者的年龄区间

　　表 840 为 13—19 岁与 60 岁以上被调查者感知锻炼高峰期通过一段健身步道时间的秩

次统计表,第一栏列出被调查城市,N 为样本量,Mean Rank 为平均秩次,Sum of Ranks 为秩和。表 841 为 13—19 岁与 60 岁以上被调查者感知锻炼高峰期通过一段健身步道时间的非参数检验结果,其中 Mann-Whitney U、Wilcoxon W 以及 Z 为统计量,Asymp. sig.(2-tailed)为基于渐近分布的双侧检验概率,本例概率大于 0.05,可以认为在 0.05 水平上 13—19 岁与60 岁以上被调查者感知锻炼高峰期通过一段健身步道时间的差异不具有显著性。

表 842　20—39 岁与 40—59 岁被调查者感知锻炼高峰期通过一段健身步道时间的秩次统计

	被调查者的年龄区间	N	Mean Rank	Sumof Ranks
被调查者感知锻炼高峰期通过一段健身步道时间	20—39 岁	300	236.59	70977.50
	40—59 岁	195	265.55	51782.50
	Total	495		

表 843　20—39 岁与 40—59 岁被调查者感知锻炼高峰期通过一段健身步道时间的非参数检验结果[a]

	被调查者感知锻炼高峰期通过一段健身步道时间
Mann-Whitney U	25827.500
Wilcoxon W	70977.500
Z	−2.336
Asymp. Sig. (2-tailed)	.019

a. Grouping Variable:被调查者的年龄区间

　　表 842 为 20—39 岁与 40—59 岁被调查者感知锻炼高峰期通过一段健身步道时间的秩次统计表,第一栏列出被调查城市,N 为样本量,Mean Rank 为平均秩次,Sum of Ranks 为秩和。表 843 为 20—39 岁与 40—59 岁被调查者感知锻炼高峰期通过一段健身步道时间的非参数检验结果,其中 Mann-Whitney U、Wilcoxon W 以及 Z 为统计量,Asymp. sig.(2-tailed)为基于渐近分布的双侧检验概率,本例概率小于 0.05,可以认为在 0.05 水平上 20—39 岁与40—59 岁被调查者感知锻炼高峰期通过一段健身步道时间的差异具有显著性。

表 844　20—39 岁与 60 岁以上被调查者感知锻炼高峰期通过一段健身步道时间的秩次统计

	被调查者的年龄区间	N	Mean Rank	Sum of Ranks
被调查者感知锻炼高峰期通过一段健身步道时间	20—39 岁	300	190.38	57115.00
	60 岁以上	99	229.14	22685.00
	Total	399		

表 845　20—39 岁与 60 岁以上被调查者感知锻炼高峰期通过一段健身步道时间的非参数检验结果[a]

	被调查者感知锻炼高峰期通过一段健身步道时间
Mann-Whitney U	11965.000
Wilcoxon W	57115.000
Z	−3.013
Asymp. Sig. (2-tailed)	.003

a. Grouping Variable:被调查者的年龄区间

　　表 844 为 20—39 岁与 60 岁以上被调查者感知锻炼高峰期通过一段健身步道时间的秩

次统计表,第一栏列出被调查城市,N 为样本量,Mean Rank 为平均秩次,Sum of Ranks 为秩和。表 845 为 20—39 岁与 60 岁以上被调查者感知锻炼高峰期通过一段健身步道时间的非参数检验结果,其中 Mann-Whitney U、Wilcoxon W 以及 Z 为统计量,Asymp. sig.（2-tailed）为基于渐近分布的双侧检验概率,本例概率小于 0.05,可以认为在 0.05 水平上 20—39 岁与 60 岁以上被调查者感知锻炼高峰期通过一段健身步道时间的差异具有显著性。

表 846　40—59 岁与 60 岁以上被调查者感知锻炼高峰期通过一段健身步道时间的秩次统计

	被调查者的年龄区间	N	Mean Rank	Sum of Ranks
被调查者感知锻炼高峰期通过一段健身步道时间	40—59 岁	195	141.77	27645.00
	60 岁以上	99	158.79	15720.00
	Total	294		

表 847　40—59 岁与 60 岁以上被调查者感知锻炼高峰期通过一段健身步道时间的非参数检验结果[a]

	被调查者感知锻炼高峰期通过一段健身步道时间
Mann-Whitney U	8535.000
Wilcoxon W	27645.000
Z	−1.668
Asymp. Sig. (2-tailed)	.095

a. Grouping Variable：被调查者的年龄区间

　　表 846 为 40—59 岁与 60 岁以上被调查者感知锻炼高峰期通过一段健身步道时间的秩次统计表,第一栏列出被调查城市,N 为样本量,Mean Rank 为平均秩次,Sum of Ranks 为秩和。表 847 为 40—59 岁与 60 岁以上被调查者感知锻炼高峰期通过一段健身步道时间的非参数检验结果,其中 Mann-Whitney U、Wilcoxon W 以及 Z 为统计量,Asymp. sig.（2-tailed）为基于渐近分布的双侧检验概率,本例概率大于 0.05,可以认为在 0.05 水平上 40—59 岁与 60 岁以上被调查者感知锻炼高峰期通过一段健身步道时间的差异不具有显著性。

　　（6）皖北六市不同锻炼次数居民感知锻炼高峰期通过一段健身步道时间的列联表统计和非参数检验

　　1）皖北六市不同锻炼次数居民感知锻炼高峰期通过一段健身步道时间的列联表统计

表 848　被调查者锻炼次数 ＊ 被调查者感知锻炼高峰期通过一段健身步道时间

		被调查者感知锻炼高峰期通过一段健身步道的时间					Total
		非常短	短	中等	长	非常长	
被调查者参加体育锻炼次数	非常少	36.5%	26.9%	17.3%	11.5%	7.7%	100.0%
	少	9.9%	25.2%	41.7%	17.2%	6.0%	100.0%
	中等	3.2%	12.2%	61.4%	20.1%	3.2%	100.0%
	多	3.1%	16.6%	31.9%	32.5%	16.0%	100.0%
	非常多	5.3%	4.4%	17.7%	20.4%	52.2%	100.0%
	Total	7.6%	16.0%	38.9%	21.9%	15.6%	100.0%

　　表 848 显示,皖北不同锻炼次数居民感知锻炼高峰期通过一段健身步道时间:非常少

"短"和"非常短"占 63.4％、中等 17.3％、"长"和"非常长"占 19.2％；少"短"和"非常短"占 35.1％、中等 41.7％、"长"和"非常长"占 23.2％；中等"短"和"非常短"占 15.4％、中等 61.4％、"长"和"非常长"占 23.3％；多"短"和"非常短"占 19.7％、中等 31.9％、"长"和"非常长"占 48.5％；非常多"短"和"非常短"占 9.7％、中等 17.7％、"长"和"非常长"占 72.6％；总体："短"和"非常短"占 23.6％、中等 38.9％、"长"和"非常长"占 37.5％。

"长"和"非常长"占比与"短"和"非常短"占比之差：非常少－44.2％；少－11.9％；中等 7.9％；多 28.8％；非常多 62.9％；总体：13.9％。总体上皖北六市不同锻炼次数居民感知锻炼高峰期通过一段健身步道时间，"长"的占比比"短"的占比偏多。锻炼次数多、非常多、中等的居民感知锻炼高峰期通过一段健身步道时间，"长"和"非常长"的占比与"短"和"非常短"的占比之差为正。锻炼次数非常少、少的居民感知锻炼高峰期通过一段健身步道时间，"长"和"非常长"的占比与"短"和"非常短"的占比之差为负。排序为：非常少＜少＜中等＜多＜非常多。相关检验显示，皖北六市被调查者的锻炼次数与被调查者感知锻炼高峰期通过一段健身步道时间的皮尔逊相关系数为 0.433，斯皮尔曼相关系数为 0.420，p＝0.000＜0.05，相关具有显著性。

2）皖北六市不同锻炼次数居民感知锻炼高峰期通过一段健身步道时间的非参数检验

表 849　皖北六市不同锻炼次数居民感知锻炼高峰期通过一段健身步道时间的平均秩

	被调查者参加体育锻炼的次数	N	Mean Rank
被调查者感知锻炼高峰期通过一段健身步道的时间	非常少	52	191.84
	少	151	270.75
	中等	189	309.06
	多	163	368.38
	非常多	113	479.02
	Total	668	

表 849 为皖北六市不同锻炼次数居民感知锻炼高峰期通过一段健身步道时间的样本量和平均秩，平均秩升序排列为："非常少"为 191.84、"少"为 270.75、"中等"为 309.06、"多"为 368.38、"非常多"为 479.02。

表 850　皖北六市不同锻炼次数居民感知锻炼高峰期通过一段健身步道时间的非参数检验结果[a,b]

	被调查者感知锻炼高峰期通过一段健身步道的时间
Chi-Square	126.403
Df	4
Asymp. Sig.	.000

a. Kruskal Wallis Test

b. Grouping Variable：被调查者参加体育锻炼的次数

表 850 为 Kruskal-Wallis 检验，Asymp. Sig. 为检验统计量 $\chi^2＝126.403$、df＝4 时基于渐近分布概率，本例概率 p＝0.000＜0.05，所以否定检验的原假设，即可以认为皖北六市不同锻炼次数居民感知锻炼高峰期通过一段健身步道时间之间的差异在 0.05 水平上具有显著性。

表 851　体育锻炼次数非常少与少被调查者感知锻炼高峰期
通过一段健身步道时间的秩次统计

	被调查者参加体育锻炼次数	N	Mean Rank	Sum of Ranks
被调查者感知锻炼高峰期通过一段健身步道时间	非常少	52	79.17	4117.00
	少	151	109.86	16589.00
	Total	203		

表 852　体育锻炼次数非常少与少被调查者感知锻炼高峰期
通过一段健身步道时间的非参数检验结果[a]

	被调查者感知锻炼高峰期通过一段健身步道时间
Mann-Whitney U	2739.000
Wilcoxon W	4117.000
Z	−3.369
Asymp. Sig. (2-tailed)	.001

a. Grouping Variable：被调查者参加体育锻炼次数

　　表 851 为体育锻炼次数非常少与少被调查者感知锻炼高峰期通过一段健身步道时间的秩次统计表，第一栏列出被调查城市，N 为样本量，Mean Rank 为平均秩次，Sum of Ranks 为秩和。表 852 为体育锻炼次数非常少与少被调查者感知锻炼高峰期通过一段健身步道时间的非参数检验结果，其中 Mann-Whitney U、Wilcoxon W 以及 Z 为统计量，Asymp. sig. (2-tailed)为基于渐近分布的双侧检验概率，本例概率小于 0.05，可以认为在 0.05 水平上体育锻炼次数非常少与少被调查者感知锻炼高峰期通过一段健身步道时间的差异具有显著性。

表 853　体育锻炼次数非常少与中等被调查者感知锻炼高峰期
通过一段健身步道时间的秩次统计

	被调查者参加体育锻炼次数	N	Mean Rank	Sum of Ranks
被调查者感知锻炼高峰期通过一段健身步道时间	非常少	52	80.60	4191.00
	中等	189	132.12	24970.00
	Total	241		

表 854　体育锻炼次数非常少与中等被调查者感知锻炼高峰期
通过一段健身步道时间的非参数检验结果[a]

	被调查者感知锻炼高峰期通过一段健身步道时间
Mann-Whitney U	2813.000
Wilcoxon W	4191.000
Z	−5.120
Asymp. Sig. (2-tailed)	.000

a. Grouping Variable：被调查者参加体育锻炼次数

　　表 853 为体育锻炼次数非常少与中等被调查者感知锻炼高峰期通过一段健身步道时间的秩次统计表，第一栏列出被调查城市，N 为样本量，Mean Rank 为平均秩次，Sum of Ranks

为秩和。表854为体育锻炼次数非常少与中等被调查者感知锻炼高峰期通过一段健身步道时间的非参数检验结果,其中 Mann-Whitney U、Wilcoxon W 以及 Z 为统计量,Asymp. sig. (2-tailed)为基于渐近分布的双侧检验概率,本例概率小于 0.05,可以认为在 0.05 水平上体育锻炼次数非常少与中等被调查者感知锻炼高峰期通过一段健身步道时间的差异具有显著性。

表 855　体育锻炼次数非常少与多被调查者感知锻炼高峰期通过一段健身步道时间的秩次统计

	被调查者参加体育锻炼次数	N	Mean Rank	Sum of Ranks
被调查者感知锻炼高峰期通过一段健身步道时间	非常少	52	66.72	3469.50
	多	163	121.17	19750.50
	Total	215		

表 856　体育锻炼次数非常少与多被调查者感知锻炼高峰期通过一段健身步道时间的非参数检验结果ª

	被调查者感知锻炼高峰期通过一段健身步道时间
Mann-Whitney U	2091.500
Wilcoxon W	3469.500
Z	−5.652
Asymp. Sig. (2-tailed)	.000

a. Grouping Variable:被调查者参加体育锻炼次数

　　表855为体育锻炼次数非常少与多被调查者感知锻炼高峰期通过一段健身步道时间的秩次统计表,第一栏列出被调查城市,N 为样本量,Mean Rank 为平均秩次,Sum of Ranks 为秩和。表856为体育锻炼次数非常少与多被调查者感知锻炼高峰期通过一段健身步道时间的非参数检验结果,其中 Mann-Whitney U、Wilcoxon W 以及 Z 为统计量,Asymp. sig. (2-tailed)为基于渐近分布的双侧检验概率,本例概率小于 0.05,可以认为在 0.05 水平上体育锻炼次数非常少与多被调查者感知锻炼高峰期通过一段健身步道时间的差异具有显著性。

表 857　体育锻炼次数非常少与非常多被调查者感知锻炼高峰期通过一段健身步道时间的秩次统计

	被调查者参加体育锻炼次数	N	Mean Rank	Sum of Ranks
被调查者感知锻炼高峰期通过一段健身步道时间	非常少	52	44.85	2332.00
	非常多	113	100.56	11363.00
	Total	165		

表 858　体育锻炼次数非常少与非常多被调查者感知锻炼高峰期通过一段健身步道时间的非参数检验结果ª

	被调查者感知锻炼高峰期通过一段健身步道时间
Mann-Whitney U	954.000
Wilcoxon W	2332.000
Z	−7.222
Asymp. Sig. (2-tailed)	.000

a. Grouping Variable:被调查者参加体育锻炼次数

　　表 857 为体育锻炼次数非常少与非常多被调查者感知锻炼高峰期通过一段健身步道时间的秩次统计表,第一栏列出被调查城市,N 为样本量,Mean Rank 为平均秩次,Sum of Ranks 为秩和。表 858 为体育锻炼次数非常少与非常多被调查者感知锻炼高峰期通过一段健身步道时间的非参数检验结果,其中 Mann-Whitney U、Wilcoxon W 以及 Z 为统计量,Asymp. sig. (2-tailed)为基于渐近分布的双侧检验概率,本例概率小于 0.05,可以认为在 0.05 水平上体育锻炼次数非常少与非常多被调查者感知锻炼高峰期通过一段健身步道时间的差异具有显著性。

表 859　体育锻炼次数少与中等被调查者感知锻炼高峰期通过一段健身步道时间的秩次统计

	被调查者参加体育锻炼次数	N	Mean Rank	Sum of Ranks
被调查者感知锻炼高峰期通过一段健身步道时间	少	151	156.32	23605.00
	中等	189	181.83	34365.00
	Total	340		

表 860　体育锻炼次数少与中等被调查者感知锻炼高峰期通过一段健身步道时间的非参数检验结果[a]

	被调查者感知锻炼高峰期通过一段健身步道时间
Mann-Whitney U	12129.000
Wilcoxon W	23605.000
Z	−2.591
Asymp. Sig. (2-tailed)	.010

　　a. Grouping Variable:被调查者参加体育锻炼次数

　　表 859 为体育锻炼次数少与中等被调查者感知锻炼高峰期通过一段健身步道时间的秩次统计表,第一栏列出被调查城市,N 为样本量,Mean Rank 为平均秩次,Sum of Ranks 为秩和。表 860 为体育锻炼次数少与中等被调查者感知锻炼高峰期通过一段健身步道时间的非参数检验结果,其中 Mann-Whitney U、Wilcoxon W 以及 Z 为统计量,Asymp. sig. (2-tailed)为基于渐近分布的双侧检验概率,本例概率小于 0.05,可以认为在 0.05 水平上体育锻炼次数少与中等被调查者感知锻炼高峰期通过一段健身步道时间的差异具有显著性。

表 861　体育锻炼次数少与多被调查者感知锻炼高峰期通过一段健身步道时间的秩次统计

	被调查者参加体育锻炼次数	N	Mean Rank	Sum of Ranks
被调查者感知锻炼高峰期通过一段健身步道时间	少	151	133.07	20093.50
	多	163	180.13	29361.50
	Total	314		

表 862　体育锻炼次数少与多被调查者感知锻炼高峰期通过一段健身步道时间的非参数检验结果[a]

	被调查者感知锻炼高峰期通过一段健身步道时间
Mann-Whitney U	8617.500
Wilcoxon W	20093.500
Z	−4.773
Asymp. Sig. (2-tailed)	.000

　　a. Grouping Variable:被调查者参加体育锻炼次数

　　表861为体育锻炼次数少与多被调查者感知锻炼高峰期通过一段健身步道时间的秩次统计表,第一栏列出被调查城市,N为样本量,Mean Rank为平均秩次,Sum of Ranks为秩和。表862为体育锻炼次数少与多被调查者感知锻炼高峰期通过一段健身步道时间的非参数检验结果,其中Mann-Whitney U、Wilcoxon W以及Z为统计量,Asymp. sig.（2-tailed）为基于渐近分布的双侧检验概率,本例概率小于0.05,可以认为在0.05水平上体育锻炼次数少与多被调查者感知锻炼高峰期通过一段健身步道时间的差异具有显著性。

表863　体育锻炼次数少与非常多被调查者感知锻炼高峰期通过一段健身步道时间的秩次统计

	被调查者参加体育锻炼次数	N	Mean Rank	Sum of Ranks
被调查者感知锻炼高峰期通过一段健身步道时间	少	151	99.49	15023.50
	非常多	113	176.61	19956.50
	Total	264		

表864　体育锻炼次数少与非常多被调查者感知锻炼高峰期通过一段健身步道时间的非参数检验结果[a]

	被调查者感知锻炼高峰期通过一段健身步道时间
Mann-Whitney U	3547.500
Wilcoxon W	15023.500
Z	−8.372
Asymp. Sig. (2-tailed)	.000

a. Grouping Variable:被调查者参加体育锻炼次数

　　表863为体育锻炼次数少与非常多被调查者感知锻炼高峰期通过一段健身步道时间的秩次统计表,第一栏列出被调查城市,N为样本量,Mean Rank为平均秩次,Sum of Ranks为秩和。表864为体育锻炼次数少与非常多被调查者感知锻炼高峰期通过一段健身步道时间的非参数检验结果,其中Mann-Whitney U、Wilcoxon W以及Z为统计量,Asymp. sig.（2-tailed）为基于渐近分布的双侧检验概率,本例概率小于0.05,可以认为在0.05水平上体育锻炼次数少与非常多被调查者感知锻炼高峰期通过一段健身步道时间的差异具有显著性。

表865　体育锻炼次数中等与多被调查者感知锻炼高峰期通过一段健身步道时间的秩次统计

	被调查者参加体育锻炼次数	N	Mean Rank	Sum of Ranks
被调查者感知锻炼高峰期通过一段健身步道时间	中等	189	159.91	30222.50
	多	163	195.74	31905.50
	Total	352		

表866　体育锻炼次数中等与多被调查者感知锻炼高峰期通过一段健身步道时间的非参数检验结果[a]

	被调查者感知锻炼高峰期通过一段健身步道时间
Mann-Whitney U	12267.500
Wilcoxon W	30222.500
Z	−3.531
Asymp. Sig. (2-tailed)	.000

a. Grouping Variable:被调查者参加体育锻炼次数

表 865 为体育锻炼次数中等与多被调查者感知锻炼高峰期通过一段健身步道时间的秩次统计表,第一栏列出被调查城市,N 为样本量,Mean Rank 为平均秩次,Sum of Ranks 为秩和。表 866 为体育锻炼次数中等与多被调查者感知锻炼高峰期通过一段健身步道时间的非参数检验结果,其中 Mann-Whitney U、Wilcoxon W 以及 Z 为统计量,Asymp. sig.(2-tailed)为基于渐近分布的双侧检验概率,本例概率小于 0.05,可以认为在 0.05 水平上体育锻炼次数中等与多被调查者感知锻炼高峰期通过一段健身步道时间的差异具有显著性。

表 867　体育锻炼次数中等与非常多被调查者感知锻炼高峰期通过一段健身步道时间的秩次统计

	被调查者参加体育锻炼次数	N	Mean Rank	Sum of Ranks
被调查者感知锻炼高峰期通过一段健身步道时间	中等	189	120.21	22720.50
	非常多	113	203.83	23032.50
	Total	302		

表 868　体育锻炼次数中等与非常多被调查者感知锻炼高峰期通过一段健身步道时间的非参数检验结果[a]

	被调查者感知锻炼高峰期通过一段健身步道时间
Mann-Whitney U	4765.500
Wilcoxon W	22720.500
Z	−8.537
Asymp. Sig. (2-tailed)	.000

a. Grouping Variable:被调查者参加体育锻炼次数

表 867 为体育锻炼次数中等与非常多被调查者感知锻炼高峰期通过一段健身步道时间的秩次统计表,第一栏列出被调查城市,N 为样本量,Mean Rank 为平均秩次,Sum of Ranks 为秩和。表 868 为体育锻炼次数中等与非常多被调查者感知锻炼高峰期通过一段健身步道时间的非参数检验结果,其中 Mann-Whitney U、Wilcoxon W 以及 Z 为统计量,Asymp. sig.(2-tailed)为基于渐近分布的双侧检验概率,本例概率小于 0.05,可以认为在 0.05 水平上体育锻炼次数中等与非常多被调查者感知锻炼高峰期通过一段健身步道时间的差异具有显著性。

表 869　体育锻炼次数多与非常多被调查者感知锻炼高峰期通过一段健身步道时间的秩次统计

	被调查者参加体育锻炼次数	N	Mean Rank	Sum of Ranks
被调查者感知锻炼高峰期通过一段健身步道时间	多	163	117.34	19126.00
	非常多	113	169.03	19100.00
	Total	276		

表 870　体育锻炼次数多与非常多被调查者感知锻炼高峰期通过一段健身步道时间的非参数检验结果[a]

	被调查者感知锻炼高峰期通过一段健身步道时间
Mann-Whitney U	5760.000
Wilcoxon W	19126.000
Z	−5.484
Asymp. Sig. (2-tailed)	.000

a. Grouping Variable:被调查者参加体育锻炼次数

表 869 为体育锻炼次数多与非常多被调查者感知锻炼高峰期通过一段健身步道时间的秩次统计表,第一栏列出被调查城市,N 为样本量,Mean Rank 为平均秩次,Sum of Ranks 为秩和。表 870 为体育锻炼次数多与非常多被调查者感知锻炼高峰期通过一段健身步道时间的非参数检验结果,其中 Mann-Whitney U、Wilcoxon W 以及 Z 为统计量,Asymp. sig.(2-tailed)为基于渐近分布的双侧检验概率,本例概率小于 0.05,可以认为在 0.05 水平上体育锻炼次数多与非常多被调查者感知锻炼高峰期通过一段健身步道时间的差异具有显著性。

4.1.2.5　小结

（1）皖北不同市居民感知健身步道的拥挤度

皖北六市居民感知健身步道数量之间的差异在 0.05 水平上不具有显著性。总体上皖北六市居民感知健身步道数量"多"的占比比"少"的占比偏少一点。宿州市"多"和"非常多"占比与"少"和"非常少"占比之差为正,阜阳市、淮北市、蚌埠市、亳州市、淮南市为负。排序为:宿州市＞蚌埠市＞阜阳市＞淮北市＞淮南市＞亳州市。

皖北六市居民感知健身步道长度之间的差异在 0.05 水平上不具有显著性。总体上皖北六市居民感知健身步道长度"长"的占比比"短"的占比偏多一点。淮北市、阜阳市、宿州市、蚌埠市"长"和"非常长"占比与"短"和"非常短"占比之差为正,亳州市、淮南市为负。排序为:宿州市＞阜阳市＞淮北市＞蚌埠市＞淮南市＞亳州市。

总体上皖北六市居民感知健身步道宽度"宽"的占比比"窄"的占比偏多一点。淮北市、宿州市、阜阳市居民感知健身步道宽度"宽"和"非常宽"占比与"窄"和"非常窄"占比之差为正。蚌埠市、淮南市、亳州市为负。排序为:宿州市＞阜阳市＞淮北市＞蚌埠市＝淮南市＞亳州市。

多个独立样本的非参数检验显示,皖北六市居民感知健身步道宽度之间的差异在 0.05 水平上具有显著性。两个独立样本的非参数检验显示,淮北市与宿州市、淮北市与蚌埠市、淮北市与淮南市、淮北市与阜阳市、宿州市与蚌埠市、宿州市与阜阳市、蚌埠市与淮南市、蚌埠市与阜阳市、蚌埠市与亳州市、淮南市与阜阳市、淮南市与亳州市、阜阳市与亳州市被调查者感知居住区健身步道宽度之间的差异不具有显著性。淮北市与亳州市、宿州市与淮南市、宿州市与亳州市被调查者感知居住区健身步道宽度之间的差异具有显著性。

总体上皖北六市居民锻炼高峰期通过一段健身步道所需时间"短"的占比比"长"的占比偏少。淮北市、阜阳市、宿州市、蚌埠市、淮南市"短"和"非常短"占比与"长"和"非常长"占比之差为负,亳州市持平。排序为:亳州市＞淮南市＞淮北市＞蚌埠市＞阜阳市＞宿州市。

多个独立样本的非参数检验显示,皖北六市居民感知锻炼高峰期通过一段健身步道所需时间之间的差异在 0.05 水平上具有显著性。两个独立样本的非参数检验显示,淮北市与蚌埠市、淮北市与淮南市、淮北市与阜阳市、淮北市与亳州市、宿州市与蚌埠市、宿州市与阜阳市、蚌埠市与淮南市、蚌埠市与阜阳市、蚌埠市与亳州市、淮南市与阜阳市、淮南市与亳州市、阜阳市与亳州市居民感知锻炼高峰期通过一段健身步道时间之间的差异不具有显著性。淮北市与宿州市、宿州市与淮南市宿州市与亳州市感知锻炼高峰期通过一段健身步道时间之间的差异具有显著性。

（2）皖北六市不同居住区居民感知健身步道的拥挤度

总体上皖北六市不同居住区域居民感知居住区健身步道数量"多"的占比比"少"的占比偏少一点。但各区域情况不同，中央区域、中央与郊区之间"多"和"非常多"占比与"少"和"非常少"占比之差为正，郊区、农村地区为负。排序为：中央区域＞中央与郊区之间＞郊区＞农村地区。相关检验显示，皖北六市被调查者居住的区域与被调查者感知居住区健身步道数量的皮尔逊相关系数为0.444，斯皮尔曼相关系数为0.439，p＝0.000＜0.05，相关具有显著性。

多个独立样本的非参数检验显示，皖北六市不同居住区居民感知居住区健身步道数量之间的差异在0.05水平上具有显著性。两个独立样本的非参数检验显示，中央区域与中央与郊区之间、中央区域与郊区、中央区域与农村地区、中央区域与郊区之间与郊区、中央区域与郊区之间与农村地区、郊区与农村地区被调查者感知居住区的健身步道数量之间的差异具有显著性。

总体上皖北六市不同居住区域居民感知居住区健身步道长度"长"的占比比"短"的占比偏多一点。但各区域情况不同，中央区域、中央与郊区之间"长"和"非常长"占比与"短"和"非常短"占比之差为正，郊区、农村地区为负。排序为：中央区域＞中央与郊区之间＞郊区＞农村地区。相关检验显示，皖北六市被调查者居住的区域与被调查者感知居住区健身步道长度的皮尔逊相关系数为0.402，斯皮尔曼相关系数为0.398，p＝0.000＜0.05，相关具有显著性。

多个独立样本的非参数检验显示，皖北六市不同居住区居民感知居住区健身步道长度之间的差异在0.05水平上具有显著性。两个独立样本的非参数检验显示，中央区域与中央与郊区之间、中央区域与郊区、中央区域与农村地区、中央区域与郊区之间与郊区、中央区域与郊区之间与农村地区郊区与农村地区被调查者感知居住区的健身步道长度之间的差异具有显著性。

总体上皖北六市不同居住区域居民感知居住区健身步道宽度"宽"的占比比"窄"的占比偏多一点。但各区域情况不同，中央区域、中央与郊区之间"宽"和"非常宽"占比与"窄"和"非常窄"占比之差为正，郊区、农村地区为负。排序为：中央区域＞中央与郊区之间＞郊区＞农村地区。相关检验显示，皖北六市被调查者居住的区域与被调查者感知居住区健身步道宽度的皮尔逊相关系数为0.429，斯皮尔曼相关系数为0.414，p＝0.000＜0.05，相关具有显著性。

多个独立样本的非参数检验显示，皖北六市不同居住区居民感知居住区健身步道宽度之间的差异在0.05水平上具有显著性。两个独立样本的非参数检验显示，中央区域与中央与郊区之间、中央区域与中央与郊区之间、中央区域与农村地区、中央区域与郊区之间与郊区、郊区与农村地区、中央区域与郊区之间与农村地区被调查者感知居住区健身步道宽度之间的差异具有显著性。

总体上皖北六市不同居住区域居民感知锻炼高峰期通过一段健身步道时间"长"的占比比"短"的占比偏多。但各区域情况不同，中央区域、中央与郊区之间"长"和"非常长"占比与"短"和"非常短"占比之差为正，郊区为零，农村地区为负。排序为：中央区域＞中央与郊区之间＞郊区＞农村地区。相关检验显示，皖北六市被调查者居住的区域与被调查者感知锻炼高峰期通过一段健身步道时间的皮尔逊相关系数为0.349，斯皮尔曼相关系数为0.333，

p＝0.000＜0.05，相关具有显著性。

多个独立样本的非参数检验显示，皖北六市不同居住区居民感知锻炼高峰期通过一段健身步道时间之间的差异在 0.05 水平上具有显著性。两个独立样本的非参数检验显示，中央区域与中央与郊区之间、中央区域与郊区、中央区域与农村地区、中央区域与郊区之间与郊区、中央区域与郊区之间与农村地区、郊区与农村地区被调查者感知锻炼高峰期通过一段健身步道时间之间的差异具有显著性。

（3）皖北六市不同居住密度居民感知健身步道的拥挤度

总体上皖北六市不同居住密度居民感知居住区健身步道数量"多"的占比比"少"的占比偏少一点。但不同居住密度情况不同，居住密度大、非常大的居民感知居住区健身步道数量"多"和"非常多"占比与"非常少"和"少"占比之差为正，居住密度中等、稀疏、非常稀疏的地区为负。排序为：居住密度非常大＞大＞中等＞非常稀疏＞稀疏。相关检验显示，皖北六市被调查者居住的密度与被调查者感知居住区健身步道数量的皮尔逊相关系数为 0.438，斯皮尔曼相关系数为 0.433，p＝0.000＜0.05，相关具有显著性。

多个独立样本的非参数检验显示，皖北六市不同居住密度居民感知居住区健身步道数量之间的差异在 0.05 水平上具有显著性。两个独立样本的非参数检验显示，居住密度非常稀疏与稀疏被调查者感知居住区的健身步道数量之间的差异不具有显著性。居住密度非常稀疏与中等、非常稀疏与大、非常稀疏与非常大、稀疏与中等、稀疏与大、稀疏与非常大、中等与大、中等与非常大、大与非常大被调查者感知居住区的健身步道数量之间的差异具有显著性。

总体上皖北六市不同居住密度居民感知居住区健身步道长度"长"的占比比"短"的占比偏多一点。但不同居住密度情况不同，居住密度大、非常大的居民感知居住区健身步道长度"长"和"非常长"占比与"非常短"和"短"占比之差为正，居住密度中等、稀疏、非常稀疏的地区为负。排序为：居住密度非常大＞大＞中等＞非常稀疏＞稀疏。相关检验显示，皖北六市被调查者居住的密度与被调查者感知居住区健身步道长度的皮尔逊相关系数为 0.389，斯皮尔曼相关系数为 0.389，p＝0.000＜0.05，相关具有显著性。

多个独立样本的非参数检验显示，皖北六市不同居住密度居民感知居住区健身步道长度之间的差异在 0.05 水平上具有显著性。两个独立样本的非参数检验显示，居住密度非常稀疏与稀疏被调查者感知居住区健身步道长度之间的差异不具有显著性。居住密度非常稀疏与中等、非常稀疏与大、非常稀疏与非常大、稀疏与中等、稀疏与大、稀疏与非常大、中等与大、中等与非常大、大与非常大被调查者感知居住区健身步道长度之间的差异具有显著性。

总体上皖北六市不同居住密度居民感知居住区健身步道宽度"宽"的占比比"窄"的占比偏多一点。但不同居住密度情况不同，居住密度大、非常大的居民感知居住区健身步道宽度"宽"和"非常宽"占比与"非常窄"和"窄"占比之差为正，居住密度中等、稀疏、非常稀疏的地区为负。排序为：居住密度非常大＞大＞中等＞非常稀疏＞稀疏。相关检验显示，皖北六市被调查者居住的密度与被调查者感知居住区健身步道宽度的皮尔逊相关系数为 0.402，斯皮尔曼相关系数为 0.395，p＝0.000＜0.05，相关具有显著性。

多个独立样本的非参数检验显示，皖北六市不同居住密度居民感知居住区健身步道宽度之间的差异在 0.05 水平上具有显著性。两个独立样本的非参数检验显示，居住密度非常稀疏与稀疏被调查者感知居住区健身步道宽度之间的差异不具有显著性。居住密度非常稀疏与中等、非常稀疏与大、非常稀疏与非常大、稀疏与中等、稀疏与大、稀疏与非常大、中等与大、中等与非常大、大与非常大被调查者感知居住区健身步道宽度之间的差异具有显著性。

总体上皖北六市不同居住密度居民感知锻炼高峰期通过一段健身步道时间"长"的占比比"短"的占比偏多。但不同居住密度情况不同,居住密度大、非常大的居民感知锻炼高峰期通过一段健身步道时间"长"和"非常长"占比与"非常短"和"短"占比之差为正,居住密度中等、稀疏、非常稀疏的地区为负。排序为:居住密度非常大>大>中等>稀疏>非常稀疏。相关检验显示,皖北六市被调查者居住的密度与被调查者感知锻炼高峰期通过一段健身步道时间的皮尔逊相关系数为 0.425,斯皮尔曼相关系数为 0.426,p=0.000<0.05,相关具有显著性。

多个独立样本的非参数检验显示,皖北六市不同居住密度居民感知锻炼高峰期通过一段健身步道时间之间的差异在 0.05 水平上具有显著性。两个独立样本的非参数检验显示,居住密度非常稀疏与稀疏被调查者感知锻炼高峰期通过一段健身步道时间之间的差异不具有显著性。居住密度非常稀疏与中等、非常稀疏与大、非常稀疏与非常大、稀疏与中等、稀疏与大、稀疏与非常大、中等与大、中等与非常大、大与非常大被调查者感知锻炼高峰期通过一段健身步道时间之间的差异具有显著性。

(4) 皖北六市不同性别居民感知健身步道的拥挤度

皖北六市不同性别居民感知居住区健身步道数量的差异具有显著性。总体上皖北六市不同性别居民感知居住区健身步道数量"多"的占比比"少"的占比偏少一点。男性居民感知居住区健身步道数量"多"的占比与"少"的占比之差为正,女性为负。排序为:男性>女性。相关检验显示,皖北六市被调查者的性别与被调查者感知居住区健身步道数量的皮尔逊相关系数为 0.164,斯皮尔曼相关系数为 0.152,p=0.000<0.05,相关具有显著性。

皖北六市不同性别居民感知居住区健身步道长度的差异具有显著性。总体上皖北六市不同性别居民感知居住区健身步道"长"的占比比"短"的占比偏多一点。男性居民感知居住区健身步道"长"的占比与"短"的占比之差为正,女性为负。排序为:男性>女性。相关检验显示,皖北六市被调查者的性别与被调查者感知居住区健身步道长度的皮尔逊相关系数为 0.168,斯皮尔曼相关系数为 0.164,p=0.000<0.05,相关具有显著性。

皖北六市不同性别居民感知居住区健身步道宽度的差异具有显著性。总体上皖北六市不同性别居民感知居住区健身步道"宽"的占比比"窄"的占比偏多一点。男性居民感知居住区健身步道"宽"的占比与"窄"的占比之差为正,女性为负。排序为:男性>女性。相关检验显示,皖北六市被调查者的性别与被调查者感知居住区健身步道宽度的皮尔逊相关系数为 0.181,斯皮尔曼相关系数为 0.171,p=0.000<0.05,相关具有显著性。

皖北六市不同性别居民感知锻炼高峰期通过一段健身步道时间的差异具有显著性。总体上皖北六市不同性别居民感知锻炼高峰期通过一段健身步道时间,"长"的占比比"短"的占比偏多。男性和女性居民感知锻炼高峰期通过一段健身步道的时间,"长"的占比与"短"的占比之差都为正。排序为:男性>女性。相关检验显示,皖北六市被调查者的性别与被调查者感知锻炼高峰期通过一段健身步道时间的皮尔逊相关系数为 0.130,斯皮尔曼相关系数为 0.133,p=0.001<0.05,相关具有显著性。

(5) 皖北六市不同年龄区间居民感知健身步道的拥挤度

总体上皖北六市不同年龄区间居民感知居住区健身步道数量,"多"的占比比"少"的占比偏少一点。12 岁以下、60 岁以上居民感知居住区健身步道数量,"多"和"非常多"的占比与"少"和"非常少"的占比之差为正。13—19 岁、20—39 岁、40—59 岁感知居住区健身步道数量,"多"和"非常多"的占比与"少"和"非常少"的占比之差为负。排序为:12 岁以下>60 岁以上>13—19 岁>40—59 岁>20—39 岁。相关检验显示,皖北六市被调查者的年龄区间与被调查者感知居住区健身步道数量的皮尔逊相关系数为 0.020,p=0.606>0.05,相关不具有显著性。斯皮尔曼相关系数为 0.043,p=0.264>0.05,相关不具有显著性。

多个独立样本的非参数检验显示,皖北六市不同年龄区间居民感知居住区健身步道数量之间的差异在 0.05 水平上具有显著性。两个独立样本的非参数检验显示,年龄区间 12 岁以下与 60 岁以上、13—19 岁与 20—39 岁、13—19 岁与 40—59 岁、13—19 岁与 60 岁以上、20—39 岁与 40—59 岁、40—59 岁与 60 岁以上被调查者感知居住区健身步道数量的差异不具有显著性。年龄区间 12 岁以下与 13—19 岁、12 岁以下与 20—39 岁、12 岁以下与 40—59 岁、12 岁以下与 13—19 岁被调查者感知居住区健身步道数量的差异具有显著性。

总体上皖北六市不同年龄区间居民感知居住区健身步道长度,"长"的占比比"短"的占比偏多一点。12 岁以下、13—19 岁、60 岁以上居民感知居住区健身步道长度,"长"和"非常长"的占比与"短"和"非常短"的占比之差为正。20—39 岁感知居住区健身步道长度,"长"和"非常长"的占比与"短"和"非常短"的占比之差为负。40—59 岁感知居住区健身步道长度,"长"和"非常长"的占比与"短"和"非常短"的占比之差为零。排序为:12 岁以下>60 岁以上>13—19 岁>40—59 岁>20—39 岁。相关检验显示,皖北六市被调查者的年龄区间与被调查者感知居住区健身步道长度的皮尔逊相关系数为 0.009,p=0.808>0.05,相关不具有显著性。斯皮尔曼相关系数为 0.033,p=0.396>0.05,相关不具有显著性。

多个独立样本的非参数检验显示,皖北六市不同年龄区间居民感知居住区健身步道长度之间的差异在 0.05 水平上具有显著性。两个独立样本的非参数检验显示,年龄区间 12 岁以下与 60 岁以上、13—19 岁与 40—59 岁、13—19 岁与 60 岁以上、20—39 岁与 40—59 岁被调查者感知居住区健身步道长度的差异不具有显著性。年龄区间 12 岁以下与 13—19 岁、12 岁以下与 20—39 岁、12 岁以下与 40—59 岁、13—19 岁与 20—39 岁、20—39 岁与 60 岁以上、40—59 岁与 60 岁以上被调查者感知居住区健身步道长度的差异具有显著性。

总体上皖北六市不同年龄区间居民感知居住区健身步道宽度,"宽"的占比比"窄"的占比偏多一点。12 岁以下、13—19 岁、40—59 岁、60 岁以上居民感知居住区健身步道宽度,"宽"和"非常宽"的占比与"窄"和"非常窄"的占比之差为正。20—39 岁感知居住区健身步道宽度,"宽"和"非常宽"的占比与"窄"和"非常窄"的占比之差为负。排序为:12 岁以下>60 岁以上>13—19 岁>40—59 岁>20—39 岁。相关检验显示,皖北六市被调查者的年龄区间与被调查者感知居住区健身步道宽度的皮尔逊相关系数为 0.019,p=0.626>0.05,相关不具有显著性。斯皮尔曼相关系数为 0.014,p=0.719>0.05,相关不具有显著性。

多个独立样本的非参数检验显示,皖北六市不同年龄区间居民感知居住区健身步道宽度之间的差异在 0.05 水平上具有显著性。两个独立样本的非参数检验显示,年龄区间 12 岁以下与 13—19 岁、13—19 岁与 40—59 岁、13—19 岁与 60 岁以上、20—39 岁与 40—59 岁被调查者感知居住区健身步道宽度的差异不具有显著性。年龄区间 12 岁以下与 20—39 岁、12 岁以下与 40—59 岁、12 岁以下与 60 岁以上、13—19 岁与 20—39 岁、20—39 岁与 60 岁以上、40—59 岁与 60 岁以上被调查者感知居住区健身步道宽度的差异具有显著性。

总体上皖北六市不同年龄区间居民感知锻炼高峰期通过一段健身步道时间,"长"的占比比"短"的占比偏多。各年龄区间居民感知锻炼高峰期通过一段健身步道时间,"长"和"非常长"的占比与"短"和"非常短"的占比之差为正。排序为:12岁以下>13—19岁>60岁以上>40—59岁>20—39岁。相关检验显示,皖北六市被调查者的年龄区间与被调查者感知锻炼高峰期通过一段健身步道时间的皮尔逊相关系数为0.004,p=0.921>0.05,相关不具有显著性。斯皮尔曼相关系数为0.042,p=0.274>0.05,相关不具有显著性。

多个独立样本的非参数检验显示,皖北六市不同年龄区间居民感知锻炼高峰期通过一段健身步道时间之间的差异在0.05水平上具有显著性。两个独立样本的非参数检验显示,年龄区间13—19岁与40—59岁、13—19岁与60岁以上、12岁以下与60岁以上、40—59岁与60岁以上被调查者感知锻炼高峰期通过一段健身步道时间的差异不具有显著性。年龄区间12岁以下与13—19岁、12岁以下与20—39岁、12岁以下与40—59岁、13—19岁与20—39岁、20—39岁与40—59岁、20—39岁与60岁以上被调查者感知锻炼高峰期通过一段健身步道时间的差异具有显著性。

(6)皖北六市不同锻炼次数居民感知健身步道的拥挤度

总体上皖北六市不同锻炼次数居民感知居住区健身步道数量,"多"的占比比"少"的占比偏少一点。锻炼次数多、非常多的居民感知居住区健身步道数量,"多"和"非常多"的占比与"少"和"非常少"的占比之差为正。锻炼次数非常少、少、中等的居民感知居住区健身步道数量,"多"和"非常多"的占比与"少"和"非常少"的占比之差为负。排序为:非常少<少<中等<多<非常多。相关检验显示,皖北六市被调查者的锻炼次数与被调查者感知居住区健身步道数量的皮尔逊相关系数为0.404,斯皮尔曼相关系数为0.385,p=0.000<0.05,相关具有显著性。

多个独立样本的非参数检验显示,皖北六市不同锻炼次数居民感知居住区健身步道数量之间的差异在0.05水平上具有显著性。两个独立样本的非参数检验显示,体育锻炼次数非常少与少、非常少与中等、非常少与多、非常少与非常多、少与中等、少与多、少与非常多、中等与多、中等与非常多、多与非常多被调查者感知居住区健身步道数量的差异具有显著性。

总体上皖北六市不同锻炼次数居民感知居住区健身步道长度,"长"的占比比"短"的占比偏多一点。锻炼次数多、非常多的居民感知居住区健身步道长度,"长"和"非常长"的占比与"短"和"非常短"的占比之差为正。锻炼次数非常少、少、中等的居民感知居住区健身步道长度,"长"和"非常长"的占比与"短"和"非常短"的占比之差为负。排序为:非常少<少<中等<多<非常多。相关检验显示,皖北六市被调查者的锻炼次数与被调查者感知居住区健身步道长度的皮尔逊相关系数为0.386,斯皮尔曼相关系数为0.372,p=0.000<0.05,相关具有显著性。

多个独立样本的非参数检验显示,皖北六市不同锻炼次数居民感知居住区健身步道长度之间的差异在0.05水平上具有显著性。两个独立样本的非参数检验显示,体育锻炼次数少与中等被调查者感知居住区健身步道长度的差异不具有显著性。体育锻炼次数非常少与少、非常少与中等、非常少与多、非常少与非常多、少与多、少与非常多、中等与多、中等与非常多、多与非常多被调查者感知居住区健身步道长度的差异具有显著性。

总体上皖北六市不同锻炼次数居民感知居住区健身步道宽度,"宽"的占比比"窄"的占比偏多一点。锻炼次数多、非常多的居民感知居住区健身步道宽度,"宽"和"非常宽"的占比与"窄"和"非常窄"的占比之差为正。锻炼次数非常少、少、中等的居民感知居住区健身步道宽度,"宽"和"非常宽"的占比与"窄"和"非常窄"的占比之差为负。排序为:非常少<少<中等<多<非常多。相关检验显示,皖北六市被调查者的锻炼次数与被调查者感知居住区健身步道宽度的皮尔逊相关系数为 0.438,斯皮尔曼相关系数为 0.425,p=0.000<0.05,相关具有显著性。

多个独立样本的非参数检验显示,皖北六市不同锻炼次数居民感知居住区健身步道宽度之间的差异在 0.05 水平上具有显著性。两个独立样本的非参数检验显示,体育锻炼次数非常少与少、非常少与中等、非常少与多、非常少与非常多、少与中等、少与多、少与非常多、中等与多、中等与非常多、多与非常多被调查者感知居住区健身步道宽度的差异具有显著性。

总体上皖北六市不同锻炼次数居民感知锻炼高峰期通过一段健身步道时间,"长"的占比比"短"的占比偏多。锻炼次数多、非常多、中等的居民感知锻炼高峰期通过一段健身步道时间,"长"和"非常长"的占比与"短"和"非常短"的占比之差为正。锻炼次数非常少、少的居民感知锻炼高峰期通过一段健身步道时间,"长"和"非常长"的占比与"短"和"非常短"的占比之差为负。排序为:非常少<少<中等<多<非常多。相关检验显示,皖北六市被调查者的锻炼次数与被调查者感知锻炼高峰期通过一段健身步道时间的皮尔逊相关系数为 0.433,斯皮尔曼相关系数为 0.420,p=0.000<0.05,相关具有显著性。

多个独立样本的非参数检验显示,皖北六市不同锻炼次数居民感知锻炼高峰期通过一段健身步道时间之间的差异在 0.05 水平上具有显著性。两个独立样本的非参数检验显示,体育锻炼次数非常少与少、非常少与中等、非常少与多、非常少与非常多、少与中等、少与多、少与非常多、中等与多、中等与非常多、多与非常多被调查者感知锻炼高峰期通过一段健身步道时间的差异具有显著性。

4.1.3　皖北六市居民健身器材拥挤感

4.1.3.1　居民感知居住周围健身器材的数量

(1) 皖北不同市居民感知居住周围健身器材数量的列联表统计和非参数检验

1) 皖北不同市居民感知居住周围健身器材数量的列联表统计

表 871　被调查者居住的城市 ＊ 被调查者感知居住区健身器材数量

| | | 被调查者感知居住区的健身器材数量 | | | | | Total |
		非常少	少	中等	多	非常多	
被调查者居住的城市	淮北市	7.8%	24.1%	43.3%	17.0%	7.8%	100.0%
	宿州市	10.5%	22.9%	29.5%	12.4%	24.8%	100.0%
	蚌埠市	17.4%	24.8%	23.9%	13.8%	20.2%	100.0%
	淮南市	9.8%	32.4%	34.3%	18.6%	4.9%	100.0%
	阜阳市	9.0%	21.0%	31.0%	25.0%	14.0%	100.0%
	亳州市	22.5%	27.0%	20.7%	16.2%	13.5%	100.0%
	Total	12.7%	25.3%	31.0%	17.1%	13.9%	100.0%

表 871 显示,皖北六市居民感知居住周围健身器材数量:淮北市"少"和"非常少"占 31.9%(45)、中等 43.3%(61)、"多"和"非常多"占 24.8%(35);宿州市"少"和"非常少"占 33.4%(35)、中等 29.5%(31)、"多"和"非常多"占 37.2%(39);蚌埠市"少"和"非常少"占 42.2%(46)、中等 23.9%(26)、"多"和"非常多"占 34%(37);淮南市"少"和"非常少"占 42.2%(43)、中等 34.3%(35)、"多"和"非常多"占 23.5%(24);阜阳市"少"和"非常少"占 30%(30)、中等 31%(31)、"多"和"非常多"占 39%(39);亳州市"少"和"非常少"占 49.5% (55)、中等 31%(23)、"多"和"非常多"占 29.7%(33);总体:"少"和"非常少"占 38%(254)、中等 31.0%(207)、"多"和"非常多"占 31%(207)。

"多"和"非常多"占比与"少"和"非常少"占比之差:淮北市 -7.1%;宿州市 3.8%;蚌埠市 -8.2%;淮南市 -18.7%;阜阳市 9%;亳州市 -19.8%;总体: -7%。总体上皖北六市居民感知居住周围健身器材数量"多"的占比比"少"的占比偏少。宿州市、阜阳市"多"和"非常多"占比与"少"和"非常少"占比之差为正,淮北市、蚌埠市、淮南市、亳州市为负。排序为:阜阳市>宿州市>淮北市>蚌埠市>淮南市>亳州市。

2) 皖北不同市居民感知居住周围健身器材数量的非参数检验

表 872　皖北六市居民感知居住区健身器材数量的平均秩

	被调查者居住的城市	N	Mean Rank
被调查者感知居住区的健身器材数量	淮北市	141	336.01
	宿州市	105	367.27
	蚌埠市	109	331.89
	淮南市	102	309.13
	阜阳市	100	367.26
	亳州市	111	297.95
	Total	668	

表 872 为皖北六市居民感知居住周围健身器材数量的样本量和平均秩,降序排列为:宿州市为 367.27(105)、阜阳市为 367.26(100)、淮北市为 336.01(141)、蚌埠市为 331.89 (109)、淮南市为 309.13(102)、亳州市为 297.95(111)。

表 873　皖北六市居民感知居住区健身器材数量的非参数检验结果[a,b]

	被调查者感知居住区的健身器材数量
Chi-Square	12.371
Df	5
Asymp. Sig.	.030

a. Kruskal Wallis Test

b. Grouping Variable:被调查者居住的城市

表 873 为 Kruskal-Wallis 检验,Asymp. Sig. 为检验统计量 $\chi^2 = 12.371$、df=5 时基于渐近分布概率,本例概率 p=0.030<0.05,所以否定检验的原假设,即可以认为皖北六市居民感知居住周围健身器材数量之间的差异在 0.05 水平上具有显著性。

表 874　淮北市与宿州市被调查者感知居住区健身器材数量的秩次统计

	被调查城市	N	Mean Rank	Sum of Ranks
被调查者感知居住区健身器材的数量	淮北市	141	118.34	16686.00
	宿州市	105	130.43	13695.00
	Total	246		

表 875　淮北市与宿州市被调查者感知居住区健身器材数量的非参数检验结果 a

	被调查者感知居住区健身器材的数量
Mann-Whitney U	6675.000
Wilcoxon W	16686.000
Z	−1.369
Asymp. Sig. (2-tailed)	.171

a. Grouping Variable：被调查者居住的城市

　　表 874 为淮北市与宿州市被调查者感知居住区健身器材数量的秩次统计表，第一栏列出被调查城市，N 为样本量，Mean Rank 为平均秩次，Sum of Ranks 为秩和。表 875 为淮北市与宿州市被调查者感知居住区健身器材数量的非参数检验结果，其中 Mann-Whitney U、Wilcoxon W 以及 Z 为统计量，Asymp. sig. (2-tailed)为基于渐近分布的双侧检验概率，本例概率大于 0.05，可以认为在 0.05 水平上淮北市与宿州市被调查者感知居住区健身器材数量之间的差异不具有显著性。

表 876　淮北市与蚌埠市被调查者感知居住区健身器材数量的秩次统计

	被调查城市	N	Mean Rank	Sum of Ranks
被调查者感知居住区健身器材的数量	淮北市	141	126.28	17805.50
	蚌埠市	109	124.49	13569.50
	Total	250		

表 877　淮北市与蚌埠市被调查者感知居住区健身器材数量的非参数检验结果ᵃ

	被调查者感知居住区健身器材的数量
Mann-Whitney U	7574.500
Wilcoxon W	13569.500
Z	−.201
Asymp. Sig. (2-tailed)	.841

a. Grouping Variable：被调查者居住的城市

　　表 876 为淮北市与蚌埠市被调查者感知居住区健身器材数量的秩次统计表，第一栏列出被调查城市，N 为样本量，Mean Rank 为平均秩次，Sum of Ranks 为秩和。表 877 为淮北市与蚌埠市被调查者感知居住区健身器材数量的非参数检验结果，其中 Mann-Whitney U、Wilcoxon W 以及 Z 为统计量，Asymp. sig. (2-tailed)为基于渐近分布的双侧检验概率，本例概率大于 0.05，可以认为在 0.05 水平上淮北市与蚌埠市被调查者感知居住区健身器材数量之间的差异不具有显著性。

表 878　淮北市与淮南市被调查者感知居住区健身器材数量的秩次统计

	被调查城市	N	Mean Rank	Sum of Ranks
被调查者感知居住区健身器材的数量	淮北市	141	126.61	17852.00
	淮南市	102	115.63	11794.00
	Total	243		

表 879　淮北市与淮南市被调查者感知居住区健身器材数量的非参数检验结果[a]

	被调查者感知居住区健身器材的数量
Mann-Whitney U	6541.000
Wilcoxon W	11794.000
Z	-1.259
Asymp. Sig. (2-tailed)	.208

a. Grouping Variable：被调查者居住的城市

　　表 878 为淮北市与淮南市被调查者感知居住区健身器材数量的秩次统计表,第一栏列出被调查城市,N 为样本量,Mean Rank 为平均秩次,Sum of Ranks 为秩和。表 879 为淮北市与淮南市被调查者感知居住区健身器材数量的非参数检验结果,其中 Mann-Whitney U、Wilcoxon W 以及 Z 为统计量,Asymp. sig. (2-tailed) 为基于渐近分布的双侧检验概率,本例概率大于 0.05,可以认为在 0.05 水平上淮北市与淮南市被调查者感知居住区健身器材数量之间的差异不具有显著性。

表 880　淮北市与阜阳市被调查者感知居住区健身器材数量的秩次统计

	被调查城市	N	Mean Rank	Sum of Ranks
被调查者感知居住区健身器材的数量	淮北市	141	115.50	16286.00
	阜阳市	100	128.75	12875.00
	Total	241		

表 881　淮北市与阜阳市被调查者感知居住区健身器材数量的非参数检验结果[a]

	被调查者感知居住区健身器材的数量
Mann-Whitney U	6275.000
Wilcoxon W	16286.000
Z	-1.513
Asymp. Sig. (2-tailed)	.130

a. Grouping Variable：被调查者居住的城市

　　表 880 为淮北市与阜阳市被调查者感知居住区健身器材数量的秩次统计表,第一栏列出被调查城市,N 为样本量,Mean Rank 为平均秩次,Sum of Ranks 为秩和。表 881 为淮北市与阜阳市被调查者感知居住区健身器材数量的非参数检验结果,其中 Mann-Whitney U、Wilcoxon W 以及 Z 为统计量,Asymp. sig. (2-tailed) 为基于渐近分布的双侧检验概率,本例概率大于 0.05,可以认为在 0.05 水平上淮北市与阜阳市被调查者感知居住区健身器材数量之间的差异不具有显著性。

表 882　淮北市与亳州市被调查者感知居住区健身器材数量的秩次统计

	被调查城市	N	Mean Rank	Sum of Ranks
被调查者感知居住区健身器材的数量	淮北市	141	133.27	18791.50
	亳州市	111	117.90	130.86.50
	Total	252		

表 883　淮北市与亳州市被调查者感知居住区健身器材数量的非参数检验结果[a]

	被调查者感知居住区健身器材的数量
Mann-Whitney U	6870.500
Wilcoxon W	13086.500
Z	−1.717
Asymp. Sig. (2-tailed)	.086

a. Grouping Variable：被调查者居住的城市

　　表 882 为淮北市与亳州市被调查者感知居住区健身器材数量的秩次统计表，第一栏列出被调查城市，N 为样本量，Mean Rank 为平均秩次，Sum of Ranks 为秩和。表 883 为淮北市与亳州市被调查者感知居住区健身器材数量的非参数检验结果，其中 Mann-Whitney U、Wilcoxon W 以及 Z 为统计量，Asymp. sig. (2-tailed) 为基于渐近分布的双侧检验概率，本例概率小于 0.05，可以认为在 0.05 水平上淮北市与亳州市被调查者感知居住区健身器材数量之间的差异具有显著性。

表 884　宿州市与蚌埠市被调查者感知居住区健身器材数量的秩次统计

	被调查城市	N	Mean Rank	Sum of Ranks
被调查者感知居住区健身器材的数量	宿州市	105	112.95	11860.00
	蚌埠市	109	102.25	11145.00
	Total	214		

表 885　宿州市与蚌埠市被调查者感知居住区健身器材数量的非参数检验结果[a]

	被调查者感知居住区健身器材的数量
Mann-Whitney U	5150.000
Wilcoxon W	11145.000
Z	−1.296
Asymp. Sig. (2-tailed)	.195

a. Grouping Variable：被调查者居住的城市

　　表 884 为宿州市与蚌埠市被调查者感知居住区健身器材数量的秩次统计表，第一栏列出被调查城市，N 为样本量，Mean Rank 为平均秩次，Sum of Ranks 为秩和。表 885 为宿州市与蚌埠市被调查者感知居住区健身器材数量的非参数检验结果，其中 Mann-Whitney U、Wilcoxon W 以及 Z 为统计量，Asymp. sig. (2-tailed) 为基于渐近分布的双侧检验概率，本例概率大于 0.05，可以认为在 0.05 水平上宿州市与蚌埠市被调查者感知居住区健身器材数量之间的差异不具有显著性。

表 886　宿州市与淮南市被调查者感知居住区健身器材数量的秩次统计

	被调查城市	N	Mean Rank	Sum of Ranks
被调查者感知居住区健身器材的数量	宿州市	105	112.91	11856.00
	淮南市	102	94.82	9672.00
	Total	207		

表 887　宿州市与淮南市被调查者感知居住区健身器材数量的非参数检验结果[a]

	被调查者感知居住区健身器材的数量
Mann-Whitney U	4419.000
Wilcoxon W	9672.000
Z	−2.242
Asymp. Sig. (2-tailed)	.025

a. Grouping Variable:被调查者居住的城市

　　表 886 为宿州市与淮南市被调查者感知居住区健身器材数量的秩次统计表,第一栏列出被调查城市,N 为样本量,Mean Rank 为平均秩次,Sum of Ranks 为秩和。表 887 为宿州市与淮南市被调查者感知居住区健身器材数量的非参数检验结果,其中 Mann-Whitney U、Wilcoxon W 以及 Z 为统计量,Asymp. sig. (2-tailed)为基于渐近分布的双侧检验概率,本例概率小于 0.05,可以认为在 0.05 水平上宿州市与淮南市被调查者感知居住区健身器材数量之间的差异具有显著性。

表 888　宿州市与阜阳市被调查者感知居住区健身器材数量的秩次统计

	被调查城市	N	Mean Rank	Sum of Ranks
被调查者感知居住区健身器材的数量	宿州市	105	103.49	10866.50
	阜阳市	100	102.49	10248.50
	Total	205		

表 889　宿州市与阜阳市被调查者感知居住区健身器材数量的非参数检验结果[a]

	被调查者感知居住区健身器材的数量
Mann-Whitney U	5198.500
Wilcoxon W	10248.500
Z	−.125
Asymp. Sig. (2-tailed)	.901

a. Grouping Variable:被调查者居住的城市

　　表 888 为宿州市与阜阳市被调查者感知居住区健身器材数量的秩次统计表,第一栏列出被调查城市,N 为样本量,Mean Rank 为平均秩次,Sum of Ranks 为秩和。表 889 为宿州市与阜阳市被调查者感知居住区健身器材数量的非参数检验结果,其中 Mann-Whitney U、Wilcoxon W 以及 Z 为统计量,Asymp. sig. (2-tailed)为基于渐近分布的双侧检验概率,本例概率大于 0.05,可以认为在 0.05 水平上宿州市与阜阳市被调查者感知居住区健身器材数量之间的差异不具有显著性。

表 890　宿州市与亳州市被调查者感知居住区健身器材数量的秩次统计

	被调查城市	N	Mean Rank	Sum of Ranks
被调查者感知居住区健身器材的数量	宿州市	105	119.49	12546.00
	亳州市	111	98.11	10890.00
	Total	216		

表 891　宿州市与亳州市被调查者感知居住区健身器材数量的非参数检验结果[a]

	被调查者感知居住区健身器材的数量
Mann-Whitney U	4674.000
Wilcoxon W	10890.000
Z	−2.572
Asymp. Sig. (2-tailed)	.010

a. Grouping Variable：被调查者居住的城市

　　表 890 为宿州市与亳州市被调查者感知居住区健身器材数量的秩次统计表，第一栏列出被调查城市，N 为样本量，Mean Rank 为平均秩次，Sum of Ranks 为秩和。表 891 为宿州市与亳州市被调查者感知居住区健身器材数量的非参数检验结果，其中 Mann-Whitney U、Wilcoxon W 以及 Z 为统计量，Asymp. sig. (2-tailed)为基于渐近分布的双侧检验概率，本例概率小于 0.05，可以认为在 0.05 水平上宿州市与亳州市被调查者感知居住区健身器材数量之间的差异具有显著性。

表 892　蚌埠市与淮南市被调查者感知居住区健身器材数量的秩次统计

	被调查城市	N	Mean Rank	Sum of Ranks
被调查者感知居住区健身器材的数量	蚌埠市	109	108.99	11880.00
	淮南市	102	102.80	10486.00
	Total	211		

表 893　蚌埠市与淮南市被调查者感知居住区健身器材数量的非参数检验结果[a]

	被调查者感知居住区健身器材的数量
Mann-Whitney U	5233.000
Wilcoxon W	10486.000
Z	−.757
Asymp. Sig. (2-tailed)	.449

a. Grouping Variable：被调查者居住的城市

　　表 892 为蚌埠市与淮南市被调查者感知居住区健身器材数量的秩次统计表，第一栏列出被调查城市，N 为样本量，Mean Rank 为平均秩次，Sum of Ranks 为秩和。表 893 为蚌埠市与淮南市被调查者感知居住区健身器材数量的非参数检验结果，其中 Mann-Whitney U、Wilcoxon W 以及 Z 为统计量，Asymp. sig. (2-tailed)为基于渐近分布的双侧检验概率，本例概率大于 0.05，可以认为在 0.05 水平上蚌埠市与淮南市被调查者感知居住区健身器材数量之间的差异不具有显著性。

表 894　蚌埠市与阜阳市被调查者感知居住区健身器材数量的秩次统计

	被调查城市	N	Mean Rank	Sum of Ranks
被调查者感知居住区健身器材的数量	蚌埠市	109	100.35	10938.50
	阜阳市	100	110.07	11006.50
	Total	209		

表 895　蚌埠市与阜阳市被调查者感知居住区健身器材数量的非参数检验结果[a]

	被调查者感知居住区健身器材的数量
Mann-Whitney U	4943.500
Wilcoxon W	10938.500
Z	−1.188
Asymp. Sig. (2-tailed)	.235

a. Grouping Variable：被调查者居住的城市

表 894 为蚌埠市与阜阳市被调查者感知居住区健身器材数量的秩次统计表，第一栏列出被调查城市，N 为样本量，Mean Rank 为平均秩次，Sum of Ranks 为秩和。表 895 为蚌埠市与阜阳市被调查者感知居住区健身器材数量的非参数检验结果，其中 Mann-Whitney U、Wilcoxon W 以及 Z 为统计量，Asymp. sig. (2-tailed) 为基于渐近分布的双侧检验概率，本例概率大于 0.05，可以认为在 0.05 水平上蚌埠市与阜阳市被调查者感知居住区健身器材数量之间的差异不具有显著性。

表 896　蚌埠市与亳州市被调查者感知居住区健身器材数量的秩次统计

	被调查城市	N	Mean Rank	Sum of Ranks
被调查者感知居住区健身器材的数量	蚌埠市	109	115.81	12623.50
	亳州市	111	105.28	11686.50
	Total	220		

表 897　蚌埠市与亳州市被调查者感知居住区健身器材数量的非参数检验结果[a]

	被调查者感知居住区健身器材的数量
Mann-Whitney U	5470.500
Wilcoxon W	11686.500
Z	−1.255
Asymp. Sig. (2-tailed)	.210

a. Grouping Variable：被调查者居住的城市

表 896 为蚌埠市与亳州市被调查者感知居住区健身器材数量的秩次统计表，第一栏列出被调查城市，N 为样本量，Mean Rank 为平均秩次，Sum of Ranks 为秩和。表 897 为蚌埠市与亳州市被调查者感知居住区健身器材数量的非参数检验结果，其中 Mann-Whitney U、Wilcoxon W 以及 Z 为统计量，Asymp. sig. (2-tailed) 为基于渐近分布的双侧检验概率，本例概率小于 0.05，可以认为在 0.05 水平上蚌埠市与亳州市被调查者感知居住区健身器材数量之间的差异具有显著性。

表 898 淮南市与阜阳市被调查者感知居住区健身器材数量的秩次统计

	被调查城市	N	Mean Rank	Sum of Ranks
被调查者感知居住区健身器材的数量	淮南市	102	92.11	9395.50
	阜阳市	100	111.07	11107.50
	Total	202		

表 899 淮南市与阜阳市被调查者感知居住区健身器材数量的非参数检验结果[a]

	被调查者感知居住区健身器材的数量
Mann-Whitney U	4142.500
Wilcoxon W	9395.500
Z	−2.385
Asymp. Sig. (2-tailed)	.017

a. Grouping Variable：被调查者居住的城市

表 898 为淮南市与阜阳市被调查者感知居住区健身器材数量的秩次统计表,第一栏列出被调查城市,N 为样本量,Mean Rank 为平均秩次,Sum of Ranks 为秩和。表 899 为淮南市与阜阳市被调查者感知居住区健身器材数量的非参数检验结果,其中 Mann-Whitney U、Wilcoxon W 以及 Z 为统计量,Asymp. sig. (2-tailed)为基于渐近分布的双侧检验概率,本例概率小于 0.05,可以认为在 0.05 水平上淮南市与阜阳市被调查者感知居住区健身器材数量之间的差异具有显著性。

表 900 淮南市与亳州市被调查者感知居住区健身器材数量的秩次统计

	被调查城市	N	Mean Rank	Sum of Ranks
被调查者感知居住区健身器材的数量	淮南市	102	109.76	11196.00
	亳州市	111	104.46	11595.00
	Total	213		

表 901 淮南市与亳州市被调查者感知居住区健身器材数量的非参数检验结果[a]

	被调查者感知居住区健身器材的数量
Mann-Whitney U	5379.000
Wilcoxon W	11595.000
Z	−.646
Asymp. Sig. (2-tailed)	.518

a. Grouping Variable：被调查者居住的城市

表 900 为淮南市与亳州市被调查者感知居住区健身器材数量的秩次统计表,第一栏列出被调查城市,N 为样本量,Mean Rank 为平均秩次,Sum of Ranks 为秩和。表 901 为淮南市与亳州市被调查者感知居住区健身器材数量的非参数检验结果,其中 Mann-Whitney U、Wilcoxon W 以及 Z 为统计量,Asymp. sig. (2-tailed)为基于渐近分布的双侧检验概率,本例概率大于 0.05,可以认为在 0.05 水平上淮南市与亳州市被调查者感知居住区健身器材数量之间的差异不具有显著性。

表 902　阜阳市与亳州市被调查者感知居住区健身器材数量的秩次统计

	被调查城市	N	Mean Rank	Sum of Ranks
被调查者感知居住区健身器材的数量	阜阳市	100	116.88	11688.00
	亳州市	111	96.20	10678.00
	Total	211		

表 903　阜阳市与亳州市被调查者感知居住区健身器材数量的非参数检验结果[a]

	被调查者感知居住区健身器材的数量
Mann-Whitney U	4462.000
Wilcoxon W	10678.000
Z	−2.516
Asymp. Sig. (2-tailed)	.012

　a. Grouping Variable：被调查者居住的城市

　　表 902 为阜阳市与亳州市被调查者感知居住区健身器材数量的秩次统计表,第一栏列出被调查城市,N 为样本量,Mean Rank 为平均秩次,Sum of Ranks 为秩和。表 903 为阜阳市与亳州市被调查者感知居住区健身器材数量的非参数检验结果,其中 Mann-Whitney U、Wilcoxon W 以及 Z 为统计量,Asymp. sig. (2-tailed)为基于渐近分布的双侧检验概率,本例概率小于 0.05,可以认为在 0.05 水平上阜阳市与亳州市被调查者感知居住区健身器材数量之间的差异具有显著性。

　　(2) 皖北六市不同居住区居民感知居住周围健身器材数量的列联表统计和非参数检验

　　1) 皖北六市不同居住区居民感知居住周围健身器材数量的列联表统计

表 904　被调查者居住的区域 * 被调查者感知居住区健身器材数量

		被调查者感知居住区的健身器材数量					Total
		非常少	少	中等	多	非常多	
被调查者居住的区域	中央区域	6.1%	12.3%	35.4%	18.9%	27.4%	100.0%
	中央与郊区之间	6.3%	23.3%	35.4%	24.2%	10.8%	100.0%
	郊　区	10.6%	37.6%	30.6%	15.3%	5.9%	100.0%
	农村地区	36.6%	42.0%	16.0%	2.3%	3.1%	100.0%
	Total	12.7%	25.3%	31.0%	17.1%	13.9%	100.0%

　　表 904 显示,皖北不同居住区域居民感知居住区健身器材数量:中央区域"少"和"非常少"占 18.4%、中等 35.4%、"多"和"非常多"占 46.3%;中央与郊区之间"少"和"非常少"占 29.6%、中等 35.4%、"多"和"非常多"占 35.0%;郊区"少"和"非常少"占 48.2%、中等 30.6%、"多"和"非常多"占 21.2%;农村地区"少"和"非常少"占 78.6%、中等 16.0%、"多"和"非常多"占 5.4%;总体:"少"和"非常少"占 38.0%、中等 31.0%、"多"和"非常多"占 31.0%。

　　"多"和"非常多"占比与"少"和"非常少"占比之差:中央区域 27.9%;中央与郊区之间5.4%;郊区−27%;农村地区−73.2%;总体:−7%。总体上皖北六市不同居住区域居民感知居住区健身器材数量"多"的占比比"少"的占比偏少一点。但各区域情况不同,中央区域、中央与郊区之间"多"和"非常多"占比与"少"和"非常少"占比之差为正,郊区、农村地区为负。排序为:中央区域>中央与郊区之间>郊区>农村地区。相关检验显示,皖北六市居民居住的区域与皖北六市居民感知健身器材数量的皮尔逊相关系数为0.454,斯皮尔曼相关系数为0.443,p=0.000<0.05,相关具有显著性。

2) 皖北六市不同居住区居民感知居住周围健身器材数量的非参数检验

表 905　皖北六市不同居住区居民感知居住区健身器材数量的平均秩

	被调查者居住的区域	N	Mean Rank
被调查者感知居住区的健身器材数量	中央区域	212	418.14
	中央与郊区之间	240	361.83
	郊　区	85	293.95
	农村地区	131	175.39
	Total	668	

表 905 为皖北六市不同居住区居民感知居住区健身器材数量的样本量和平均秩,平均秩降序排列为:中央区域为 418.14(212)、中央与郊区之间为 361.83(240)、郊区为 293.95(85)、农村地区为 175.39(131)。

表 906　皖北六市不同居住区居民感知居住区健身器材数量的非参数检验结果[a,b]

	被调查者感知居住区的健身器材数量
Chi-Square	145.550
Df	3
Asymp. Sig.	.000

a. Kruskal Wallis Test
b. Grouping Variable:被调查者居住的区域

表 906 为 Kruskal-Wallis 检验,Asymp. Sig. 为检验统计量 $\chi^2 = 145.550$、df=3 时基于渐近分布概率,本例概率 p=0.000<0.05,所以否定检验的原假设,即可以认为皖北六市不同居住区居民感知居住区健身器材数量之间的差异在 0.05 水平上具有显著性。

表 907　中央区域与中央与郊区之间被调查者感知居住区健身器材数量的秩次统计

	被调查者居住的区域	N	Mean Rank	Sum of Ranks
被调查者感知居住区健身器材数量	中央区域	212	249.40	52872.00
	中央与郊区之间	240	206.27	49506.00
	Total	452		

表 908　中央区域与中央与郊区之间被调查者感知居住区健身器材数量的非参数检验结果[a]

	被调查者感知居住区健身器材数量
Mann-Whitney U	20586.000
Wilcoxon W	49506.000
Z	−3.626
Asymp. Sig. (2-tailed)	.000

a. Grouping Variable:被调查者居住的区域

　　表 907 为中央区域与中央与郊区之间被调查者感知居住区健身器材数量的秩次统计表,第一栏列出被调查城市,N 为样本量,Mean Rank 为平均秩次,Sum of Ranks 为秩和。表 908 为中央区域与中央与郊区之间被调查者感知居住区健身器材数量的非参数检验结果,其中 Mann-Whitney U、Wilcoxon W 以及 Z 为统计量,Asymp. sig. (2-tailed)为基于渐近分布的双侧检验概率,本例概率小于 0.05,可以认为在 0.05 水平上中央区域与中央与郊区之间被调查者感知居住区健身器材数量之间的差异具有显著性。

表 909　中央区域与郊区被调查者感知居住区健身器材数量的秩次统计

	被调查者居住的区域	N	Mean Rank	Sum of Ranks
被调查者感知居住区健身器材数量	中央区域	212	165.38	35061.50
	郊　区	85	108.14	9191.50
	Total	297		

表 910　中央区域与郊区被调查者感知居住区健身器材数量的非参数检验结果[a]

	被调查者感知居住区健身器材数量
Mann-Whitney U	5536.500
Wilcoxon W	9191.500
Z	−5.362
Asymp. Sig. (2-tailed)	.000

a. Grouping Variable：被调查者居住的区域

　　表 909 为中央区域与郊区被调查者感知居住区健身器材数量的秩次统计表,第一栏列出被调查城市,N 为样本量,Mean Rank 为平均秩次,Sum of Ranks 为秩和。表 910 为中央区域与郊区被调查者感知居住区健身器材数量的非参数检验结果,其中 Mann-Whitney U、Wilcoxon W 以及 Z 为统计量,Asymp. sig. (2-tailed)为基于渐近分布的双侧检验概率,本例概率小于 0.05,可以认为在 0.05 水平上中央区域与郊区被调查者感知居住区健身器材数量之间的差异具有显著性。

表 911　中央区域与农村地区被调查者感知居住区健身器材数量的秩次统计

	被调查者居住的区域	N	Mean Rank	Sum of Ranks
被调查者感知居住区健身器材数量	中央区域	212	216.36	45867.50
	农村地区	131	100.22	13128.50
	Total	343		

表 912　中央区域与农村地区被调查者感知居住区健身器材数量的非参数检验结果[a]

	被调查者感知居住区健身器材数量
Mann-Whitney U	4482.500
Wilcoxon W	13128.500
Z	−10.805
Asymp. Sig. (2-tailed)	.000

a. Grouping Variable：被调查者居住的区域

　　表911为中央区域与农村地区被调查者感知居住区健身器材数量的秩次统计表,第一栏列出被调查城市,N为样本量,Mean Rank为平均秩次,Sum of Ranks为秩和。表912为中央区域与农村地区被调查者感知居住区健身器材数量的非参数检验结果,其中 Mann-Whitney U、Wilcoxon W 以及 Z 为统计量,Asymp. sig. (2-tailed)为基于渐近分布的双侧检验概率,本例概率小于0.05,可以认为在0.05水平上中央区域与农村地区被调查者感知居住区健身器材数量之间的差异具有显著性。

表913　中央区域与郊区之间与郊区被调查者感知居住区健身器材数量的秩次统计

	被调查者居住的区域	N	Mean Rank	Sum of Ranks
被调查者感知居住区健身器材数量	中央与郊区之间	240	172.44	41385.50
	郊　区	85	136.35	11589.50
	Total	325		

表914　中央区域与郊区之间与郊区被调查者感知居住区健身器材数量的非参数检验结果[a]

	被调查者感知居住区健身器材数量
Mann-Whitney U	7934.500
Wilcoxon W	11589.500
Z	-3.158
Asymp. Sig. (2-tailed)	.002

　　a. Grouping Variable:被调查者居住的区域

　　表913为中央区域与郊区之间与郊区被调查者感知居住区健身器材数量的秩次统计表,第一栏列出被调查城市,N为样本量,Mean Rank为平均秩次,Sum of Ranks为秩和。表914为中央区域与郊区之间与郊区被调查者感知居住区健身器材数量的非参数检验结果,其中 Mann-Whitney U、Wilcoxon W 以及 Z 为统计量,Asymp. sig. (2-tailed)为基于渐近分布的双侧检验概率,本例概率小于0.05,可以认为在0.05水平上中央区域与郊区之间与郊区被调查者感知居住区健身器材数量之间的差异具有显著性。

表915　中央区域与郊区之间与农村地区被调查者感知居住区健身器材数量的秩次统计

	被调查者居住的区域	N	Mean Rank	Sum of Ranks
被调查者感知居住区健身器材数量	中央与郊区之间	240	224.12	53788.50
	农村地区	131	116.16	15217.50
	Total	371		

表916　中央区域与郊区之间与农村地区被调查者感知居住区健身器材数量的非参数检验结果[a]

	被调查者感知居住区健身器材数量
Mann-Whitney U	6571.500
Wilcoxon W	15217.500
Z	-9.558
Asymp. Sig. (2-tailed)	.000

　　a. Grouping Variable:被调查者居住的区域

表915为中央区域与郊区之间与农村地区被调查者感知居住区健身器材数量的秩次统计表,第一栏列出被调查城市,N为样本量,Mean Rank为平均秩次,Sum of Ranks为秩和。表916为中央区域与郊区之间与农村地区被调查者感知居住区健身器材数量的非参数检验结果,其中Mann-Whitney U、Wilcoxon W以及Z为统计量,Asymp. sig. (2-tailed)为基于渐近分布的双侧检验概率,本例概率小于0.05,可以认为在0.05水平上中央区域与郊区之间与农村地区被调查者感知居住区健身器材数量之间的差异具有显著性。

表917　郊区与农村地区被调查者感知居住区健身器材数量的秩次统计

	被调查者居住的区域	N	Mean Rank	Sum of Ranks
被调查者感知居住区健身器材数量	郊　区	85	135.46	11514.50
	农村地区	131	91.00	11921.50
	Total	216		

表918　郊区与农村地区被调查者感知居住区健身器材数量的非参数检验结果[a]

	被调查者感知居住区健身器材数量
Mann-Whitney U	3275.500
Wilcoxon W	11921.500
Z	−5.368
Asymp. Sig. (2-tailed)	.000

a. Grouping Variable：被调查者居住的区域

表917为郊区与农村地区被调查者感知居住区健身器材数量的秩次统计表,第一栏列出被调查城市,N为样本量,Mean Rank为平均秩次,Sum of Ranks为秩和。表918为郊区与农村地区被调查者感知居住区健身器材数量的非参数检验结果,其中Mann-Whitney U、Wilcoxon W以及Z为统计量,Asymp. sig. (2-tailed)为基于渐近分布的双侧检验概率,本例概率小于0.05,可以认为在0.05水平上郊区与农村地区被调查者感知居住区健身器材数量之间的差异具有显著性。

（3）皖北六市不同居住密度居民感知居住周围健身器材数量的列联表统计和非参数检验

1）皖北六市不同居住密度居民感知居住周围健身器材数量的列联表统计

表919　被调查者居住区人口密度 * 被调查者感知居住区健身器材数量

		被调查者感知居住区的健身器材数量					Total
		非常少	少	中等	多	非常多	
被调查者居住区的人口密度	非常稀疏	46.2%	26.9%	15.4%	7.7%	3.8%	100.0%
	稀疏	25.4%	52.1%	12.7%	7.0%	2.8%	100.0%
	中等	11.2%	28.4%	43.2%	14.0%	3.2%	100.0%
	大	8.8%	19.8%	30.8%	29.1%	11.5%	100.0%
	非常大	7.9%	12.9%	21.6%	13.7%	43.9%	100.0%
	Total	12.7%	25.3%	31.0%	17.1%	13.9%	100.0%

表 919 显示,皖北不同居住密度居民感知居住区健身器材数量:非常稀疏"少"和"非常少"占 73.1%、中等 15.4%、"多"和"非常多"占 11.5%;稀疏"少"和"非常少"占 77.5%、中等 12.7%、"多"和"非常多"占 9.8%;中等"少"和"非常少"占 39.6%、中等 43.2%、"多"和"非常多"占 17.2%;大"少"和"非常少"占 28.6%、中等 30.8%、"多"和"非常多"占 40.6%;非常大"少"和"非常少"占 20.8%、中等 21.6%、"多"和"非常多"占 57.6%;总体:"少"和"非常少"占 38.0%、中等 31.0%、"多"和"非常多"占 31.0%。

"多"和"非常多"占比与"少"和"非常少"占比之差:非常稀疏 -61.6%;稀疏 -67.7%;中等 -22.4%;大 12%;非常大 36.8%;总体: -7%。总体上皖北六市不同居住密度居民感知居住区健身器材数量"多"的占比比"少"的占比偏少一点。但各区域情况不同,居住密度非常大、大的居民感知"多"和"非常多"占比与"少"和"非常少"占比之差为正,居住密度中等、稀疏、非常稀疏的居民感知为负。排序为:非常大>大>中等>非常稀疏>稀疏。相关检验显示,皖北六市居民居住的密度与皖北六市居民感知健身器材数量的皮尔逊相关系数为 0.427,斯皮尔曼相关系数为 0.417,p=0.000<0.05,相关具有显著性。

2)皖北六市不同居住密度居民感知居住周围健身器材数量的非参数检验

表 920 皖北六市不同居住密度居民感知居住区健身器材数量的平均秩

	被调查者居住区的人口密度	N	Mean Rank
被调查者感知居住区的健身器材数量	非常稀疏	26	184.50
	稀疏	71	198.91
	中等	250	300.25
	大	182	370.32
	非常大	139	446.52
	Total	668	

表 920 为皖北六市不同居住密度居民感知居住区健身器材数量的样本量和平均秩,平均秩升序排列为:"非常稀疏"为 184.50、"稀疏"为 198.91、中等为 300.25、"大"为 370.32、"非常大"为 446.52。

表 921 皖北六市不同居住密度居民感知居住区健身器材数量的非参数检验结果[a,b]

	被调查者感知居住区的健身器材数量
Chi-Square	118.334
Df	4
Asymp. Sig.	.000

a. Kruskal Wallis Test

b. Grouping Variable:被调查者居住区的人口密度

表 921 为 Kruskal-Wallis 检验,Asymp. Sig. 为检验统计量 χ^2=118.334、df=4 时基于渐近分布概率,本例概率 p=0.000<0.05,所以否定检验的原假设,即可以认为皖北六市不同居住密度居民感知居住区健身器材数量之间的差异在 0.05 水平上具有显著性。

表 922   居住密度非常稀疏与稀疏被调查者感知居住区的健身器材数量的秩次统计

	被调查者居住区的人口密度	N	Mean Rank	Sum of Ranks
被调查者感知居住区的健身器材数量	非常稀疏	26	44.44	1155.50
	稀疏	71	50.67	3597.50
	Total	97		

表 923   居住密度非常稀疏与稀疏被调查者感知居住区的健身器材数量的非参数检验结果[a]

	被调查者感知居住区的健身器材数量
Mann-Whitney U	804.500
Wilcoxon W	1155.500
Z	−1.032
Asymp. Sig. (2-tailed)	.302

a. Grouping Variable：被调查者居住区的人口密度

表 922 为居住密度非常稀疏与稀疏被调查者感知居住区的健身器材数量的秩次统计表，第一栏列出被调查城市，N 为样本量，Mean Rank 为平均秩次，Sum of Ranks 为秩和。表 923 为居住密度非常稀疏与稀疏被调查者感知居住区的健身器材数量的非参数检验结果，其中 Mann-Whitney U、Wilcoxon W 以及 Z 为统计量，Asymp. sig. (2-tailed) 为基于渐近分布的双侧检验概率，本例概率大于 0.05，可以认为在 0.05 水平上居住密度非常稀疏与稀疏被调查者感知居住区的健身器材数量之间的差异不具有显著性。

表 924   居住密度非常稀疏与中等被调查者感知居住区的健身器材数量的秩次统计

	被调查者居住区的人口密度	N	Mean Rank	Sum of Ranks
被调查者感知居住区的健身器材数量	非常稀疏	26	87.33	2270.50
	中等	250	143.82	35955.50
	Total	276		

表 925   居住密度非常稀疏与中等被调查者感知居住区的健身器材数量的非参数检验结果[a]

	被调查者感知居住区的健身器材数量
Mann-Whitney U	1919.500
Wilcoxon W	2270.500
Z	−3.610
Asymp. Sig. (2-tailed)	.000

a. Grouping Variable：被调查者居住区的人口密度

表 924 为居住密度非常稀疏与中等被调查者感知居住区的健身器材数量的秩次统计表，第一栏列出被调查城市，N 为样本量，Mean Rank 为平均秩次，Sum of Ranks 为秩和。表 925 为居住密度非常稀疏与中等被调查者感知居住区的健身器材数量的非参数检验结果，其中 Mann-Whitney U、Wilcoxon W 以及 Z 为统计量，Asymp. sig. (2-tailed) 为基于渐近分布的双侧检验概率，本例概率小于 0.05，可以认为在 0.05 水平上居住密度非常稀疏与中等被调查者感知居住区的健身器材数量之间的差异具有显著性。

表 926   居住密度非常稀疏与大被调查者感知居住区的健身器材数量的秩次统计

	被调查者居住区的人口密度	N	Mean Rank	Sum of Ranks
被调查者感知居住区的健身器材数量	非常稀疏	26	55.60	1445.50
	大	182	111.49	20290.50
	Total	208		

表 927   居住密度非常稀疏与大被调查者感知居住区的健身器材数量的非参数检验结果[a]

	被调查者感知居住区的健身器材数量
Mann-Whitney U	1094.500
Wilcoxon W	1445.500
Z	−4.556
Asymp. Sig. (2-tailed)	.000

a. Grouping Variable：被调查者居住区的人口密度

　　表 926 为居住密度非常稀疏与大被调查者感知居住区的健身器材数量的秩次统计表，第一栏列出被调查城市，N 为样本量，Mean Rank 为平均秩次，Sum of Ranks 为秩和。表 927 为居住密度非常稀疏与大被调查者感知居住区的健身器材数量的非参数检验结果，其中 Mann-Whitney U、Wilcoxon W 以及 Z 为统计量，Asymp. sig. (2-tailed)为基于渐近分布的双侧检验概率，本例概率小于 0.05，可以认为在 0.05 水平上居住密度非常稀疏与大被调查者感知居住区的健身器材数量之间的差异具有显著性。

表 928   居住密度非常稀疏与非常大被调查者感知居住区的健身器材数量的秩次统计

	被调查者居住区的人口密度	N	Mean Rank	Sum of Ranks
被调查者感知居住区的健身器材数量	非常稀疏	26	37.63	978.50
	非常大	139	91.49	12716.50
	Total	165		

表 929   居住密度非常稀疏与非常大被调查者感知居住区的健身器材数量的非参数检验结果[a]

	被调查者感知居住区的健身器材数量
Mann-Whitney U	627.500
Wilcoxon W	978.500
Z	−5.470
Asymp. Sig. (2-tailed)	.000

a. Grouping Variable：被调查者居住区的人口密度

　　表 928 为居住密度非常稀疏与非常大被调查者感知居住区的健身器材数量的秩次统计表，第一栏列出被调查城市，N 为样本量，Mean Rank 为平均秩次，Sum of Ranks 为秩和。表 929 为居住密度非常稀疏与非常大被调查者感知居住区的健身器材数量的非参数检验结果，其中 Mann-Whitney U、Wilcoxon W 以及 Z 为统计量，Asymp. sig. (2-tailed)为基于渐近分布的双侧检验概率，本例概率小于 0.05，可以认为在 0.05 水平上居住密度非常稀疏与非常大被调查者感知居住区的健身器材数量之间的差异具有显著性。

表930　居住密度稀疏与中等被调查者感知居住区的健身器材数量的秩次统计

	被调查者居住区的人口密度	N	Mean Rank	Sum of Ranks
被调查者感知居住区的健身器材数量	稀疏	71	114.77	8149.00
	中等	250	174.13	43532.00
	Total	321		

表931　居住密度稀疏与中等被调查者感知居住区的健身器材数量的非参数检验结果[a]

	被调查者感知居住区的健身器材数量
Mann-Whitney U	5593.000
Wilcoxon W	8149.000
Z	−4.989
Asymp. Sig. (2-tailed)	.000

a. Grouping Variable：被调查者居住区的人口密度

表930为居住密度稀疏与中等被调查者感知居住区的健身器材数量的秩次统计表，第一栏列出被调查城市，N为样本量，Mean Rank为平均秩次，Sum of Ranks为秩和。表931为居住密度稀疏与中等被调查者感知居住区的健身器材数量的非参数检验结果，其中Mann-Whitney U、Wilcoxon W以及Z为统计量，Asymp. sig.（2-tailed）为基于渐近分布的双侧检验概率，本例概率小于0.05，可以认为在0.05水平上居住密度稀疏与中等被调查者感知居住区的健身器材数量之间的差异具有显著性。

表932　居住密度稀疏与大被调查者感知居住区的健身器材数量的秩次统计

	被调查者居住区的人口密度	N	Mean Rank	Sum of Ranks
被调查者感知居住区的健身器材数量	稀疏	71	80.19	5693.50
	大	182	145.26	26437.50
	Total	253		

表933　居住密度稀疏与大被调查者感知居住区的健身器材数量的非参数检验结果[a]

	被调查者感知居住区的健身器材数量
Mann-Whitney U	3137.500
Wilcoxon W	5693.500
Z	−6.541
Asymp. Sig. (2-tailed)	.000

a. Grouping Variable：被调查者居住区的人口密度

表932为居住密度稀疏与大被调查者感知居住区的健身器材数量的秩次统计表，第一栏列出被调查城市，N为样本量，Mean Rank为平均秩次，Sum of Ranks为秩和。表933为居住密度稀疏与大被调查者感知居住区的健身器材数量的非参数检验结果，其中Mann-Whitney U、Wilcoxon W以及Z为统计量，Asymp. sig.（2-tailed）为基于渐近分布的双侧检验概率，本例概率小于0.05，可以认为在0.05水平上居住密度稀疏与大被调查者感知居住区的健身器材数量之间的差异具有显著性。

表 934 居住密度稀疏与非常大被调查者感知居住区的健身器材数量的秩次统计

	被调查者居住区的人口密度	N	Mean Rank	Sum of Ranks
被调查者感知居住区的健身器材数量	稀疏	71	61.27	4350.50
	非常大	139	128.09	17804.50
	Total	210		

表 935 居住密度稀疏与非常大被调查者感知居住区的健身器材数量的非参数检验结果[a]

	被调查者感知居住区的健身器材数量
Mann-Whitney U	1794.500
Wilcoxon W	4350.500
Z	−7.756
Asymp. Sig. (2-tailed)	.000

a. Grouping Variable：被调查者居住区的人口密度

表 934 为居住密度稀疏与非常大被调查者感知居住区的健身器材数量的秩次统计表，第一栏列出被调查城市，N 为样本量，Mean Rank 为平均秩次，Sum of Ranks 为秩和。表 935 为居住密度稀疏与非常大被调查者感知居住区的健身器材数量的非参数检验结果，其中 Mann-Whitney U、Wilcoxon W 以及 Z 为统计量，Asymp. sig. (2-tailed) 为基于渐近分布的双侧检验概率，本例概率小于 0.05，可以认为在 0.05 水平上居住密度稀疏与非常大被调查者感知居住区的健身器材数量之间的差异具有显著性。

表 936 居住密度中等与大被调查者感知居住区的健身器材数量的秩次统计

	被调查者居住区的人口密度	N	Mean Rank	Sum of Ranks
被调查者感知居住区的健身器材数量	中等	250	194.93	48732.50
	大	182	246.13	44795.50
	Total	432		

表 937 居住密度中等与大被调查者感知居住区的健身器材数量的非参数检验结果[a]

	被调查者感知居住区的健身器材数量
Mann-Whitney U	17357.500
Wilcoxon W	48732.500
Z	−4.387
Asymp. Sig. (2-tailed)	.000

a. Grouping Variable：被调查者居住区的人口密度

表 936 为居住密度中等与大被调查者感知居住区的健身器材数量的秩次统计表，第一栏列出被调查城市，N 为样本量，Mean Rank 为平均秩次，Sum of Ranks 为秩和。表 937 为居住密度中等与大被调查者感知居住区的健身器材数量的非参数检验结果，其中 Mann-Whitney U、Wilcoxon W 以及 Z 为统计量，Asymp. sig. (2-tailed) 为基于渐近分布的双侧检验概率，本例概率小于 0.05，可以认为在 0.05 水平上居住密度中等与大被调查者感知居住区的健身器材数量之间的差异具有显著性。

表 938　居住密度中等与非常大被调查者感知居住区的健身器材数量的秩次统计

	被调查者居住区的人口密度	N	Mean Rank	Sum of Ranks
被调查者感知居住区的健身器材数量	中等	250	163.87	40966.50
	非常大	139	251.00	34888.50
	Total	389		

表 939　居住密度中等与非常大被调查者感知居住区的健身器材数量的非参数检验结果[a]

	被调查者感知居住区的健身器材数量
Mann-Whitney U	9591.500
Wilcoxon W	40966.500
Z	−7.578
Asymp. Sig. (2-tailed)	.000

　　a. Grouping Variable：被调查者居住区的人口密度

　　表 938 为居住密度中等与非常大被调查者感知居住区的健身器材数量的秩次统计表，第一栏列出被调查城市，N 为样本量，Mean Rank 为平均秩次，Sum of Ranks 为秩和。表939 为居住密度中等与非常大被调查者感知居住区的健身器材数量的非参数检验结果，其中 Mann-Whitney U、Wilcoxon W 以及 Z 为统计量，Asymp. sig. (2-tailed)为基于渐近分布的双侧检验概率，本例概率小于 0.05，可以认为在 0.05 水平上居住密度中等与非常大被调查者感知居住区的健身器材数量之间的差异具有显著性。

表 940　居住密度大与非常大被调查者感知居住区的健身器材数量的秩次统计

	被调查者居住区的人口密度	N	Mean Rank	Sum of Ranks
被调查者感知居住区的健身器材数量	大	182	141.95	25834.00
	非常大	139	185.95	25847.00
	Total	321		

表 941　居住密度大与非常大被调查者感知居住区的健身器材数量的非参数检验结果[a]

	被调查者感知居住区的健身器材数量
Mann-Whitney U	9181.000
Wilcoxon W	25834.000
Z	−4.324
Asymp. Sig. (2-tailed)	.000

　　a. Grouping Variable：被调查者居住区的人口密度

　　表 940 为居住密度大与非常大被调查者感知居住区的健身器材数量的秩次统计表，第一栏列出被调查城市，N 为样本量，Mean Rank 为平均秩次，Sum of Ranks 为秩和。表 941 为居住密度大与非常大被调查者感知居住区的健身器材数量的非参数检验结果，其中Mann-Whitney U、Wilcoxon W 以及 Z 为统计量，Asymp. sig. (2-tailed)为基于渐近分布的双侧检验概率，本例概率小于 0.05，可以认为在 0.05 水平上居住密度大与非常大被调查者感知居住区的健身器材数量之间的差异具有显著性。

（4）皖北六市不同性别居民感知居住周围健身器材数量的列联表统计和非参数检验

1）皖北六市不同性别居民感知居住周围健身器材数量的列联表统计

表 942　被调查者性别 * 被调查者感知居住区健身器材数量

| | | 被调查者感知居住区的健身器材数量 | | | | | Total |
		非常少	少	中等	多	非常多	
被调查者的性别	男	11.1%	23.9%	25.6%	20.2%	19.3%	100.0%
	女	14.6%	26.9%	37.0%	13.6%	7.9%	100.0%
	Total	12.7%	25.3%	31.0%	17.1%	13.9%	100.0%

表 942 显示，皖北不同性别居民感知居住区健身器材数量：男性"非常少"和"少"占35.0%、中等25.6%、"多"和"非常多"占39.5%；女性"非常少"和"少"占41.5%、中等37.0%、"多"和"非常多"占24.5%；总体："非常少"和"少"占38.0%、中等31.0%、"多"和"非常多"占31.0%。

"多"和"非常多"占比与"非常少"和"少"占比之差：男性4.5%；女性-17%；总体：-7%。总体上皖北六市不同性别居民感知居住区健身器材数量"多"的占比比"少"的占比偏少一点。男性居民感知居住区健身器材数量"多"的占比与"少"的占比之差为正，女性为负。排序为：男性＞女性。相关检验显示，皖北六市被调查者的性别与被调查者感知居住区健身器材数量的皮尔逊相关系数为0.161，斯皮尔曼相关系数为0.153，p=0.000＜0.05，相关具有显著性。

2）皖北六市不同性别居民感知居住周围健身器材数量的非参数检验

表 943　皖北六市不同性别居民感知居住区健身器材数量的秩次统计量

	被调查者的性别	N	Mean Rank	Sum of Ranks
被调查者感知居住区的健身器材数量	男	352	361.61	127286.50
	女	316	304.30	96159.50
	Total	668		

表 944　皖北六市不同性别居民感知居住区健身器材数量的非参数检验结果[a]

	被调查者感知居住区的健身器材数量
Mann-Whitney U	46073.500
Wilcoxon W	96159.500
Z	-3.943
Asymp. Sig. (2-tailed)	.000

a. Grouping Variable：被调查者的性别

表 943 为皖北六市不同性别居民感知居住区健身器材数量的秩次表，第一栏列出被调查者的性别，N 为性别人数，Mean Rank 为平均秩次，Sum of Ranks 为秩和。表 944 为皖北六市不同性别居民感知居住区健身器材数量的非参数检验结果，其中 Mann-Whitney U、Wilcoxon W 以及 Z 为统计量，Asymp. sig.（2-tailed）为基于渐近分布的双侧检验概率，本例概率小于0.05。可以认为在0.05水平上男女之间的感知差异具有显著性。

（5）皖北六市不同年龄区间居民感知居住周围健身器材数量的列联表统计和非参数检验

1）皖北六市不同年龄区间居民感知居住周围健身器材数量的列联表统计

表 945　被调查者年龄区间 * 被调查者感知居住区健身器材数量

		被调查者感知居住区的健身器材数量					Total
		非常少	少	中等	多	非常多	
被调查者的年龄区间	12 岁以下	0.0%	13.0%	17.4%	13.0%	56.5%	100.0%
	13—19 岁	9.8%	23.5%	39.2%	11.8%	15.7%	100.0%
	20—39 岁	13.0%	27.7%	38.7%	14.3%	6.3%	100.0%
	40—59 岁	10.8%	24.6%	31.8%	23.6%	9.2%	100.0%
	60 岁以上	20.2%	23.2%	5.1%	16.2%	35.4%	100.0%
	Total	12.7%	25.3%	31.0%	17.1%	13.9%	100.0%

表 945 显示,皖北不同年龄区间居民感知居住区健身器材数量:12 岁以下"少"和"非常少"占 13.0%、中等 17.4%、"多"和"非常多"占 69.5%;13—19 岁"少"和"非常少"占 33.3%、中等 39.2%、"多"和"非常多"占 27.5%;20—39 岁"少"和"非常少"占 40.7%、中等 38.7%、"多"和"非常多"占 20.6%;40—59 岁"少"和"非常少"占 35.4%、中等 31.8%、"多"和"非常多"占 32.8%;60 岁以上"少"和"非常少"占 43.4%、中等 5.1%、"多"和"非常多"占 51.6%;总体:"少"和"非常少"占 38.0%、中等 31.0%、"多"和"非常多"占 31.0%。

"多"和"非常多"占比与"少"和"非常少"占比之差:12 岁以下 56.5%;13—19 岁 −5.8%;20—39 岁 −20.1%;40—59 岁 −2.6%;60 岁以上 8.2%;总体:−7%。总体上皖北六市不同年龄区间居民感知居住区健身器材数量,"多"的占比比"少"的占比偏少一点。12 岁以下、60 岁以上居民感知居住区健身器材数量,"多"和"非常多"的占比与"少"和"非常少"的占比之差为正。13—19 岁、20—39 岁、40—59 岁感知居住区健身器材数量,"多"和"非常多"的占比与"少"和"非常少"的占比之差为负。排序为:12 岁以下>60 岁以上>40—59 岁>13—19 岁>20—39 岁。相关检验显示,皖北六市被调查者的年龄区间与被调查者感知居住区健身器材数量的皮尔逊相关系数为 0.004,p=0.913>0.05,相关不具有显著性。斯皮尔曼相关系数为 0.033,p=0.394>0.05,相关不具有显著性。

2）皖北六市不同年龄区间居民感知居住周围健身器材数量的非参数检验

表 946　皖北六市不同年龄区间居民感知居住区健身器材数量的平均秩

	被调查者的年龄区间	N	Mean Rank
被调查者感知居住区的健身器材数量	12 岁以下	23	503.63
	13—19 岁	51	343.18
	20—39 岁	300	304.76
	40—59 岁	195	340.03
	60 岁以上	99	369.96
	Total	668	

表 946 为皖北六市不同年龄区间居民感知居住区健身器材数量的样本量和平均秩,平

均秩升序排列为："20—39 岁"为 304.76、"40—59 岁"为 340.03、"13—19 岁"为 343.18、"60 岁以上"为 369.96、"12 岁以下"为 503.63。

表 947　皖北六市不同年龄区间居民感知居住区健身器材数量的非参数检验结果[a,b]

	被调查者感知居住区的健身器材数量
Chi-Square	30.071
Df	4
Asymp. Sig.	.000

a. Kruskal Wallis Test
b. Grouping Variable：被调查者的年龄区间

表 947 为 Kruskal-Wallis 检验，Asymp. Sig. 为检验统计量 $\chi^2 = 30.071$、df = 4 时基于渐近分布概率，本例概率 p = 0.000 < 0.05，所以否定检验的原假设，即可以认为皖北六市不同年龄区间居民感知居住区健身器材数量之间的差异在 0.05 水平上具有显著性。

表 948　12 岁以下与 13—19 岁被调查者感知居住区健身器材数量的秩次统计

	被调查者的年龄区间	N	Mean Rank	Sum of Ranks
被调查者感知居住区健身器材数量	12 岁以下	23	49.91	1148.00
	13—19 岁	51	31.90	1627.00
	Total	74		

表 949　12 岁以下与 13—19 岁被调查者感知居住区健身器材数量的非参数检验结果[a]

	被调查者感知居住区健身器材数量
Mann-Whitney U	301.000
Wilcoxon W	1627.000
Z	−3.452
Asymp. Sig. (2-tailed)	.001

a. Grouping Variable：被调查者的年龄区间

表 948 为 12 岁以下与 13—19 岁被调查者感知居住区健身器材数量的秩次统计表，第一栏列出被调查城市，N 为样本量，Mean Rank 为平均秩次，Sum of Ranks 为秩和。表 949 为 12 岁以下与 13—19 岁被调查者感知居住区健身器材数量的非参数检验结果，其中 Mann-Whitney U、Wilcoxon W 以及 Z 为统计量，Asymp. sig. (2-tailed) 为基于渐近分布的双侧检验概率，本例概率小于 0.05，可以认为在 0.05 水平上 12 岁以下与 13—19 岁被调查者感知居住区健身器材数量的差异具有显著性。

表 950　12 岁以下与 20—39 岁被调查者感知居住区健身器材数量的秩次统计

	被调查者的年龄区间	N	Mean Rank	Sum of Ranks
被调查者感知居住区健身器材数量	12 岁以下	23	251.85	5792.50
	20—39 岁	300	155.11	46533.50
	Total	323		

表 951　12 岁以下与 20—39 岁被调查者感知居住区健身器材数量的非参数检验结果a

	被调查者感知居住区健身器材数量
Mann-Whitney U	1383.500
Wilcoxon W	46533.500
Z	−4.980
Asymp. Sig. (2-tailed)	.000

a. Grouping Variable：被调查者的年龄区间

　　表 950 为 12 岁以下与 20—39 岁被调查者感知居住区健身器材数量的秩次统计表,第一栏列出被调查城市,N 为样本量,Mean Rank 为平均秩次,Sum of Ranks 为秩和。表 951 为 12 岁以下与 20—39 岁被调查者感知居住区健身器材数量的非参数检验结果,其中 Mann-Whitney U、Wilcoxon W 以及 Z 为统计量,Asymp. sig.（2-tailed）为基于渐近分布的双侧检验概率,本例概率小于 0.05,可以认为在 0.05 水平上 12 岁以下与 20—39 岁被调查者感知居住区健身器材数量的差异具有显著性。

表 952　12 岁以下与 40—59 岁被调查者感知居住区健身器材数量的秩次统计

	被调查者的年龄区间	N	Mean Rank	Sum of Ranks
被调查者感知居住区健身器材数量	12 岁以下	23	160.48	3691.00
	40—59 岁	195	103.49	20180.00
	Total	218		

表 953　12 岁以下与 40—59 岁被调查者感知居住区健身器材数量的非参数检验结果a

	被调查者感知居住区健身器材数量
Mann-Whitney U	1070.000
Wilcoxon W	20180.000
Z	−4.217
Asymp. Sig. (2-tailed)	.000

a. Grouping Variable：被调查者的年龄区间

　　表 952 为 12 岁以下与 40—59 岁被调查者感知居住区健身器材数量的秩次统计表,第一栏列出被调查城市,N 为样本量,Mean Rank 为平均秩次,Sum of Ranks 为秩和。表 953 为 12 岁以下与 40—59 岁被调查者感知居住区健身器材数量的非参数检验结果,其中 Mann-Whitney U、Wilcoxon W 以及 Z 为统计量,Asymp. sig.（2-tailed）为基于渐近分布的双侧检验概率,本例概率小于 0.05,可以认为在 0.05 水平上 12 岁以下与 40—59 岁被调查者感知居住区健身器材数量的差异具有显著性。

表 954　12 岁以下与 60 岁以上被调查者感知居住区健身器材数量的秩次统计

	被调查者的年龄区间	N	Mean Rank	Sum of Ranks
被调查者感知居住区健身器材数量	12 岁以下	23	77.39	1780.00
	60 岁以上	99	57.81	5723.00
	Total	122		

表 955　12 岁以下与 60 岁以上被调查者感知居住区健身器材数量的非参数检验结果[a]

	被调查者感知居住区健身器材数量
Mann-Whitney U	773.000
Wilcoxon W	5723.000
Z	−2.493
Asymp. Sig.（2-tailed）	.013

a. Grouping Variable：被调查者的年龄区间

　　表 954 为 12 岁以下与 60 岁以上被调查者感知居住区健身器材数量的秩次统计表，第一栏列出被调查城市，N 为样本量，Mean Rank 为平均秩次，Sum of Ranks 为秩和。表 955 为 12 岁以下与 60 岁以上被调查者感知居住区健身器材数量的非参数检验结果，其中 Mann-Whitney U、Wilcoxon W 以及 Z 为统计量，Asymp. sig.（2-tailed）为基于渐近分布的双侧检验概率，本例概率小于 0.05，可以认为在 0.05 水平上 12 岁以下与 60 岁以上被调查者感知居住区健身器材数量的差异具有显著性。

表 956　13—19 岁与 20—39 岁被调查者感知居住区健身器材数量的秩次统计

	被调查者的年龄区间	N	Mean Rank	Sum of Ranks
被调查者感知居住区健身器材数量	13—19 岁	51	193.54	9870.50
	20—39 岁	300	173.02	51905.50
	Total	351		

表 957　13—19 岁与 20—39 岁被调查者感知居住区健身器材数量的非参数检验结果[a]

	被调查者感知居住区健身器材数量
Mann-Whitney U	6755.500
Wilcoxon W	51905.500
Z	−1.394
Asymp. Sig.（2-tailed）	.163

a. Grouping Variable：被调查者的年龄区间

　　表 956 为 13—19 岁与 20—39 岁被调查者感知居住区健身器材数量的秩次统计表，第一栏列出被调查城市，N 为样本量，Mean Rank 为平均秩次，Sum of Ranks 为秩和。表 957 为 13—19 岁与 20—39 岁被调查者感知居住区健身器材数量的非参数检验结果，其中 Mann-Whitney U、Wilcoxon W 以及 Z 为统计量，Asymp. sig.（2-tailed）为基于渐近分布的双侧检验概率，本例概率大于 0.05，可以认为在 0.05 水平上 13—19 岁与 20—39 岁被调查者感知居住区健身器材数量的差异不具有显著性。

表 958　13—19 岁与 40—59 岁被调查者感知居住区健身器材数量的秩次统计

	被调查者的年龄区间	N	Mean Rank	Sum of Ranks
被调查者感知居住区健身器材数量	13—19 岁	51	124.13	6330.50
	40—59 岁	195	123.34	24050.50
	Total	246		

表 959   13—19 岁与 40—59 岁被调查者感知居住区健身器材数量的非参数检验结果[a]

	被调查者感知居住区健身器材数量
Mann-Whitney U	4940.500
Wilcoxon W	24050.500
Z	−.073
Asymp. Sig. (2-tailed)	.942

a. Grouping Variable：被调查者的年龄区间

　　表 958 为 13—19 岁与 40—59 岁被调查者感知居住区健身器材数量的秩次统计表，第一栏列出被调查城市，N 为样本量，Mean Rank 为平均秩次，Sum of Ranks 为秩和。表 959 为 13—19 岁与 40—59 岁被调查者感知居住区健身器材数量的非参数检验结果，其中 Mann-Whitney U、Wilcoxon W 以及 Z 为统计量，Asymp. sig.（2-tailed）为基于渐近分布的双侧检验概率，本例概率大于 0.05，可以认为在 0.05 水平上 13—19 岁与 40—59 岁被调查者感知居住区健身器材数量的差异不具有显著性。

表 960   13—19 岁与 60 岁以上被调查者感知居住区健身器材数量的秩次统计

	被调查者的年龄区间	N	Mean Rank	Sum of Ranks
被调查者感知居住区健身器材数量	13—19 岁	51	71.61	3652.00
	60 岁以上	99	77.51	7673.00
	Total	150		

表 961   13—19 岁与 60 岁以上被调查者感知居住区健身器材数量的非参数检验结果[a]

	被调查者感知居住区健身器材数量
Mann-Whitney U	2326.000
Wilcoxon W	3652.000
Z	−.807
Asymp. Sig. (2-tailed)	.419

a. Grouping Variable：被调查者的年龄区间

　　表 960 为 13—19 岁与 60 岁以上被调查者感知居住区健身器材数量的秩次统计表，第一栏列出被调查城市，N 为样本量，Mean Rank 为平均秩次，Sum of Ranks 为秩和。表 961 为 13—19 岁与 60 岁以上被调查者感知居住区健身器材数量的非参数检验结果，其中 Mann-Whitney U、Wilcoxon W 以及 Z 为统计量，Asymp. sig.（2-tailed）为基于渐近分布的双侧检验概率，本例概率大于 0.05，可以认为在 0.05 水平上 13—19 岁与 60 岁以上被调查者感知居住区健身器材数量的差异不具有显著性。

表 962   20—39 岁与 40—59 岁被调查者感知居住区健身器材数量的秩次统计

	被调查者的年龄区间	N	Mean Rank	Sum of Ranks
被调查者感知居住区健身器材数量	20—39 岁	300	236.84	71050.50
	40—59 岁	195	265.18	51709.50
	Total	495		

表963 20—39 岁与 40—59 岁被调查者感知居住区健身器材数量的非参数检验结果[a]

	被调查者感知居住区健身器材数量
Mann-Whitney U	25900.500
Wilcoxon W	71050.500
Z	−2.237
Asymp. Sig. (2-tailed)	.025

a. Grouping Variable：被调查者的年龄区间

表962 为 20—39 岁与 40—59 岁被调查者感知居住区健身器材数量的秩次统计表，第一栏列出被调查城市，N 为样本量，Mean Rank 为平均秩次，Sum of Ranks 为秩和。表963 为 20—39 岁与 40—59 岁被调查者感知居住区健身器材数量的非参数检验结果，其中 Mann-Whitney U、Wilcoxon W 以及 Z 为统计量，Asymp. sig. (2-tailed)为基于渐近分布的双侧检验概率，本例概率小于 0.05，可以认为在 0.05 水平上 20—39 岁与 40—59 岁被调查者感知居住区健身器材数量的差异具有显著性。

表964 20—39 岁与 60 岁以上被调查者感知居住区健身器材数量的秩次统计

	被调查者的年龄区间	N	Mean Rank	Sum of Ranks
被调查者感知居住区健身器材数量	20—39 岁	300	191.30	57389.00
	60 岁以上	99	226.37	22411.00
	Total	399		

表965 20—39 岁与 60 岁以上被调查者感知居住区健身器材数量的非参数检验结果[a]

	被调查者感知居住区健身器材数量
Mann-Whitney U	12239.000
Wilcoxon W	57389.000
Z	−2.700
Asymp. Sig. (2-tailed)	.007

a. Grouping Variable：被调查者的年龄区间

表964 为 20—39 岁与 60 岁以上被调查者感知居住区健身器材数量的秩次统计表，第一栏列出被调查城市，N 为样本量，Mean Rank 为平均秩次，Sum of Ranks 为秩和。表965 为 20—39 岁与 60 岁以上被调查者感知居住区健身器材数量的非参数检验结果，其中 Mann-Whitney U、Wilcoxon W 以及 Z 为统计量，Asymp. sig. (2-tailed)为基于渐近分布的双侧检验概率，本例概率小于 0.05，可以认为在 0.05 水平上 20—39 岁与 60 岁以上被调查者感知居住区健身器材数量的差异具有显著性。

表966 40—59 岁与 60 岁以上被调查者感知居住区健身器材数量的秩次统计

	被调查者的年龄区间	N	Mean Rank	Sum of Ranks
被调查者感知居住区健身器材数量	40—59 岁	195	142.03	27696.00
	60 岁以上	99	158.27	15669.00
	Total	294		

表 967 40—59 岁与 60 岁以上被调查者感知居住区健身器材数量的非参数检验结果[a]

	被调查者感知居住区健身器材数量
Mann-Whitney U	8586.000
Wilcoxon W	27696.000
Z	−1.583
Asymp. Sig. (2-tailed)	.113

a. Grouping Variable：被调查者的年龄区间

表 966 为 40—59 岁与 60 岁以上被调查者感知居住区健身器材数量的秩次统计表，第一栏列出被调查城市，N 为样本量，Mean Rank 为平均秩次，Sum of Ranks 为秩和。表 967 为 40—59 岁与 60 岁以上被调查者感知居住区健身器材数量的非参数检验结果，其中 Mann-Whitney U、Wilcoxon W 以及 Z 为统计量，Asymp. sig.（2-tailed）为基于渐近分布的双侧检验概率，本例概率大于 0.05，可以认为在 0.05 水平上 40—59 岁与 60 岁以上被调查者感知居住区健身器材数量的差异不具有显著性。

（6）皖北六市不同锻炼次数居民感知居住周围健身器材数量的列联表统计和非参数检验

1）皖北六市不同锻炼次数居民感知居住周围健身器材数量的列联表统计

表 968 被调查者锻炼次数 * 被调查者感知居住区健身器材数量

		被调查者感知居住区的健身器材数量					Total
		非常少	少	中等	多	非常多	
被调查者参加体育锻炼次数	非常少	46.2%	28.8%	15.4%	3.8%	5.8%	100.0%
	少	15.9%	39.1%	29.1%	12.6%	3.3%	100.0%
	中等	9.5%	25.4%	48.1%	14.3%	2.6%	100.0%
	多	7.4%	23.9%	27.0%	29.4%	12.3%	100.0%
	非常多	6.2%	7.1%	17.7%	15.9%	53.1%	100.0%
	Total	12.7%	25.3%	31.0%	17.1%	13.9%	100.0%

表 968 显示，皖北不同锻炼次数居民感知居住区健身器材数量：非常少"少"和"非常少"占 75.0%、中等 15.4%、"多"和"非常多"占 9.6%；少"少"和"非常少"占 55.0%、中等 29.1%、"多"和"非常多"占 15.9%；中等"少"和"非常少"占 34.9%、中等 48.1%、"多"和"非常多"占 16.9%；多"少"和"非常少"占 31.3%、中等 27.0%、"多"和"非常多"占 41.7%；非常多"少"和"非常少"占 13.3%、中等 17.7%、"多"和"非常多"占 69.0%；总体："少"和"非常少"占 38.0%、中等 31.0%、"多"和"非常多"占 31.0%。

"多"和"非常多"占比与"少"和"非常少"占比之差：非常少－65.4%；少－39.1%；中等－18%；多 10.4%；非常多 55.7%；总体：－7%。总体上皖北六市不同锻炼次数居民感知居住区健身器材数量，"多"的占比比"少"的占比偏少一点。锻炼次数多、非常多的居民感知居住区健身器材数量，"多"和"非常多"的占比与"少"和"非常少"的占比之差为正。锻炼次数非常少、少、中等的居民感知居住区健身器材数量，"多"和"非常多"的占比与"少"和"非常少"的占比之差为负。排序为：非常少＜少＜中等＜多＜非常多。相关检验显示，皖北六市被调查者的锻炼次数与被调查者感知居住区健身器材数量的皮尔逊相关系数为 0.467，斯皮尔曼相关系数为 0.450,p＝0.000＜0.05,相关具有显著性。

2) 皖北六市不同锻炼次数居民感知居住周围健身器材数量的非参数检验

表 969　皖北六市不同锻炼次数居民感知居住区健身器材数量的平均秩

	被调查者参加体育锻炼的次数	N	Mean Rank
被调查者感知居住区的健身器材数量	非常少	52	179.79
	少	151	263.41
	中等	189	310.17
	多	163	369.48
	非常多	113	490.92
	Total	668	

表 969 为皖北六市不同锻炼次数居民感知居住区健身器材数量的样本量和平均秩,平均秩升序排列为:"非常少"为 179.79、"少"为 263.41、"中等"为 310.17、"多"为 369.48、"非常多"为 490.92。

表 970　皖北六市不同锻炼次数居民感知居住区健身器材数量的非参数检验结果[a,b]

	被调查者感知居住区的健身器材数量
Chi-Square	144.563
Df	4
Asymp. Sig.	.000

a. Kruskal Wallis Test

b. Grouping Variable:被调查者参加体育锻炼的次数

表 970 为 Kruskal-Wallis 检验,Asymp. Sig. 为检验统计量 χ^2＝144.563、df＝4 时基于渐近分布概率,本例概率 p＝0.000＜0.05,所以否定检验的原假设,即可以认为皖北六市不同锻炼次数居民感知居住区健身器材数量之间的差异在 0.05 水平上具有显著性。

表 971　体育锻炼次数非常少与少被调查者感知居住区健身器材数量的秩次统计

	被调查者参加体育锻炼次数	N	Mean Rank	Sum of Ranks
被调查者感知居住区健身器材数量	非常少	52	77.44	4027.00
	少	151	110.46	16679.00
	Total	203		

表 972　体育锻炼次数非常少与少被调查者感知居住区健身器材数量的非参数检验结果[a]

	被调查者感知居住区健身器材数量
Mann-Whitney U	2649.000
Wilcoxon W	4027.000
Z	−3.643
Asymp. Sig. (2-tailed)	.000

a. Grouping Variable:被调查者参加体育锻炼次数

表 971 为体育锻炼次数非常少与少被调查者感知居住区健身器材数量的秩次统计表,

第一栏列出被调查城市,N 为样本量,Mean Rank 为平均秩次,Sum of Ranks 为秩和。表972 为体育锻炼次数非常少与少被调查者感知居住区健身器材数量的非参数检验结果,其中 Mann-Whitney U、Wilcoxon W 以及 Z 为统计量,Asymp. sig. (2-tailed)为基于渐近分布的双侧检验概率,本例概率小于 0.05,可以认为在 0.05 水平上体育锻炼次数非常少与少被调查者感知居住区健身器材数量的差异具有显著性。

表 973   体育锻炼次数非常少与中等被调查者感知居住区健身器材数量的秩次统计

	被调查者参加体育锻炼次数	N	Mean Rank	Sum of Ranks
被调查者感知居住区健身器材数量	非常少	52	77.24	4016.50
	中等	189	133.04	25144.50
	Total	241		

表 974   体育锻炼次数非常少与中等被调查者感知居住区健身器材数量的非参数检验结果[a]

	被调查者感知居住区健身器材数量
Mann-Whitney U	2638.500
Wilcoxon W	4016.500
Z	-5.371
Asymp. Sig. (2-tailed)	.000

a. Grouping Variable:被调查者参加体育锻炼次数

表 973 为体育锻炼次数非常少与中等被调查者感知居住区健身器材数量的秩次统计表,第一栏列出被调查城市,N 为样本量,Mean Rank 为平均秩次,Sum of Ranks 为秩和。表 974 为体育锻炼次数非常少与中等被调查者感知居住区健身器材数量的非参数检验结果,其中 Mann-Whitney U、Wilcoxon W 以及 Z 为统计量,Asymp. sig. (2-tailed)为基于渐近分布的双侧检验概率,本例概率小于 0.05,可以认为在 0.05 水平上体育锻炼次数非常少与中等被调查者感知居住区健身器材数量的差异具有显著性。

表 975   体育锻炼次数非常少与多被调查者感知居住区健身器材数量的秩次统计

	被调查者参加体育锻炼次数	N	Mean Rank	Sum of Ranks
被调查者感知居住区健身器材数量	非常少	52	62.99	3275.50
	多	163	122.36	19944.50
	Total	215		

表 976   体育锻炼次数非常少与多被调查者感知居住区健身器材数量的非参数检验结果[a]

	被调查者感知居住区健身器材数量
Mann-Whitney U	1897.500
Wilcoxon W	3275.500
Z	-6.143
Asymp. Sig. (2-tailed)	.000

a. Grouping Variable:被调查者参加体育锻炼次数

表 975 为体育锻炼次数非常少与多被调查者感知居住区健身器材数量的秩次统计表,

第一栏列出被调查城市，N 为样本量，Mean Rank 为平均秩次，Sum of Ranks 为秩和。表 976 为体育锻炼次数非常少与多被调查者感知居住区健身器材数量的非参数检验结果，其中 Mann-Whitney U、Wilcoxon W 以及 Z 为统计量，Asymp. sig.（2-tailed）为基于渐近分布的双侧检验概率，本例概率小于 0.05，可以认为在 0.05 水平上体育锻炼次数非常少与多被调查者感知居住区健身器材数量的差异具有显著性。

表 977　体育锻炼次数非常少与非常多被调查者感知居住区健身器材数量的秩次统计

	被调查者参加体育锻炼次数	N	Mean Rank	Sum of Ranks
被调查者感知居住区健身器材数量	非常少	52	41.62	2164.00
	非常多	113	102.04	11531.00
	Total	165		

表 978　体育锻炼次数非常少与非常多被调查者感知居住区健身器材数量的非参数检验结果[a]

	被调查者感知居住区健身器材数量
Mann-Whitney U	786.000
Wilcoxon W	2164.000
Z	−7.834
Asymp. Sig. (2-tailed)	.000

a. Grouping Variable：被调查者参加体育锻炼次数

表 977 为体育锻炼次数非常少与非常多被调查者感知居住区健身器材数量的秩次统计表，第一栏列出被调查城市，N 为样本量，Mean Rank 为平均秩次，Sum of Ranks 为秩和。表 978 为体育锻炼次数非常少与非常多被调查者感知居住区健身器材数量的非参数检验结果，其中 Mann-Whitney U、Wilcoxon W 以及 Z 为统计量，Asymp. sig.（2-tailed）为基于渐近分布的双侧检验概率，本例概率小于 0.05，可以认为在 0.05 水平上体育锻炼次数非常少与非常多被调查者感知居住区健身器材数量的差异具有显著性。

表 979　体育锻炼次数少与中等被调查者感知居住区健身器材数量的秩次统计

	被调查者参加体育锻炼次数	N	Mean Rank	Sum of Ranks
被调查者感知居住区健身器材数量	少	151	153.96	23248.00
	中等	189	183.71	34722.00
	Total	340		

表 980　体育锻炼次数少与中等被调查者感知居住区健身器材数量的非参数检验结果[a]

	被调查者感知居住区健身器材数量
Mann-Whitney U	11772.000
Wilcoxon W	23248.000
Z	−2.920
Asymp. Sig. (2-tailed)	.003

a. Grouping Variable：被调查者参加体育锻炼次数

表 979 为体育锻炼次数少与中等被调查者感知居住区健身器材数量的秩次统计表，第

一栏列出被调查城市,N 为样本量,Mean Rank 为平均秩次,Sum of Ranks 为秩和。表 980 为体育锻炼次数少与中等被调查者感知居住区健身器材数量的非参数检验结果,其中 Mann-Whitney U、Wilcoxon W 以及 Z 为统计量,Asymp. sig. (2-tailed)为基于渐近分布的双侧检验概率,本例概率小于 0.05,可以认为在 0.05 水平上体育锻炼次数少与中等被调查者感知居住区健身器材数量的差异具有显著性。

表 981 体育锻炼次数少与多被调查者感知居住区健身器材数量的秩次统计

	被调查者参加体育锻炼次数	N	Mean Rank	Sum of Ranks
被调查者感知居住区健身器材数量	少	151	130.57	19716.50
	多	163	182.44	29738.50
	Total	314		

表 982 体育锻炼次数少与多被调查者感知居住区健身器材数量的非参数检验结果[a]

	被调查者感知居住区健身器材数量
Mann-Whitney U	8240.500
Wilcoxon W	19716.500
Z	−5.229
Asymp. Sig. (2-tailed)	.000

a. Grouping Variable:被调查者参加体育锻炼次数

表 981 为体育锻炼次数少与多被调查者感知居住区健身器材数量的秩次统计表,第一栏列出被调查城市,N 为样本量,Mean Rank 为平均秩次,Sum of Ranks 为秩和。表 982 为体育锻炼次数少与多被调查者感知居住区健身器材数量的非参数检验结果,其中 Mann-Whitney U、Wilcoxon W 以及 Z 为统计量,Asymp. sig. (2-tailed)为基于渐近分布的双侧检验概率,本例概率小于 0.05,可以认为在 0.05 水平上体育锻炼次数少与多被调查者感知居住区健身器材数量的差异具有显著性。

表 983 体育锻炼次数少与非常多被调查者感知居住区健身器材数量的秩次统计

	被调查者参加体育锻炼次数	N	Mean Rank	Sum of Ranks
被调查者感知居住区健身器材数量	少	151	96.42	14560.00
	非常多	113	180.71	20420.00
	Total	264		

表 984 体育锻炼次数少与非常多被调查者感知居住区健身器材数量的非参数检验结果[a]

	被调查者感知居住区健身器材数量
Mann-Whitney U	3084.000
Wilcoxon W	14560.000
Z	−9.104
Asymp. Sig. (2-tailed)	.000

a. Grouping Variable:被调查者参加体育锻炼次数

表 983 为体育锻炼次数少与非常多被调查者感知居住区健身器材数量的秩次统计表,

第一栏列出被调查城市,N 为样本量,Mean Rank 为平均秩次,Sum of Ranks 为秩和。表984 为体育锻炼次数少与非常多被调查者感知居住区健身器材数量的非参数检验结果,其中 Mann-Whitney U、Wilcoxon W 以及 Z 为统计量,Asymp. sig. (2-tailed)为基于渐近分布的双侧检验概率,本例概率小于 0.05,可以认为在 0.05 水平上体育锻炼次数少与非常多被调查者感知居住区健身器材数量的差异具有显著性。

表 985　体育锻炼次数中等与多被调查者感知居住区健身器材数量的秩次统计

	被调查者参加体育锻炼次数	N	Mean Rank	Sum of Ranks
被调查者感知居住区健身器材数量	中等	189	159.77	30196.00
	多	163	195.90	31932.00
	Total	352		

表 986　体育锻炼次数中等与多被调查者感知居住区健身器材数量的非参数检验结果[a]

	被调查者感知居住区健身器材数量
Mann-Whitney U	12241.000
Wilcoxon W	30196.000
Z	−3.468
Asymp. Sig. (2-tailed)	.001

a. Grouping Variable:被调查者参加体育锻炼次数

　　表 985 为体育锻炼次数中等与多被调查者感知居住区健身器材数量的秩次统计表,第一栏列出被调查城市,N 为样本量,Mean Rank 为平均秩次,Sum of Ranks 为秩和。表 986 为体育锻炼次数中等与多被调查者感知居住区健身器材数量的非参数检验结果,其中 Mann-Whitney U、Wilcoxon W 以及 Z 为统计量,Asymp. sig. (2-tailed)为基于渐近分布的双侧检验概率,本例概率小于 0.05,可以认为在 0.05 水平上体育锻炼次数中等与多被调查者感知居住区健身器材数量的差异具有显著性。

表 987　体育锻炼次数中等与非常多被调查者感知居住区健身器材数量的秩次统计

	被调查者参加体育锻炼次数	N	Mean Rank	Sum of Ranks
被调查者感知居住区健身器材数量	中等	189	118.65	22424.00
	非常多	113	206.45	23329.00
	Total	302		

表 988　体育锻炼次数中等与非常多被调查者感知居住区健身器材数量的非参数检验结果[a]

	被调查者感知居住区健身器材数量
Mann-Whitney U	4469.000
Wilcoxon W	22424.000
Z	−8.768
Asymp. Sig. (2-tailed)	.000

a. Grouping Variable:被调查者参加体育锻炼次数

　　表 987 为体育锻炼次数中等与非常多被调查者感知居住区健身器材数量的秩次统计

表,第一栏列出被调查城市,N 为样本量,Mean Rank 为平均秩次,Sum of Ranks 为秩和。表 988 为体育锻炼次数中等与非常多被调查者感知居住区健身器材数量的非参数检验结果,其中 Mann-Whitney U、Wilcoxon W 以及 Z 为统计量,Asymp. sig. (2-tailed)为基于渐近分布的双侧检验概率,本例概率小于 0.05,可以认为在 0.05 水平上体育锻炼次数中等与非常多被调查者感知居住区健身器材数量的差异具有显著性。

表 989　体育锻炼次数多与非常多被调查者感知居住区健身器材数量的秩次统计

	被调查者参加体育锻炼次数	N	Mean Rank	Sum of Ranks
被调查者感知居住区健身器材数量	多	163	114.78	18709.00
	非常多	113	172.72	19517.00
	Total	276		

表 990　体育锻炼次数多与非常多被调查者感知居住区健身器材数量的非参数检验结果[a]

	被调查者感知居住区健身器材数量
Mann-Whitney U	5343.000
Wilcoxon W	18709.000
Z	−6.102
Asymp. Sig. (2-tailed)	.000

a. Grouping Variable:被调查者参加体育锻炼次数

　　表 989 为体育锻炼次数多与非常多被调查者感知居住区健身器材数量的秩次统计表,第一栏列出被调查城市,N 为样本量,Mean Rank 为平均秩次,Sum of Ranks 为秩和。表 990 为体育锻炼次数多与非常多被调查者感知居住区健身器材数量的非参数检验结果,其中 Mann-Whitney U、Wilcoxon W 以及 Z 为统计量,Asymp. sig. (2-tailed)为基于渐近分布的双侧检验概率,本例概率小于 0.05,可以认为在 0.05 水平上体育锻炼次数多与非常多被调查者感知居住区健身器材数量的差异具有显著性。

4.1.3.2　居民感知锻炼高峰期使用健身器材的人数

(1) 皖北不同市居民感知锻炼高峰期使用健身器材人数的列联表统计和非参数检验

1) 皖北不同市居民感知锻炼高峰期使用健身器材人数的列联表统计

表 991　被调查者居住的城市 * 被调查者感知锻炼高峰期使用健身器材人数

		被调查者感知锻炼高峰期使用健身器材人数					Total
		非常少	少	中等	多	非常多	
被调查者居住的城市	淮北市	3.5%	12.8%	44.0%	27.0%	12.8%	100.0%
	宿州市	5.7%	12.4%	35.2%	17.1%	29.5%	100.0%
	蚌埠市	13.8%	17.4%	29.4%	18.3%	21.1%	100.0%
	淮南市	6.9%	16.7%	49.0%	18.6%	8.8%	100.0%
	阜阳市	6.0%	15.0%	36.0%	29.0%	14.0%	100.0%
	亳州市	16.2%	21.6%	18.0%	26.1%	18.0%	100.0%
	Total	8.5%	15.9%	35.5%	22.9%	17.2%	100.0%

表991显示,皖北六市居民感知锻炼高峰期使用健身器材人数:淮北市"少"和"非常少"占16.3%(23)、中等44%(62)、"多"和"非常多"占39.8%(56);宿州市"少"和"非常少"占18.1%(19)、中等35.2%(37)、"多"和"非常多"占46.6%(49);蚌埠市"少"和"非常少"占31.2(34)、中等29.4%(32)、"多"和"非常多"占39.4%(43);淮南市"少"和"非常少"占23.6%(24)、中等49%(50)、"多"和"非常多"占27.4%(28);阜阳市"少"和"非常少"占21%(21)、中等36%(36)、"多"和"非常多"占43%(43);亳州市"少"和"非常少"占37.8%(42)、中等18%(20)、"多"和"非常多"占44.1%(49);总体:"少"和"非常少"占24.4%(163)、中等35.5%(237)、"多"和"非常多"占40.1%(268)。

"多"和"非常多"占比与"少"和"非常少"占比之差:淮北市23.5%;宿州市28.5%;蚌埠市8.2%;淮南市3.8%;阜阳市22%;亳州市6.3%;总体15.7%。总体上皖北六市居民感知锻炼高峰期使用健身器材人数"多"的占比比"少"的占比偏多。淮北市、宿州市、阜阳市、淮南市、蚌埠市、亳州市"多"和"非常多"占比与"少"和"非常少"占比之差都为正。排序为:宿州市>淮北市>阜阳市>蚌埠市>亳州市>淮南市。

2) 皖北不同市居民感知锻炼高峰期使用健身器材人数的非参数检验

表992 皖北六市居民感知锻炼高峰期使用健身器材人数的平均秩

	被调查者居住的城市	N	Mean Rank
被调查者感知锻炼高峰期使用健身器材人数	淮北市	141	345.69
	宿州市	105	376.87
	蚌埠市	109	322.49
	淮南市	102	301.41
	阜阳市	100	343.70
	亳州市	111	314.12
	Total	668	

表992为皖北六市居民感知锻炼高峰期使用健身器材人数的样本量和平均秩,降序排列为:宿州市为376.87(105)、淮北市为345.69(141)、阜阳市为343.70(100)、蚌埠市为322.49(109)、亳州市为314.12(111)、淮南市为301.41(102)。

表993 皖北六市居民感知锻炼高峰期使用健身器材人数的非参数检验结果[a,b]

	被调查者感知锻炼高峰期使用健身器材人数
Chi-Square	11.165
Df	5
Asymp. Sig.	.048

a. Kruskal Wallis Test

b. Grouping Variable:被调查者居住的城市

表993为Kruskal-Wallis检验,Asymp. Sig. 为检验统计量 $\chi^2=11.165$、df=5时基于渐近分布概率,本例概率 p=0.048<0.05,所以否定检验的原假设,即可以认为皖北六市居民感知锻炼高峰期使用健身器材人数之间的差异在0.05水平上具有显著性。

表 994　淮北市与宿州市被调查者感知锻炼高峰期使用健身器材人数的秩次统计

	被调查城市	N	Mean Rank	Sum of Ranks
被调查者感知锻炼高峰期使用健身器材的人数	淮北市	141	118. 13	16657. 00
	宿州市	105	130. 70	13724. 00
	Total	246		

表 995　淮北市与宿州市被调查者感知锻炼高峰期使用健身器材人数的非参数检验结果[a]

	被调查者感知锻炼高峰期使用健身器材的人数
Mann-Whitney U	6646. 000
Wilcoxon W	16657. 000
Z	−1. 434
Asymp. Sig. (2-tailed)	. 152

　　a. Grouping Variable：被调查者居住的城市

　　表 994 为淮北市与宿州市被调查者感知锻炼高峰期使用健身器材人数的秩次统计表，第一栏列出被调查城市，N 为样本量，Mean Rank 为平均秩次，Sum of Ranks 为秩和。表 995 为淮北市与宿州市被调查者感知锻炼高峰期使用健身器材人数的非参数检验结果，其中 Mann-Whitney U、Wilcoxon W 以及 Z 为统计量，Asymp. sig. （2-tailed）为基于渐近分布的双侧检验概率，本例概率大于 0.05，可以认为在 0.05 水平上淮北市与宿州市被调查者感知锻炼高峰期使用健身器材人数之间的差异不具有显著性。

表 996　淮北市与蚌埠市被调查者感知锻炼高峰期使用健身器材人数的秩次统计

	被调查城市	N	Mean Rank	Sum of Ranks
被调查者感知锻炼高峰期使用健身器材的人数	淮北市	141	129. 31	18232. 50
	蚌埠市	109	120. 57	13142. 50
	Total	250		

表 997　淮北市与蚌埠市被调查者感知锻炼高峰期使用健身器材人数的非参数检验结果[a]

	被调查者感知锻炼高峰期使用健身器材的人数
Mann-Whitney U	7147. 500
Wilcoxon W	13142. 500
Z	−. 984
Asymp. Sig. (2-tailed)	. 325

　　a. Grouping Variable：被调查者居住的城市

　　表 996 为淮北市与蚌埠市被调查者感知锻炼高峰期使用健身器材人数的秩次统计表，第一栏列出被调查城市，N 为样本量，Mean Rank 为平均秩次，Sum of Ranks 为秩和。表 997 为淮北市与蚌埠市被调查者感知锻炼高峰期使用健身器材人数的非参数检验结果，其中 Mann-Whitney U、Wilcoxon W 以及 Z 为统计量，Asymp. sig. （2-tailed）为基于渐近分布的双侧检验概率，本例概率大于 0.05，可以认为在 0.05 水平上淮北市与蚌埠市被调查者感知锻炼高峰期使用健身器材人数之间的差异不具有显著性。

表 998　淮北市与淮南市被调查者感知锻炼高峰期使用健身器材人数的秩次统计

	被调查城市	N	Mean Rank	Sum of Ranks
被调查者感知锻炼高峰期使用健身器材的人数	淮北市	141	129.60	18273.50
	淮南市	102	111.50	11372.50
	Total	243		

表 999　淮北市与淮南市被调查者感知锻炼高峰期使用健身器材人数的非参数检验结果[a]

	被调查者感知锻炼高峰期使用健身器材的人数
Mann-Whitney U	6119.500
Wilcoxon W	11372.500
Z	−2.107
Asymp. Sig. (2-tailed)	.035

a. Grouping Variable：被调查者居住的城市

　　表 998 为淮北市与淮南市被调查者感知锻炼高峰期使用健身器材人数的秩次统计表，第一栏列出被调查城市，N 为样本量，Mean Rank 为平均秩次，Sum of Ranks 为秩和。表 999 为淮北市与淮南市被调查者感知锻炼高峰期使用健身器材人数的非参数检验结果，其中 Mann-Whitney U、Wilcoxon W 以及 Z 为统计量，Asymp. sig. (2-tailed) 为基于渐近分布的双侧检验概率，本例概率小于 0.05，可以认为在 0.05 水平上淮北市与淮南市被调查者感知锻炼高峰期使用健身器材人数之间的差异具有显著性。

表 1000　淮北市与阜阳市被调查者感知锻炼高峰期使用健身器材人数的秩次统计

	被调查城市	N	Mean Rank	Sum of Ranks
被调查者感知锻炼高峰期使用健身器材的人数	淮北市	141	121.12	17078.00
	阜阳市	100	120.83	12083.00
	Total	241		

表 1001　淮北市与阜阳市被调查者感知锻炼高峰期使用健身器材人数的非参数检验结果[a]

	被调查者感知锻炼高峰期使用健身器材的人数
Mann-Whitney U	7033.000
Wilcoxon W	12083.000
Z	−.033
Asymp. Sig. (2-tailed)	.973

a. Grouping Variable：被调查者居住的城市

　　表 1000 为淮北市与阜阳市被调查者感知锻炼高峰期使用健身器材人数的秩次统计表，第一栏列出被调查城市，N 为样本量，Mean Rank 为平均秩次，Sum of Ranks 为秩和。表 1001 为淮北市与阜阳市被调查者感知锻炼高峰期使用健身器材人数的非参数检验结果，其中 Mann-Whitney U、Wilcoxon W 以及 Z 为统计量，Asymp. sig. (2-tailed) 为基于渐近分布的双侧检验概率，本例概率大于 0.05，可以认为在 0.05 水平上淮北市与阜阳市被调查者感知锻炼高峰期使用健身器材人数之间的差异不具有显著性。

表 1002　淮北市与亳州市被调查者感知锻炼高峰期使用健身器材人数的秩次统计

	被调查城市	N	Mean Rank	Sum of Ranks
被调查者感知锻炼高峰期使用健身器材的人数	淮北市	141	131.52	18545.00
	亳州市	111	120.12	13333.00
	Total	252		

表 1003　淮北市与亳州市被调查者感知锻炼高峰期使用健身器材人数的非参数检验结果[a]

	被调查者感知锻炼高峰期使用健身器材的人数
Mann-Whitney U	7117.000
Wilcoxon W	13333.000
Z	−1.274
Asymp. Sig. (2-tailed)	.203

a. Grouping Variable:被调查者居住的城市

　　表 1002 为淮北市与亳州市被调查者感知锻炼高峰期使用健身器材人数的秩次统计表，第一栏列出被调查城市，N 为样本量，Mean Rank 为平均秩次，Sum of Ranks 为秩和。表 1003 为淮北市与亳州市被调查者感知锻炼高峰期使用健身器材人数的非参数检验结果，其中 Mann-Whitney U、Wilcoxon W 以及 Z 为统计量，Asymp. sig. (2-tailed)为基于渐近分布的双侧检验概率，本例概率大于 0.05，可以认为在 0.05 水平上淮北市与亳州市被调查者感知锻炼高峰期使用健身器材人数之间的差异不具有显著性。

表 1004　宿州市与蚌埠市被调查者感知锻炼高峰期使用健身器材人数的秩次统计

	被调查城市	N	Mean Rank	Sum of Ranks
被调查者感知锻炼高峰期使用健身器材的人数	宿州市	105	115.90	12169.00
	蚌埠市	109	99.41	10836.00
	Total	214		

表 1005　宿州市与蚌埠市被调查者感知锻炼高峰期使用健身器材人数的非参数检验结果[a]

	被调查者感知锻炼高峰期使用健身器材的人数
Mann-Whitney U	4841.000
Wilcoxon W	10836.000
Z	−2.007
Asymp. Sig. (2-tailed)	.045

a. Grouping Variable:被调查者居住的城市

　　表 1004 为宿州市与蚌埠市被调查者感知锻炼高峰期使用健身器材人数的秩次统计表，第一栏列出被调查城市，N 为样本量，Mean Rank 为平均秩次，Sum of Ranks 为秩和。表 1005 为宿州市与蚌埠市被调查者感知锻炼高峰期使用健身器材人数的非参数检验结果，其中 Mann-Whitney U、Wilcoxon W 以及 Z 为统计量，Asymp. sig. (2-tailed)为基于渐近分布的双侧检验概率，本例概率小于 0.05，可以认为在 0.05 水平上宿州市与蚌埠市被调查者感知锻炼高峰期使用健身器材人数之间的差异具有显著性。

表 1006　宿州市与淮南市被调查者感知锻炼高峰期使用健身器材人数的秩次统计

被调查城市	N	Mean Rank	Sum of Ranks
宿州市	105	115.49	12126.00
淮南市	102	92.18	9402.00
Total	207		

（第一栏为"被调查者感知锻炼高峰期使用健身器材的人数"）

表 1007　宿州市与淮南市被调查者感知锻炼高峰期使用健身器材人数的非参数检验结果[a]

	被调查者感知锻炼高峰期使用健身器材的人数
Mann-Whitney U	4149.000
Wilcoxon W	9402.000
Z	−2.935
Asymp. Sig. (2-tailed)	.003

a. Grouping Variable：被调查者居住的城市

表 1006 为宿州市与淮南市被调查者感知锻炼高峰期使用健身器材人数的秩次统计表，第一栏列出被调查城市，N 为样本量，Mean Rank 为平均秩次，Sum of Ranks 为秩和。表 1007 为宿州市与淮南市被调查者感知锻炼高峰期使用健身器材人数的非参数检验结果，其中 Mann-Whitney U、Wilcoxon W 以及 Z 为统计量，Asymp. sig. (2-tailed) 为基于渐近分布的双侧检验概率，本例概率小于 0.05，可以认为在 0.05 水平上宿州市与淮南市被调查者感知锻炼高峰期使用健身器材人数之间的差异具有显著性。

表 1008　宿州市与阜阳市被调查者感知锻炼高峰期使用健身器材人数的秩次统计

被调查城市	N	Mean Rank	Sum of Ranks
宿州市	105	108.30	11371.50
阜阳市	100	97.43	9743.50
Total	205		

（第一栏为"被调查者感知锻炼高峰期使用健身器材的人数"）

表 1009　宿州市与阜阳市被调查者感知锻炼高峰期使用健身器材人数的非参数检验结果[a]

	被调查者感知锻炼高峰期使用健身器材的人数
Mann-Whitney U	4693.500
Wilcoxon W	9743.500
Z	−1.360
Asymp. Sig. (2-tailed)	.174

a. Grouping Variable：被调查者居住的城市

表 1008 为宿州市与阜阳市被调查者感知锻炼高峰期使用健身器材人数的秩次统计表，第一栏列出被调查城市，N 为样本量，Mean Rank 为平均秩次，Sum of Ranks 为秩和。表 1009 为宿州市与阜阳市被调查者感知锻炼高峰期使用健身器材人数的非参数检验结果，其中 Mann-Whitney U、Wilcoxon W 以及 Z 为统计量，Asymp. sig. (2-tailed) 为基于渐近分布的双侧检验概率，本例概率大于 0.05，可以认为在 0.05 水平上宿州市与阜阳市被调查者感知锻炼高峰期使用健身器材人数之间的差异不具有显著性。

表 1010   宿州市与亳州市被调查者感知锻炼高峰期使用健身器材人数的秩次统计

	被调查城市	N	Mean Rank	Sum of Ranks
被调查者感知锻炼高峰期使用健身器材的人数	宿州市	105	118.49	12441.00
	亳州市	111	99.05	10995.00
	Total	216		

表 1011   宿州市与亳州市被调查者感知锻炼高峰期使用健身器材人数的非参数检验结果[a]

	被调查者感知锻炼高峰期使用健身器材的人数
Mann-Whitney U	4779.000
Wilcoxon W	10995.000
Z	−2.341
Asymp. Sig. (2-tailed)	.019

a. Grouping Variable：被调查者居住的城市

表 1010 为宿州市与亳州市被调查者感知锻炼高峰期使用健身器材人数的秩次统计表，第一栏列出被调查城市，N 为样本量，Mean Rank 为平均秩次，Sum of Ranks 为秩和。表 1011 为宿州市与亳州市被调查者感知锻炼高峰期使用健身器材人数的非参数检验结果，其中 Mann-Whitney U、Wilcoxon W 以及 Z 为统计量，Asymp. sig.（2-tailed）为基于渐近分布的双侧检验概率，本例概率小于 0.05，可以认为在 0.05 水平上宿州市与亳州市被调查者感知锻炼高峰期使用健身器材人数之间的差异具有显著性。

表 1012   蚌埠市与淮南市被调查者感知锻炼高峰期使用健身器材人数的秩次统计

	被调查城市	N	Mean Rank	Sum of Ranks
被调查者感知锻炼高峰期使用健身器材的人数	蚌埠市	109	108.46	11822.50
	淮南市	102	103.37	10543.50
	Total	211		

表 1013   蚌埠市与淮南市被调查者感知锻炼高峰期使用健身器材人数的非参数检验结果[a]

	被调查者感知锻炼高峰期使用健身器材的人数
Mann-Whitney U	5290.500
Wilcoxon W	10543.500
Z	−.630
Asymp. Sig. (2-tailed)	.529

a. Grouping Variable：被调查者居住的城市

表 1012 为蚌埠市与淮南市被调查者感知锻炼高峰期使用健身器材人数的秩次统计表，第一栏列出被调查城市，N 为样本量，Mean Rank 为平均秩次，Sum of Ranks 为秩和。表 1013 为蚌埠市与淮南市被调查者感知锻炼高峰期使用健身器材人数的非参数检验结果，其中 Mann-Whitney U、Wilcoxon W 以及 Z 为统计量，Asymp. sig.（2-tailed）为基于渐近分布的双侧检验概率，本例概率大于 0.05，可以认为在 0.05 水平上蚌埠市与淮南市被调查者感知锻炼高峰期使用健身器材人数之间的差异不具有显著性。

表 1014　蚌埠市与阜阳市被调查者感知锻炼高峰期使用健身器材人数的秩次统计

	被调查城市	N	Mean Rank	Sum of Ranks
被调查者感知锻炼高峰期使用健身器材的人数	蚌埠市	109	101.96	11113.50
	阜阳市	100	108.32	10831.50
	Total	209		

表 1015　蚌埠市与阜阳市被调查者感知锻炼高峰期使用健身器材人数的非参数检验结果[a]

	被调查者感知锻炼高峰期使用健身器材的人数
Mann-Whitney U	5118.500
Wilcoxon W	11113.500
Z	−.782
Asymp. Sig. (2-tailed)	.434

a. Grouping Variable：被调查者居住的城市

　　表 1014 为蚌埠市与阜阳市被调查者感知锻炼高峰期使用健身器材人数的秩次统计表，第一栏列出被调查城市，N 为样本量，Mean Rank 为平均秩次，Sum of Ranks 为秩和。表 1015 为蚌埠市与阜阳市被调查者感知锻炼高峰期使用健身器材人数的非参数检验结果，其中 Mann-Whitney U、Wilcoxon W 以及 Z 为统计量，Asymp. sig. (2-tailed) 为基于渐近分布的双侧检验概率，本例概率大于 0.05，可以认为在 0.05 水平上蚌埠市与阜阳市被调查者感知锻炼高峰期使用健身器材人数之间的差异不具有显著性。

表 1016　蚌埠市与亳州市被调查者感知锻炼高峰期使用健身器材人数的秩次统计

	被调查城市	N	Mean Rank	Sum of Ranks
被调查者感知锻炼高峰期使用健身器材的人数	蚌埠市	109	112.08	12217.00
	亳州市	111	108.95	12093.00
	Total	220		

表 1017　蚌埠市与亳州市被调查者感知锻炼高峰期使用健身器材人数的非参数检验结果[a]

	被调查者感知锻炼高峰期使用健身器材的人数
Mann-Whitney U	5877.000
Wilcoxon W	12093.000
Z	−.373
Asymp. Sig. (2-tailed)	.709

a. Grouping Variable：被调查者居住的城市

　　表 1016 为蚌埠市与亳州市被调查者感知锻炼高峰期使用健身器材人数的秩次统计表，第一栏列出被调查城市，N 为样本量，Mean Rank 为平均秩次，Sum of Ranks 为秩和。表 1017 为蚌埠市与亳州市被调查者感知锻炼高峰期使用健身器材人数的非参数检验结果，其中 Mann-Whitney U、Wilcoxon W 以及 Z 为统计量，Asymp. sig. (2-tailed) 为基于渐近分布的双侧检验概率，本例概率大于 0.05，可以认为在 0.05 水平上蚌埠市与亳州市被调查者感知锻炼高峰期使用健身器材人数之间的差异不具有显著性。

表 1018　淮南市与阜阳市被调查者感知锻炼高峰期使用健身器材人数的秩次统计

	被调查城市	N	Mean Rank	Sum of Ranks
被调查者感知锻炼高峰期使用健身器材的人数	淮南市	102	94.60	9649.00
	阜阳市	100	108.54	10854.00
	Total	202		

表 1019　淮南市与阜阳市被调查者感知锻炼高峰期使用健身器材人数的非参数检验结果[a]

	被调查者感知锻炼高峰期使用健身器材的人数
Mann-Whitney U	4396.000
Wilcoxon W	9649.000
Z	−1.783
Asymp. Sig. (2-tailed)	.075

a. Grouping Variable：被调查者居住的城市

　　表 1018 为淮南市与阜阳市被调查者感知锻炼高峰期使用健身器材人数的秩次统计表，第一栏列出被调查城市，N 为样本量，Mean Rank 为平均秩次，Sum of Ranks 为秩和。表 1019 为淮南市与阜阳市被调查者感知锻炼高峰期使用健身器材人数的非参数检验结果，其中 Mann-Whitney U、Wilcoxon W 以及 Z 为统计量，Asymp. sig. (2-tailed)为基于渐近分布的双侧检验概率，本例概率大于 0.05，可以认为在 0.05 水平上淮南市与阜阳市被调查者感知锻炼高峰期使用健身器材人数之间的差异不具有显著性。

表 1020　淮南市与亳州市被调查者感知锻炼高峰期使用健身器材人数的秩次统计

	被调查城市	N	Mean Rank	Sum of Ranks
被调查者感知锻炼高峰期使用健身器材的人数	淮南市	102	105.77	10788.50
	亳州市	111	108.13	12002.50
	Total	213		

表 1021　淮南市与亳州市被调查者感知锻炼高峰期使用健身器材人数的非参数检验结果[a]

	被调查者感知锻炼高峰期使用健身器材的人数
Mann-Whitney U	5535.500
Wilcoxon W	10788.500
Z	−.288
Asymp. Sig. (2-tailed)	.774

a. Grouping Variable：被调查者居住的城市

　　表 1020 为淮南市与亳州市被调查者感知锻炼高峰期使用健身器材人数的秩次统计表，第一栏列出被调查城市，N 为样本量，Mean Rank 为平均秩次，Sum of Ranks 为秩和。表 1021 为淮南市与亳州市被调查者感知锻炼高峰期使用健身器材人数的非参数检验结果，其中 Mann-Whitney U、Wilcoxon W 以及 Z 为统计量，Asymp. sig. (2-tailed)为基于渐近分布的双侧检验概率，本例概率大于 0.05，可以认为在 0.05 水平上淮南市与亳州市被调查者感知锻炼高峰期使用健身器材人数之间的差异不具有显著性。

表 1022　阜阳市与亳州市被调查者感知锻炼高峰期使用健身器材人数的秩次统计

	被调查城市	N	Mean Rank	Sum of Ranks
被调查者感知锻炼高峰期使用健身器材的人数	阜阳市	100	110.58	11058.50
	亳州市	111	101.87	11307.50
	Total	211		

表 1023　阜阳市与亳州市被调查者感知锻炼高峰期使用健身器材人数的非参数检验结果[a]

	被调查者感知锻炼高峰期使用健身器材的人数
Mann-Whitney U	5091.500
Wilcoxon W	11307.500
Z	−1.063
Asymp. Sig. (2-tailed)	.288

a. Grouping Variable：被调查者居住的城市

　　表 1022 为阜阳市与亳州市被调查者感知锻炼高峰期使用健身器材人数的秩次统计表，第一栏列出被调查城市，N 为样本量，Mean Rank 为平均秩次，Sum of Ranks 为秩和。表 1023 为阜阳市与亳州市被调查者感知锻炼高峰期使用健身器材人数的非参数检验结果，其中 Mann-Whitney U、Wilcoxon W 以及 Z 为统计量，Asymp. sig. (2-tailed)为基于渐近分布的双侧检验概率，本例概率小于 0.05，可以认为在 0.05 水平上阜阳市与亳州市被调查者感知锻炼高峰期使用健身器材人数之间的差异具有显著性。

　　（2）皖北六市不同居住区居民感知锻炼高峰期使用健身器材人数的列联表统计和非参数检验

　　1）皖北六市不同居住区居民感知锻炼高峰期使用健身器材人数的列联表统计

表 1024　被调查者居住的区域 * 被调查者感知锻炼高峰期使用健身器材人数

		被调查者感知锻炼高峰期使用健身器材人数					Total
		非常少	少	中等	多	非常多	
被调查者居住的区域	中央区域	3.8%	8.0%	35.8%	23.6%	28.8%	100.0%
	中央与郊区之间	5.4%	11.7%	38.8%	31.3%	12.9%	100.0%
	郊　区	7.1%	25.9%	35.3%	17.6%	14.1%	100.0%
	农村地区	22.9%	29.8%	29.0%	9.9%	8.4%	100.0%
	Total	8.5%	15.9%	35.5%	22.9%	17.2%	100.0%

　　表 1024 显示，皖北不同居住区域居民感知锻炼高峰期使用健身器材人数量：中央区域"少"和"非常少"占 11.8%、中等 35.8%、"多"和"非常多"占 52.4%；中央与郊区之间"少"和"非常少"占 17.1%、中等 38.8%、"多"和"非常多"占 44.2%；郊区"少"和"非常少"占 33.0%、中等 35.3%、"多"和"非常多"占 31.7%；农村地区"少"和"非常少"占 52.7%、中等 29.0%、"多"和"非常多"占 18.3%；总体："少"和"非常少"占 24.4%、中等 35.5%、"多"和"非常多"占 40.1%。

　　"多"和"非常多"占比与"少"和"非常少"占比之差：中央区域 40.6%；中央与郊区之间 27.1%；郊区 −1.3%；农村地区 −34.4%；总体：15.7%。总体上皖北六市不同居住区域居民感知锻炼高峰期使用健身器材人数"多"的占比比"少"的占比偏多。但各区域情况不同，中央区域、中央与郊区之间"多"和"非常多"占比与"少"和"非常少"占比之差为正，郊区、农村地区为负。排序为：中央区域＞中央与郊区之间＞郊区＞农村地区。相关检验显示，皖北六市居民居住的区域与皖北六市居民感知锻炼高峰期使用健身器材人数的皮尔逊相关系数为 0.348，斯皮尔曼相关系数为 0.33，p＝0.000＜0.05，相关具有显著性。

2）皖北六市不同居住区居民感知锻炼高峰期使用健身器材人数的非参数检验

表 1025　皖北六市不同居住区居民感知锻炼高峰期使用健身器材人数的平均秩

	被调查者居住的区域	N	Mean Rank
被调查者感知锻炼高峰期使用健身器材人数	中央区域	212	399.36
	中央与郊区之间	240	351.72
	郊　区	85	300.61
	农村地区	131	219.98
	Total	668	

表 1025 为皖北六市不同居住区居民感知锻炼高峰期使用健身器材人数的样本量和平均秩，平均秩降序排列为：中央区域为 399.36(212)、中央与郊区之间为 351.72(240)、郊区为 300.61(85)、农村地区为 219.98(131)。

表 1026　皖北六市不同居住区居民感知锻炼高峰期使用健身器材人数的非参数检验结果[a,b]

	被调查者感知锻炼高峰期使用健身器材人数
Chi-Square	79.916
Df	3
Asymp. Sig.	.000

a. Kruskal Wallis Test
b. Grouping Variable：被调查者居住的区域

表 1026 为 Kruskal-Wallis 检验，Asymp. Sig. 为检验统计量 $\chi^2＝79.916$、df＝3 时基于渐近分布概率，本例概率 p＝0.000＜0.05，所以否定检验的原假设，即可以认为皖北六市不同居住区居民感知锻炼高峰期使用健身器材人数之间的差异在 0.05 水平上具有显著性。

表 1027　中央区域与中央与郊区之间被调查者感知锻炼高峰期使用健身器材人数的秩次统计

	被调查者居住的区域	N	Mean Rank	Sum of Ranks
被调查者感知锻炼高峰期使用健身器材人数	中央区域	212	245.32	52008.50
	中央与郊区之间	240	209.87	50369.50
	Total	452		

表 1028　中央区域与中央与郊区之间被调查者感知锻炼高峰期使用健身器材人数的非参数检验结果[a]

	被调查者感知锻炼高峰期使用健身器材人数
Mann-Whitney U	21449.500
Wilcoxon W	50369.500
Z	−3.007
Asymp. Sig. (2-tailed)	.003

a. Grouping Variable：被调查者居住的区域

　　表 1027 为中央区域与中央与郊区之间被调查者感知锻炼高峰期使用健身器材人数的秩次统计表,第一栏列出被调查城市,N 为样本量,Mean Rank 为平均秩次,Sum of Ranks 为秩和。表 1028 为中央区域与中央与郊区之间被调查者感知锻炼高峰期使用健身器材人数的非参数检验结果,其中 Mann-Whitney U、Wilcoxon W 以及 Z 为统计量,Asymp. sig. (2-tailed)为基于渐近分布的双侧检验概率,本例概率小于 0.05,可以认为在 0.05 水平上中央区域与中央与郊区之间被调查者感知锻炼高峰期使用健身器材人数之间的差异具有显著性。

表 1029　中央区域与郊区被调查者感知锻炼高峰期使用健身器材人数的秩次统计

	被调查者居住的区域	N	Mean Rank	Sum of Ranks
被调查者感知锻炼高峰期使用健身器材人数	中央区域	212	161.57	34253.00
	郊　区	85	117.65	10000.00
	Total	297		

表 1030　中央区域与郊区被调查者感知锻炼高峰期使用健身器材人数的非参数检验结果a

	被调查者感知锻炼高峰期使用健身器材人数
Mann-Whitney U	6345.000
Wilcoxon W	10000.000
Z	−4.138
Asymp. Sig. (2-tailed)	.000

a. Grouping Variable:被调查者居住的区域

　　表 1029 为中央区域与郊区被调查者感知锻炼高峰期使用健身器材人数的秩次统计表,第一栏列出被调查城市,N 为样本量,Mean Rank 为平均秩次,Sum of Ranks 为秩和。表 1030 为中央区域与郊区被调查者感知锻炼高峰期使用健身器材人数的非参数检验结果,其中 Mann-Whitney U、Wilcoxon W 以及 Z 为统计量,Asymp. sig. (2-tailed)为基于渐近分布的双侧检验概率,本例概率小于 0.05,可以认为在 0.05 水平上中央区域与郊区被调查者感知锻炼高峰期使用健身器材人数之间的差异具有显著性。

表 1031　中央区域与农村地区被调查者感知锻炼高峰期使用健身器材人数的秩次统计

	被调查者居住的区域	N	Mean Rank	Sum of Ranks
被调查者感知锻炼高峰期使用健身器材人数	中央区域	212	205.46	43558.00
	农村地区	131	117.85	15438.00
	Total	343		

表 1032　中央区域与农村地区被调查者感知锻炼高峰期使用健身器材人数的非参数检验结果a

	被调查者感知锻炼高峰期使用健身器材人数
Mann-Whitney U	6792.000
Wilcoxon W	15438.000
Z	−8.191
Asymp. Sig. (2-tailed)	.000

a. Grouping Variable:被调查者居住的区域

　　表 1031 为中央区域与农村地区被调查者感知锻炼高峰期使用健身器材人数的秩次统计表,第一栏列出被调查城市,N 为样本量,Mean Rank 为平均秩次,Sum of Ranks 为秩和。表 1032 为中央区域与农村地区被调查者感知锻炼高峰期使用健身器材人数的非参数检验结果,其中 Mann-Whitney U、Wilcoxon W 以及 Z 为统计量,Asymp. sig. (2-tailed)为基于渐近分布的双侧检验概率,本例概率小于 0.05,可以认为在 0.05 水平上中央区域与农村地区被调查者感知锻炼高峰期使用健身器材人数之间的差异具有显著性。

表 1033　中央区域与郊区之间与郊区被调查者感知锻炼高峰期使用健身器材人数的秩次统计

	被调查者居住的区域	N	Mean Rank	Sum of Ranks
被调查者感知锻炼高峰期使用健身器材人数	中央与郊区之间	240	169.98	40795.50
	郊　区	85	143.29	12179.50
	Total	325		

表 1034　中央区域与郊区之间与郊区被调查者感知锻炼高峰期使用健身器材人数的非参数检验结果[a]

	被调查者感知锻炼高峰期使用健身器材人数
Mann-Whitney U	8524.500
Wilcoxon W	12179.500
Z	−2.349
Asymp. Sig. (2-tailed)	.019

　　a. Grouping Variable:被调查者居住的区域

　　表 1033 为中央区域与郊区之间与郊区被调查者感知锻炼高峰期使用健身器材人数的秩次统计表,第一栏列出被调查城市,N 为样本量,Mean Rank 为平均秩次,Sum of Ranks 为秩和。表 1034 为中央区域与郊区之间与郊区被调查者感知锻炼高峰期使用健身器材人数的非参数检验结果,其中 Mann-Whitney U、Wilcoxon W 以及 Z 为统计量,Asymp. sig. (2-tailed)为基于渐近分布的双侧检验概率,本例概率小于 0.05,可以认为在 0.05 水平上中央区域与郊区之间与郊区被调查者感知锻炼高峰期使用健身器材人数之间的差异具有显著性。

表 1035　中央区域与郊区之间与农村地区被调查者感知锻炼高峰期使用健身器材人数的秩次统计

	被调查者居住的区域	N	Mean Rank	Sum of Ranks
被调查者感知锻炼高峰期使用健身器材人数	中央与郊区之间	240	212.87	51088.00
	农村地区	131	136.78	17918.00
	Total	371		

表 1036　中央区域与郊区之间与农村地区被调查者感知锻炼高峰期使用健身器材人数的非参数检验结果[a]

	被调查者感知锻炼高峰期使用健身器材人数
Mann-Whitney U	9272.000
Wilcoxon W	17918.000
Z	−6.759
Asymp. Sig. (2-tailed)	.000

　　a. Grouping Variable:被调查者居住的区域

表 1035 为中央区域与郊区之间与农村地区被调查者感知锻炼高峰期使用健身器材人数的秩次统计表,第一栏列出被调查城市,N 为样本量,Mean Rank 为平均秩次,Sum of Ranks 为秩和。表 1036 为中央区域与郊区之间与农村地区被调查者感知锻炼高峰期使用健身器材人数的非参数检验结果,其中 Mann-Whitney U、Wilcoxon W 以及 Z 为统计量,Asymp. sig. (2-tailed)为基于渐近分布的双侧检验概率,本例概率小于 0.05,可以认为在 0.05 水平上中央区域与郊区之间与农村地区被调查者感知锻炼高峰期使用健身器材人数间的差异具有显著性。

表 1037 郊区与农村地区被调查者感知锻炼高峰期使用健身器材人数的秩次统计

	被调查者居住的区域	N	Mean Rank	Sum of Ranks
被调查者感知锻炼高峰期使用健身器材人数	郊 区	85	125.68	10682.50
	农村地区	131	97.35	12753.50
	Total	216		

表 1038 郊区与农村地区被调查者感知锻炼高峰期使用健身器材人数的非参数检验结果[a]

	被调查者感知锻炼高峰期使用健身器材人数
Mann-Whitney U	4107.500
Wilcoxon W	12753.500
Z	−3.359
Asymp. Sig. (2-tailed)	.001

a. Grouping Variable:被调查者居住的区域

表 1037 为郊区与农村地区被调查者感知锻炼高峰期使用健身器材人数的秩次统计表,第一栏列出被调查城市,N 为样本量,Mean Rank 为平均秩次,Sum of Ranks 为秩和。表 1038 为郊区与农村地区被调查者感知锻炼高峰期使用健身器材人数的非参数检验结果,其中 Mann-Whitney U、Wilcoxon W 以及 Z 为统计量,Asymp. sig. (2-tailed)为基于渐近分布的双侧检验概率,本例概率小于 0.05,可以认为在 0.05 水平上郊区与农村地区被调查者感知锻炼高峰期使用健身器材人数之间的差异具有显著性。

(3)皖北六市不同居住密度居民感知锻炼高峰期使用健身器材人数的列联表统计和非参数检验

1)皖北六市不同居住密度居民感知锻炼高峰期使用健身器材人数的列联表统计

表 1039 被调查者居住区人口密度 * 被调查者感知锻炼高峰期使用健身器材人数

		被调查者感知锻炼高峰期使用健身器材人数					Total
		非常少	少	中等	多	非常多	
被调查者居住区的人口密度	非常稀疏	30.8%	26.9%	19.2%	3.8%	19.2%	100.0%
	稀疏	16.9%	38.0%	26.8%	11.3%	7.0%	100.0%
	中等	7.2%	16.8%	49.6%	21.2%	5.2%	100.0%
	大	3.3%	11.0%	35.2%	31.3%	19.2%	100.0%
	非常大	9.4%	7.2%	18.0%	24.5%	41.0%	100.0%
	Total	8.5%	15.9%	35.5%	22.9%	17.2%	100.0%

表 1039 显示,皖北不同居住密度居民感知锻炼高峰期使用健身器材人数:非常稀疏"少"和"非常少"占 57.7%、中等 19.2%、"多"和"非常多"占 23.0%;稀疏"少"和"非常少"占 54.9%、中等 26.8%、"多"和"非常多"占 18.3%;中等"少"和"非常少"占 24.0%、中等 49.6%、"多"和"非常多"占 26.4%;大"少"和"非常少"占 14.3%、中等 35.2%、"多"和"非常多"占 40.5%;非常大"少"和"非常少"占 16.6%、中等 18.0%、"多"和"非常多"占 65.5%;总体:"少"和"非常少"占 24.4%、中等 35.5%、"多"和"非常多"占 40.1%。

"多"和"非常多"占比与"少"和"非常少"占比之差:非常稀疏-34.7%;稀疏-36.6%;中等 2.4%;大 26.2%;非常大 48.9%;总体:15.7%。总体上皖北六市不同居住密度居民感知锻炼高峰期使用健身器材人数"多"的占比比"少"的占比偏多。但各区域情况不同,居住密度中等、非常大、大的居民感知"多"和"非常多"占比与"少"和"非常少"占比之差为正,居住密度稀疏、非常稀疏的居民感知为负。排序为:非常大>大>中等>非常稀疏>稀疏。相关检验显示,皖北六市居民居住的密度与皖北六市居民感知锻炼高峰期使用健身器材人数的皮尔逊相关系数为 0.358,斯皮尔曼相关系数为 0.373,p=0.000<0.05,相关具有显著性。

2)皖北六市不同居住密度居民感知锻炼高峰期使用健身器材人数的非参数检验

表 1040 皖北六市不同居住密度居民感知锻炼高峰期使用健身器材人数的平均秩

	被调查者居住区的人口密度	N	Mean Rank
被调查者感知锻炼高峰期使用健身器材人数	非常稀疏	26	228.75
	稀疏	71	219.16
	中等	250	293.42
	大	182	379.15
	非常大	139	428.61
	Total	668	

表 1040 为皖北六市不同居住密度居民感知锻炼高峰期使用健身器材人数的样本量和平均秩,平均秩升序排列为:"稀疏"为 219.16、"非常稀疏"为 228.75、中等为 293.42、"大"为 379.15、"非常大"为 428.61。

表 1041 皖北六市不同居住密度居民感知锻炼高峰期使用健身器材人数的非参数检验结果[a,b]

	被调查者感知锻炼高峰期使用健身器材人数
Chi-Square	93.509
Df	4
Asymp. Sig.	.000

a. Kruskal Wallis Test

b. Grouping Variable:被调查者居住区的人口密度

表 1041 为 Kruskal-Wallis 检验,Asymp. Sig. 为检验统计量 $\chi^2=93.509$、df=4 时基于渐近分布概率,本例概率 p=0.000<0.05,所以否定检验的原假设,即可以认为皖北六市不同居住密度居民感知锻炼高峰期使用健身器材人数之间的差异在 0.05 水平上具有显著性。

表 1042　居住密度非常稀疏与稀疏被调查者感知锻炼高峰期使用健身器材人数的秩次统计

	被调查者居住区的人口密度	N	Mean Rank	Sum of Ranks
被调查者感知锻炼高峰期使用健身器材人数	非常稀疏	26	47.10	1224.50
	稀疏	71	49.70	3528.50
	Total	97		

表 1043　居住密度非常稀疏与稀疏被调查者感知锻炼高峰期使用健身器材人数的非参数检验结果[a]

	被调查者感知锻炼高峰期使用健身器材人数
Mann-Whitney U	873.500
Wilcoxon W	1224.500
Z	−.418
Asymp. Sig. (2-tailed)	.676

a. Grouping Variable：被调查者居住区的人口密度

　　表 1042 为居住密度非常稀疏与稀疏被调查者感知锻炼高峰期使用健身器材人数的秩次统计表，第一栏列出被调查城市，N 为样本量，Mean Rank 为平均秩次，Sum of Ranks 为秩和。表 1043 为居住密度非常稀疏与稀疏被调查者感知锻炼高峰期使用健身器材人数的非参数检验结果，其中 Mann-Whitney U、Wilcoxon W 以及 Z 为统计量，Asymp. sig. (2-tailed)为基于渐近分布的双侧检验概率，本例概率大于 0.05，可以认为在 0.05 水平上居住密度非常稀疏与稀疏被调查者感知锻炼高峰期使用健身器材人数之间的差异不具有显著性。

表 1044　居住密度非常稀疏与中等被调查者感知锻炼高峰期使用健身器材人数的秩次统计

	被调查者居住区的人口密度	N	Mean Rank	Sum of Ranks
被调查者感知锻炼高峰期使用健身器材人数	非常稀疏	26	105.15	2734.00
	中等	250	141.97	35492.00
	Total	276		

表 1045　居住密度非常稀疏与中等被调查者感知锻炼高峰期使用健身器材人数的非参数检验结果[a]

	被调查者感知锻炼高峰期使用健身器材人数
Mann-Whitney U	2383.000
Wilcoxon W	2734.000
Z	−2.381
Asymp. Sig. (2-tailed)	.017

a. Grouping Variable：被调查者居住区的人口密度

　　表 1044 为居住密度非常稀疏与中等被调查者感知锻炼高峰期使用健身器材人数的秩次统计表，第一栏列出被调查城市，N 为样本量，Mean Rank 为平均秩次，Sum of Ranks 为秩和。表 1045 为居住密度非常稀疏与中等被调查者感知锻炼高峰期使用健身器材人数的非参数检验结果，其中 Mann-Whitney U、Wilcoxon W 以及 Z 为统计量，Asymp. sig. (2-tailed)为基于渐近分布的双侧检验概率，本例概率小于 0.05，可以认为在 0.05 水平上居住密度非常稀疏与中等被调查者感知锻炼高峰期使用健身器材人数之间的差异具有显著性。

表 1046　居住密度非常稀疏与大被调查者感知锻炼高峰期使用健身器材人数的秩次统计

	被调查者居住区的人口密度	N	Mean Rank	Sum of Ranks
被调查者感知锻炼高峰期使用健身器材人数	非常稀疏	26	66.08	1718.00
	大	182	109.99	20018.00
	Total	208		

表 1047　居住密度非常稀疏与大被调查者感知锻炼高峰期使用健身器材人数的非参数检验结果[a]

	被调查者感知锻炼高峰期使用健身器材人数
Mann-Whitney U	1367.000
Wilcoxon W	1718.000
Z	−3.604
Asymp. Sig. (2-tailed)	.000

a. Grouping Variable:被调查者居住区的人口密度

表 1046 为居住密度非常稀疏与大被调查者感知锻炼高峰期使用健身器材人数的秩次统计表,第一栏列出被调查城市,N 为样本量,Mean Rank 为平均秩次,Sum of Ranks 为秩和。表 1047 为居住密度非常稀疏与大被调查者感知锻炼高峰期使用健身器材人数的非参数检验结果,其中 Mann-Whitney U、Wilcoxon W 以及 Z 为统计量,Asymp. sig. (2-tailed)为基于渐近分布的双侧检验概率,本例概率小于 0.05,可以认为在 0.05 水平上居住密度非常稀疏与大被调查者感知锻炼高峰期使用健身器材人数之间的差异具有显著性。

表 1048　居住密度非常稀疏与非常大被调查者感知锻炼高峰期使用健身器材人数的秩次统计

	被调查者居住区的人口密度	N	Mean Rank	Sum of Ranks
被调查者感知锻炼高峰期使用健身器材人数	非常稀疏	26	50.92	1324.00
	非常大	139	89.00	12371.00
	Total	165		

表 1049　居住密度非常稀疏与非常大被调查者感知锻炼高峰期使用健身器材人数的非参数检验结果[a]

	被调查者感知锻炼高峰期使用健身器材人数
Mann-Whitney U	973.000
Wilcoxon W	1324.000
Z	−3.871
Asymp. Sig. (2-tailed)	.000

a. Grouping Variable:被调查者居住区的人口密度

表 1048 为居住密度非常稀疏与非常大被调查者感知锻炼高峰期使用健身器材人数的秩次统计表,第一栏列出被调查城市,N 为样本量,Mean Rank 为平均秩次,Sum of Ranks 为秩和。表 1049 为居住密度非常稀疏与非常大被调查者感知锻炼高峰期使用健身器材人数的非参数检验结果,其中 Mann-Whitney U、Wilcoxon W 以及 Z 为统计量,Asymp. sig. (2-tailed)为基于渐近分布的双侧检验概率,本例概率小于 0.05,可以认为在 0.05 水平上居住密度非常稀疏与非常大被调查者感知锻炼高峰期使用健身器材人数之间的差异具有显著性。

表 1050　居住密度稀疏与中等被调查者感知锻炼高峰期使用健身器材人数的秩次统计

	被调查者居住区的人口密度	N	Mean Rank	Sum of Ranks
被调查者感知锻炼高峰期使用健身器材人数	稀疏	71	125.87	8936.50
	中等	250	170.98	42744.50
	Total	321		

表 1051　居住密度稀疏与中等被调查者感知锻炼高峰期使用健身器材人数的非参数检验结果[a]

	被调查者感知锻炼高峰期使用健身器材人数
Mann-Whitney U	6380.500
Wilcoxon W	8936.500
Z	−3.823
Asymp. Sig. (2-tailed)	.000

a. Grouping Variable:被调查者居住区的人口密度

　　表 1050 为居住密度稀疏与中等被调查者感知锻炼高峰期使用健身器材人数的秩次统计表,第一栏列出被调查城市,N 为样本量,Mean Rank 为平均秩次,Sum of Ranks 为秩和。表 1051 为居住密度稀疏与中等被调查者感知锻炼高峰期使用健身器材人数的非参数检验结果,其中 Mann-Whitney U、Wilcoxon W 以及 Z 为统计量,Asymp. sig. (2-tailed)为基于渐近分布的双侧检验概率,本例概率小于 0.05,可以认为在 0.05 水平上居住密度稀疏与中等被调查者感知锻炼高峰期使用健身器材人数之间的差异具有显著性。

表 1052　居住密度稀疏与大被调查者感知锻炼高峰期使用健身器材人数的秩次统计

	被调查者居住区的人口密度	N	Mean Rank	Sum of Ranks
被调查者感知锻炼高峰期使用健身器材人数	稀疏	71	83.05	5896.50
	大	182	144.15	26234.50
	Total	253		

表 1053　居住密度稀疏与大被调查者感知锻炼高峰期使用健身器材人数的非参数检验结果[a]

	被调查者感知锻炼高峰期使用健身器材人数
Mann-Whitney U	3340.500
Wilcoxon W	5896.500
Z	−6.164
Asymp. Sig. (2-tailed)	.000

a. Grouping Variable:被调查者居住区的人口密度

　　表 1052 为居住密度稀疏与大被调查者感知锻炼高峰期使用健身器材人数的秩次统计表,第一栏列出被调查城市,N 为样本量,Mean Rank 为平均秩次,Sum of Ranks 为秩和。表 1053 为居住密度稀疏与大被调查者感知锻炼高峰期使用健身器材人数的非参数检验结果,其中 Mann-Whitney U、Wilcoxon W 以及 Z 为统计量,Asymp. sig. (2-tailed)为基于渐近分布的双侧检验概率,本例概率小于 0.05,可以认为在 0.05 水平上居住密度稀疏与大被调查者感知锻炼高峰期使用健身器材人数之间的差异具有显著性。

表 1054　居住密度稀疏与非常大被调查者感知锻炼高峰期使用健身器材人数的秩次统计

	被调查者居住区的人口密度	N	Mean Rank	Sum of Ranks
被调查者感知锻炼高峰期使用健身器材人数	稀疏	71	68.55	4867.00
	非常大	139	124.37	17288.00
	Total	210		

表 1055　居住密度稀疏与非常大被调查者感知锻炼高峰期使用健身器材人数的非参数检验结果[a]

	被调查者感知锻炼高峰期使用健身器材人数
Mann-Whitney U	2311.000
Wilcoxon W	4867.000
Z	−6.462
Asymp. Sig. (2-tailed)	.000

a. Grouping Variable：被调查者居住区的人口密度

　　表 1054 为居住密度稀疏与非常大被调查者感知锻炼高峰期使用健身器材人数的秩次统计表,第一栏列出被调查城市,N 为样本量,Mean Rank 为平均秩次,Sum of Ranks 为秩和。表 1055 为居住密度稀疏与非常大被调查者感知锻炼高峰期使用健身器材人数的非参数检验结果,其中 Mann-Whitney U、Wilcoxon W 以及 Z 为统计量,Asymp. sig. (2-tailed)为基于渐近分布的双侧检验概率,本例概率小于 0.05,可以认为在 0.05 水平上居住密度稀疏与非常大被调查者感知锻炼高峰期使用健身器材人数之间的差异具有显著性。

表 1056　居住密度中等与大被调查者感知锻炼高峰期使用健身器材人数的秩次统计

	被调查者居住区的人口密度	N	Mean Rank	Sum of Ranks
被调查者感知锻炼高峰期使用健身器材人数	中等	250	190.85	47712.00
	大	182	251.74	45816.00
	Total	432		

表 1057　居住密度中等与大被调查者感知锻炼高峰期使用健身器材人数的非参数检验结果[a]

	被调查者感知锻炼高峰期使用健身器材人数
Mann-Whitney U	16337.000
Wilcoxon W	47712.000
Z	−5.286
Asymp. Sig. (2-tailed)	.000

a. Grouping Variable：被调查者居住区的人口密度

　　表 1056 为居住密度中等与大被调查者感知锻炼高峰期使用健身器材人数的秩次统计表,第一栏列出被调查城市,N 为样本量,Mean Rank 为平均秩次,Sum of Ranks 为秩和。表 1057 为居住密度中等与大被调查者感知锻炼高峰期使用健身器材人数的非参数检验结果,其中 Mann-Whitney U、Wilcoxon W 以及 Z 为统计量,Asymp. sig. (2-tailed)为基于渐近分布的双侧检验概率,本例概率小于 0.05,可以认为在 0.05 水平上居住密度中等与大被调查者感知锻炼高峰期使用健身器材人数之间的差异具有显著性。

表 1058　居住密度中等与非常大被调查者感知锻炼高峰期使用健身器材人数的秩次统计

	被调查者居住区的人口密度	N	Mean Rank	Sum of Ranks
被调查者感知锻炼高峰期使用健身器材人数	中等	250	166.13	41531.50
	非常大	139	246.93	34323.50
	Total	389		

表 1059　居住密度中等与非常大被调查者感知锻炼高峰期使用健身器材人数的非参数检验结果[a]

	被调查者感知锻炼高峰期使用健身器材人数
Mann-Whitney U	10156.500
Wilcoxon W	41531.500
Z	−7.067
Asymp. Sig. (2-tailed)	.000

a. Grouping Variable：被调查者居住区的人口密度

　　表 1058 为居住密度中等与非常大被调查者感知锻炼高峰期使用健身器材人数的秩次统计表，第一栏列出被调查城市，N 为样本量，Mean Rank 为平均秩次，Sum of Ranks 为秩和。表 1059 为居住密度中等与非常大被调查者感知锻炼高峰期使用健身器材人数的非参数检验结果，其中 Mann-Whitney U、Wilcoxon W 以及 Z 为统计量，Asymp. sig.（2-tailed）为基于渐近分布的双侧检验概率，本例概率小于 0.05，可以认为在 0.05 水平上居住密度中等与非常大被调查者感知锻炼高峰期使用健身器材人数之间的差异具有显著性。

表 1060　居住密度大与非常大被调查者感知锻炼高峰期使用健身器材人数的秩次统计

	被调查者居住区的人口密度	N	Mean Rank	Sum of Ranks
被调查者感知锻炼高峰期使用健身器材人数	大	182	147.78	26896.50
	非常大	139	178.31	24784.50
	Total	321		

表 1061　居住密度大与非常大被调查者感知锻炼高峰期使用健身器材人数的非参数检验结果[a]

	被调查者感知锻炼高峰期使用健身器材人数
Mann-Whitney U	10243.500
Wilcoxon W	26896.500
Z	−3.025
Asymp. Sig. (2-tailed)	.002

a. Grouping Variable：被调查者居住区的人口密度

　　表 1060 为居住密度大与非常大被调查者感知锻炼高峰期使用健身器材人数的秩次统计表，第一栏列出被调查城市，N 为样本量，Mean Rank 为平均秩次，Sum of Ranks 为秩和。表 1061 为居住密度大与非常大被调查者感知锻炼高峰期使用健身器材人数的非参数检验结果，其中 Mann-Whitney U、Wilcoxon W 以及 Z 为统计量，Asymp. sig.（2-tailed）为基于渐近分布的双侧检验概率，本例概率小于 0.05，可以认为在 0.05 水平上居住密度大与非常大

被调查者感知锻炼高峰期使用健身器材人数之间的差异具有显著性。

（4）皖北六市不同性别居民感知锻炼高峰期使用健身器材人数的列联表统计和非参数检验

1）皖北六市不同性别居民感知锻炼高峰期使用健身器材人数的列联表统计

表 1062　被调查者性别 * 被调查者感知锻炼高峰期使用健身器材人数

		被调查者感知锻炼高峰期使用健身器材人数					Total
		非常少	少	中等	多	非常多	
被调查者的性别	男	8.0%	15.6%	33.0%	20.5%	23.0%	100.0%
	女	9.2%	16.1%	38.3%	25.6%	10.8%	100.0%
	Total	8.5%	15.9%	35.5%	22.9%	17.2%	100.0%

表 1062 显示,皖北不同性别居民感知锻炼高峰期使用健身器材人数:男性"非常少"和"少"占 23.6%、中等 33.0%、"多"和"非常多"占 43.5%;女性"非常少"和"少"占 25.3%、中等 38.3%、"多"和"非常多"占 36.4%;总体:"非常少"和"少"占 24.4%、中等 35.5%、"多"和"非常多"占 40.1%。

"多"和"非常多"占比与"非常少"和"少"占比之差:男性 19.9%;女性 11.1%;总体:15.7%。总体上皖北六市不同性别居民感知锻炼高峰期使用健身器材人数,"多"的占比比"少"的占比偏多。男性和女性居民感知锻炼高峰期使用健身器材人数,"多"的占比与"少"的占比之差都为正。排序为:男性＞女性。相关检验显示,皖北六市被调查者的性别与被调查者感知锻炼高峰期使用健身器材人数的皮尔逊相关系数为 0.095,$p=0.014<0.05$,斯皮尔曼相关系数为 0.092,$p=0.018<0.05$,相关具有显著性。

2）皖北六市不同性别居民感知锻炼高峰期使用健身器材人数的非参数检验

表 1063　皖北六市不同性别居民感知锻炼高峰期使用健身器材人数的秩次统计量

	被调查者的性别	N	Mean Rank	Sum of Ranks
被调查者感知锻炼高峰期使用健身器材人数	男	352	350.67	123436.50
	女	316	316.49	100009.50
	Total	668		

表 1064　皖北六市不同性别居民感知锻炼高峰期使用健身器材人数的非参数检验结果[a]

	被调查者感知锻炼高峰期使用健身器材人数
Mann-Whitney U	49923.500
Wilcoxon W	100009.50
Z	−2.366
Asymp. Sig. (2-tailed)	.018

a. Grouping Variable:被调查者的性别

表 1063 为皖北六市不同性别居民感知锻炼高峰期使用健身器材人数的秩次表,第一栏列出被调查者的性别,N 为性别人数,Mean Rank 为平均秩次,Sum of Ranks 为秩和。表 1064 为皖北六市不同性别居民感知锻炼高峰期使用健身器材人数的非参数检验结果,其中 Mann-Whitney U、Wilcoxon W 以及 Z 为统计量,Asymp. sig. (2-tailed)为基于渐近分布的

双侧检验概率,本例概率小于 0.05。可以认为在 0.05 水平上男女之间的感知差异具有显著性。

(5) 皖北六市不同年龄区间居民感知锻炼高峰期使用健身器材人数的列联表统计和非参数检验

1) 皖北六市不同年龄区间居民感知锻炼高峰期使用健身器材人数的列联表统计

表 1065　被调查者年龄区间 * 被调查者感知锻炼高峰期使用健身器材人数

		被调查者感知锻炼高峰期使用健身器材人数					Total
		非常少	少	中等	多	非常多	
被调查者的年龄区间	12 岁以下	8.7%	13.0%	8.7%	8.7%	60.9%	100.0%
	13—19 岁	2.0%	15.7%	51.0%	17.6%	13.7%	100.0%
	20—39 岁	8.3%	15.3%	42.0%	23.7%	10.7%	100.0%
	40—59 岁	6.2%	15.4%	39.5%	26.7%	12.3%	100.0%
	60 岁以上	17.2%	19.2%	6.1%	19.2%	38.4%	100.0%
	Total	8.5%	19.9%	35.5%	22.9%	17.2%	100.0%

表 1065 显示,皖北不同年龄区间居民感知锻炼高峰期使用健身器材人数:12 岁以下"少"和"非常少"占 21.7%、中等 8.7%、"多"和"非常多"占 69.6%;13—19 岁"少"和"非常少"占 17.7%、中等 51.0%、"多"和"非常多"占 30.3%;20—39 岁"少"和"非常少"占 23.6%、中等 42.0%、"多"和"非常多"占 34.4%;40—59 岁"少"和"非常少"占 21.6%、中等 39.5%、"多"和"非常多"占 39.0%;60 岁以上"少"和"非常少"占 36.4%、中等 6.1%、"多"和"非常多"占 57.6%;总体:"少"和"非常少"占 28.4%、中等 35.5%、"多"和"非常多"占 40.1%。

"多"和"非常多"占比与"少"和"非常少"占比之差:12 岁以下 47.9%;13—19 岁 12.6%;20—39 岁 10.8%;40—59 岁 17.4%;60 岁以上 8.2%;总体:11.7%。总体上皖北六市不同年龄区间居民感知锻炼高峰期使用健身器材人数,"多"的占比比"少"的占比偏多。各年龄区间居民感知锻炼高峰期使用健身器材人数,"多"和"非常多"的占比与"少"和"非常少"的占比之差都为正。排序为:12 岁以下>40—59 岁>13—19 岁>20—39 岁>60 岁以上。相关检验显示,皖北六市被调查者的年龄区间与被调查者感知锻炼高峰期使用健身器材人数的皮尔逊相关系数为 0.002,p=0.966>0.05,相关不具有显著性。斯皮尔曼相关系数为 0.032,p=0.409>0.05,相关不具有显著性。

2) 皖北六市不同年龄区间居民感知锻炼高峰期使用健身器材人数的非参数检验

表 1066　皖北六市不同年龄区间感知锻炼高峰期使用健身器材人数的平均秩

	被调查者的年龄区间	N	Mean Rank
被调查者感知锻炼高峰期使用健身器材人数	12 岁以下	23	454.85
	13—19 岁	51	329.71
	20—39 岁	300	315.86
	40—59 岁	195	332.54
	60 岁以上	99	369.35
	Total	668	

表 1066 为皖北六市不同年龄区间感知锻炼高峰期使用健身器材人数的样本量和平均秩,平均秩升序排列为:"20—39 岁"为 315.86、"13—19 岁"为 329.71、"40—59 岁"为 332.54、"60 岁以上"为 369.35、"12 岁以下"为 454.85。

表 1067　皖北六市不同年龄区间居民感知锻炼高峰期使用健身器材人数的非参数检验结果[a,b]

	被调查者感知锻炼高峰期使用健身器材人数
Chi-Square	16.091
Df	4
Asymp. Sig.	.003

a. Kruskal Wallis Test
b. Grouping Variable:被调查者的年龄区间

表 1067 为 Kruskal-Wallis 检验,Asymp. Sig. 为检验统计量 $\chi^2=16.091$、df=4 时基于渐近分布概率,本例概率 p=0.003<0.05,所以否定检验的原假设,即可以认为皖北六市不同年龄区间居民感知锻炼高峰期使用健身器材人数之间的差异在 0.05 水平上具有显著性。

表 1068　12 岁以下与 13—19 岁被调查者感知锻炼高峰期使用健身器材人数的秩次统计

	被调查者的年龄区间	N	Mean Rank	Sum of Ranks
被调查者感知锻炼高峰期使用健身器材人数	12 岁以下	23	46.96	1080.00
	13—19 岁	51	33.24	1695.00
	Total	74		

表 1069　12 岁以下与 13—19 岁被调查者感知锻炼高峰期使用健身器材人数的非参数检验结果[a]

	被调查者感知锻炼高峰期使用健身器材人数
Mann-Whitney U	369.000
Wilcoxon W	1695.000
Z	−2.653
Asymp. Sig. (2-tailed)	.008

a. Grouping Variable:被调查者的年龄区间

表 1068 为 12 岁以下与 13—19 岁被调查者感知锻炼高峰期使用健身器材人数的秩次统计表,第一栏列出被调查城市,N 为样本量,Mean Rank 为平均秩次,Sum of Ranks 为秩和。表 1069 为 12 岁以下与 13—19 岁被调查者感知锻炼高峰期使用健身器材人数的非参数检验结果,其中 Mann-Whitney U、Wilcoxon W 以及 Z 为统计量,Asymp. sig. (2-tailed)为基于渐近分布的双侧检验概率,本例概率小于 0.05,可以认为在 0.05 水平上 12 岁以下与 13—19 岁被调查者感知锻炼高峰期使用健身器材人数的差异具有显著性。

表 1070　12 岁以下与 20—39 岁被调查者感知锻炼高峰期使用健身器材人数的秩次统计

	被调查者的年龄区间	N	Mean Rank	Sum of Ranks
被调查者感知锻炼高峰期使用健身器材人数	12 岁以下	23	224.09	5154.00
	20—39 岁	300	157.24	47172.00
	Total	323		

表 1071　12 岁以下与 20—39 岁被调查者感知锻炼高峰期使用健身器材人数的非参数检验结果a

	被调查者感知锻炼高峰期使用健身器材人数
Mann-Whitney U	2022.000
Wilcoxon W	47172.000
Z	−3.451
Asymp. Sig. (2-tailed)	.001

a. Grouping Variable：被调查者的年龄区间

　　表 1070 为 12 岁以下与 20—39 岁被调查者感知锻炼高峰期使用健身器材人数的秩次统计表，第一栏列出被调查城市，N 为样本量，Mean Rank 为平均秩次，Sum of Ranks 为秩和。表 1071 为 12 岁以下与 20—39 岁被调查者感知锻炼高峰期使用健身器材人数的非参数检验结果，其中 Mann-Whitney U、Wilcoxon W 以及 Z 为统计量，Asymp. sig. (2-tailed)为基于渐近分布的双侧检验概率，本例概率小于 0.05，可以认为在 0.05 水平上 12 岁以下与 20—39 岁被调查者感知锻炼高峰期使用健身器材人数的差异具有显著性。

表 1072　12 岁以下与 40—59 岁被调查者感知锻炼高峰期使用健身器材人数的秩次统计

	被调查者的年龄区间	N	Mean Rank	Sum of Ranks
被调查者感知锻炼高峰期使用健身器材人数	12 岁以下	23	147.04	3382.00
	40—59 岁	195	105.07	20489.00
	Total	218		

表 1073　12 岁以下与 40—59 岁被调查者感知锻炼高峰期使用健身器材人数的非参数检验结果a

	被调查者感知锻炼高峰期使用健身器材人数
Mann-Whitney U	1379.000
Wilcoxon W	20489.000
Z	−3.133
Asymp. Sig. (2-tailed)	.002

a. Grouping Variable：被调查者的年龄区间

　　表 1072 为 12 岁以下与 40—59 岁被调查者感知锻炼高峰期使用健身器材人数的秩次统计表，第一栏列出被调查城市，N 为样本量，Mean Rank 为平均秩次，Sum of Ranks 为秩和。表 1073 为 12 岁以下与 40—59 岁被调查者感知锻炼高峰期使用健身器材人数的非参数检验结果，其中 Mann-Whitney U、Wilcoxon W 以及 Z 为统计量，Asymp. sig. (2-tailed)为基于渐近分布的双侧检验概率，本例概率小于 0.05，可以认为在 0.05 水平上 12 岁以下与 40—59 岁被调查者感知锻炼高峰期使用健身器材人数的差异具有显著性。

表 1074　12 岁以下与 60 岁以上被调查者感知锻炼高峰期使用健身器材人数的秩次统计

	被调查者的年龄区间	N	Mean Rank	Sum of Ranks
被调查者感知锻炼高峰期使用健身器材人数	12 岁以下	23	72.76	1673.50
	60 岁以上	99	58.88	5829.50
	Total	122		

表 1075　12 岁以下与 60 岁以上被调查者感知锻炼高峰期使用健身器材人数的非参数检验结果ª

	被调查者感知锻炼高峰期使用健身器材人数
Mann-Whitney U	879.500
Wilcoxon W	5829.500
Z	−1.780
Asymp. Sig. (2-tailed)	.075

a. Grouping Variable：被调查者的年龄区间

　　表 1074 为 12 岁以下与 60 岁以上被调查者感知锻炼高峰期使用健身器材人数的秩次统计表，第一栏列出被调查城市，N 为样本量，Mean Rank 为平均秩次，Sum of Ranks 为秩和。表 1075 为 12 岁以下与 60 岁以上被调查者感知锻炼高峰期使用健身器材人数的非参数检验结果，其中 Mann-Whitney U、Wilcoxon W 以及 Z 为统计量，Asymp. sig. (2-tailed)为基于渐近分布的双侧检验概率，本例概率大于 0.05，可以认为在 0.05 水平上 12 岁以下与 60 岁以上被调查者感知锻炼高峰期使用健身器材人数的差异不具有显著性。

表 1076　13—19 岁与 20—39 岁被调查者感知锻炼高峰期使用健身器材人数的秩次统计

	被调查者的年龄区间	N	Mean Rank	Sum of Ranks
被调查者感知锻炼高峰期使用健身器材人数	13—19 岁	51	182.10	9287.00
	20—39 岁	300	174.96	52489.00
	Total	351		

表 1077　13—19 岁与 20—39 岁被调查者感知锻炼高峰期使用健身器材人数的非参数检验结果ª

	被调查者感知锻炼高峰期使用健身器材人数
Mann-Whitney U	7339.000
Wilcoxon W	52489.000
Z	−.489
Asymp. Sig. (2-tailed)	.625

a. Grouping Variable：被调查者的年龄区间

　　表 1076 为 13—19 岁与 20—39 岁被调查者感知锻炼高峰期使用健身器材人数的秩次统计表，第一栏列出被调查城市，N 为样本量，Mean Rank 为平均秩次，Sum of Ranks 为秩和。表 1077 为 13—19 岁与 20—39 岁被调查者感知锻炼高峰期使用健身器材人数的非参数检验结果，其中 Mann-Whitney U、Wilcoxon W 以及 Z 为统计量，Asymp. sig. (2-tailed)为基于渐近分布的双侧检验概率，本例概率大于 0.05，可以认为在 0.05 水平上 13—19 岁与 20—39 岁被调查者感知锻炼高峰期使用健身器材人数的差异不具有显著性。

表 1078　13—19 岁与 40—59 岁被调查者感知锻炼高峰期使用健身器材人数的秩次统计

	被调查者的年龄区间	N	Mean Rank	Sum of Ranks
被调查者感知锻炼高峰期使用健身器材人数	13—19 岁	51	122.10	6227.00
	40—59 岁	195	123.87	24154.00
	Total	246		

表 1079　13—19 岁与 40—59 岁被调查者感知锻炼高峰期使用健身器材人数的非参数检验结果[a]

	被调查者感知锻炼高峰期使用健身器材人数
Mann-Whitney U	4901.000
Wilcoxon W	6227.000
Z	−.166
Asymp. Sig. (2-tailed)	.868

a. Grouping Variable：被调查者的年龄区间

表 1078 为 13—19 岁与 40—59 岁被调查者感知锻炼高峰期使用健身器材人数的秩次统计表，第一栏列出被调查城市，N 为样本量，Mean Rank 为平均秩次，Sum of Ranks 为秩和。表 1079 为 13—19 岁与 40—59 岁被调查者感知锻炼高峰期使用健身器材人数的非参数检验结果，其中 Mann-Whitney U、Wilcoxon W 以及 Z 为统计量，Asymp. sig. (2-tailed) 为基于渐近分布的双侧检验概率，本例概率大于 0.05，可以认为在 0.05 水平上 13—19 岁与 40—59 岁被调查者感知锻炼高峰期使用健身器材人数的差异不具有显著性。

表 1080　13—19 岁与 60 岁以上被调查者感知锻炼高峰期使用健身器材人数的秩次统计

	被调查者的年龄区间	N	Mean Rank	Sum of Ranks
被调查者感知锻炼高峰期使用健身器材人数	13—19 岁	51	70.27	3584.00
	60 岁以上	99	78.19	7741.00
	Total	150		

表 1081　13—19 岁与 60 岁以上被调查者感知锻炼高峰期使用健身器材人数的非参数检验结果[a]

	被调查者感知锻炼高峰期使用健身器材人数
Mann-Whitney U	2258.000
Wilcoxon W	3584.000
Z	−1.085
Asymp. Sig. (2-tailed)	.278

a. Grouping Variable：被调查者的年龄区间

表 1080 为 13—19 岁与 60 岁以上被调查者感知锻炼高峰期使用健身器材人数的秩次统计表，第一栏列出被调查城市，N 为样本量，Mean Rank 为平均秩次，Sum of Ranks 为秩和。表 1081 为 13—19 岁与 60 岁以上被调查者感知锻炼高峰期使用健身器材人数的非参数检验结果，其中 Mann-Whitney U、Wilcoxon W 以及 Z 为统计量，Asymp. sig. (2-tailed) 为基于渐近分布的双侧检验概率，本例概率大于 0.05，可以认为在 0.05 水平上 13—19 岁与 60 岁以上被调查者感知锻炼高峰期使用健身器材人数的差异不具有显著性。

表 1082　20—39 岁与 40—59 岁被调查者感知锻炼高峰期使用健身器材人数的秩次统计

	被调查者的年龄区间	N	Mean Rank	Sum of Ranks
被调查者感知锻炼高峰期使用健身器材人数	20—39 岁	300	242.79	72836.00
	40—59 岁	195	256.02	49924.00
	Total	495		

表 1083　20—39 岁与 40—59 岁被调查者感知锻炼高峰期使用健身器材人数的非参数检验结果[a]

	被调查者感知锻炼高峰期使用健身器材人数
Mann-Whitney U	27686.000
Wilcoxon W	72836.000
Z	−1.054
Asymp. Sig. (2-tailed)	.292

a. Grouping Variable：被调查者的年龄区间

　　表 1082 为 20—39 岁与 40—59 岁被调查者感知锻炼高峰期使用健身器材人数的秩次统计表,第一栏列出被调查城市,N 为样本量,Mean Rank 为平均秩次,Sum of Ranks 为秩和。表 1083 为 20—39 岁与 40—59 岁被调查者感知锻炼高峰期使用健身器材人数的非参数检验结果,其中 Mann-Whitney U、Wilcoxon W 以及 Z 为统计量,Asymp. sig. (2-tailed)为基于渐近分布的双侧检验概率,本例概率大于 0.05,可以认为在 0.05 水平上 20—39 岁与 40—59 岁被调查者感知锻炼高峰期使用健身器材人数的差异不具有显著性。

表 1084　20—39 岁与 60 岁以上被调查者感知锻炼高峰期使用健身器材人数的秩次统计

	被调查者的年龄区间	N	Mean Rank	Sum of Ranks
被调查者感知锻炼高峰期使用健身器材人数	20—39 岁	300	192.37	57712.00
	60 岁以上	99	223.11	22088.00
	Total	399		

表 1085　20—39 岁与 60 岁以上被调查者感知锻炼高峰期使用健身器材人数的非参数检验结果[a]

	被调查者感知锻炼高峰期使用健身器材人数
Mann-Whitney U	12562.000
Wilcoxon W	57712.000
Z	−2.370
Asymp. Sig. (2-tailed)	.018

a. Grouping Variable：被调查者的年龄区间

　　表 1084 为 20—39 岁与 60 岁以上被调查者感知锻炼高峰期使用健身器材人数的秩次统计表,第一栏列出被调查城市,N 为样本量,Mean Rank 为平均秩次,Sum of Ranks 为秩和。表 1085 为 20—39 岁与 60 岁以上被调查者感知锻炼高峰期使用健身器材人数的非参数检验结果,其中 Mann-Whitney U、Wilcoxon W 以及 Z 为统计量,Asymp. sig. (2-tailed)为基于渐近分布的双侧检验概率,本例概率小于 0.05,可以认为在 0.05 水平上 20—39 岁与 60 岁以上被调查者感知锻炼高峰期使用健身器材人数的差异具有显著性。

表 1086　40—59 岁与 60 岁以上被调查者感知锻炼高峰期使用健身器材人数的秩次统计

	被调查者的年龄区间	N	Mean Rank	Sum of Ranks
被调查者感知锻炼高峰期使用健身器材人数	40—59 岁	195	141.58	27608.00
	60 岁以上	99	159.16	15757.00
	Total	294		

表 1087　40—59 岁与 60 岁以上被调查者感知锻炼高峰期使用健身器材人数的非参数检验结果[a]

	被调查者感知锻炼高峰期使用健身器材人数
Mann-Whitney U	8498.000
Wilcoxon W	27608.000
Z	−1.721
Asymp. Sig. (2-tailed)	.085

a. Grouping Variable：被调查者的年龄区间

　　表 1086 为 40—59 岁与 60 岁以上被调查者感知锻炼高峰期使用健身器材人数的秩次统计表，第一栏列出被调查城市，N 为样本量，Mean Rank 为平均秩次，Sum of Ranks 为秩和。表 1087 为 40—59 岁与 60 岁以上被调查者感知锻炼高峰期使用健身器材人数的非参数检验结果，其中 Mann-Whitney U、Wilcoxon W 以及 Z 为统计量，Asymp. sig. (2-tailed) 为基于渐近分布的双侧检验概率，本例概率大于 0.05，可以认为在 0.05 水平上 40—59 岁与 60 岁以上被调查者感知锻炼高峰期使用健身器材人数的差异不具有显著性。

　　(6) 皖北六市不同锻炼次数居民感知锻炼高峰期使用健身器材人数的列联表统计和非参数检验

　　1) 皖北六市不同锻炼次数居民感知锻炼高峰期使用健身器材人数的列联表统计

表 1088　被调查者锻炼次数＊被调查者感知锻炼高峰期使用健身器材人数

		被调查者感知锻炼高峰期使用健身器材人数					Total
		非常少	少	中等	多	非常多	
被调查者参加体育锻炼次数	非常少	42.3%	19.2%	17.3%	13.5%	7.7%	100.0%
	少	11.3%	32.5%	32.5%	15.2%	8.6%	100.0%
	中等	2.6%	10.1%	51.3%	29.1%	6.9%	100.0%
	多	4.3%	14.7%	36.8%	30.1%	14.1%	100.0%
	非常多	5.3%	3.5%	19.5%	16.8%	54.9%	100.0%
	Total	8.5%	15.9%	35.5%	22.9%	17.2%	100.0%

　　表 1088 显示，皖北不同锻炼次数居民感知锻炼高峰期使用健身器材人数：非常少"少"和"非常少"占 61.5%、中等 17.3%、"多"和"非常多"占 21.2%；少"少"和"非常少"占 43.8%、中等 32.5%、"多"和"非常多"占 47.8%；中等"少"和"非常少"占 12.7%、中等 51.3%、"多"和"非常多"占 36.0%；多"少"和"非常少"占 19.0%、中等 36.8%、"多"和"非常多"占 44.2%；非常多"少"和"非常少"占 8.8%、中等 19.5%、"多"和"非常多"占 71.7%；总体："少"和"非常少"占 24.4%、中等 35.5%、"多"和"非常多"占 40.1%。

　　"多"和"非常多"占比与"少"和"非常少"占比之差：非常少−40.3%；少 4%；中等 23.3%；多 25.2%；非常多 62.9%；总体：15.7%。总体上皖北六市不同锻炼次数居民感知锻炼高峰期使用健身器材人数，"多"的占比比"少"的占比偏多。锻炼次数多、非常多、少、中等的居民感知锻炼高峰期使用健身器材人数，"多"和"非常多"的占比与"少"和"非常少"的占比之差为正。锻炼次数非常少的居民感知锻炼高峰期使用健身器材人数，"多"和"非常多"的占比与"少"和"非常少"的占比之差为负。排序为：非常少<少<中等<多<非常多。相关检验显示，皖北六市被调查者的锻炼次数与被调查者感知锻炼高峰期使用健身器材人

数的皮尔逊相关系数为 0.421,斯皮尔曼相关系数为 0.407,p＝0.000＜0.05,相关具有显著性。

2）皖北六市不同锻炼次数居民感知锻炼高峰期使用健身器材人数的非参数检验

表 1089 皖北六市不同锻炼次数居民感知锻炼高峰期使用健身器材人数的平均秩

	被调查者参加体育锻炼的次数	N	Mean Rank
被调查者感知锻炼高峰期使用健身器材人数	非常少	52	193.54
	少	151	255.89
	中等	189	337.44
	多	163	350.93
	非常多	113	475.80
	Total	668	

表 1089 为皖北六市不同锻炼次数居民感知锻炼高峰期使用健身器材人数的样本量和平均秩,平均秩升序排列为:"非常少"为 193.54、"少"为 255.89、"中等"为 337.44、"多"为 350.93、"非常多"为 475.80。

表 1090 皖北六市不同锻炼次数居民感知锻炼高峰期使用健身器材人数的非参数检验结果[a,b]

	被调查者感知锻炼高峰期使用健身器材人数
Chi-Square	122.754
Df	4
Asymp. Sig.	.000

a. Kruskal Wallis Test

b. Grouping Variable:被调查者参加体育锻炼的次数

表 1090 为 Kruskal-Wallis 检验,Asymp. Sig. 为检验统计量 $\chi^2＝122.754$、df＝4 时基于渐近分布概率,本例概率 p＝0.000＜0.05,所以否定检验的原假设,即可以认为皖北六市不同锻炼次数居民感知锻炼高峰期使用健身器材人数之间的差异在 0.05 水平上具有显著性。

表 1091 体育锻炼次数非常少与少被调查者感知锻炼高峰期使用健身器材人数的秩次统计

	被调查者参加体育锻炼次数	N	Mean Rank	Sum of Ranks
被调查者感知锻炼高峰期使用健身器材人数	非常少	52	81.88	4258.00
	少	151	108.93	16448.00
	Total	203		

表 1092 体育锻炼次数非常少与少被调查者感知锻炼高峰期使用健身器材人数的非参数检验结果[a]

	被调查者感知锻炼高峰期使用健身器材人数
Mann-Whitney U	2880.000
Wilcoxon W	4258.000
Z	−2.951
Asymp. Sig. (2-tailed)	.003

a. Grouping Variable:被调查者参加体育锻炼次数

表 1091 为体育锻炼次数非常少与少被调查者感知锻炼高峰期使用健身器材人数的秩次统计表,第一栏列出被调查城市,N 为样本量,Mean Rank 为平均秩次,Sum of Ranks 为秩和。表 1092 为体育锻炼次数非常少与少被调查者感知锻炼高峰期使用健身器材人数的非参数检验结果,其中 Mann-Whitney U、Wilcoxon W 以及 Z 为统计量,Asymp. sig. (2-tailed)为基于渐近分布的双侧检验概率,本例概率小于 0.05,可以认为在 0.05 水平上体育锻炼次数非常少与少被调查者感知锻炼高峰期使用健身器材人数的差异具有显著性。

表 1093　体育锻炼次数非常少与中等被调查者感知锻炼高峰期使用健身器材人数的秩次统计

	被调查者参加体育锻炼次数	N	Mean Rank	Sum of Ranks
被调查者感知锻炼高峰期使用健身器材人数	非常少	52	76.92	4000.00
	中等	189	133.13	25161.00
	Total	241		

表 1094　体育锻炼次数非常少与中等被调查者感知锻炼高峰期使用健身器材人数的非参数检验结果[a]

	被调查者感知锻炼高峰期使用健身器材人数
Mann-Whitney U	2622.000
Wilcoxon W	4000.000
Z	−5.444
Asymp. Sig. (2-tailed)	.000

a. Grouping Variable:被调查者参加体育锻炼次数

表 1093 为体育锻炼次数非常少与中等被调查者感知锻炼高峰期使用健身器材人数的秩次统计表,第一栏列出被调查城市,N 为样本量,Mean Rank 为平均秩次,Sum of Ranks 为秩和。表 1094 为体育锻炼次数非常少与中等被调查者感知锻炼高峰期使用健身器材人数的非参数检验结果,其中 Mann-Whitney U、Wilcoxon W 以及 Z 为统计量,Asymp. sig. (2-tailed)为基于渐近分布的双侧检验概率,本例概率小于 0.05,可以认为在 0.05 水平上体育锻炼次数非常少与中等被调查者感知锻炼高峰期使用健身器材人数的差异具有显著性。

表 1095　体育锻炼次数非常少与多被调查者感知锻炼高峰期使用健身器材人数的秩次统计

	被调查者参加体育锻炼次数	N	Mean Rank	Sum of Ranks
被调查者感知锻炼高峰期使用健身器材人数	非常少	52	69.39	3608.50
	多	163	120.32	19611.50
	Total	215		

表 1096　体育锻炼次数非常少与多被调查者感知锻炼高峰期使用健身器材人数的非参数检验结果[a]

	被调查者感知锻炼高峰期使用健身器材人数
Mann-Whitney U	2230.500
Wilcoxon W	3608.500
Z	−5.298
Asymp. Sig. (2-tailed)	.000

a. Grouping Variable:被调查者参加体育锻炼次数

表 1095 为体育锻炼次数非常少与多被调查者感知锻炼高峰期使用健身器材人数的秩次统计表,第一栏列出被调查城市,N 为样本量,Mean Rank 为平均秩次,Sum of Ranks 为秩和。表 1096 为体育锻炼次数非常少与多被调查者感知锻炼高峰期使用健身器材人数的非参数检验结果,其中 Mann-Whitney U、Wilcoxon W 以及 Z 为统计量,Asymp. sig. (2-tailed)为基于渐近分布的双侧检验概率,本例概率小于 0.05,可以认为在 0.05 水平上体育锻炼次数非常少与多被调查者感知锻炼高峰期使用健身器材人数的差异具有显著性。

表 1097　体育锻炼次数非常少与非常多被调查者感知锻炼高峰期使用健身器材人数的秩次统计

	被调查者参加体育锻炼次数	N	Mean Rank	Sum of Ranks
被调查者感知锻炼高峰期使用健身器材人数	非常少	52	44.84	2331.50
	非常多	113	100.56	11363.50
	Total	165		

表 1098　体育锻炼次数非常少与非常多被调查者感知锻炼高峰期使用健身器材人数的非参数检验结果[a]

	被调查者感知锻炼高峰期使用健身器材人数
Mann-Whitney U	953.500
Wilcoxon W	2331.500
Z	−7.257
Asymp. Sig. (2-tailed)	.000

a. Grouping Variable：被调查者参加体育锻炼次数

表 1097 为体育锻炼次数非常少与非常多被调查者感知锻炼高峰期使用健身器材人数的秩次统计表,第一栏列出被调查城市,N 为样本量,Mean Rank 为平均秩次,Sum of Ranks 为秩和。表 1098 为体育锻炼次数非常少与非常多被调查者感知锻炼高峰期使用健身器材人数的非参数检验结果,其中 Mann-Whitney U、Wilcoxon W 以及 Z 为统计量,Asymp. sig. (2-tailed)为基于渐近分布的双侧检验概率,本例概率小于 0.05,可以认为在 0.05 水平上体育锻炼次数非常少与非常多被调查者感知锻炼高峰期使用健身器材人数的差异具有显著性。

表 1099　体育锻炼次数少与中等被调查者感知锻炼高峰期使用健身器材人数的秩次统计

	被调查者参加体育锻炼次数	N	Mean Rank	Sum of Ranks
被调查者感知锻炼高峰期使用健身器材人数	少	151	142.84	21569.50
	中等	189	192.60	36400.50
	Total	340		

表 1100　体育锻炼次数少与中等被调查者感知锻炼高峰期使用健身器材人数的非参数检验结果[a]

	被调查者感知锻炼高峰期使用健身器材人数
Mann-Whitney U	10093.500
Wilcoxon W	21569.500
Z	−4.888
Asymp. Sig. (2-tailed)	.000

a. Grouping Variable：被调查者参加体育锻炼次数

　　表1099为体育锻炼次数少与中等被调查者感知锻炼高峰期使用健身器材人数的秩次统计表，第一栏列出被调查城市，N为样本量，Mean Rank为平均秩次，Sum of Ranks为秩和。表1100为体育锻炼次数少与中等被调查者感知锻炼高峰期使用健身器材人数的非参数检验结果，其中Mann-Whitney U、Wilcoxon W以及Z为统计量，Asymp. sig.（2-tailed）为基于渐近分布的双侧检验概率，本例概率小于0.05，可以认为在0.05水平上体育锻炼次数少与中等被调查者感知锻炼高峰期使用健身器材人数的差异具有显著性。

表1101　体育锻炼次数少与多被调查者感知锻炼高峰期使用健身器材人数的秩次统计

	被调查者参加体育锻炼次数	N	Mean Rank	Sum of Ranks
被调查者感知锻炼高峰期使用健身器材人数	少	151	132.99	20081.50
	多	163	180.21	29373.50
	Total	314		

表1102　体育锻炼次数少与多被调查者感知锻炼高峰期使用健身器材人数的非参数检验结果[a]

	被调查者感知锻炼高峰期使用健身器材人数
Mann-Whitney U	8605.500
Wilcoxon W	20081.500
Z	−4.770
Asymp. Sig. (2-tailed)	.000

a. Grouping Variable：被调查者参加体育锻炼次数

　　表1101为体育锻炼次数少与多被调查者感知锻炼高峰期使用健身器材人数的秩次统计表，第一栏列出被调查城市，N为样本量，Mean Rank为平均秩次，Sum of Ranks为秩和。表1102为体育锻炼次数少与多被调查者感知锻炼高峰期使用健身器材人数的非参数检验结果，其中Mann-Whitney U、Wilcoxon W以及Z为统计量，Asymp. sig.（2-tailed）为基于渐近分布的双侧检验概率，本例概率小于0.05，可以认为在0.05水平上体育锻炼次数少与多被调查者感知锻炼高峰期使用健身器材人数的差异具有显著性。

表1103　体育锻炼次数少与非常多被调查者感知锻炼高峰期使用健身器材人数的秩次统计

	被调查者参加体育锻炼次数	N	Mean Rank	Sum of Ranks
被调查者感知锻炼高峰期使用健身器材人数	少	151	99.13	14968.50
	非常多	113	177.09	20011.50
	Total	264		

表1104　体育锻炼次数少与非常多被调查者感知锻炼高峰期使用健身器材人数的非参数检验结果[a]

	被调查者感知锻炼高峰期使用健身器材人数
Mann-Whitney U	3492.500
Wilcoxon W	14968.500
Z	−8.445
Asymp. Sig. (2-tailed)	.000

a. Grouping Variable：被调查者参加体育锻炼次数

　　表1103为体育锻炼次数少与非常多被调查者感知锻炼高峰期使用健身器材人数的秩次统计表,第一栏列出被调查城市,N为样本量,Mean Rank为平均秩次,Sum of Ranks为秩和。表1104为体育锻炼次数少与非常多被调查者感知锻炼高峰期使用健身器材人数的非参数检验结果,其中 Mann-Whitney U、Wilcoxon W 以及 Z 为统计量,Asymp. sig.(2-tailed)为基于渐近分布的双侧检验概率,本例概率小于0.05,可以认为在0.05水平上体育锻炼次数少与非常多被调查者感知锻炼高峰期使用健身器材人数的差异具有显著性。

表 1105　体育锻炼次数中等与多被调查者感知锻炼高峰期使用健身器材人数的秩次统计

	被调查者参加体育锻炼次数	N	Mean Rank	Sum of Ranks
被调查者感知锻炼高峰期使用健身器材人数	中等	189	172.34	32572.50
	多	163	181.32	29555.50
	Total	352		

表 1106　体育锻炼次数中等与多被调查者感知锻炼高峰期使用健身器材人数的非参数检验结果[a]

	被调查者感知锻炼高峰期使用健身器材人数
Mann-Whitney U	14617.500
Wilcoxon W	32572.500
Z	−.879
Asymp. Sig. (2-tailed)	.379

　　a. Grouping Variable:被调查者参加体育锻炼次数

　　表1105为体育锻炼次数中等与多被调查者感知锻炼高峰期使用健身器材人数的秩次统计表,第一栏列出被调查城市,N为样本量,Mean Rank为平均秩次,Sum of Ranks为秩和。表1106为体育锻炼次数中等与多被调查者感知锻炼高峰期使用健身器材人数的非参数检验结果,其中 Mann-Whitney U、Wilcoxon W 以及 Z 为统计量,Asymp. sig.(2-tailed)为基于渐近分布的双侧检验概率,本例概率大于0.05,可以认为在0.05水平上体育锻炼次数中等与多被调查者感知锻炼高峰期使用健身器材人数的差异不具有显著性。

表 1107　体育锻炼次数中等与非常多被调查者感知锻炼高峰期使用健身器材人数的秩次统计

	被调查者参加体育锻炼次数	N	Mean Rank	Sum of Ranks
被调查者感知锻炼高峰期使用健身器材人数	中等	189	124.38	23507.50
	非常多	113	196.86	22245.50
	Total	302		

表 1108　体育锻炼次数中等与非常多被调查者感知锻炼高峰期使用健身器材人数的非参数检验结果[a]

	被调查者感知锻炼高峰期使用健身器材人数
Mann-Whitney U	5552.500
Wilcoxon W	23507.500
Z	−7.324
Asymp. Sig. (2-tailed)	.000

　　a. Grouping Variable:被调查者参加体育锻炼次数

　　表 1107 为体育锻炼次数中等与非常多被调查者感知锻炼高峰期使用健身器材人数的秩次统计表,第一栏列出被调查城市,N 为样本量,Mean Rank 为平均秩次,Sum of Ranks 为秩和。表 1108 为体育锻炼次数中等与非常多被调查者感知锻炼高峰期使用健身器材人数的非参数检验结果,其中 Mann-Whitney U、Wilcoxon W 以及 Z 为统计量,Asymp. sig. (2-tailed)为基于渐近分布的双侧检验概率,本例概率小于 0.05,可以认为在 0.05 水平上体育锻炼次数中等与非常多被调查者感知锻炼高峰期使用健身器材人数的差异具有显著性。

表 1109　体育锻炼次数多与非常多被调查者感知锻炼高峰期使用健身器材人数的秩次统计

	被调查者参加体育锻炼次数	N	Mean Rank	Sum of Ranks
被调查者感知锻炼高峰期使用健身器材人数	多	163	115.08	18758.50
	非常多	113	172.28	19467.50
	Total	276		

表 1110　体育锻炼次数多与非常多被调查者感知锻炼高峰期使用健身器材人数的非参数检验结果ᵃ

	被调查者感知锻炼高峰期使用健身器材人数
Mann-Whitney U	5392.500
Wilcoxon W	18758.500
Z	−6.075
Asymp. Sig. (2-tailed)	.000

a. Grouping Variable:被调查者参加体育锻炼次数

　　表 1109 为体育锻炼次数多与非常多被调查者感知锻炼高峰期使用健身器材人数的秩次统计表,第一栏列出被调查城市,N 为样本量,Mean Rank 为平均秩次,Sum of Ranks 为秩和。表 1110 为体育锻炼次数多与非常多被调查者感知锻炼高峰期使用健身器材人数的非参数检验结果,其中 Mann-Whitney U、Wilcoxon W 以及 Z 为统计量,Asymp. sig. (2-tailed)为基于渐近分布的双侧检验概率,本例概率小于 0.05,可以认为在 0.05 水平上体育锻炼次数多与非常多被调查者感知锻炼高峰期使用健身器材人数的差异具有显著性。

4.1.3.3　居民感知锻炼高峰期使用健身器材排队的时间

(1) 皖北不同市居民感知锻炼高峰期使用健身器材排队时间的列联表统计和非参数检验

1) 皖北不同市居民感知锻炼高峰期使用健身器材排队时间的列联表统计

表 1111　被调查者居住的城市 * 被调查者感知锻炼高峰期使用健身器材排队时间

		被调查者感知锻炼高峰期使用健身器材排队时间					Total
		非常少	少	中等	多	非常多	
被调查者居住的城市	淮北市	5.7%	9.9%	56.7%	19.9%	7.8%	100.0%
	宿州市	8.6%	13.3%	29.5%	21.9%	26.7%	100.0%
	蚌埠市	13.8%	19.3%	26.6%	21.1%	19.3%	100.0%
	淮南市	6.9%	20.6%	47.1%	16.7%	8.8%	100.0%
	阜阳市	3.0%	21.0%	36.0%	21.0%	19.0%	100.0%
	亳州市	17.1%	21.6%	20.7%	23.4%	17.1%	100.0%
	Total	9.1%	17.2%	37.0%	20.7%	16.0%	100.0%

表 1111 显示,皖北六市居民感知锻炼高峰期使用健身器材的排队时间:淮北市"短"和"非常短"占 15.6%(22)、中等 56.7%(80)、"长"和"非常长"占 27.7%(39);宿州市"短"和"非常短"占 21.9%(33)、中等 29.5%(31)、"长"和"非常长"占 48.6%(51);蚌埠市"短"和"非常短"占 30.1%(36)、中等 26.6%(29)、"长"和"非常长"占 40.4%(44);淮南市"短"和"非常短"占 27.5%(28)、中等 47.1%(48)、"长"和"非常长"占 25.5%(26);阜阳市"短"和"非常短"占 24%(24)、中等 36.0%(36)、"长"和"非常长"占 40%(40);亳州市"短"和"非常短"占 38.7%(43)、中等 20.7%(23)、"长"和"非常长"占 40.5%(45);总体:"短"和"非常短"占 26.3%(176)、中等 37%(247)、"长"和"非常长"占 36.7%(245)。

"短"和"非常短"占比与"长"和"非常长"占比之差:淮北市 -12.1%;宿州市 -26.7%;蚌埠市 -10.3%;淮南市 2%;阜阳市 -16%;亳州市 -1.8%;总体:-10.4%。总体上皖北六市居民感知锻炼高峰期使用健身器材的排队时间"短"的占比比"长"的占比偏少。淮北市、阜阳市、宿州市、蚌埠市、亳州市"短"和"非常短"占比与"长"和"非常长"占比之差为负,淮南市为正。排序为:淮南市>亳州市>蚌埠市>淮北市>阜阳市>宿州市。

2) 皖北不同市居民感知锻炼高峰期使用健身器材排队时间的非参数检验

表 1112　皖北六市居民感知锻炼高峰期使用健身器材排队时间的平均秩

	被调查者居住的城市	N	Mean Rank
被调查者感知锻炼高峰期使用健身器材排队时间	淮北市	141	329.57
	宿州市	105	378.98
	蚌埠市	109	329.42
	淮南市	102	304.15
	阜阳市	100	354.20
	亳州市	111	313.83
	Total	668	

表 1112 为皖北六市居民感知锻炼高峰期使用健身器材排队时间的样本量和平均秩,降序排列为:宿州市为 378.98(105)、阜阳市为 354.20(100)、淮北市为 329.57(141)、蚌埠市为 329.42(109)、亳州市为 313.83(111)、淮南市为 304.15(102)。

表 1113　皖北六市居民感知锻炼高峰期使用健身器材排队时间的非参数检验结果[a,b]

	被调查者感知锻炼高峰期使用健身器材排队时间
Chi-Square	11.371
Df	5
Asymp. Sig.	.044

a. Kruskal Wallis Test
b. Grouping Variable:被调查者居住的城市

表 1113 为 Kruskal-Wallis 检验,Asymp. Sig. 为检验统计量 $\chi^2 = 11.371$、df=5 时基于渐近分布概率,本例概率 p=0.044<0.05,所以否定检验的原假设,即可以认为皖北六市居民感知锻炼高峰期使用健身器材排队时间之间的差异在 0.05 水平上具有显著性。

表 1114　淮北市与宿州市被调查者感知锻炼高峰期使用健身器材排队时间的秩次统计

	被调查城市	N	Mean Rank	Sum of Ranks
被调查者感知锻炼高峰期使用健身器材排队时间	淮北市	141	114.79	16186.00
	宿州市	105	135.19	14195.00
	Total	246		

表 1115　淮北市与宿州市被调查者感知锻炼高峰期使用健身器材排队时间的非参数检验结果[a]

	被调查者感知锻炼高峰期使用健身器材排队时间
Mann-Whitney U	6175.000
Wilcoxon W	16186.000
Z	−2.352
Asymp. Sig. (2-tailed)	.019

a. Grouping Variable:被调查者居住的城市

　　表 1114 为淮北市与宿州市被调查者感知锻炼高峰期使用健身器材排队时间的秩次统计表,第一栏列出被调查城市,N 为样本量,Mean Rank 为平均秩次,Sum of Ranks 为秩和。表 1115 为淮北市与宿州市被调查者感知锻炼高峰期使用健身器材排队时间的非参数检验结果,其中 Mann-Whitney U、Wilcoxon W 以及 Z 为统计量,Asymp. sig. (2-tailed)为基于渐近分布的双侧检验概率,本例概率小于 0.05,可以认为在 0.05 水平上淮北市与宿州市被调查者感知锻炼高峰期使用健身器材排队时间之间的差异具有显著性。

表 1116　淮北市与蚌埠市被调查者感知锻炼高峰期使用健身器材排队时间的秩次统计

	被调查城市	N	Mean Rank	Sum of Ranks
被调查者感知锻炼高峰期使用健身器材排队时间	淮北市	141	125.49	17693.50
	蚌埠市	109	125.52	13681.50
	Total	250		

表 1117　淮北市与蚌埠市被调查者感知锻炼高峰期使用健身器材排队时间的非参数检验结果[a]

	被调查者感知锻炼高峰期使用健身器材排队时间
Mann-Whitney U	7682.500
Wilcoxon W	17693.500
Z	−.004
Asymp. Sig. (2-tailed)	.997

a. Grouping Variable:被调查者居住的城市

　　表 1116 为淮北市与蚌埠市被调查者感知锻炼高峰期使用健身器材排队时间的秩次统计表,第一栏列出被调查城市,N 为样本量,Mean Rank 为平均秩次,Sum of Ranks 为秩和。表 1117 为淮北市与蚌埠市被调查者感知锻炼高峰期使用健身器材排队时间的非参数检验结果,其中 Mann-Whitney U、Wilcoxon W 以及 Z 为统计量,Asymp. sig. (2-tailed)为基于渐近分布的双侧检验概率,本例概率大于 0.05,可以认为在 0.05 水平上淮北市与蚌埠市被调查者感知锻炼高峰期使用健身器材排队时间之间的差异不具有显著性。

表 1118 淮北市与淮南市被调查者感知锻炼高峰期使用健身器材排队时间的秩次统计

	被调查城市	N	Mean Rank	Sum of Ranks
被调查者感知锻炼高峰期使用健身器材排队时间	淮北市	141	126.83	17882.50
	淮南市	102	115.33	11763.50
	Total	243		

表 1119 淮北市与淮南市被调查者感知锻炼高峰期使用健身器材排队时间的非参数检验结果[a]

	被调查者感知锻炼高峰期使用健身器材排队时间
Mann-Whitney U	6510.500
Wilcoxon W	11763.500
Z	−1.370
Asymp. Sig. (2-tailed)	.171

a. Grouping Variable：被调查者居住的城市

表 1118 为淮北市与淮南市被调查者感知锻炼高峰期使用健身器材排队时间的秩次统计表，第一栏列出被调查城市，N 为样本量，Mean Rank 为平均秩次，Sum of Ranks 为秩和。表 1119 为淮北市与淮南市被调查者感知锻炼高峰期使用健身器材排队时间的非参数检验结果，其中 Mann-Whitney U、Wilcoxon W 以及 Z 为统计量，Asymp. sig. (2-tailed) 为基于渐近分布的双侧检验概率，本例概率大于 0.05，可以认为在 0.05 水平上淮北市与淮南市被调查者感知锻炼高峰期使用健身器材排队时间之间的差异不具有显著性。

表 1120 淮北市与阜阳市被调查者感知锻炼高峰期使用健身器材排队时间的秩次统计

	被调查城市	N	Mean Rank	Sum of Ranks
被调查者感知锻炼高峰期使用健身器材排队时间	淮北市	141	117.32	16541.50
	阜阳市	100	126.19	12619.50
	Total	241		

表 1121 淮北市与阜阳市被调查者感知锻炼高峰期使用健身器材排队时间的非参数检验结果[a]

	被调查者感知锻炼高峰期使用健身器材排队时间
Mann-Whitney U	6530.500
Wilcoxon W	16541.500
Z	−1.041
Asymp. Sig. (2-tailed)	.298

a. Grouping Variable：被调查者居住的城市

表 1120 为淮北市与阜阳市被调查者感知锻炼高峰期使用健身器材排队时间的秩次统计表，第一栏列出被调查城市，N 为样本量，Mean Rank 为平均秩次，Sum of Ranks 为秩和。表 1121 为淮北市与阜阳市被调查者感知锻炼高峰期使用健身器材排队时间的非参数检验结果，其中 Mann-Whitney U、Wilcoxon W 以及 Z 为统计量，Asymp. sig. (2-tailed) 为基于渐近分布的双侧检验概率，本例概率大于 0.05，可以认为在 0.05 水平上淮北市与阜阳市被调查者感知锻炼高峰期使用健身器材排队时间之间的差异不具有显著性。

表 1122   淮北市与亳州市被调查者感知锻炼高峰期使用健身器材排队时间的秩次统计

	被调查城市	N	Mean Rank	Sum of Ranks
被调查者感知锻炼高峰期使用健身器材排队时间	淮北市	141	129.15	18209.50
	亳州市	111	123.14	13668.50
	Total	252		

表 1123   淮北市与亳州市被调查者感知锻炼高峰期使用健身器材排队时间的非参数检验结果[a]

	被调查者感知锻炼高峰期使用健身器材排队时间
Mann-Whitney U	7452.500
Wilcoxon W	13668.500
Z	−.679
Asymp. Sig. (2-tailed)	.497

a. Grouping Variable：被调查者居住的城市

表 1122 为淮北市与亳州市被调查者感知锻炼高峰期使用健身器材排队时间的秩次统计表，第一栏列出被调查城市，N 为样本量，Mean Rank 为平均秩次，Sum of Ranks 为秩和。表 1123 为淮北市与亳州市被调查者感知锻炼高峰期使用健身器材排队时间的非参数检验结果，其中 Mann-Whitney U、Wilcoxon W 以及 Z 为统计量，Asymp. sig.（2-tailed）为基于渐近分布的双侧检验概率，本例概率大于 0.05，可以认为在 0.05 水平上淮北市与亳州市被调查者感知锻炼高峰期使用健身器材排队时间之间的差异不具有显著性。

表 1124   宿州市与蚌埠市被调查者感知锻炼高峰期使用健身器材排队时间的秩次统计

	被调查城市	N	Mean Rank	Sum of Ranks
被调查者感知锻炼高峰期使用健身器材排队时间	宿州市	105	114.98	12072.50
	蚌埠市	109	100.30	10932.50
	Total	214		

表 1125   宿州市与蚌埠市被调查者感知锻炼高峰期使用健身器材排队时间的非参数检验结果[a]

	被调查者感知锻炼高峰期使用健身器材排队时间
Mann-Whitney U	4937.500
Wilcoxon W	10932.500
Z	−1.778
Asymp. Sig. (2-tailed)	.075

a. Grouping Variable：被调查者居住的城市

表 1124 为宿州市与蚌埠市被调查者感知锻炼高峰期使用健身器材排队时间的秩次统计表，第一栏列出被调查城市，N 为样本量，Mean Rank 为平均秩次，Sum of Ranks 为秩和。表 1125 为宿州市与蚌埠市被调查者感知锻炼高峰期使用健身器材排队时间的非参数检验结果，其中 Mann-Whitney U、Wilcoxon W 以及 Z 为统计量，Asymp. sig.（2-tailed）为基于渐近分布的双侧检验概率，本例概率大于 0.05，可以认为在 0.05 水平上宿州市与蚌埠市被调查者感知锻炼高峰期使用健身器材排队时间之间的差异不具有显著性。

表 1126　宿州市与淮南市被调查者感知锻炼高峰期使用健身器材排队时间的秩次统计

	被调查城市	N	Mean Rank	Sum of Ranks
被调查者感知锻炼高峰期使用健身器材排队时间	宿州市	105	115.50	12127.00
	淮南市	102	92.17	9401.00
	Total	207		

表 1127　宿州市与淮南市被调查者感知锻炼高峰期使用健身器材排队时间的非参数检验结果[a]

	被调查者感知锻炼高峰期使用健身器材排队时间
Mann-Whitney U	4148.000
Wilcoxon W	9401.000
Z	−2.911
Asymp. Sig. (2-tailed)	.004

a. Grouping Variable：被调查者居住的城市

　　表 1126 为宿州市与淮南市被调查者感知锻炼高峰期使用健身器材排队时间的秩次统计表，第一栏列出被调查城市，N 为样本量，Mean Rank 为平均秩次，Sum of Ranks 为秩和。表 1127 为宿州市与淮南市被调查者感知锻炼高峰期使用健身器材排队时间的非参数检验结果，其中 Mann-Whitney U、Wilcoxon W 以及 Z 为统计量，Asymp. sig. (2-tailed) 为基于渐近分布的双侧检验概率，本例概率小于 0.05，可以认为在 0.05 水平上宿州市与淮南市被调查者感知锻炼高峰期使用健身器材排队时间之间的差异具有显著性。

表 1128　宿州市与阜阳市被调查者感知锻炼高峰期使用健身器材排队时间的秩次统计

	被调查城市	N	Mean Rank	Sum of Ranks
被调查者感知锻炼高峰期使用健身器材排队时间	宿州市	105	106.90	11225.00
	阜阳市	100	98.90	9890.00
	Total	205		

表 1129　宿州市与阜阳市被调查者感知锻炼高峰期使用健身器材排队时间的非参数检验结果[a]

	被调查者感知锻炼高峰期使用健身器材排队时间
Mann-Whitney U	4840.000
Wilcoxon W	9890.000
Z	−.997
Asymp. Sig. (2-tailed)	.319

a. Grouping Variable：被调查者居住的城市

　　表 1128 为宿州市与阜阳市被调查者感知锻炼高峰期使用健身器材排队时间的秩次统计表，第一栏列出被调查城市，N 为样本量，Mean Rank 为平均秩次，Sum of Ranks 为秩和。表 1129 为宿州市与阜阳市被调查者感知锻炼高峰期使用健身器材排队时间的非参数检验结果，其中 Mann-Whitney U、Wilcoxon W 以及 Z 为统计量，Asymp. sig. (2-tailed) 为基于渐近分布的双侧检验概率，本例概率大于 0.05，可以认为在 0.05 水平上宿州市与阜阳市被调查者感知锻炼高峰期使用健身器材排队时间之间的差异不具有显著性。

表 1130　宿州市与亳州市被调查者感知锻炼高峰期使用健身器材排队时间的秩次统计

	被调查城市	N	Mean Rank	Sum of Ranks
被调查者感知锻炼高峰期使用健身器材排队时间	宿州市	105	118.41	12433.00
	亳州市	111	99.13	11003.00
	Total	216		

表 1131　宿州市与亳州市被调查者感知锻炼高峰期使用健身器材排队时间的非参数检验结果[a]

	被调查者感知锻炼高峰期使用健身器材排队时间
Mann-Whitney U	4787.000
Wilcoxon W	11003.000
Z	-2.319
Asymp. Sig. (2-tailed)	.020

a. Grouping Variable：被调查者居住的城市

　　表 1130 为宿州市与亳州市被调查者感知锻炼高峰期使用健身器材排队时间的秩次统计表，第一栏列出被调查城市，N 为样本量，Mean Rank 为平均秩次，Sum of Ranks 为秩和。表 1131 为宿州市与亳州市被调查者感知锻炼高峰期使用健身器材排队时间的非参数检验结果，其中 Mann-Whitney U、Wilcoxon W 以及 Z 为统计量，Asymp. sig. (2-tailed) 为基于渐近分布的双侧检验概率，本例概率小于 0.05，可以认为在 0.05 水平上宿州市与亳州市被调查者感知锻炼高峰期使用健身器材排队时间之间的差异具有显著性。

表 1132　蚌埠市与淮南市被调查者感知锻炼高峰期使用健身器材排队时间的秩次统计

	被调查城市	N	Mean Rank	Sum of Ranks
被调查者感知锻炼高峰期使用健身器材排队时间	蚌埠市	109	109.30	11914.00
	淮南市	102	102.47	10452.00
	Total	211		

表 1133　蚌埠市与淮南市被调查者感知锻炼高峰期使用健身器材排队时间的非参数检验结果[a]

	被调查者感知锻炼高峰期使用健身器材排队时间
Mann-Whitney U	5199.000
Wilcoxon W	10452.000
Z	$-.841$
Asymp. Sig. (2-tailed)	.400

a. Grouping Variable：被调查者居住的城市

　　表 1132 为蚌埠市与淮南市被调查者感知锻炼高峰期使用健身器材排队时间的秩次统计表，第一栏列出被调查城市，N 为样本量，Mean Rank 为平均秩次，Sum of Ranks 为秩和。表 1133 为蚌埠市与淮南市被调查者感知锻炼高峰期使用健身器材排队时间的非参数检验结果，其中 Mann-Whitney U、Wilcoxon W 以及 Z 为统计量，Asymp. sig. (2-tailed) 为基于渐近分布的双侧检验概率，本例概率大于 0.05，可以认为在 0.05 水平上蚌埠市与淮南市被调查者感知锻炼高峰期使用健身器材排队时间之间的差异不具有显著性。

表 1134 蚌埠市与阜阳市被调查者感知锻炼高峰期使用健身器材排队时间的秩次统计

	被调查城市	N	Mean Rank	Sum of Ranks
被调查者感知锻炼高峰期使用健身器材排队时间	蚌埠市	109	101.29	11041.00
	阜阳市	100	109.04	10904.00
	Total	209		

表 1135 蚌埠市与阜阳市被调查者感知锻炼高峰期使用健身器材排队时间的非参数检验结果[a]

	被调查者感知锻炼高峰期使用健身器材排队时间
Mann-Whitney U	5046.000
Wilcoxon W	11041.000
Z	−.952
Asymp. Sig. (2-tailed)	.341

a. Grouping Variable：被调查者居住的城市

表 1134 为蚌埠市与阜阳市被调查者感知锻炼高峰期使用健身器材排队时间的秩次统计表，第一栏列出被调查城市，N 为样本量，Mean Rank 为平均秩次，Sum of Ranks 为秩和。表 1135 为蚌埠市与阜阳市被调查者感知锻炼高峰期使用健身器材排队时间的非参数检验结果，其中 Mann-Whitney U、Wilcoxon W 以及 Z 为统计量，Asymp. sig. (2-tailed) 为基于渐近分布的双侧检验概率，本例概率大于 0.05，可以认为在 0.05 水平上蚌埠市与阜阳市被调查者感知锻炼高峰期使用健身器材排队时间之间的差异不具有显著性。

表 1136 蚌埠市与亳州市被调查者感知锻炼高峰期使用健身器材排队时间的秩次统计

	被调查城市	N	Mean Rank	Sum of Ranks
被调查者感知锻炼高峰期使用健身器材排队时间	蚌埠市	109	113.00	12317.50
	亳州市	111	108.04	11992.50
	Total	220		

表 1137 蚌埠市与亳州市被调查者感知锻炼高峰期使用健身器材排队时间的非参数检验结果[a]

	被调查者感知锻炼高峰期使用健身器材排队时间
Mann-Whitney U	5776.500
Wilcoxon W	11992.500
Z	−.591
Asymp. Sig. (2-tailed)	.554

a. Grouping Variable：被调查者居住的城市

表 1136 为蚌埠市与亳州市被调查者感知锻炼高峰期使用健身器材排队时间的秩次统计表，第一栏列出被调查城市，N 为样本量，Mean Rank 为平均秩次，Sum of Ranks 为秩和。表 1137 为蚌埠市与亳州市被调查者感知锻炼高峰期使用健身器材排队时间的非参数检验结果，其中 Mann-Whitney U、Wilcoxon W 以及 Z 为统计量，Asymp. sig. (2-tailed) 为基于渐近分布的双侧检验概率，本例概率大于 0.05，可以认为在 0.05 水平上蚌埠市与亳州市被调查者感知锻炼高峰期使用健身器材排队时间之间的差异不具有显著性。

表 1138　淮南市与阜阳市被调查者感知锻炼高峰期使用健身器材排队时间的秩次统计

	被调查城市	N	Mean Rank	Sum of Ranks
被调查者感知锻炼高峰期使用健身器材排队时间	淮南市	102	93.88	9576.00
	阜阳市	100	109.27	10927.00
	Total	202		

表 1139　淮南市与阜阳市被调查者感知锻炼高峰期使用健身器材排队时间的非参数检验结果[a]

	被调查者感知锻炼高峰期使用健身器材排队时间
Mann-Whitney U	4323.000
Wilcoxon W	9576.000
Z	−1.961
Asymp. Sig. (2-tailed)	.050

a. Grouping Variable：被调查者居住的城市

　　表 1138 为淮南市与阜阳市被调查者感知锻炼高峰期使用健身器材排队时间的秩次统计表，第一栏列出被调查城市，N 为样本量，Mean Rank 为平均秩次，Sum of Ranks 为秩和。表 1139 为淮南市与阜阳市被调查者感知锻炼高峰期使用健身器材排队时间的非参数检验结果，其中 Mann-Whitney U、Wilcoxon W 以及 Z 为统计量，Asymp. sig. (2-tailed) 为基于渐近分布的双侧检验概率，本例概率等于 0.05，可以认为在 0.05 水平上淮南市与阜阳市被调查者感知锻炼高峰期使用健身器材排队时间之间的差异具有显著性。

表 1140　淮南市与亳州市被调查者感知锻炼高峰期使用健身器材排队时间的秩次统计

	被调查城市	N	Mean Rank	Sum of Ranks
被调查者感知锻炼高峰期使用健身器材排队时间	淮南市	102	106.30	10843.00
	亳州市	111	107.64	11948.00
	Total	213		

表 1141　淮南市与亳州市被调查者感知锻炼高峰期使用健身器材排队时间的非参数检验结果[a]

	被调查者感知锻炼高峰期使用健身器材排队时间
Mann-Whitney U	5590.000
Wilcoxon W	10843.000
Z	−.163
Asymp. Sig. (2-tailed)	.871

a. Grouping Variable：被调查者居住的城市

　　表 1140 为淮南市与亳州市被调查者感知锻炼高峰期使用健身器材排队时间的秩次统计表，第一栏列出被调查城市，N 为样本量，Mean Rank 为平均秩次，Sum of Ranks 为秩和。表 1141 为淮南市与亳州市被调查者感知锻炼高峰期使用健身器材排队时间的非参数检验结果，其中 Mann-Whitney U、Wilcoxon W 以及 Z 为统计量，Asymp. sig. (2-tailed) 为基于渐近分布的双侧检验概率，本例概率大于 0.05，可以认为在 0.05 水平上淮南市与亳州市被调查者感知锻炼高峰期使用健身器材排队时间之间的差异不具有显著性。

表 1142　阜阳市与亳州市被调查者感知锻炼高峰期使用健身器材排队时间的秩次统计

	被调查城市	N	Mean Rank	Sum of Ranks
被调查者感知锻炼高峰期使用健身器材排队时间	阜阳市	100	112.79	11279.00
	亳州市	111	99.88	11087.00
	Total	211		

表 1143　阜阳市与亳州市被调查者感知锻炼高峰期使用健身器材排队时间的非参数检验结果[a]

	被调查者感知锻炼高峰期使用健身器材排队时间
Mann-Whitney U	4871.000
Wilcoxon W	11087.000
Z	−1.573
Asymp. Sig. (2-tailed)	.116

a. Grouping Variable：被调查者居住的城市

表 1142 为阜阳市与亳州市被调查者感知锻炼高峰期使用健身器材排队时间的秩次统计表，第一栏列出被调查城市，N 为样本量，Mean Rank 为平均秩次，Sum of Ranks 为秩和。表 1143 为阜阳市与亳州市被调查者感知锻炼高峰期使用健身器材排队时间的非参数检验结果，其中 Mann-Whitney U、Wilcoxon W 以及 Z 为统计量，Asymp. sig. (2-tailed) 为基于渐近分布的双侧检验概率，本例概率大于 0.05，可以认为在 0.05 水平上阜阳市与亳州市被调查者感知锻炼高峰期使用健身器材排队时间之间的差异不具有显著性。

（2）皖北六市不同居住区居民感知锻炼高峰期使用健身器材排队时间的列联表统计和非参数检验

1）皖北六市不同居住区居民感知锻炼高峰期使用健身器材排队时间的列联表统计

表 1144　被调查者居住的区域 × 被调查者感知锻炼高峰期使用健身器材排队时间

		被调查者感知锻炼高峰期使用健身器材排队时间					Total
		非常短	短	中等	长	非常长	
被调查者居住的区域	中央区域	4.7%	11.8%	38.2%	18.9%	26.4%	100.0%
	中央与郊区之间	4.2%	16.3%	36.7%	29.2%	13.8%	100.0%
	郊　区	10.6%	21.2%	44.7%	14.1%	9.4%	100.0%
	农村地区	24.4%	25.2%	30.5%	12.2%	7.6%	100.0%
	Total	9.1%	17.2%	37.0%	20.7%	16.0%	100.0%

表 1144 显示，皖北不同居住区域居民感知锻炼高峰期使用健身器材排队时间：中央区域"短"和"非常短"占 16.5%、中等 38.2%、"长"和"非常长"占 45.3%；中央与郊区之间"短"和"非常短"占 20.5%、中等 36.7%、"长"和"非常长"占 43.0%；郊区"短"和"非常短"占 31.8%、中等 44.7%、"长"和"非常长"占 23.5%；农村地区"短"和"非常短"占 49.6%、中等 30.5%、"长"和"非常长"占 19.8%；总体："短"和"非常短"占 26.3%、中等 37.0%、"长"和"非常长"占 36.7%。

"长"和"非常长"占比与"短"和"非常短"占比之差：中央区域 28.8%；中央与郊区之间 22.5%；郊区−8.3；农村地区−29.8%；总体：10.4%。总体上皖北六市不同居住区域居民感知锻炼高峰期使用健身器材排队时间"长"的占比比"短"的占比偏多。但各区域情况不同,中央区域、中央与郊区之间"长"和"非常长"占比与"短"和"非常短"占比之差为正,郊区、农村地区为负。排序为:中央区域>中央与郊区之间>郊区>农村地区。相关检验显示,皖北六市居民居住的区域与皖北六市居民感知锻炼高峰期使用健身器材排队时间的皮尔逊相关系数为 0.307,斯皮尔曼相关系数为 0.286,p=0.000<0.05,相关具有显著性。

2) 皖北六市不同居住区居民感知锻炼高峰期使用健身器材排队时间的非参数检验

表 1145　皖北六市不同居住区居民感知锻炼高峰期使用健身器材排队时间的平均秩

	被调查者居住的区域	N	Mean Rank
被调查者感知锻炼高峰期使用健身器材排队时间	中央区域	212	385.50
	中央与郊区之间	240	358.84
	郊　区	85	290.01
	农村地区	131	236.25
	Total	668	

表 1145 为皖北六市不同居住区居民感知锻炼高峰期使用健身器材排队时间的样本量和平均秩,平均秩降序排列为:中央区域为 385.50(212)、中央与郊区之间为 358.84(240)、郊区为 290.01(85)、农村地区为 236.25(131)。

表 1146　皖北六市不同居住区居民感知锻炼高峰期使用健身器材排队时间的非参数检验结果[a,b]

	被调查者感知锻炼高峰期使用健身器材排队时间
Chi-Square	61.347
Df	3
Asymp. Sig.	.000

a. Kruskal Wallis Test
b. Grouping Variable:被调查者居住的区域

表 1146 为 Kruskal-Wallis 检验,Asymp. Sig. 为检验统计量 $\chi^2=61.347$、df=3 时基于渐近分布概率,本例概率 p=0.000<0.05,所以否定检验的原假设,即可以认为皖北六市不同居住区居民感知锻炼高峰期使用健身器材排队时间之间的差异在 0.05 水平上具有显著性。

表 1147　中央区域与中央与郊区之间被调查者感知锻炼高峰期使用健身器材排队时间的秩次统计

	被调查者居住的区域	N	Mean Rank	Sum of Ranks
被调查者感知锻炼高峰期使用健身器材排队时间	中央区域	212	237.24	50294.50
	中央与郊区之间	240	217.01	52083.50
	Total	452		

表 1148　中央区域与中央与郊区之间被调查者感知锻炼高峰期使用健身器材排队时间的非参数检验结果[a]

	被调查者感知锻炼高峰期使用健身器材排队时间
Mann-Whitney U	23163.500
Wilcoxon W	52083.500
Z	−1.710
Asymp. Sig. (2-tailed)	.087

a. Grouping Variable:被调查者居住的区域

表1147为中央区域与中央与郊区之间被调查者感知锻炼高峰期使用健身器材排队时间的秩次统计表,第一栏列出被调查城市,N 为样本量,Mean Rank 为平均秩次,Sum of Ranks 为秩和。表1148为中央区域与中央与郊区之间被调查者感知锻炼高峰期使用健身器材排队时间的非参数检验结果,其中 Mann-Whitney U、Wilcoxon W 以及 Z 为统计量,Asymp. sig. (2-tailed)为基于渐近分布的双侧检验概率,本例概率大于 0.05,可以认为在 0.05 水平上中央区域与中央与郊区之间被调查者感知锻炼高峰期使用健身器材排队时间之间的差异不具有显著性。

表 1149　中央区域与郊区被调查者感知锻炼高峰期使用健身器材排队时间的秩次统计

	被调查者居住的区域	N	Mean Rank	Sum of Ranks
被调查者感知锻炼高峰期使用健身器材排队时间	中央区域	212	161.20	34175.00
	郊　区	85	118.56	10078.00
	Total	297		

表 1150　中央区域与郊区被调查者感知锻炼高峰期使用健身器材排队时间的非参数检验结果[a]

	被调查者感知锻炼高峰期使用健身器材排队时间
Mann-Whitney U	6423.000
Wilcoxon W	10078.000
Z	−4.038
Asymp. Sig. (2-tailed)	.000

a. Grouping Variable:被调查者居住的区域

表1149为中央区域与郊区被调查者感知锻炼高峰期使用健身器材排队时间的秩次统计表,第一栏列出被调查城市,N 为样本量,Mean Rank 为平均秩次,Sum of Ranks 为秩和。表1150为中央区域与郊区被调查者感知锻炼高峰期使用健身器材排队时间的非参数检验结果,其中 Mann-Whitney U、Wilcoxon W 以及 Z 为统计量,Asymp. sig. (2-tailed)为基于渐近分布的双侧检验概率,本例概率小于 0.05,可以认为在 0.05 水平上中央区域与郊区被调查者感知锻炼高峰期使用健身器材排队时间之间的差异具有显著性。

表 1151　中央区域与农村地区被调查者感知锻炼高峰期使用健身器材排队时间的秩次统计

	被调查者居住的区域	N	Mean Rank	Sum of Ranks
被调查者感知锻炼高峰期使用健身器材排队时间	中央区域	212	200.05	42411.50
	农村地区	131	126.60	16584.50
	Total	343		

表 1152　中央区域与农村地区被调查者感知锻炼高峰期使用健身器材排队时间的非参数检验结果[a]

	被调查者感知锻炼高峰期使用健身器材排队时间
Mann-Whitney U	7938.500
Wilcoxon W	16584.500
Z	−6.883
Asymp. Sig. (2-tailed)	.000

a. Grouping Variable:被调查者居住的区域

表 1151 为中央区域与农村地区被调查者感知锻炼高峰期使用健身器材排队时间的秩次统计表，第一栏列出被调查城市，N 为样本量，Mean Rank 为平均秩次，Sum of Ranks 为秩和。表 1152 为中央区域与农村地区被调查者感知锻炼高峰期使用健身器材排队时间的非参数检验结果，其中 Mann-Whitney U、Wilcoxon W 以及 Z 为统计量，Asymp. sig. (2-tailed) 为基于渐近分布的双侧检验概率，本例概率小于 0.05，可以认为在 0.05 水平上中央区域与农村地区被调查者感知锻炼高峰期使用健身器材排队时间之间的差异具有显著性。

表 1153　中央区域与郊区之间与郊区被调查者感知锻炼高峰期使用健身器材排队时间的秩次统计

	被调查者居住的区域	N	Mean Rank	Sum of Ranks
被调查者感知锻炼高峰期使用健身器材排队时间	中央与郊区之间	240	172.32	41358.00
	郊　区	85	136.67	11617.00
	Total	325		

表 1154　中央区域与郊区之间与郊区被调查者感知锻炼高峰期使用健身器材排队时间的非参数检验结果[a]

	被调查者感知锻炼高峰期使用健身器材排队时间
Mann-Whitney U	7962.000
Wilcoxon W	11617.000
Z	−3.138
Asymp. Sig. (2-tailed)	.002

a. Grouping Variable：被调查者居住的区域

表 1153 为中央区域与郊区之间与郊区被调查者感知锻炼高峰期使用健身器材排队时间的秩次统计表，第一栏列出被调查城市，N 为样本量，Mean Rank 为平均秩次，Sum of Ranks 为秩和。表 1154 为中央区域与郊区之间与郊区被调查者感知锻炼高峰期使用健身器材排队时间的非参数检验结果，其中 Mann-Whitney U、Wilcoxon W 以及 Z 为统计量，Asymp. sig. (2-tailed) 为基于渐近分布的双侧检验概率，本例概率小于 0.05，可以认为在 0.05 水平上中央区域与郊区之间与郊区被调查者感知锻炼高峰期使用健身器材排队时间之间的差异具有显著性。

表 1155　中央区域与郊区之间与农村地区被调查者感知锻炼高峰期使用健身器材排队时间的秩次统计

	被调查者居住的区域	N	Mean Rank	Sum of Ranks
被调查者感知锻炼高峰期使用健身器材排队时间	中央与郊区之间	240	210.50	50519.50
	农村地区	131	141.12	18486.50
	Total	371		

表 1156　中央区域与郊区之间与农村地区被调查者感知锻炼高峰期
使用健身器材排队时间的非参数检验结果[a]

	被调查者感知锻炼高峰期使用健身器材排队时间
Mann-Whitney U	9840.500
Wilcoxon W	18486.500
Z	−6.155
Asymp. Sig. (2-tailed)	.000

a. Grouping Variable：被调查者居住的区域

表 1155 为中央区域与郊区之间与农村地区被调查者感知锻炼高峰期使用健身器材排队时间的秩次统计表,第一栏列出被调查城市,N 为样本量,Mean Rank 为平均秩次,Sum of Ranks 为秩和。表 1156 为中央区域与郊区之间与农村地区被调查者感知锻炼高峰期使用健身器材排队时间的非参数检验结果,其中 Mann-Whitney U、Wilcoxon W 以及 Z 为统计量,Asymp. sig. (2-tailed)为基于渐近分布的双侧检验概率,本例概率小于 0.05,可以认为在 0.05 水平上中央区域与郊区之间与农村地区被调查者感知锻炼高峰期使用健身器材排队时间之间的差异具有显著性。

表 1157　郊区与农村地区被调查者感知锻炼高峰期
使用健身器材排队时间的秩次统计

	被调查者居住的区域	N	Mean Rank	Sum of Ranks
被调查者感知锻炼高峰期使用健身器材排队时间	郊　区	85	120.78	10266.00
	农村地区	131	100.53	13170.00
	Total	216		

表 1158　郊区与农村地区被调查者感知锻炼高峰期使用健身
器材排队时间的非参数检验结果[a]

	被调查者感知锻炼高峰期使用健身器材排队时间
Mann-Whitney U	4524.000
Wilcoxon W	13170.000
Z	−2.411
Asymp. Sig. (2-tailed)	.016

a. Grouping Variable：被调查者居住的区域

表 1157 为郊区与农村地区被调查者感知锻炼高峰期使用健身器材排队时间的秩次统计表,第一栏列出被调查城市,N 为样本量,Mean Rank 为平均秩次,Sum of Ranks 为秩和。表 1158 为郊区与农村地区被调查者感知锻炼高峰期使用健身器材排队时间的非参数检验结果,其中 Mann-Whitney U、Wilcoxon W 以及 Z 为统计量,Asymp. sig. (2-tailed)为基于渐近分布的双侧检验概率,本例概率小于 0.05,可以认为在 0.05 水平上郊区与农村地区被调查者感知锻炼高峰期使用健身器材排队时间之间的差异具有显著性。

（3）皖北六市不同居住密度居民感知锻炼高峰期使用健身器材排队时间的列联表统计和非参数检验

1）皖北六市不同居住密度居民感知锻炼高峰期使用健身器材排队时间的列联表统计

表 1159　被调查者居住区人口密度 × 被调查者感知锻炼高峰期使用健身器材排队时间

		被调查者感知锻炼高峰期使用健身器材排队时间					Total
		非常短	短	中等	长	非常长	
被调查者居住区的人口密度	非常稀疏	46.2%	23.1%	0.0%	19.2%	11.5%	100.0%
	稀疏	23.9%	28.2%	36.6%	9.9%	1.4%	100.0%
	中等	5.6%	19.6%	50.4%	19.2%	5.2%	100.0%
	大	3.8%	13.7%	34.6%	28.6%	19.2%	100.0%
	非常大	7.9%	10.8%	23.0%	18.7%	39.6%	100.0%
	Total	9.1%	17.2%	37.0%	20.7%	16.0%	100.0%

表 1159 显示,皖北不同居住密度居民感知锻炼高峰期使用健身器材排队时间:非常稀疏"非常短"和"短"占 69.3%、中等 0%、"长"和"非常长"占 30.7%;稀疏"非常短"和"短"占 52.1%、中等 36.6%、"长"和"非常长"占 11.3%;中等"非常短"和"短"占 15.2%、中等 50.4%、"长"和"非常长"占 24.4%;大"非常短"和"短"占 17.5%、中等 34.6%、"长"和"非常长"占 47.8%;非常大"非常短"和"短"占 18.7%、中等 23.0%、"长"和"非常长"占 58.3%;总体:"非常短"和"短"占 26.3%、中等 37.0%、"长"和"非常长"占 36.7%。

"长"和"非常长"占比与"非常短"和"短"占比之差:非常稀疏－38.6%;稀疏－40.8%;中等 9.2%;大 30.3%;非常大 39.65%;总体:10.4%。总体上皖北六市不同居住密度居民感知锻炼高峰期使用健身器材排队时间"长"的占比比"短"的占比偏多。但不同居住密度情况不同,居住密度中等、大、非常大的居民感知锻炼高峰期使用健身器材排队时间"长"和"非常长"占比与"非常短"和"短"占比之差为正,居住密度稀疏、非常稀疏的地区为负。排序为:居住密度非常大＞大＞中等＞非常稀疏＞稀疏。相关检验显示,皖北六市被调查者居住的密度与被调查者感知锻炼高峰期使用健身器材排队时间的皮尔逊相关系数为 0.373,斯皮尔曼相关系数为 0.366,p＝0.000＜0.05,相关具有显著性。

2）皖北六市不同居住密度居民感知锻炼高峰期使用健身器材排队时间的非参数检验

表 1160　皖北六市不同居住密度居民感知锻炼高峰期使用健身器材排队时间的平均秩

	被调查者居住区的人口密度	N	Mean Rank
被调查者感知锻炼高峰期使用健身器材排队时间	非常稀疏	26	207.44
	稀疏	71	208.02
	中等	250	302.80
	大	182	380.37
	非常大	139	419.83
	Total	668	

表 1160 为皖北六市不同居住密度居民感知锻炼高峰期使用健身器材排队时间的样本量和平均秩,平均秩升序排列为:"非常稀疏"为 207.44、"稀疏"为 208.02、中等为 302.80、

"大"为 380.37、"非常大"为 419.83。

表 1161 皖北六市不同居住密度居民感知锻炼高峰期使用健身器材排队时间的非参数检验结果[a,b]

	被调查者感知锻炼高峰期使用健身器材排队时间
Chi-Square	92.377
Df	4
Asymp. Sig.	.000

a. Kruskal Wallis Test
b. Grouping Variable：被调查者居住区的人口密度

表 1161 为 Kruskal-Wallis 检验，Asymp. Sig. 为检验统计量 $\chi^2=92.377$、$df=4$ 时基于渐近分布概率，本例概率 $p=0.000<0.05$，所以否定检验的原假设，即可以认为皖北六市不同居住密度居民感知锻炼高峰期使用健身器材排队时间之间的差异在 0.05 水平上具有显著性。

表 1162 居住密度非常稀疏与稀疏被调查者感知锻炼高峰期使用健身器材排队时间的秩次统计

	被调查者居住区的人口密度	N	Mean Rank	Sum of Ranks
被调查者感知锻炼高峰期使用健身器材排队时间	非常稀疏	26	44.58	1159.00
	稀疏	71	50.62	3594.00
	Total	97		

表 1163 居住密度非常稀疏与稀疏被调查者感知锻炼高峰期使用健身器材排队时间的非参数检验结果[a]

	被调查者感知锻炼高峰期使用健身器材排队时间
Mann-Whitney U	808.000
Wilcoxon W	1159.000
Z	−.970
Asymp. Sig. (2-tailed)	.332

a. Grouping Variable：被调查者居住区的人口密度

表 1162 为居住密度非常稀疏与稀疏被调查者感知锻炼高峰期使用健身器材排队时间的秩次统计表，第一栏列出被调查城市，N 为样本量，Mean Rank 为平均秩次，Sum of Ranks 为秩和。表 1163 为居住密度非常稀疏与稀疏被调查者感知锻炼高峰期使用健身器材排队时间的非参数检验结果，其中 Mann-Whitney U、Wilcoxon W 以及 Z 为统计量，Asymp. sig. (2-tailed)为基于渐近分布的双侧检验概率，本例概率大于 0.05，可以认为在 0.05 水平上居住密度非常稀疏与稀疏被调查者感知锻炼高峰期使用健身器材排队时间之间的差异不具有显著性。

表 1164 居住密度非常稀疏与中等被调查者感知锻炼高峰期使用健身器材排队时间的秩次统计

	被调查者居住区的人口密度	N	Mean Rank	Sum of Ranks
被调查者感知锻炼高峰期使用健身器材排队时间	非常稀疏	26	94.67	2461.50
	中等	250	143.06	35764.50
	Total	276		

表 1165　居住密度非常稀疏与中等被调查者感知锻炼高峰期

使用健身器材排队时间的非参数检验结果[a]

	被调查者感知锻炼高峰期使用健身器材排队时间
Mann-Whitney U	2110.500
Wilcoxon W	2461.500
Z	−3.120
Asymp. Sig. (2-tailed)	.002

a. Grouping Variable：被调查者居住区的人口密度

表 1164 为居住密度非常稀疏与中等被调查者感知锻炼高峰期使用健身器材排队时间的秩次统计表，第一栏列出被调查城市，N 为样本量，Mean Rank 为平均秩次，Sum of Ranks 为秩和。表 1165 为居住密度非常稀疏与中等被调查者感知锻炼高峰期使用健身器材排队时间的非参数检验结果，其中 Mann-Whitney U、Wilcoxon W 以及 Z 为统计量，Asymp. sig. (2-tailed) 为基于渐近分布的双侧检验概率，本例概率小于 0.05，可以认为在 0.05 水平上居住密度非常稀疏与中等被调查者感知锻炼高峰期使用健身器材排队时间之间的差异具有显著性。

表 1166　居住密度非常稀疏与大被调查者感知锻炼高峰期

使用健身器材排队时间的秩次统计

	被调查者居住区的人口密度	N	Mean Rank	Sum of Ranks
被调查者感知锻炼高峰期使用健身器材排队时间	非常稀疏	26	61.87	1608.50
	大	182	110.59	20127.50
	Total	208		

表 1167　居住密度非常稀疏与大被调查者感知锻炼高峰期

使用健身器材排队时间的非参数检验结果[a]

	被调查者感知锻炼高峰期使用健身器材排队时间
Mann-Whitney U	1257.500
Wilcoxon W	1608.500
Z	−3.979
Asymp. Sig. (2-tailed)	.000

a. Grouping Variable：被调查者居住区的人口密度

表 1166 为居住密度非常稀疏与大被调查者感知锻炼高峰期使用健身器材排队时间的秩次统计表，第一栏列出被调查城市，N 为样本量，Mean Rank 为平均秩次，Sum of Ranks 为秩和。表 1167 为居住密度非常稀疏与大被调查者感知锻炼高峰期使用健身器材排队时间的非参数检验结果，其中 Mann-Whitney U、Wilcoxon W 以及 Z 为统计量，Asymp. sig. (2-tailed) 为基于渐近分布的双侧检验概率，本例概率小于 0.05，可以认为在 0.05 水平上居住密度非常稀疏与大被调查者感知锻炼高峰期使用健身器材排队时间之间的差异具有显著性。

表 1168　居住密度非常稀疏与非常大被调查者感知锻炼高峰期
使用健身器材排队时间的秩次统计

	被调查者居住区的人口密度	N	Mean Rank	Sum of Ranks
被调查者感知锻炼高峰期使用健身器材排队时间	非常稀疏	26	46.83	1217.50
	非常大	139	89.77	12477.50
	Total	165		

表 1169　居住密度非常稀疏与非常大被调查者感知锻炼高峰期
使用健身器材排队时间的非参数检验结果[a]

	被调查者感知锻炼高峰期使用健身器材排队时间
Mann-Whitney U	866.500
Wilcoxon W	1217.500
Z	−4.343
Asymp. Sig. (2-tailed)	.000

a. Grouping Variable：被调查者居住区的人口密度

　　表 1168 为居住密度非常稀疏与非常大被调查者感知锻炼高峰期使用健身器材排队时间的秩次统计表，第一栏列出被调查城市，N 为样本量，Mean Rank 为平均秩次，Sum of Ranks 为秩和。表 1169 为居住密度非常稀疏与非常大被调查者感知锻炼高峰期使用健身器材排队时间的非参数检验结果，其中 Mann-Whitney U、Wilcoxon W 以及 Z 为统计量，Asymp. sig. (2-tailed)为基于渐近分布的双侧检验概率，本例概率小于 0.05，可以认为在 0.05 水平上居住密度非常稀疏与非常大被调查者感知锻炼高峰期使用健身器材排队时间之间的差异具有显著性。

表 1170　居住密度稀疏与中等被调查者感知锻炼高峰期使用健身器材排队时间的秩次统计

	被调查者居住区的人口密度	N	Mean Rank	Sum of Ranks
被调查者感知锻炼高峰期使用健身器材排队时间	稀疏	71	119.09	8455.50
	中等	250	172.90	43225.50
	Total	321		

表 1171　居住密度稀疏与中等被调查者感知锻炼高峰期使用健身器材
排队时间的非参数检验结果[a]

	被调查者感知锻炼高峰期使用健身器材排队时间
Mann-Whitney U	5899.500
Wilcoxon W	8455.500
Z	−4.602
Asymp. Sig. (2-tailed)	.000

a. Grouping Variable：被调查者居住区的人口密度

　　表 1170 为居住密度稀疏与中等被调查者感知锻炼高峰期使用健身器材排队时间的秩次统计表，第一栏列出被调查城市，N 为样本量，Mean Rank 为平均秩次，Sum of Ranks 为秩和。表 1171 为居住密度稀疏与中等被调查者感知锻炼高峰期使用健身器材排队时间的非

参数检验结果，其中 Mann-Whitney U、Wilcoxon W 以及 Z 为统计量，Asymp. sig.（2-tailed）
为基于渐近分布的双侧检验概率，本例概率小于 0.05，可以认为在 0.05 水平上居住密度稀
疏与中等被调查者感知锻炼高峰期使用健身器材排队时间之间的差异具有显著性。

表 1172　居住密度稀疏与大被调查者感知锻炼高峰期使用健身器材排队时间的秩次统计

	被调查者居住区的人口密度	N	Mean Rank	Sum of Ranks
被调查者感知锻炼高峰期使用健身器材排队时间	稀疏	71	79.83	5668.00
	大	182	145.40	26463.00
	Total	253		

表 1173　居住密度稀疏与大被调查者感知锻炼高峰期使用健身器材排队时间的非参数检验结果[a]

	被调查者感知锻炼高峰期使用健身器材排队时间
Mann-Whitney U	3112.000
Wilcoxon W	5668.000
Z	−6.624
Asymp. Sig.（2-tailed）	.000

　　a. Grouping Variable：被调查者居住区的人口密度

　　表 1172 为居住密度稀疏与大被调查者感知锻炼高峰期使用健身器材排队时间的秩次
统计表，第一栏列出被调查城市，N 为样本量，Mean Rank 为平均秩次，Sum of Ranks 为秩
和。表 1173 为居住密度稀疏与大被调查者感知锻炼高峰期使用健身器材排队时间的非参
数检验结果，其中 Mann-Whitney U、Wilcoxon W 以及 Z 为统计量，Asymp. sig.（2-tailed）为
基于渐近分布的双侧检验概率，本例概率小于 0.05，可以认为在 0.05 水平上居住密度稀疏
与大被调查者感知锻炼高峰期使用健身器材排队时间之间的差异具有显著性。

表 1174　居住密度稀疏与非常大被调查者感知锻炼高峰期使用健身器材排队时间的秩次统计

	被调查者居住区的人口密度	N	Mean Rank	Sum of Ranks
被调查者感知锻炼高峰期使用健身器材排队时间	稀疏	71	66.48	4720.00
	非常大	139	125.43	17435.00
	Total	210		

表 1175　居住密度稀疏与非常大被调查者感知锻炼高峰期使用健身器材排队时间的非参数检验结果[a]

	被调查者感知锻炼高峰期使用健身器材排队时间量
Mann-Whitney U	2164.000
Wilcoxon W	4720.000
Z	−6.827
Asymp. Sig.（2-tailed）	.000

　　a. Grouping Variable：被调查者居住区的人口密度

　　表 1174 为居住密度稀疏与非常大被调查者感知锻炼高峰期使用健身器材排队时间的
秩次统计表，第一栏列出被调查城市，N 为样本量，Mean Rank 为平均秩次，Sum of Ranks
为秩和。表 1175 为居住密度稀疏与非常大被调查者感知锻炼高峰期使用健身器材排队时

间的非参数检验结果,其中 Mann-Whitney U、Wilcoxon W 以及 Z 为统计量,Asymp. sig. (2-tailed)为基于渐近分布的双侧检验概率,本例概率小于 0.05,可以认为在 0.05 水平上居住密度稀疏与非常大被调查者感知锻炼高峰期使用健身器材排队时间之间的差异具有显著性。

表 1176　居住密度中等与大被调查者感知锻炼高峰期使用健身器材排队时间的秩次统计

	被调查者居住区的人口密度	N	Mean Rank	Sum of Ranks
被调查者感知锻炼高峰期使用健身器材排队时间	中等	250	193.31	48327.00
	大	182	248.36	45201.00
	Total	432		

表 1177　居住密度中等与大被调查者感知锻炼高峰期使用健身器材排队时间的非参数检验结果[a]

	被调查者感知锻炼高峰期使用健身器材排队时间
Mann-Whitney U	16952.000
Wilcoxon W	48327.000
Z	−4.777
Asymp. Sig. (2-tailed)	.000

a. Grouping Variable:被调查者居住区的人口密度

　　表 1176 为居住密度中等与大被调查者感知锻炼高峰期使用健身器材排队时间的秩次统计表,第一栏列出被调查城市,N 为样本量,Mean Rank 为平均秩次,Sum of Ranks 为秩和。表 1177 为居住密度中等与大被调查者感知锻炼高峰期使用健身器材排队时间的非参数检验结果,其中 Mann-Whitney U、Wilcoxon W 以及 Z 为统计量,Asymp. sig. (2-tailed)为基于渐近分布的双侧检验概率,本例概率小于 0.05,可以认为在 0.05 水平上居住密度中等与大被调查者感知锻炼高峰期使用健身器材排队时间之间的差异具有显著性。

表 1178　居住密度中等与非常大被调查者感知锻炼高峰期使用健身器材排队时间的秩次统计

	被调查者居住区的人口密度	N	Mean Rank	Sum of Ranks
被调查者感知锻炼高峰期使用健身器材排队时间	中等	250	170.03	42508.00
	非常大	139	239.91	33347.00
	Total	389		

表 1179　居住密度中等与非常大被调查者感知锻炼高峰期使用健身器材排队时间的非参数检验结果[a]

	被调查者感知锻炼高峰期使用健身器材排队时间
Mann-Whitney U	11133.000
Wilcoxon W	42508.000
Z	−6.137
Asymp. Sig. (2-tailed)	.000

a. Grouping Variable:被调查者居住区的人口密度

　　表 1178 为居住密度中等与非常大被调查者感知锻炼高峰期使用健身器材排队时间的秩次统计表,第一栏列出被调查城市,N 为样本量,Mean Rank 为平均秩次,Sum of Ranks

为秩和。表 1179 为居住密度中等与非常大被调查者感知锻炼高峰期使用健身器材排队时间的非参数检验结果，其中 Mann-Whitney U、Wilcoxon W 以及 Z 为统计量，Asymp. sig. (2-tailed)为基于渐近分布的双侧检验概率，本例概率小于 0.05，可以认为在 0.05 水平上居住密度中等与非常大被调查者感知锻炼高峰期使用健身器材排队时间之间的差异具有显著性。

表 1180　居住密度大与非常大被调查者感知锻炼高峰期使用健身器材排队时间的秩次统计

	被调查者居住区的人口密度	N	Mean Rank	Sum of Ranks
被调查者感知锻炼高峰期使用健身器材排队时间	大	182	150.52	27394.50
	非常大	139	174.72	24286.50
	Total	321		

表 1181　居住密度大与非常大被调查者感知锻炼高峰期使用健身器材排队时间的非参数检验结果[a]

	被调查者感知锻炼高峰期使用健身器材排队时间
Mann-Whitney U	10741.500
Wilcoxon W	27394.500
Z	−2.394
Asymp. Sig. (2-tailed)	.017

a. Grouping Variable：被调查者居住区的人口密度

表 1180 为居住密度大与非常大被调查者感知锻炼高峰期使用健身器材排队时间的秩次统计表，第一栏列出被调查城市，N 为样本量，Mean Rank 为平均秩次，Sum of Ranks 为秩和。表 1181 为居住密度大与非常大被调查者感知锻炼高峰期使用健身器材排队时间的非参数检验结果，其中 Mann-Whitney U、Wilcoxon W 以及 Z 为统计量，Asymp. sig. (2-tailed)为基于渐近分布的双侧检验概率，本例概率小于 0.05，可以认为在 0.05 水平上居住密度大与非常大被调查者感知锻炼高峰期使用健身器材排队时间之间的差异具有显著性。

（4）皖北六市不同性别居民感知锻炼高峰期使用健身器材排队时间的列联表统计和非参数检验

1）皖北六市不同性别居民感知锻炼高峰期使用健身器材排队时间的列联表统计

表 1182　被调查者性别 * 被调查者感知锻炼高峰期使用健身器材排队时间

		被调查者感知锻炼高峰期使用健身器材排队时间					Total
		非常短	短	中等	长	非常长	
被调查者的性别	男	9.4%	17.3%	31.3%	20.5%	21.6%	100.0%
	女	8.9%	17.1%	43.4%	20.9%	9.8%	100.0%
	Total	9.1%	17.2%	37.0%	20.7%	16.0%	100.0%

表 1182 显示，皖北不同性别居民感知锻炼高峰期使用健身器材排队时间：男性"非常短"和"短"占 26.7%、中等 31.3%、"长"和"非常长"占 42.1%；女性"非常短"和"短"占 26.0%、中等 43.4%、"长"和"非常长"占 30.7%；总体："非常短"和"短"占 26.3%、中等 37.0%、"长"和"非常长"占 36.7%。

"长"和"非常长"占比与"非常短"和"短"占比之差：男性 15.4%；女性 4.7%；总体：

10.4%。总体上皖北六市不同性别居民感知锻炼高峰期使用健身器材排队时间,"长"的占比比"短"的占比偏多。男性和女性居民感知锻炼高峰期使用健身器材排队时间,"长"的占比与"短"的占比之差都为正。排序为:男性＞女性。相关检验显示,皖北六市被调查者的性别与被调查者感知锻炼高峰期使用健身器材排队时间的皮尔逊相关系数为 0.094,p＝0.015＜0.05,斯皮尔曼相关系数为 0.092,p＝0.017＜0.05,相关具有显著性。

2) 皖北六市不同性别居民感知锻炼高峰期使用健身器材排队时间的非参数检验

表 1183　皖北六市不同性别居民感知锻炼高峰期使用健身器材排队时间的秩次统计量

	被调查者的性别	N	Mean Rank	Sum of Ranks
被调查者感知锻炼高峰期使用健身器材排队时间	男	352	350.80	123482.00
	女	316	316.34	99964.00
	Total	668		

表 1184　皖北六市不同性别居民感知锻炼高峰期使用健身器材排队时间的非参数检验结果[a]

	被调查者感知锻炼高峰期使用健身器材排队时间
Mann-Whitney U	49878.000
Wilcoxon W	99964.000
Z	−2.389
Asymp. Sig. (2-tailed)	.017

a. Grouping Variable:被调查者的性别

表 1183 为皖北六市不同性别居民感知锻炼高峰期使用健身器材排队时间的秩次表,第一栏列出被调查者的性别,N 为性别人数,Mean Rank 为平均秩次,Sum of Ranks 为秩和。表 1184 为皖北六市不同性别居民感知锻炼高峰期使用健身器材排队时间的非参数检验结果,其中 Mann-Whitney U、Wilcoxon W 以及 Z 为统计量,Asymp. sig. (2-tailed)为基于渐近分布的双侧检验概率,本例概率小于 0.05。可以认为在 0.05 水平上男女之间的感知差异具有显著性。

(5) 皖北六市不同年龄区间居民感知锻炼高峰期使用健身器材排队时间的列联表统计和非参数检验

1) 皖北六市不同年龄区间居民感知锻炼高峰期使用健身器材排队时间的列联表统计

表 1185　被调查者年龄区间 * 被调查者感知锻炼高峰期使用健身器材排队时间

		被调查者感知锻炼高峰期使用健身器材排队时间					Total
		非常短	短	中等	长	非常长	
被调查者的年龄区间	12 岁以下	4.3%	8.7%	13.0%	13.0%	60.9%	100.0%
	13—19 岁	5.9%	21.6%	41.2%	15.7%	15.7%	100.0%
	20—39 岁	9.0%	18.0%	44.7%	21.3%	7.0%	100.0%
	40—59 岁	4.1%	17.4%	42.6%	23.6%	12.3%	100.0%
	60 岁以上	22.2%	14.1%	6.1%	17.2%	40.4%	100.0%
	Total	9.1%	17.2%	37.0%	20.7%	16.0%	100.0%

表 1185 显示,皖北不同年龄区间居民感知锻炼高峰期使用健身器材排队时间:12 岁以

下"短"和"非常短"占 13.0%、中等 13.0%、"长"和"非常长"占 73.9%;13—19 岁"短"和"非常短"占 27.5%、中等 41.2%、"长"和"非常长"占 31.4%;20—39 岁"短"和"非常短"占 27.0%、中等 44.7%、"长"和"非常长"占 36.3%;40—59 岁"短"和"非常短"占 21.5%、中等 42.6%、"长"和"非常长"占 35.9%;60 岁以上"短"和"非常短"占 36.3%、中等 6.1%、"长"和"非常长"占 57.6%;总体:"短"和"非常短"占 26.3%、中等 37.0%、"长"和"非常长"占 36.7%。

"长"和"非常长"占比与"短"和"非常短"占比之差:12 岁以下 60.9%;13—19 岁 3.9%;20—39 岁 9.3%;40—59 岁 14.4%;60 岁以上 54.3%;总体:10.4%。总体上皖北六市不同年龄区间居民感知锻炼高峰期使用健身器材排队时间,"长"的占比比"短"的占比偏多。各年龄区间居民感知锻炼高峰期使用健身器材排队时间,"长"和"非常长"的占比与"短"和"非常短"的占比之差都为正。排序为:12 岁以下>60 岁以上>40—59 岁>20—39 岁>13—19 岁。相关检验显示,皖北六市被调查者的年龄区间与被调查者感知锻炼高峰期使用健身器材排队时间的皮尔逊相关系数为 0.014,p=0.726>0.05,相关不具有显著性。斯皮尔曼相关系数为 0.056,p=0.151>0.05,相关不具有显著性。

2) 皖北六市不同年龄区间居民感知锻炼高峰期使用健身器材排队时间的非参数检验

表 1186　皖北六市不同年龄区间居民感知锻炼高峰期使用健身器材排队时间的平均秩

	被调查者的年龄区间	N	Mean Rank
被调查者感知锻炼高峰期使用健身器材排队时间	12 岁以下	23	489.41
	13—19 岁	51	324.75
	20—39 岁	300	306.33
	40—59 岁	195	341.58
	60 岁以上	99	374.95
	Total	668	

表 1186 为皖北六市不同年龄区间居民感知锻炼高峰期使用健身器材排队时间的样本量和平均秩,平均秩升序排列为:"20—39 岁"为 306.33、"13—19 岁"为 324.75、"40—59 岁"为 341.58、"60 岁以上"为 374.95、"12 岁以下"为 489.41。

表 1187　皖北六市不同年龄区间居民感知锻炼高峰期使用健身器材排队时间的非参数检验结果[a,b]

	被调查者感知锻炼高峰期使用健身器材排队时间
Chi-Square	27.893
Df	4
Asymp. Sig.	.000

a. Kruskal Wallis Test

b. Grouping Variable:被调查者的年龄区间

表 1187 为 Kruskal-Wallis 检验,Asymp. Sig. 为检验统计量 $\chi^2=27.893$、df=4 时基于渐近分布概率,本例概率 p=0.000<0.05,所以否定检验的原假设,即可以认为皖北六市不同年龄区间居民感知锻炼高峰期使用健身器材排队时间之间的差异在 0.05 水平上具有显著性。

表 1188　12 岁以下与 13—19 岁被调查者感知锻炼高峰期使用健身器材排队时间的秩次统计

	被调查者的年龄区间	N	Mean Rank	Sum of Ranks
被调查者感知锻炼高峰期使用健身器材排队时间	12 岁以下	23	49.70	1143.00
	13—19 岁	51	32.00	1632.00
	Total	74		

表 1189　12 岁以下与 13—19 岁被调查者感知锻炼高峰期使用健身器材排队时间的非参数检验结果[a]

	被调查者感知锻炼高峰期使用健身器材排队时间
Mann-Whitney U	306.000
Wilcoxon W	1632.000
Z	−3.395
Asymp. Sig. (2-tailed)	.001

a. Grouping Variable：被调查者的年龄区间

表 1188 为 12 岁以下与 13—19 岁被调查者感知锻炼高峰期使用健身器材排队时间的秩次统计表，第一栏列出被调查城市，N 为样本量，Mean Rank 为平均秩次，Sum of Ranks 为秩和。表 1189 为 12 岁以下与 13—19 岁被调查者感知锻炼高峰期使用健身器材排队时间的非参数检验结果，其中 Mann-Whitney U、Wilcoxon W 以及 Z 为统计量，Asymp. sig.（2-tailed）为基于渐近分布的双侧检验概率，本例概率小于 0.05，可以认为在 0.05 水平上 12 岁以下与 13—19 岁被调查者感知锻炼高峰期使用健身器材排队时间的差异具有显著性。

表 1190　12 岁以下与 20—39 岁被调查者感知锻炼高峰期使用健身器材排队时间的秩次统计

	被调查者的年龄区间	N	Mean Rank	Sum of Ranks
被调查者感知锻炼高峰期使用健身器材排队时间	12 岁以下	23	245.02	5635.50
	20—39 岁	300	155.63	46690.50
	Total	323		

表 1191　12 岁以下与 20—39 岁被调查者感知锻炼高峰期使用健身器材排队时间的非参数检验结果[a]

	被调查者感知锻炼高峰期使用健身器材排队时间
Mann-Whitney U	1540.500
Wilcoxon W	46690.500
Z	−4.644
Asymp. Sig. (2-tailed)	.000

a. Grouping Variable：被调查者的年龄区间

表 1190 为 12 岁以下与 20—39 岁被调查者感知锻炼高峰期使用健身器材排队时间的秩次统计表，第一栏列出被调查城市，N 为样本量，Mean Rank 为平均秩次，Sum of Ranks 为秩和。表 1191 为 12 岁以下与 20—39 岁被调查者感知锻炼高峰期使用健身器材排队时间的非参数检验结果，其中 Mann-Whitney U、Wilcoxon W 以及 Z 为统计量，Asymp. sig.（2-tailed）为基于渐近分布的双侧检验概率，本例概率小于 0.05，可以认为在 0.05 水平上 12 岁以下与 20—39 岁被调查者感知锻炼高峰期使用健身器材排队时间的差异具有显著性。

表 1192　12 岁以下与 40—59 岁被调查者感知锻炼高峰期使用健身器材排队时间的秩次统计

	被调查者的年龄区间	N	Mean Rank	Sum of Ranks
被调查者感知锻炼高峰期使用健身器材排队时间	12 岁以下	23	155.93	3586.50
	40—59 岁	195	104.02	20284.50
	Total	218		

表 1193　12 岁以下与 40—59 岁被调查者感知锻炼高峰期使用健身器材排队时间的非参数检验结果[a]

	被调查者感知锻炼高峰期使用健身器材排队时间
Mann-Whitney U	1174.500
Wilcoxon W	20284.500
Z	−3.897
Asymp. Sig. (2-tailed)	.000

a. Grouping Variable：被调查者的年龄区间

　　表 1192 为 12 岁以下与 40—59 岁被调查者感知锻炼高峰期使用健身器材排队时间的秩次统计表，第一栏列出被调查城市，N 为样本量，Mean Rank 为平均秩次，Sum of Ranks 为秩和。表 1193 为 12 岁以下与 40—59 岁被调查者感知锻炼高峰期使用健身器材排队时间的非参数检验结果，其中 Mann-Whitney U、Wilcoxon W 以及 Z 为统计量，Asymp. sig. (2-tailed) 为基于渐近分布的双侧检验概率，本例概率小于 0.05，可以认为在 0.05 水平上 12 岁以下与 40—59 岁被调查者感知锻炼高峰期使用健身器材排队时间的差异具有显著性。

表 1194　12 岁以下与 60 岁以上被调查者感知锻炼高峰期使用健身器材排队时间的秩次统计

	被调查者的年龄区间	N	Mean Rank	Sum of Ranks
被调查者感知锻炼高峰期使用健身器材排队时间	12 岁以下	23	74.76	1719.50
	60 岁以上	99	58.42	5783.50
	Total	122		

表 1195　12 岁以下与 60 岁以上被调查者感知锻炼高峰期使用健身器材排队时间的非参数检验结果[a]

	被调查者感知锻炼高峰期使用健身器材排队时间
Mann-Whitney U	833.500
Wilcoxon W	5783.500
Z	−2.105
Asymp. Sig. (2-tailed)	.035

a. Grouping Variable：被调查者的年龄区间

　　表 1194 为 12 岁以下与 60 岁以上被调查者感知锻炼高峰期使用健身器材排队时间的秩次统计表，第一栏列出被调查城市，N 为样本量，Mean Rank 为平均秩次，Sum of Ranks 为秩和。表 1195 为 12 岁以下与 60 岁以上被调查者感知锻炼高峰期使用健身器材排队时间的非参数检验结果，其中 Mann-Whitney U、Wilcoxon W 以及 Z 为统计量，Asymp. sig. (2-tailed) 为基于渐近分布的双侧检验概率，本例概率小于 0.05，可以认为在 0.05 水平上 12 岁以下与 60 岁以上被调查者感知锻炼高峰期使用健身器材排队时间的差异具有显著性。

表 1196　13—19 岁与 20—39 岁被调查者感知锻炼高峰期使用健身器材排队时间的秩次统计

	被调查者的年龄区间	N	Mean Rank	Sum of Ranks
被调查者感知锻炼高峰期使用 健身器材排队时间	13—19 岁	51	183.54	9360.50
	20—39 岁	300	174.72	52415.50
	Total	351		

表 1197　13—19 岁与 20—39 岁被调查者感知锻炼高峰期使用健身器材排队时间的非参数检验结果[a]

	被调查者感知锻炼高峰期使用健身器材排队时间
Mann-Whitney U	7265.500
Wilcoxon W	52415.500
Z	−.606
Asymp. Sig. (2-tailed)	.545

a. Grouping Variable：被调查者的年龄区间

　　表 1196 为 13—19 岁与 20—39 岁被调查者感知锻炼高峰期使用健身器材排队时间的秩次统计表，第一栏列出被调查城市，N 为样本量，Mean Rank 为平均秩次，Sum of Ranks 为秩和。表 1197 为 13—19 岁与 20—39 岁被调查者感知锻炼高峰期使用健身器材排队时间的非参数检验结果，其中 Mann-Whitney U、Wilcoxon W 以及 Z 为统计量，Asymp. sig. (2-tailed) 为基于渐近分布的双侧检验概率，本例概率大于 0.05，可以认为在 0.05 水平上 13—19 岁与 20—39 岁被调查者感知锻炼高峰期使用健身器材排队时间的差异不具有显著性。

表 1198　13—19 岁与 40—59 岁被调查者感知锻炼高峰期使用健身器材排队时间的秩次统计

	被调查者的年龄区间	N	Mean Rank	Sum of Ranks
被调查者感知锻炼高峰期使用 健身器材排队时间	13—19 岁	51	117.93	6014.50
	40—59 岁	195	124.96	24366.50
	Total	246		

表 1199　13—19 岁与 40—59 岁被调查者感知锻炼高峰期使用健身器材排队时间的非参数检验结果[a]

	被调查者感知锻炼高峰期使用健身器材排队时间
Mann-Whitney U	4688.500
Wilcoxon W	6014.500
Z	−.660
Asymp. Sig. (2-tailed)	.509

a. Grouping Variable：被调查者的年龄区间

　　表 1198 为 13—19 岁与 40—59 岁被调查者感知锻炼高峰期使用健身器材排队时间的秩次统计表，第一栏列出被调查城市，N 为样本量，Mean Rank 为平均秩次，Sum of Ranks 为秩和。表 1199 为 13—19 岁与 40—59 岁被调查者感知锻炼高峰期使用健身器材排队时间的非参数检验结果，其中 Mann-Whitney U、Wilcoxon W 以及 Z 为统计量，Asymp. sig. (2-tailed) 为基于渐近分布的双侧检验概率，本例概率大于 0.05，可以认为在 0.05 水平上 13—19 岁与 40—59 岁被调查者感知锻炼高峰期使用健身器材排队时间的差异不具有显著性。

表 1200　13—19 岁与 60 岁以上被调查者感知锻炼高峰期使用健身器材排队时间的秩次统计

	被调查者的年龄区间	N	Mean Rank	Sum of Ranks
被调查者感知锻炼高峰期使用健身器材排队时间	13—19 岁	51	69.27	3533.00
	60 岁以上	99	78.71	7792.00
	Total	150		

表 1201　13—19 岁与 60 岁以上被调查者感知锻炼高峰期使用健身器材排队时间的非参数检验结果[a]

	被调查者感知锻炼高峰期使用健身器材排队时间
Mann-Whitney U	2207.000
Wilcoxon W	3533.000
Z	−1.294
Asymp. Sig. (2-tailed)	.196

a. Grouping Variable：被调查者的年龄区间

表 1200 为 13—19 岁与 60 岁以上被调查者感知锻炼高峰期使用健身器材排队时间的秩次统计表，第一栏列出被调查城市，N 为样本量，Mean Rank 为平均秩次，Sum of Ranks 为秩和。表 1201 为 13—19 岁与 60 岁以上被调查者感知锻炼高峰期使用健身器材排队时间的非参数检验结果，其中 Mann-Whitney U、Wilcoxon W 以及 Z 为统计量，Asymp. sig. (2-tailed) 为基于渐近分布的双侧检验概率，本例概率大于 0.05，可以认为在 0.05 水平上 13—19 岁与 60 岁以上被调查者感知锻炼高峰期使用健身器材排队时间的差异不具有显著性。

表 1202　20—39 岁与 40—59 岁被调查者感知锻炼高峰期使用健身器材排队时间的秩次统计

	被调查者的年龄区间	N	Mean Rank	Sum of Ranks
被调查者感知锻炼高峰期使用健身器材排队时间	20—39 岁	300	237.04	71112.00
	40—59 岁	195	264.86	51648.00
	Total	495		

表 1203　20—39 岁与 40—59 岁被调查者感知锻炼高峰期使用健身器材排队时间的非参数检验结果[a]

	被调查者感知锻炼高峰期使用健身器材排队时间
Mann-Whitney U	25962.000
Wilcoxon W	71112.000
Z	−2.231
Asymp. Sig. (2-tailed)	.026

a. Grouping Variable：被调查者的年龄区间

表 1202 为 20—39 岁与 40—59 岁被调查者感知锻炼高峰期使用健身器材排队时间的秩次统计表，第一栏列出被调查城市，N 为样本量，Mean Rank 为平均秩次，Sum of Ranks 为秩和。表 1203 为 20—39 岁与 40—59 岁被调查者感知锻炼高峰期使用健身器材排队时间的非参数检验结果，其中 Mann-Whitney U、Wilcoxon W 以及 Z 为统计量，Asymp. sig. (2-tailed) 为基于渐近分布的双侧检验概率，本例概率小于 0.05，可以认为在 0.05 水平上 20—39 岁与 40—59 岁被调查者感知锻炼高峰期使用健身器材排队时间的差异具有显著性。

表 1204   20—39 岁与 60 岁以上被调查者感知锻炼高峰期使用健身器材排队时间的秩次统计

	被调查者的年龄区间	N	Mean Rank	Sum of Ranks
被调查者感知锻炼高峰期使用健身器材排队时间	20—39 岁	300	190.43	57130.00
	60 岁以上	99	228.99	22670.00
	Total	399		

表 1205   20—39 岁与 60 岁以上被调查者感知锻炼高峰期使用健身器材排队时间的非参数检验结果[a]

	被调查者感知锻炼高峰期使用健身器材排队时间
Mann-Whitney U	11980.000
Wilcoxon W	57130.000
Z	−2.978
Asymp. Sig. (2-tailed)	.003

a. Grouping Variable：被调查者的年龄区间

表 1204 为 20—39 岁与 60 岁以上被调查者感知锻炼高峰期使用健身器材排队时间的秩次统计表，第一栏列出被调查城市，N 为样本量，Mean Rank 为平均秩次，Sum of Ranks 为秩和。表 1205 为 20—39 岁与 60 岁以上被调查者感知锻炼高峰期使用健身器材排队时间的非参数检验结果，其中 Mann-Whitney U、Wilcoxon W 以及 Z 为统计量，Asymp. sig. (2-tailed) 为基于渐近分布的双侧检验概率，本例概率小于 0.05，可以认为在 0.05 水平上 20—39 岁与 60 岁以上被调查者感知锻炼高峰期使用健身器材排队时间的差异具有显著性。

表 1206   40—59 岁与 60 岁以上被调查者感知锻炼高峰期使用健身器材排队时间的秩次统计

	被调查者的年龄区间	N	Mean Rank	Sum of Ranks
被调查者感知锻炼高峰期使用健身器材排队时间	40—59 岁	195	141.74	27640.00
	60 岁以上	99	158.84	15725.00
	Total	294		

表 1207   40—59 岁与 60 岁以上被调查者感知锻炼高峰期使用健身器材排队时间的非参数检验结果[a]

	被调查者感知锻炼高峰期使用健身器材排队时间
Mann-Whitney U	8530.000
Wilcoxon W	27640.000
Z	−1.675
Asymp. Sig. (2-tailed)	.094

a. Grouping Variable：被调查者的年龄区间

表 1206 为 40—59 岁与 60 岁以上被调查者感知锻炼高峰期使用健身器材排队时间的秩次统计表，第一栏列出被调查城市，N 为样本量，Mean Rank 为平均秩次，Sum of Ranks 为秩和。表 1207 为 40—59 岁与 60 岁以上被调查者感知锻炼高峰期使用健身器材排队时间的非参数检验结果，其中 Mann-Whitney U、Wilcoxon W 以及 Z 为统计量，Asymp. sig. (2-tailed) 为基于渐近分布的双侧检验概率，本例概率大于 0.05，可以认为在 0.05 水平上 40—59 岁与 60 岁以上被调查者感知锻炼高峰期使用健身器材排队时间的差异不具有显著性。

（6）皖北六市不同锻炼次数居民感知锻炼高峰期使用健身器材排队时间的列联表统计和非参数检验

1）皖北六市不同锻炼次数居民感知锻炼高峰期使用健身器材排队时间的列联表统计

表 1208　被调查者锻炼次数 * 被调查者感知锻炼高峰期使用健身器材排队时间

| | | 被调查者感知锻炼高峰期使用健身器材排队时间 | | | | | Total |
		非常短	短	中等	长	非常长	
被调查者参加体育锻炼次数	非常少	34.6%	19.2%	21.2%	13.5%	11.5%	100.0%
	少	14.6%	26.5%	36.4%	13.9%	8.6%	100.0%
	中等	4.2%	13.8%	54.5%	21.7%	5.8%	100.0%
	多	4.9%	16.6%	35.0%	33.7%	9.8%	100.0%
	非常多	4.4%	10.6%	18.6%	12.4%	54.0%	100.0%
	Total	9.1%	17.2%	37.0%	20.7%	16.0%	100.0%

表 1208 显示，皖北不同锻炼次数居民感知锻炼高峰期使用健身器材排队时间：非常少"短"和"非常短"占 53.8%、中等 21.2%、"长"和"非常长"占 25.0%；少"短"和"非常短"占 41.1%、中等 36.4%、"长"和"非常长"占 22.5%；中等"短"和"非常短"占 18.0%、中等 54.5%、"长"和"非常长"占 27.5%；多"短"和"非常短"占 21.5%、中等 35%、"长"和"非常长"占 43.5%；非常多"短"和"非常短"占 15.0%、中等 18.6%、"长"和"非常长"占 66.4%；总体："短"和"非常短"占 26.3%、中等 37.0%、"长"和"非常长"占 36.7%。

"长"和"非常长"占比与"短"和"非常短"占比之差：非常少－28.8%；少－18.6%；中等 9.5%；多 22%；非常多 51.4%；总体：10.4%。总体上皖北六市不同锻炼次数居民感知锻炼高峰期使用健身器材排队时间，"长"的占比比"短"的占比偏多。锻炼次数多、非常多、中等的居民感知锻炼高峰期使用健身器材排队时间，"长"和"非常长"的占比与"短"和"非常短"的占比之差为正。锻炼次数非常少、少的居民感知锻炼高峰期使用健身器材排队时间，"长"和"非常长"的占比与"短"和"非常短"的占比之差为负。排序为：非常少＜少＜中等＜多＜非常多。相关检验显示，皖北六市被调查者的锻炼次数与被调查者感知锻炼高峰期使用健身器材排队时间的皮尔逊相关系数为 0.367，斯皮尔曼相关系数为 0.353，$p=0.000<0.05$，相关具有显著性。

2）皖北六市不同锻炼次数居民感知锻炼高峰期使用健身器材排队时间的非参数检验

表 1209　皖北六市不同锻炼次数居民感知锻炼高峰期使用健身器材排队时间的平均秩

	被调查者参加体育锻炼的次数	N	Mean Rank
被调查者感知锻炼高峰期使用健身器材排队时间	非常少	52	234.34
	少	151	266.75
	中等	189	323.81
	多	163	352.69
	非常多	113	462.77
	Total	668	

表 1209 为皖北六市不同锻炼次数居民感知锻炼高峰期使用健身器材排队时间的样本

量和平均秩,平均秩升序排列为:"非常少"为 234.34、"少"为 266.75、"中等"为 323.81、"多"为 352.69、"非常多"为 462.77。

表 1210　皖北六市不同锻炼次数居民感知锻炼高峰期使用健身器材排队时间的非参数检验结果[a,b]

	被调查者感知锻炼高峰期使用健身器材排队时间
Chi-Square	90.873
Df	4
Asymp. Sig.	.000

a. Kruskal Wallis Test

b. Grouping Variable:被调查者参加体育锻炼的次数

表 1210 为 Kruskal-Wallis 检验,Asymp. Sig. 为检验统计量 $\chi^2 = 90.873$、df=4 时基于渐近分布概率,本例概率 p=0.000<0.05,所以否定检验的原假设,即可以认为皖北六市不同锻炼次数居民感知锻炼高峰期使用健身器材排队时间之间的差异在 0.05 水平上具有显著性。

表 1211　体育锻炼次数非常少与少被调查者感知锻炼高峰期使用健身器材排队时间的秩次统计

	被调查者参加体育锻炼次数	N	Mean Rank	Sum of Ranks
被调查者感知锻炼高峰期使用健身器材排队时间	非常少	52	91.15	4740.00
	少	151	105.74	15966.00
	Total	203		

表 1212　体育锻炼次数非常少与少被调查者感知锻炼高峰期使用健身器材排队时间的非参数检验结果[a]

	被调查者感知锻炼高峰期使用健身器材排队时间
Mann-Whitney U	3362.000
Wilcoxon W	4740.000
Z	−1.593
Asymp. Sig. (2-tailed)	.111

a. Grouping Variable:被调查者参加体育锻炼次数

表 1211 为体育锻炼次数非常少与少被调查者感知锻炼高峰期使用健身器材排队时间的秩次统计表,第一栏列出被调查城市,N 为样本量,Mean Rank 为平均秩次,Sum of Ranks 为秩和。表 1212 为体育锻炼次数非常少与少被调查者感知锻炼高峰期使用健身器材排队时间的非参数检验结果,其中 Mann-Whitney U、Wilcoxon W 以及 Z 为统计量,Asymp. sig. (2-tailed)为基于渐近分布的双侧检验概率,本例概率大于 0.05,可以认为在 0.05 水平上体育锻炼次数非常少与少被调查者感知锻炼高峰期使用健身器材排队时间的差异不具有显著性。

表 1213　体育锻炼次数非常少与中等被调查者感知锻炼高峰期使用健身器材排队时间的秩次统计

	被调查者参加体育锻炼次数	N	Mean Rank	Sum of Ranks
被调查者感知锻炼高峰期使用健身器材排队时间	非常少	52	92.38	4804.00
	中等	189	128.87	24357.00
	Total	241		

表 1214　体育锻炼次数非常少与中等被调查者感知锻炼高峰期使用健身器材排队时间的非参数检验结果[a]

	被调查者感知锻炼高峰期使用健身器材排队时间
Mann-Whitney U	3426.000
Wilcoxon W	4804.000
Z	−3.560
Asymp. Sig. (2-tailed)	.000

a. Grouping Variable：被调查者参加体育锻炼次数

　　表 1213 为体育锻炼次数非常少与中等被调查者感知锻炼高峰期使用健身器材排队时间的秩次统计表，第一栏列出被调查城市，N 为样本量，Mean Rank 为平均秩次，Sum of Ranks 为秩和。表 1214 为体育锻炼次数非常少与中等被调查者感知锻炼高峰期使用健身器材排队时间的非参数检验结果，其中 Mann-Whitney U、Wilcoxon W 以及 Z 为统计量，Asymp. sig.(2-tailed)为基于渐近分布的双侧检验概率，本例概率小于 0.05，可以认为在 0.05 水平上体育锻炼次数非常少与中等被调查者感知锻炼高峰期使用健身器材排队时间的差异具有显著性。

表 1215　体育锻炼次数非常少与多被调查者感知锻炼高峰期使用健身器材排队时间的秩次统计

	被调查者参加体育锻炼次数	N	Mean Rank	Sum of Ranks
被调查者感知锻炼高峰期使用健身器材排队时间	非常少	52	79.42	4130.00
	多	163	117.12	19090.00
	Total	215		

表 1216　体育锻炼次数非常少与多被调查者感知锻炼高峰期使用健身器材排队时间的非参数检验结果[a]

	被调查者感知锻炼高峰期使用健身器材排队时间
Mann-Whitney U	2752.000
Wilcoxon W	4130.000
Z	−3.931
Asymp. Sig. (2-tailed)	.000

a. Grouping Variable：被调查者参加体育锻炼次数

　　表 1215 为体育锻炼次数非常少与多被调查者感知锻炼高峰期使用健身器材排队时间的秩次统计表，第一栏列出被调查城市，N 为样本量，Mean Rank 为平均秩次，Sum of Ranks 为秩和。表 1216 为体育锻炼次数非常少与多被调查者感知锻炼高峰期使用健身器材排队时间的非参数检验结果，其中 Mann-Whitney U、Wilcoxon W 以及 Z 为统计量，Asymp. sig.(2-tailed)为基于渐近分布的双侧检验概率，本例概率小于 0.05，可以认为在 0.05 水平上体育锻炼次数非常少与多被调查者感知锻炼高峰期使用健身器材排队时间的差异具有显著性。

表 1217　体育锻炼次数非常少与非常多被调查者感知锻炼高峰期使用健身器材排队时间的秩次统计

	被调查者参加体育锻炼次数	N	Mean Rank	Sum of Ranks
被调查者感知锻炼高峰期使用健身器材排队时间	非常少	52	50.88	2645.50
	非常多	113	97.78	11049.50
	Total	165		

表 1218　体育锻炼次数非常少与非常多被调查者感知锻炼高峰期

使用健身器材排队时间的非参数检验结果[a]

	被调查者感知锻炼高峰期使用健身器材排队时间
Mann-Whitney U	1267.500
Wilcoxon W	2645.500
Z	−6.113
Asymp. Sig. (2-tailed)	.000

a. Grouping Variable：被调查者参加体育锻炼次数

　　表 1217 为体育锻炼次数非常少与非常多被调查者感知锻炼高峰期使用健身器材排队时间的秩次统计表,第一栏列出被调查城市,N 为样本量,Mean Rank 为平均秩次,Sum of Ranks 为秩和。表 1218 为体育锻炼次数非常少与非常多被调查者感知锻炼高峰期使用健身器材排队时间的非参数检验结果,其中 Mann-Whitney U、Wilcoxon W 以及 Z 为统计量,Asymp. sig. (2-tailed)为基于渐近分布的双侧检验概率,本例概率小于 0.05,可以认为在 0.05 水平上体育锻炼次数非常少与非常多被调查者感知锻炼高峰期使用健身器材排队时间的差异具有显著性。

表 1219　体育锻炼次数少与中等被调查者感知锻炼高峰期使用健身器材排队时间的秩次统计

	被调查者参加体育锻炼次数	N	Mean Rank	Sum of Ranks
被调查者感知锻炼高峰期使用健身器材排队时间	少	151	150.99	22799.50
	中等	189	186.09	35170.50
	Total	340		

表 1220　体育锻炼次数少与中等被调查者感知锻炼高峰期使用健身器材排队时间的非参数检验结果[a]

	被调查者感知锻炼高峰期使用健身器材排队时间
Mann-Whitney U	11323.500
Wilcoxon W	22799.500
Z	−3.477
Asymp. Sig. (2-tailed)	.001

a. Grouping Variable：被调查者参加体育锻炼次数

　　表 1219 为体育锻炼次数少与中等被调查者感知锻炼高峰期使用健身器材排队时间的秩次统计表,第一栏列出被调查城市,N 为样本量,Mean Rank 为平均秩次,Sum of Ranks 为秩和。表 1220 为体育锻炼次数少与中等被调查者感知锻炼高峰期使用健身器材排队时间的非参数检验结果,其中 Mann-Whitney U、Wilcoxon W 以及 Z 为统计量,Asymp. sig. (2-tailed)为基于渐近分布的双侧检验概率,本例概率小于 0.05,可以认为在 0.05 水平上体育锻炼次数少与中等被调查者感知锻炼高峰期使用健身器材排队时间的差异具有显著性。

表 1221   体育锻炼次数少与多被调查者感知锻炼高峰期使用健身器材排队时间的秩次统计

	被调查者参加体育锻炼次数	N	Mean Rank	Sum of Ranks
被调查者感知锻炼高峰期使用健身器材排队时间	少	151	135.37	20441.00
	多	163	178.00	29014.00
	Total	314		

表 1222   体育锻炼次数少与多被调查者感知锻炼高峰期使用健身器材排队时间的非参数检验结果ᵃ

	被调查者感知锻炼高峰期使用健身器材排队时间
Mann-Whitney U	8965.000
Wilcoxon W	20441.000
Z	−4.313
Asymp. Sig. (2-tailed)	.000

a. Grouping Variable：被调查者参加体育锻炼次数

表 1221 为体育锻炼次数少与多被调查者感知锻炼高峰期使用健身器材排队时间的秩次统计表，第一栏列出被调查城市，N 为样本量，Mean Rank 为平均秩次，Sum of Ranks 为秩和。表 1222 为体育锻炼次数少与多被调查者感知锻炼高峰期使用健身器材排队时间的非参数检验结果，其中 Mann-Whitney U、Wilcoxon W 以及 Z 为统计量，Asymp. sig.（2-tailed）为基于渐近分布的双侧检验概率，本例概率小于 0.05，可以认为在 0.05 水平上体育锻炼次数少与多被调查者感知锻炼高峰期使用健身器材排队时间的差异具有显著性。

表 1223   体育锻炼次数少与非常多被调查者感知锻炼高峰期使用健身器材排队时间的秩次统计

	被调查者参加体育锻炼次数	N	Mean Rank	Sum of Ranks
被调查者感知锻炼高峰期使用健身器材排队时间	少	151	102.66	15501.00
	非常多	113	172.38	19479.00
	Total	264		

表 1224   体育锻炼次数少与非常多被调查者感知锻炼高峰期使用健身器材排队时间的非参数检验结果ᵃ

	被调查者感知锻炼高峰期使用健身器材排队时间
Mann-Whitney U	4025.000
Wilcoxon W	15501.000
Z	−7.560
Asymp. Sig. (2-tailed)	.000

a. Grouping Variable：被调查者参加体育锻炼次数

表 1223 为体育锻炼次数少与非常多被调查者感知锻炼高峰期使用健身器材排队时间的秩次统计表，第一栏列出被调查城市，N 为样本量，Mean Rank 为平均秩次，Sum of Ranks 为秩和。表 1224 为体育锻炼次数少与非常多被调查者感知锻炼高峰期使用健身器材排队时间的非参数检验结果，其中 Mann-Whitney U、Wilcoxon W 以及 Z 为统计量，Asymp. sig.（2-tailed）为基于渐近分布的双侧检验概率，本例概率小于 0.05，可以认为在 0.05 水平上体育锻炼次数少与非常多被调查者感知锻炼高峰期使用健身器材排队时间的差异具有显著性。

表 1225   体育锻炼次数中等与多被调查者感知锻炼高峰期使用健身器材排队时间的秩次统计

	被调查者参加体育锻炼次数	N	Mean Rank	Sum of Ranks
被调查者感知锻炼高峰期使用健身器材排队时间	中等	189	167.68	31691.00
	多	163	186.73	30437.00
	Total	352		

表 1226   体育锻炼次数中等与多被调查者感知锻炼高峰期使用健身器材排队时间的非参数检验结果[a]

	被调查者感知锻炼高峰期使用健身器材排队时间
Mann-Whitney U	13736.000
Wilcoxon W	31691.000
Z	−1.865
Asymp. Sig. (2-tailed)	.062

a. Grouping Variable：被调查者参加体育锻炼次数

表 1225 为体育锻炼次数中等与多被调查者感知锻炼高峰期使用健身器材排队时间的秩次统计表，第一栏列出被调查城市，N 为样本量，Mean Rank 为平均秩次，Sum of Ranks 为秩和。表 1226 为体育锻炼次数中等与多被调查者感知锻炼高峰期使用健身器材排队时间的非参数检验结果，其中 Mann-Whitney U、Wilcoxon W 以及 Z 为统计量，Asymp. sig. (2-tailed)为基于渐近分布的双侧检验概率，本例概率大于 0.05，可以认为在 0.05 水平上体育锻炼次数中等与多被调查者感知锻炼高峰期使用健身器材排队时间的差异不具有显著性。

表 1227   体育锻炼次数中等与非常多被调查者感知锻炼高峰期使用健身器材排队时间的秩次统计

	被调查者参加体育锻炼次数	N	Mean Rank	Sum of Ranks
被调查者感知锻炼高峰期使用健身器材排队时间	中等	189	126.17	23846.00
	非常多	113	193.87	21907.00
	Total	302		

表 1228   体育锻炼次数中等与非常多被调查者感知锻炼高峰期使用健身器材排队时间的非参数检验结果[a]

	被调查者感知锻炼高峰期使用健身器材排队时间
Mann-Whitney U	5891.000
Wilcoxon W	23846.000
Z	−6.837
Asymp. Sig. (2-tailed)	.000

a. Grouping Variable：被调查者参加体育锻炼次数

表 1227 为体育锻炼次数中等与非常多被调查者感知锻炼高峰期使用健身器材排队时间的秩次统计表，第一栏列出被调查城市，N 为样本量，Mean Rank 为平均秩次，Sum of Ranks 为秩和。表 1228 为体育锻炼次数中等与非常多被调查者感知锻炼高峰期使用健身器材排队时间的非参数检验结果，其中 Mann-Whitney U、Wilcoxon W 以及 Z 为统计量，Asymp. sig. (2-tailed)为基于渐近分布的双侧检验概率，本例概率小于 0.05，可以认为在 0.05 水平上体育锻炼次数中等与非常多被调查者感知锻炼高峰期使用健身器材排队时间

的差异具有显著性。

表 1229　体育锻炼次数多与非常多被调查者感知锻炼高峰期使用健身器材排队时间的秩次统计

	被调查者参加体育锻炼次数	N	Mean Rank	Sum of Ranks
被调查者感知锻炼高峰期使用健身器材排队时间	多	163	116.84	19045.50
	非常多	113	169.74	19180.50
	Total	276		

表 1230　体育锻炼次数多与非常多被调查者感知锻炼高峰期使用健身器材排队时间的非参数检验结果[a]

	被调查者感知锻炼高峰期使用健身器材排队时间
Mann-Whitney U	5679.500
Wilcoxon W	19045.500
Z	−5.592
Asymp. Sig. (2-tailed)	.000

a. Grouping Variable：被调查者参加体育锻炼次数

表 1229 为体育锻炼次数多与非常多被调查者感知锻炼高峰期使用健身器材排队时间的秩次统计表，第一栏列出被调查城市，N 为样本量，Mean Rank 为平均秩次，Sum of Ranks 为秩和。表 1230 为体育锻炼次数多与非常多被调查者感知锻炼高峰期使用健身器材排队时间的非参数检验结果，其中 Mann-Whitney U、Wilcoxon W 以及 Z 为统计量，Asymp. sig.（2-tailed）为基于渐近分布的双侧检验概率，本例概率小于 0.05，可以认为在 0.05 水平上体育锻炼次数多与非常多被调查者感知锻炼高峰期使用健身器材排队时间的差异具有显著性。

4.1.3.4　小结

（1）皖北不同市居民感知健身器材的拥挤度

总体上皖北六市居民感知居住周围健身器材数量"多"的占比比"少"的占比偏少。宿州市、阜阳市"多"和"非常多"占比与"少"和"非常少"占比之差为正，淮北市、蚌埠市、淮南市、亳州市为负。排序为：阜阳市＞宿州市＞淮北市＞蚌埠市＞亳州市＞淮南市。

多个独立样本的非参数检验显示，皖北六市居民感知居住周围健身器材数量之间的差异在 0.05 水平上具有显著性。两个独立样本的非参数检验显示，淮北市与宿州市、淮北市与蚌埠市、淮北市与淮南市、淮北市与阜阳市、宿州市与蚌埠市、宿州市与阜阳市、蚌埠市与淮南市、蚌埠市与阜阳市、淮南市与亳州市被调查者感知居住区健身器材数量之间的差异不具有显著性。淮北市与亳州市、宿州市与淮南市、宿州市与亳州市、蚌埠市与亳州市、淮南市与阜阳市、阜阳市与亳州市被调查者感知居住区健身器材数量之间的差异具有显著性。

总体上皖北六市居民感知锻炼高峰期使用健身器材人数"多"的占比比"少"的占比偏多。淮北市、宿州市、阜阳市、淮南市、蚌埠市、亳州市"多"和"非常多"占比与"少"和"非常少"占比之差都为正。排序为：宿州市＞淮北市＞阜阳市＞蚌埠市＞亳州市＞淮南市。

多个独立样本的非参数检验显示，皖北六市居民感知锻炼高峰期使用健身器材人数之间的差异在 0.05 水平上具有显著性。两个独立样本的非参数检验显示，淮北市与宿州市、淮北市与蚌埠市、淮北市与阜阳市、淮北市与亳州市、宿州市与阜阳市、蚌埠市与淮南市、蚌埠市与阜阳市、蚌埠市与亳州市、淮南市与阜阳市、淮南市与亳州市被调查者感知锻炼高峰期使用健身器材人数之间的差异不具有显著性。淮北市与淮南市、宿州市与蚌埠市、宿州市与淮南市、宿州市与亳州市、阜阳市与亳州市被调查者感知锻炼高峰期使用健身器材人数之间的差异具有显著性。

总体上皖北六市居民感知锻炼高峰期使用健身器材的排队时间"短"的占比比"长"的占比偏少。淮北市、阜阳市、宿州市、蚌埠市、亳州市"短"和"非常短"占比与"长"和"非常长"占比之差为负,淮南市为正。排序为:淮南市>亳州市>蚌埠市>淮北市>阜阳市>宿州市。

多个独立样本的非参数检验显示,皖北六市居民感知锻炼高峰期使用健身器材排队时间之间的差异在 0.05 水平上具有显著性。两个独立样本的非参数检验显示,淮北市与蚌埠市、淮北市与淮南市、淮北市与阜阳市、淮北市与亳州市、宿州市与蚌埠市、宿州市与阜阳市、蚌埠市与淮南市、蚌埠市与阜阳市、蚌埠市与亳州市、淮南市与亳州市、阜阳市与亳州市被调查者感知锻炼高峰期使用健身器材排队时间之间的差异不具有显著性。淮北市与宿州市、宿州市与淮南市、宿州市与亳州市、淮南市与阜阳市被调查者感知锻炼高峰期使用健身器材排队时间之间的差异具有显著性。

(2) 皖北六市不同居住区居民感知健身器材的拥挤度

总体上皖北六市不同居住区域居民感知居住区健身器材数量"多"的占比比"少"的占比偏少一点。但各区域情况不同,中央区域、中央与郊区之间"多"和"非常多"占比与"少"和"非常少"占比之差为正,郊区、农村地区为负。排序为:中央区域>中央与郊区之间>郊区>农村地区。相关检验显示,皖北六市居民居住的区域与皖北六市居民感知健身器材数量的皮尔逊相关系数为 0.454,斯皮尔曼相关系数为 0.443,p=0.000<0.05,相关具有显著性。

多个独立样本的非参数检验显示,皖北六市不同居住区居民感知居住区健身器材数量之间的差异在 0.05 水平上具有显著性。两个独立样本的非参数检验显示,中央区域与中央与郊区之间、中央区域与郊区、中央区域与农村地区、中央区域与郊区之间与郊区、中央区域与郊区之间与农村地区、郊区与农村地区被调查者感知居住区健身器材数量之间的差异具有显著性。

总体上皖北六市不同居住区域居民感知锻炼高峰期使用健身器材人数"多"的占比比"少"的占比偏多。但各区域情况不同,中央区域、中央与郊区之间"多"和"非常多"占比与"少"和"非常少"占比之差为正,郊区、农村地区为负。排序为:中央区域>中央与郊区之间>郊区>农村地区。相关检验显示,皖北六市居民居住的区域与皖北六市居民感知锻炼高峰期使用健身器材人数的皮尔逊相关系数为 0.348,斯皮尔曼相关系数为 0.33,p=0.000<0.05,相关具有显著性。

多个独立样本的非参数检验显示,皖北六市不同居住区居民感知锻炼高峰期使用健身器材人数之间的差异在 0.05 水平上具有显著性。两个独立样本的非参数检验显示,中央区域与中央与郊区之间、中央区域与郊区、中央区域与农村地区、中央区域与郊区之间与郊区、中央区域与郊区之间与农村地区、郊区与农村地区被调查者感知锻炼高峰期使用健身器材人数之间的差异具有显著性。

总体上皖北六市不同居住区域居民感知锻炼高峰期使用健身器材排队时间"长"的占比比"短"的占比偏多。但各区域情况不同,中央区域、中央与郊区之间"长"和"非常长"占比与"短"和"非常短"占比之差为正,郊区、农村地区为负。排序为:中央区域>中央与郊区之间>郊区>农村地区。相关检验显示,皖北六市居民居住的区域与皖北六市居民感知锻炼高峰期使用健身器材排队时间的皮尔逊相关系数为0.307,斯皮尔曼相关系数为0.286,p＝0.000＜0.05,相关具有显著性。

多个独立样本的非参数检验显示,皖北六市不同居住区居民感知锻炼高峰期使用健身器材排队时间之间的差异在0.05水平上具有显著性。两个独立样本的非参数检验显示,居住密度非常稀疏与稀疏被调查者感知锻炼高峰期使用健身器材排队时间之间的差异不具有显著性。居住密度非常稀疏与中等、非常稀疏与大、非常稀疏与非常大、稀疏与中等、稀疏与大、稀疏与非常大、中等与大、中等与非常大、大与非常大被调查者感知锻炼高峰期使用健身器材排队时间之间的差异具有显著性。

(3) 皖北六市不同居住密度居民感知健身器材的拥挤度

总体上皖北六市不同居住密度居民感知居住区健身器材数量"多"的占比比"少"的占比偏少一点。但各区域情况不同,居住密度非常大、大的居民感知"多"和"非常多"占比与"少"和"非常少"占比之差为正,居住密度中等、稀疏、非常稀疏的居民感知为负。排序为:非常大＞大＞中等＞非常稀疏＞稀疏。相关检验显示,皖北六市居民居住的密度与皖北六市居民感知健身器材数量的皮尔逊相关系数为0.427,斯皮尔曼相关系数为0.417,p＝0.000＜0.05,相关具有显著性。

多个独立样本的非参数检验显示,皖北六市不同居住密度居民感知居住区健身器材数量之间的差异在0.05水平上具有显著性。两个独立样本的非参数检验显示,居住密度非常稀疏与稀疏被调查者感知居住区的健身器材数量之间的差异不具有显著性。居住密度非常稀疏与中等、非常稀疏与大、非常稀疏与非常大、稀疏与中等、稀疏与大、稀疏与非常大、中等与大、中等与非常大、大与非常大被调查者感知居住区的健身器材数量之间的差异具有显著性。

总体上皖北六市不同居住密度居民感知锻炼高峰期使用健身器材人数"多"的占比比"少"的占比偏多。但各区域情况不同,居住密度中等、非常大、大的居民感知"多"和"非常多"占比与"少"和"非常少"占比之差为正,居住密度稀疏、非常稀疏的居民感知为负。排序为:非常大＞大＞中等＞非常稀疏＞稀疏。相关检验显示,皖北六市居民居住的密度与皖北六市居民感知锻炼高峰期使用健身器材人数的皮尔逊相关系数为0.358,斯皮尔曼相关系数为0.373,p＝0.000＜0.05,相关具有显著性。

多个独立样本的非参数检验显示,皖北六市不同居住密度居民感知锻炼高峰期使用健身器材人数之间的差异在0.05水平上具有显著性。两个独立样本的非参数检验显示,居住密度非常稀疏与稀疏被调查者感知锻炼高峰期使用健身器材人数之间的差异不具有显著性。居住密度非常稀疏与中等、非常稀疏与大、非常稀疏与非常大、稀疏与中等、稀疏与大、稀疏与非常大、中等与大、中等与非常大、大与非常大被调查者感知锻炼高峰期使用健身器材人数之间的差异具有显著性。

总体上皖北六市不同居住密度居民感知锻炼高峰期使用健身器材排队时间"长"的占比比"短"的占比偏多。但不同居住密度情况不同,居住密度中等、大、非常大的居民感知锻炼高峰期使用健身器材排队时间"长"和"非常长"占比与"非常短"和"短"占比之差为正,居住密度稀疏、非常稀疏的地区为负。排序为:居住密度非常大＞大＞中等＞非常稀疏＞稀疏。相关检验显示,皖北六市被调查者居住的密度与被调查者感知锻炼高峰期使用健身器材排队时间的皮尔逊相关系数为0.373,斯皮尔曼相关系数为0.366,p＝0.000＜0.05,相关具有显著性。

多个独立样本的非参数检验显示,皖北六市不同居住密度居民感知锻炼高峰期使用健身器材排队时间之间的差异在 0.05 水平上具有显著性。两个独立样本的非参数检验显示，居住密度非常稀疏与稀疏被调查者感知锻炼高峰期使用健身器材排队时间之间的差异不具有显著性。居住密度非常稀疏与中等、非常稀疏与大、非常稀疏与非常大、稀疏与中等、稀疏与大、稀疏与非常大、中等与大、中等与非常大、大与非常大被调查者感知锻炼高峰期使用健身器材排队时间之间的差异具有显著性。

（4）皖北六市不同性别居民感知健身器材的拥挤度

皖北六市不同性别居民感知居住区健身器材数量的差异具有显著性。总体上皖北六市不同性别居民感知居住区健身器材数量"多"的占比比"少"的占比偏少一点。男性居民感知居住区健身器材数量"多"的占比与"少"的占比之差为正，女性为负。排序为：男性＞女性。相关检验显示，皖北六市被调查者的性别与被调查者感知居住区健身器材数量的皮尔逊相关系数为 0.161，斯皮尔曼相关系数为 0.153，p＝0.000＜0.05，相关具有显著性。

皖北六市不同性别居民感知锻炼高峰期使用健身器材人数的差异具有显著性。总体上皖北六市不同性别居民感知锻炼高峰期使用健身器材人数，"多"的占比比"少"的占比偏多。男性和女性居民感知锻炼高峰期使用健身器材人数，"多"的占比与"少"的占比之差都为正。排序为：男性＞女性。相关检验显示，皖北六市被调查者的性别与被调查者感知锻炼高峰期使用健身器材人数的皮尔逊相关系数为 0.095，p＝0.014＜0.05，斯皮尔曼相关系数为 0.092，p＝0.018＜0.05，相关具有显著性。

皖北六市不同性别居民感知锻炼高峰期使用健身器材排队时间的差异具有显著性。总体上皖北六市不同性别居民感知锻炼高峰期使用健身器材排队时间，"长"的占比比"短"的占比偏多。男性和女性居民感知锻炼高峰期使用健身器材排队时间，"长"的占比与"短"的占比之差都为正。排序为：男性＞女性。相关检验显示，皖北六市被调查者的性别与被调查者感知锻炼高峰期使用健身器材排队时间的皮尔逊相关系数为 0.094，p＝0.015＜0.05，斯皮尔曼相关系数为 0.092，p＝0.017＜0.05，相关具有显著性。

（5）皖北六市不同年龄区间居民感知健身器材的拥挤度

总体上皖北六市不同年龄区间居民感知居住区健身器材数量，"多"的占比比"少"的占比偏少一点。12 岁以下、60 岁以上居民感知居住区健身器材数量，"多"和"非常多"的占比与"少"和"非常少"的占比之差为正。13—19 岁、20—39 岁、40—59 岁感知居住区健身器材数量，"多"和"非常多"的占比与"少"和"非常少"的占比之差为负。排序为：12 岁以下＞60 岁以上＞40—59 岁＞13—19 岁＞20—39 岁。相关检验显示，皖北六市被调查者的年龄区间与被调查者感知居住区健身器材数量的皮尔逊相关系数为 0.004，p＝0.913＞0.05，相关不具有显著性。斯皮尔曼相关系数为 0.033，p＝0.394＞0.05，相关不具有显著性。

多个独立样本的非参数检验显示，皖北六市不同年龄区间居民感知居住区健身器材数量之间的差异在 0.05 水平上具有显著性。两个独立样本的非参数检验显示，年龄区间 13—19 岁与 20—39 岁、13—19 岁与 40—59 岁、13—19 岁与 60 岁以上、40—59 岁与 60 岁以上被调查者感知居住区健身器材数量的差异不具有显著性。年龄区间 12 岁以下与 13—19 岁、12 岁以下与 20—39 岁、12 岁以下与 40—59 岁、12 岁以下与 60 岁以上、20—39 岁与 40—59 岁、20—39 岁与 60 岁以上被调查者感知居住区健身器材数量的差异具有显著性。

总体上皖北六市不同年龄区间居民感知锻炼高峰期使用健身器材人数，"多"的占比比"少"的占比偏多。各年龄区间居民感知锻炼高峰期使用健身器材人数，"多"和"非常多"的占比与"少"和"非常少"的占比之差都为正。排序为：12 岁以下＞40—59 岁＞13—19 岁＞20—39 岁＞60 岁以上。相关检验显示，皖北六市被调查者的年龄区间与被调查者感知锻炼高峰期使用健身器材人数的皮尔逊相关系数为 0.002，p＝0.966＞0.05，相关不具有显著性。斯皮尔曼相关系数为 0.032，p＝0.409＞0.05，相关不具有显著性。

多个独立样本的非参数检验显示，皖北六市不同年龄区间居民感知锻炼高峰期使用健身器材人数之间的差异在 0.05 水平上具有显著性。两个独立样本的非参数检验显示，年龄区间 12 岁以下与 60 岁以上、13—19 岁与 20—39 岁、13—19 岁与 40—59 岁、13—19 岁与 60 岁以上、20—39 岁与 40—59 岁、40—59 岁与 60 岁以上被调查者感知锻炼高峰期使用健身器材人数的差异不具有显著性。12 岁以下与 13—19 岁、12 岁以下与 20—39 岁、12 岁以下与 40—59 岁、20—39 岁与 60 岁以上被调查者感知锻炼高峰期使用健身器材人数的差异具有显著性。

总体上皖北六市不同年龄区间居民感知锻炼高峰期使用健身器材排队时间，"长"的占比比"短"的占比偏多。各年龄区间居民感知锻炼高峰期使用健身器材排队时间，"长"和"非常长"的占比与"短"和"非常短"的占比之差都为正。排序为：12 岁以下＞60 岁以上＞40—59 岁＞20—39 岁＞13—19 岁。相关检验显示，皖北六市被调查者的年龄区间与被调查者感知锻炼高峰期使用健身器材排队时间的皮尔逊相关系数为 0.014，p＝0.726＞0.05，相关不具有显著性。斯皮尔曼相关系数为 0.056，p＝0.151＞0.05，相关不具有显著性。

多个独立样本的非参数检验显示，皖北六市不同年龄区间居民感知锻炼高峰期使用健身器材排队时间之间的差异在 0.05 水平上具有显著性。两个独立样本的非参数检验显示，年龄区间 13—19 岁与 20—39 岁、13—19 岁与 40—59 岁、13—19 岁与 60 岁以上、40—59 岁与 60 岁以上被调查者感知锻炼高峰期使用健身器材排队时间的差异不具有显著性。年龄区间 12 岁以下与 13—19 岁、12 岁以下与 20—39 岁、12 岁以下与 40—59 岁、12 岁以下与 60 岁以上、20—39 岁与 40—59 岁、20—39 岁与 60 岁以上被调查者感知锻炼高峰期使用健身器材排队时间的差异具有显著性。

（6）皖北六市不同锻炼次数居民感知健身器材的拥挤度

总体上皖北六市不同锻炼次数居民感知居住区健身器材数量，"多"的占比比"少"的占比偏少一点。锻炼次数多、非常多的居民感知居住区健身器材数量，"多"和"非常多"的占比与"少"和"非常少"的占比之差为正。锻炼次数非常少、少、中等的居民感知居住区健身器材数量，"多"和"非常多"的占比与"少"和"非常少"的占比之差为负。排序为：非常少＜少＜中等＜多＜非常多。相关检验显示，皖北六市被调查者的锻炼次数与被调查者感知居住区健身器材数量的皮尔逊相关系数为 0.467，斯皮尔曼相关系数为 0.450，p＝0.000＜0.05，相关具有显著性。

多个独立样本的非参数检验显示，皖北六市不同锻炼次数居民感知居住区健身器材数量之间的差异在 0.05 水平上具有显著性。两个独立样本的非参数检验显示，体育锻炼次数非常少与少、非常少与中等、非常少与多、非常少与非常多、少与中等、少与多、少与非常多、中等与多、中等与非常多多与非常多被调查者感知居住区健身器材数量的差异具有显著性。

总体上皖北六市不同锻炼次数居民感知锻炼高峰期使用健身器材人数，"多"的占比比"少"的占比偏多。锻炼次数多、非常多、少、中等的居民感知锻炼高峰期使用健身器材人数，"多"和"非常多"的占比与"少"和"非常少"的占比之差为正。锻炼次数非常少的居民感知锻炼高峰期使用健身器材人数，"多"和"非常多"的占比与"少"和"非常少"的占比之差为负。排序为：非常少＜少＜中等＜多＜非常多。相关检验显示，皖北六市被调查者的锻炼次数与被调查者感知锻炼高峰期使用健身器材人数的皮尔逊相关系数为 0.421，斯皮尔曼相关系数为 0.407，p＝0.000＜0.05，相关具有显著性。

多个独立样本的非参数检验显示，皖北六市不同锻炼次数居民感知锻炼高峰期使用健身器材人数之间的差异在 0.05 水平上具有显著性。两个独立样本的非参数检验显示，体育锻炼次数中等与多被调查者感知锻炼高峰期使用健身器材人数的差异不具有显著性。体育锻炼次数非常少与少、非常少与中等、非常少与多、非常少与非常多、少与中等、少与多、少与非常多、中等与非常多、多与非常多被调查者感知锻炼高峰期使用健身器材人数的差异具有显著性。

总体上皖北六市不同锻炼次数居民感知锻炼高峰期使用健身器材排队时间，"长"的占比比"短"的占比偏多。锻炼次数多、非常多、中等的居民感知锻炼高峰期使用健身器材排队时间，"长"和"非常长"的占比与"短"和"非常短"的占比之差为正。锻炼次数非常少、少的居民感知锻炼高峰期使用健身器材排队时间，"长"和"非常长"的占比与"短"和"非常短"的占比之差为负。排序为：非常少＜少＜中等＜多＜非常多。相关检验显示，皖北六市被调查者的锻炼次数与被调查者感知锻炼高峰期使用健身器材排队时间的皮尔逊相关系数为 0.367，斯皮尔曼相关系数为 0.353，p＝0.000＜0.05，相关具有显著性。

多个独立样本的非参数检验显示，皖北六市不同锻炼次数居民感知锻炼高峰期使用健身器材排队时间之间的差异在 0.05 水平上具有显著性。两个独立样本的非参数检验显示，体育锻炼次数非常少与少、中等与多被调查者感知锻炼高峰期使用健身器材排队时间的差异不具有显著性。体育锻炼次数非常少与中等、非常少与多、非常少与非常多、少与中等、少与多、少与非常多、中等与非常多、多与非常多被调查者感知锻炼高峰期使用健身器材排队时间的差异具有显著性。

4.1.4　公共体育设施对皖北六市居民健身的影响

4.1.4.1　居民对居住区周围公共体育设施的满意度

（1）皖北不同市居民对居住区周围公共体育设施满意度的列联表统计和非参数检验

1）皖北不同市居民对居住区周围公共体育设施满意度的列联表统计

表 1231　被调查者居住的城市 * 被调查者对居住区周围公共体育设施满意度

		非常不满意	不满意	中等	满意	非常满意	Total
		被调查者在居住区附近锻炼的满意程度					
被调查者居住的城市	淮北市	4.3%	11.3%	47.5%	27.0%	9.9%	100.0%
	宿州市	7.6%	11.4%	32.4%	19.0%	29.5%	100.0%
	蚌埠市	11.9%	17.4%	26.6%	26.6%	17.4%	100.0%
	淮南市	4.9%	14.7%	52.0%	23.5%	4.9%	100.0%
	阜阳市	7.0%	13.0%	28.0%	35.0%	17.0%	100.0%
	亳州市	10.8%	16.2%	25.2%	34.2%	13.5%	100.0%
	Total	7.6%	13.9%	35.8%	27.5%	15.1%	100.0%

表 1231 显示，皖北六市居民对居住区周围公共体育设施满意度：淮北市"不满意"和"非常不满意"占 15.6%、中等 47.5%、"满意"和"非常满意"占 36.9%；宿州市"不满意"和"非常不满意"占 19.0%、中等 32.4%、"满意"和"非常满意"占 48.5%；蚌埠市"不满意"和"非常不满意"占 29.3%、中等 26.6%、"满意"和"非常满意"占 44.0%；淮南市"不满意"和"非常不满意"占 19.6%、中等 52.0%、"满意"和"非常满意"占 28.4%；阜阳市"不满意"和"非常不满意"占 20.0%、中等 28.0%、"满意"和"非常满意"占 52%；亳州市"不满意"和"非常不满意"占 27.0%、中等 25.2%、"满意"和"非常满意"占 47.7%；总体："不满意"和"非常不满意"占 21.5%、中等 35.8%、"满意"和"非常满意"占 42.6%。

"满意"和"非常满意"占比与"不满意"和"非常不满意"占比之差：淮北市 21.3%；宿州市 29.5%；蚌埠市 14.7%；淮南市 8.8%；阜阳市 32%；亳州市 20.7%；总体：21.1%。总体上皖北六市居民对居住区周围公共体育设施"满意"的占比比"不满意"的占比偏多。阜阳市、宿州市、淮北市、蚌埠市、亳州市、淮南市居民对居住区周围公共体育设施"满意"和"非常满意"的占比与"不满意"和"非常不满意"的占比之差都为正。排序为：阜阳市＞宿州市＞淮北市＞亳州市＞蚌埠市＞淮南市。

2）皖北不同市居民对居住区周围公共体育设施的满意度的非参数检验

表 1232　皖北六市居民对居住区周围公共体育设施满意度的平均秩

	被调查城市	N	Mean Rank
被调查者在居住区附近锻炼的满意程度	淮北市	141	327.18
	宿州市	105	371.70
	蚌埠市	109	324.66
	淮南市	102	295.04
	阜阳市	100	359.96
	亳州市	111	331.59
	Total	668	

表 1232 为皖北六市居民对居住区周围公共体育设施满意度的样本量和平均秩，平均秩降序排列为：宿州市为 371.70(105)、阜阳市为 359.96(100)、亳州市为 331.59(111)、淮北市为 327.18(141)、蚌埠市为 324.66(109)、淮南市为 295.04(102)。

表 1233　皖北六市居民对居住区周围公共体育设施满意度的非参数检验结果[a,b]

	被调查者在居住区附近锻炼的满意程度
Chi-Square	11.242
Df	5
Asymp. Sig.	.047

a. Kruskal Wallis Test

b. Grouping Variable：被调查者居住的城市

表 1233 为 Kruskal-Wallis 检验，Asymp. Sig. 为检验统计量 $\chi^2 = 11.242$、df=5 时基于渐近分布概率，本例概率 p=0.047＜0.05，所以否定检验的原假设，即可以认为皖北六市居民对居住区周围公共体育设施满意度之间的差异在 0.05 水平上具有显著性。

表 1234　淮北市与宿州市被调查者在居住区锻炼满意程度的秩次统计

	被调查城市	N	Mean Rank	Sum of Ranks
被调查者在居住区锻炼的满意程度	淮北市	141	116.48	16423.00
	宿州市	105	132.93	13958.00
	Total	246		

表 1235　淮北市与宿州市被调查者在居住区锻炼满意程度的非参数检验结果[a]

	被调查者在居住区锻炼的满意程度
Mann-Whitney U	6412.000
Wilcoxon W	16423.000
Z	−1.881
Asymp. Sig. (2-tailed)	.060

a. Grouping Variable:被调查者居住的城市

表 1234 为淮北市与宿州市被调查者在居住区锻炼满意程度的秩次统计表,第一栏列出被调查城市,N 为样本量,Mean Rank 为平均秩次,Sum of Ranks 为秩和。表 1235 为淮北市与宿州市被调查者在居住区锻炼满意程度的非参数检验结果,其中 Mann-Whitney U、Wilcoxon W 以及 Z 为统计量,Asymp. sig. (2-tailed)为基于渐近分布的双侧检验概率,本例概率大于 0.05,可以认为在 0.05 水平上淮北市与宿州市被调查者在居住区锻炼满意程度之间的差异不具有显著性。

表 1236　淮北市与蚌埠市被调查者在居住区锻炼满意程度的秩次统计

	被调查城市	N	Mean Rank	Sum of Ranks
被调查者在居住区锻炼的满意程度	淮北市	141	126.15	17787.50
	蚌埠市	109	124.66	13587.50
	Total	250		

表 1237　淮北市与蚌埠市被调查者在居住区锻炼满意程度的非参数检验结果[a]

	被调查者在居住区锻炼的满意程度
Mann-Whitney U	7592.500
Wilcoxon W	13587.500
Z	−.169
Asymp. Sig. (2-tailed)	.866

a. Grouping Variable:被调查者居住的城市

表 1236 为淮北市与蚌埠市被调查者在居住区锻炼满意程度的秩次统计表,第一栏列出被调查城市,N 为样本量,Mean Rank 为平均秩次,Sum of Ranks 为秩和。表 1237 为淮北市与蚌埠市被调查者在居住区锻炼满意程度的非参数检验结果,其中 Mann-Whitney U、Wilcoxon W 以及 Z 为统计量,Asymp. sig. (2-tailed)为基于渐近分布的双侧检验概率,本例概率大于 0.05,可以认为在 0.05 水平上淮北市与蚌埠市被调查者在居住区锻炼满意程度之间的差异不具有显著性。

表 1238　淮北市与淮南市被调查者在居住区锻炼满意程度的秩次统计

	被调查城市	N	Mean Rank	Sum of Ranks
被调查者在居住区锻炼的满意程度	淮北市	141	127.41	17964.50
	淮南市	102	114.52	11681.50
	Total	243		

表 1239　淮北市与淮南市被调查者在居住区锻炼满意程度的非参数检验结果[a]

	被调查者在居住区锻炼的满意程度
Mann-Whitney U	6428.500
Wilcoxon W	11681.500
Z	−1.520
Asymp. Sig. (2-tailed)	.128

a. Grouping Variable：被调查者居住的城市

　　表 1238 为淮北市与淮南市被调查者在居住区锻炼满意程度的秩次统计表,第一栏列出被调查城市,N 为样本量,Mean Rank 为平均秩次,Sum of Ranks 为秩和。表 1239 为淮北市与淮南市被调查者在居住区锻炼满意程度的非参数检验结果,其中 Mann-Whitney U、Wilcoxon W 以及 Z 为统计量,Asymp. sig. (2-tailed)为基于渐近分布的双侧检验概率,本例概率大于 0.05,可以认为在 0.05 水平上淮北市与淮南市被调查者在居住区锻炼满意程度之间的差异不具有显著性。

表 1240　淮北市与阜阳市被调查者在居住区锻炼满意程度的秩次统计

	被调查城市	N	Mean Rank	Sum of Ranks
被调查者在居住区锻炼的满意程度	淮北市	141	115.57	16296.00
	阜阳市	100	128.65	12865.00
	Total	241		

表 1241　淮北市与阜阳市被调查者在居住区锻炼满意程度的非参数检验结果[a]

	被调查者在居住区锻炼的满意程度
Mann-Whitney U	6285.000
Wilcoxon W	16296.000
Z	−1.506
Asymp. Sig. (2-tailed)	.132

a. Grouping Variable：被调查者居住的城市

　　表 1240 为淮北市与阜阳市被调查者在居住区锻炼满意程度的秩次统计表,第一栏列出被调查城市,N 为样本量,Mean Rank 为平均秩次,Sum of Ranks 为秩和。表 1241 为淮北市与阜阳市被调查者在居住区锻炼满意程度的非参数检验结果,其中 Mann-Whitney U、Wilcoxon W 以及 Z 为统计量,Asymp. sig. (2-tailed)为基于渐近分布的双侧检验概率,本例概率大于 0.05,可以认为在 0.05 水平上淮北市与阜阳市被调查者在居住区锻炼满意程度之间的差异不具有显著性。

表 1242　淮北市与亳州市被调查者在居住区锻炼满意程度的秩次统计

	被调查城市	N	Mean Rank	Sum of Ranks
被调查者在居住区锻炼的满意程度	淮北市	141	125.57	17706.00
	亳州市	111	127.68	14172.00
	Total	252		

表 1243　淮北市与亳州市被调查者在居住区锻炼满意程度的非参数检验结果[a]

	被调查者在居住区锻炼的满意程度
Mann-Whitney U	7695.000
Wilcoxon W	17706.000
Z	−.238
Asymp. Sig. (2-tailed)	.812

a. Grouping Variable：被调查者居住的城市

表 1242 为淮北市与亳州市被调查者在居住区锻炼满意程度的秩次统计表,第一栏列出被调查城市,N 为样本量,Mean Rank 为平均秩次,Sum of Ranks 为秩和。表 1243 为淮北市与亳州市被调查者在居住区锻炼满意程度的非参数检验结果,其中 Mann-Whitney U、Wilcoxon W 以及 Z 为统计量,Asymp. sig. (2-tailed)为基于渐近分布的双侧检验概率,本例概率大于 0.05,可以认为在 0.05 水平上淮北市与亳州市被调查者在居住区锻炼满意程度之间的差异不具有显著性。

表 1244　宿州市与蚌埠市被调查者在居住区锻炼满意程度的秩次统计

	被调查城市	N	Mean Rank	Sum of Ranks
被调查者在居住区锻炼的满意程度	宿州市	105	114.88	12062.50
	蚌埠市	109	100.39	10942.50
	Total	214		

表 1245　宿州市与蚌埠市被调查者在居住区锻炼满意程度的非参数检验结果[a]

	被调查者在居住区锻炼的满意程度
Mann-Whitney U	4947.500
Wilcoxon W	10942.500
Z	−1.760
Asymp. Sig. (2-tailed)	.078

a. Grouping Variable：被调查者居住的城市

表 1244 为宿州市与蚌埠市被调查者在居住区锻炼满意程度的秩次统计表,第一栏列出被调查城市,N 为样本量,Mean Rank 为平均秩次,Sum of Ranks 为秩和。表 1245 为宿州市与蚌埠市被调查者在居住区锻炼满意程度的非参数检验结果,其中 Mann-Whitney U、Wilcoxon W 以及 Z 为统计量,Asymp. sig. (2-tailed)为基于渐近分布的双侧检验概率,本例概率大于 0.05,可以认为在 0.05 水平上宿州市与蚌埠市被调查者在居住区锻炼满意程度之间的差异不具有显著性。

表 1246 宿州市与淮南市被调查者在居住区锻炼满意程度的秩次统计

	被调查城市	N	Mean Rank	Sum of Ranks
被调查者在居住区锻炼的满意程度	宿州市	105	115.24	12100.50
	淮南市	102	92.43	9427.50
	Total	207		

表 1247 宿州市与淮南市被调查者在居住区锻炼满意程度的非参数检验结果[a]

	被调查者在居住区锻炼的满意程度
Mann-Whitney U	4174.500
Wilcoxon W	9427.500
Z	−2.875
Asymp. Sig. (2-tailed)	.004

a. Grouping Variable：被调查者居住的城市

　　表 1246 为宿州市与淮南市被调查者在居住区锻炼满意程度的秩次统计表,第一栏列出被调查城市,N 为样本量,Mean Rank 为平均秩次,Sum of Ranks 为秩和。表 1247 为宿州市与淮南市被调查者在居住区锻炼满意程度的非参数检验结果,其中 Mann-Whitney U、Wilcoxon W 以及 Z 为统计量,Asymp. sig. (2-tailed)为基于渐近分布的双侧检验概率,本例概率小于 0.05,可以认为在 0.05 水平上宿州市与淮南市被调查者在居住区锻炼满意程度之间的差异具有显著性。

表 1248 宿州市与阜阳市被调查者在居住区锻炼满意程度的秩次统计

	被调查城市	N	Mean Rank	Sum of Ranks
被调查者在居住区锻炼的满意程度	宿州市	105	105.31	11057.50
	阜阳市	100	100.57	10057.50
	Total	205		

表 1249 宿州市与阜阳市被调查者在居住区锻炼满意程度的非参数检验结果[a]

	被调查者在居住区锻炼的满意程度
Mann-Whitney U	5007.500
Wilcoxon W	10057.500
Z	−.590
Asymp. Sig. (2-tailed)	.555

a. Grouping Variable：被调查者居住的城市

　　表 1248 为宿州市与阜阳市被调查者在居住区锻炼满意程度的秩次统计表,第一栏列出被调查城市,N 为样本量,Mean Rank 为平均秩次,Sum of Ranks 为秩和。表 1249 为宿州市与阜阳市被调查者在居住区锻炼满意程度的非参数检验结果,其中 Mann-Whitney U、Wilcoxon W 以及 Z 为统计量,Asymp. sig. (2-tailed)为基于渐近分布的双侧检验概率,本例概率大于 0.05,可以认为在 0.05 水平上宿州市与阜阳市被调查者在居住区锻炼满意程度之间的差异不具有显著性。

表 1250　宿州市与亳州市被调查者在居住区锻炼满意程度的秩次统计

	被调查城市	N	Mean Rank	Sum of Ranks
被调查者在居住区锻炼的满意程度	宿州市	105	115.33	12109.50
	亳州市	111	102.04	11326.50
	Total	216		

表 1251　宿州市与亳州市被调查者在居住区锻炼满意程度的非参数检验结果[a]

	被调查者在居住区锻炼的满意程度
Mann-Whitney U	5110.500
Wilcoxon W	11326.500
Z	−1.608
Asymp. Sig. (2-tailed)	.108

　　a. Grouping Variable：被调查者居住的城市

　　表 1250 为宿州市与亳州市被调查者在居住区锻炼满意程度的秩次统计表,第一栏列出被调查城市,N 为样本量,Mean Rank 为平均秩次,Sum of Ranks 为秩和。表 1251 为宿州市与亳州市被调查者在居住区锻炼满意程度的非参数检验结果,其中 Mann-Whitney U、Wilcoxon W 以及 Z 为统计量,Asymp. sig. (2-tailed)为基于渐近分布的双侧检验概率,本例概率大于 0.05,可以认为在 0.05 水平上宿州市与亳州市被调查者在居住区锻炼满意程度之间的差异不具有显著性。

表 1252　蚌埠市与淮南市被调查者在居住区锻炼满意程度的秩次统计

	被调查城市	N	Mean Rank	Sum of Ranks
被调查者在居住区锻炼的满意程度	蚌埠市	109	109.81	11969.00
	淮南市	102	101.93	10397.00
	Total	211		

表 1253　蚌埠市与淮南市被调查者在居住区锻炼满意程度的非参数检验结果[a]

	被调查者在居住区锻炼的满意程度
Mann-Whitney U	5144.000
Wilcoxon W	10397.000
Z	−.977
Asymp. Sig. (2-tailed)	.329

　　a. Grouping Variable：被调查者居住的城市

　　表 1252 为蚌埠市与淮南市被调查者在居住区锻炼满意程度的秩次统计表,第一栏列出被调查城市,N 为样本量,Mean Rank 为平均秩次,Sum of Ranks 为秩和。表 1253 为蚌埠市与淮南市被调查者在居住区锻炼满意程度的非参数检验结果,其中 Mann-Whitney U、Wilcoxon W 以及 Z 为统计量,Asymp. sig. (2-tailed)为基于渐近分布的双侧检验概率,本例概率大于 0.05,可以认为在 0.05 水平上蚌埠市与淮南市被调查者在居住区锻炼满意程度之间的差异不具有显著性。

表 1254　蚌埠市与阜阳市被调查者在居住区锻炼满意程度的秩次统计

	被调查城市	N	Mean Rank	Sum of Ranks
被调查者在居住区锻炼的满意程度	蚌埠市	109	100.19	10921.00
	阜阳市	100	110.24	11024.00
	Total	209		

表 1255　蚌埠市与阜阳市被调查者在居住区锻炼满意程度的非参数检验结果[a]

	被调查者在居住区锻炼的满意程度
Mann-Whitney U	4926.000
Wilcoxon W	10921.000
Z	−1.237
Asymp. Sig. (2-tailed)	.216

a. Grouping Variable：被调查者居住的城市

　　表 1254 为蚌埠市与阜阳市被调查者在居住区锻炼满意程度的秩次统计表，第一栏列出被调查城市，N 为样本量，Mean Rank 为平均秩次，Sum of Ranks 为秩和。表 1255 为蚌埠市与阜阳市被调查者在居住区锻炼满意程度的非参数检验结果，其中 Mann-Whitney U、Wilcoxon W 以及 Z 为统计量，Asymp. sig. (2-tailed) 为基于渐近分布的双侧检验概率，本例概率大于 0.05，可以认为在 0.05 水平上蚌埠市与阜阳市被调查者在居住区锻炼满意程度之间的差异不具有显著性。

表 1256　蚌埠市与亳州市被调查者在居住区锻炼满意程度的秩次统计

	被调查城市	N	Mean Rank	Sum of Ranks
被调查者在居住区锻炼的满意程度	蚌埠市	109	109.61	11947.50
	亳州市	111	111.37	12362.50
	Total	220		

表 1257　蚌埠市与亳州市被调查者在居住区锻炼满意程度的非参数检验结果[a]

	被调查者在居住区锻炼的满意程度
Mann-Whitney U	5952.500
Wilcoxon W	11947.500
Z	−.211
Asymp. Sig. (2-tailed)	.833

a. Grouping Variable：被调查者居住的城市

　　表 1256 为蚌埠市与亳州市被调查者在居住区锻炼满意程度的秩次统计表，第一栏列出被调查城市，N 为样本量，Mean Rank 为平均秩次，Sum of Ranks 为秩和。表 1257 为蚌埠市与亳州市被调查者在居住区锻炼满意程度的非参数检验结果，其中 Mann-Whitney U、Wilcoxon W 以及 Z 为统计量，Asymp. sig. (2-tailed) 为基于渐近分布的双侧检验概率，本例概率小于 0.05，可以认为在 0.05 水平上蚌埠市与亳州市被调查者在居住区锻炼满意程度之间的差异具有显著性。

表 1258　淮南市与阜阳市被调查者在居住区锻炼满意程度的秩次统计

	被调查城市	N	Mean Rank	Sum of Ranks
被调查者在居住区锻炼的满意程度	淮南市	102	91.22	9304.50
	阜阳市	100	111.99	11198.50
	Total	202		

表 1259　淮南市与阜阳市被调查者在居住区锻炼满意程度的非参数检验结果[a]

	被调查者在居住区锻炼的满意程度
Mann-Whitney U	4051.500
Wilcoxon W	9304.500
Z	−2.651
Asymp. Sig. (2-tailed)	.008

a. Grouping Variable：被调查者居住的城市

　　表 1258 为淮南市与阜阳市被调查者在居住区锻炼满意程度的秩次统计表,第一栏列出被调查城市,N 为样本量,Mean Rank 为平均秩次,Sum of Ranks 为秩和。表 1259 为淮南市与阜阳市被调查者在居住区锻炼满意程度的非参数检验结果,其中 Mann-Whitney U、Wilcoxon W 以及 Z 为统计量,Asymp. sig. (2-tailed)为基于渐近分布的双侧检验概率,本例概率小于 0.05,可以认为在 0.05 水平上淮南市与阜阳市被调查者在居住区锻炼满意程度之间的差异具有显著性。

表 1260　淮南市与亳州市被调查者在居住区锻炼满意程度的秩次统计

	被调查城市	N	Mean Rank	Sum of Ranks
被调查者在居住区锻炼的满意程度	淮南市	102	100.94	10295.50
	亳州市	111	112.57	12495.50
	Total	213		

表 1261　淮南市与亳州市被调查者在居住区锻炼满意程度的非参数检验结果[a]

	被调查者在居住区锻炼的满意程度
Mann-Whitney U	5042.500
Wilcoxon W	10295.500
Z	−1.439
Asymp. Sig. (2-tailed)	.150

a. Grouping Variable：被调查者居住的城市

　　表 1260 为淮南市与亳州市被调查者在居住区锻炼满意程度的秩次统计表,第一栏列出被调查城市,N 为样本量,Mean Rank 为平均秩次,Sum of Ranks 为秩和。表 1261 为淮南市与亳州市被调查者在居住区锻炼满意程度的非参数检验结果,其中 Mann-Whitney U、Wilcoxon W 以及 Z 为统计量,Asymp. sig. (2-tailed)为基于渐近分布的双侧检验概率,本例概率大于 0.05,可以认为在 0.05 水平上淮南市与亳州市被调查者在居住区锻炼满意程度之间的差异不具有显著性。

表 1262　阜阳市与亳州市被调查者在居住区锻炼满意程度的秩次统计

	被调查城市	N	Mean Rank	Sum of Ranks
被调查者在居住区锻炼的满意程度	阜阳市	100	110.51	11051.50
	亳州市	111	101.93	11314.50
	Total	211		

表 1263　阜阳市与亳州市被调查者在居住区锻炼满意程度的非参数检验结果[a]

	被调查者在居住区锻炼的满意程度
Mann-Whitney U	5098.500
Wilcoxon W	11314.500
Z	−1.056
Asymp. Sig. (2-tailed)	.291

a. Grouping Variable：被调查者居住的城市

　　表 1262 为阜阳市与亳州市被调查者在居住区锻炼满意程度的秩次统计表，第一栏列出被调查城市，N 为样本量，Mean Rank 为平均秩次，Sum of Ranks 为秩和。表 1263 为阜阳市与亳州市被调查者在居住区锻炼满意程度的非参数检验结果，其中 Mann-Whitney U、Wilcoxon W 以及 Z 为统计量，Asymp. sig. (2-tailed) 为基于渐近分布的双侧检验概率，本例概率大于 0.05，可以认为在 0.05 水平上阜阳市与亳州市被调查者在居住区锻炼满意程度之间的差异不具有显著性。

　　（2）皖北六市不同居住区居民对居住区周围公共体育设施满意度的列联表统计和非参数检验

　　1）皖北六市不同居住区居民对居住区周围公共体育设施满意度的列联表统计

表 1264　被调查者居住的区域 * 被调查者对居住区周围公共体育设施满意度

		被调查者在居住区附近锻炼的满意程度					Total
		非常不满意	不满意	中等	满意	非常满意	
被调查者居住的区域	中央区域	4.2%	10.8%	31.1%	28.8%	25.0%	100.0%
	中央与郊区之间	5.4%	12.5%	37.5%	32.1%	12.5%	100.0%
	郊　区	10.6%	9.4%	38.8%	28.2%	12.9%	100.0%
	农村地区	15.3%	24.4%	38.2%	16.8%	5.3%	100.0%
	Total	7.6%	13.9%	35.8%	27.5%	15.1%	100.0%

　　表 1264 显示，皖北不同居住区域居民对居住区周围公共体育设施满意度：中央区域"不满意"和"非常不满意"占 15.0%、中等 31.1%、"满意"和"非常满意"占 53.8%；中央与郊区之间"不满意"和"非常不满意"占 17.9%、中等 37.5%、"满意"和"非常满意"占 26.7%；郊区"不满意"和"非常不满意"占 20.0%、中等 38.8%、"满意"和"非常满意"占 41.1%；农村地区"不满意"和"非常不满意"占 39.7%、中等 38.2%、"满意"和"非常满意"占 22.1%；总体："不满意"和"非常不满意"占 21.5%、中等 35.8%、"满意"和"非常满意"占 42.6%。

　　"满意"和"非常满意"占比与"不满意"和"非常不满意"占比之差：中央区域 38.8%；中央与郊区之间 8.8%；郊区 21.1%；农村地区−17.6%；总体：21.1%。总体上皖北六市不同居住域居民对居住区周围公共体育设施满意度"满意"的占比比"不满意"的占比偏多。但各区域情况不同,中央区域、中央与郊区之间、郊区"满意"和"非常满意"占比与"不满意"和"非常不满意"占比之差为正,农村地区为负。排序为:中央区域＞郊区＞中央与郊区之间＞农村地区。相关检验显示,皖北六市被调查者居住的区域与被调查者对居住区周围公共体育设施满意度的皮尔逊相关系数为 0.267,斯皮尔曼相关系数为 0.254,p＝0.000＜0.05,相关具有显著性。

2) 皖北六市不同居住区居民对居住区周围公共体育设施的满意度的非参数检验

表 1265　皖北六市不同居住区居民对居住区周围公共体育设施满意度的平均秩

	被调查者居住的区域	N	Mean Rank
被调查者在居住区附近锻炼的满意程度	中央区域	212	385.24
	中央与郊区之间	240	342.46
	郊 区	85	328.71
	农村地区	131	241.55
	Total	668	

表 1265 为皖北六市不同居住区居民对居住区周围公共体育设施满意度的样本量和平均秩,平均秩降序排列为:中央区域为 385.24(212)、中央与郊区之间为 342.46(240)、郊区为 328.71(85)、农村地区为 241.55(131)。

表 1266　皖北六市不同居住区居民对居住区周围公共体育设施满意度的非参数检验结果[a,b]

	被调查者在居住区附近锻炼的满意程度
Chi-Square	49.136
Df	3
Asymp. Sig.	.000

a. Kruskal Wallis Test
b. Grouping Variable:被调查者居住的区域

表 1266 为 Kruskal-Wallis 检验,Asymp. Sig. 为检验统计量 $\chi^2=49.136$、df＝3 时基于渐近分布概率,本例概率 p＝0.000＜0.05,所以否定检验的原假设,即可以认为皖北六市不同居住区居民对居住区周围公共体育设施满意度之间的差异在 0.05 水平上具有显著性。

表 1267　中央区域与中央与郊区之间被调查者在居住区附近锻炼满意程度的秩次统计

	被调查者居住的区域	N	Mean Rank	Sum of Ranks
被调查者在居住区附近锻炼满意程度	中央区域	212	242.81	51475.00
	中央与郊区之间	240	212.10	50903.00
	Total	452		

表 1268　中央区域与中央与郊区之间被调查者在居住区附近锻炼满意程度的非参数检验结果[a]

	被调查者在居住区附近锻炼满意程度
Mann-Whitney U	21983.000
Wilcoxon W	50903.000
Z	−2.597
Asymp. Sig. (2-tailed)	.009

a. Grouping Variable:被调查者居住的区域

　　表 1267 为中央区域与中央与郊区之间被调查者在居住区附近锻炼满意程度的秩次统计表,第一栏列出被调查城市,N 为样本量,Mean Rank 为平均秩次,Sum of Ranks 为秩和。表 1268 为中央区域与中央与郊区之间被调查者在居住区附近锻炼满意程度的非参数检验结果,其中 Mann-Whitney U、Wilcoxon W 以及 Z 为统计量,Asymp. sig. (2-tailed)为基于渐近分布的双侧检验概率,本例概率小于 0.05,可以认为在 0.05 水平上中央区域与中央与郊区之间被调查者在居住区附近锻炼满意程度之间的差异具有显著性。

表 1269　中央区域与郊区被调查者在居住区附近锻炼满意程度的秩次统计

	被调查者居住的区域	N	Mean Rank	Sum of Ranks
被调查者在居住区附近锻炼满意程度	中央区域	212	156.25	33124.00
	郊　区	85	130.93	11129.00
	Total	297		

表 1270　中央区域与郊区被调查者在居住区附近锻炼满意程度的非参数检验结果[a]

	被调查者在居住区附近锻炼满意程度
Mann-Whitney U	7474.000
Wilcoxon W	11129.000
Z	−2.383
Asymp. Sig. (2-tailed)	.017

a. Grouping Variable:被调查者居住的区域

　　表 1269 为中央区域与郊区被调查者在居住区附近锻炼满意程度的秩次统计表,第一栏列出被调查城市,N 为样本量,Mean Rank 为平均秩次,Sum of Ranks 为秩和。表 1270 为中央区域与郊区被调查者在居住区附近锻炼满意程度的非参数检验结果,其中 Mann-Whitney U、Wilcoxon W 以及 Z 为统计量,Asymp. sig. (2-tailed)为基于渐近分布的双侧检验概率,本例概率小于 0.05,可以认为在 0.05 水平上中央区域与郊区被调查者在居住区附近锻炼满意程度之间的差异具有显著性。

表 1271　中央区域与农村地区被调查者在居住区附近锻炼满意程度的秩次统计

	被调查者居住的区域	N	Mean Rank	Sum of Ranks
被调查者在居住区附近锻炼满意程度	中央区域	212	199.19	42228.50
	农村地区	131	128.00	16767.50
	Total	343		

表 1272　中央区域与农村地区被调查者在居住区附近锻炼满意程度的非参数检验结果[a]

	被调查者在居住区附近锻炼满意程度
Mann-Whitney U	8121.500
Wilcoxon W	16767.500
Z	−6.674
Asymp. Sig. (2-tailed)	.000

a. Grouping Variable:被调查者居住的区域

表 1271 为中央区域与农村地区被调查者在居住区附近锻炼满意程度的秩次统计表,第一栏列出被调查城市,N 为样本量,Mean Rank 为平均秩次,Sum of Ranks 为秩和。表 1272 为中央区域与农村地区被调查者在居住区附近锻炼满意程度的非参数检验结果,其中 Mann-Whitney U、Wilcoxon W 以及 Z 为统计量,Asymp. sig. (2-tailed)为基于渐近分布的双侧检验概率,本例概率小于 0.05,可以认为在 0.05 水平上中央区域与农村地区被调查者在居住区附近锻炼满意程度之间的差异具有显著性。

表 1273　中央区域与郊区之间与郊区被调查者在居住区附近锻炼满意程度的秩次统计

	被调查者居住的区域	N	Mean Rank	Sum of Ranks
被调查者在居住区附近锻炼满意程度	中央与郊区之间	240	164.76	39542.50
	郊　区	85	158.03	13432.50
	Total	325		

表 1274　中央区域与郊区之间与郊区被调查者在居住区附近锻炼满意程度的非参数检验结果[a]

	被调查者在居住区附近锻炼满意程度
Mann-Whitney U	9777.500
Wilcoxon W	13432.500
Z	−.594
Asymp. Sig. (2-tailed)	.552

a. Grouping Variable：被调查者居住的区域

表 1273 为中央区域与郊区之间与郊区被调查者在居住区附近锻炼满意程度的秩次统计表,第一栏列出被调查城市,N 为样本量,Mean Rank 为平均秩次,Sum of Ranks 为秩和。表 1274 为中央区域与郊区之间与郊区被调查者在居住区附近锻炼满意程度的非参数检验结果,其中 Mann-Whitney U、Wilcoxon W 以及 Z 为统计量,Asymp. sig. (2-tailed)为基于渐近分布的双侧检验概率,本例概率大于 0.05,可以认为在 0.05 水平上中央区域与郊区之间与郊区被调查者在居住区附近锻炼满意程度之间的差异不具有显著性。

表 1275　中央区域与郊区之间与农村地区被调查者在居住区附近锻炼满意程度的秩次统计

	被调查者居住的区域	N	Mean Rank	Sum of Ranks
被调查者在居住区附近锻炼满意程度	中央与郊区之间	240	206.61	49586.00
	农村地区	131	148.24	19420.00
	Total	371		

表 1276　中央区域与郊区之间与农村地区被调查者在居住区附近锻炼满意程度的非参数检验结果[a]

	被调查者在居住区附近锻炼满意程度
Mann-Whitney U	10774.000
Wilcoxon W	19420.000
Z	−5.221
Asymp. Sig. (2-tailed)	.000

a. Grouping Variable：被调查者居住的区域

表 1275 为中央区域与郊区之间与农村地区被调查者在居住区附近锻炼满意程度的秩
次统计表,第一栏列出被调查城市,N 为样本量,Mean Rank 为平均秩次,Sum of Ranks 为秩
和。表 1276 为中央区域与郊区之间与农村地区被调查者在居住区附近锻炼满意程度的非
参数检验结果,其中 Mann-Whitney U、Wilcoxon W 以及 Z 为统计量,Asymp. sig. (2-tailed)
为基于渐近分布的双侧检验概率,本例概率小于 0.05,可以认为在 0.05 水平上中央区域与
郊区之间与农村地区被调查者在居住区附近锻炼满意程度之间的差异具有显著性。

表 1277　郊区与农村地区被调查者在居住区附近锻炼满意程度的秩次统计

	被调查者居住的区域	N	Mean Rank	Sum of Ranks
被调查者在居住区附近锻炼满意程度	郊　区	85	125.75	10688.50
	农村地区	131	97.31	12747.50
	Total	216		

表 1278　郊区与农村地区被调查者在居住区附近锻炼满意程度的非参数检验结果a

	被调查者在居住区附近锻炼满意程度
Mann-Whitney U	4101.500
Wilcoxon W	12747.500
Z	−3.398
Asymp. Sig. (2-tailed)	.001

a. Grouping Variable:被调查者居住的区域

表 1277 为郊区与农村地区被调查者在居住区附近锻炼满意程度的秩次统计表,第一栏
列出被调查城市,N 为样本量,Mean Rank 为平均秩次,Sum of Ranks 为秩和。表 1278 为
郊区与农村地区被调查者在居住区附近锻炼满意程度的非参数检验结果,其中 Mann-
Whitney U、Wilcoxon W 以及 Z 为统计量,Asymp. sig. (2-tailed)为基于渐近分布的双侧检
验概率,本例概率小于 0.05,可以认为在 0.05 水平上郊区与农村地区被调查者在居住区附
近锻炼满意程度之间的差异具有显著性。

(3) 皖北六市不同居住密度居民对居住区周围公共体育设施满意度的列联表统计和非
参数检验

1) 皖北六市不同居住密度居民对居住区周围公共体育设施满意度的列联表统计

表 1279　被调查者居住区人口密度 * 被调查者对居住区周围公共体育设施满意度

		被调查者在居住区附近锻炼的满意程度					Total
		非常不满意	不满意	中等	满意	非常满意	
被调查者居住区的人口密度	非常稀疏	30.8%	19.2%	3.8%	30.8%	15.4%	100.0%
	稀疏	11.3%	26.8%	28.2%	29.6%	4.2%	100.0%
	中等	4.8%	11.6%	53.6%	24.0%	6.0%	100.0%
	大	2.7%	11.0%	32.4%	34.6%	19.2%	100.0%
	非常大	12.9%	14.4%	18.0%	23.0%	31.7%	100.0%
	Total	7.6%	13.9%	35.8%	27.5%	15.1%	100.0%

表 1279 显示,皖北不同居住密度居民对居住区周围公共体育设施满意度:非常稀疏"不

满意"和"非常不满意"占 50.0%、中等 3.8%、"满意"和"非常满意"占 46.2%;稀疏"不满意"和"非常不满意"占 38.1%、中等 28.2%、"满意"和"非常满意"占 33.8%;中等"不满意"和"非常不满意"占 16.4%、中等 53.6%、"满意"和"非常满意"占 30.0%;大"不满意"和"非常不满意"占 13.7%、中等 32.4%、"满意"和"非常满意"占 53.8%;非常大"不满意"和"非常不满意"占 27.3%、中等 18.0%、"满意"和"非常满意"占 54.7%;总体:"不满意"和"非常不满意"占 21.5%、中等 35.8%、"满意"和"非常满意"占 42.6%。

"满意"和"非常满意"占比与"不满意"和"非常不满意"占比之差:非常稀疏-3.8%;稀疏-4.3%;中等 13.6%;大 40.1%;非常大 27.4%;总体:21.1%。总体上皖北六市不同居住密度居民对居住区周围公共体育设施"满意"的占比比"不满意"的占比偏多。但不同居住密度情况不同,居住密度中等、大、非常大的居民对居住区周围公共体育设施"满意"和"非常满意"占比与"不满意"和"非常不满意"占比之差为正,居住密度稀疏、非常稀疏的地区为负。排序为:居住密度大>非常大>中等>非常稀疏>稀疏。相关检验显示,皖北六市被调查者居住的密度与被调查者对居住区周围公共体育设施满意度的皮尔逊相关系数为 0.194,斯皮尔曼相关系数为 0.205,p=0.000<0.05,相关具有显著性。

2) 皖北六市不同居住密度居民对居住区周围公共体育设施的满意度的非参数检验

表 1280 皖北六市不同居住密度居民对居住区周围公共体育设施满意度的平均秩

	被调查者居住区的人口密度	N	Mean Rank
被调查者在居住区附近锻炼的满意程度	非常稀疏	26	278.38
	稀疏	71	270.27
	中等	250	305.32
	大	182	380.51
	非常大	139	370.04
	Total	668	

表 1280 为皖北六市不同居住密度居民对居住区周围公共体育设施满意度的样本量和平均秩,平均秩升序排列为:"稀疏"为 270.27、"非常稀疏"为 278.38、中等为 305.32、"非常大"为 370.04、"大"为 380.51。

表 1281 皖北六市不同居住密度居民对居住区周围公共体育设施满意度的非参数检验结果[a,b]

	被调查者在居住区附近锻炼的满意程度
Chi-Square	33.278
Df	4
Asymp. Sig.	.000

a. Kruskal Wallis Test
b. Grouping Variable:被调查者居住区的人口密度

表 1281 为 Kruskal-Wallis 检验,Asymp. Sig. 为检验统计量 $\chi^2=33.278$、df=4 时基于渐近分布概率,本例概率 p=0.000<0.05,所以否定检验的原假设,即可以认为皖北六市不同居住密度居民对居住区周围公共体育设施满意度之间的差异在 0.05 水平上具有显著性。

表 1282　居住密度非常稀疏与稀疏被调查者在居住区附近锻炼的满意程度的秩次统计

	被调查者居住区的人口密度	N	Mean Rank	Sum of Ranks
被调查者在居住区附近锻炼的满意程度	非常稀疏	26	47.90	1245.50
	稀疏	71	49.40	3507.50
	Total	97		

表 1283　居住密度非常稀疏与稀疏被调查者在居住区附近锻炼的满意程度的非参数检验结果[a]

	被调查者在居住区附近锻炼的满意程度
Mann-Whitney U	894.500
Wilcoxon W	1245.500
Z	−.239
Asymp. Sig. (2-tailed)	.811

a. Grouping Variable：被调查者居住区的人口密度

　　表 1282 为居住密度非常稀疏与稀疏被调查者在居住区附近锻炼的满意程度的秩次统计表，第一栏列出被调查城市，N 为样本量，Mean Rank 为平均秩次，Sum of Ranks 为秩和。表 1283 为居住密度非常稀疏与稀疏被调查者在居住区附近锻炼的满意程度的非参数检验结果，其中 Mann-Whitney U、Wilcoxon W 以及 Z 为统计量，Asymp. sig. (2-tailed) 为基于渐近分布的双侧检验概率，本例概率大于 0.05，可以认为在 0.05 水平上居住密度非常稀疏与稀疏被调查者在居住区附近锻炼的满意程度之间的差异不具有显著性。

表 1284　居住密度非常稀疏与中等被调查者在居住区附近锻炼的满意程度的秩次统计

	被调查者居住区的人口密度	N	Mean Rank	Sum of Ranks
被调查者在居住区附近锻炼的满意程度	非常稀疏	26	124.98	3249.50
	中等	250	139.91	34976.50
	Total	276		

表 1285　居住密度非常稀疏与中等被调查者在居住区附近锻炼的满意程度的非参数检验结果[a]

	被调查者在居住区附近锻炼的满意程度
Mann-Whitney U	2898.500
Wilcoxon W	3249.500
Z	−.975
Asymp. Sig. (2-tailed)	.329

a. Grouping Variable：被调查者居住区的人口密度

　　表 1284 为居住密度非常稀疏与中等被调查者在居住区附近锻炼的满意程度的秩次统计表，第一栏列出被调查城市，N 为样本量，Mean Rank 为平均秩次，Sum of Ranks 为秩和。表 1285 为居住密度非常稀疏与中等被调查者在居住区附近锻炼的满意程度的非参数检验结果，其中 Mann-Whitney U、Wilcoxon W 以及 Z 为统计量，Asymp. sig. (2-tailed) 为基于渐近分布的双侧检验概率，本例概率大于 0.05，可以认为在 0.05 水平上居住密度非常稀疏与中等被调查者在居住区附近锻炼的满意程度之间的差异不具有显著性。

表 1286　居住密度非常稀疏与大被调查者在居住区附近锻炼的满意程度的秩次统计

	被调查者居住区的人口密度	N	Mean Rank	Sum of Ranks
被调查者在居住区附近锻炼的满意程度	非常稀疏	26	80.10	2082.50
	大	182	107.99	19653.50
	Total	208		

表 1287　居住密度非常稀疏与大被调查者在居住区附近锻炼的满意程度的非参数检验结果[a]

	被调查者在居住区附近锻炼的满意程度
Mann-Whitney U	1731.500
Wilcoxon W	2082.500
Z	−2.295
Asymp. Sig. (2-tailed)	.022

a. Grouping Variable：被调查者居住区的人口密度

　　表 1286 为居住密度非常稀疏与大被调查者在居住区附近锻炼的满意程度的秩次统计表，第一栏列出被调查城市，N 为样本量，Mean Rank 为平均秩次，Sum of Ranks 为秩和。表 1287 为居住密度非常稀疏与大被调查者在居住区附近锻炼的满意程度的非参数检验结果，其中 Mann-Whitney U、Wilcoxon W 以及 Z 为统计量，Asymp. sig. (2-tailed)为基于渐近分布的双侧检验概率，本例概率小于 0.05，可以认为在 0.05 水平上居住密度非常稀疏与大被调查者在居住区附近锻炼的满意程度之间的差异具有显著性。

表 1288　居住密度非常稀疏与非常大被调查者在居住区附近锻炼的满意程度的秩次统计

	被调查者居住区的人口密度	N	Mean Rank	Sum of Ranks
被调查者在居住区附近锻炼的满意程度	非常稀疏	26	65.90	1713.50
	非常大	139	86.20	11981.50
	Total	165		

表 1289　居住密度非常稀疏与非常大被调查者在居住区附近锻炼的满意程度的非参数检验结果[a]

	被调查者在居住区附近锻炼的满意程度
Mann-Whitney U	1362.500
Wilcoxon W	1713.500
Z	−2.040
Asymp. Sig. (2-tailed)	.041

a. Grouping Variable：被调查者居住区的人口密度

　　表 1288 为居住密度非常稀疏与非常大被调查者在居住区附近锻炼的满意程度的秩次统计表，第一栏列出被调查城市，N 为样本量，Mean Rank 为平均秩次，Sum of Ranks 为秩和。表 1289 为居住密度非常稀疏与非常大被调查者在居住区附近锻炼的满意程度的非参数检验结果，其中 Mann-Whitney U、Wilcoxon W 以及 Z 为统计量，Asymp. sig. (2-tailed)为基于渐近分布的双侧检验概率，本例概率小于 0.05，可以认为在 0.05 水平上居住密度非常稀疏与非常大被调查者在居住区附近锻炼的满意程度之间的差异具有显著性。

表 1290　居住密度稀疏与中等被调查者在居住区附近锻炼的满意程度的秩次统计

	被调查者居住区的人口密度	N	Mean Rank	Sum of Ranks
被调查者在居住区附近锻炼的满意程度	稀疏	71	145.07	10300.00
	中等	250	165.52	41381.00
	Total	321		

表 1291　居住密度稀疏与中等被调查者在居住区附近锻炼的满意程度的非参数检验结果[a]

	被调查者在居住区附近锻炼的满意程度
Mann-Whitney U	7744.000
Wilcoxon W	10300.000
Z	−1.757
Asymp. Sig. (2-tailed)	.079

a. Grouping Variable：被调查者居住区的人口密度

　　表 1290 为居住密度稀疏与中等被调查者在居住区附近锻炼的满意程度的秩次统计表，第一栏列出被调查城市，N 为样本量，Mean Rank 为平均秩次，Sum of Ranks 为秩和。表 1291 为居住密度稀疏与中等被调查者在居住区附近锻炼的满意程度的非参数检验结果，其中 Mann-Whitney U、Wilcoxon W 以及 Z 为统计量，Asymp. sig. (2-tailed) 为基于渐近分布的双侧检验概率，本例概率大于 0.05，可以认为在 0.05 水平上居住密度稀疏与中等被调查者在居住区附近锻炼的满意程度之间的差异不具有显著性。

表 1292　居住密度稀疏与大被调查者在居住区附近锻炼的满意程度的秩次统计

	被调查者居住区的人口密度	N	Mean Rank	Sum of Ranks
被调查者在居住区附近锻炼的满意程度	稀疏	71	96.76	6870.00
	大	182	138.80	25261.00
	Total	253		

表 1293　居住密度稀疏与大被调查者在居住区附近锻炼的满意程度的非参数检验结果[a]

	被调查者在居住区附近锻炼的满意程度
Mann-Whitney U	4314.000
Wilcoxon W	6870.000
Z	−4.267
Asymp. Sig. (2-tailed)	.000

a. Grouping Variable：被调查者居住区的人口密度

　　表 1292 为居住密度稀疏与大被调查者在居住区附近锻炼的满意程度的秩次统计表，第一栏列出被调查城市，N 为样本量，Mean Rank 为平均秩次，Sum of Ranks 为秩和。表 1293 为居住密度稀疏与大被调查者在居住区附近锻炼的满意程度的非参数检验结果，其中 Mann-Whitney U、Wilcoxon W 以及 Z 为统计量，Asymp. sig. (2-tailed) 为基于渐近分布的双侧检验概率，本例概率小于 0.05，可以认为在 0.05 水平上居住密度稀疏与大被调查者在居住区附近锻炼的满意程度之间的差异具有显著性。

表 1294　居住密度稀疏与非常大被调查者在居住区附近锻炼的满意程度的秩次统计

	被调查者居住区的人口密度	N	Mean Rank	Sum of Ranks
被调查者在居住区附近锻炼的满意程度	稀疏	71	87.04	6180.00
	非常大	139	114.93	15975.00
	Total	210		

表 1295　居住密度稀疏与非常大被调查者在居住区附近锻炼的满意程度的非参数检验结果[a]

	被调查者在居住区附近锻炼的满意程度
Mann-Whitney U	3624.000
Wilcoxon W	6180.000
Z	-3.220
Asymp. Sig. (2-tailed)	.001

a. Grouping Variable：被调查者居住区的人口密度

　　表 1294 为居住密度稀疏与非常大被调查者在居住区附近锻炼的满意程度的秩次统计表,第一栏列出被调查城市,N 为样本量,Mean Rank 为平均秩次,Sum of Ranks 为秩和。表 1295 为居住密度稀疏与非常大被调查者在居住区附近锻炼的满意程度的非参数检验结果,其中 Mann-Whitney U、Wilcoxon W 以及 Z 为统计量,Asymp. sig. (2-tailed)为基于渐近分布的双侧检验概率,本例概率小于 0.05,可以认为在 0.05 水平上居住密度稀疏与非常大被调查者在居住区附近锻炼的满意程度之间的差异具有显著性。

表 1296　居住密度中等与大被调查者在居住区附近锻炼的满意程度的秩次统计

	被调查者居住区的人口密度	N	Mean Rank	Sum of Ranks
被调查者在居住区附近锻炼的满意程度	中等	250	194.16	48540.50
	大	182	247.18	44987.50
	Total	432		

表 1297　居住密度中等与大被调查者在居住区附近锻炼的满意程度的非参数检验结果[a]

	被调查者在居住区附近锻炼的满意程度
Mann-Whitney U	17165.500
Wilcoxon W	48540.500
Z	-4.634
Asymp. Sig. (2-tailed)	.000

a. Grouping Variable：被调查者居住区的人口密度

　　表 1296 为居住密度中等与大被调查者在居住区附近锻炼的满意程度的秩次统计表,第一栏列出被调查城市,N 为样本量,Mean Rank 为平均秩次,Sum of Ranks 为秩和。表 1297 为居住密度中等与大被调查者在居住区附近锻炼的满意程度的非参数检验结果,其中 Mann-Whitney U、Wilcoxon W 以及 Z 为统计量,Asymp. sig. (2-tailed)为基于渐近分布的双侧检验概率,本例概率小于 0.05,可以认为在 0.05 水平上居住密度中等与大被调查者在居住区附近锻炼的满意程度之间的差异具有显著性。

表 1298　居住密度中等与非常大被调查者在居住区附近锻炼的满意程度的秩次统计

	被调查者居住区的人口密度	N	Mean Rank	Sum of Ranks
被调查者在居住区附近锻炼的满意程度	中等	250	182.23	45557.00
	非常大	139	217.97	30298.00
	Total	389		

表 1299　居住密度中等与非常大被调查者在居住区附近锻炼的满意程度的非参数检验结果ᵃ

	被调查者在居住区附近锻炼的满意程度
Mann-Whitney U	14182.000
Wilcoxon W	45557.000
Z	−3.145
Asymp. Sig. (2-tailed)	.002

a. Grouping Variable：被调查者居住区的人口密度

　　表 1298 为居住密度中等与非常大被调查者在居住区附近锻炼的满意程度的秩次统计表，第一栏列出被调查城市，N 为样本量，Mean Rank 为平均秩次，Sum of Ranks 为秩和。表 1299 为居住密度中等与非常大被调查者在居住区附近锻炼的满意程度的非参数检验结果，其中 Mann-Whitney U、Wilcoxon W 以及 Z 为统计量，Asymp. sig.（2-tailed）为基于渐近分布的双侧检验概率，本例概率小于 0.05，可以认为在 0.05 水平上居住密度中等与非常大被调查者在居住区附近锻炼的满意程度之间的差异具有显著性。

表 1300　居住密度大与非常大被调查者在居住区附近锻炼的满意程度的秩次统计

	被调查者居住区的人口密度	N	Mean Rank	Sum of Ranks
被调查者在居住区附近锻炼的满意程度	大	182	161.04	29309.50
	非常大	139	160.95	22371.50
	Total	321		

表 1301　居住密度大与非常大被调查者在居住区附近锻炼的满意程度的非参数检验结果ᵃ

	被调查者在居住区附近锻炼的满意程度
Mann-Whitney U	12641.500
Wilcoxon W	22371.500
Z	−.009
Asymp. Sig. (2-tailed)	.993

a. Grouping Variable：被调查者居住区的人口密度

　　表 1300 为居住密度大与非常大被调查者在居住区附近锻炼的满意程度的秩次统计表，第一栏列出被调查城市，N 为样本量，Mean Rank 为平均秩次，Sum of Ranks 为秩和。表 1301 为居住密度大与非常大被调查者在居住区附近锻炼的满意程度的非参数检验结果，其中 Mann-Whitney U、Wilcoxon W 以及 Z 为统计量，Asymp. sig.（2-tailed）为基于渐近分布的双侧检验概率，本例概率大于 0.05，可以认为在 0.05 水平上居住密度大与非常大被调查者在居住区附近锻炼的满意程度之间的差异不具有显著性。

（4）皖北六市不同性别居民对居住区周围公共体育设施满意度的列联表统计和非参数检验

1）皖北六市不同性别居民对居住区周围公共体育设施满意度的列联表统计

表 1302　被调查者性别 * 被调查者对居住区周围公共体育设施满意度

		被调查者在居住区附近锻炼的满意程度					Total
		非常不满意	不满意	中等	满意	非常满意	
被调查者的性别	男	9.1%	13.1%	30.7%	27.0%	20.2%	100.0%
	女	6.0%	14.9%	41.5%	28.2%	9.5%	100.0%
	Total	7.6%	13.9%	35.8%	27.5%	15.1%	100.0%

表 1302 显示,皖北不同性别居民对居住区周围公共体育设施满意度:男"不满意"和"非常不满意"占 22.2%、中等 30.7%、"满意"和"非常满意"占 47.2%;女"不满意"和"非常不满意"占 20.9%、中等 41.5%、"满意"和"非常满意"占 37.7%;总体:"不满意"和"非常不满意"占 21.5%、中等 35.8%、"满意"和"非常满意"占 42.6%。

"满意"和"非常满意"占比与"不满意"和"非常不满意"占比之差:男 25%;女 16.8%;总体:21.1%。总体上皖北六市不同性别居民对居住区周围公共体育设施"满意"的占比比"不满意"的占比偏多。男性和女性居民对居住区周围公共体育设施"满意"和"非常满意"占比与"不满意"和"非常不满意"占比之差都为正。排序为:男性>女性。相关检验显示,皖北六市被调查者的性别与被调查者对居住区周围公共体育设施满意度的皮尔逊相关系数为 0.071,p=0.067>0.05,相关不具有显著性。斯皮尔曼相关系数为 0.083,p=0.031<0.05,相关具有显著性。

2）皖北六市不同性别居民对居住区周围公共体育设施的满意度的非参数检验

表 1303　皖北六市不同性别居民对居住区周围公共体育设施满意度的秩次统计量

	被调查者的性别	N	Mean Rank	Sum of Ranks
被调查者在居住区附近锻炼的满意程度	男	352	349.15	122902.50
	女	316	318.18	100543.50
	Total	668		

表 1304　皖北六市不同性别居民对居住区周围公共体育设施满意度的非参数检验结果[a]

	被调查者在居住区附近锻炼的满意程度
Mann-Whitney U	50457.500
Wilcoxon W	100543.500
Z	−2.152
Asymp. Sig. (2-tailed)	0.031

a. Grouping Variable:被调查者的性别

表 1303 为皖北六市不同性别居民对居住区周围公共体育设施满意度的秩次表,第一栏列出被调查者的性别,N 为性别人数,Mean Rank 为平均秩次,Sum of Ranks 为秩和。表 1304 为皖北六市不同性别居民对居住区周围公共体育设施满意度的非参数检验结果,其中 Mann-Whitney U、Wilcoxon W 以及 Z 为统计量,Asymp. sig. (2-tailed)为基于渐近分布的双

侧检验概率,本例概率小于0.05。可以认为在0.05水平上男女之间的感知差异具有显著性。

（5）皖北六市不同年龄区间居民对居住区周围公共体育设施满意度的列联表统计和非参数检验

1）皖北六市不同年龄区间居民对居住区周围公共体育设施满意度的列联表统计

表 1305　被调查者年龄区间 * 被调查者对居住区周围公共体育设施满意度

		被调查者在居住区附近锻炼的满意程度					Total
		非常不满意	不满意	中等	满意	非常满意	
被调查者的年龄区间	12岁以下	8.7%	4.3%	17.4%	13.0%	56.5%	100.0%
	13—19岁	2.0%	7.8%	45.1%	29.4%	15.7%	100.0%
	20—39岁	6.7%	14.3%	43.3%	29.0%	6.7%	100.0%
	40—59岁	4.6%	18.5%	37.4%	29.2%	10.3%	100.0%
	60岁以上	19.2%	9.1%	9.1%	22.2%	40.4%	100.0%
	Total	7.6%	13.9%	35.8%	27.5%	15.1%	100.0%

表 1305 显示,皖北不同年龄区间居民对居住区周围公共体育设施满意度:12岁以下"不满意"和"非常不满意"占13.0%、中等17.4%、"满意"和"非常满意"占69.5%;13—19岁"不满意"和"非常不满意"占9.8%、中等45.1%、"满意"和"非常满意"占45.1%;20—39岁"不满意"和"非常不满意"占21.0%、中等43.3%、"满意"和"非常满意"占35.7%;40—59岁"不满意"和"非常不满意"占23.1%、中等37.4%、"满意"和"非常满意"占39.5%;60岁以上"不满意"和"非常不满意"占28.3%、中等9.1%、"满意"和"非常满意"占62.6%;总体:"不满意"和"非常不满意"占21.5%、中等35.8%、"满意"和"非常满意"占42.6%。

"满意"和"非常满意"占比与"不满意"和"非常不满意"占比之差:12岁以下56.5%;13—19岁35.6%;20—39岁14.7%;40—59岁16.4%;60岁以上34.3%;总体:21.1%。总体上皖北六市不同年龄区间居民对居住区周围公共体育设施"满意"的占比比"不满意"的占比偏多。各年龄区间居民对居住区周围公共体育设施"满意"和"非常满意"的占比与"不满意"和"非常不满意"的占比之差都为正。排序为:12岁以下＞13—19岁＞60岁以上＞40—59岁＞20—39岁。相关检验显示,皖北六市被调查者的年龄区间与被调查者对居住区周围公共体育设施满意度的皮尔逊相关系数为0.007,斯皮尔曼相关系数为0.032,p＝0.866＞0.05,p＝0.406＞0.05,相关不具有显著性。

2）皖北六市不同年龄区间居民对居住区周围公共体育设施的满意度的非参数检验

表 1306　皖北六市不同年龄区间居民对居住区周围公共体育设施满意度的平均秩

	被调查者的年龄区间	N	Mean Rank
被调查者在居住区附近锻炼的满意程度	12岁以下	23	463.76
	13—19岁	51	364.05
	20—39岁	300	309.27
	40—59岁	195	320.50
	60岁以上	99	393.26
	Total	668	

表 1306 为皖北六市不同年龄区间居民对居住区周围公共体育设施满意度的样本量和平均秩,平均秩升序排列为:"20—39 岁"为 309.27、"40—59 岁"为 320.50、"13—19 岁"为 364.05、"60 岁以上"为 393.26、"12 岁以下"为 463.76。

表 1307   皖北六市不同年龄区间居民对居住区周围公共体育设施满意度的非参数检验结果[a,b]

	被调查者在居住区附近锻炼的满意程度
Chi-Square	28.970
Df	4
Asymp. Sig.	.000

a. Kruskal Wallis Test
b. Grouping Variable:被调查者的年龄区间

表 1307 为 Kruskal-Wallis 检验,Asymp. Sig. 为检验统计量 $\chi^2 = 28.970$、df$=4$ 时基于渐近分布概率,本例概率 p$=0.000 < 0.05$,所以否定检验的原假设,即可以认为皖北六市不同年龄区间居民对居住区周围公共体育设施满意度之间的差异在 0.05 水平上具有显著性。

表 1308   12 岁以下与 13—19 岁被调查者在居住区附近锻炼的满意程度的秩次统计

	被调查者的年龄区间	N	Mean Rank	Sum of Ranks
被调查者在居住区附近锻炼的满意程度	12 岁以下	23	46.24	1063.50
	13—19 岁	51	33.56	1711.50
	Total	74		

表 1309   12 岁以下与 13—19 岁被调查者在居住区附近锻炼的满意程度的非参数检验结果[a]

	被调查者在居住区附近锻炼的满意程度
Mann-Whitney U	385.500
Wilcoxon W	1711.500
Z	−2.456
Asymp. Sig. (2-tailed)	.014

a. Grouping Variable:被调查者的年龄区间

表 1308 为 12 岁以下与 13—19 岁被调查者在居住区附近锻炼的满意程度的秩次统计表,第一栏列出被调查城市,N 为样本量,Mean Rank 为平均秩次,Sum of Ranks 为秩和。表 1309 为 12 岁以下与 13—19 岁被调查者在居住区附近锻炼的满意程度的非参数检验结果,其中 Mann-Whitney U、Wilcoxon W 以及 Z 为统计量,Asymp. sig. (2-tailed) 为基于渐近分布的双侧检验概率,本例概率小于 0.05,可以认为在 0.05 水平上 12 岁以下与 13—19 岁被调查者在居住区附近锻炼的满意程度的差异具有显著性。

表 1310   12 岁以下与 20—39 岁被调查者在居住区附近锻炼的满意程度的秩次统计

	被调查者的年龄区间	N	Mean Rank	Sum of Ranks
被调查者在居住区附近锻炼的满意程度	12 岁以下	23	231.70	5329.00
	20—39 岁	300	156.66	46997.00
	Total	323		

表 1311　12 岁以下与 20—39 岁被调查者在居住区附近锻炼的满意程度的非参数检验结果[a]

	被调查者在居住区附近锻炼的满意程度
Mann-Whitney U	1847.000
Wilcoxon W	46997.000
Z	−3.908
Asymp. Sig. (2-tailed)	.000

a. Grouping Variable：被调查者的年龄区间

表 1310 为 12 岁以下与 20—39 岁被调查者在居住区附近锻炼的满意程度的秩次统计表，第一栏列出被调查城市，N 为样本量，Mean Rank 为平均秩次，Sum of Ranks 为秩和。表 1311 为 12 岁以下与 20—39 岁被调查者在居住区附近锻炼的满意程度的非参数检验结果，其中 Mann-Whitney U、Wilcoxon W 以及 Z 为统计量，Asymp. sig. (2-tailed) 为基于渐近分布的双侧检验概率，本例概率小于 0.05，可以认为在 0.05 水平上 12 岁以下与 20—39 岁被调查者在居住区附近锻炼的满意程度的差异具有显著性。

表 1312　12 岁以下与 40—59 岁被调查者在居住区附近锻炼的满意程度的秩次统计

	被调查者的年龄区间	N	Mean Rank	Sum of Ranks
被调查者在居住区附近锻炼的满意程度	12 岁以下	23	151.41	3482.50
	40—59 岁	195	104.56	20388.50
	Total	218		

表 1313　12 岁以下与 40—59 岁被调查者在居住区附近锻炼的满意程度的非参数检验结果[a]

	被调查者在居住区附近锻炼的满意程度
Mann-Whitney U	1278.500
Wilcoxon W	20388.500
Z	−3.500
Asymp. Sig. (2-tailed)	.000

a. Grouping Variable：被调查者的年龄区间

表 1312 为 12 岁以下与 40—59 岁被调查者在居住区附近锻炼的满意程度的秩次统计表，第一栏列出被调查城市，N 为样本量，Mean Rank 为平均秩次，Sum of Ranks 为秩和。表 1313 为 12 岁以下与 40—59 岁被调查者在居住区附近锻炼的满意程度的非参数检验结果，其中 Mann-Whitney U、Wilcoxon W 以及 Z 为统计量，Asymp. sig. (2-tailed) 为基于渐近分布的双侧检验概率，本例概率小于 0.05，可以认为在 0.05 水平上 12 岁以下与 40—59 岁被调查者在居住区附近锻炼的满意程度的差异具有显著性。

表 1314　12 岁以下与 60 岁以上被调查者在居住区附近锻炼的满意程度的秩次统计

	被调查者的年龄区间	N	Mean Rank	Sum of Ranks
被调查者在居住区附近锻炼的满意程度	12 岁以下	23	70.41	1619.50
	60 岁以上	99	59.43	5883.50
	Total	122		

表 1315　12 岁以下与 60 岁以上被调查者在居住区附近锻炼的满意程度的非参数检验结果[a]

	被调查者在居住区附近锻炼的满意程度
Mann-Whitney U	933.500
Wilcoxon W	5883.500
Z	−1.412
Asymp. Sig. (2-tailed)	.158

a. Grouping Variable:被调查者的年龄区间

表 1314 为 12 岁以下与 60 岁以上被调查者在居住区附近锻炼的满意程度的秩次统计表,第一栏列出被调查城市,N 为样本量,Mean Rank 为平均秩次,Sum of Ranks 为秩和。表 1315 为 12 岁以下与 60 岁以上被调查者在居住区附近锻炼的满意程度的非参数检验结果,其中 Mann-Whitney U、Wilcoxon W 以及 Z 为统计量,Asymp. sig. (2-tailed)为基于渐近分布的双侧检验概率,本例概率大于 0.05,可以认为在 0.05 水平上 12 岁以下与 60 岁以上被调查者在居住区附近锻炼的满意程度的差异不具有显著性。

表 1316　13—19 岁与 20—39 岁被调查者在居住区附近锻炼的满意程度的秩次统计

	被调查者的年龄区间	N	Mean Rank	Sum of Ranks
被调查者在居住区附近锻炼的满意程度	13—19 岁	51	202.23	10313.50
	20—39 岁	300	171.54	51462.50
	Total	351		

表 1317　13—19 岁与 20—39 岁被调查者在居住区附近锻炼的满意程度的非参数检验结果[a]

	被调查者在居住区附近锻炼的满意程度
Mann-Whitney U	6312.500
Wilcoxon W	51462.500
Z	−2.117
Asymp. Sig. (2-tailed)	.034

a. Grouping Variable:被调查者的年龄区间

表 1316 为 13—19 岁与 20—39 岁被调查者在居住区附近锻炼的满意程度的秩次统计表,第一栏列出被调查城市,N 为样本量,Mean Rank 为平均秩次,Sum of Ranks 为秩和。表 1317 为 13—19 岁与 20—39 岁被调查者在居住区附近锻炼的满意程度的非参数检验结果,其中 Mann-Whitney U、Wilcoxon W 以及 Z 为统计量,Asymp. sig. (2-tailed)为基于渐近分布的双侧检验概率,本例概率小于 0.05,可以认为在 0.05 水平上 13—19 岁与 20—39 岁被调查者在居住区附近锻炼的满意程度的差异具有显著性。

表 1318　13—19 岁与 40—59 岁被调查者在居住区附近锻炼的满意程度的秩次统计

	被调查者的年龄区间	N	Mean Rank	Sum of Ranks
被调查者在居住区附近锻炼的满意程度	13—19 岁	51	137.07	6990.50
	40—59 岁	195	119.95	23390.50
	Total	246		

表 1319　13—19 岁与 40—59 岁被调查者在居住区附近锻炼的满意程度的非参数检验结果[a]

	被调查者在居住区附近锻炼的满意程度
Mann-Whitney U	4280.500
Wilcoxon W	23390.500
Z	−1.604
Asymp. Sig. (2-tailed)	.109

a. Grouping Variable：被调查者的年龄区间

表 1318 为 13—19 岁与 40—59 岁被调查者在居住区附近锻炼的满意程度的秩次统计表，第一栏列出被调查城市，N 为样本量，Mean Rank 为平均秩次，Sum of Ranks 为秩和。表 1319 为 13—19 岁与 40—59 岁被调查者在居住区附近锻炼的满意程度的非参数检验结果，其中 Mann-Whitney U、Wilcoxon W 以及 Z 为统计量，Asymp. sig. (2-tailed)为基于渐近分布的双侧检验概率，本例概率大于 0.05，可以认为在 0.05 水平上 13—19 岁与 40—59 岁被调查者在居住区附近锻炼的满意程度的差异不具有显著性。

表 1320　13—19 岁与 60 岁以上被调查者在居住区附近锻炼的满意程度的秩次统计

	被调查者的年龄区间	N	Mean Rank	Sum of Ranks
被调查者在居住区附近锻炼的满意程度	13—19 岁	51	69.20	3529.00
	60 岁以上	99	78.75	7796.00
	Total	150		

表 1321　13—19 岁与 60 岁以上被调查者在居住区附近锻炼的满意程度的非参数检验结果[a]

	被调查者在居住区附近锻炼的满意程度
Mann-Whitney U	2203.000
Wilcoxon W	3529.000
Z	−1.316
Asymp. Sig. (2-tailed)	.188

a. Grouping Variable：被调查者的年龄区间

表 1320 为 13—19 岁与 60 岁以上被调查者在居住区附近锻炼的满意程度的秩次统计表，第一栏列出被调查城市，N 为样本量，Mean Rank 为平均秩次，Sum of Ranks 为秩和。表 1321 为 13—19 岁与 60 岁以上被调查者在居住区附近锻炼的满意程度的非参数检验结果，其中 Mann-Whitney U、Wilcoxon W 以及 Z 为统计量，Asymp. sig. (2-tailed)为基于渐近分布的双侧检验概率，本例概率大于 0.05，可以认为在 0.05 水平上 13—19 岁与 60 岁以上被调查者在居住区附近锻炼的满意程度的差异不具有显著性。

表 1322　20—39 岁与 40—59 岁被调查者在居住区附近锻炼的满意程度的秩次统计

	被调查者的年龄区间	N	Mean Rank	Sum of Ranks
被调查者在居住区附近锻炼的满意程度	20—39 岁	300	244.80	73441.50
	40—59 岁	195	252.92	49318.50
	Total	495		

表 1323　20—39 岁与 40—59 岁被调查者在居住区附近锻炼的满意程度的非参数检验结果[a]

	被调查者在居住区附近锻炼的满意程度
Mann-Whitney U	28291.500
Wilcoxon W	73441.500
Z	−.649
Asymp. Sig. (2-tailed)	.516

a. Grouping Variable：被调查者的年龄区间

表 1322 为 20—39 岁与 40—59 岁被调查者在居住区附近锻炼的满意程度的秩次统计表，第一栏列出被调查城市，N 为样本量，Mean Rank 为平均秩次，Sum of Ranks 为秩和。表 1323 为 20—39 岁与 40—59 岁被调查者在居住区附近锻炼的满意程度的非参数检验结果，其中 Mann-Whitney U、Wilcoxon W 以及 Z 为统计量，Asymp. sig. (2-tailed) 为基于渐近分布的双侧检验概率，本例概率大于 0.05，可以认为在 0.05 水平上 20—39 岁与 40—59 岁被调查者在居住区附近锻炼的满意程度的差异不具有显著性。

表 1324　20—39 岁与 60 岁以上被调查者在居住区附近锻炼的满意程度的秩次统计

	被调查者的年龄区间	N	Mean Rank	Sum of Ranks
被调查者在居住区附近锻炼的满意程度	20—39 岁	300	187.77	56331.50
	60 岁以上	99	237.06	23468.50
	Total	399		

表 1325　20—39 岁与 60 岁以上被调查者在居住区附近锻炼的满意程度的非参数检验结果[a]

	被调查者在居住区附近锻炼的满意程度
Mann-Whitney U	11181.500
Wilcoxon W	56331.500
Z	−3.822
Asymp. Sig. (2-tailed)	.000

a. Grouping Variable：被调查者的年龄区间

表 1324 为 20—39 岁与 60 岁以上被调查者在居住区附近锻炼的满意程度的秩次统计表，第一栏列出被调查城市，N 为样本量，Mean Rank 为平均秩次，Sum of Ranks 为秩和。表 1325 为 20—39 岁与 60 岁以上被调查者在居住区附近锻炼的满意程度的非参数检验结果，其中 Mann-Whitney U、Wilcoxon W 以及 Z 为统计量，Asymp. sig. (2-tailed) 为基于渐近分布的双侧检验概率，本例概率小于 0.05，可以认为在 0.05 水平上 20—39 岁与 60 岁以上被调查者在居住区附近锻炼的满意程度的差异具有显著性。

表 1326　40—59 岁与 60 岁以上被调查者在居住区附近锻炼的满意程度的秩次统计

	被调查者的年龄区间	N	Mean Rank	Sum of Ranks
被调查者在居住区附近锻炼的满意程度	40—59 岁	195	137.08	26730.00
	60 岁以上	99	168.03	16635.00
	Total	294		

表 1327　40—59 岁与 60 岁以上被调查者在居住区附近锻炼的满意程度的非参数检验结果[a]

	被调查者在居住区附近锻炼的满意程度
Mann-Whitney U	7620.000
Wilcoxon W	26730.000
Z	−3.033
Asymp. Sig. (2-tailed)	.002

a. Grouping Variable:被调查者的年龄区间

表 1326 为 40—59 岁与 60 岁以上被调查者在居住区附近锻炼的满意程度的秩次统计表,第一栏列出被调查城市,N 为样本量,Mean Rank 为平均秩次,Sum of Ranks 为秩和。表 1327 为 40—59 岁与 60 岁以上被调查者在居住区附近锻炼的满意程度的非参数检验结果,其中 Mann-Whitney U、Wilcoxon W 以及 Z 为统计量,Asymp. sig. (2-tailed)为基于渐近分布的双侧检验概率,本例概率小于 0.05,可以认为在 0.05 水平上 40—59 岁与 60 岁以上被调查者在居住区附近锻炼的满意程度的差异具有显著性。

(6) 皖北六市不同锻炼次数居民对居住区周围公共体育设施满意度的列联表统计和非参数检验

1) 皖北六市不同锻炼次数居民对居住区周围公共体育设施满意度的列联表统计

表 1328　被调查者锻炼次数 * 被调查者对居住区周围公共体育设施满意度

		被调查者在居住区附近锻炼的满意程度					Total
		非常不满意	不满意	中等	满意	非常满意	
被调查者参加体育锻炼次数	非常少	36.5%	15.4%	19.2%	25.0%	3.8%	100.0%
	少	9.3%	19.9%	39.7%	27.2%	4.0%	100.0%
	中等	5.3%	11.6%	50.3%	25.4%	7.4%	100.0%
	多	2.5%	13.5%	34.4%	32.5%	17.2%	100.0%
	非常多	3.5%	9.7%	15.9%	25.7%	45.1%	100.0%
	Total	7.6%	13.9%	35.8%	27.5%	15.1%	100.0%

表 1328 显示,皖北不同锻炼次数居民对居住区周围公共体育设施满意度:非常少"不满意"和"非常不满意"占 51.9%、中等 19.2%、"满意"和"非常满意"占 28.8%;少"不满意"和"非常不满意"占 29.2%、中等 39.7%、"满意"和"非常满意"占 31.2%;中等"不满意"和"非常不满意"占 16.9%、中等 50.3%、"满意"和"非常满意"占 32.8%;多"不满意"和"非常不满意"占 16.0%、中等 34.4%、"满意"和"非常满意"占 49.7%;非常多"不满意"和"非常不满意"占 13.2%、中等 15.9%、"满意"和"非常满意"占 70.8%;总体:"不满意"和"非常不满意"占 21.5%、中等 35.8%、"满意"和"非常满意"占 42.6%。

"满意"和"非常满意"占比与"不满意"和"非常不满意"占比之差:非常少−23.1%;少 2%;中等 15.9%;多 33.7%;非常多 57.6%;总体:21.1%。总体上皖北六市不同锻炼次数居民对居住区周围公共体育设施"满意"的占比比"不满意"的占比偏多。锻炼次数少、中等、多、非常多的居民对居住区周围公共体育设施"满意"和"非常满意"的占比与"不满意"和"非常不满意"的占比之差为正,锻炼次数非常少的居民对居住区周围公共体育设施"满意"和"非常满意"的占比与"不满意"和"非常不满意"的占比之差为负。排序为:非常少<少<中

等＜多＜非常多。相关检验显示,皖北六市被调查者的锻炼次数与被调查者对居住区周围公共体育设施满意度的皮尔逊相关系数为 0.370,斯皮尔曼相关系数为 0.350,p＝0.000＜0.05,p＝0.000＜0.05,相关具有显著性。

2) 皖北六市不同锻炼次数居民对居住区周围公共体育设施满意度的非参数检验

表 1329　皖北六市不同锻炼次数居民对居住区周围公共体育设施满意度的平均秩

	被调查者参加体育锻炼的次数	N	Mean Rank
被调查者在居住区附近锻炼的满意程度	非常少	52	217.99
	少	151	280.45
	中等	189	312.02
	多	163	365.33
	非常多	113	453.46
	Total	668	

表 1329 为皖北六市不同锻炼次数居民对居住区周围公共体育设施满意度的样本量和平均秩,平均秩升序排列为:"非常少"为 217.99、"少"为 280.45、"中等"为 312.02、"多"为 365.33、"非常多"为 453.46。

表 1330　皖北六市不同锻炼次数居民对居住区周围公共体育设施满意度的非参数检验结果[a,b]

	被调查者在居住区附近锻炼的满意程度
Chi-Square	86.834
Df	4
Asymp. Sig.	.000

a. Kruskal Wallis Test
b. Grouping Variable:被调查者参加体育锻炼的次数

表 1330 为 Kruskal-Wallis 检验,Asymp. Sig. 为检验统计量 χ^2＝86.834、df＝4 时基于渐近分布概率,本例概率 p＝0.000＜0.05,所以否定检验的原假设,即可以认为皖北六市不同锻炼次数居民对居住区周围公共体育设施满意度之间的差异在 0.05 水平上具有显著性。

表 1331　体育锻炼次数非常少与少被调查者在居住区附近锻炼的满意程度的秩次统计

	被调查者参加体育锻炼次数	N	Mean Rank	Sum of Ranks
被调查者在居住区附近锻炼的满意程度	非常少	52	84.57	4397.50
	少	151	108.00	16308.50
	Total	203		

表 1332　体育锻炼次数非常少与少被调查者在居住区附近锻炼的满意程度的非参数检验结果[a]

	被调查者在居住区附近锻炼的满意程度
Mann-Whitney U	3019.500
Wilcoxon W	4397.500
Z	−2.574
Asymp. Sig. (2-tailed)	.010

a. Grouping Variable:被调查者参加体育锻炼次数

　　表 1331 为体育锻炼次数非常少与少被调查者在居住区附近锻炼的满意程度的秩次统计表,第一栏列出被调查城市,N 为样本量,Mean Rank 为平均秩次,Sum of Ranks 为秩和。表 1332 为体育锻炼次数非常少与少被调查者在居住区附近锻炼的满意程度的非参数检验结果,其中 Mann-Whitney U、Wilcoxon W 以及 Z 为统计量,Asymp. sig. (2-tailed)为基于渐近分布的双侧检验概率,本例概率小于 0.05,可以认为在 0.05 水平上体育锻炼次数非常少与少被调查者在居住区附近锻炼的满意程度的差异具有显著性。

表 1333　体育锻炼次数非常少与中等被调查者在居住区附近锻炼的满意程度的秩次统计

	被调查者参加体育锻炼次数	N	Mean Rank	Sum of Ranks
被调查者在居住区附近锻炼的满意程度	非常少	52	91.60	4763.00
	中等	189	129.09	24398.00
	Total	241		

表 1334　体育锻炼次数非常少与中等被调查者在居住区附近锻炼的满意程度的非参数检验结果[a]

	被调查者在居住区附近锻炼的满意程度
Mann-Whitney U	3385.000
Wilcoxon W	4763.000
Z	−3.626
Asymp. Sig. (2-tailed)	.000

a. Grouping Variable:被调查者参加体育锻炼次数

　　表 1333 为体育锻炼次数非常少与中等被调查者在居住区附近锻炼的满意程度的秩次统计表,第一栏列出被调查城市,N 为样本量,Mean Rank 为平均秩次,Sum of Ranks 为秩和。表 1334 为体育锻炼次数非常少与中等被调查者在居住区附近锻炼的满意程度的非参数检验结果,其中 Mann-Whitney U、Wilcoxon W 以及 Z 为统计量,Asymp. sig. (2-tailed)为基于渐近分布的双侧检验概率,本例概率小于 0.05,可以认为在 0.05 水平上体育锻炼次数非常少与中等被调查者在居住区附近锻炼的满意程度的差异具有显著性。

表 1335　体育锻炼次数非常少与多被调查者在居住区附近锻炼的满意程度的秩次统计

	被调查者参加体育锻炼次数	N	Mean Rank	Sum of Ranks
被调查者在居住区附近锻炼的满意程度	非常少	52	72.78	3784.50
	多	163	119.24	19435.50
	Total	215		

表 1336　体育锻炼次数非常少与多被调查者在居住区附近锻炼的满意程度的非参数检验结果[a]

	被调查者在居住区附近锻炼的满意程度
Mann-Whitney U	2406.500
Wilcoxon W	3784.500
Z	−4.848
Asymp. Sig. (2-tailed)	.000

a. Grouping Variable:被调查者参加体育锻炼次数

表 1335 为体育锻炼次数非常少与多被调查者在居住区附近锻炼的满意程度的秩次统计表,第一栏列出被调查城市,N 为样本量,Mean Rank 为平均秩次,Sum of Ranks 为秩和。表 1336 为体育锻炼次数非常少与多被调查者在居住区附近锻炼的满意程度的非参数检验结果,其中 Mann-Whitney U、Wilcoxon W 以及 Z 为统计量,Asymp. sig. (2-tailed)为基于渐近分布的双侧检验概率,本例概率小于 0.05,可以认为在 0.05 水平上体育锻炼次数非常少与多被调查者在居住区附近锻炼的满意程度的差异具有显著性。

表 1337 体育锻炼次数非常少与非常多被调查者在居住区附近锻炼的满意程度的秩次统计

	被调查者参加体育锻炼次数	N	Mean Rank	Sum of Ranks
被调查者在居住区附近锻炼的满意程度	非常少	52	48.55	2524.50
	非常多	113	98.85	11170.50
	Total	165		

表 1338 体育锻炼次数非常少与非常多被调查者在居住区附近锻炼的满意程度的非参数检验结果[a]

	被调查者在居住区附近锻炼的满意程度
Mann-Whitney U	1146.500
Wilcoxon W	2524.500
Z	−6.477
Asymp. Sig. (2-tailed)	.000

a. Grouping Variable:被调查者参加体育锻炼次数

表 1337 为体育锻炼次数非常少与非常多被调查者在居住区附近锻炼的满意程度的秩次统计表,第一栏列出被调查城市,N 为样本量,Mean Rank 为平均秩次,Sum of Ranks 为秩和。表 1338 为体育锻炼次数非常少与非常多被调查者在居住区附近锻炼的满意程度的非参数检验结果,其中 Mann-Whitney U、Wilcoxon W 以及 Z 为统计量,Asymp. sig. (2-tailed)为基于渐近分布的双侧检验概率,本例概率小于 0.05,可以认为在 0.05 水平上体育锻炼次数非常少与非常多被调查者在居住区附近锻炼的满意程度的差异具有显著性。

表 1339 体育锻炼次数少与中等被调查者在居住区附近锻炼的满意程度的秩次统计

	被调查者参加体育锻炼次数	N	Mean Rank	Sum of Ranks
被调查者在居住区附近锻炼的满意程度	少	151	160.46	24229.00
	中等	189	178.52	33741.00
	Total	340		

表 1340 体育锻炼次数少与中等被调查者在居住区附近锻炼的满意程度的非参数检验结果[a]

	被调查者在居住区附近锻炼的满意程度
Mann-Whitney U	12753.000
Wilcoxon W	24229.000
Z	−1.792
Asymp. Sig. (2-tailed)	.073

a. Grouping Variable:被调查者参加体育锻炼次数

表 1339 为体育锻炼次数少与中等被调查者在居住区附近锻炼的满意程度的秩次统计

表,第一栏列出被调查城市,N 为样本量,Mean Rank 为平均秩次,Sum of Ranks 为秩和。表 1340 为体育锻炼次数少与中等被调查者在居住区附近锻炼的满意程度的非参数检验结果,其中 Mann-Whitney U、Wilcoxon W 以及 Z 为统计量,Asymp. sig. (2-tailed)为基于渐近分布的双侧检验概率,本例概率大于 0.05,可以认为在 0.05 水平上体育锻炼次数少与中等被调查者在居住区附近锻炼的满意程度的差异不具有显著性。

表 1341　体育锻炼次数少与多被调查者在居住区附近锻炼的满意程度的秩次统计

	被调查者参加体育锻炼次数	N	Mean Rank	Sum of Ranks
被调查者在居住区附近锻炼的满意程度	少	151	136.00	20536.50
	多	163	177.41	28918.50
	Total	314		

表 1342　体育锻炼次数少与多被调查者在居住区附近锻炼的满意程度的非参数检验结果[a]

	被调查者在居住区附近锻炼的满意程度
Mann-Whitney U	9060.500
Wilcoxon W	20536.500
Z	−4.218
Asymp. Sig. (2-tailed)	.000

a. Grouping Variable:被调查者参加体育锻炼次数

表 1341 为体育锻炼次数少与多被调查者在居住区附近锻炼的满意程度的秩次统计表,第一栏列出被调查城市,N 为样本量,Mean Rank 为平均秩次,Sum of Ranks 为秩和。表 1342 为体育锻炼次数少与多被调查者在居住区附近锻炼的满意程度的非参数检验结果,其中 Mann-Whitney U、Wilcoxon W 以及 Z 为统计量,Asymp. sig. (2-tailed)为基于渐近分布的双侧检验概率,本例概率小于 0.05,可以认为在 0.05 水平上体育锻炼次数少与多被调查者在居住区附近锻炼的满意程度的差异具有显著性。

表 1343　体育锻炼次数少与非常多被调查者在居住区附近锻炼的满意程度的秩次统计

	被调查者参加体育锻炼次数	N	Mean Rank	Sum of Ranks
被调查者在居住区附近锻炼的满意程度	少	151	103.98	15701.50
	非常多	113	170.61	19278.50
	Total	264		

表 1344　体育锻炼次数少与非常多被调查者在居住区附近锻炼的满意程度的非参数检验结果[a]

	被调查者在居住区附近锻炼的满意程度
Mann-Whitney U	4225.500
Wilcoxon W	15701.500
Z	−7.230
Asymp. Sig. (2-tailed)	.000

a. Grouping Variable:被调查者参加体育锻炼次数

表 1343 为体育锻炼次数少与非常多被调查者在居住区附近锻炼的满意程度的秩次统计表,第一栏列出被调查城市,N 为样本量,Mean Rank 为平均秩次,Sum of Ranks 为秩和。

表 1344 为体育锻炼次数少与非常多被调查者在居住区附近锻炼的满意程度的非参数检验结果,其中 Mann-Whitney U、Wilcoxon W 以及 Z 为统计量,Asymp. sig. (2-tailed)为基于渐近分布的双侧检验概率,本例概率小于 0.05,可以认为在 0.05 水平上体育锻炼次数少与非常多被调查者在居住区附近锻炼的满意程度的差异具有显著性。

表 1345　体育锻炼次数中等与多被调查者在居住区附近锻炼的满意程度的秩次统计

	被调查者参加体育锻炼次数	N	Mean Rank	Sum of Ranks
被调查者在居住区附近锻炼的满意程度	中等	189	162.59	30729.00
	多	163	192.63	31399.00
	Total	352		

表 1346　体育锻炼次数中等与多被调查者在居住区附近锻炼的满意程度的非参数检验结果[a]

	被调查者在居住区附近锻炼的满意程度
Mann-Whitney U	12774.000
Wilcoxon W	30729.000
Z	−2.922
Asymp. Sig. (2-tailed)	.003

a. Grouping Variable:被调查者参加体育锻炼次数

表 1345 为体育锻炼次数中等与多被调查者在居住区附近锻炼的满意程度的秩次统计表,第一栏列出被调查城市,N 为样本量,Mean Rank 为平均秩次,Sum of Ranks 为秩和。表 1346 为体育锻炼次数中等与多被调查者在居住区附近锻炼的满意程度的非参数检验结果,其中 Mann-Whitney U、Wilcoxon W 以及 Z 为统计量,Asymp. sig. (2-tailed)为基于渐近分布的双侧检验概率,本例概率小于 0.05,可以认为在 0.05 水平上体育锻炼次数中等与多被调查者在居住区附近锻炼的满意程度的差异具有显著性。

表 1347　体育锻炼次数中等与非常多被调查者在居住区附近锻炼的满意程度的秩次统计

	被调查者参加体育锻炼次数	N	Mean Rank	Sum of Ranks
被调查者在居住区附近锻炼的满意程度	中等	189	126.82	23969.00
	非常多	113	192.78	21784.00
	Total	302		

表 1348　体育锻炼次数中等与非常多被调查者在居住区附近锻炼的满意程度的非参数检验结果[a]

	被调查者在居住区附近锻炼的满意程度
Mann-Whitney U	6014.000
Wilcoxon W	23969.000
Z	−6.623
Asymp. Sig. (2-tailed)	.000

a. Grouping Variable:被调查者参加体育锻炼次数

表 1347 为体育锻炼次数中等与非常多被调查者在居住区附近锻炼的满意程度的秩次统计表,第一栏列出被调查城市,N 为样本量,Mean Rank 为平均秩次,Sum of Ranks 为秩

和。表 1348 为体育锻炼次数中等与非常多被调查者在居住区附近锻炼的满意程度的非参数检验结果，其中 Mann-Whitney U、Wilcoxon W 以及 Z 为统计量，Asymp. sig. (2-tailed)为基于渐近分布的双侧检验概率，本例概率小于 0.05，可以认为在 0.05 水平上体育锻炼次数中等与非常多被调查者在居住区附近锻炼的满意程度的差异具有显著性。

表 1349　体育锻炼次数多与非常多被调查者在居住区附近锻炼的满意程度的秩次统计

	被调查者参加体育锻炼次数	N	Mean Rank	Sum of Ranks
被调查者在居住区附近锻炼的满意程度	多	163	122.05	19894.50
	非常多	113	162.23	18331.50
	Total	276		

表 1350　体育锻炼次数多与非常多被调查者在居住区附近锻炼的满意程度的非参数检验结果[a]

	被调查者在居住区附近锻炼的满意程度
Mann-Whitney U	6528.500
Wilcoxon W	19894.500
Z	−4.265
Asymp. Sig. (2-tailed)	.000

a. Grouping Variable：被调查者参加体育锻炼次数

表 1349 为体育锻炼次数多与非常多被调查者在居住区附近锻炼的满意程度的秩次统计表，第一栏列出被调查城市，N 为样本量，Mean Rank 为平均秩次，Sum of Ranks 为秩和。表 1350 为体育锻炼次数多与非常多被调查者在居住区附近锻炼的满意程度的非参数检验结果，其中 Mann-Whitney U、Wilcoxon W 以及 Z 为统计量，Asymp. sig. (2-tailed)为基于渐近分布的双侧检验概率，本例概率小于 0.05，可以认为在 0.05 水平上体育锻炼次数多与非常多被调查者在居住区附近锻炼的满意程度的差异具有显著性。

4.1.4.2　居民对公共体育设施使用的拥挤度影响锻炼的看法

（1）皖北不同市居民对公共体育设施使用的拥挤度影响锻炼看法的列联表统计和非参数检验

1）皖北不同市居民对公共体育设施使用的拥挤度影响锻炼看法的列联表统计

表 1351　被调查者居住的城市 * 被调查者对公共体育设施使用的拥挤度影响锻炼看法

		非常不赞同	不赞同	中等	赞同	非常赞同	Total
被调查者居住的城市	淮北市	2.1%	7.1%	23.4%	38.3%	29.1%	100.0%
	宿州市	3.8%	7.6%	19.0%	24.8%	44.8%	100.0%
	蚌埠市	8.3%	11.0%	13.8%	38.5%	28.4%	100.0%
	淮南市	0.0%	4.9%	23.5%	43.1%	28.4%	100.0%
	阜阳市	7.0%	7.0%	18.0%	34.0%	34.0%	100.0%
	亳州市	10.8%	20.7%	18.0%	28.8%	21.6%	100.0%
	Total	5.2%	9.7%	19.5%	34.7%	30.8%	100.0%

对公共体育设施使用的拥挤度影响锻炼的看法 为列标题跨列。

表 1351 显示,皖北六市居民对公共体育设施使用的拥挤度影响锻炼看法:淮北市"不赞同"和"非常不赞同"占 9.2%、中等 23.4%、"赞同"和"非常赞同"占 67.4%;宿州市"不赞同"和"非常不赞同"占 11.4%、中等 19.0%、"赞同"和"非常赞同"占 69.6%;蚌埠市"不赞同"和"非常不赞同"占 19.3%、中等 13.8%、"赞同"和"非常赞同"占 66.9%;淮南市"不赞同"和"非常不赞同"占 4.9%、中等 23.5%、"赞同"和"非常赞同"占 71.5%;阜阳市"不赞同"和"非常不赞同"占 14.0%、中等 18.0%、"赞同"和"非常赞同"占 68%;亳州市"不赞同"和"非常不赞同"占 31.5%、中等 18.0%、"赞同"和"非常赞同"占 50.4%;总体:"不赞同"和"非常不赞同"占 14.9%、中等 19.5%、"赞同"和"非常赞同"占 65.5%。

"赞同"和"非常赞同"占比与"不赞同"和"非常不赞同"占比之差:淮北市 58.2%;宿州市 58.2%;蚌埠市 47.6%;淮南市 66.6%;阜阳市 54%;亳州市 18.9%;总体:50.6%。总体上皖北六市居民对公共体育设施使用的拥挤度影响锻炼看法,"赞同"的占比比"不赞同"的占比偏多。阜阳市、宿州市、淮北市、蚌埠市、亳州市、淮南市居民对公共体育设施使用的拥挤度影响锻炼看法,"赞同"和"非常赞同"的占比与"不赞同"和"非常不赞同"的占比之差都为正。排序为:淮南市>宿州市=淮北市>阜阳市>蚌埠市>亳州市。

2) 皖北不同市居民对公共体育设施使用的拥挤度影响锻炼看法的非参数检验

表 1352 皖北六市居民对公共体育设施使用的拥挤度影响锻炼看法的平均秩

	被调查者居住的城市	N	Mean Rank
对公共体育设施使用的拥挤度影响锻炼的看法	淮北市	141	341.08
	宿州市	105	376.32
	蚌埠市	109	326.09
	淮南市	102	352.52
	阜阳市	100	345.89
	亳州市	111	268.02
	Total	668	

表 1352 皖北六市居民对公共体育设施使用的拥挤度影响锻炼看法的样本量和平均秩,平均秩降序排列为:宿州市为 376.32(105)、淮南市为 352.52(102)、阜阳市为 345.89(100)、淮北市为 341.08(141)、蚌埠市为 326.09(109)、亳州市为 268.02(111)。

表 1353 皖北六市居民对公共体育设施使用的拥挤度影响锻炼看法的非参数检验结果[a,b]

	对公共体育设施使用的拥挤度影响锻炼的看法
Chi-Square	21.420
Df	5
Asymp. Sig.	.001

a. Kruskal Wallis Test
b. Grouping Variable:被调查者居住的城市

表 1353 为 Kruskal-Wallis 检验,Asymp. Sig. 为检验统计量 $\chi^2=21.420$、$df=5$ 时基于渐近分布概率,本例概率 $p=0.001<0.05$,所以否定检验的原假设,即可以认为皖北六市居民对公共体育设施使用的拥挤度影响锻炼看法之间的差异在 0.05 水平上具有显著性。

表 1354　淮北市与宿州市被调查者对公共体育设施使用的拥挤度影响锻炼的看法的秩次统计

	被调查城市	N	Mean Rank	Sum of Ranks
被调查者对公共体育设施使用的拥挤度影响锻炼的看法	淮北市	141	117.69	16594.50
	宿州市	105	131.30	13786.50
	Total	246		

表 1355　淮北市与宿州市被调查者对公共体育设施使用的拥挤度影响锻炼看法的非参数检验结果[a]

	被调查者对公共体育设施使用的拥挤度影响锻炼的看法
Mann-Whitney U	6583.500
Wilcoxon W	16594.500
Z	−1.556
Asymp. Sig. (2-tailed)	.120

　　a. Grouping Variable：被调查者居住的城市

　　表 1354 为淮北市与宿州市被调查者对公共体育设施使用的拥挤度影响锻炼看法的秩次统计表，第一栏列出被调查城市，N 为样本量，Mean Rank 为平均秩次，Sum of Ranks 为秩和。表 1355 为淮北市与宿州市被调查者对公共体育设施使用的拥挤度影响锻炼看法的非参数检验结果，其中 Mann-Whitney U、Wilcoxon W 以及 Z 为统计量，Asymp. sig. (2-tailed)为基于渐近分布的双侧检验概率，本例概率大于 0.05，可以认为在 0.05 水平上淮北市与宿州市被调查者对公共体育设施使用的拥挤度影响锻炼看法之间的差异不具有显著性。

表 1356　淮北市与蚌埠市被调查者对公共体育设施使用的拥挤度影响锻炼的看法的秩次统计

	被调查城市	N	Mean Rank	Sum of Ranks
被调查者对公共体育设施使用的拥挤度影响锻炼的看法	淮北市	141	127.85	18026.50
	蚌埠市	109	122.46	13348.50
	Total	250		

表 1357　淮北市与蚌埠市被调查者对公共体育设施使用的拥挤度影响锻炼看法的非参数检验结果[a]

	被调查者对公共体育设施使用的拥挤度影响锻炼的看法
Mann-Whitney U	7353.500
Wilcoxon W	13348.500
Z	−.611
Asymp. Sig. (2-tailed)	.541

　　a. Grouping Variable：被调查者居住的城市

　　表 1356 为淮北市与蚌埠市被调查者对公共体育设施使用的拥挤度影响锻炼看法的秩次统计表，第一栏列出被调查城市，N 为样本量，Mean Rank 为平均秩次，Sum of Ranks 为秩和。表 1357 为淮北市与蚌埠市被调查者对公共体育设施使用的拥挤度影响锻炼看法的非参数检验结果，其中 Mann-Whitney U、Wilcoxon W 以及 Z 为统计量，Asymp. sig. (2-tailed)为基于渐近分布的双侧检验概率，本例概率大于 0.05，可以认为在 0.05 水平上淮北市与蚌埠市被调查者对公共体育设施使用的拥挤度影响锻炼看法之间的差异不具有显

著性。

表 1358　淮北市与淮南市被调查者对公共体育设施使用的拥挤度影响锻炼的看法的秩次统计

	被调查城市	N	Mean Rank	Sum of Ranks
被调查者对公共体育设施使用的拥挤度影响锻炼的看法	淮北市	141	120.13	16938.50
	淮南市	102	124.58	12707.50
	Total	243		

表 1359　淮北市与淮南市被调查者对公共体育设施使用的拥挤度影响锻炼看法的非参数检验结果[a]

	被调查者对公共体育设施使用的拥挤度影响锻炼的看法
Mann-Whitney U	6927.500
Wilcoxon W	16938.500
Z	−.514
Asymp. Sig. (2-tailed)	.607

a. Grouping Variable：被调查者居住的城市

　　表 1358 为淮北市与淮南市被调查者对公共体育设施使用的拥挤度影响锻炼看法的秩次统计表,第一栏列出被调查城市,N 为样本量,Mean Rank 为平均秩次,Sum of Ranks 为秩和。表 1359 为淮北市与淮南市被调查者对公共体育设施使用的拥挤度影响锻炼看法的非参数检验结果,其中 Mann-Whitney U、Wilcoxon W 以及 Z 为统计量,Asymp. sig.(2-tailed)为基于渐近分布的双侧检验概率,本例概率大于 0.05,可以认为在 0.05 水平上淮北市与淮南市被调查者对公共体育设施使用的拥挤度影响锻炼看法之间的差异不具有显著性。

表 1360　淮北市与阜阳市被调查者对公共体育设施使用的拥挤度影响锻炼的看法的秩次统计

	被调查城市	N	Mean Rank	Sum of Ranks
被调查者对公共体育设施使用的拥挤度影响锻炼的看法	淮北市	141	120.10	16934.50
	阜阳市	100	122.26	12226.50
	Total	241		

表 1361　淮北市与阜阳市被调查者对公共体育设施使用的拥挤度影响锻炼看法的非参数检验结果[a]

	被调查者对公共体育设施使用的拥挤度影响锻炼的看法
Mann-Whitney U	6923.500
Wilcoxon W	16934.500
Z	−.249
Asymp. Sig. (2-tailed)	.804

a. Grouping Variable：被调查者居住的城市

　　表 1360 为淮北市与阜阳市被调查者对公共体育设施使用的拥挤度影响锻炼的看法的秩次统计表,第一栏列出被调查城市,N 为样本量,Mean Rank 为平均秩次,Sum of Ranks 为秩和。表 1361 为淮北市与阜阳市被调查者对公共体育设施使用的拥挤度影响锻炼的看法的非参数检验结果,其中 Mann-Whitney U、Wilcoxon W 以及 Z 为统计量,Asymp. sig.

(2-tailed)为基于渐近分布的双侧检验概率,本例概率大于 0.05,可以认为在 0.05 水平上淮北市与阜阳市被调查者对公共体育设施使用的拥挤度影响锻炼的看法之间的差异不具有显著性。

表 1362　淮北市与亳州市被调查者对公共体育设施使用的拥挤度影响锻炼的看法的秩次统计

	被调查城市	N	Mean Rank	Sum of Ranks
被调查者对公共体育设施使用的拥挤度影响锻炼的看法	淮北市	141	139.30	19642.00
	亳州市	111	110.23	12236.00
	Total	252		

表 1363　淮北市与亳州市被调查者对公共体育设施使用的拥挤度影响锻炼看法的非参数检验结果[a]

	被调查者对公共体育设施使用的拥挤度影响锻炼的看法
Mann-Whitney U	6020.000
Wilcoxon W	12236.000
Z	−3.257
Asymp. Sig. (2-tailed)	.001

a. Grouping Variable:被调查者居住的城市

　　表 1362 为淮北市与亳州市被调查者对公共体育设施使用的拥挤度影响锻炼看法的秩次统计表,第一栏列出被调查城市,N 为样本量,Mean Rank 为平均秩次,Sum of Ranks 为秩和。表 1363 为淮北市与亳州市被调查者对公共体育设施使用的拥挤度影响锻炼看法的非参数检验结果,其中 Mann-Whitney U、Wilcoxon W 以及 Z 为统计量,Asymp. sig.(2-tailed)为基于渐近分布的双侧检验概率,本例概率小于 0.05,可以认为在 0.05 水平上淮北市与亳州市被调查者对公共体育设施使用的拥挤度影响锻炼看法之间的差异具有显著性。

表 1364　宿州市与蚌埠市被调查者对公共体育设施使用的拥挤度影响锻炼的看法的秩次统计

	被调查城市	N	Mean Rank	Sum of Ranks
被调查者对公共体育设施使用的拥挤度影响锻炼的看法	宿州市	105	115.71	12149.50
	蚌埠市	109	99.59	10855.50
	Total	214		

表 1365　宿州市与蚌埠市被调查者对公共体育设施使用的拥挤度影响锻炼看法的非参数检验结果[a]

	被调查者对公共体育设施使用的拥挤度影响锻炼的看法
Mann-Whitney U	4860.500
Wilcoxon W	10855.500
Z	−1.991
Asymp. Sig. (2-tailed)	.046

a. Grouping Variable:被调查者居住的城市

　　表 1364 为宿州市与蚌埠市被调查者对公共体育设施使用的拥挤度影响锻炼的看法的秩次统计表,第一栏列出被调查城市,N 为样本量,Mean Rank 为平均秩次,Sum of Ranks

为秩和。表 1365 为宿州市与蚌埠市被调查者对公共体育设施使用的拥挤度影响锻炼的看法的非参数检验结果,其中 Mann-Whitney U、Wilcoxon W 以及 Z 为统计量,Asymp. sig. (2-tailed)为基于渐近分布的双侧检验概率,本例概率小于 0.05,可以认为在 0.05 水平上宿州市与蚌埠市被调查者对公共体育设施使用的拥挤度影响锻炼的看法之间的差异具有显著性。

表 1366　宿州市与淮南市被调查者对公共体育设施使用的拥挤度影响锻炼的看法的秩次统计

	被调查城市	N	Mean Rank	Sum of Ranks
被调查者对公共体育设施使用的拥挤度影响锻炼的看法	宿州市	105	108.22	11363.50
	淮南市	102	99.65	10164.50
	Total	207		

表 1367　宿州市与淮南市被调查者对公共体育设施使用的拥挤度影响锻炼看法的非参数检验结果[a]

	被调查者对公共体育设施使用的拥挤度影响锻炼的看法
Mann-Whitney U	4911.500
Wilcoxon W	10164.500
Z	−1.084
Asymp. Sig. (2-tailed)	.278

a. Grouping Variable:被调查者居住的城市

表 1366 为宿州市与淮南市被调查者对公共体育设施使用的拥挤度影响锻炼的看法的秩次统计表,第一栏列出被调查城市,N 为样本量,Mean Rank 为平均秩次,Sum of Ranks 为秩和。表 1367 为宿州市与淮南市被调查者对公共体育设施使用的拥挤度影响锻炼的看法的非参数检验结果,其中 Mann-Whitney U、Wilcoxon W 以及 Z 为统计量,Asymp. sig. (2-tailed)为基于渐近分布的双侧检验概率,本例概率大于 0.05,可以认为在 0.05 水平上宿州市与淮南市被调查者对公共体育设施使用的拥挤度影响锻炼的看法之间的差异不具有显著性。

表 1368　宿州市与阜阳市被调查者对公共体育设施使用的拥挤度影响锻炼的看法的秩次统计

	被调查城市	N	Mean Rank	Sum of Ranks
被调查者对公共体育设施使用的拥挤度影响锻炼的看法	宿州市	105	107.60	11298.00
	阜阳市	100	98.17	9817.00
	Total	205		

表 1369　宿州市与阜阳市被调查者对公共体育设施使用的拥挤度影响锻炼看法的非参数检验结果[a]

	被调查者对公共体育设施使用的拥挤度影响锻炼的看法
Mann-Whitney U	4767.000
Wilcoxon W	9817.000
Z	−1.195
Asymp. Sig. (2-tailed)	.232

a. Grouping Variable:被调查者居住的城市

　　表 1368 为宿州市与阜阳市被调查者对公共体育设施使用的拥挤度影响锻炼的看法的秩次统计表,第一栏列出被调查城市,N 为样本量,Mean Rank 为平均秩次,Sum of Ranks为秩。表 1369 为宿州市与阜阳市被调查者对公共体育设施使用的拥挤度影响锻炼的看法的非参数检验结果,其中 Mann-Whitney U、Wilcoxon W 以及 Z 为统计量,Asymp. sig. (2-tailed)为基于渐近分布的双侧检验概率,本例概率大于 0.05,可以认为在 0.05 水平上宿州市与阜阳市被调查者对公共体育设施使用的拥挤度影响锻炼的看法之间的差异不具有显著性。

表 1370　宿州市与亳州市被调查者对公共体育设施使用的拥挤度影响锻炼的看法的秩次统计

	被调查城市	N	Mean Rank	Sum of Ranks
被调查者对公共体育设施使用的拥挤度影响锻炼的看法	宿州市	105	125.49	13176.00
	亳州市	111	92.43	10260.00
	Total	216		

表 1371　宿州市与亳州市被调查者对公共体育设施使用的拥挤度影响锻炼看法的非参数检验结果[a]

	被调查者对公共体育设施使用的拥挤度影响锻炼的看法
Mann-Whitney U	4044.000
Wilcoxon W	10260.000
Z	−4.017
Asymp. Sig. (2-tailed)	.000

　　a. Grouping Variable:被调查者居住的城市

　　表 1370 为宿州市与亳州市被调查者对公共体育设施使用的拥挤度影响锻炼的看法的秩次统计表,第一栏列出被调查城市,N 为样本量,Mean Rank 为平均秩次,Sum of Ranks 为秩和。表 1371 为宿州市与亳州市被调查者对公共体育设施使用的拥挤度影响锻炼的看法的非参数检验结果,其中 Mann-Whitney U、Wilcoxon W 以及 Z 为统计量,Asymp. sig. (2-tailed)为基于渐近分布的双侧检验概率,本例概率小于 0.05,可以认为在 0.05 水平上宿州市与亳州市被调查者对公共体育设施使用的拥挤度影响锻炼的看法之间的差异具有显著性。

表 1372　蚌埠市与淮南市被调查者对公共体育设施使用的拥挤度影响锻炼的看法的秩次统计

	被调查城市	N	Mean Rank	Sum of Ranks
被调查者对公共体育设施使用的拥挤度影响锻炼的看法	蚌埠市	109	102.15	11134.50
	淮南市	102	110.11	11231.50
	Total	211		

表 1373　蚌埠市与淮南市被调查者对公共体育设施使用的拥挤度影响锻炼看法的非参数检验结果[a]

	被调查者对公共体育设施使用的拥挤度影响锻炼的看法
Mann-Whitney U	5139.500
Wilcoxon W	11134.500
Z	−.996
Asymp. Sig. (2-tailed)	.319

　　a. Grouping Variable:被调查者居住的城市

表 1372 为蚌埠市与淮南市被调查者对公共体育设施使用的拥挤度影响锻炼看法的秩次统计表,第一栏列出被调查城市,N 为样本量,Mean Rank 为平均秩次,Sum of Ranks 为秩和。表 1373 为蚌埠市与淮南市被调查者对公共体育设施使用的拥挤度影响锻炼看法的非参数检验结果,其中 Mann-Whitney U、Wilcoxon W 以及 Z 为统计量,Asymp. sig. (2-tailed)为基于渐近分布的双侧检验概率,本例概率大于 0.05,可以认为在 0.05 水平上蚌埠市与淮南市被调查者对公共体育设施使用的拥挤度影响锻炼看法之间的差异不具有显著性。

表 1374　蚌埠市与阜阳市被调查者对公共体育设施使用的拥挤度影响锻炼的看法的秩次统计

	被调查城市	N	Mean Rank	Sum of Ranks
被调查者对公共体育设施使用的拥挤度影响锻炼的看法	蚌埠市	109	102.10	11128.50
	阜阳市	100	108.17	10816.50
	Total	209		

表 1375　蚌埠市与阜阳市被调查者对公共体育设施使用的拥挤度影响锻炼看法的非参数检验结果[a]

	被调查者对公共体育设施使用的拥挤度影响锻炼的看法
Mann-Whitney U	5133.500
Wilcoxon W	11128.500
Z	−.757
Asymp. Sig. (2-tailed)	.449

a. Grouping Variable:被调查者居住的城市

表 1374 为蚌埠市与阜阳市被调查者对公共体育设施使用的拥挤度影响锻炼看法的秩次统计表,第一栏列出被调查城市,N 为样本量,Mean Rank 为平均秩次,Sum of Ranks 为秩和。表 1375 为蚌埠市与阜阳市被调查者对公共体育设施使用的拥挤度影响锻炼看法的非参数检验结果,其中 Mann-Whitney U、Wilcoxon W 以及 Z 为统计量,Asymp. sig. (2-tailed)为基于渐近分布的双侧检验概率,本例概率大于 0.05,可以认为在 0.05 水平上蚌埠市与阜阳市被调查者对公共体育设施使用的拥挤度影响锻炼看法之间的差异不具有显著性。

表 1376　蚌埠市与亳州市被调查者对公共体育设施使用的拥挤度影响锻炼的看法的秩次统计

	被调查城市	N	Mean Rank	Sum of Ranks
被调查者对公共体育设施使用的拥挤度影响锻炼的看法	蚌埠市	109	119.79	13057.00
	亳州市	111	101.38	11253.00
	Total	220		

表 1377　蚌埠市与亳州市被调查者对公共体育设施使用的拥挤度影响锻炼看法的非参数检验结果[a]

	被调查者对公共体育设施使用的拥挤度影响锻炼的看法
Mann-Whitney U	5037.000
Wilcoxon W	11253.000
Z	−2.215
Asymp. Sig. (2-tailed)	.027

a. Grouping Variable:被调查者居住的城市

表 1376 为蚌埠市与亳州市被调查者对公共体育设施使用的拥挤度影响锻炼的看法的秩次统计表,第一栏列出被调查城市,N 为样本量,Mean Rank 为平均秩次,Sum of Ranks为秩和。表 1377 为蚌埠市与亳州市被调查者对公共体育设施使用的拥挤度影响锻炼的看法的非参数检验结果,其中 Mann-Whitney U、Wilcoxon W 以及 Z 为统计量,Asymp. sig.(2-tailed)为基于渐近分布的双侧检验概率,本例概率小于 0.05,可以认为在 0.05 水平上蚌埠市与亳州市被调查者对公共体育设施使用的拥挤度影响锻炼的看法之间的差异具有显著性。

表 1378　淮南市与阜阳市被调查者对公共体育设施使用的拥挤度影响锻炼的看法的秩次统计

	被调查城市	N	Mean Rank	Sum of Ranks
被调查者对公共体育设施使用的拥挤度影响锻炼的看法	淮南市	102	102.16	10420.50
	阜阳市	100	100.82	10082.50
	Total	202		

表 1379　淮南市与阜阳市被调查者对公共体育设施使用的拥挤度影响锻炼看法的非参数检验结果[a]

	被调查者对公共体育设施使用的拥挤度影响锻炼的看法
Mann-Whitney U	5032.500
Wilcoxon W	10082.500
Z	−.171
Asymp. Sig. (2-tailed)	.864

a. Grouping Variable:被调查者居住的城市

表 1378 为淮南市与阜阳市被调查者对公共体育设施使用的拥挤度影响锻炼的看法的秩次统计表,第一栏列出被调查城市,N 为样本量,Mean Rank 为平均秩次,Sum of Ranks 为秩和。表 1379 为淮南市与阜阳市被调查者对公共体育设施使用的拥挤度影响锻炼的看法的非参数检验结果,其中 Mann-Whitney U、Wilcoxon W 以及 Z 为统计量,Asymp. sig.(2-tailed)为基于渐近分布的双侧检验概率,本例概率大于 0.05,可以认为在 0.05 水平上淮南市与阜阳市被调查者对公共体育设施使用的拥挤度影响锻炼的看法之间的差异不具有显著性。

表 1380　淮南市与亳州市被调查者对公共体育设施使用的拥挤度影响锻炼的看法的秩次统计

	被调查城市	N	Mean Rank	Sum of Ranks
被调查者对公共体育设施使用的拥挤度影响锻炼的看法	淮南市	102	122.01	12445.50
	亳州市	111	93.20	10345.50
	Total	213		

表 1381　淮南市与亳州市被调查者对公共体育设施使用的拥挤度影响锻炼看法的非参数检验结果[a]

	被调查者对公共体育设施使用的拥挤度影响锻炼的看法
Mann-Whitney U	4129.500
Wilcoxon W	10345.500
Z	−3.538
Asymp. Sig. (2-tailed)	.000

a. Grouping Variable:被调查者居住的城市

　　表 1380 为淮南市与亳州市被调查者对公共体育设施使用的拥挤度影响锻炼的看法的秩次统计表,第一栏列出被调查城市,N 为样本量,Mean Rank 为平均秩次,Sum of Ranks 为秩和。表 1381 为淮南市与亳州市被调查者对公共体育设施使用的拥挤度影响锻炼的看法的非参数检验结果,其中 Mann-Whitney U、Wilcoxon W 以及 Z 为统计量,Asymp. sig. (2-tailed)为基于渐近分布的双侧检验概率,本例概率小于 0.05,可以认为在 0.05 水平上淮南市与亳州市被调查者对公共体育设施使用的拥挤度影响锻炼的看法之间的差异具有显著性。

表 1382　阜阳市与亳州市被调查者对公共体育设施使用的拥挤度影响锻炼的看法的秩次统计

	被调查城市	N	Mean Rank	Sum of Ranks
被调查者对公共体育设施使用的拥挤度影响锻炼的看法	阜阳市	100	118.46	11846.50
	亳州市	111	94.77	10519.50
	Total	211		

表 1383　阜阳市与亳州市被调查者对公共体育设施使用的拥挤度影响锻炼看法的非参数检验结果[a]

	被调查者对公共体育设施使用的拥挤度影响锻炼的看法
Mann-Whitney U	4303.500
Wilcoxon W	10519.500
Z	−2.905
Asymp. Sig. (2-tailed)	.004

a. Grouping Variable：被调查者居住的城市

　　表 1382 为阜阳市与亳州市被调查者对公共体育设施使用的拥挤度影响锻炼的看法的秩次统计表,第一栏列出被调查城市,N 为样本量,Mean Rank 为平均秩次,Sum of Ranks 为秩和。表 1383 为阜阳市与亳州市被调查者对公共体育设施使用的拥挤度影响锻炼的看法的非参数检验结果,其中 Mann-Whitney U、Wilcoxon W 以及 Z 为统计量,Asymp. sig. (2-tailed)为基于渐近分布的双侧检验概率,本例概率小于 0.05,可以认为在 0.05 水平上阜阳市与亳州市被调查者对公共体育设施使用的拥挤度影响锻炼的看法之间的差异具有显著性。

　　(2) 皖北六市不同居住区居民对公共体育设施使用的拥挤度影响锻炼看法的列联表统计和非参数检验

　　1) 皖北六市不同居住区居民对公共体育设施使用的拥挤度影响锻炼看法的列联表统计

表 1384　被调查者居住的区域 * 被调查者对公共体育设施使用的拥挤度影响锻炼看法

		非常不赞同	不赞同	中等	赞同	非常赞同	Total
被调查者居住的区域	中央区域	3.3%	6.6%	17.0%	31.6%	41.5%	100.0%
	中央与郊区之间	4.2%	5.8%	18.8%	42.5%	28.8%	100.0%
	郊区	7.1%	20.0%	24.7%	29.4%	18.8%	100.0%
	农村地区	9.2%	15.3%	21.4%	29.0%	25.2%	100.0%
	Total	5.2%	9.7%	19.5%	34.7%	30.8%	100.0%

表 1384 显示，皖北不同居住区域居民对公共体育设施使用的拥挤度影响锻炼看法：中央区域"不赞同"和"非常不赞同"占 9.9%、中等 17.0%、"赞同"和"非常赞同"占 73.1%；中央与郊区之间"不赞同"和"非常不赞同"占 10.0%、中等 18.8%、"赞同"和"非常赞同"占 71.3%；郊区"不赞同"和"非常不赞同"占 27.1%、中等 24.7%、"赞同"和"非常赞同"占 48.2%；农村地区"不赞同"和"非常不赞同"占 24.5%、中等 21.4%、"赞同"和"非常赞同"占 54.2%；总体："不赞同"和"非常不赞同"占 14.9%、中等 19.5%、"赞同"和"非常赞同"占 65.5%。

"赞同"和"非常赞同"占比与"不赞同"和"非常不赞同"占比之差：中央区域 63.2%；中央与郊区之间 61.3%；郊区 21.1%；农村地区 29.7%；总体：50.6%。总体上皖北六市不同居住区域居民对公共体育设施使用的拥挤度影响锻炼看法"赞同"的占比比"不赞同"的占比偏多。中央区域、中央与郊区之间、郊区、农村地区"赞同"和"非常赞同"占比与"不赞同"和"非常不赞同"占比之差都为正。排序为：中央区域＞中央与郊区之间＞农村地区＞郊区。相关检验显示，皖北六市被调查者居住的区域与被调查者对公共体育设施使用的拥挤度影响锻炼看法的皮尔逊相关系数为 0.204，斯皮尔曼相关系数为 0.202，p＝0.000＜0.05，相关具有显著性。

2）皖北六市不同居住区居民对公共体育设施使用的拥挤度影响锻炼看法的非参数检验

表 1385　皖北六市不同居住区居民对公共体育设施使用的拥挤度影响锻炼看法的平均秩

	被调查者居住的区域	N	Mean Rank
对公共体育设施使用的拥挤度影响锻炼的看法	中央区域	212	377.43
	中央与郊区之间	240	345.59
	郊　区	85	264.12
	农村地区	131	290.37
	Total	668	

表 1385 为皖北六市不同居住区居民对公共体育设施使用的拥挤度影响锻炼看法的样本量和平均秩，平均秩降序排列为：中央区域为 377.43(212)、中央与郊区之间 345.59(240)、农村地区为 290.37(131)、郊区为 264.12(85)。

表 1386　皖北六市不同居住区居民对公共体育设施使用的
拥挤度影响锻炼看法的非参数检验结果[a,b]

	对公共体育设施使用的拥挤度影响锻炼的看法
Chi-Square	31.990
Df	3
Asymp. Sig.	.000

a. Kruskal Wallis Test

b. Grouping Variable：被调查者居住的区域

表 1386 为 Kruskal-Wallis 检验，Asymp. Sig. 为检验统计量 $\chi^2=31.990$、df＝3 时基于渐近分布概率，本例概率 p＝0.000＜0.05，所以否定检验的原假设，即可以认为皖北六市不

同居住区居民对公共体育设施使用的拥挤度影响锻炼看法之间的差异在 0.05 水平上具有显著性。

表 1387　中央区域与中央与郊区之间被调查者对公共体育设施
使用的拥挤度影响锻炼的看法的秩次统计

	被调查者居住的区域	N	Mean Rank	Sum of Ranks
被调查者对公共体育设施使用的拥挤度影响锻炼的看法	中央区域	212	238.91	50649.00
	中央与郊区之间	240	215.54	51729.00
	Total	452		

表 1388　中央区域与中央与郊区之间被调查者对公共体育设施使用的
拥挤度影响锻炼的看法的非参数检验结果[a]

	被调查者对公共体育设施使用的拥挤度影响锻炼的看法
Mann-Whitney U	22809.000
Wilcoxon W	51729.000
Z	−2.001
Asymp. Sig. (2-tailed)	.045

a. Grouping Variable：被调查者居住的区域

表 1387 为中央区域与中央与郊区之间被调查者对公共体育设施使用的拥挤度影响锻炼的看法的秩次统计表,第一栏列出被调查城市,N 为样本量,Mean Rank 为平均秩次,Sum of Ranks 为秩和。表 1388 为中央区域与中央与郊区之间被调查者对公共体育设施使用的拥挤度影响锻炼的看法的非参数检验结果,其中 Mann-Whitney U、Wilcoxon W 以及 Z 为统计量,Asymp. sig. (2-tailed) 为基于渐近分布的双侧检验概率,本例概率小于 0.05,可以认为在 0.05 水平上中央区域与中央与郊区之间被调查者对公共体育设施使用的拥挤度影响锻炼的看法之间的差异具有显著性。

表 1389　中央区域与郊区被调查者对公共体育设施使用的
拥挤度影响锻炼的看法的秩次统计

	被调查者居住的区域	N	Mean Rank	Sum of Ranks
被调查者对公共体育设施使用的拥挤度影响锻炼的看法	中央区域	212	163.06	34569.50
	郊　区	85	113.92	9683.50
	Total	297		

表 1390　中央区域与郊区被调查者对公共体育设施使用的
拥挤度影响锻炼的看法的非参数检验结果[a]

	被调查者对公共体育设施使用的拥挤度影响锻炼的看法
Mann-Whitney U	6028.500
Wilcoxon W	9683.500
Z	−4.649
Asymp. Sig. (2-tailed)	.000

a. Grouping Variable：被调查者居住的区域

　　表 1389 为中央区域与郊区被调查者对公共体育设施使用的拥挤度影响锻炼的看法的秩次统计表,第一栏列出被调查城市,N 为样本量,Mean Rank 为平均秩次,Sum of Ranks 为秩和。表 1390 为中央区域与郊区被调查者对公共体育设施使用的拥挤度影响锻炼的看法的非参数检验结果,其中 Mann-Whitney U、Wilcoxon W 以及 Z 为统计量,Asymp. sig. (2-tailed)为基于渐近分布的双侧检验概率,本例概率小于 0.05,可以认为在 0.05 水平上中央区域与郊区被调查者对公共体育设施使用的拥挤度影响锻炼的看法之间的差异具有显著性。

表 1391　中央区域与农村地区被调查者对公共体育设施使用的
拥挤度影响锻炼的看法的秩次统计

	被调查者居住的区域	N	Mean Rank	Sum of Ranks
被调查者对公共体育设施使用的拥挤度影响锻炼的看法	中央区域	212	188.46	39953.00
	农村地区	131	145.37	19043.00
	Total	343		

表 1392　中央区域与农村地区被调查者对公共体育设施使用的
拥挤度影响锻炼的看法的非参数检验结果[a]

	被调查者对公共体育设施使用的拥挤度影响锻炼的看法
Mann-Whitney U	10397.000
Wilcoxon W	19043.000
Z	-4.077
Asymp. Sig. (2-tailed)	.000

　　a. Grouping Variable:被调查者居住的区域

　　表 1391 为中央区域与农村地区被调查者对公共体育设施使用的拥挤度影响锻炼的看法的秩次统计表,第一栏列出被调查城市,N 为样本量,Mean Rank 为平均秩次,Sum of Ranks 为秩和。表 1392 为中央区域与农村地区被调查者对公共体育设施使用的拥挤度影响锻炼的看法的非参数检验结果,其中 Mann-Whitney U、Wilcoxon W 以及 Z 为统计量,Asymp. sig. (2-tailed)为基于渐近分布的双侧检验概率,本例概率小于 0.05,可以认为在 0.05 水平上中央区域与农村地区被调查者对公共体育设施使用的拥挤度影响锻炼的看法之间的差异具有显著性。

表 1393　中央区域与郊区之间与郊区被调查者对公共体育设施使用的
拥挤度影响锻炼的看法的秩次统计

	被调查者居住的区域	N	Mean Rank	Sum of Ranks
被调查者对公共体育设施使用的拥挤度影响锻炼的看法	中央与郊区之间	240	173.90	41736.50
	郊　区	85	132.22	11238.50
	Total	325		

表 1394　中央区域与郊区之间与郊区被调查者对公共体育设施使用的

拥挤度影响锻炼的看法的非参数检验结果[a]

	被调查者对公共体育设施使用的拥挤度影响锻炼的看法
Mann-Whitney U	7583.500
Wilcoxon W	11238.500
Z	−3.678
Asymp. Sig. (2-tailed)	.000

a. Grouping Variable：被调查者居住的区域

　　表 1393 为中央区域与郊区之间与郊区被调查者对公共体育设施使用的拥挤度影响锻炼的看法的秩次统计表,第一栏列出被调查城市,N 为样本量,Mean Rank 为平均秩次,Sum of Ranks 为秩和。表 1394 为中央区域与郊区之间与郊区被调查者对公共体育设施使用的拥挤度影响锻炼的看法的非参数检验结果,其中 Mann-Whitney U、Wilcoxon W 以及 Z 为统计量,Asymp. sig. (2-tailed)为基于渐近分布的双侧检验概率,本例概率小于 0.05,可以认为在 0.05 水平上中央区域与郊区之间与郊区被调查者对公共体育设施使用的拥挤度影响锻炼的看法之间的差异具有显著性。

表 1395　中央区域与郊区之间与农村地区被调查者对公共体育设施

使用的拥挤度影响锻炼的看法的秩次统计

	被调查者居住的区域	N	Mean Rank	Sum of Ranks
被调查者对公共体育设施使用的拥挤度影响锻炼的看法	中央与郊区之间	240	197.15	47316.50
	农村地区	131	165.57	21689.50
	Total	371		

表 1396　中央区域与郊区之间与农村地区被调查者对公共体育设施

使用的拥挤度影响锻炼的看法的非参数检验结果[a]

	被调查者对公共体育设施使用的拥挤度影响锻炼的看法
Mann-Whitney U	13043.500
Wilcoxon W	21689.500
Z	−2.831
Asymp. Sig. (2-tailed)	.005

a. Grouping Variable：被调查者居住的区域

　　表 1395 为中央区域与郊区之间与农村地区被调查者对公共体育设施使用的拥挤度影响锻炼的看法的秩次统计表,第一栏列出被调查城市,N 为样本量,Mean Rank 为平均秩次,Sum of Ranks 为秩和。表 1396 为中央区域与郊区之间与农村地区被调查者对公共体育设施使用的拥挤度影响锻炼的看法的非参数检验结果,其中 Mann-Whitney U、Wilcoxon W 以及 Z 为统计量,Asymp. sig. (2-tailed)为基于渐近分布的双侧检验概率,本例概率小于 0.05,可以认为在 0.05 水平上中央区域与郊区之间与农村地区被调查者对公共体育设施使用的拥挤度影响锻炼的看法之间的差异具有显著性。

表 1397 郊区与农村地区被调查者对公共体育设施使用的拥挤度影响锻炼的看法的秩次统计

	被调查者居住的区域	N	Mean Rank	Sum of Ranks
被调查者对公共体育设施使用的拥挤度影响锻炼的看法	郊　区	85	103.98	8838.00
	农村地区	131	111.44	14598.00
	Total	216		

表 1398 郊区与农村地区被调查者对公共体育设施使用的拥挤度影响锻炼的看法的非参数检验结果[a]

	被调查者对公共体育设施使用的拥挤度影响锻炼的看法
Mann-Whitney U	5183.000
Wilcoxon W	8838.000
Z	−.881
Asymp. Sig. (2-tailed)	.378

a. Grouping Variable:被调查者居住的区域

表 1397 为郊区与农村地区被调查者对公共体育设施使用的拥挤度影响锻炼的看法的秩次统计表,第一栏列出被调查城市,N 为样本量,Mean Rank 为平均秩次,Sum of Ranks 为秩和。表 1398 为郊区与农村地区被调查者对公共体育设施使用的拥挤度影响锻炼的看法的非参数检验结果,其中 Mann-Whitney U、Wilcoxon W 以及 Z 为统计量,Asymp. sig. (2-tailed)为基于渐近分布的双侧检验概率,本例概率大于 0.05,可以认为在 0.05 水平上郊区与农村地区被调查者对公共体育设施使用的拥挤度影响锻炼的看法之间的差异不具有显著性。

（3）皖北六市不同居住密度居民对公共体育设施使用的拥挤度影响锻炼看法的列联表统计和非参数检验

1）皖北六市不同居住密度居民对公共体育设施使用的拥挤度影响锻炼看法的列联表统计

表 1399 被调查者居住区人口密度 * 被调查者对公共体育设施使用的拥挤度影响锻炼看法

		对公共体育设施使用的拥挤度影响锻炼的看法					Total
		非常不赞同	不赞同	中等	赞同	非常赞同	
被调查者居住区的人口密度	非常稀疏	19.2%	23.1%	11.5%	11.5%	34.6%	100.0%
	稀疏	7.0%	21.1%	19.7%	36.6%	15.5%	100.0%
	中等	2.4%	8.0%	27.6%	37.2%	24.8%	100.0%
	大	4.9%	8.8%	14.3%	42.3%	29.7%	100.0%
	非常大	7.2%	5.8%	12.9%	23.7%	50.4%	100.0%
	Total	5.2%	9.7%	19.5%	34.7%	30.8%	100.0%

表 1399 显示,皖北不同居住密度居民对公共体育设施使用的拥挤度影响锻炼看法:非常稀疏"不赞同"和"非常不赞同"占 42.3%、中等 11.5%、"赞同"和"非常赞同"占 46.1%；稀疏"不赞同"和"非常不赞同"占 28.1%、中等 19.7%、"赞同"和"非常赞同"占 52.1%；中等"不赞同"和"非常不赞同"占 10.4%、中等 27.6%、"赞同"和"非常赞同"占 62.0%；大"不赞同"和"非常不赞同"占 13.7%、中等 14.3%、"赞同"和"非常赞同"占 72.0%；非常大"不

赞同"和"非常不赞同"占 13.0%、中等 12.9%、"赞同"和"非常赞同"占 74.1%;总体:"不赞同"和"非常不赞同"占 14.9%、中等 19.5%、"赞同"和"非常赞同"占 65.5%。

"赞同"和"非常赞同"占比与"不赞同"和"非常不赞同"占比之差:非常稀疏 3.8%;稀疏 24%;中等 51.6%;大 58.3%;非常大 61.1%;总体:50.6%。总体上皖北六市不同居住密度居民对公共体育设施使用的拥挤度影响锻炼看法,"赞同"的占比比"不赞同"的占比偏多。居住密度稀疏、非常稀疏、中等、大、非常大的居民对公共体育设施使用的拥挤度影响锻炼看法,"赞同"和"非常赞同"的占比与"不赞同"和"非常不赞同"的占比之差都为正。排序为:居住密度大>非常大>中等>稀疏>非常稀疏。相关检验显示,皖北六市被调查者居住的密度与被调查者对公共体育设施使用的拥挤度影响锻炼看法的皮尔逊相关系数为 0.188,斯皮尔曼相关系数为 0.204,p=0.000<0.05,相关具有显著性。

2) 皖北六市不同居住密度居民对公共体育设施使用的拥挤度影响锻炼看法的非参数检验

表 1400　皖北六市不同居住密度居民对公共体育设施
使用的拥挤度影响锻炼看法的平均秩

	被调查者居住区的人口密度	N	Mean Rank
对公共体育设施使用的拥挤度影响锻炼的看法	非常稀疏	26	273.98
	稀疏	71	262.77
	中等	250	320.69
	大	182	344.89
	非常大	139	393.69
	Total	668	

表 1400 为皖北六市不同居住密度居民对公共体育设施使用的拥挤度影响锻炼看法的样本量和平均秩,平均秩升序排列为:"稀疏"为 262.77、"非常稀疏"为 273.98、中等为 320.69、"大"为 344.89、"非常大"为 393.69。

表 1401　皖北六市不同居住密度居民对公共体育设施使用的
拥挤度影响锻炼看法的非参数检验结果[a,b]

	对公共体育设施使用的拥挤度影响锻炼的看法
Chi-Square	29.608
Df	4
Asymp. Sig.	.000

a. Kruskal Wallis Test

b. Grouping Variable:被调查者居住区的人口密度

表 1401 为 Kruskal-Wallis 检验,Asymp. Sig. 为检验统计量 $\chi^2=29.608$、df=4 时基于渐近分布概率,本例概率 p=0.000<0.05,所以否定检验的原假设,即可以认为皖北六市不同居住密度居民对公共体育设施使用的拥挤度影响锻炼看法之间的差异在 0.05 水平上具有显著性。

表 1402　居住密度非常稀疏与稀疏被调查者对公共体育设施使用的拥挤度影响锻炼看法的秩次统计

	被调查者居住区的人口密度	N	Mean Rank	Sum of Ranks
被调查者对公共体育设施使用的拥挤度影响锻炼的看法	非常稀疏	26	48.08	1250.00
	稀疏	71	49.34	3503.00
	Total	97		

表 1403　居住密度非常稀疏与稀疏被调查者对公共体育设施使用的拥挤度影响锻炼看法的非参数检验结果[a]

	被调查者对公共体育设施使用的拥挤度影响锻炼看法
Mann-Whitney U	899.00
Wilcoxon W	1250.000
Z	−.201
Asymp. Sig. (2-tailed)	.841

a. Grouping Variable：被调查者居住区的人口密度

表 1402 为居住密度非常稀疏与稀疏被调查者对公共体育设施使用的拥挤度影响锻炼看法的秩次统计表，第一栏列出被调查城市，N 为样本量，Mean Rank 为平均秩次，Sum of Ranks 为秩和。表 1403 为居住密度非常稀疏与稀疏被调查者对公共体育设施使用的拥挤度影响锻炼看法的非参数检验结果，其中 Mann-Whitney U、Wilcoxon W 以及 Z 为统计量，Asymp. sig. (2-tailed) 为基于渐近分布的双侧检验概率，本例概率大于 0.05，可以认为在 0.05 水平上居住密度非常稀疏与稀疏被调查者对公共体育设施使用的拥挤度影响锻炼看法之间的差异不具有显著性。

表 1404　居住密度非常稀疏与中等被调查者对公共体育设施使用的拥挤度影响锻炼看法的秩次统计

	被调查者居住区的人口密度	N	Mean Rank	Sum of Ranks
被调查者对公共体育设施使用的拥挤度影响锻炼看法	非常稀疏	26	116.88	3039.00
	中等	250	140.75	35187.00
	Total	276		

表 1405　居住密度非常稀疏与中等被调查者对公共体育设施使用的拥挤度影响锻炼看法的非参数检验结果[a]

	被调查者对公共体育设施使用的拥挤度影响锻炼看法
Mann-Whitney U	2688.000
Wilcoxon W	3039.000
Z	−1.511
Asymp. Sig. (2-tailed)	.131

a. Grouping Variable：被调查者居住区的人口密度

表 1404 为居住密度非常稀疏与中等被调查者对公共体育设施使用的拥挤度影响锻炼看法的秩次统计表，第一栏列出被调查城市，N 为样本量，Mean Rank 为平均秩次，Sum of

Ranks 为秩和。表 1405 为居住密度非常稀疏与中等被调查者对公共体育设施使用的拥挤度影响锻炼看法的非参数检验结果,其中 Mann-Whitney U、Wilcoxon W 以及 Z 为统计量,Asymp. sig. (2-tailed)为基于渐近分布的双侧检验概率,本例概率大于 0.05,可以认为在 0.05 水平上居住密度非常稀疏与中等被调查者对公共体育设施使用的拥挤度影响锻炼看法之间的差异不具有显著性。

表 1406　居住密度非常稀疏与大被调查者对公共体育设施使用的拥挤度影响锻炼看法的秩次统计

	被调查者居住区的人口密度	N	Mean Rank	Sum of Ranks
被调查者对公共体育设施使用的拥挤度影响锻炼看法	非常稀疏	26	86.65	2253.00
	大	182	107.05	19483.00
	Total	208		

表 1407　居住密度非常稀疏与大被调查者对公共体育设施
使用的拥挤度影响锻炼看法的非参数检验结果[a]

	被调查者对公共体育设施使用的拥挤度影响锻炼看法
Mann-Whitney U	1902.000
Wilcoxon W	2253.000
Z	−1.693
Asymp. Sig. (2-tailed)	.090

a. Grouping Variable:被调查者居住区的人口密度

　　表 1406 为居住密度非常稀疏与大被调查者对公共体育设施使用的拥挤度影响锻炼看法的秩次统计表,第一栏列出被调查城市,N 为样本量,Mean Rank 为平均秩次,Sum of Ranks 为秩和。表 1407 为居住密度非常稀疏与大被调查者对公共体育设施使用的拥挤度影响锻炼看法的非参数检验结果,其中 Mann-Whitney U、Wilcoxon W 以及 Z 为统计量,Asymp. sig. (2-tailed)为基于渐近分布的双侧检验概率,本例概率大于 0.05,可以认为在 0.05 水平上居住密度非常稀疏与大被调查者对公共体育设施使用的拥挤度影响锻炼看法之间的差异不具有显著性。

表 1408　居住密度非常稀疏与非常大被调查者对公共体育设施使用的拥挤度影响锻炼看法的秩次统计

	被调查者居住区的人口密度	N	Mean Rank	Sum of Ranks
被调查者对公共体育设施使用的拥挤度影响锻炼看法	非常稀疏	26	62.87	1634.50
	非常大	139	86.77	12060.50
	Total	165		

表 1409　居住密度非常稀疏与非常大被调查者对公共体育设施使用的
拥挤度影响锻炼看法的非参数检验结果[a]

	被调查者对公共体育设施使用的拥挤度影响锻炼看法
Mann-Whitney U	1283.500
Wilcoxon W	1634.500
Z	−2.501
Asymp. Sig. (2-tailed)	.012

a. Grouping Variable:被调查者居住区的人口密度

　　表 1408 为居住密度非常稀疏与非常大被调查者对公共体育设施使用的拥挤度影响锻炼看法的秩次统计表,第一栏列出被调查城市,N 为样本量,Mean Rank 为平均秩次,Sum of Ranks 为秩和。表 1409 为居住密度非常稀疏与非常大被调查者对公共体育设施使用的拥挤度影响锻炼看法的非参数检验结果,其中 Mann-Whitney U、Wilcoxon W 以及 Z 为统计量,Asymp. sig. (2-tailed)为基于渐近分布的双侧检验概率,本例概率小于 0.05,可以认为在 0.05 水平上居住密度非常稀疏与非常大被调查者对公共体育设施使用的拥挤度影响锻炼看法之间的差异具有显著性。

表 1410　居住密度稀疏与中等被调查者对公共体育设施使用的拥挤度影响锻炼看法的秩次统计

	被调查者居住区的人口密度	N	Mean Rank	Sum of Ranks
被调查者对公共体育设施使用的拥挤度影响锻炼看法	稀疏	71	137.27	9746.00
	中等	250	167.74	41935.00
	Total	321		

表 1411　居住密度稀疏与中等被调查者对公共体育设施使用的拥挤度影响锻炼看法的非参数检验结果[a]

	被调查者对公共体育设施使用的拥挤度影响锻炼看法
Mann-Whitney U	7190.000
Wilcoxon W	9746.000
Z	−2.547
Asymp. Sig. (2-tailed)	.011

　　a. Grouping Variable:被调查者居住区的人口密度

　　表 1410 为居住密度稀疏与中等被调查者对公共体育设施使用的拥挤度影响锻炼看法的秩次统计表,第一栏列出被调查城市,N 为样本量,Mean Rank 为平均秩次,Sum of Ranks 为秩和。表 1411 为居住密度稀疏与中等被调查者对公共体育设施使用的拥挤度影响锻炼看法的非参数检验结果,其中 Mann-Whitney U、Wilcoxon W 以及 Z 为统计量,Asymp. sig. (2-tailed)为基于渐近分布的双侧检验概率,本例概率小于 0.05,可以认为在 0.05 水平上居住密度稀疏与中等被调查者对公共体育设施使用的拥挤度影响锻炼看法之间的差异具有显著性。

表 1412　居住密度稀疏与大被调查者对公共体育设施使用的拥挤度影响锻炼看法的秩次统计

	被调查者居住区的人口密度	N	Mean Rank	Sum of Ranks
被调查者对公共体育设施使用的拥挤度影响锻炼看法	稀疏	71	104.19	7397.50
	大	182	135.90	24733.50
	Total	253		

表 1413　居住密度稀疏与大被调查者对公共体育设施使用的拥挤度影响锻炼看法的非参数检验结果[a]

	被调查者对公共体育设施使用的拥挤度影响锻炼看法
Mann-Whitney U	4841.500
Wilcoxon W	7397.500
Z	−3.247
Asymp. Sig. (2-tailed)	.001

　　a. Grouping Variable:被调查者居住区的人口密度

表 1412 为居住密度稀疏与大被调查者对公共体育设施使用的拥挤度影响锻炼看法的秩次统计表,第一栏列出被调查城市,N 为样本量,Mean Rank 为平均秩次,Sum of Ranks 为秩和。表 1413 为居住密度稀疏与大被调查者对公共体育设施使用的拥挤度影响锻炼看法的非参数检验结果,其中 Mann-Whitney U、Wilcoxon W 以及 Z 为统计量,Asymp. sig. (2-tailed)为基于渐近分布的双侧检验概率,本例概率小于 0.05,可以认为在 0.05 水平上居住密度稀疏与大被调查者对公共体育设施使用的拥挤度影响锻炼看法之间的差异具有显著性。

表 1414　居住密度稀疏与非常大被调查者对公共体育设施使用的拥挤度影响锻炼看法的秩次统计

	被调查者居住区的人口密度	N	Mean Rank	Sum of Ranks
被调查者对公共体育设施使用的拥挤度影响锻炼看法	稀疏	71	79.97	5678.00
	非常大	139	118.54	16477.00
	Total	210		

表 1415　居住密度稀疏与非常大被调查者对公共体育设施使用的
拥挤度影响锻炼看法的非参数检验结果[a]

	被调查者对公共体育设施使用的拥挤度影响锻炼看法
Mann-Whitney U	3122.000
Wilcoxon W	5678.000
Z	−4.548
Asymp. Sig. (2-tailed)	.000

a. Grouping Variable:被调查者居住区的人口密度

表 1414 为居住密度稀疏与非常大被调查者对公共体育设施使用的拥挤度影响锻炼看法的秩次统计表,第一栏列出被调查城市,N 为样本量,Mean Rank 为平均秩次,Sum of Ranks 为秩和。表 1415 为居住密度稀疏与非常大被调查者对公共体育设施使用的拥挤度影响锻炼看法的非参数检验结果,其中 Mann-Whitney U、Wilcoxon W 以及 Z 为统计量,Asymp. sig. (2-tailed)为基于渐近分布的双侧检验概率,本例概率小于 0.05,可以认为在 0.05 水平上居住密度稀疏与非常大被调查者对公共体育设施使用的拥挤度影响锻炼看法之间的差异具有显著性。

表 1416　居住密度中等与大被调查者对公共体育设施使用的拥挤度影响锻炼看法的秩次统计

	被调查者居住区的人口密度	N	Mean Rank	Sum of Ranks
被调查者对公共体育设施使用的拥挤度影响锻炼看法	中等	250	209.19	52297.50
	大	182	226.54	41230.50
	Total	432		

表 1417　居住密度中等与大被调查者对公共体育设施使用的拥挤度影响锻炼看法的非参数检验结果[a]

	被调查者对公共体育设施使用的拥挤度影响锻炼看法
Mann-Whitney U	20922.500
Wilcoxon W	52297.500
Z	−1.496
Asymp. Sig. (2-tailed)	.135

a. Grouping Variable:被调查者居住区的人口密度

　　表 1416 为居住密度中等与大被调查者对公共体育设施使用的拥挤度影响锻炼看法的秩次统计表,第一栏列出被调查城市,N 为样本量,Mean Rank 为平均秩次,Sum of Ranks 为秩和。表 1417 为居住密度中等与大被调查者对公共体育设施使用的拥挤度影响锻炼看法的非参数检验结果,其中 Mann-Whitney U、Wilcoxon W 以及 Z 为统计量,Asymp. sig. (2-tailed)为基于渐近分布的双侧检验概率,本例概率大于 0.05,可以认为在 0.05 水平上居住密度中等与大被调查者对公共体育设施使用的拥挤度影响锻炼看法之间的差异不具有显著性。

表 1418　居住密度中等与非常大被调查者对公共体育设施使用的拥挤度影响锻炼看法的秩次统计

	被调查者居住区的人口密度	N	Mean Rank	Sum of Ranks
被调查者对公共体育设施使用的拥挤度影响锻炼看法	中等	250	179.51	44878.50
	非常大	139	222.85	30976.50
	Total	389		

表 1419　居住密度中等与非常大被调查者对公共体育设施使用的拥挤度影响锻炼看法的非参数检验结果[a]

	被调查者对公共体育设施使用的拥挤度影响锻炼看法
Mann-Whitney U	13503.500
Wilcoxon W	44878.500
Z	−3.808
Asymp. Sig. (2-tailed)	.000

a. Grouping Variable:被调查者居住区的人口密度

　　表 1418 为居住密度中等与非常大被调查者对公共体育设施使用的拥挤度影响锻炼看法的秩次统计表,第一栏列出被调查城市,N 为样本量,Mean Rank 为平均秩次,Sum of Ranks 为秩和。表 1419 为居住密度中等与非常大被调查者对公共体育设施使用的拥挤度影响锻炼看法的非参数检验结果,其中 Mann-Whitney U、Wilcoxon W 以及 Z 为统计量,Asymp. sig. (2-tailed)为基于渐近分布的双侧检验概率,本例概率小于 0.05,可以认为在 0.05 水平上居住密度中等与非常大被调查者对公共体育设施使用的拥挤度影响锻炼看法之间的差异具有显著性。

表 1420　居住密度大与非常大被调查者对公共体育设施使用的拥挤度影响锻炼看法的秩次统计

	被调查者居住区的人口密度	N	Mean Rank	Sum of Ranks
被调查者对公共体育设施使用的拥挤度影响锻炼看法	大	182	149.90	27282.50
	非常大	139	175.53	24398.50
	Total	321		

表 1421　居住密度大与非常大被调查者对公共体育设施使用的拥挤度影响锻炼看法的非参数检验结果[a]

	被调查者对公共体育设施使用的拥挤度影响锻炼看法
Mann-Whitney U	10629.500
Wilcoxon W	27282.500
Z	−2.585
Asymp. Sig. (2-tailed)	.010

a. Grouping Variable:被调查者居住区的人口密度

表 1420 为居住密度大与非常大被调查者对公共体育设施使用的拥挤度影响锻炼看法的秩次统计表,第一栏列出被调查城市,N 为样本量,Mean Rank 为平均秩次,Sum of Ranks 为秩和。表 1421 为居住密度大与非常大被调查者对公共体育设施使用的拥挤度影响锻炼看法的非参数检验结果,其中 Mann-Whitney U、Wilcoxon W 以及 Z 为统计量,Asymp. sig. (2-tailed)为基于渐近分布的双侧检验概率,本例概率小于 0.05,可以认为在 0.05 水平上居住密度大与非常大被调查者对公共体育设施使用的拥挤度影响锻炼看法之间的差异具有显著性。

(4) 皖北六市不同性别居民对公共体育设施使用的拥挤度影响锻炼看法的列联表统计和非参数检验

1) 皖北六市不同性别居民对公共体育设施使用的拥挤度影响锻炼看法的列联表统计

表 1422 被调查者性别 * 被调查者对公共体育设施使用的拥挤度影响锻炼看法

		对公共体育设施使用的拥挤度影响锻炼的看法					Total
		非常不赞同	不赞同	中等	赞同	非常赞同	
被调查者的性别	男	6.0%	6.8%	18.8%	34.7%	33.8%	100.0%
	女	4.4%	13.0%	20.3%	34.8%	27.5%	100.0%
	Total	5.2%	9.7%	19.5%	34.7%	30.8%	100.0%

表 1422 显示,皖北不同性别居民对公共体育设施使用的拥挤度影响锻炼看法:男"不赞同"和"非常不赞同"占 12.8%、中等 18.8%、"赞同"和"非常赞同"占 68.5%;女"不赞同"和"非常不赞同"占 17.4%、中等 20.3%、"赞同"和"非常赞同"占 62.3%;总体:"不赞同"和"非常不赞同"占 14.9%、中等 19.5%、"赞同"和"非常赞同"占 65.5%。

"赞同"和"非常赞同"占比与"不赞同"和"非常不赞同"占比之差:男 55.7%;女 44.9%;总体:50.6%。总体上皖北六市不同性别居民对公共体育设施使用的拥挤度影响锻炼看法,"赞同"的占比比"不赞同"的占比偏多。男性和女性居民对居住区周围公共体育设施"赞同"和"非常赞同"占比与"不赞同"和"非常不赞同"占比之差都为正。排序为:男性>女性。相关检验显示,皖北六市被调查者的性别与被调查者对公共体育设施使用的拥挤度影响锻炼看法的皮尔逊相关系数为 0.068,p=0.081>0.05,相关不具有显著性。斯皮尔曼相关系数为 0.077,p=0.046<0.05,相关具有显著性。

2) 皖北六市不同性别居民对公共体育设施使用的拥挤度影响锻炼看法的非参数检验

表 1423 皖北六市不同性别居民对公共体育设施使用的拥挤度影响锻炼看法的秩次统计量

	被调查者的性别	N	Mean Rank	Sum of Ranks
对公共体育设施使用的拥挤度影响锻炼的看法	男	352	348.01	122500.50
	女	316	319.45	100945.50
	Total	668		

表 1424　皖北六市不同性别居民对公共体育设施使用的拥挤度影响锻炼看法的非参数检验结果ᵃ

	对公共体育设施使用的拥挤度影响锻炼的看法
Mann-Whitney U	50859.500
Wilcoxon W	100945.500
Z	−1.991
Asymp. Sig. (2-tailed)	.046

a. Grouping Variable：被调查者的性别

表 1423 为皖北六市不同性别居民对公共体育设施使用的拥挤度影响锻炼看法的秩次表，第一栏列出被调查者的性别，N 为性别人数，Mean Rank 为平均秩次，Sum of Ranks 为秩和。表 1424 为皖北六市不同性别居民对公共体育设施使用的拥挤度影响锻炼看法的非参数检验结果，其中 Mann-Whitney U、Wilcoxon W 以及 Z 为统计量，Asymp. sig. (2-tailed) 为基于渐近分布的双侧检验概率，本例概率小于 0.05。可以认为在 0.05 水平上男女之间的感知差异具有显著性。

（5）皖北六市不同年龄区间居民对公共体育设施使用的拥挤度影响锻炼看法的列联表统计和非参数检验

1）皖北六市不同年龄区间居民对公共体育设施使用的拥挤度影响锻炼看法的列联表统计

表 1425　被调查者年龄区间 ＊ 被调查者对公共体育设施使用的拥挤度影响锻炼看法

		对公共体育设施使用的拥挤度影响锻炼的看法					Total
		非常不赞同	不赞同	中等	赞同	非常赞同	
被调查者的年龄区间	12 岁以下	4.3%	0.0%	21.7%	13.0%	60.9%	100.0%
	13—19 岁	2.0%	11.8%	31.4%	23.5%	31.4%	100.0%
	20—39 岁	3.3%	7.3%	19.7%	39.0%	30.7%	100.0%
	40—59 岁	4.1%	11.3%	23.1%	39.0%	22.6%	100.0%
	60 岁以上	15.2%	15.2%	5.1%	24.2%	40.4%	100.0%
	Total	5.2%	9.7%	19.5%	34.7%	30.8%	100.0%

表 1425 显示，皖北不同年龄区间居民对公共体育设施使用的拥挤度影响锻炼看法：12 岁以下"不赞同"和"非常不赞同"占 4.3%、中等 21.7%、"赞同"和"非常赞同"占 73.9%；13—19 岁"不赞同"和"非常不赞同"占 13.8%、中等 31.4%、"赞同"和"非常赞同"占 54.9%；20—39 岁"不赞同"和"非常不赞同"占 10.6%、中等 19.7%、"赞同"和"非常赞同"占 69.7%；40—59 岁"不赞同"和"非常不赞同"占 15.4%、中等 23.1%、"赞同"和"非常赞同"占 61.6%；60 岁以上"不赞同"和"非常不赞同"占 30.4%、中等 5.1%、"赞同"和"非常赞同"占 64.6%；总体："不赞同"和"非常不赞同"占 14.9%、中等 19.5%、"赞同"和"非常赞同"占 65.5%。

"赞同"和"非常赞同"占比与"不赞同"和"非常不赞同"占比之差：12 岁以下 69.6%；13—19 岁 41.1%；20—39 岁 59.1%；40—59 岁 46.2%；60 岁以上 34.2%；总体：50.6%。总体上皖北六市不同年龄区间居民对公共体育设施使用的拥挤度影响锻炼看法，"赞同"的占比比"不赞同"的占比偏多。各年龄区间居民对公共体育设施使用的拥挤度影响锻炼看法,"赞同"和"非常赞同"的占比与"不赞同"和"非常不赞同"的占比之差都为正。排序为:12岁以下>20—39岁>40—59岁>13—19岁>60岁以上。相关检验显示,皖北六市被调查者的年龄区间与被调查者对公共体育设施使用的拥挤度影响锻炼看法的皮尔逊相关系数为0.104,p=0.007<0.05,相关具有显著性。斯皮尔曼相关系数为0.070,p=0.073>0.05,相关不具有显著性。

2) 皖北六市不同年龄区间居民对公共体育设施使用的拥挤度影响锻炼看法的非参数检验

表 1426　皖北六市不同年龄区间居民对公共体育设施使用的
拥挤度影响锻炼看法的平均秩

	被调查者的年龄区间	N	Mean Rank
对公共体育设施使用的拥挤度影响锻炼的看法	12 岁以下	23	426.17
	13—19 岁	51	319.22
	20—39 岁	300	346.69
	40—59 岁	195	309.25
	60 岁以上	99	333.87
	Total	668	

表 1426 为皖北六市不同年龄区间居民对公共体育设施使用的拥挤度影响锻炼看法的样本量和平均秩,平均秩升序排列为:"40—59 岁"为 309.25、"13—19 岁"为 319.22、"60 岁以上"为 333.87、"20—39 岁"为 346.69、"12 岁以下"为 426.17。

表 1427　皖北六市不同年龄区间居民对公共体育设施使用的
拥挤度影响锻炼看法的非参数检验结果[a,b]

	对公共体育设施使用的拥挤度影响锻炼的看法
Chi-Square	10.917
Df	4
Asymp. Sig.	.028

　　a. Kruskal Wallis Test

　　b. Grouping Variable:被调查者的年龄区间

表 1427 为 Kruskal-Wallis 检验,Asymp. Sig. 为检验统计量 $\chi^2 = 10.917$、df=4 时基于渐近分布概率,本例概率 p=0.028<0.05,所以否定检验的原假设,即可以认为皖北六市不同年龄区间居民对公共体育设施使用的拥挤度影响锻炼看法之间的差异在 0.05 水平上具有显著性。

表 1428　12 岁以下与 13—19 岁被调查者对公共体育设施使用的
拥挤度影响锻炼的看法的秩次统计

	被调查者的年龄区间	N	Mean Rank	Sum of Ranks
被调查者对公共体育设施使用的拥挤度影响锻炼的看法	12 岁以下	23	45.24	1040.50
	13—19 岁	51	34.01	1734.50
	Total	74		

表 1429 12 岁以下与 13—19 岁被调查者对公共体育设施使用的
拥挤度影响锻炼的看法的非参数检验结果[a]

	被调查者对公共体育设施使用的拥挤度影响锻炼的看法
Mann-Whitney U	408.500
Wilcoxon W	1734.500
Z	−2.189
Asymp. Sig. (2-tailed)	.029

a. Grouping Variable：被调查者的年龄区间

表 1428 为 12 岁以下与 13—19 岁被调查者对公共体育设施使用的拥挤度影响锻炼的看法的秩次统计表，第一栏列出被调查城市，N 为样本量，Mean Rank 为平均秩次，Sum of Ranks 为秩和。表 1429 为 12 岁以下与 13—19 岁被调查者对公共体育设施使用的拥挤度影响锻炼的看法的非参数检验结果，其中 Mann-Whitney U、Wilcoxon W 以及 Z 为统计量，Asymp. sig. (2-tailed)为基于渐近分布的双侧检验概率，本例概率小于 0.05，可以认为在 0.05 水平上 12 岁以下与 13—19 岁被调查者对公共体育设施使用的拥挤度影响锻炼的看法的差异具有显著性。

表 1430 12 岁以下与 20—39 岁被调查者对公共体育设施使用的
拥挤度影响锻炼的看法的秩次统计

	被调查者的年龄区间	N	Mean Rank	Sum of Ranks
被调查者对公共体育设施使用的拥挤度影响锻炼的看法	12 岁以下	23	199.70	4593.00
	20—39 岁	300	159.11	47733.00
	Total	323		

表 1431 12 岁以下与 20—39 岁被调查者对公共体育设施使用的
拥挤度影响锻炼的看法的非参数检验结果[a]

	被调查者对公共体育设施使用的拥挤度影响锻炼的看法
Mann-Whitney U	2583.000
Wilcoxon W	47733.000
Z	−2.111
Asymp. Sig. (2-tailed)	.035

a. Grouping Variable：被调查者的年龄区间

表 1430 为 12 岁以下与 20—39 岁被调查者对公共体育设施使用的拥挤度影响锻炼的看法的秩次统计表，第一栏列出被调查城市，N 为样本量，Mean Rank 为平均秩次，Sum of Ranks 为秩和。表 1431 为 12 岁以下与 20—39 岁被调查者对公共体育设施使用的拥挤度影响锻炼的看法的非参数检验结果，其中 Mann-Whitney U、Wilcoxon W 以及 Z 为统计量，Asymp. sig. (2-tailed)为基于渐近分布的双侧检验概率，本例概率小于 0.05，可以认为在 0.05 水平上 12 岁以下与 20—39 岁被调查者对公共体育设施使用的拥挤度影响锻炼的看法的差异具有显著性。

表 1432　12 岁以下与 40—59 岁被调查者对公共体育设施使用的拥挤度影响锻炼的看法的秩次统计

	被调查者的年龄区间	N	Mean Rank	Sum of Ranks
被调查者对公共体育设施使用的拥挤度影响锻炼的看法	12 岁以下	23	143.63	3303.50
	40—59 岁	195	105.47	20567.50
	Total	218		

表 1433　12 岁以下与 40—59 岁被调查者对公共体育设施使用的
拥挤度影响锻炼的看法的非参数检验结果[a]

	被调查者对公共体育设施使用的拥挤度影响锻炼的看法
Mann-Whitney U	1457.500
Wilcoxon W	20567.500
Z	−2.860
Asymp. Sig. (2-tailed)	.004

a. Grouping Variable：被调查者的年龄区间

　　表 1432 为 12 岁以下与 40—59 岁被调查者对公共体育设施使用的拥挤度影响锻炼的看法的秩次统计表,第一栏列出被调查城市,N 为样本量,Mean Rank 为平均秩次,Sum of Ranks 为秩和。表 1433 为 12 岁以下与 40—59 岁被调查者对公共体育设施使用的拥挤度影响锻炼的看法的非参数检验结果,其中 Mann-Whitney U、Wilcoxon W 以及 Z 为统计量,Asymp. sig. (2-tailed)为基于渐近分布的双侧检验概率,本例概率小于 0.05,可以认为在 0.05 水平上 12 岁以下与 40—59 岁被调查者对公共体育设施使用的拥挤度影响锻炼的看法的差异具有显著性。

表 1434　12 岁以下与 60 岁以上被调查者对公共体育设施使用的拥挤度影响锻炼的看法的秩次统计

	被调查者的年龄区间	N	Mean Rank	Sum of Ranks
被调查者对公共体育设施使用的拥挤度影响锻炼的看法	12 岁以下	23	73.61	1693.00
	60 岁以上	99	58.69	5810.00
	Total	122		

表 1435　12 岁以下与 60 岁以上被调查者对公共体育设施使用的
拥挤度影响锻炼的看法的非参数检验结果[a]

	被调查者对公共体育设施使用的拥挤度影响锻炼的看法
Mann-Whitney U	860.000
Wilcoxon W	5810.000
Z	−1.924
Asymp. Sig. (2-tailed)	.054

a. Grouping Variable：被调查者的年龄区间

　　表 1434 为 12 岁以下与 60 岁以上被调查者对公共体育设施使用的拥挤度影响锻炼的看法的秩次统计表,第一栏列出被调查城市,N 为样本量,Mean Rank 为平均秩次,Sum of Ranks 为秩和。表 1435 为 12 岁以下与 60 岁以上被调查者对公共体育设施使用的拥挤度影响锻炼的看法的非参数检验结果,其中 Mann-Whitney U、Wilcoxon W 以及 Z 为统计量,

Asymp. sig. (2-tailed)为基于渐近分布的双侧检验概率,本例概率大于 0.05,可以认为在 0.05 水平上 12 岁以下与 60 岁以上被调查者对公共体育设施使用的拥挤度影响锻炼的看法的差异不具有显著性。

表 1436 13—19 岁与 20—39 岁被调查者对公共体育设施使用的拥挤度影响锻炼的看法的秩次统计

	被调查者的年龄区间	N	Mean Rank	Sum of Ranks
被调查者对公共体育设施使用的拥挤度影响锻炼的看法	13—19 岁	51	162.73	8299.00
	20—39 岁	300	178.26	53477.00
	Total	351		

表 1437 13—19 岁与 20—39 岁被调查者对公共体育设施使用的
拥挤度影响锻炼的看法的非参数检验结果[a]

	被调查者对公共体育设施使用的拥挤度影响锻炼的看法
Mann-Whitney U	6973.000
Wilcoxon W	8299.000
Z	−1.059
Asymp. Sig. (2-tailed)	.290

a. Grouping Variable:被调查者的年龄区间

表 1436 为 13—19 岁与 20—39 岁被调查者对公共体育设施使用的拥挤度影响锻炼的看法的秩次统计表,第一栏列出被调查城市,N 为样本量,Mean Rank 为平均秩次,Sum of Ranks 为秩和。表 1437 为 13—19 岁与 20—39 岁被调查者对公共体育设施使用的拥挤度影响锻炼的看法的非参数检验结果,其中 Mann-Whitney U、Wilcoxon W 以及 Z 为统计量,Asymp. sig. (2-tailed)为基于渐近分布的双侧检验概率,本例概率大于 0.05,可以认为在 0.05 水平上 13—19 岁与 20—39 岁被调查者对公共体育设施使用的拥挤度影响锻炼的看法的差异不具有显著性。

表 1438 13—19 岁与 40—59 岁被调查者对公共体育设施使用的拥挤度影响锻炼的看法的秩次统计

	被调查者的年龄区间	N	Mean Rank	Sum of Ranks
被调查者对公共体育设施使用的拥挤度影响锻炼的看法	13—19 岁	51	125.65	6408.00
	40—59 岁	195	122.94	23973.00
	Total	246		

表 1439 13—19 岁与 40—59 岁被调查者对公共体育设施使用的
拥挤度影响锻炼的看法的非参数检验结果[a]

	被调查者对公共体育设施使用的拥挤度影响锻炼的看法
Mann-Whitney U	4863.000
Wilcoxon W	23973.000
Z	−.252
Asymp. Sig. (2-tailed)	.801

a. Grouping Variable:被调查者的年龄区间

表 1438 为 13—19 岁与 40—59 岁被调查者对公共体育设施使用的拥挤度影响锻炼的看法的秩次统计表,第一栏列出被调查城市,N 为样本量,Mean Rank 为平均秩次,Sum of Ranks 为秩和。表 1439 为 13—19 岁与 40—59 岁被调查者对公共体育设施使用的拥挤度影响锻炼的看法的非参数检验结果,其中 Mann-Whitney U、Wilcoxon W 以及 Z 为统计量,Asymp. sig. (2-tailed)为基于渐近分布的双侧检验概率,本例概率大于 0.05,可以认为在 0.05 水平上 13—19 岁与 40—59 岁被调查者对公共体育设施使用的拥挤度影响锻炼的看法的差异不具有显著性。

表 1440   13—19 岁与 60 岁以上被调查者对公共体育设施使用的拥挤度影响锻炼的看法的秩次统计

	被调查者的年龄区间	N	Mean Rank	Sum of Ranks
被调查者对公共体育设施使用的拥挤度影响锻炼的看法	13—19 岁	51	74.83	3816.50
	60 岁以上	99	75.84	7508.50
	Total	150		

表 1441   13—19 岁与 60 岁以上被调查者对公共体育设施使用的拥挤度影响锻炼的看法的非参数检验结果[a]

	被调查者对公共体育设施使用的拥挤度影响锻炼的看法
Mann-Whitney U	2490.500
Wilcoxon W	3816.500
Z	−.140
Asymp. Sig. (2-tailed)	.889

a. Grouping Variable:被调查者的年龄区间

表 1440 为 13—19 岁与 60 岁以上被调查者对公共体育设施使用的拥挤度影响锻炼的看法的秩次统计表,第一栏列出被调查城市,N 为样本量,Mean Rank 为平均秩次,Sum of Ranks 为秩和。表 1441 为 13—19 岁与 60 岁以上被调查者对公共体育设施使用的拥挤度影响锻炼的看法的非参数检验结果,其中 Mann-Whitney U、Wilcoxon W 以及 Z 为统计量,Asymp. sig. (2-tailed)为基于渐近分布的双侧检验概率,本例概率大于 0.05,可以认为在 0.05 水平上 13—19 岁与 60 岁以上被调查者对公共体育设施使用的拥挤度影响锻炼的看法的差异不具有显著性。

表 1442   20—39 岁与 40—59 岁被调查者对公共体育设施使用的拥挤度影响锻炼的看法的秩次统计

	被调查者的年龄区间	N	Mean Rank	Sum of Ranks
被调查者对公共体育设施使用的拥挤度影响锻炼的看法	20—39 岁	300	259.48	77842.50
	40—59 岁	195	230.35	44917.50
	Total	495		

表 1443　20—39 岁与 40—59 岁被调查者对公共体育设施使用的
拥挤度影响锻炼的看法的非参数检验结果[a]

	被调查者对公共体育设施使用的拥挤度影响锻炼的看法
Mann-Whitney U	25807.500
Wilcoxon W	44917.500
Z	−2.321
Asymp. Sig. (2-tailed)	.020

a. Grouping Variable：被调查者的年龄区间

　　表 1442 为 20—39 岁与 40—59 岁被调查者对公共体育设施使用的拥挤度影响锻炼的看法的秩次统计表，第一栏列出被调查城市，N 为样本量，Mean Rank 为平均秩次，Sum of Ranks 为秩和。表 1443 为 20—39 岁与 40—59 岁被调查者对公共体育设施使用的拥挤度影响锻炼的看法的非参数检验结果，其中 Mann-Whitney U、Wilcoxon W 以及 Z 为统计量，Asymp. sig.（2-tailed）为基于渐近分布的双侧检验概率，本例概率小于 0.05，可以认为在 0.05 水平上 20—39 岁与 40—59 岁被调查者对公共体育设施使用的拥挤度影响锻炼的看法的差异具有显著性。

表 1444　20—39 岁与 60 岁以上被调查者对公共体育设施使用的
拥挤度影响锻炼的看法的秩次统计

	被调查者的年龄区间	N	Mean Rank	Sum of Ranks
被调查者对公共体育设施使用的拥挤度影响锻炼的看法	20—39 岁	300	201.35	60404.50
	60 岁以上	99	195.91	19395.50
	Total	399		

表 1445　20—39 岁与 60 岁以上被调查者对公共体育设施使用的
拥挤度影响锻炼的看法的非参数检验结果[a]

	被调查者对公共体育设施使用的拥挤度影响锻炼的看法
Mann-Whitney U	14445.500
Wilcoxon W	19395.500
Z	−.425
Asymp. Sig. (2-tailed)	.671

a. Grouping Variable：被调查者的年龄区间

　　表 1444 为 20—39 岁与 60 岁以上被调查者对公共体育设施使用的拥挤度影响锻炼的看法的秩次统计表，第一栏列出被调查城市，N 为样本量，Mean Rank 为平均秩次，Sum of Ranks 为秩和。表 1445 为 20—39 岁与 60 岁以上被调查者对公共体育设施使用的拥挤度影响锻炼的看法的非参数检验结果，其中 Mann-Whitney U、Wilcoxon W 以及 Z 为统计量，Asymp. sig.（2-tailed）为基于渐近分布的双侧检验概率，本例概率大于 0.05，可以认为在 0.05 水平上 20—39 岁与 60 岁以上被调查者对公共体育设施使用的拥挤度影响锻炼的看法的差异不具有显著性。

表 1446 40—59 岁与 60 岁以上被调查者对公共体育设施使用的
拥挤度影响锻炼的看法的秩次统计

	被调查者的年龄区间	N	Mean Rank	Sum of Ranks
被调查者对公共体育设施使用的拥挤度影响锻炼的看法	40—59 岁	195	144.49	28175.50
	60 岁以上	99	153.43	15189.50
	Total	294		

表 1447 40—59 岁与 60 岁以上被调查者对公共体育设施使用的
拥挤度影响锻炼的看法的非参数检验结果[a]

	被调查者对公共体育设施使用的拥挤度影响锻炼的看法
Mann-Whitney U	9065.500
Wilcoxon W	28175.500
Z	−.884
Asymp. Sig. (2-tailed)	.377

a. Grouping Variable：被调查者的年龄区间

表 1446 为 40—59 岁与 60 岁以上被调查者对公共体育设施使用的拥挤度影响锻炼的看法的秩次统计表，第一栏列出被调查城市，N 为样本量，Mean Rank 为平均秩次，Sum of Ranks 为秩和。表 1447 为 40—59 岁与 60 岁以上被调查者对公共体育设施使用的拥挤度影响锻炼的看法的非参数检验结果，其中 Mann-Whitney U、Wilcoxon W 以及 Z 为统计量，Asymp. sig. (2-tailed) 为基于渐近分布的双侧检验概率，本例概率大于 0.05，可以认为在 0.05 水平上 40—59 岁与 60 岁以上被调查者对公共体育设施使用的拥挤度影响锻炼的看法的差异不具有显著性。

（6）皖北六市不同锻炼次数居民对公共体育设施使用的拥挤度影响锻炼看法的列联表统计和非参数检验

1）皖北六市不同锻炼次数居民对公共体育设施使用的拥挤度影响锻炼看法的列联表统计

表 1448 被调查者锻炼次数 * 被调查者对公共体育设施使用的拥挤度影响锻炼看法

		对公共体育设施使用的拥挤度影响锻炼的看法					Total
		非常不赞同	不赞同	中等	赞同	非常赞同	
被调查者参加体育锻炼次数	非常少	23.1%	17.3%	7.7%	25.0%	26.9%	100.0%
	少	4.6%	14.6%	28.5%	33.1%	19.2%	100.0%
	中等	1.6%	8.5%	24.9%	39.2%	25.9%	100.0%
	多	4.3%	7.4%	17.8%	42.3%	28.2%	100.0%
	非常多	5.3%	5.3%	6.2%	23.0%	60.2%	100.0%
	Total	5.2%	9.7%	19.5%	34.7%	30.8%	100.0%

表 1448 显示，皖北不同锻炼次数居民对公共体育设施使用的拥挤度影响锻炼看法：非常少"不赞同"和"非常不赞同"占 40.4%、中等 7.7%、"赞同"和"非常赞同"占 51.9%；少"不赞同"和"非常不赞同"占 19.2%、中等 28.5%、"赞同"和"非常赞同"占 52.3%；中等"不

赞同"和"非常不赞同"占10.1%、中等24.9%、"赞同"和"非常赞同"占65.1%；多"不赞同"和"非常不赞同"占11.7%、中等17.8%、"赞同"和"非常赞同"占70.5%；非常多"不赞同"和"非常不赞同"占10.6%、中等6.2%、"赞同"和"非常赞同"占83.2%；总体："不赞同"和"非常不赞同"占14.9%、中等19.5%、"赞同"和"非常赞同"占65.5%。

"赞同"和"非常赞同"占比与"不赞同"和"非常不赞同"占比之差：非常少11.5%；少33.1%；中等55%；多58.8%；非常多72.6%；总体：50.6%。总体上皖北六市不同锻炼次数居民对公共体育设施使用的拥挤度影响锻炼看法，"赞同"的占比比"不赞同"的占比偏多。锻炼次数非常少、少、中等、多、非常多的居民对公共体育设施使用的拥挤度影响锻炼看法，"赞同"和"非常赞同"的占比与"不赞同"和"非常不赞同"的占比之差都为正。排序为：非常少＜少＜中等＜多＜非常多。相关检验显示，皖北六市被调查者的锻炼次数与被调查者对公共体育设施使用的拥挤度影响锻炼看法的皮尔逊相关系数为0.256，斯皮尔曼相关系数为0.262，p＝0.000＜0.05，相关具有显著性。

2）皖北六市不同锻炼次数居民对公共体育设施使用的拥挤度影响锻炼看法的非参数检验

表1449 皖北六市不同锻炼次数居民对公共体育设施使用的拥挤度影响锻炼看法的平均秩

	被调查者参加体育锻炼的次数	N	Mean Rank
对公共体育设施使用的拥挤度影响锻炼的看法	非常少	52	267.53
	少	151	281.21
	中等	189	329.48
	多	163	341.49
	非常多	113	434.85
	Total	668	

表1449为皖北六市不同锻炼次数居民对公共体育设施使用的拥挤度影响锻炼看法的样本量和平均秩，平均秩升序排列为："非常少"为267.53、"少"为281.21、"中等"为329.48、"多"为341.49、"非常多"为434.85。

表1450 皖北六市不同锻炼次数居民对公共体育设施使用的拥挤度影响锻炼看法的非参数检验结果[a,b]

	对公共体育设施使用的拥挤度影响锻炼的看法
Chi-Square	52.883
Df	4
Asymp. Sig.	.000

a. Kruskal Wallis Test
b. Grouping Variable：被调查者参加体育锻炼的次数

表1450为Kruskal-Wallis检验，Asymp. Sig. 为检验统计量χ^2＝52.883、df＝4时基于渐近分布概率，本例概率p＝0.000＜0.05，所以否定检验的原假设，即可以认为皖北六市不同锻炼次数居民对公共体育设施使用的拥挤度影响锻炼看法之间的差异在0.05水平上具有显著性。

表 1451   体育锻炼次数非常少与少被调查者对公共体育设施
使用的拥挤度影响锻炼的看法的秩次统计

	被调查者参加体育锻炼次数	N	Mean Rank	Sum of Ranks
被调查者对公共体育设施使用的拥挤度影响锻炼的看法	非常少	52	95.31	4956.00
	少	151	104.30	15750.00
	Total	203		

表 1452   体育锻炼次数非常少与少被调查者对公共体育设施使用的
拥挤度影响锻炼的看法的非参数检验结果[a]

	被调查者对公共体育设施使用的拥挤度影响锻炼的看法
Mann-Whitney U	3578.000
Wilcoxon W	4956.000
Z	−.980
Asymp. Sig. (2-tailed)	.327

a. Grouping Variable：被调查者参加体育锻炼次数

表 1451 为体育锻炼次数非常少与少被调查者对公共体育设施使用的拥挤度影响锻炼的看法的秩次统计表，第一栏列出被调查城市，N 为样本量，Mean Rank 为平均秩次，Sum of Ranks 为秩和。表 1452 为体育锻炼次数非常少与少被调查者对公共体育设施使用的拥挤度影响锻炼的看法的非参数检验结果，其中 Mann-Whitney U、Wilcoxon W 以及 Z 为统计量，Asymp. sig. (2-tailed) 为基于渐近分布的双侧检验概率，本例概率大于 0.05，可以认为在 0.05 水平上体育锻炼次数非常少与少被调查者对公共体育设施使用的拥挤度影响锻炼的看法的差异不具有显著性。

表 1453   体育锻炼次数非常少与中等被调查者对公共体育设施
使用的拥挤度影响锻炼的看法的秩次统计

	被调查者参加体育锻炼次数	N	Mean Rank	Sum of Ranks
被调查者对公共体育设施使用的拥挤度影响锻炼的看法	非常少	52	102.06	5307.00
	中等	189	126.21	23854.00
	Total	241		

表 1454   体育锻炼次数非常少与中等被调查者对公共体育设施使用的
拥挤度影响锻炼的看法的非参数检验结果[a]

	被调查者对公共体育设施使用的拥挤度影响锻炼的看法
Mann-Whitney U	3929.000
Wilcoxon W	5307.000
Z	−2.301
Asymp. Sig. (2-tailed)	.021

a. Grouping Variable：被调查者参加体育锻炼次数

表 1453 为体育锻炼次数非常少与中等被调查者对公共体育设施使用的拥挤度影响锻炼的看法的秩次统计表，第一栏列出被调查城市，N 为样本量，Mean Rank 为平均秩次，Sum of Ranks 为秩和。表 1454 为体育锻炼次数非常少与中等被调查者对公共体育设施使用的

拥挤度影响锻炼的看法的非参数检验结果,其中 Mann-Whitney U、Wilcoxon W 以及 Z 为统计量,Asymp. sig. (2-tailed)为基于渐近分布的双侧检验概率,本例概率小于 0.05,可以认为在 0.05 水平上体育锻炼次数非常少与中等被调查者对公共体育设施使用的拥挤度影响锻炼的看法的差异具有显著性。

表 1455　体育锻炼次数非常少与多被调查者对公共体育设施使用的拥挤度影响锻炼的看法的秩次统计

	被调查者参加体育锻炼次数	N	Mean Rank	Sum of Ranks
被调查者对公共体育设施使用的拥挤度影响锻炼的看法	非常少	52	90.45	4703.50
	多	163	113.60	18516.50
	Total	215		

表 1456　体育锻炼次数非常少与多被调查者对公共体育设施使用的
拥挤度影响锻炼的看法的非参数检验结果ᵃ

	被调查者对公共体育设施使用的拥挤度影响锻炼的看法
Mann-Whitney U	3325.500
Wilcoxon W	4703.500
Z	−2.439
Asymp. Sig. (2-tailed)	.015

a. Grouping Variable：被调查者参加体育锻炼次数

　　表 1455 为体育锻炼次数非常少与多被调查者对公共体育设施使用的拥挤度影响锻炼的看法的秩次统计表,第一栏列出被调查城市,N 为样本量,Mean Rank 为平均秩次,Sum of Ranks 为秩和。表 1456 为体育锻炼次数非常少与多被调查者对公共体育设施使用的拥挤度影响锻炼的看法的非参数检验结果,其中 Mann-Whitney U、Wilcoxon W 以及 Z 为统计量,Asymp. sig. (2-tailed)为基于渐近分布的双侧检验概率,本例概率小于 0.05,可以认为在 0.05 水平上体育锻炼次数非常少与多被调查者对公共体育设施使用的拥挤度影响锻炼的看法的差异具有显著性。

表 1457　体育锻炼次数非常少与非常多被调查者对公共体育设施使用的
拥挤度影响锻炼的看法的秩次统计

	被调查者参加体育锻炼次数	N	Mean Rank	Sum of Ranks
被调查者对公共体育设施使用的拥挤度影响锻炼的看法	非常少	52	59.21	3079.00
	非常多	113	93.95	10616.00
	Total	165		

表 1458　体育锻炼次数非常少与非常多被调查者对公共体育设施使用的
拥挤度影响锻炼的看法的非参数检验结果ᵃ

	被调查者对公共体育设施使用的拥挤度影响锻炼的看法
Mann-Whitney U	1701.000
Wilcoxon W	3079.000
Z	−4.674
Asymp. Sig. (2-tailed)	.000

a. Grouping Variable：被调查者参加体育锻炼次数

　　表 1457 为体育锻炼次数非常少与非常多被调查者对公共体育设施使用的拥挤度影响锻炼的看法的秩次统计表,第一栏列出被调查城市,N 为样本量,Mean Rank 为平均秩次,Sum of Ranks 为秩和。表 1458 为体育锻炼次数非常少与非常多被调查者对公共体育设施使用的拥挤度影响锻炼的看法的非参数检验结果,其中 Mann-Whitney U、Wilcoxon W 以及 Z 为统计量,Asymp. sig. (2-tailed)为基于渐近分布的双侧检验概率,本例概率小于 0.05,可以认为在 0.05 水平上体育锻炼次数非常少与非常多被调查者对公共体育设施使用的拥挤度影响锻炼的看法的差异具有显著性。

表 1459　体育锻炼次数少与中等被调查者对公共体育设施使用的拥挤度影响锻炼的看法的秩次统计

	被调查者参加体育锻炼次数	N	Mean Rank	Sum of Ranks
被调查者对公共体育设施使用的拥挤度影响锻炼的看法	少	151	155.47	23476.50
	中等	189	182.51	34493.50
	Total	340		

表 1460　体育锻炼次数少与中等被调查者对公共体育设施使用的拥挤度影响锻炼的看法的非参数检验结果[a]

	被调查者对公共体育设施使用的拥挤度影响锻炼的看法
Mann-Whitney U	12000.500
Wilcoxon W	23476.500
Z	−2.628
Asymp. Sig. (2-tailed)	.009

　　a. Grouping Variable:被调查者参加体育锻炼次数

　　表 1459 为体育锻炼次数少与中等被调查者对公共体育设施使用的拥挤度影响锻炼的看法的秩次统计表,第一栏列出被调查城市,N 为样本量,Mean Rank 为平均秩次,Sum of Ranks 为秩和。表 1460 为体育锻炼次数少与中等被调查者对公共体育设施使用的拥挤度影响锻炼的看法的非参数检验结果,其中 Mann-Whitney U、Wilcoxon W 以及 Z 为统计量,Asymp. sig. (2-tailed)为基于渐近分布的双侧检验概率,本例概率小于 0.05,可以认为在 0.05 水平上体育锻炼次数少与中等被调查者对公共体育设施使用的拥挤度影响锻炼的看法的差异具有显著性。

表 1461　体育锻炼次数少与多被调查者对公共体育设施使用的拥挤度影响锻炼的看法的秩次统计

	被调查者参加体育锻炼次数	N	Mean Rank	Sum of Ranks
被调查者对公共体育设施使用的拥挤度影响锻炼的看法	少	151	141.80	21412.00
	多	163	172.04	28043.00
	Total	314		

表 1462　体育锻炼次数少与多被调查者对公共体育设施使用的
拥挤度影响锻炼的看法的非参数检验结果[a]

	被调查者对公共体育设施使用的拥挤度影响锻炼的看法
Mann-Whitney U	9936.000
Wilcoxon W	21412.000
Z	−3.077
Asymp. Sig. (2-tailed)	.002

a. Grouping Variable：被调查者参加体育锻炼次数

　　表 1461 为体育锻炼次数少与多被调查者对公共体育设施使用的拥挤度影响锻炼的看法的秩次统计表，第一栏列出被调查城市，N 为样本量，Mean Rank 为平均秩次，Sum of Ranks 为秩和。表 1462 为体育锻炼次数少与多被调查者对公共体育设施使用的拥挤度影响锻炼的看法的非参数检验结果，其中 Mann-Whitney U、Wilcoxon W 以及 Z 为统计量，Asymp. sig. (2-tailed) 为基于渐近分布的双侧检验概率，本例概率小于 0.05，可以认为在 0.05 水平上体育锻炼次数少与多被调查者对公共体育设施使用的拥挤度影响锻炼的看法的差异具有显著性。

表 1463　体育锻炼次数少与非常多被调查者对公共体育设施
使用的拥挤度影响锻炼的看法的秩次统计

	被调查者参加体育锻炼次数	N	Mean Rank	Sum of Ranks
被调查者对公共体育设施使用的拥挤度影响锻炼的看法	少	151	107.63	16252.50
	非常多	113	165.73	18727.50
	Total	264		

表 1464　体育锻炼次数少与非常多被调查者对公共体育设施使用的
拥挤度影响锻炼的看法的非参数检验结果[a]

	被调查者对公共体育设施使用的拥挤度影响锻炼的看法
Mann-Whitney U	4776.500
Wilcoxon W	16252.500
Z	−6.383
Asymp. Sig. (2-tailed)	.000

a. Grouping Variable：被调查者参加体育锻炼次数

　　表 1463 为体育锻炼次数少与非常多被调查者对公共体育设施使用的拥挤度影响锻炼的看法的秩次统计表，第一栏列出被调查城市，N 为样本量，Mean Rank 为平均秩次，Sum of Ranks 为秩和。表 1464 为体育锻炼次数少与非常多被调查者对公共体育设施使用的拥挤度影响锻炼的看法的非参数检验结果，其中 Mann-Whitney U、Wilcoxon W 以及 Z 为统计量，Asymp. sig. (2-tailed) 为基于渐近分布的双侧检验概率，本例概率小于 0.05，可以认为在 0.05 水平上体育锻炼次数少与非常多被调查者对公共体育设施使用的拥挤度影响锻炼的看法的差异具有显著性。

表 1465　体育锻炼次数中等与多被调查者对公共体育设施
使用的拥挤度影响锻炼的看法的秩次统计

	被调查者参加体育锻炼次数	N	Mean Rank	Sum of Ranks
被调查者对公共体育设施使用的拥挤度影响锻炼的看法	中等	189	173.08	32713.00
	多	163	180.46	29415.00
	Total	352		

表 1466　体育锻炼次数中等与多被调查者对公共体育设施使用的
拥挤度影响锻炼的看法的非参数检验结果[a]

	被调查者对公共体育设施使用的拥挤度影响锻炼的看法
Mann-Whitney U	14758.000
Wilcoxon W	32713.000
Z	−.714
Asymp. Sig. (2-tailed)	.475

a. Grouping Variable：被调查者参加体育锻炼次数

表 1465 为体育锻炼次数中等与多被调查者对公共体育设施使用的拥挤度影响锻炼的看法的秩次统计表,第一栏列出被调查城市,N 为样本量,Mean Rank 为平均秩次,Sum of Ranks 为秩和。表 1466 为体育锻炼次数中等与多被调查者对公共体育设施使用的拥挤度影响锻炼的看法的非参数检验结果,其中 Mann-Whitney U、Wilcoxon W 以及 Z 为统计量,Asymp. sig. (2-tailed)为基于渐近分布的双侧检验概率,本例概率大于 0.05,可以认为在 0.05 水平上体育锻炼次数中等与多被调查者对公共体育设施使用的拥挤度影响锻炼的看法的差异不具有显著性。

表 1467　体育锻炼次数中等与非常多被调查者对公共体育设施
使用的拥挤度影响锻炼的看法的秩次统计

	被调查者参加体育锻炼次数	N	Mean Rank	Sum of Ranks
被调查者对公共体育设施使用的拥挤度影响锻炼的看法	中等	189	132.67	25075.50
	非常多	113	182.99	20677.50
	Total	302		

表 1468　体育锻炼次数中等与非常多被调查者对公共体育设施使用的
拥挤度影响锻炼的看法的非参数检验结果[a]

	被调查者对公共体育设施使用的拥挤度影响锻炼的看法
Mann-Whitney U	7120.500
Wilcoxon W	25075.500
Z	−5.109
Asymp. Sig. (2-tailed)	.000

a. Grouping Variable：被调查者参加体育锻炼次数

表 1467 为体育锻炼次数中等与非常多被调查者对公共体育设施使用的拥挤度影响锻炼的看法的秩次统计表,第一栏列出被调查城市,N 为样本量,Mean Rank 为平均秩次,Sum of Ranks 为秩和。表 1468 为体育锻炼次数中等与非常多被调查者对公共体育设施使用的拥挤度影响锻炼的看法的非参数检验结果,其中 Mann-Whitney U、Wilcoxon W 以及 Z 为

统计量,Asymp. sig.（2-tailed）为基于渐近分布的双侧检验概率,本例概率小于 0.05,可以认为在 0.05 水平上体育锻炼次数中等与非常多被调查者对公共体育设施使用的拥挤度影响锻炼的看法的差异具有显著性。

表 1469　体育锻炼次数多与非常多被调查者对公共体育设施
使用的拥挤度影响锻炼的看法的秩次统计

	被调查者参加体育锻炼次数	N	Mean Rank	Sum of Ranks
被调查者对公共体育设施使用的拥挤度影响锻炼的看法	多	163	121.39	19786.50
	非常多	113	163.18	18439.50
	Total	276		

表 1470　体育锻炼次数多与非常多被调查者对公共体育设施使用的
拥挤度影响锻炼的看法的非参数检验结果[a]

	被调查者对公共体育设施使用的拥挤度影响锻炼的看法
Mann-Whitney U	6420.500
Wilcoxon W	19786.500
Z	−4.544
Asymp. Sig. (2-tailed)	.000

a. Grouping Variable:被调查者参加体育锻炼次数

　　表 1469 为体育锻炼次数多与非常多被调查者对公共体育设施使用的拥挤度影响锻炼的看法的秩次统计表,第一栏列出被调查城市,N 为样本量,Mean Rank 为平均秩次,Sum of Ranks 为秩和。表 1470 为体育锻炼次数多与非常多被调查者对公共体育设施使用的拥挤度影响锻炼的看法的非参数检验结果,其中 Mann-Whitney U、Wilcoxon W 以及 Z 为统计量,Asymp. sig.（2-tailed）为基于渐近分布的双侧检验概率,本例概率小于 0.05,可以认为在 0.05 水平上体育锻炼次数多与非常多被调查者对公共体育设施使用的拥挤度影响锻炼的看法的差异具有显著性。

4.1.4.3　居民下次锻炼是否来这里

（1）皖北不同市居民下次锻炼是否来这里的列联表统计和非参数检验

1）皖北不同市居民下次锻炼是否来这里的列联表统计

表 1471　被调查者居住的城市 * 被调查者下次锻炼是否来这里

		被调查者下次锻炼		Total
		来这里	不来这里	
被调查者居住的城市	淮北市	71.6%	28.4%	100.0%
	宿州市	76.2%	23.8%	100.0%
	蚌埠市	68.8%	31.2%	100.0%
	淮南市	75.5%	24.5%	100.0%
	阜阳市	73.0%	27.0%	100.0%
	亳州市	68.5%	31.5%	100.0%
	Total	72.2%	27.8%	100.0%

表 1471 显示,皖北六市居民下次锻炼是否来这里,"来这里"占比与"不来这里"占比之差:淮北市 43.2%;宿州市 52.4%;蚌埠市 37.6%;淮南市 51%;阜阳市 46%;亳州市 37%;总体:44.4%。总体上皖北六市居民下次锻炼"来这里"的占比比"不来这里"的占比偏多。宿州市、淮南市、阜阳市、淮北市、亳州市、蚌埠市"来这里"占比与"不来这里"占比之差都为正。排序为:宿州市>淮南市>阜阳市>淮北市>亳州市>蚌埠市。

2) 皖北不同市居民下次锻炼是否来这里的非参数检验

表 1472　皖北不同市居民下次锻炼是否来这里的平均秩

	被调查者居住的城市	N	Mean Rank
被调查者下次锻炼	淮北市	141	336.25
	宿州市	105	321.02
	蚌埠市	109	345.68
	淮南市	102	323.36
	阜阳市	100	331.68
	亳州市	111	346.82
	Total	668	

表 1472 皖北不同市居民下次锻炼是否来这里的样本量和平均秩,平均秩降序排列为:亳州市为 346.82(111)、蚌埠市为 345.68(109)淮北市为 336.25(141)、阜阳市为 331.68(100)、淮南市为 323.36(102)宿州市为 321.02(105)。

表 1473　皖北不同市居民下次锻炼是否来这里的非参数检验结果[a,b]

	被调查者下次锻炼
Chi-Square	2.825
Df	5
Asymp. Sig.	.727

a. Kruskal Wallis Test

b. Grouping Variable:被调查者居住的城市

表 1473 为 Kruskal-Wallis 检验,Asymp. Sig. 为检验统计量 $\chi^2 = 2.825$、df = 5 时基于渐近分布概率,本例概率 p = 0.727 > 0.05,所以肯定检验的原假设,即可以认为皖北六市居民居民下次锻炼是否来这里之间的差异在 0.05 水平上不具有显著性。

(2) 皖北六市不同居住区居民下次锻炼是否来这里的列联表统计和非参数检验

1) 皖北六市不同居住区居民下次锻炼是否来这里的列联表统计

表 1474　被调查者居住的区域 * 被调查者下次锻炼是否来这里

		被调查者下次锻炼		Total
		来这里	不来这里	
被调查者居住的区域	中央区域	81.1%	18.9%	100.0%
	中央与郊区之间	77.9%	22.1%	100.0%
	郊　区	60.0%	40.0%	100.0%
	农村地区	55.0%	45.0%	100.0%
	Total	72.2%	27.8%	100.0%

表 1474 显示,皖北不同居住区域居民下次锻炼是否来这里,"来这里"占比与"不来这里"占比之差:中央区域 62.2%;中央与郊区之间 55.8%;郊区 20%;农村地区 10%;总体:44.4%。总体上皖北六市不同居住区域居民下次锻炼是否"来这里"锻炼的占比比"不来这里"的占比偏多。中央区域、中央与郊区之间、郊区、农村地区"来这里"锻炼的占比与"不来这里"锻炼的占比之差为正。排序为:中央区域>中央与郊区之间>郊区>农村地区。相关检验显示,皖北六市被调查者居住的区域与被调查者下次来这里锻炼的皮尔逊相关系数为0.228,斯皮尔曼相关系数为 0.219,p=0.000<0.05,相关具有显著性。

2) 皖北六市不同居住区居民下次锻炼是否来这里的非参数检验

表 1475　皖北六市不同居住区居民下次锻炼是否来这里的平均秩

	被调查者居住的区域	N	Mean Rank
被调查者下次锻炼	中央区域	212	304.52
	中央与郊区之间	240	315.26
	郊　区	85	375.10
	农村地区	131	391.93
	Total	668	

表 1475 为皖北六市不同居住区居民下次锻炼是否来这里的样本量和平均秩,平均秩升序排列为:中央区域为 304.52(212)、中央与郊区之间为 315.26(240)、郊区为 375.10(85)、农村地区为 391.93(131)。

表 1476　皖北六市不同居住区居民下次锻炼是否来这里的非参数检验结果[a,b]

	被调查者下次锻炼
Chi-Square	37.937
Df	3
Asymp. Sig.	.000

a. Kruskal Wallis Test

b. Grouping Variable:被调查者居住的区域

表 1476 为 Kruskal-Wallis 检验,Asymp. Sig. 为检验统计量 $\chi^2=37.937$、df=3 时基于渐近分布概率,本例概率 p=0.000<0.05,所以否定检验的原假设,即可以认为皖北六市不同居住区居民下次锻炼是否来这里之间的差异在 0.05 水平上具有显著性。

**表 1477　中央区域与中央与郊区之间被调查者被调查者
下次锻炼是否来这里的秩次统计**

	被调查者居住的区域	N	Mean Rank	Sum of Ranks
被调查者被调查者下次锻炼是否来这里	中央区域	212	222.64	47200.00
	中央与郊区之间	240	229.91	55178.00
	Total	452		

表 1478 中央区域与中央与郊区之间被调查者被调查者下次锻炼是否来这里的非参数检验结果[a]

	被调查者被调查者下次锻炼是否来这里
Mann-Whitney U	24622.000
Wilcoxon W	47200.000
Z	−.843
Asymp. Sig. (2-tailed)	.399

a. Grouping Variable：被调查者居住的区域

表 1477 为中央区域与中央与郊区之间被调查者被调查者下次锻炼是否来这里的秩次统计表，第一栏列出被调查城市，N 为样本量，Mean Rank 为平均秩次，Sum of Ranks 为秩和。表 1478 为中央区域与中央与郊区之间被调查者被调查者下次锻炼是否来这里的非参数检验结果，其中 Mann-Whitney U、Wilcoxon W 以及 Z 为统计量，Asymp. sig. (2-tailed)为基于渐近分布的双侧检验概率，本例概率大于 0.05，可以认为在 0.05 水平上中央区域与中央与郊区之间被调查者被调查者下次锻炼是否来这里之间的差异不具有显著性。

表 1479 中央区域与郊区被调查者被调查者下次锻炼是否来这里的秩次统计

	被调查者居住的区域	N	Mean Rank	Sum of Ranks
被调查者被调查者下次锻炼是否来这里	中央区域	212	140.02	29684.00
	郊 区	85	171.40	14569.00
	Total	297		

表 1480 中央区域与郊区被调查者被调查者下次锻炼是否来这里的非参数检验结果[a]

	被调查者被调查者下次锻炼是否来这里
Mann-Whitney U	7106.000
Wilcoxon W	29684.000
Z	−3.799
Asymp. Sig. (2-tailed)	.000

a. Grouping Variable：被调查者居住的区域

表 1479 为中央区域与郊区被调查者被调查者下次锻炼是否来这里的秩次统计表，第一栏列出被调查城市，N 为样本量，Mean Rank 为平均秩次，Sum of Ranks 为秩和。表 1480 为中央区域与郊区被调查者被调查者下次锻炼是否来这里的非参数检验结果，其中 Mann-Whitney U、Wilcoxon W 以及 Z 为统计量，Asymp. sig. (2-tailed)为基于渐近分布的双侧检验概率，本例概率小于 0.05，可以认为在 0.05 水平上中央区域与郊区被调查者被调查者下次锻炼是否来这里之间的差异具有显著性。

表 1481 中央区域与农村地区被调查者被调查者下次锻炼是否来这里的秩次统计

	被调查者居住的区域	N	Mean Rank	Sum of Ranks
被调查者被调查者下次锻炼是否来这里	中央区域	212	154.86	32830.00
	农村地区	131	199.74	26166.00
	Total	343		

表 1482　中央区域与农村地区被调查者被调查者下次锻炼是否来这里的非参数检验结果[a]

	被调查者被调查者下次锻炼是否来这里
Mann-Whitney U	10252.000
Wilcoxon W	32830.000
Z	−5.189
Asymp. Sig.（2-tailed）	.000

a. Grouping Variable：被调查者居住的区域

　　表 1481 为中央区域与农村地区被调查者被调查者下次锻炼是否来这里的秩次统计表，第一栏列出被调查城市，N 为样本量，Mean Rank 为平均秩次，Sum of Ranks 为秩和。表 1482 为中央区域与农村地区被调查者被调查者下次锻炼是否来这里的非参数检验结果，其中 Mann-Whitney U、Wilcoxon W 以及 Z 为统计量，Asymp. sig.（2-tailed）为基于渐近分布的双侧检验概率，本例概率小于 0.05，可以认为在 0.05 水平上中央区域与农村地区被调查者被调查者下次锻炼是否来这里之间的差异具有显著性。

表 1483　中央区域与郊区之间与郊区被调查者被调查者下次锻炼是否来这里的秩次统计

	被调查者居住的区域	N	Mean Rank	Sum of Ranks
被调查者被调查者下次锻炼是否来这里	中央与郊区之间	240	155.39	37292.50
	郊　区	85	184.50	15682.50
	Total	325		

表 1484　中央区域与郊区之间与郊区被调查者被调查者下次锻炼是否来这里的非参数检验结果[a]

	被调查者被调查者下次锻炼是否来这里
Mann-Whitney U	8372.500
Wilcoxon W	37292.500
Z	−3.201
Asymp. Sig.（2-tailed）	.001

a. Grouping Variable：被调查者居住的区域

　　表 1483 为中央区域与郊区之间与郊区被调查者被调查者下次锻炼是否来这里的秩次统计表，第一栏列出被调查城市，N 为样本量，Mean Rank 为平均秩次，Sum of Ranks 为秩和。表 1484 为中央区域与郊区之间与郊区被调查者被调查者下次锻炼是否来这里的非参数检验结果，其中 Mann-Whitney U、Wilcoxon W 以及 Z 为统计量，Asymp. sig.（2-tailed）为基于渐近分布的双侧检验概率，本例概率小于 0.05，可以认为在 0.05 水平上中央区域与郊区之间与郊区被调查者被调查者下次锻炼是否来这里之间的差异具有显著性。

表 1485　中央区域与郊区之间与农村地区被调查者被调查者下次锻炼是否来这里的秩次统计

	被调查者居住的区域	N	Mean Rank	Sum of Ranks
被调查者被调查者下次锻炼是否来这里	中央与郊区之间	240	170.96	41031.50
	农村地区	131	213.55	27974.50
	Total	371		

表 1486 中央区域与郊区之间与农村地区被调查者被调查者

下次锻炼是否来这里的非参数检验结果ᵃ

	被调查者被调查者下次锻炼是否来这里
Mann-Whitney U	12111.500
Wilcoxon W	41031.500
Z	−4.597
Asymp. Sig. (2-tailed)	.000

a. Grouping Variable：被调查者居住的区域

表 1485 为中央区域与郊区之间与农村地区被调查者被调查者下次锻炼是否来这里的秩次统计表,第一栏列出被调查城市,N 为样本量,Mean Rank 为平均秩次,Sum of Ranks 为秩和。表 1486 为中央区域与郊区之间与农村地区被调查者被调查者下次锻炼是否来这里的非参数检验结果,其中 Mann-Whitney U、Wilcoxon W 以及 Z 为统计量,Asymp. sig. (2-tailed)为基于渐近分布的双侧检验概率,本例概率小于 0.05,可以认为在 0.05 水平上中央区域与郊区之间与农村地区被调查者被调查者下次锻炼是否来这里之间的差异具有显著性。

表 1487 郊区与农村地区被调查者被调查者下次锻炼是否来这里的秩次统计

	被调查者居住的区域	N	Mean Rank	Sum of Ranks
被调查者被调查者下次锻炼是否来这里	郊 区	85	105.20	8942.00
	农村地区	131	110.64	14494.00
	Total	216		

表 1488 郊区与农村地区被调查者被调查者下次锻炼

是否来这里的非参数检验结果ᵃ

	被调查者被调查者下次锻炼是否来这里
Mann-Whitney U	5287.000
Wilcoxon W	8942.000
Z	−.729
Asymp. Sig. (2-tailed)	.466

a. Grouping Variable：被调查者居住的区域

表 1487 为郊区与农村地区被调查者被调查者下次锻炼是否来这里的秩次统计表,第一栏列出被调查城市,N 为样本量,Mean Rank 为平均秩次,Sum of Ranks 为秩和。表 1488 为郊区与农村地区被调查者被调查者下次锻炼是否来这里的非参数检验结果,其中 Mann-Whitney U、Wilcoxon W 以及 Z 为统计量,Asymp. sig. (2-tailed)为基于渐近分布的双侧检验概率,本例概率大于 0.05,可以认为在 0.05 水平上郊区与农村地区被调查者被调查者下次锻炼是否来这里之间的差异不具有显著性。

（3）皖北六市不同居住密度居民下次锻炼是否来这里的列联表统计和非参数检验

1）皖北六市不同居住密度居民下次锻炼是否来这里的列联表统计

表 1489　被调查者居住区人口密度＊被调查者下次锻炼是否来这里

		被调查者下次锻炼		Total
		来这里	不来这里	
被调查者居住区的人口密度	非常稀疏	61.5%	38.5%	100.0%
	稀疏	54.9%	45.1%	100.0%
	中等	67.6%	32.4%	100.0%
	大	83.0%	17.0%	100.0%
	非常大	77.0%	23.0%	100.0%
	Total	72.2%	27.8%	100.0%

表 1489 显示，皖北不同居住密度居民下次锻炼是否"来这里"锻炼的占比与"不来这里"锻炼的占比之差：非常稀疏 23%；稀疏 9.8%；中等 35.2%；大 66%；非常大 54%；总体：44.4%。总体上皖北六市不同居住密度居民下次锻炼是否"来这里"锻炼的占比比"不来这里"锻炼的占比偏多。居住密度非常稀疏、稀疏、中等、大、非常大居民"来这里"锻炼的占比与"不来这里"锻炼的占比之差为正。排序为：居住密度大＞非常大＞中等＞非常稀疏＞稀疏。相关检验显示，皖北六市被调查者的居住密度与被调查者下次来这里锻炼的皮尔逊相关系数为 0.161，斯皮尔曼相关系数为 0.168，p＝0.000＜0.05，相关具有显著性。

2）皖北六市不同居住密度居民下次锻炼是否来这里的非参数检验

表 1490　皖北六市不同居住密度居民下次锻炼是否来这里的平均秩

	被调查者居住区的人口密度	N	Mean Rank
被调查者下次锻炼	非常稀疏	26	369.96
	稀疏	71	392.04
	中等	250	349.72
	大	182	298.39
	非常大	139	318.39
	Total	668	

表 1490 为皖北六市不同居住密度居民下次锻炼是否来这里的样本量和平均秩，平均秩降序排列为："稀疏"为 392.04、"非常稀疏"为 369.96、中等为 349.72、"非常大"为 318.39、"大"为 298.39。

表 1491　皖北六市不同居住密度居民下次锻炼是否来这里的非参数检验结果[a,b]

	被调查者下次锻炼
Chi-Square	26.685
Df	4
Asymp. Sig.	.000

a. Kruskal Wallis Test

b. Grouping Variable：被调查者居住区的人口密度

表 1491 为 Kruskal-Wallis 检验,Asymp. Sig. 为检验统计量 $\chi^2 = 26.685$、$df = 4$ 时基于渐近分布概率,本例概率 $p = 0.000 < 0.05$,所以否定检验的原假设,即可以认为皖北六市不同居住密度居民下次锻炼是否来这里之间的差异在 0.05 水平上具有显著性。

表 1492　居住密度非常稀疏与稀疏被调查者下次锻炼是否来这里的秩次统计

	被调查者居住区的人口密度	N	Mean Rank	Sum of Ranks
被调查者下次锻炼是否来这里	非常稀疏	26	46.65	1213.00
	稀疏	71	49.86	3540.00
	Total	97		

表 1493　居住密度非常稀疏与稀疏被调查者下次锻炼是否来这里的非参数检验结果[a]

	被调查者下次锻炼是否来这里
Mann-Whitney U	862.000
Wilcoxon W	1213.000
Z	−.579
Asymp. Sig. (2-tailed)	.563

a. Grouping Variable:被调查者居住区的人口密度

表 1492 为居住密度非常稀疏与稀疏被调查者下次锻炼是否来这里的秩次统计表,第一栏列出被调查城市,N 为样本量,Mean Rank 为平均秩次,Sum of Ranks 为秩和。表 1493 为居住密度非常稀疏与稀疏被调查者下次锻炼是否来这里的非参数检验结果,其中 Mann-Whitney U、Wilcoxon W 以及 Z 为统计量,Asymp. sig. (2-tailed)为基于渐近分布的双侧检验概率,本例概率大于 0.05,可以认为在 0.05 水平上居住密度非常稀疏与稀疏被调查者下次锻炼是否来这里之间的差异不具有显著性。

表 1494　居住密度非常稀疏与中等被调查者下次锻炼是否来这里的秩次统计

	被调查者居住区的人口密度	N	Mean Rank	Sum of Ranks
被调查者下次锻炼是否来这里	非常稀疏	26	146.08	3798.00
	中等	250	137.71	34428.00
	Total	276		

表 1495　居住密度非常稀疏与中等被调查者下次锻炼是否来这里的非参数检验结果[a]

	被调查者下次锻炼是否来这里
Mann-Whitney U	3053.000
Wilcoxon W	34428.000
Z	−.625
Asymp. Sig. (2-tailed)	.532

a. Grouping Variable:被调查者居住区的人口密度

表 1494 为居住密度非常稀疏与中等被调查者下次锻炼是否来这里的秩次统计表,第一栏列出被调查城市,N 为样本量,Mean Rank 为平均秩次,Sum of Ranks 为秩和。表 1495 为居住密度非常稀疏与中等被调查者下次锻炼是否来这里的非参数检验结果,其中 Mann-

Whitney U、Wilcoxon W 以及 Z 为统计量，Asymp. sig.（2-tailed）为基于渐近分布的双侧检验概率，本例概率大于 0.05，可以认为在 0.05 水平上居住密度非常稀疏与中等被调查者下次锻炼是否来这里之间的差异不具有显著性。

表 1496　居住密度非常稀疏与大被调查者下次锻炼是否来这里的秩次统计

	被调查者居住区的人口密度	N	Mean Rank	Sum of Ranks
被调查者下次锻炼是否来这里	非常稀疏	26	124.00	3224.00
	大	182	101.71	18512.00
	Total	208		

表 1497　居住密度非常稀疏与大被调查者下次锻炼是否来这里的非参数检验结果[a]

	被调查者下次锻炼是否来这里
Mann-Whitney U	1859.000
Wilcoxon W	18512.000
Z	−2.563
Asymp. Sig. (2-tailed)	.010

a. Grouping Variable：被调查者居住区的人口密度

　　表 1496 为居住密度非常稀疏与大被调查者下次锻炼是否来这里的秩次统计表，第一栏列出被调查城市，N 为样本量，Mean Rank 为平均秩次，Sum of Ranks 为秩和。表 1497 为居住密度非常稀疏与大被调查者下次锻炼是否来这里的非参数检验结果，其中 Mann-Whitney U、Wilcoxon W 以及 Z 为统计量，Asymp. sig.（2-tailed）为基于渐近分布的双侧检验概率，本例概率小于 0.05，可以认为在 0.05 水平上居住密度非常稀疏与大被调查者下次锻炼是否来这里之间的差异具有显著性。

表 1498　居住密度非常稀疏与非常大被调查者下次锻炼是否来这里的秩次统计

	被调查者居住区的人口密度	N	Mean Rank	Sum of Ranks
被调查者下次锻炼是否来这里	非常稀疏	26	93.73	2437.00
	非常大	139	80.99	11258.00
	Total	165		

表 1499　居住密度非常稀疏与非常大被调查者下次锻炼是否来这里的非参数检验结果[a]

	被调查者下次锻炼是否来这里
Mann-Whitney U	1528.000
Wilcoxon W	11258.000
Z	−1.654
Asymp. Sig. (2-tailed)	.098

a. Grouping Variable：被调查者居住区的人口密度

　　表 1498 为居住密度非常稀疏与非常大被调查者下次锻炼是否来这里的秩次统计表，第一栏列出被调查城市，N 为样本量，Mean Rank 为平均秩次，Sum of Ranks 为秩和。表 1499 为居住密度非常稀疏与非常大被调查者下次锻炼是否来这里的非参数检验结果，其中

Mann-Whitney U、Wilcoxon W 以及 Z 为统计量,Asymp. sig.（2-tailed）为基于渐近分布的双侧检验概率,本例概率大于 0.05,可以认为在 0.05 水平上居住密度非常稀疏与非常大被调查者下次锻炼是否来这里之间的差异不具有显著性。

表 1500　居住密度稀疏与中等被调查者下次锻炼是否来这里的秩次统计

	被调查者居住区的人口密度	N	Mean Rank	Sum of Ranks
被调查者下次锻炼是否来这里	稀疏	71	176.84	12555.50
	中等	250	156.50	39125.50
	Total	321		

表 1501　居住密度稀疏与中等被调查者下次锻炼是否来这里的非参数检验结果[a]

	被调查者下次锻炼是否来这里
Mann-Whitney U	7750.500
Wilcoxon W	39125.500
Z	−1.970
Asymp. Sig. (2-tailed)	.049

　　a. Grouping Variable：被调查者居住区的人口密度

　　表 1500 为居住密度稀疏与中等被调查者下次锻炼是否来这里的秩次统计表,第一栏列出被调查城市,N 为样本量,Mean Rank 为平均秩次,Sum of Ranks 为秩和。表 1501 为居住密度稀疏与中等被调查者下次锻炼是否来这里的非参数检验结果,其中 Mann-Whitney U、Wilcoxon W 以及 Z 为统计量,Asymp. sig.（2-tailed）为基于渐近分布的双侧检验概率,本例概率小于 0.05,可以认为在 0.05 水平上居住密度稀疏与中等被调查者下次锻炼是否来这里之间的差异具有显著性。

表 1502　居住密度稀疏与大被调查者下次锻炼是否来这里的秩次统计

	被调查者居住区的人口密度	N	Mean Rank	Sum of Ranks
被调查者下次锻炼是否来这里	稀疏	71	152.51	10828.50
	大	182	117.05	21302.50
	Total	253		

表 1503　居住密度稀疏与大被调查者下次锻炼是否来这里的非参数检验结果[a]

	被调查者下次锻炼是否来这里
Mann-Whitney U	4649.500
Wilcoxon W	21302.500
Z	−4.624
Asymp. Sig. (2-tailed)	.000

　　a. Grouping Variable：被调查者居住区的人口密度

　　表 1502 为居住密度稀疏与大被调查者下次锻炼是否来这里的秩次统计表,第一栏列出被调查城市,N 为样本量,Mean Rank 为平均秩次,Sum of Ranks 为秩和。表 1503 为居住密度稀疏与大被调查者下次锻炼是否来这里的非参数检验结果,其中 Mann-Whitney U、

Wilcoxon W 以及 Z 为统计量，Asymp. sig. (2-tailed)为基于渐近分布的双侧检验概率，本例概率小于 0.05，可以认为在 0.05 水平上居住密度稀疏与大被调查者下次锻炼是否来这里之间的差异具有显著性。

表 1504　居住密度稀疏与非常大被调查者下次锻炼是否来这里的秩次统计

	被调查者居住区的人口密度	N	Mean Rank	Sum of Ranks
被调查者下次锻炼是否来这里	稀疏	71	120.82	8578.50
	非常大	139	97.67	13576.50
	Total	210		

表 1505　居住密度稀疏与非常大被调查者下次锻炼是否来这里的非参数检验结果[a]

	被调查者下次锻炼是否来这里
Mann-Whitney U	3846.500
Wilcoxon W	13576.500
Z	−3.276
Asymp. Sig. (2-tailed)	.001

a. Grouping Variable：被调查者居住区的人口密度

　　表 1504 为居住密度稀疏与非常大被调查者下次锻炼是否来这里的秩次统计表，第一栏列出被调查城市，N 为样本量，Mean Rank 为平均秩次，Sum of Ranks 为秩和。表 1505 为居住密度稀疏与非常大被调查者下次锻炼是否来这里的非参数检验结果，其中 Mann-Whitney U、Wilcoxon W 以及 Z 为统计量，Asymp. sig. (2-tailed)为基于渐近分布的双侧检验概率，本例概率小于 0.05，可以认为在 0.05 水平上居住密度稀疏与非常大被调查者下次锻炼是否来这里之间的差异具有显著性。

表 1506　居住密度中等与大被调查者下次锻炼是否来这里的秩次统计

	被调查者居住区的人口密度	N	Mean Rank	Sum of Ranks
被调查者下次锻炼是否来这里	中等	250	230.48	57621.00
	大	182	197.29	35907.00
	Total	432		

表 1507　居住密度中等与大被调查者下次锻炼是否来这里的非参数检验结果[a]

	被调查者下次锻炼是否来这里
Mann-Whitney U	19254.000
Wilcoxon W	35907.000
Z	−3.595
Asymp. Sig. (2-tailed)	.000

a. Grouping Variable：被调查者居住区的人口密度

　　表 1506 为居住密度中等与大被调查者下次锻炼是否来这里的秩次统计表，第一栏列出被调查城市，N 为样本量，Mean Rank 为平均秩次，Sum of Ranks 为秩和。表 1507 为居住密度中等与大被调查者下次锻炼是否来这里的非参数检验结果，其中 Mann-Whitney U、

Wilcoxon W 以及 Z 为统计量,Asymp. sig. (2-tailed)为基于渐近分布的双侧检验概率,本例概率小于 0.05,可以认为在 0.05 水平上居住密度中等与大被调查者下次锻炼是否来这里之间的差异具有显著性。

表 1508　居住密度中等与非常大被调查者下次锻炼是否来这里的秩次统计

	被调查者居住区的人口密度	N	Mean Rank	Sum of Ranks
被调查者下次锻炼是否来这里	中等	250	201.52	50379.50
	非常大	139	183.28	25475.50
	Total	389		

表 1509　居住密度中等与非常大被调查者下次锻炼是否来这里的非参数检验结果[a]

	被调查者下次锻炼是否来这里
Mann-Whitney U	15745.500
Wilcoxon W	25475.500
Z	−1.950
Asymp. Sig. (2-tailed)	.051

a. Grouping Variable:被调查者居住区的人口密度

　　表 1508 为居住密度中等与非常大被调查者下次锻炼是否来这里的秩次统计表,第一栏列出被调查城市,N 为样本量,Mean Rank 为平均秩次,Sum of Ranks 为秩和。表 1509 为居住密度中等与非常大被调查者下次锻炼是否来这里的非参数检验结果,其中 Mann-Whitney U、Wilcoxon W 以及 Z 为统计量,Asymp. sig. (2-tailed)为基于渐近分布的双侧检验概率,本例概率大于 0.05,可以认为在 0.05 水平上居住密度中等与非常大被调查者下次锻炼是否来这里之间的差异不具有显著性。

表 1510　居住密度大与非常大被调查者下次锻炼是否来这里的秩次统计

	被调查者居住区的人口密度	N	Mean Rank	Sum of Ranks
被调查者下次锻炼是否来这里	大	182	156.84	28544.50
	非常大	139	166.45	23136.50
	Total	321		

表 1511　居住密度大与非常大被调查者下次锻炼是否来这里的非参数检验结果[a]

	被调查者下次锻炼是否来这里
Mann-Whitney U	11891.500
Wilcoxon W	28544.500
Z	−1.336
Asymp. Sig. (2-tailed)	.181

a. Grouping Variable:被调查者居住区的人口密度

　　表 1510 为居住密度大与非常大被调查者下次锻炼是否来这里的秩次统计表,第一栏列出被调查城市,N 为样本量,Mean Rank 为平均秩次,Sum of Ranks 为秩和。表 1511 为居

住密度大与非常大被调查者下次锻炼是否来这里的非参数检验结果,其中 Mann-Whitney U、Wilcoxon W 以及 Z 为统计量,Asymp. sig.（2-tailed）为基于渐近分布的双侧检验概率,本例概率大于 0.05,可以认为在 0.05 水平上居住密度大与非常大被调查者下次锻炼是否来这里之间的差异不具有显著性。

（4）皖北六市不同性别居民下次锻炼是否来这里的列联表统计和非参数检验

1）皖北六市不同性别居民下次锻炼是否来这里的列联表统计

表 1512　被调查者性别 * 被调查者下次锻炼是否来这里

		被调查者下次锻炼		Total
		来这里	不来这里	
被调查者的性别	男	73.9%	26.1%	100.0%
	女	70.3%	29.7%	100.0%
	Total	72.2%	27.8%	100.0%

表 1512 显示,皖北不同性别居民下次锻炼是否"来这里"锻炼的占比与"不来这里"锻炼的占比之差:男性 47.8%;女性 40.6%;总体:44.4%。总体上皖北六市不同性别居民下次锻炼是否"来这里"锻炼的占比比"不来这里"锻炼的占比偏多。男性与女性居民"来这里"锻炼的占比与"不来这里"锻炼的占比之差都为正。排序为:男性＞女性。相关检验显示,皖北六市被调查者的性别与被调查者下次来这里锻炼的皮尔逊相关系数为 0.040,斯皮尔曼相关系数为 0.040,p＝0.299＞0.05,相关不具有显著性。

2）皖北六市不同性别居民下次锻炼是否来这里的非参数检验

表 1513　皖北六市不同性别居民下次锻炼是否来这里的平均秩

	被调查者的性别	N	Mean Rank	Sum of Ranks
被调查者下次锻炼	男	352	328.80	115736.00
	女	316	340.85	107710.00
	Total	668		

表 1514　皖北六市不同性别居民下次锻炼是否来这里的非参数检验结果[a]

	被调查者下次锻炼
Mann-Whitney U	53608.000
Wilcoxon W	115736.00
Z	−1.039
Asymp. Sig. (2-tailed)	.299

a. Grouping Variable:被调查者的性别

表 1513 为皖北六市不同性别居民下次锻炼是否来这里的秩次表,第一栏列出被调查者的性别,N 为性别人数,Mean Rank 为平均秩次,Sum of Ranks 为秩和。表 1514 为皖北六

市不同性别居民下次锻炼是否来这里的非参数检验结果,其中 Mann-Whitney U、Wilcoxon W 以及 Z 为统计量,Asymp. sig. (2-tailed)为基于渐近分布的双侧检验概率,本例概率大于 0.05。可以认为在 0.05 水平上男女之间的感知差异不具有显著性。

(5) 皖北六市不同年龄区间居民下次锻炼是否来这里的列联表统计和非参数检验

1) 皖北六市不同年龄区间居民下次锻炼是否来这里的列联表统计

表 1515　被调查者年龄区间 * 被调查者下次锻炼是否来这里

		被调查者下次锻炼		Total
		来这里	不来这里	
被调查者的年龄区间	12 岁以下	82.6%	17.4%	100.0%
	13—19 岁	66.7%	33.3%	100.0%
	20—39 岁	68.7%	31.3%	100.0%
	40—59 岁	72.8%	27.2%	100.0%
	60 岁以上	81.8%	18.2%	100.0%
	Total	72.2%	27.8%	100.0%

表 1515 显示,皖北不同年龄区间居民下次锻炼是否"来这里"锻炼的占比与"不来这里"锻炼的占比之差:12 岁以下 65.2%;13—19 岁 33.4%;20—39 岁 37.4%;40—59 岁 45.6%;60 岁以上 63.6%;总体:44.4%。总体上皖北六市不同年龄区间居民下次锻炼是否"来这里"锻炼的占比比"不来这里"锻炼的占比偏多。年龄区间 12 岁以下、13—19 岁、20—39 岁、40—59 岁、60 岁以上居民"来这里"锻炼的占比与"不来这里"锻炼的占比之差为正。排序为:12 岁以下＞60 岁以上＞40—59 岁＞20—39 岁＞13—19 岁。相关检验显示,皖北六市被调查者的年龄区间与被调查者下次来这里锻炼的皮尔逊相关系数为 0.065,斯皮尔曼相关系数为 0.075,p＝0.094＞0.05,p＝0.052＞0.05,相关不具有显著性。

2) 皖北六市不同年龄区间居民下次锻炼是否来这里的非参数检验

表 1516　皖北六市不同年龄区间居民下次锻炼是否来这里的平均秩

	被调查者的年龄区间	N	Mean Rank
被调查者下次锻炼	12 岁以下	23	299.59
	13—19 岁	51	352.83
	20—39 岁	300	346.15
	40—59 岁	195	332.28
	60 岁以上	99	302.23
	Total	668	

表 1516 为皖北六市不同年龄区间居民下次锻炼是否来这里的样本量和平均秩,平均秩降序排列为:"13—19 岁"为 352.83、"20—39 岁"为 346.15、"40—59 岁"为 332.28、"60 岁以上"为 302.23、"12 岁以下"为 299.59。

表 1517　皖北六市不同年龄区间居民下次锻炼是否来这里的非参数检验结果a,b

	被调查者下次锻炼
Chi-Square	8.464
Df	4
Asymp. Sig.	.076

a. Kruskal Wallis Test
b. Grouping Variable：被调查者的年龄区间

表 1517 为 Kruskal-Wallis 检验，Asymp. Sig. 为检验统计量 $\chi^2=8.464$、df＝4 时基于渐近分布概率，本例概率 p＝0.076＞0.05，所以肯定检验的原假设，即可以认为皖北六市不同年龄区间居民下次锻炼是否来这里之间的差异在 0.05 水平上不具有显著性。

（6）皖北六市不同锻炼次数居民下次锻炼是否来这里的列联表统计和非参数检验

1）皖北六市不同锻炼次数居民下次锻炼是否来这里的列联表统计

表 1518　被调查者锻炼次数 * 被调查者下次锻炼是否来这里

		被调查者下次锻炼		Total
		来这里	不来这里	
被调查者参加体育锻炼次数	非常少	57.7%	42.3%	100.0%
	少	63.6%	36.4%	100.0%
	中等	70.9%	29.1%	100.0%
	多	79.8%	20.2%	100.0%
	非常多	81.4%	18.6%	100.0%
	Total	72.2%	27.8%	100.0%

表 1518 显示，皖北不同锻炼次数居民下次锻炼是否"来这里"锻炼的占比与"不来这里"锻炼的占比之差：非常少 15.4%；少 27.2%；中等 41.8%；多 59.6%；非常多 62.8%；总体：44.4%。总体上皖北六市不同锻炼次数居民下次锻炼是否"来这里"锻炼的占比比"不来这里"锻炼的占比偏多。锻炼次数非常少、少、中等、多、非常多居民"来这里"锻炼的占比与"不来这里"锻炼的占比之差为正。排序为：锻炼次数非常少＜少＜中等＜多＜非常多。相关检验显示，皖北六市被调查者的锻炼次数与被调查者下次来这里锻炼的皮尔逊相关系数为 0.172，斯皮尔曼相关系数为 0.173，p＝0.000＜0.05，相关具有显著性。

2）皖北六市不同锻炼次数居民下次锻炼是否来这里的非参数检验

表 1519　皖北六市不同锻炼次数居民下次锻炼是否来这里的平均秩

	被调查者参加体育锻炼的次数	N	Mean Rank
被调查者下次锻炼	非常少	52	382.81
	少	151	363.16
	中等	189	338.70
	多	163	309.12
	非常多	113	303.57
	Total	668	

表 1519 为皖北六市不同锻炼次数居民下次锻炼是否来这里的样本量和平均秩,平均秩降序排列为:"非常少"为 382.81、"少"为 263.16、"中等"为 338.70、"多"为 309.12、"非常多"为 303.57。

表 1520　皖北六市不同锻炼次数居民下次锻炼是否来这里的非参数检验结果[a,b]

	被调查者下次锻炼
Chi-Square	20.572
Df	4
Asymp. Sig.	.000

a. Kruskal Wallis Test

b. Grouping Variable:被调查者参加体育锻炼的次数

表 1520 为 Kruskal-Wallis 检验,Asymp. Sig. 为检验统计量 $\chi^2 = 20.572$、df$=4$ 时基于渐近分布概率,本例概率 p$=0.000 < 0.05$,所以否定检验的原假设,即可以认为皖北六市不同锻炼次数居民下次锻炼是否来这里之间的差异在 0.05 水平上具有显著性。

表 1521　体育锻炼次数非常少与少被调查者下次锻炼是否来这里的秩次统计

	被调查者参加体育锻炼次数	N	Mean Rank	Sum of Ranks
被调查者下次锻炼是否来这里	非常少	52	106.44	5535.00
	少	151	100.47	15171.00
	Total	203		

表 1522　体育锻炼次数非常少与少被调查者下次锻炼是否来这里的非参数检验结果[a]

	被调查者下次锻炼是否来这里
Mann-Whitney U	3695.000
Wilcoxon W	15171.000
Z	−.752
Asymp. Sig. (2-tailed)	.452

a. Grouping Variable:被调查者参加体育锻炼次数

表 1521 为体育锻炼次数非常少与少被调查者下次锻炼是否来这里的秩次统计表,第一栏列出被调查城市,N 为样本量,Mean Rank 为平均秩次,Sum of Ranks 为秩和。表 1522 为体育锻炼次数非常少与少被调查者下次锻炼是否来这里的非参数检验结果,其中 Mann-Whitney U、Wilcoxon W 以及 Z 为统计量,Asymp. sig. (2-tailed)为基于渐近分布的双侧检验概率,本例概率大于 0.05,可以认为在 0.05 水平上体育锻炼次数非常少与少被调查者下次锻炼是否来这里的差异不具有显著性。

表 1523　体育锻炼次数非常少与中等被调查者下次锻炼是否来这里的秩次统计

	被调查者参加体育锻炼次数	N	Mean Rank	Sum of Ranks
被调查者下次锻炼是否来这里	非常少	52	133.48	6941.00
	中等	189	117.57	22220.00
	Total	241		

表 1524　体育锻炼次数非常少与中等被调查者下次锻炼是否来这里的非参数检验结果[a]

	被调查者下次锻炼是否来这里
Mann-Whitney U	4265.000
Wilcoxon W	22220.000
Z	−1.805
Asymp. Sig. (2-tailed)	.071

a. Grouping Variable：被调查者参加体育锻炼次数

　　表 1523 为体育锻炼次数非常少与中等被调查者下次锻炼是否来这里的秩次统计表，第一栏列出被调查城市，N 为样本量，Mean Rank 为平均秩次，Sum of Ranks 为秩和。表 1524 为体育锻炼次数非常少与中等被调查者下次锻炼是否来这里的非参数检验结果，其中 Mann-Whitney U、Wilcoxon W 以及 Z 为统计量，Asymp. sig. (2-tailed) 为基于渐近分布的双侧检验概率，本例概率大于 0.05，可以认为在 0.05 水平上体育锻炼次数非常少与中等被调查者下次锻炼是否来这里的差异不具有显著性。

表 1525　体育锻炼次数非常少与多被调查者下次锻炼是否来这里的秩次统计

	被调查者参加体育锻炼次数	N	Mean Rank	Sum of Ranks
	非常少	52	125.98	6551.00
被调查者下次锻炼是否来这里	多	163	102.26	16669.00
	Total	215		

表 1526　体育锻炼次数非常少与多被调查者下次锻炼是否来这里的非参数检验结果[a]

	被调查者下次锻炼是否来这里
Mann-Whitney U	3303.000
Wilcoxon W	16669.000
Z	−3.167
Asymp. Sig. (2-tailed)	.002

a. Grouping Variable：被调查者参加体育锻炼次数

　　表 1525 为体育锻炼次数非常少与多被调查者下次锻炼是否来这里的秩次统计表，第一栏列出被调查城市，N 为样本量，Mean Rank 为平均秩次，Sum of Ranks 为秩和。表 1526 为体育锻炼次数非常少与多被调查者下次锻炼是否来这里的非参数检验结果，其中 Mann-Whitney U、Wilcoxon W 以及 Z 为统计量，Asymp. sig. (2-tailed) 为基于渐近分布的双侧检验概率，本例概率小于 0.05，可以认为在 0.05 水平上体育锻炼次数非常少与多被调查者下次锻炼是否来这里的差异具有显著性。

表 1527　体育锻炼次数非常少与非常多被调查者下次锻炼是否来这里的秩次统计

	被调查者参加体育锻炼次数	N	Mean Rank	Sum of Ranks
	非常少	52	96.40	5013.00
被调查者下次锻炼是否来这里	非常多	113	76.83	8682.00
	Total	165		

表 1528　体育锻炼次数非常少与非常多被调查者下次锻炼是否来这里的非参数检验结果[a]

	被调查者下次锻炼是否来这里
Mann-Whitney U	2241.000
Wilcoxon W	8682.000
Z	−3.215
Asymp. Sig. (2-tailed)	.001

a. Grouping Variable：被调查者参加体育锻炼次数

　　表 1527 为体育锻炼次数非常少与非常多被调查者下次锻炼是否来这里的秩次统计表，第一栏列出被调查城市，N 为样本量，Mean Rank 为平均秩次，Sum of Ranks 为秩和。表 1528 为体育锻炼次数非常少与非常多被调查者下次锻炼是否来这里的非参数检验结果，其中 Mann-Whitney U、Wilcoxon W 以及 Z 为统计量，Asymp. sig. (2-tailed) 为基于渐近分布的双侧检验概率，本例概率小于 0.05，可以认为在 0.05 水平上体育锻炼次数非常少与非常多被调查者下次锻炼是否来这里的差异具有显著性。

表 1529　体育锻炼次数少与中等被调查者下次锻炼是否来这里的秩次统计

	被调查者参加体育锻炼次数	N	Mean Rank	Sum of Ranks
被调查者下次锻炼是否来这里	少	151	177.42	26790.50
	中等	189	164.97	31179.50
	Total	340		

表 1530　体育锻炼次数少与中等被调查者下次锻炼是否来这里的非参数检验结果[a]

	被调查者下次锻炼是否来这里
Mann-Whitney U	13224.500
Wilcoxon W	31179.500
Z	−1.432
Asymp. Sig. (2-tailed)	.152

a. Grouping Variable：被调查者参加体育锻炼次数

　　表 1529 为体育锻炼次数少与中等被调查者下次锻炼是否来这里的秩次统计表，第一栏列出被调查城市，N 为样本量，Mean Rank 为平均秩次，Sum of Ranks 为秩和。表 1530 为体育锻炼次数少与中等被调查者下次锻炼是否来这里的非参数检验结果，其中 Mann-Whitney U、Wilcoxon W 以及 Z 为统计量，Asymp. sig. (2-tailed) 为基于渐近分布的双侧检验概率，本例概率大于 0.05，可以认为在 0.05 水平上体育锻炼次数少与中等被调查者下次锻炼是否来这里的差异不具有显著性。

表 1531　体育锻炼次数少与多被调查者下次锻炼是否来这里的秩次统计

	被调查者参加体育锻炼次数	N	Mean Rank	Sum of Ranks
被调查者下次锻炼是否来这里	少	151	170.69	25773.50
	多	163	145.29	23681.50
	Total	314		

表 1532　体育锻炼次数少与多被调查者下次锻炼是否来这里的非参数检验结果[a]

	被调查者下次锻炼是否来这里
Mann-Whitney U	10315.500
Wilcoxon W	23681.500
Z	−3.184
Asymp. Sig. (2-tailed)	.001

a. Grouping Variable：被调查者参加体育锻炼次数

　　表 1531 为体育锻炼次数少与多被调查者下次锻炼是否来这里的秩次统计表，第一栏列出被调查城市，N 为样本量，Mean Rank 为平均秩次，Sum of Ranks 为秩和。表 1532 为体育锻炼次数少与多被调查者下次锻炼是否来这里的非参数检验结果，其中 Mann-Whitney U、Wilcoxon W 以及 Z 为统计量，Asymp. sig. (2-tailed) 为基于渐近分布的双侧检验概率，本例概率小于 0.05，可以认为在 0.05 水平上体育锻炼次数少与多被调查者下次锻炼是否来这里的差异具有显著性。

表 1533　体育锻炼次数少与非常多被调查者下次锻炼是否来这里的秩次统计

	被调查者参加体育锻炼次数	N	Mean Rank	Sum of Ranks
被调查者下次锻炼是否来这里	少	151	142.58	21529.50
	非常多	113	119.03	13450.50
	Total	264		

表 1534　体育锻炼次数少与非常多被调查者下次锻炼是否来这里的非参数检验结果[a]

	被调查者下次锻炼是否来这里
Mann-Whitney U	7009.500
Wilcoxon W	13450.500
Z	−3.162
Asymp. Sig. (2-tailed)	.002

a. Grouping Variable：被调查者参加体育锻炼次数

　　表 1533 为体育锻炼次数少与非常多被调查者下次锻炼是否来这里的秩次统计表，第一栏列出被调查城市，N 为样本量，Mean Rank 为平均秩次，Sum of Ranks 为秩和。表 1534 为体育锻炼次数少与非常多被调查者下次锻炼是否来这里的非参数检验结果，其中 Mann-Whitney U、Wilcoxon W 以及 Z 为统计量，Asymp. sig. (2-tailed) 为基于渐近分布的双侧检验概率，本例概率小于 0.05，可以认为在 0.05 水平上体育锻炼次数少与非常多被调查者下次锻炼是否来这里的差异具有显著性。

表 1535　体育锻炼次数中等与多被调查者下次锻炼是否来这里的秩次统计

	被调查者参加体育锻炼次数	N	Mean Rank	Sum of Ranks
被调查者下次锻炼是否来这里	中等	189	183.72	34722.50
	多	163	168.13	27405.50
	Total	352		

表 1536　体育锻炼次数中等与多被调查者下次锻炼是否来这里的非参数检验结果[a]

	被调查者下次锻炼是否来这里
Mann-Whitney U	14039.500
Wilcoxon W	27405.500
Z	−1.910
Asymp. Sig. (2-tailed)	.056

a. Grouping Variable：被调查者参加体育锻炼次数

　　表 1535 为体育锻炼次数中等与多被调查者下次锻炼是否来这里的秩次统计表，第一栏列出被调查城市，N 为样本量，Mean Rank 为平均秩次，Sum of Ranks 为秩和。表 1536 为体育锻炼次数中等与多被调查者下次锻炼是否来这里的非参数检验结果，其中 Mann-Whitney U、Wilcoxon W 以及 Z 为统计量，Asymp. sig. (2-tailed) 为基于渐近分布的双侧检验概率，本例概率大于 0.05，可以认为在 0.05 水平上体育锻炼次数中等与多被调查者下次锻炼是否来这里的差异不具有显著性。

表 1537　体育锻炼次数中等与非常多被调查者下次锻炼是否来这里的秩次统计

	被调查者参加体育锻炼次数	N	Mean Rank	Sum of Ranks
被调查者下次锻炼是否来这里	中等	189	157.44	29756.50
	非常多	113	141.56	15996.50
	Total	302		

表 1538　体育锻炼次数中等与非常多被调查者下次锻炼是否来这里的非参数检验结果[a]

	被调查者下次锻炼是否来这里
Mann-Whitney U	9555.500
Wilcoxon W	15996.500
Z	−2.035
Asymp. Sig. (2-tailed)	.042

a. Grouping Variable：被调查者参加体育锻炼次数

　　表 1537 为体育锻炼次数中等与非常多被调查者下次锻炼是否来这里的秩次统计表，第一栏列出被调查城市，N 为样本量，Mean Rank 为平均秩次，Sum of Ranks 为秩和。表 1538 为体育锻炼次数中等与非常多被调查者下次锻炼是否来这里的非参数检验结果，其中 Mann-Whitney U、Wilcoxon W 以及 Z 为统计量，Asymp. sig. (2-tailed) 为基于渐近分布的双侧检验概率，本例概率小于 0.05，可以认为在 0.05 水平上体育锻炼次数中等与非常多被调查者下次锻炼是否来这里的差异具有显著性。

表 1539　体育锻炼次数多与非常多被调查者下次锻炼是否来这里的秩次统计

	被调查者参加体育锻炼次数	N	Mean Rank	Sum of Ranks
被调查者下次锻炼是否来这里	多	163	139.44	22728.50
	非常多	113	137.15	15497.50
	Total	276		

表 1540　体育锻炼次数多与非常多被调查者下次锻炼是否来这里的非参数检验结果ᵃ

	被调查者下次锻炼是否来这里
Mann-Whitney U	9056.500
Wilcoxon W	15497.500
Z	−.341
Asymp. Sig. (2-tailed)	.733

a. Grouping Variable：被调查者参加体育锻炼次数

　　表 1539 为体育锻炼次数多与非常多被调查者下次锻炼是否来这里的秩次统计表，第一栏列出被调查城市，N 为样本量，Mean Rank 为平均秩次，Sum of Ranks 为秩和。表 1540 为体育锻炼次数多与非常多被调查者下次锻炼是否来这里的非参数检验结果，其中 Mann-Whitney U、Wilcoxon W 以及 Z 为统计量，Asymp. sig. (2-tailed) 为基于渐近分布的双侧检验概率，本例概率大于 0.05，可以认为在 0.05 水平上体育锻炼次数多与非常多被调查者下次锻炼是否来这里的差异不具有显著性。

4.1.4.4　居民是否推荐朋友来这里锻炼

（1）皖北不同市居民是否推荐朋友来这里锻炼的列联表统计和非参数检验

1）皖北不同市居民是否推荐朋友来这里锻炼的列联表统计

表 1541　被调查者居住的城市 * 被调查者是否推荐朋友来这里锻炼

		被调查者推荐朋友锻炼		Total
		来这里	不来这里	
被调查者居住的城市	淮北市	66.7%	33.3%	100.0%
	宿州市	70.5%	29.5%	100.0%
	蚌埠市	66.1%	33.9%	100.0%
	淮南市	58.8%	41.2%	100.0%
	阜阳市	59.0%	41.0%	100.0%
	亳州市	63.1%	36.9%	100.0%
	Total	64.2%	35.8%	100.0%

　　表 1541 显示，皖北六市居民是否推荐朋友"来这里"锻炼的占比与"不来这里"锻炼的占比之差：淮北市 33.4%；宿州市 41%；蚌埠市 32.2%；淮南市 17.6%；阜阳市 18%；亳州市 26.2%；总体：28.4%。总体上皖北六市居民推荐朋友"来这里"锻炼的占比比"不来这里"的占比偏多。宿州市、淮南市、阜阳市、淮北市、亳州市、蚌埠市居民推荐朋友"来这里"锻炼的占比与"不来这里"锻炼的占比之差都为正。排序为：宿州市＞淮北市＞蚌埠市＞亳州市＞阜阳市＞淮南市。

2）皖北不同市居民是否推荐朋友来这里锻炼的非参数检验

表 1542　皖北不同市居民是否推荐朋友来这里锻炼的平均秩

	被调查者居住的城市	N	Mean Rank
被调查者推荐朋友锻炼	淮北市	141	326.33
	宿州市	105	313.61
	蚌埠市	109	328.38
	淮南市	102	352.53
	阜阳市	100	351.94
	亳州市	111	338.37
	Total	668	

表 1542 皖北不同市居民是否推荐朋友来这里锻炼的样本量和平均秩,平均秩降序排列为:淮南市为 352.53(102)、阜阳市为 351.94(100)、亳州市为 338.37(111)、蚌埠市为 328.38(109)淮北市为 326.33(141)、宿州市为 313.61(105)。

表 1543　皖北不同市居民是否推荐朋友来这里锻炼的非参数检验结果[a,b]

	被调查者推荐朋友锻炼
Chi-Square	4.852
Df	5
Asymp. Sig.	.434

a. Kruskal Wallis Test
b. Grouping Variable:被调查者居住的城市

表 1543 为 Kruskal-Wallis 检验,Asymp. Sig. 为检验统计量 $\chi^2 = 4.852$、df＝5 时基于渐近分布概率,本例概率 p＝0.434＞0.05,所以肯定检验的原假设,即可以认为皖北不同市居民是否推荐朋友来这里锻炼之间的差异在 0.05 水平上不具有显著性。

（2）皖北六市不同居住区居民是否推荐朋友来这里锻炼的列联表统计和非参数检验

1）皖北六市不同居住区居民是否推荐朋友来这里锻炼的列联表统计

表 1544　被调查者居住的区域 * 被调查者是否推荐朋友来这里锻炼

		被调查者推荐朋友锻炼		Total
		来这里	不来这里	
被调查者居住的区域	中央区域	74.1%	25.9%	100.0%
	中央与郊区之间	68.3%	31.7%	100.0%
	郊区	56.5%	43.5%	100.0%
	农村地区	45.8%	54.2%	100.0%
	Total	64.2%	35.8%	100.0%

表 1544 显示,皖北不同居住区域居民是否推荐朋友"来这里"锻炼的占比与"不来这里"锻炼的占比之差:中央区域 48.2%;中央与郊区之间 36.6%;郊区 13%;农村地区－8.4%;总体:28.4%。总体上皖北六市不同居住区域居民是否推荐朋友"来这里"锻炼的占比比"不来这里"锻炼的占比偏多。但各区域情况不同,中央区域、中央与郊区之间、郊区居民推荐朋

友"来这里"锻炼的占比与"不来这里"锻炼的占比之差为正,农村地区为负。排序为:中央区域＞中央与郊区之间＞郊区＞农村地区。相关检验显示,皖北六市被调查者居住的区域与被调查者推荐朋友来这里锻炼的皮尔逊相关系数为 0.217,斯皮尔曼相关系数为 0.209,p＝0.000＜0.05,相关具有显著性。

2) 皖北六市不同居住区居民是否推荐朋友来这里锻炼的非参数检验

表 1545　皖北六市不同居住区居民是否推荐朋友来这里锻炼的平均秩

	被调查者居住的区域	N	Mean Rank
被调查者推荐朋友锻炼	中央区域	212	301.65
	中央与郊区之间	240	320.77
	郊　区	85	360.39
	农村地区	131	396.02
	Total	668	

表 1545 为皖北六市不同居住区居民是否推荐朋友来这里锻炼的样本量和平均秩,平均秩升序排列为:中央区域为 301.65(212)、中央与郊区之间为 320.77(240)、郊区为 360.39(85)、农村地区为 396.02(131)。

表 1546　皖北六市不同居住区居民是否推荐朋友来这里锻炼的非参数检验结果[a,b]

	被调查者推荐朋友锻炼
Chi-Square	32.209
Df	3
Asymp. Sig.	.000

a. Kruskal Wallis Test
b. Grouping Variable:被调查者居住的区域

表 1546 为 Kruskal-Wallis 检验,Asymp. Sig. 为检验统计量 $\chi^2＝32.209$、df＝3 时基于渐近分布概率,本例概率 p＝0.000＜0.05,所以否定检验的原假设,即可以认为皖北六市不同居住区居民是否推荐朋友来这里锻炼之间的差异在 0.05 水平上具有显著性。

表 1547　中央区域与中央与郊区之间被调查者推荐朋友锻炼是否来这里的秩次统计

	被调查者居住的区域	N	Mean Rank	Sum of Ranks
被调查者推荐朋友锻炼是否来这里	中央区域	212	219.63	46562.00
	中央与郊区之间	240	232.57	55816.00
	Total	452		

表 1548　中央区域与中央与郊区之间被调查者推荐朋友锻炼是否来这里的非参数检验结果[a]

	被调查者推荐朋友锻炼是否来这里
Mann-Whitney U	23984.000
Wilcoxon W	46562.000
Z	−1.337
Asymp. Sig. (2-tailed)	.181

a. Grouping Variable:被调查者居住的区域

  表 1547 为中央区域与中央与郊区之间被调查者推荐朋友锻炼是否来这里的秩次统计表,第一栏列出被调查城市,N 为样本量,Mean Rank 为平均秩次,Sum of Ranks 为秩和。表 1548 为中央区域与中央与郊区之间被调查者推荐朋友锻炼是否来这里的非参数检验结果,其中 Mann-Whitney U、Wilcoxon W 以及 Z 为统计量,Asymp. sig.(2-tailed)为基于渐近分布的双侧检验概率,本例概率大于 0.05,可以认为在 0.05 水平上中央区域与中央与郊区之间被调查者推荐朋友锻炼是否来这里之间的差异不具有显著性。

表 1549 中央区域与郊区被调查者推荐朋友锻炼是否来这里的秩次统计

	被调查者居住的区域	N	Mean Rank	Sum of Ranks
被调查者推荐朋友锻炼是否来这里	中央区域	212	141.53	30003.50
	郊　区	85	167.64	14249.50
	Total	297		

表 1550 中央区域与郊区被调查者推荐朋友锻炼是否来这里的非参数检验结果[a]

	被调查者推荐朋友锻炼是否来这里
Mann-Whitney U	7425.500
Wilcoxon W	30003.500
Z	−2.957
Asymp. Sig. (2-tailed)	.003

  a. Grouping Variable:被调查者居住的区域

  表 1549 为中央区域与郊区被调查者推荐朋友锻炼是否来这里的秩次统计表,第一栏列出被调查城市,N 为样本量,Mean Rank 为平均秩次,Sum of Ranks 为秩和。表 1550 为中央区域与郊区被调查者推荐朋友锻炼是否来这里的非参数检验结果,其中 Mann-Whitney U、Wilcoxon W 以及 Z 为统计量,Asymp. sig.(2-tailed)为基于渐近分布的双侧检验概率,本例概率小于 0.05,可以认为在 0.05 水平上中央区域与郊区被调查者推荐朋友锻炼是否来这里之间的差异具有显著性。

表 1551 中央区域与农村地区被调查者推荐朋友锻炼是否来这里的秩次统计

	被调查者居住的区域	N	Mean Rank	Sum of Ranks
被调查者推荐朋友锻炼是否来这里	中央区域	212	153.49	32540.50
	农村地区	131	201.95	26455.50
	Total	343		

表 1552 中央区域与农村地区被调查者推荐朋友锻炼是否来这里的非参数检验结果[a]

	被调查者推荐朋友锻炼是否来这里
Mann-Whitney U	9962.500
Wilcoxon W	32540.500
Z	−5.266
Asymp. Sig. (2-tailed)	.000

  a. Grouping Variable:被调查者居住的区域

　　表 1551 为中央区域与农村地区被调查者推荐朋友锻炼是否来这里的秩次统计表,第一栏列出被调查城市,N 为样本量,Mean Rank 为平均秩次,Sum of Ranks 为秩和。表 1552 为中央区域与农村地区被调查者推荐朋友锻炼是否来这里的非参数检验结果,其中 Mann-Whitney U、Wilcoxon W 以及 Z 为统计量,Asymp. sig.（2-tailed）为基于渐近分布的双侧检验概率,本例概率小于 0.05,可以认为在 0.05 水平上中央区域与农村地区被调查者推荐朋友锻炼是否来这里之间的差异具有显著性。

表 1553　中央区域与郊区之间与郊区被调查者推荐朋友锻炼是否来这里的秩次统计

	被调查者居住的区域	N	Mean Rank	Sum of Ranks
被调查者推荐朋友锻炼是否来这里	中央与郊区之间	240	157.96	37910.00
	郊　区	85	177.24	15065.00
	Total	325		

表 1554　中央区域与郊区之间与郊区被调查者推荐朋友锻炼是否来这里的非参数检验结果[a]

	被调查者推荐朋友锻炼是否来这里
Mann-Whitney U	8990.000
Wilcoxon W	37910.000
Z	−1.970
Asymp. Sig. (2-tailed)	.049

a. Grouping Variable：被调查者居住的区域

　　表 1553 为中央区域与郊区之间与郊区被调查者推荐朋友锻炼是否来这里的秩次统计表,第一栏列出被调查城市,N 为样本量,Mean Rank 为平均秩次,Sum of Ranks 为秩和。表 1554 为中央区域与郊区之间与郊区被调查者推荐朋友锻炼是否来这里的非参数检验结果,其中 Mann-Whitney U、Wilcoxon W 以及 Z 为统计量,Asymp. sig.（2-tailed）为基于渐近分布的双侧检验概率,本例概率小于 0.05,可以认为在 0.05 水平上中央区域与郊区之间与郊区被调查者推荐朋友锻炼是否来这里之间的差异具有显著性。

表 1555　中央区域与郊区之间与农村地区被调查者推荐朋友锻炼是否来这里的秩次统计

	被调查者居住的区域	N	Mean Rank	Sum of Ranks
被调查者推荐朋友锻炼是否来这里	中央与郊区之间	240	171.24	41098.00
	农村地区	131	213.04	27908.00
	Total	371		

表 1556　中央区域与郊区之间与农村地区被调查者推荐朋友锻炼是否来这里的非参数检验结果[a]

	被调查者推荐朋友锻炼是否来这里
Mann-Whitney U	12178.000
Wilcoxon W	41098.000
Z	−4.235
Asymp. Sig. (2-tailed)	.000

a. Grouping Variable：被调查者居住的区域

表 1555 为中央区域与郊区之间与农村地区被调查者推荐朋友锻炼是否来这里的秩次统计表,第一栏列出被调查城市,N 为样本量,Mean Rank 为平均秩次,Sum of Ranks 为秩和。表 1556 为中央区域与郊区之间与农村地区被调查者推荐朋友锻炼是否来这里的非参数检验结果,其中 Mann-Whitney U、Wilcoxon W 以及 Z 为统计量,Asymp. sig. (2-tailed)为基于渐近分布的双侧检验概率,本例概率小于 0.05,可以认为在 0.05 水平上中央区域与郊区之间与农村地区被调查者推荐朋友锻炼是否来这里之间的差异具有显著性。

表 1557 郊区与农村地区被调查者推荐朋友锻炼是否来这里的秩次统计

	被调查者居住的区域	N	Mean Rank	Sum of Ranks
被调查者推荐朋友锻炼是否来这里	郊 区	85	101.51	8628.50
	农村地区	131	113.03	14807.50
	Total	216		

表 1558 郊区与农村地区被调查者推荐朋友锻炼是否来这里的非参数检验结果[a]

	被调查者推荐朋友锻炼是否来这里
Mann-Whitney U	4973.500
Wilcoxon W	8628.500
Z	−1.529
Asymp. Sig. (2-tailed)	.126

a. Grouping Variable：被调查者居住的区域

表 1557 为郊区与农村地区被调查者推荐朋友锻炼是否来这里的秩次统计表,第一栏列出被调查城市,N 为样本量,Mean Rank 为平均秩次,Sum of Ranks 为秩和。表 1558 为郊区与农村地区被调查者推荐朋友锻炼是否来这里的非参数检验结果,其中 Mann-Whitney U、Wilcoxon W 以及 Z 为统计量,Asymp. sig. (2-tailed)为基于渐近分布的双侧检验概率,本例概率大于 0.05,可以认为在 0.05 水平上郊区与农村地区被调查者推荐朋友锻炼是否来这里之间的差异不具有显著性。

(3) 皖北六市不同居住密度居民是否推荐朋友来这里锻炼的列联表统计和非参数检验

1) 皖北六市不同居住密度居民是否推荐朋友来这里锻炼的列联表统计

表 1559 被调查者居住区人口密度 * 被调查者是否推荐朋友来这里锻炼

		被调查者推荐朋友锻炼		Total
		来这里	不来这里	
被调查者居住区的人口密度	非常稀疏	53.8%	46.2%	100.0%
	稀疏	47.9%	52.1%	100.0%
	中等	61.6%	38.4%	100.0%
	大	75.3%	24.7%	100.0%
	非常大	64.7%	35.3%	100.0%
	Total	64.2%	35.8%	100.0%

表 1559 显示，皖北不同居住密度居民是否推荐朋友"来这里"锻炼的占比与"不来这里"锻炼的占比之差：非常稀疏 7.6%；稀疏－4.2%；中等 23.2%；大 50.6%；非常大 29.4%；总体：28.4%。总体上皖北六市不同居住密度居民是否推荐朋友"来这里"锻炼的占比比"不来这里"的占比偏多。居住密度非常稀疏、中等、大、非常大居民推荐朋友"来这里"锻炼的占比与"不来这里"锻炼的占比之差为正，居住密度稀疏的为负。排序为：居住密度大>非常大>中等>非常稀疏>稀疏。相关检验显示，皖北六市被调查者的居住密度与被调查者推荐朋友来这里锻炼的皮尔逊相关系数为 0.114，斯皮尔曼相关系数为 0.119，p=0.003<0.05，p=0.002<0.05，相关具有显著性。

2）皖北六市不同居住密度居民是否推荐朋友来这里锻炼的非参数检验

表 1560　皖北六市不同居住密度居民是否推荐朋友来这里锻炼的平均秩

	被调查者居住区的人口密度	N	Mean Rank
被调查者推荐朋友锻炼	非常稀疏	26	369.15
	稀疏	71	389.06
	中等	250	343.26
	大	182	297.58
	非常大	139	332.74
	Total	668	

表 1560 为皖北六市不同居住密度居民是否推荐朋友来这里锻炼的样本量和平均秩，平均秩降序排列为："稀疏"为 389.06、"非常稀疏"为 369.15、中等为 343.26、"非常大"为 332.74、"大"为 297.58。

表 1561　皖北六市不同居住密度居民是否推荐朋友来这里锻炼的非参数检验结果[a,b]

	被调查者推荐朋友锻炼
Chi-Square	19.874
Df	4
Asymp. Sig.	.001

a. Kruskal Wallis Test
b. Grouping Variable：被调查者居住区的人口密度

表 1561 为 Kruskal-Wallis 检验，Asymp. Sig. 为检验统计量 $\chi^2=19.874$、df=4 时基于渐近分布概率，本例概率 p=0.001<0.05，所以否定检验的原假设，即可以认为皖北六市不同居住密度居民是否推荐朋友来这里锻炼之间的差异在 0.05 水平上具有显著性。

表 1562　居住密度非常稀疏与稀疏被调查者推荐朋友锻炼是否来这里的秩次统计

	被调查者居住区的人口密度	N	Mean Rank	Sum of Ranks
被调查者推荐朋友锻炼是否来这里	非常稀疏	26	46.88	1219.00
	稀疏	71	49.77	3534.00
	Total	97		

表 1563　居住密度非常稀疏与稀疏被调查者推荐朋友锻炼是否来这里的非参数检验结果[a]

	被调查者推荐朋友锻炼是否来这里
Mann-Whitney U	868.000
Wilcoxon W	1219.000
Z	−.517
Asymp. Sig. (2-tailed)	.605

a. Grouping Variable：被调查者居住区的人口密度

　　表 1562 为居住密度非常稀疏与稀疏被调查者推荐朋友锻炼是否来这里的秩次统计表，第一栏列出被调查城市，N 为样本量，Mean Rank 为平均秩次，Sum of Ranks 为秩和。表 1563 为居住密度非常稀疏与稀疏被调查者推荐朋友锻炼是否来这里的非参数检验结果，其中 Mann-Whitney U、Wilcoxon W 以及 Z 为统计量，Asymp. sig. (2-tailed)为基于渐近分布的双侧检验概率，本例概率大于 0.05，可以认为在 0.05 水平上居住密度非常稀疏与稀疏被调查者推荐朋友锻炼是否来这里之间的差异不具有显著性。

表 1564　居住密度非常稀疏与中等被调查者推荐朋友锻炼是否来这里的秩次统计

	被调查者居住区的人口密度	N	Mean Rank	Sum of Ranks
被调查者推荐朋友锻炼是否来这里	非常稀疏	26	148.19	3853.00
	中等	250	137.49	34373.00
	Total	276		

表 1565　居住密度非常稀疏与中等被调查者推荐朋友锻炼是否来这里的非参数检验结果[a]

	被调查者推荐朋友锻炼是否来这里
Mann-Whitney U	2998.000
Wilcoxon W	34373.000
Z	−.770
Asymp. Sig. (2-tailed)	.442

a. Grouping Variable：被调查者居住区的人口密度

　　表 1564 为居住密度非常稀疏与中等被调查者推荐朋友锻炼是否来这里的秩次统计表，第一栏列出被调查城市，N 为样本量，Mean Rank 为平均秩次，Sum of Ranks 为秩和。表 1565 为居住密度非常稀疏与中等被调查者推荐朋友锻炼是否来这里的非参数检验结果，其中 Mann-Whitney U、Wilcoxon W 以及 Z 为统计量，Asymp. sig. (2-tailed)为基于渐近分布的双侧检验概率，本例概率大于 0.05，可以认为在 0.05 水平上居住密度非常稀疏与中等被调查者推荐朋友锻炼是否来这里之间的差异不具有显著性。

表 1566　居住密度非常稀疏与大被调查者推荐朋友锻炼是否来这里的秩次统计

	被调查者居住区的人口密度	N	Mean Rank	Sum of Ranks
被调查者推荐朋友锻炼是否来这里	非常稀疏	26	124.00	3224.00
	大	182	101.71	18512.00
	Total	208		

表 1567　居住密度非常稀疏与大被调查者推荐朋友锻炼是否来这里的非参数检验结果[a]

	被调查者推荐朋友锻炼是否来这里
Mann-Whitney U	1859.000
Wilcoxon W	18512.000
Z	−2.286
Asymp. Sig. (2-tailed)	.022

a. Grouping Variable: 被调查者居住区的人口密度

　　表 1566 为居住密度非常稀疏与大被调查者推荐朋友锻炼是否来这里的秩次统计表,第一栏列出被调查城市,N 为样本量,Mean Rank 为平均秩次,Sum of Ranks 为秩和。表 1567 为居住密度非常稀疏与大被调查者推荐朋友锻炼是否来这里的非参数检验结果,其中 Mann-Whitney U、Wilcoxon W 以及 Z 为统计量,Asymp. sig.(2-tailed)为基于渐近分布的双侧检验概率,本例概率小于 0.05,可以认为在 0.05 水平上居住密度非常稀疏与大被调查者推荐朋友锻炼是否来这里之间的差异具有显著性。

表 1568　居住密度非常稀疏与非常大被调查者推荐朋友锻炼是否来这里的秩次统计

	被调查者居住区的人口密度	N	Mean Rank	Sum of Ranks
被调查者推荐朋友锻炼是否来这里	非常稀疏	26	90.58	2355.00
	非常大	139	81.58	11340.00
	Total	165		

表 1569　居住密度非常稀疏与非常大被调查者推荐朋友锻炼是否来这里的非参数检验结果[a]

	被调查者推荐朋友锻炼是否来这里
Mann-Whitney U	1610.000
Wilcoxon W	11340.000
Z	−1.054
Asymp. Sig. (2-tailed)	.292

a. Grouping Variable: 被调查者居住区的人口密度

　　表 1568 为居住密度非常稀疏与非常大被调查者推荐朋友锻炼是否来这里的秩次统计表,第一栏列出被调查城市,N 为样本量,Mean Rank 为平均秩次,Sum of Ranks 为秩和。表 1569 为居住密度非常稀疏与非常大被调查者推荐朋友锻炼是否来这里的非参数检验结果,其中 Mann-Whitney U、Wilcoxon W 以及 Z 为统计量,Asymp. sig.(2-tailed)为基于渐近分布的双侧检验概率,本例概率大于 0.05,可以认为在 0.05 水平上居住密度非常稀疏与非常大被调查者推荐朋友锻炼是否来这里之间的差异不具有显著性。

表 1570　居住密度稀疏与中等被调查者推荐朋友锻炼是否来这里的秩次统计

	被调查者居住区的人口密度	N	Mean Rank	Sum of Ranks
被调查者推荐朋友锻炼是否来这里	稀疏	71	178.14	12648.00
	中等	250	156.13	39033.00
	Total	321		

表 1571　居住密度稀疏与中等被调查者推荐朋友锻炼是否来这里的非参数检验结果[a]

	被调查者推荐朋友锻炼是否来这里
Mann-Whitney U	7658.000
Wilcoxon W	39033.000
Z	−2.067
Asymp. Sig. (2-tailed)	.039

a. Grouping Variable：被调查者居住区的人口密度

　　表 1570 为居住密度稀疏与中等被调查者推荐朋友锻炼是否来这里的秩次统计表,第一栏列出被调查城市,N 为样本量,Mean Rank 为平均秩次,Sum of Ranks 为秩和。表 1571 为居住密度稀疏与中等被调查者推荐朋友锻炼是否来这里的非参数检验结果,其中 Mann-Whitney U、Wilcoxon W 以及 Z 为统计量,Asymp. sig. (2-tailed)为基于渐近分布的双侧检验概率,本例概率小于 0.05,可以认为在 0.05 水平上居住密度稀疏与中等被调查者推荐朋友锻炼是否来这里之间的差异具有显著性。

表 1572　居住密度稀疏与大被调查者推荐朋友锻炼是否来这里的秩次统计

	被调查者居住区的人口密度	N	Mean Rank	Sum of Ranks
被调查者推荐朋友锻炼是否来这里	稀疏	71	151.92	10786.50
	大	182	117.28	21344.50
	Total	253		

表 1573　居住密度稀疏与大被调查者推荐朋友锻炼是否来这里的非参数检验结果[a]

	被调查者推荐朋友锻炼是否来这里
Mann-Whitney U	4691.500
Wilcoxon W	21344.500
Z	−4.174
Asymp. Sig. (2-tailed)	.000

a. Grouping Variable：被调查者居住区的人口密度

　　表 1572 为居住密度稀疏与大被调查者推荐朋友锻炼是否来这里的秩次统计表,第一栏列出被调查城市,N 为样本量,Mean Rank 为平均秩次,Sum of Ranks 为秩和。表 1573 为居住密度稀疏与大被调查者推荐朋友锻炼是否来这里的非参数检验结果,其中 Mann-Whitney U、Wilcoxon W 以及 Z 为统计量,Asymp. sig. (2-tailed)为基于渐近分布的双侧检验概率,本例概率小于 0.05,可以认为在 0.05 水平上居住密度稀疏与大被调查者推荐朋友锻炼是否来这里之间的差异具有显著性。

表 1574　居住密度稀疏与非常大被调查者推荐朋友锻炼是否来这里的秩次统计

	被调查者居住区的人口密度	N	Mean Rank	Sum of Ranks
被调查者推荐朋友锻炼是否来这里	稀疏	71	117.22	8322.50
	非常大	139	99.51	13832.50
	Total	210		

表 1575　居住密度稀疏与非常大被调查者推荐朋友锻炼是否来这里的非参数检验结果[a]

	被调查者推荐朋友锻炼是否来这里
Mann-Whitney U	4102.500
Wilcoxon W	13832.500
Z	−2.345
Asymp. Sig. (2-tailed)	.019

a. Grouping Variable：被调查者居住区的人口密度

表 1574 为居住密度稀疏与非常大被调查者推荐朋友锻炼是否来这里的秩次统计表，第一栏列出被调查城市，N 为样本量，Mean Rank 为平均秩次，Sum of Ranks 为秩和。表 1575 为居住密度稀疏与非常大被调查者推荐朋友锻炼是否来这里的非参数检验结果，其中 Mann-Whitney U、Wilcoxon W 以及 Z 为统计量，Asymp. sig. (2-tailed)为基于渐近分布的双侧检验概率，本例概率小于 0.05，可以认为在 0.05 水平上居住密度稀疏与非常大被调查者推荐朋友锻炼是否来这里之间的差异具有显著性。

表 1576　居住密度中等与大被调查者推荐朋友锻炼是否来这里的秩次统计

	被调查者居住区的人口密度	N	Mean Rank	Sum of Ranks
被调查者推荐朋友锻炼是否来这里	中等	250	228.94	57236.00
	大	182	199.41	36292.00
	Total	432		

表 1577　居住密度中等与大被调查者推荐朋友锻炼是否来这里的非参数检验结果[a]

	被调查者推荐朋友锻炼是否来这里
Mann-Whitney U	19639.000
Wilcoxon W	36282.000
Z	−2.990
Asymp. Sig. (2-tailed)	.003

a. Grouping Variable：被调查者居住区的人口密度

表 1576 为居住密度中等与大被调查者推荐朋友锻炼是否来这里的秩次统计表，第一栏列出被调查城市，N 为样本量，Mean Rank 为平均秩次，Sum of Ranks 为秩和。表 1577 为居住密度中等与大被调查者推荐朋友锻炼是否来这里的非参数检验结果，其中 Mann-Whitney U、Wilcoxon W 以及 Z 为统计量，Asymp. sig. (2-tailed)为基于渐近分布的双侧检验概率，本例概率小于 0.05，可以认为在 0.05 水平上居住密度中等与大被调查者推荐朋友锻炼是否来这里之间的差异具有显著性。

表 1578　居住密度中等与非常大被调查者推荐朋友锻炼是否来这里的秩次统计

	被调查者居住区的人口密度	N	Mean Rank	Sum of Ranks
被调查者推荐朋友锻炼是否来这里	中等	250	197.19	49297.00
	非常大	139	191.06	26558.00
	Total	389		

表 1579　居住密度中等与非常大被调查者推荐朋友锻炼是否来这里的非参数检验结果[a]

	被调查者推荐朋友锻炼是否这里
Mann-Whitney U	16828.000
Wilcoxon W	26558.000
Z	−.615
Asymp. Sig. (2-tailed)	.539

a. Grouping Variable:被调查者居住区的人口密度

　　表 1578 为居住密度中等与非常大被调查者推荐朋友锻炼是否来这里的秩次统计表,第一栏列出被调查城市,N 为样本量,Mean Rank 为平均秩次,Sum of Ranks 为秩和。表 1579 为居住密度中等与非常大被调查者推荐朋友锻炼是否来这里的非参数检验结果,其中 Mann-Whitney U、Wilcoxon W 以及 Z 为统计量,Asymp. sig. (2-tailed)为基于渐近分布的双侧检验概率,本例概率大于 0.05,可以认为在 0.05 水平上居住密度中等与非常大被调查者推荐朋友锻炼是否来这里之间的差异不具有显著性。

表 1580　居住密度大与非常大被调查者推荐朋友锻炼是否来这里的秩次统计

	被调查者居住区的人口密度	N	Mean Rank	Sum of Ranks
被调查者推荐朋友锻炼是否来这里	大	182	153.68	27970.50
	非常大	139	170.58	23710.50
	Total	321		

表 1581　居住密度大与非常大被调查者推荐朋友锻炼是否来这里的非参数检验结果[a]

	被调查者推荐朋友锻炼是否这里
Mann-Whitney U	11317.500
Wilcoxon W	27970.500
Z	−2.050
Asymp. Sig. (2-tailed)	.040

a. Grouping Variable:被调查者居住区的人口密度

　　表 1580 为居住密度大与非常大被调查者推荐朋友锻炼是否来这里的秩次统计表,第一栏列出被调查城市,N 为样本量,Mean Rank 为平均秩次,Sum of Ranks 为秩和。表 1581 为居住密度大与非常大被调查者推荐朋友锻炼是否来这里的非参数检验结果,其中 Mann-Whitney U、Wilcoxon W 以及 Z 为统计量,Asymp. sig. (2-tailed)为基于渐近分布的双侧检验概率,本例概率小于 0.05,可以认为在 0.05 水平上居住密度大与非常大被调查者推荐朋友锻炼是否来这里之间的差异具有显著性。

（4）皖北六市不同性别居民是否推荐朋友来这里锻炼的列联表统计和非参数检验

1）皖北六市不同性别居民是否推荐朋友来这里锻炼的列联表统计

表 1582　被调查者性别 ＊ 被调查者是否推荐朋友来这里锻炼

		被调查者推荐朋友锻炼		Total
		来这里	不来这里	
被调查者的性别	男	67.0%	33.0%	100.0%
	女	61.1%	38.9%	100.0%
	Total	64.2%	35.8%	100.0%

表 1582 显示，皖北不同性别居民是否推荐朋友"来这里"锻炼的占比与"不来这里"锻炼的占比之差：男性 34%；女性 22.2%；总体：28.4%。总体上皖北六市不同性别居民是否推荐朋友"来这里"锻炼的占比比"不来这里"的占比偏多。男性与女性居民推荐朋友"来这里"锻炼的占比与"不来这里"锻炼的占比之差都为正。排序为：男性＞女性。相关检验显示，皖北六市被调查者的性别与被调查者是否推荐朋友来这里锻炼的皮尔逊相关系数为 0.062，斯皮尔曼相关系数为 0.062，p＝0.108＞0.05，相关不具有显著性。

2）皖北六市不同性别居民是否推荐朋友来这里锻炼的非参数检验

表 1583　皖北六市不同性别居民是否推荐朋友来这里锻炼的平均秩

	被调查者的性别	N	Mean Rank	Sum of Ranks
被调查者推荐朋友锻炼	男	352	325.07	114424.00
	女	316	345.01	109022.00
	Total	668		

表 1584　皖北六市不同性别居民是否推荐朋友来这里锻炼的非参数检验结果a

	被调查者推荐朋友锻炼
Mann-Whitney U	52296.000
Wilcoxon W	114424.000
Z	−1.606
Asymp. Sig. (2-tailed)	.108

a. Grouping Variable：被调查者的性别

表 1583 为皖北六市不同性别居民是否推荐朋友来这里锻炼的秩次表，第一栏列出被调查者的性别，N 为性别人数，Mean Rank 为平均秩次，Sum of Ranks 为秩和。表 1584 为皖北六市不同性别居民是否推荐朋友来这里锻炼的非参数检验结果，其中 Mann-Whitney U、Wilcoxon W 以及 Z 为统计量，Asymp. sig. (2-tailed)为基于渐近分布的双侧检验概率，本例概率大于 0.05。可以认为在 0.05 水平上男女之间的感知差异不具有显著性。

（5）皖北六市不同年龄区间居民是否推荐朋友来这里锻炼的列联表统计和非参数检验

1）皖北六市不同年龄区间居民是否推荐朋友来这里锻炼的列联表统计

表 1585　被调查者年龄区间 * 被调查者是否推荐朋友来这里锻炼

		被调查者推荐朋友锻炼		Total
		来这里	不来这里	
被调查者的年龄区间	12 岁以下	69.6%	30.4%	100.0%
	13—19 岁	51.0%	49.0%	100.0%
	20—39 岁	60.0%	40.0%	100.0%
	40—59 岁	67.7%	32.3%	100.0%
	60 岁以上	75.8%	24.2%	100.0%
	Total	64.2%	35.8%	100.0%

表 1585 显示，皖北不同年龄区间居民是否推荐朋友"来这里"锻炼的占比与"不来这里"锻炼的占比之差：12 岁以下 39.2%；13—19 岁 2%；20—39 岁 20%；40—59 岁 35.4%；60 岁以上 51.6%；总体：28.4%。总体上皖北六市不同年龄区间居民是否推荐朋友"来这里"锻炼的占比比"不来这里"锻炼的占比偏多。年龄区间 12 岁以下、13—19 岁、20—39 岁、40—59 岁、60 岁以上居民推荐朋友"来这里"锻炼的占比与"不来这里"锻炼的占比之差都为正。排序为：60 岁以上＞12 岁以下＞40—59 岁＞20—39 岁＞13—19 岁。相关检验显示，皖北六市被调查者的年龄区间与被调查者是否推荐朋友来这里锻炼的皮尔逊相关系数为 0.111，斯皮尔曼相关系数为 0.123，p＝0.004＜0.05，p＝0.002＜0.05，相关具有显著性。

2）皖北六市不同年龄区间居民是否推荐朋友来这里锻炼的非参数检验

表 1586　皖北六市不同年龄区间居民是否推荐朋友来这里锻炼的平均秩

	被调查者的年龄区间	N	Mean Rank
被调查者推荐朋友锻炼	12 岁以下	23	316.65
	13—19 岁	51	378.73
	20—39 岁	300	348.60
	40—59 岁	195	322.91
	60 岁以上	99	295.97
	Total	668	

表 1586 为皖北六市不同年龄区间居民是否推荐朋友来这里锻炼的样本量和平均秩，平均秩降序排列为："13—19 岁"为 378.73、"20—39 岁"为 348.60、"40—59 岁"为 322.91、"12 岁以下"为 316.65、"60 岁以上"为 295.97。

表 1587　皖北六市不同年龄区间居民是否推荐朋友来这里锻炼的非参数检验结果[a,b]

	被调查者推荐朋友锻炼
Chi-Square	13.240
Df	4
Asymp. Sig.	.010

a. Kruskal Wallis Test

b. Grouping Variable：被调查者的年龄区间

表 1587 为 Kruskal-Wallis 检验,Asymp. Sig. 为检验统计量 $\chi^2=13.240$、$df=4$ 时基于渐近分布概率,本例概率 $p=0.010<0.05$,所以否定检验的原假设,即可以认为皖北六市不同年龄区间居民下次锻炼是否来这里之间的差异在 0.05 水平上具有显著性。

表 1588　12 岁以下与 13—19 岁被调查者是否推荐朋友来这里锻炼的秩次统计

	被调查者的年龄区间	N	Mean Rank	Sum of Ranks
被调查者是否推荐朋友来这里锻炼	12 岁以下	23	32.76	753.50
	13—19 岁	51	39.64	2021.50
	Total	74		

表 1589　12 岁以下与 13—19 岁被调查者是否推荐朋友来这里锻炼的非参数检验结果[a]

	被调查者是否推荐朋友来这里锻炼
Mann-Whitney U	477.500
Wilcoxon W	753.500
Z	−1.483
Asymp. Sig. (2-tailed)	.138

a. Grouping Variable:被调查者的年龄区间

表 1588 为 12 岁以下与 13—19 岁被调查者是否推荐朋友来这里锻炼的秩次统计表,第一栏列出被调查城市,N 为样本量,Mean Rank 为平均秩次,Sum of Ranks 为秩和。表 1589 为 12 岁以下与 13—19 岁被调查者是否推荐朋友来这里锻炼的非参数检验结果,其中 Mann-Whitney U、Wilcoxon W 以及 Z 为统计量,Asymp. sig. (2-tailed)为基于渐近分布的双侧检验概率,本例概率大于 0.05,可以认为在 0.05 水平上 12 岁以下与 13—19 岁被调查者是否推荐朋友来这里锻炼的差异不具有显著性。

表 1590　12 岁以下与 20—39 岁被调查者是否推荐朋友来这里锻炼的秩次统计

	被调查者的年龄区间	N	Mean Rank	Sum of Ranks
被调查者是否推荐朋友来这里锻炼	12 岁以下	23	147.65	3396.00
	20—39 岁	300	163.10	48930.00
	Total	323		

表 1591　12 岁以下与 20—39 岁被调查者是否推荐朋友来这里锻炼的非参数检验结果[a]

	被调查者是否推荐朋友来这里锻炼
Mann-Whitney U	3120.000
Wilcoxon W	3396.000
Z	−.904
Asymp. Sig. (2-tailed)	.366

a. Grouping Variable:被调查者的年龄区间

表 1590 为 12 岁以下与 20—39 岁被调查者是否推荐朋友来这里锻炼的秩次统计表,第一栏列出被调查城市,N 为样本量,Mean Rank 为平均秩次,Sum of Ranks 为秩和。表 1591 为 12 岁以下与 20—39 岁被调查者是否推荐朋友来这里锻炼的非参数检验结果,其中

Mann-Whitney U、Wilcoxon W 以及 Z 为统计量,Asymp. sig. (2-tailed)为基于渐近分布的双侧检验概率,本例概率大于 0.05,可以认为在 0.05 水平上 12 岁以下与 20—39 岁被调查者是否推荐朋友来这里锻炼的差异不具有显著性。

表 1592　12 岁以下与 40—59 岁被调查者是否推荐朋友来这里锻炼的秩次统计

	被调查者的年龄区间	N	Mean Rank	Sum of Ranks
被调查者是否推荐朋友来这里锻炼	12 岁以下	23	107.67	2476.50
	40—59 岁	195	109.72	21394.50
	Total	218		

表 1593　12 岁以下与 40—59 岁被调查者是否推荐朋友来这里锻炼的非参数检验结果[a]

	被调查者是否推荐朋友来这里锻炼
Mann-Whitney U	2200.500
Wilcoxon W	2476.500
Z	−.182
Asymp. Sig. (2-tailed)	.856

a. Grouping Variable:被调查者的年龄区间

表 1592 为 12 岁以下与 40—59 岁被调查者是否推荐朋友来这里锻炼的秩次统计表,第一栏列出被调查城市,N 为样本量,Mean Rank 为平均秩次,Sum of Ranks 为秩和。表 1593 为 12 岁以下与 40—59 岁被调查者是否推荐朋友来这里锻炼的非参数检验结果,其中 Mann-Whitney U、Wilcoxon W 以及 Z 为统计量,Asymp. sig. (2-tailed)为基于渐近分布的双侧检验概率,本例概率大于 0.05,可以认为在 0.05 水平上 12 岁以下与 40—59 岁被调查者是否推荐朋友来这里锻炼的差异不具有显著性。

表 1594　12 岁以下与 60 岁以上被调查者是否推荐朋友来这里锻炼的秩次统计

	被调查者的年龄区间	N	Mean Rank	Sum of Ranks
被调查者是否推荐朋友来这里锻炼	12 岁以下	23	64.57	1485.00
	60 岁以上	99	60.79	6018.00
	Total	122		

表 1595　12 岁以下与 60 岁以上被被调查者是否推荐朋友来这里锻炼的非参数检验结果[a]

	被调查者是否推荐朋友来这里锻炼
Mann-Whitney U	1068.000
Wilcoxon W	6018.000
Z	−.612
Asymp. Sig. (2-tailed)	.541

a. Grouping Variable:被调查者的年龄区间

表 1594 为 12 岁以下与 60 岁以上被被调查者是否推荐朋友来这里锻炼的秩次统计表,第一栏列出被调查城市,N 为样本量,Mean Rank 为平均秩次,Sum of Ranks 为秩和。表 1595 为 12 岁以下与 60 岁以上被被调查者是否推荐朋友来这里锻炼的非参数检验结果,其

中 Mann-Whitney U、Wilcoxon W 以及 Z 为统计量,Asymp. sig.(2-tailed)为基于渐近分布的双侧检验概率,本例概率大于 0.05,可以认为在 0.05 水平上 12 岁以下与 60 岁以上被被调查者是否推荐朋友来这里锻炼的差异不具有显著性。

表 1596　13—19 岁与 20—39 岁被调查者是否推荐朋友来这里锻炼的秩次统计

	被调查者的年龄区间	N	Mean Rank	Sum of Ranks
被调查者是否推荐朋友来这里锻炼	13—19 岁	51	189.53	9666.00
	20—39 岁	300	173.70	52110.00
	Total	351		

表 1597　13—19 岁与 20—39 岁被调查者是否推荐朋友来这里锻炼的非参数检验结果[a]

	被调查者是否推荐朋友来这里锻炼
Mann-Whitney U	6960.000
Wilcoxon W	52110.000
Z	−1.208
Asymp. Sig. (2-tailed)	.227

a. Grouping Variable:被调查者的年龄区间

　　表 1596 为 13—19 岁与 20—39 岁被调查者是否推荐朋友来这里锻炼的秩次统计表,第一栏列出被调查城市,N 为样本量,Mean Rank 为平均秩次,Sum of Ranks 为秩和。表 1597 为 13—19 岁与 20—39 岁被调查者是否推荐朋友来这里锻炼的非参数检验结果,其中 Mann-Whitney U、Wilcoxon W 以及 Z 为统计量,Asymp. sig.(2-tailed)为基于渐近分布的双侧检验概率,本例概率大于 0.05,可以认为在 0.05 水平上 13—19 岁与 20—39 岁被调查者是否推荐朋友来这里锻炼的差异不具有显著性。

表 1598　13—19 岁与 40—59 岁被调查者是否推荐朋友来这里锻炼的秩次统计

	被调查者的年龄区间	N	Mean Rank	Sum of Ranks
被调查者是否推荐朋友来这里锻炼	13—19 岁	51	139.79	7129.50
	40—59 岁	195	119.24	23251.50
	Total	246		

表 1599　13—19 岁与 40—59 岁被调查者是否推荐朋友来这里锻炼的非参数检验结果[a]

	被调查者是否推荐朋友来这里锻炼
Mann-Whitney U	4141.500
Wilcoxon W	23251.500
Z	−2.212
Asymp. Sig. (2-tailed)	.027

a. Grouping Variable:被调查者的年龄区间

　　表 1598 为 13—19 岁与 40—59 岁被调查者是否推荐朋友来这里锻炼的秩次统计表,第一栏列出被调查城市,N 为样本量,Mean Rank 为平均秩次,Sum of Ranks 为秩和。表 1599 为 13—19 岁与 40—59 岁被调查者是否推荐朋友来这里锻炼的非参数检验结果,其中

Mann-Whitney U、Wilcoxon W 以及 Z 为统计量,Asymp. sig.(2-tailed)为基于渐近分布的双侧检验概率,本例概率小于 0.05,可以认为在 0.05 水平上 13—19 岁与 40—59 岁被调查者是否推荐朋友来这里锻炼的差异具有显著性。

表 1600 13—19 岁与 60 岁以上被调查者是否推荐朋友来这里锻炼的秩次统计

	被调查者的年龄区间	N	Mean Rank	Sum of Ranks
被调查者是否推荐朋友来这里锻炼	13—19 岁	51	87.76	4476.00
	60 岁以上	99	69.18	6849.00
	Total	150		

表 1601 13—19 岁与 60 岁以上被调查者是否推荐朋友来这里锻炼的非参数检验结果[a]

	被调查者是否推荐朋友来这里锻炼
Mann-Whitney U	1899.000
Wilcoxon W	6849.000
Z	-3.055
Asymp. Sig. (2-tailed)	.002

a. Grouping Variable:被调查者的年龄区间

表 1600 为 13—19 岁与 60 岁以上被调查者是否推荐朋友来这里锻炼的秩次统计表,第一栏列出被调查城市,N 为样本量,Mean Rank 为平均秩次,Sum of Ranks 为秩和。表 1601 为 13—19 岁与 60 岁以上被调查者是否推荐朋友来这里锻炼的非参数检验结果,其中 Mann-Whitney U、Wilcoxon W 以及 Z 为统计量,Asymp. sig.(2-tailed)为基于渐近分布的双侧检验概率,本例概率小于 0.05,可以认为在 0.05 水平上 13—19 岁与 60 岁以上被调查者是否推荐朋友来这里锻炼的差异具有显著性。

表 1602 20—39 岁与 40—59 岁被调查者是否推荐朋友来这里锻炼的秩次统计

	被调查者的年龄区间	N	Mean Rank	Sum of Ranks
被调查者是否推荐朋友来这里锻炼	20—39 岁	300	255.50	76650.00
	40—59 岁	195	236.46	46110.00
	Total	495		

表 1603 20—39 岁与 40—59 岁被调查者是否推荐朋友来这里锻炼的非参数检验结果[a]

	被调查者是否推荐朋友来这里锻炼
Mann-Whitney U	27000.000
Wilcoxon W	46110.00
Z	-1.731
Asymp. Sig. (2-tailed)	.084

a. Grouping Variable:被调查者的年龄区间

表 1602 为 20—39 岁与 40—59 岁被调查者是否推荐朋友来这里锻炼的秩次统计表,第一栏列出被调查城市,N 为样本量,Mean Rank 为平均秩次,Sum of Ranks 为秩和。表 1603 为 20—39 岁与 40—59 岁被调查者是否推荐朋友来这里锻炼的非参数检验结果,其中

Mann-Whitney U、Wilcoxon W 以及 Z 为统计量,Asymp. sig.（2-tailed）为基于渐近分布的双侧检验概率,本例概率大于 0.05,可以认为在 0.05 水平上 20—39 岁与 40—59 岁被调查者是否推荐朋友来这里锻炼的差异不具有显著性。

表 1604　20—39 岁与 60 岁以上被调查者是否推荐朋友来这里锻炼的秩次统计

	被调查者的年龄区间	N	Mean Rank	Sum of Ranks
被调查者是否推荐朋友来这里锻炼	20—39 岁	300	207.80	62340.00
	60 岁以上	99	176.36	17460.00
	Total	399		

表 1605　20—39 岁与 60 岁以上被调查者是否推荐朋友来这里锻炼的非参数检验结果[a]

	被调查者是否推荐朋友来这里锻炼
Mann-Whitney U	12510.000
Wilcoxon W	17460.000
Z	−2.827
Asymp. Sig. (2-tailed)	.005

a. Grouping Variable：被调查者的年龄区间

　　表 1604 为 20—39 岁与 60 岁以上被调查者是否推荐朋友来这里锻炼的秩次统计表,第一栏列出被调查城市,N 为样本量,Mean Rank 为平均秩次,Sum of Ranks 为秩和。表 1605 为 20—39 岁与 60 岁以上被调查者是否推荐朋友来这里锻炼的非参数检验结果,其中 Mann-Whitney U、Wilcoxon W 以及 Z 为统计量,Asymp. sig.（2-tailed）为基于渐近分布的双侧检验概率,本例概率小于 0.05,可以认为在 0.05 水平上 20—39 岁与 60 岁以上被调查者是否推荐朋友来这里锻炼的差异具有显著性。

表 1606　40—59 岁与 60 岁以上被调查者是否推荐朋友来这里锻炼的秩次统计

	被调查者的年龄区间	N	Mean Rank	Sum of Ranks
被调查者是否推荐朋友来这里锻炼	40—59 岁	195	151.49	29541.00
	60 岁以上	99	139.64	13824.00
	Total	294		

表 1607　40—59 岁与 60 岁以上被调查者是否推荐朋友来这里锻炼的非参数检验结果[a]

	被调查者是否推荐朋友来这里锻炼
Mann-Whitney U	8874.000
Wilcoxon W	13824.000
Z	−1.429
Asymp. Sig. (2-tailed)	.153

a. Grouping Variable：被调查者的年龄区间

　　表 1606 为 40—59 岁与 60 岁以上被调查者是否推荐朋友来这里锻炼的秩次统计表,第

一栏列出被调查城市,N 为样本量,Mean Rank 为平均秩次,Sum of Ranks 为秩和。表 1607 为 40—59 岁与 60 岁以上被调查者是否推荐朋友来这里锻炼的非参数检验结果,其中 Mann-Whitney U、Wilcoxon W 以及 Z 为统计量,Asymp. sig.(2-tailed)为基于渐近分布的双侧检验概率,本例概率大于 0.05,可以认为在 0.05 水平上 40—59 岁与 60 岁以上被调查者是否推荐朋友来这里锻炼的差异不具有显著性。

(6)皖北六市不同锻炼次数居民是否推荐朋友来这里锻炼的列联表统计和非参数检验

1)皖北六市不同锻炼次数居民是否推荐朋友来这里锻炼的列联表统计

表 1608　被调查者锻炼次数 * 被调查者是否推荐朋友来这里锻炼

| | | 被调查者推荐朋友锻炼 | | Total |
		来这里	不来这里	
被调查者参加体育锻炼次数	非常少	48.1%	51.9%	100.0%
	少	54.3%	45.7%	100.0%
	中等	63.5%	36.5%	100.0%
	多	73.6%	26.4%	100.0%
	非常多	72.6%	27.4%	100.0%
	Total	64.2%	35.8%	100.0%

表 1608 显示,皖北不同锻炼次数居民是否推荐朋友"来这里"锻炼的占比与"不来这里"锻炼的占比之差:非常少－3.8%;少 8.6%;中等 27%;多 47.2%;非常多 45.2%;总体: 28.4%。总体上皖北六市不同锻炼次数居民是否推荐朋友"来这里"锻炼的占比比"不来这里"锻炼的占比偏多。锻炼次数少、中等、多、非常多居民推荐朋友"来这里"锻炼的占比与"不来这里"锻炼的占比之差为正,锻炼次数非常少的为负。排序为:锻炼次数非常少<少< 中等<非常多<多。相关检验显示,皖北六市被调查者的锻炼次数与被调查者是否推荐朋友来这里锻炼的皮尔逊相关系数为 0.173,斯皮尔曼相关系数为 0.175,p=0.000<0.05,相关具有显著性。

2)皖北六市不同锻炼次数居民是否推荐朋友来这里锻炼的非参数检验

表 1609　皖北六市不同锻炼次数居民是否推荐朋友来这里锻炼的平均秩

	被调查者参加体育锻炼的次数	N	Mean Rank
被调查者推荐朋友锻炼	非常少	52	388.42
	少	151	367.62
	中等	189	336.94
	多	163	303.11
	非常多	113	306.63
	Total	668	

表 1609 为皖北六市不同锻炼次数居民是否推荐朋友来这里锻炼的样本量和平均秩,平

均秩降序排列为："非常少"为 388.42、"少"为 367.62、"中等"为 336.94、"非常多"为 303.11、"多"为 306.63。

表 1610 皖北六市不同锻炼次数居民是否推荐朋友来这里锻炼的非参数检验结果a,b

	被调查者推荐朋友锻炼
Chi-Square	22.063
Df	4
Asymp. Sig.	.000

a. Kruskal Wallis Test

b. Grouping Variable：被调查者参加体育锻炼的次数

表 1610 为 Kruskal-Wallis 检验，Asymp. Sig. 为检验统计量 $\chi^2=22.063$、df＝4 时基于渐近分布概率，本例概率 p＝0.000＜0.05，所以否定检验的原假设，即可以认为皖北六市不同锻炼次数居民是否推荐朋友来这里锻炼之间的差异在 0.05 水平上具有显著性。

表 1611   体育锻炼次数非常少与少被调查者是否推荐朋友来这里锻炼的秩次统计

	被调查者参加体育锻炼次数	N	Mean Rank	Sum of Ranks
被调查者是否推荐朋友来这里锻炼	非常少	52	106.70	5548.50
	少	151	100.38	15157.50
	Total	203		

表 1612   体育锻炼次数非常少与少被调查者是否推荐朋友来这里锻炼的非参数检验结果a

	被调查者是否推荐朋友来这里锻炼
Mann-Whitney U	3681.500
Wilcoxon W	15157.500
Z	−.774
Asymp. Sig.（2-tailed）	.439

a. Grouping Variable：被调查者参加体育锻炼次数

表 1611 为体育锻炼次数非常少与少被调查者是否推荐朋友来这里锻炼的秩次统计表，第一栏列出被调查城市，N 为样本量，Mean Rank 为平均秩次，Sum of Ranks 为秩和。表 1612 为体育锻炼次数非常少与少被调查者是否推荐朋友来这里锻炼的非参数检验结果，其中 Mann-Whitney U、Wilcoxon W 以及 Z 为统计量，Asymp. sig.（2-tailed）为基于渐近分布的双侧检验概率，本例概率大于 0.05，可以认为在 0.05 水平上体育锻炼次数非常少与少被调查者是否推荐朋友来这里锻炼的差异不具有显著性。

表 1613   体育锻炼次数非常少与中等被调查者是否推荐朋友来这里锻炼的秩次统计

	被调查者参加体育锻炼次数	N	Mean Rank	Sum of Ranks
被调查者是否推荐朋友来这里锻炼	非常少	52	135.57	7049.50
	中等	189	116.99	22111.50
	Total	241		

表 1614 体育锻炼次数非常少与中等被调查者是否推荐朋友来这里锻炼的非参数检验结果[a]

	被调查者是否推荐朋友来这里锻炼
Mann-Whitney U	4156.500
Wilcoxon W	22111.500
Z	−2.007
Asymp. Sig. (2-tailed)	.045

a. Grouping Variable：被调查者参加体育锻炼次数

表 1613 为体育锻炼次数非常少与中等被调查者是否推荐朋友来这里锻炼的秩次统计表，第一栏列出被调查城市，N 为样本量，Mean Rank 为平均秩次，Sum of Ranks 为秩和。表 1614 为体育锻炼次数非常少与中等被调查者是否推荐朋友来这里锻炼的非参数检验结果，其中 Mann-Whitney U、Wilcoxon W 以及 Z 为统计量，Asymp. sig. (2-tailed)为基于渐近分布的双侧检验概率，本例概率小于 0.05，可以认为在 0.05 水平上体育锻炼次数非常少与中等被调查者是否推荐朋友来这里锻炼的差异具有显著性。

表 1615 体育锻炼次数非常少与多被调查者是否推荐朋友来这里锻炼的秩次统计

	被调查者参加体育锻炼次数	N	Mean Rank	Sum of Ranks
被调查者是否推荐朋友来这里锻炼	非常少	52	128.82	6698.50
	多	163	101.36	16521.50
	Total	215		

表 1616 体育锻炼次数非常少与多被调查者是否推荐朋友来这里锻炼的非参数检验结果[a]

	被调查者是否推荐朋友来这里锻炼
Mann-Whitney U	3155.500
Wilcoxon W	16521.500
Z	−3.415
Asymp. Sig. (2-tailed)	.001

a. Grouping Variable：被调查者参加体育锻炼次数

表 1615 为体育锻炼次数非常少与多被调查者是否推荐朋友来这里锻炼的秩次统计表，第一栏列出被调查城市，N 为样本量，Mean Rank 为平均秩次，Sum of Ranks 为秩和。表 1616 为体育锻炼次数非常少与多被调查者是否推荐朋友来这里锻炼的非参数检验结果，其中 Mann-Whitney U、Wilcoxon W 以及 Z 为统计量，Asymp. sig. (2-tailed)为基于渐近分布的双侧检验概率，本例概率小于 0.05，可以认为在 0.05 水平上体育锻炼次数非常少与多被调查者是否推荐朋友来这里锻炼的差异具有显著性。

表 1617 体育锻炼次数非常少与非常多被调查者是否推荐朋友来这里锻炼的秩次统计

	被调查者参加体育锻炼次数	N	Mean Rank	Sum of Ranks
被调查者是否推荐朋友来这里锻炼	非常少	52	96.84	5035.50
	非常多	113	76.63	8659.50
	Total	165		

表 1618　体育锻炼次数非常少与非常多被调查者是否推荐朋友来这里锻炼的非参数检验结果[a]

	被调查者是否推荐朋友来这里锻炼
Mann-Whitney U	2218.500
Wilcoxon W	8659.500
Z	−3.052
Asymp. Sig. (2-tailed)	.002

a. Grouping Variable：被调查者参加体育锻炼次数

　　表 1617 为体育锻炼次数非常少与非常多被调查者是否推荐朋友来这里锻炼的秩次统计表，第一栏列出被调查城市，N 为样本量，Mean Rank 为平均秩次，Sum of Ranks 为秩和。表 1618 为体育锻炼次数非常少与非常多被调查者是否推荐朋友来这里锻炼的非参数检验结果，其中 Mann-Whitney U、Wilcoxon W 以及 Z 为统计量，Asymp. sig. (2-tailed)为基于渐近分布的双侧检验概率，本例概率小于 0.05，可以认为在 0.05 水平上体育锻炼次数非常少与非常多被调查者是否推荐朋友来这里锻炼的差异具有显著性。

表 1619　体育锻炼次数少与中等被调查者是否推荐朋友来这里锻炼的秩次统计

	被调查者参加体育锻炼次数	N	Mean Rank	Sum of Ranks
被调查者是否推荐朋友来这里锻炼	少	151	179.18	27056.50
	中等	189	163.56	30913.50
	Total	340		

表 1620　体育锻炼次数少与中等被调查者是否推荐朋友来这里锻炼的非参数检验结果[a]

	被调查者是否推荐朋友来这里锻炼
Mann-Whitney U	12958.500
Wilcoxon W	30913.500
Z	−1.712
Asymp. Sig. (2-tailed)	.087

a. Grouping Variable：被调查者参加体育锻炼次数

　　表 1619 为体育锻炼次数少与中等被调查者是否推荐朋友来这里锻炼的秩次统计表，第一栏列出被调查城市，N 为样本量，Mean Rank 为平均秩次，Sum of Ranks 为秩和。表 1620 为体育锻炼次数少与中等被调查者是否推荐朋友来这里锻炼的非参数检验结果，其中 Mann-Whitney U、Wilcoxon W 以及 Z 为统计量，Asymp. sig. (2-tailed)为基于渐近分布的双侧检验概率，本例概率大于 0.05，可以认为在 0.05 水平上体育锻炼次数少与中等被调查者是否推荐朋友来这里锻炼的差异不具有显著性。

表 1621　体育锻炼次数少与多被调查者是否推荐朋友来这里锻炼的秩次统计

	被调查者参加体育锻炼次数	N	Mean Rank	Sum of Ranks
被调查者是否推荐朋友来这里锻炼	少	151	173.24	26159.50
	多	163	142.92	23295.50
	Total	314		

表 1622　体育锻炼次数少与多被调查者是否推荐朋友来这里锻炼的非参数检验结果[a]

	被调查者是否推荐朋友来这里锻炼
Mann-Whitney U	9929.500
Wilcoxon W	23295.500
Z	−3.564
Asymp. Sig. (2-tailed)	.000

a. Grouping Variable：被调查者参加体育锻炼次数

　　表 1621 为体育锻炼次数少与多被调查者是否推荐朋友来这里锻炼的秩次统计表，第一栏列出被调查城市，N 为样本量，Mean Rank 为平均秩次，Sum of Ranks 为秩和。表 1622 为体育锻炼次数少与多被调查者是否推荐朋友来这里锻炼的非参数检验结果，其中 Mann-Whitney U、Wilcoxon W 以及 Z 为统计量，Asymp. sig.（2-tailed）为基于渐近分布的双侧检验概率，本例概率小于 0.05，可以认为在 0.05 水平上体育锻炼次数少与多被调查者是否推荐朋友来这里锻炼的差异具有显著性。

表 1623　体育锻炼次数少与非常多被调查者是否推荐朋友来这里锻炼的秩次统计

	被调查者参加体育锻炼次数	N	Mean Rank	Sum of Ranks
被调查者是否推荐朋友来这里锻炼	少	151	142.82	21565.50
	非常多	113	118.71	13414.50
	Total	264		

表 1624　体育锻炼次数少与非常多被调查者是否推荐朋友来这里锻炼的非参数检验结果[a]

	被调查者是否推荐朋友来这里锻炼
Mann-Whitney U	6973.500
Wilcoxon W	13414.500
Z	−3.021
Asymp. Sig. (2-tailed)	.003

a. Grouping Variable：被调查者参加体育锻炼次数

　　表 1623 为体育锻炼次数少与非常多被调查者是否推荐朋友来这里锻炼的秩次统计表，第一栏列出被调查城市，N 为样本量，Mean Rank 为平均秩次，Sum of Ranks 为秩和。表 1624 为体育锻炼次数少与非常多被调查者是否推荐朋友来这里锻炼的非参数检验结果，其中 Mann-Whitney U、Wilcoxon W 以及 Z 为统计量，Asymp. sig.（2-tailed）为基于渐近分布的双侧检验概率，本例概率小于 0.05，可以认为在 0.05 水平上体育锻炼次数少与非常多被调查者是否推荐朋友来这里锻炼的差异具有显著性。

表 1625　体育锻炼次数中等与多被调查者是否推荐朋友来这里锻炼的秩次统计

	被调查者参加体育锻炼次数	N	Mean Rank	Sum of Ranks
被调查者是否推荐朋友来这里锻炼	中等	189	184.75	34918.50
	多	163	166.93	27209.50
	Total	352		

表 1626 体育锻炼次数中等与多被调查者是否推荐朋友来这里锻炼的非参数检验结果[a]

	被调查者是否推荐朋友来这里锻炼
Mann-Whitney U	13843.500
Wilcoxon W	27209.500
Z	−2.031
Asymp. Sig. (2-tailed)	.042

a. Grouping Variable：被调查者参加体育锻炼次数

表 1625 为体育锻炼次数中等与多被调查者是否推荐朋友来这里锻炼的秩次统计表,第一栏列出被调查城市,N 为样本量,Mean Rank 为平均秩次,Sum of Ranks 为秩和。表 1626 为体育锻炼次数中等与多被调查者是否推荐朋友来这里锻炼的非参数检验结果,其中 Mann-Whitney U、Wilcoxon W 以及 Z 为统计量,Asymp. sig. (2-tailed)为基于渐近分布的双侧检验概率,本例概率小于 0.05,可以认为在 0.05 水平上体育锻炼次数中等与多被调查者是否推荐朋友来这里锻炼的差异具有显著性。

表 1627 体育锻炼次数中等与非常多被调查者是否推荐朋友来这里锻炼的秩次统计

	被调查者参加体育锻炼次数	N	Mean Rank	Sum of Ranks
被调查者是否推荐朋友来这里锻炼	中等	189	156.63	29602.50
	非常多	113	142.92	16150.50
	Total	302		

表 1628 体育锻炼次数中等与非常多被调查者是否推荐朋友来这里锻炼的非参数检验结果[a]

	被调查者是否推荐朋友来这里锻炼
Mann-Whitney U	9709.500
Wilcoxon W	16150.500
Z	−1.619
Asymp. Sig. (2-tailed)	.105

a. Grouping Variable：被调查者参加体育锻炼次数

表 1627 为体育锻炼次数中等与非常多被调查者是否推荐朋友来这里锻炼的秩次统计表,第一栏列出被调查城市,N 为样本量,Mean Rank 为平均秩次,Sum of Ranks 为秩和。表 1628 为体育锻炼次数中等与非常多被调查者是否推荐朋友来这里锻炼的非参数检验结果,其中 Mann-Whitney U、Wilcoxon W 以及 Z 为统计量,Asymp. sig. (2-tailed)为基于渐近分布的双侧检验概率,本例概率大于 0.05,可以认为在 0.05 水平上体育锻炼次数中等与非常多被调查者是否推荐朋友来这里锻炼的差异不具有显著性。

表 1629 体育锻炼次数多与非常多被调查者是否推荐朋友来这里锻炼的秩次统计

	被调查者参加体育锻炼次数	N	Mean Rank	Sum of Ranks
被调查者是否推荐朋友来这里锻炼	多	163	137.90	22478.50
	非常多	113	139.36	15747.50
	Total	276		

表 1630　体育锻炼次数多与非常多被调查者是否推荐朋友来这里锻炼的非参数检验结果[a]

	被调查者是否推荐朋友来这里锻炼
Mann-Whitney U	9112.500
Wilcoxon W	22478.500
Z	−.194
Asymp. Sig. (2-tailed)	.846

a. Grouping Variable：被调查者参加体育锻炼次数

　　表 1629 为体育锻炼次数多与非常多被调查者是否推荐朋友来这里锻炼的秩次统计表，第一栏列出被调查城市，N 为样本量，Mean Rank 为平均秩次，Sum of Ranks 为秩和。表 1630 为体育锻炼次数多与非常多被调查者是否推荐朋友来这里锻炼的非参数检验结果，其中 Mann-Whitney U、Wilcoxon W 以及 Z 为统计量，Asymp. sig. (2-tailed) 为基于渐近分布的双侧检验概率，本例概率大于 0.05，可以认为在 0.05 水平上体育锻炼次数多与非常多被调查者是否推荐朋友来这里锻炼的差异不具有显著性。

4.1.4.5　小结

（1）公共体育设施对皖北不同市居民健身的影响

　　总体上皖北六市居民对居住区周围公共体育设施"满意"的占比比"不满意"的占比偏多。阜阳市、宿州市、淮北市、蚌埠市、亳州市、淮南市居民对居住区周围公共体育设施"满意"和"非常满意"的占比与"不满意"和"非常不满意"的占比之差都为正。排序为：阜阳市＞宿州市＞淮北市＞亳州市＞蚌埠市＞淮南市。

　　多个独立样本的非参数检验显示，皖北六市居民对居住区周围公共体育设施满意度之间的差异在 0.05 水平上具有显著性。两个独立样本的非参数检验显示，淮北市与宿州市、淮北市与蚌埠市、淮北市与淮南市、淮北市与阜阳市、淮北市与亳州市、宿州市与蚌埠市、宿州市与阜阳市、宿州市与亳州市、蚌埠市与淮南市、蚌埠市与阜阳市、淮南市与亳州市、阜阳市与亳州市被调查者在居住区锻炼满意程度之间的差异不具有显著性。宿州市与淮南市、蚌埠市与亳州市、淮南市与阜阳市被调查者在居住区锻炼满意程度之间的差异具有显著性。

　　总体上皖北六市居民对公共体育设施使用的拥挤度影响锻炼看法，"赞同"的占比比"不赞同"的占比偏多。阜阳市、宿州市、淮北市、蚌埠市、亳州市、淮南市居民对公共体育设施使用的拥挤度影响锻炼看法，"赞同"和"非常赞同"的占比与"不赞同"和"非常不赞同"的占比之差都为正。排序为：淮南市＞宿州市＝淮北市＞阜阳市＞蚌埠市＞亳州市。

　　总体上皖北六市居民来这里"来这里"的占比比"不来这里"的占比偏多。宿州市、淮南市、阜阳市、淮北市、亳州市、蚌埠市"来这里"占比与"不来这里"占比之差都为正。排序为：宿州市＞淮南市＞阜阳市＞淮北市＞亳州市＞蚌埠市。

　　多个独立样本的非参数检验显示，皖北六市居民对公共体育设施使用的拥挤度影响锻炼看法之间的差异在 0.05 水平上具有显著性。两个独立样本的非参数检验显示，淮北市与宿州市、淮北市与蚌埠市、淮北市与淮南市、淮北市与阜阳市、宿州市与淮南市、宿州市与阜阳、蚌埠市与淮南市、蚌埠市与阜阳市、淮南市与阜阳市被调查者对公共体育设施使用的拥挤度影响锻炼的看法之间的差异不具有显著性。淮北市与亳州市、宿州市与蚌埠市、宿州市与亳州市、蚌埠市与亳州市、淮南市与亳州市、阜阳市与亳州市被调查者对公共体育设施使用的拥挤度影响锻炼的看法之间的差异具有显著性。

皖北六市居民居民下次锻炼是否来这里之间的差异在 0.05 水平上不具有显著性。总体上皖北六市居民下次锻炼"来这里"的占比比"不来这里"的占比偏多。宿州市、淮南市、阜阳市、淮北市、亳州市、蚌埠市"来这里"占比与"不来这里"占比之差都为正。排序为：宿州市＞淮南市＞阜阳市＞淮北市＞亳州市＞蚌埠市。

皖北不同市居民是否推荐朋友来这里锻炼之间的差异在 0.05 水平上不具有显著性。总体上皖北六市居民推荐朋友"来这里"锻炼的占比比"不来这里"的占比偏多。宿州市、淮南市、阜阳市、淮北市、亳州市、蚌埠市居民推荐朋友"来这里"锻炼的占比与"不来这里"锻炼的占比之差都为正。排序为：宿州市＞淮北市＞蚌埠市＞亳州市＞阜阳市＞淮南市。

（2）公共体育设施对皖北六市不同居住区居民健身的影响

总体上皖北六市不同居住区域居民对居住区周围公共体育设施满意度"满意"的占比比"不满意"的占比偏多。但各区域情况不同，中央区域、中央与郊区之间、郊区"满意"和"非常满意"占比与"不满意"和"非常不满意"占比之差为正，农村地区为负。排序为：中央区域＞郊区＞中央与郊区之间＞农村地区。相关检验显示，皖北六市被调查者居住的区域与被调查者对居住区周围公共体育设施满意度的皮尔逊相关系数为 0.267，斯皮尔曼相关系数为 0.254，$p=0.000<0.05$，相关具有显著性。

多个独立样本的非参数检验显示，皖北六市不同居住区居民对居住区周围公共体育设施满意度之间的差异在 0.05 水平上具有显著性。两个独立样本的非参数检验显示，中央区域与郊区之间与郊区被调查者在居住区附近锻炼满意程度之间的差异不具有显著性。中央区域与中央与郊区之间、中央区域与郊区、中央区域与农村地区、中央区域与郊区之间与农村地区、郊区与农村地区被调查者在居住区附近锻炼满意程度之间的差异具有显著性。

总体上皖北六市不同居住区域居民对公共体育设施使用的拥挤度影响锻炼看法"赞同"的占比比"不赞同"的占比偏多。中央区域、中央与郊区之间、郊区、农村地区"赞同"和"非常赞同"占比与"不赞同"和"非常不赞同"占比之差都为正。排序为：中央区域＞中央与郊区之间＞农村地区＞郊区。相关检验显示，皖北六市被调查者居住的区域与被调查者对公共体育设施使用的拥挤度影响锻炼看法的皮尔逊相关系数为 0.204，斯皮尔曼相关系数为 0.202，$p=0.000<0.05$，相关具有显著性。

多个独立样本的非参数检验显示，皖北六市不同居住区居民对公共体育设施使用的拥挤度影响锻炼看法之间的差异在 0.05 水平上具有显著性。两个独立样本的非参数检验显示，郊区与农村地区被调查者对公共体育设施使用的拥挤度影响锻炼的看法之间的差异不具有显著性。中央区域与中央与郊区之间、中央区域与郊区、中央区域与农村地区、中央区域与郊区之间与郊区、中央区域与郊区之间与农村地区被调查者对公共体育设施使用的拥挤度影响锻炼的看法之间的差异具有显著性。

总体上皖北六市不同居住区域居民下次锻炼是否"来这里"锻炼的占比比"不来这里"的占比偏多。中央区域、中央与郊区之间、郊区、农村地区"来这里"锻炼的占比与"不来这里"锻炼的占比之差为正。排序为：中央区域＞中央与郊区之间＞郊区＞农村地区。相关检验显示，皖北六市被调查者居住的区域与被调查者下次来这里锻炼的皮尔逊相关系数为 0.228，斯皮尔曼相关系数为 0.219，$p=0.000<0.05$，相关具有显著性。

多个独立样本的非参数检验显示,皖北六市不同居住区居民下次锻炼是否来这里之间的差异在 0.05 水平上具有显著性。两个独立样本的非参数检验显示,中央区域与中央与郊区之间、郊区与农村地区被调查者被调查者下次锻炼是否来这里之间的差异不具有显著性。中央区域与郊区、中央区域与农村地区、中央区域与郊区之间与郊区、中央区域与郊区之间与农村地区被调查者被调查者下次锻炼是否来这里之间的差异具有显著性。

总体上皖北六市不同居住区域居民是否推荐朋友"来这里"锻炼的占比比"不来这里"锻炼的占比偏多。但各区域情况不同,中央区域、中央与郊区之间、郊区居民推荐朋友"来这里"锻炼的占比与"不来这里"锻炼的占比之差为正,农村地区为负。排序为:中央区域>中央与郊区之间>郊区>农村地区。相关检验显示,皖北六市被调查者居住的区域与被调查者推荐朋友来这里锻炼的皮尔逊相关系数为 0.217,斯皮尔曼相关系数为 0.209,p=0.000<0.05,相关具有显著性。

多个独立样本的非参数检验显示,皖北六市不同居住区居民是否推荐朋友来这里锻炼之间的差异在 0.05 水平上具有显著性。两个独立样本的非参数检验显示,中央区域与中央与郊区之间、郊区与农村地区被调查者推荐朋友锻炼是否来这里之间的差异不具有显著性。中央区域与郊区、中央区域与农村地区、中央区域与郊区之间与郊区、中央区域与郊区之间与农村地区被调查者推荐朋友锻炼是否来这里之间的差异具有显著性。

(3) 公共体育设施对皖北六市不同居住密度居民健身的影响

总体上皖北六市不同居住密度居民对居住区周围公共体育设施"满意"的占比比"不满意"的占比偏多。但不同居住密度情况不同,居住密度中等、大、非常大的居民对居住区周围公共体育设施"满意"和"非常满意"占比与"不满意"和"非常不满意"占比之差为正,居住密度稀疏、非常稀疏的地区为负。排序为:居住密度大>非常大>中等>非常稀疏>稀疏。相关检验显示,皖北六市被调查者居住的密度与被调查者对居住区周围公共体育设施满意度的皮尔逊相关系数为 0.194,斯皮尔曼相关系数为 0.205,p=0.000<0.05,相关具有显著性。

多个独立样本的非参数检验显示,皖北六市不同居住密度居民对居住区周围公共体育设施满意度之间的差异在 0.05 水平上具有显著性。两个独立样本的非参数检验显示,居住密度非常稀疏与稀疏、非常稀疏与中等、稀疏与中等、大与非常大被调查者在居住区附近锻炼的满意程度之间的差异不具有显著性。居住密度非常稀疏与大、非常稀疏与非常大、稀疏与大、稀疏与非常大、中等与大、中等与非常大被调查者在居住区附近锻炼的满意程度之间的差异具有显著性。

总体上皖北六市不同居住密度居民对公共体育设施使用的拥挤度影响锻炼看法,"赞同"的占比比"不赞同"的占比偏多。居住密度稀疏、非常稀疏、中等、大、非常大的居民对公共体育设施使用的拥挤度影响锻炼看法,"赞同"和"非常赞同"的占比与"不赞同"和"非常不赞同"的占比之差都为正。排序为:居住密度大>非常大>中等>稀疏>非常稀疏。相关检验显示,皖北六市被调查者居住的密度与被调查者对公共体育设施使用的拥挤度影响锻炼看法的皮尔逊相关系数为 0.188,斯皮尔曼相关系数为 0.204,p=0.000<0.05,相关具有显著性。

多个独立样本的非参数检验显示,皖北六市不同居住密度居民对公共体育设施使用的拥挤度影响锻炼看法之间的差异在 0.05 水平上具有显著性。两个独立样本的非参数检验显示,居住密度非常稀疏与稀疏、非常稀疏与中等、非常稀疏与大、中等与大被调查者对公共体育设施使用的拥挤度影响锻炼看法之间的差异不具有显著性。居住密度非常稀疏与非常大、稀疏与中等、稀疏与大、稀疏与非常大、中等与非常大、大与非常大被调查者对公共体育设施使用的拥挤度影响锻炼看法之间的差异具有显著性。

总体上皖北六市不同居住密度居民下次锻炼是否"来这里"锻炼的占比比"不来这里"锻炼的占比偏多。居住密度非常稀疏、稀疏、中等、大、非常大居民"来这里"锻炼的占比与"不来这里"锻炼的占比之差为正。排序为:居住密度大>非常大>中等>非常稀疏>稀疏。相关检验显示,皖北六市被调查者的居住密度与被调查者下次来这里锻炼的皮尔逊相关系数为 0.161,斯皮尔曼相关系数为 0.168,p=0.000<0.05,相关具有显著性。

多个独立样本的非参数检验显示,皖北六市不同居住密度居民下次锻炼是否来这里之间的差异在 0.05 水平上具有显著性。两个独立样本的非参数检验显示,居住密度非常稀疏与稀疏、非常稀疏与中等、非常稀疏与非常大、中等与非常大、大与非常大被调查者下次锻炼是否来这里之间的差异不具有显著性。居住密度非常稀疏与大、稀疏与中等、稀疏与大、稀疏与非常大、中等与大被调查者下次锻炼是否来这里之间的差异具有显著性。

总体上皖北六市不同居住密度居民是否推荐朋友"来这里"锻炼的占比比"不来这里"的占比偏多。居住密度非常稀疏、中等、大、非常大居民推荐朋友"来这里"锻炼的占比与"不来这里"锻炼的占比之差为正,居住密度稀疏的为负。排序为:居住密度大>非常大>中等>非常稀疏>稀疏。相关检验显示,皖北六市被调查者的居住密度与被调查者推荐朋友来这里锻炼的皮尔逊相关系数为 0.114,斯皮尔曼相关系数为 0.119,p=0.003<0.05,p=0.002<0.05,相关具有显著性。

多个独立样本的非参数检验显示,皖北六市不同居住密度居民是否推荐朋友来这里锻炼之间的差异在 0.05 水平上具有显著性。两个独立样本的非参数检验显示,居住密度非常稀疏与稀疏、非常稀疏与中等、非常稀疏与非常大、中等与非常大被调查者推荐朋友锻炼是否来这里之间的差异不具有显著性。居住密度非常稀疏与大、稀疏与中等、稀疏与大、稀疏与非常大、中等与大、大与非常大被调查者推荐朋友锻炼是否来这里之间的差异具有显著性。

(4) 公共体育设施对皖北六市不同性别居民健身的影响

皖北六市不同性别居民对居住区周围公共体育设施满意度的差异具有显著性。总体上皖北六市不同性别居民对居住区周围公共体育设施"满意"的占比比"不满意"的占比偏多。男性和女性居民对居住区周围公共体育设施"满意"和"非常满意"占比与"不满意"和"非常不满意"占比之差都为正。排序为:男性>女性。相关检验显示,皖北六市被调查者的性别与被调查者对居住区周围公共体育设施满意度的皮尔逊相关系数为 0.071,p=0.067>0.05,相关不具有显著性。斯皮尔曼相关系数为 0.083,p=0.031<0.05,相关具有显著性。

皖北六市不同性别居民对公共体育设施使用的拥挤度影响锻炼看法的差异具有显著性。总体上皖北六市不同性别居民对公共体育设施使用的拥挤度影响锻炼看法,"赞同"的占比比"不赞同"的占比偏多。男性和女性居民对居住区周围公共体育设施"赞同"和"非常赞同"占比与"不赞同"和"非常不赞同"占比之差都为正。排序为:男性>女性。相关检验显示,皖北六市被调查者的性别与被调查者对公共体育设施使用的拥挤度影响锻炼看法的皮尔逊相关系数为 0.068,p=0.081>0.05,相关不具有显著性。斯皮尔曼相关系数为 0.077,

p＝0.046＜0.05，相关具有显著性。

皖北六市不同性别居民下次锻炼是否来这里的差异不具有显著性。总体上皖北六市不同性别居民下次锻炼是否"来这里"锻炼的占比比"不来这里"锻炼的占比偏多。男性与女性居民"来这里"锻炼的占比与"不来这里"锻炼的占比之差都为正。排序为：男性＞女性。相关检验显示，皖北六市被调查者的性别与被调查者下次来这里锻炼的皮尔逊相关系数为0.040，斯皮尔曼相关系数为0.040，p＝0.299＞0.05，相关不具有显著性。

皖北六市不同性别居民是否推荐朋友来这里锻炼的差异不具有显著性。总体上皖北六市不同性别居民是否推荐朋友"来这里"锻炼的占比比"不来这里"的占比偏多。男性与女性居民推荐朋友"来这里"锻炼的占比与"不来这里"锻炼的占比之差为正。排序为：男性＞女性。相关检验显示，皖北六市被调查者的性别与被调查者是否推荐朋友来这里锻炼的皮尔逊相关系数为0.062，斯皮尔曼相关系数为0.062，p＝0.108＞0.05，相关不具有显著性。

（5）公共体育设施对皖北六市不同年龄区间居民健身的影响

总体上皖北六市不同年龄区间居民对居住区周围公共体育设施"满意"的占比比"不满意"的占比偏多。各年龄区间居民对居住区周围公共体育设施"满意"和"非常满意"的占比与"不满意"和"非常不满意"的占比之差都为正。排序为：12岁以下＞13—19岁＞60岁以上＞40—59岁＞20—39岁。相关检验显示，皖北六市被调查者的年龄区间与被调查者对居住区周围公共体育设施满意度的皮尔逊相关系数为0.007，斯皮尔曼相关系数为0.032，p＝0.866＞0.05，p＝0.406＞0.05，相关不具有显著性。

多个独立样本的非参数检验显示，皖北六市不同年龄区间居民对居住区周围公共体育设施满意度之间的差异在0.05水平上具有显著性。两个独立样本的非参数检验显示，年龄区间12岁以下与60岁以上、13—19岁与40—59岁、13—19岁与60岁以上、20—39岁与40—59岁被调查者在居住区附近锻炼的满意程度的差异不具有显著性。年龄区间12岁以下与13—19岁、12岁以下与20—39岁、12岁以下与40—59岁、13—19岁与20—39岁、20—39岁与60岁以上、40—59岁与60岁以上被调查者在居住区附近锻炼的满意程度的差异具有显著性。

总体上皖北六市不同年龄区间居民对公共体育设施使用的拥挤度影响锻炼看法，"赞同"的占比比"不赞同"的占比偏多。各年龄区间居民对公共体育设施使用的拥挤度影响锻炼看法，"赞同"和"非常赞同"的占比与"不赞同"和"非常不赞同"的占比之差都为正。排序为：12岁以下＞20—39岁＞40—59岁＞13—19岁＞60岁以上。相关检验显示，皖北六市被调查者的年龄区间与被调查者对公共体育设施使用的拥挤度影响锻炼看法的皮尔逊相关系数为0.104，p＝0.007＜0.05，相关具有显著性。斯皮尔曼相关系数为0.070，p＝0.073＞0.05，相关不具有显著性。

多个独立样本的非参数检验显示，皖北六市不同年龄区间居民对公共体育设施使用的拥挤度影响锻炼看法之间的差异在0.05水平上具有显著性。两个独立样本的非参数检验显示，年龄区间13—19岁与20—39岁、13—19岁与40—59岁、13—19岁与60岁以上、20—39岁与60岁以上、40—59岁与60岁以上、12岁以下与60岁以上被调查者对公共体育设施使用的拥挤度影响锻炼的看法的差异不具有显著性。年龄区间12岁以下与13—19岁、12岁以下与20—39岁、12岁以下与40—59岁、20—39岁与40—59岁被调查者对公共体育设施使用的拥挤度影响锻炼的看法的差异具有显著性。

皖北六市不同年龄区间居民下次锻炼是否来这里之间的差异在 0.05 水平上不具有显著性。总体上皖北六市不同年龄区间居民下次锻炼是否"来这里"锻炼的占比比"不来这里"锻炼的占比偏多。年龄区间 12 岁以下、13—19 岁、20—39 岁、40—59 岁、60 岁以上居民"来这里"锻炼的占比与"不来这里"锻炼的占比之差为正。排序为:12 岁以下>60 岁以上>40—59 岁>20—39 岁>13—19 岁。相关检验显示,皖北六市被调查者的年龄区间与被调查者下次来这里锻炼的皮尔逊相关系数为 0.065,斯皮尔曼相关系数为 0.075,p=0.094>0.05,p=0.052>0.05,相关不具有显著性。

总体上皖北六市不同年龄区间居民是否推荐朋友"来这里"锻炼的占比比"不来这里"锻炼的占比偏多。年龄区间 12 岁以下、13—19 岁、20—39 岁、40—59 岁、60 岁以上居民推荐朋友"来这里"锻炼的占比与"不来这里"锻炼的占比之差都为正。排序为:60 岁以上>12 岁以下>40—59 岁>20—39 岁>13—19 岁。相关检验显示,皖北六市被调查者的年龄区间与被调查者是否推荐朋友来这里锻炼的皮尔逊相关系数为 0.111,斯皮尔曼相关系数为 0.123,p=0.004<0.05,p=0.002<0.05,相关具有显著性。

多个独立样本的非参数检验显示,皖北六市不同年龄区间居民下次锻炼是否来这里之间的差异在 0.05 水平上具有显著性。两个独立样本的非参数检验显示,年龄区间 12 岁以下与 13—19 岁、12 岁以下与 20—39 岁、12 岁以下与 40—59 岁、12 岁以下与 60 岁以上、13—19 岁与 20—39 岁、20—39 岁与 40—59 岁、40—59 岁与 60 岁以上被调查者是否推荐朋友来这里锻炼的差异不具有显著性。年龄区间 13—19 岁与 40—59 岁、13—19 岁与 60 岁以上、20—39 岁与 60 岁以上被调查者是否推荐朋友来这里锻炼的差异具有显著性。

（6）公共体育设施对皖北六市不同锻炼次数居民健身的影响

总体上皖北六市不同锻炼次数居民对居住区周围公共体育设施"满意"的占比比"不满意"的占比偏多。锻炼次数少、中等、多、非常多的居民对居住区周围公共体育设施"满意"和"非常满意"的占比与"不满意"和"非常不满意"的占比之差为正,锻炼次数非常少的居民对居住区周围公共体育设施"满意"和"非常满意"的占比与"不满意"和"非常不满意"的占比之差为负。排序为:非常少<少<中等<多<非常多。相关检验显示,皖北六市被调查者的锻炼次数与被调查者对居住区周围公共体育设施满意度的皮尔逊相关系数为 0.370,斯皮尔曼相关系数为 0.350,p=0.000<0.05,p=0.000<0.05,相关具有显著性。

多个独立样本的非参数检验显示,皖北六市不同锻炼次数居民对居住区周围公共体育设施满意度之间的差异在 0.05 水平上具有显著性。两个独立样本的非参数检验显示,体育锻炼次数少与中等被调查者在居住区附近锻炼的满意程度的差异不具有显著性。体育锻炼次数非常少与少、非常少与中等、非常少与多、非常少与非常多、少与多、少与非常多、中等与多、中等与非常多、多与非常多被调查者在居住区附近锻炼的满意程度的差异具有显著性。

总体上皖北六市不同锻炼次数居民对公共体育设施使用的拥挤度影响锻炼看法,"赞同"的占比比"不赞同"的占比偏多。锻炼次数非常少、少、中等、多、非常多的居民对公共体育设施使用的拥挤度影响锻炼看法,"赞同"和"非常赞同"的占比与"不赞同"和"非常不赞同"的占比之差都为正。排序为:非常少<少<中等<多<非常多。相关检验显示,皖北六市被调查者的锻炼次数与被调查者对公共体育设施使用的拥挤度影响锻炼看法的皮尔逊相关系数为 0.256,斯皮尔曼相关系数为 0.262,p=0.000<0.05,相关具有显著性。

多个独立样本的非参数检验显示,皖北六市不同锻炼次数居民对公共体育设施使用的拥挤度影响锻炼看法之间的差异在 0.05 水平上具有显著性。两个独立样本的非参数检验显示,体育锻炼次数非常少与少、中等与多被调查者对公共体育设施使用的拥挤度影响锻炼的看法的差异不具有显著性。体育锻炼次数非常少与中等、非常少与多、非常少与非常多、少与中等、少与多、少与非常多、中等与非常多、多与非常多被调查者对公共体育设施使用的拥挤度影响锻炼的看法的差异具有显著性。

总体上皖北六市不同锻炼次数居民下次锻炼是否"来这里"锻炼的占比比"不来这里"锻炼的占比偏多。锻炼次数非常少、少、中等、多、非常多居民"来这里"锻炼的占比与"不来这里"锻炼的占比之差为正。排序为:锻炼次数非常少<少<中等<多<非常多。相关检验显示,皖北六市被调查者的锻炼次数与被调查者下次来这里锻炼的皮尔逊相关系数为 0.172,斯皮尔曼相关系数为 0.173,p=0.000<0.05,相关具有显著性。

多个独立样本的非参数检验显示,皖北六市不同锻炼次数居民下次锻炼是否来这里之间的差异在 0.05 水平上具有显著性。两个独立样本的非参数检验显示,体育锻炼次数非常少与少、非常少与中等、少与中等、中等与多、多与非常多被调查者下次锻炼是否来这里的差异不具有显著性。体育锻炼次数非常少与多、非常少与非常多、少与多、少与非常多、中等与非常多被调查者下次锻炼是否来这里的差异具有显著性。

总体上皖北六市不同锻炼次数居民是否推荐朋友"来这里"锻炼的占比比"不来这里"锻炼的占比偏多。锻炼次数少、中等、多、非常多居民推荐朋友"来这里"锻炼的占比与"不来这里"锻炼的占比之差为正,锻炼次数非常少的为负。排序为:锻炼次数非常少<少<中等<非常多<多。相关检验显示,皖北六市被调查者的锻炼次数与被调查者是否推荐朋友来这里锻炼的皮尔逊相关系数为 0.173,斯皮尔曼相关系数为 0.175,p=0.000<0.05,相关具有显著性。

多个独立样本的非参数检验显示,皖北六市不同锻炼次数居民是否推荐朋友来这里锻炼之间的差异在 0.05 水平上具有显著性。两个独立样本的非参数检验显示,体育锻炼次数非常少与少、少与中等、中等与非常多、多与非常多被调查者是否推荐朋友来这里锻炼的差异不具有显著性。体育锻炼次数非常少与中等、非常少与多、非常少与非常多、少与多、少与非常多、中等与多被调查者是否推荐朋友来这里锻炼的差异具有显著性。

4.2   皖北六市公共体育设施拥挤度实地调查结果

4.2.1   皖北六市健身广场拥挤度

健身广场是居民健身娱乐的场所,对提高居民身心健康水平具有重要的作用。《体育发展"十三五"规划》指出,"十三五"期间我国将逐步建成三级群众健身场地设施网络,推进建设城市社区 15 分钟健身圈,努力实现到 2020 年人均体育场地面积达到 1.8 平方米的目标。人均体育场地面积是反映体育场地总体供给状况的指标,但这一指标并不能反映体育场地的实际使用情况。每平方米健身广场上的人数能够实际反映体育场地的实际使用情况。调查结果如下。

4.2.1.1 皖北不同市健身广场拥挤度的描述性统计

表 1631 皖北六市健身广场上每平方米人数的描述性统计

	调查城市	样本量	平均数	标准差	最小值	最大值
健身广场上每平方米的人数	淮北市	19	0.15375	0.089508	0.050	0.340
	宿州市	17	0.12000	0.140134	0.000	0.440
	蚌埠市	9	0.14000	0.086313	0.040	0.280
	淮南市	18	0.11944	0.089012	0.000	0.300
	阜阳市	28	0.13289	0.89795	0.001	0.400
	亳州市	21	0.14857	0.392687	0.000	1.810
	Total	109	0.13533	0.191206	0.000	1.810

调查显示,皖北六市 109 块健身广场每平方米人数的平均数为 0.13533,标准差为 0.191206,最小值为 0.000,最大值为 1.810。皖北各市每平方米健身广场上人数的平均数、标准差、最小值、最大值。各市的平均数、标准差、最小值、最大值,见表 1631。

平均数淮北市最大,淮南市最小。标准差阜阳市最大,蚌埠市最小。把《体育发展"十三五"规划》的目标(即努力实现到 2020 年人均体育场地面积达到 1.8 平方米)换算为每平方米体育场地的人数为 0.55556。皖北六市 109 块健身广场每平方米人数的平均数为 0.13533,低于 0.55556,说明总体上皖北六市城区健身广场的拥挤程度并不严重。但是根据最大值的数值,个别市每平方米健身广场上人数的最大值接近或大于 0.55556,说明部分健身广场接近供求平衡或供小于求。同时根据最小值的数值,个别市每平方米健身广场上人数的最小值接近 0,说明部分健身广场存在供大于求。

4.2.1.2 皖北不同市健身广场拥挤度的非参数检验

表 1632 皖北六市健身广场上每平方米人数的平均秩

	被调查城市	N	Mean Rank
健身广场上每平方米的人数	淮北市	16	68.50
	宿州市	17	48.21
	蚌埠市	9	63.83
	淮南市	18	56.22
	阜阳市	28	61.68
	亳州市	21	36.48
	Total	109	

表 1632 为皖北六市健身广场上每平方米人数的样本量和平均秩,平均秩降序排列为:淮北市为 68.50、蚌埠市为 63.83、阜阳市为 61.68、淮南市为 56.22、宿州市为 48.21、亳州市为 36.48。

表 1633　皖北不同市健身广场上每平方米人数的非参数检验结果a,b

	健身广场上每平方米的人数
Chi-Square	12.920
Df	5
Asymp. Sig.	.024

a. Kruskal Wallis Test

b. Grouping Variable：被调查者居住的城市

表 1633 为 Kruskal-Wallis 检验，Asymp. Sig. 为检验统计量 $\chi^2 = 12.920$、df = 5 时基于渐近分布概率，本例概率 p = 0.024 < 0.05，所以否定检验的原假设，即可以认为皖北不同市健身广场上每平方米人数之间的差异在 0.05 水平上具有显著性。

表 1634　淮北市与宿州市健身广场上每平方米人数的秩次统计

	被调查城市	N	Mean Rank	Sum of Ranks
健身广场上每平方米的人数	淮北市	16	20.06	321.00
	宿州市	17	14.12	240.00
	Total	33		

表 1635　淮北市与宿州市健身广场上每平方米人数的非参数检验结果a,b

	健身广场上每平方米的人数
Mann-Whitney U	87.000
Wilcoxon W	240.000
Z	−1.768
Asymp. Sig. (2-tailed)	.077
Exact Sig. [2 * (1-tailed Sig.)]	.081a

a. Not corrected for ties.

b. Grouping Variable：调查城市

表 1634 为淮北市与宿州市健身广场上每平方米人数的秩次统计表，第一栏列出被调查城市，N 为样本量，Mean Rank 为平均秩次，Sum of Ranks 为秩和。表 1635 为淮北市与宿州市健身广场上每平方米人数的非参数检验结果，其中 Mann-Whitney U、Wilcoxon W 以及 Z 为统计量，Asymp. sig.（2-tailed）为基于渐近分布的双侧检验概率，本例概率大于 0.05，可以认为在 0.05 水平上淮北市与宿州市健身广场上每平方米人数之间的差异不具有显著性。

表 1636　淮北市与蚌埠市健身广场上每平方米人数的秩次统计

	被调查城市	N	Mean Rank	Sum of Ranks
健身广场上每平方米的人数	淮北市	16	13.41	214.50
	蚌埠市	9	12.28	110.50
	Total	25		

表 1637 淮北市与蚌埠市健身广场上每平方米人数的非参数检验结果[a,b]

	健身广场上每平方米的人数
Mann-Whitney U	65.500
Wilcoxon W	110.500
Z	−.369
Asymp. Sig. (2-tailed)	.712
Exact Sig. [2 * (1-tailed Sig.)]	.718[a]

a. Not corrected for ties.

b. Grouping Variable：调查城市

表 1636 为淮北市与蚌埠市健身广场上每平方米人数的秩次统计表,第一栏列出被调查城市,N 为样本量,Mean Rank 为平均秩次,Sum of Ranks 为秩和。表 1637 为淮北市与蚌埠市健身广场上每平方米人数的非参数检验结果,其中 Mann-Whitney U、Wilcoxon W 以及 Z 为统计量,Asymp. sig.(2-tailed)为基于渐近分布的双侧检验概率,本例概率大于 0.05,可以认为在 0.05 水平上淮北市与蚌埠市健身广场上每平方米人数之间的差异不具有显著性。

表 1638 淮北市与淮南市健身广场上每平方米人数的秩次统计

	被调查城市	N	Mean Rank	Sum of Ranks
健身广场上每平方米的人数	淮北市	16	19.5	312.00
	淮南市	18	15.72	283.00
	Total	34		

表 1639 淮北市与淮南市健身广场上每平方米人数的非参数检验结果[a,b]

	健身广场上每平方米的人数
Mann-Whitney U	112.000
Wilcoxon W	283.000
Z	−1.106
Asymp. Sig. (2-tailed)	.269
Exact Sig. [2 * (1-tailed Sig.)]	.281[a]

a. Not corrected for ties.

b. Grouping Variable：调查城市

表 1638 为淮北市与淮南市健身广场上每平方米人数的秩次统计表,第一栏列出被调查城市,N 为样本量,Mean Rank 为平均秩次,Sum of Ranks 为秩和。表 1639 为淮北市与淮南市健身广场上每平方米人数的非参数检验结果,其中 Mann-Whitney U、Wilcoxon W 以及 Z 为统计量,Asymp. sig.(2-tailed)为基于渐近分布的双侧检验概率,本例概率大于 0.05,可以认为在 0.05 水平上淮北市与淮南市健身广场上每平方米人数之间的差异不具有显著性。

表 1640　淮北市与阜阳市健身广场上每平方米人数的秩次统计

	被调查城市	N	Mean Rank	Sum of Ranks
健身广场上每平方米的人数	淮北市	16	24.44	391.00
	阜阳市	28	21.39	599.00
	Total	44		

表 1641　淮北市与阜阳市健身广场上每平方米人数的非参数检验结果[a]

	健身广场上每平方米的人数
Mann-Whitney U	193.000
Wilcoxon W	599.000
Z	−.757
Asymp. Sig. (2-tailed)	.449

a. Grouping Variable：调查城市

　　表 1640 为淮北市与阜阳市健身广场上每平方米人数的秩次统计表,第一栏列出被调查城市,N 为样本量,Mean Rank 为平均秩次,Sum of Ranks 为秩和。表 1641 为淮北市与阜阳市健身广场上每平方米人数的非参数检验结果,其中 Mann-Whitney U、Wilcoxon W 以及 Z 为统计量,Asymp. sig.（2-tailed）为基于渐近分布的双侧检验概率,本例概率大于 0.05,可以认为在 0.05 水平上淮北市与阜阳市健身广场上每平方米人数之间的差异不具有显著性。

表 1642　淮北市与亳州市健身广场上每平方米人数的秩次统计

	被调查城市	N	Mean Rank	Sum of Ranks
健身广场上每平方米的人数	淮北市	16	25.09	401.50
	亳州市	21	14.36	301.50
	Total	37		

表 1643　淮北市与亳州市健身广场上每平方米人数的非参数检验结果[a,b]

	健身广场上每平方米的人数
Mann-Whitney U	70.500
Wilcoxon W	301.500
Z	−2.996
Asymp. Sig. (2-tailed)	.003
Exact Sig. [2 * (1-tailed Sig.)]	.002[a]

a. Not corrected for ties.
b. Grouping Variable：调查城市

　　表 1642 为淮北市与亳州市健身广场上每平方米人数的秩次统计表,第一栏列出被调查城市,N 为样本量,Mean Rank 为平均秩次,Sum of Ranks 为秩和。表 1643 为淮北市与亳州市健身广场上每平方米人数的非参数检验结果,其中 Mann-Whitney U、Wilcoxon W 以及 Z 为统计量,Asymp. sig.（2-tailed）为基于渐近分布的双侧检验概率,本例概率小于 0.05,可以认为在 0.05 水平上淮北市与亳州市健身广场上每平方米人数之间的差异具有

显著性。

表 1644　宿州市与蚌埠市健身广场上每平方米人数的秩次统计

	被调查城市	N	Mean Rank	Sum of Ranks
健身广场上每平方米的人数	宿州市	17	12. 18	207. 00
	蚌埠市	9	16. 00	144. 00
	Total	26		

表 1645　宿州市与蚌埠市健身广场上每平方米人数的非参数检验结果[a,b]

	健身广场上每平方米的人数
Mann-Whitney U	54. 000
Wilcoxon W	207. 000
Z	-1.216
Asymp. Sig. (2-tailed)	. 224
Exact Sig. [2 * (1-tailed Sig.)]	. 241[a]

a. Not corrected for ties.

b. Grouping Variable：调查城市

　　表 1644 为宿州市与蚌埠市健身广场上每平方米人数的秩次统计表,第一栏列出被调查城市,N 为样本量,Mean Rank 为平均秩次,Sum of Ranks 为秩和。表 1645 为宿州市与蚌埠市健身广场上每平方米人数的非参数检验结果,其中 Mann-Whitney U、Wilcoxon W 以及 Z 为统计量,Asymp. sig. (2-tailed)为基于渐近分布的双侧检验概率,本例概率大于0.05,可以认为在 0.05 水平上宿州市与蚌埠市健身广场上每平方米人数之间的差异不具有显著性。

表 1646　宿州市与淮南市健身广场上每平方米人数的秩次统计

	被调查城市	N	Mean Rank	Sum of Ranks
健身广场上每平方米的人数	宿州市	17	16. 82	286. 00
	淮南市	18	19. 11	344. 00
	Total	35		

表 1647　宿州市与淮南市健身广场上每平方米人数的非参数检验结果[a,b]

	健身广场上每平方米的人数
Mann-Whitney U	133. 000
Wilcoxon W	286. 000
Z	$-.661$
Asymp. Sig. (2-tailed)	. 508
Exact Sig. [2 * (1-tailed Sig.)]	. 525[a]

a. Not corrected for ties.

b. Grouping Variable：调查城市

　　表 1646 为宿州市与淮南市健身广场上每平方米人数的秩次统计表,第一栏列出被调查城市,N 为样本量,Mean Rank 为平均秩次,Sum of Ranks 为秩和。表 1647 为宿州市与淮

南市健身广场上每平方米人数的非参数检验结果,其中 Mann-Whitney U、Wilcoxon W 以及 Z 为统计量,Asymp. sig.（2-tailed）为基于渐近分布的双侧检验概率,本例概率大于0.05,可以认为在 0.05 水平上宿州市与淮南市健身广场上每平方米人数之间的差异不具有显著性。

表 1648　宿州市与阜阳市健身广场上每平方米人数的秩次统计

	被调查城市	N	Mean Rank	Sum of Ranks
健身广场上每平方米的人数	宿州市	17	19.56	332.50
	阜阳市	28	25.09	702.50
	Total	45		

表 1649　宿州市与阜阳市健身广场上每平方米人数的非参数检验结果[a]

	健身广场上每平方米的人数
Mann-Whitney U	179.500
Wilcoxon W	332.500
Z	−1.371
Asymp. Sig. (2-tailed)	.170

a. Grouping Variable：调查城市

表 1648 为宿州市与阜阳市健身广场上每平方米人数的秩次统计表,第一栏列出被调查城市,N 为样本量,Mean Rank 为平均秩次,Sum of Ranks 为秩和。表 1649 为宿州市与阜阳市健身广场上每平方米人数的非参数检验结果,其中 Mann-Whitney U、Wilcoxon W 以及 Z 为统计量,Asymp. sig.（2-tailed）为基于渐近分布的双侧检验概率,本例概率大于0.05,可以认为在 0.05 水平上宿州市与阜阳市健身广场上每平方米人数之间的差异不具有显著性。

表 1650　宿州市与亳州市健身广场上每平方米人数的秩次统计

	被调查城市	N	Mean Rank	Sum of Ranks
健身广场上每平方米的人数	宿州市	17	21.53	366.00
	亳州市	21	17.86	375.00
	Total	38		

表 1651　宿州市与亳州市健身广场上每平方米人数的非参数检验结果[a,b]

	健身广场上每平方米的人数
Mann-Whitney U	144.000
Wilcoxon W	375.000
Z	−1.018
Asymp. Sig. (2-tailed)	.309
Exact Sig. [2 * (1-tailed Sig.)]	.322[a]

a. Not corrected for ties.

b. Grouping Variable：调查城市

表 1650 为宿州市与亳州市健身广场上每平方米人数的秩次统计表,第一栏列出被调查

城市,N 为样本量,Mean Rank 为平均秩次,Sum of Ranks 为秩和。表 1651 为宿州市与亳州市健身广场上每平方米人数的非参数检验结果,其中 Mann-Whitney U、Wilcoxon W 以及 Z 为统计量,Asymp. sig. (2-tailed)为基于渐近分布的双侧检验概率,本例概率大于 0.05,可以认为在 0.05 水平上宿州市与亳州市健身广场上每平方米人数之间的差异不具有显著性。

表 1652　蚌埠市与淮南市健身广场上每平方米人数的秩次统计

	被调查城市	N	Mean Rank	Sum of Ranks
健身广场上每平方米的人数	蚌埠市	9	15.22	137.00
	淮南市	18	13.39	241.00
	Total	27		

表 1653　蚌埠市与淮南市健身广场上每平方米人数的非参数检验结果[a,b]

	健身广场上每平方米的人数
Mann-Whitney U	70.000
Wilcoxon W	241.000
Z	$-.567$
Asymp. Sig. (2-tailed)	.571
Exact Sig. [2 * (1-tailed Sig.)]	.596[a]

a. Not corrected for ties.

b. Grouping Variable：调查城市

表 1652 为蚌埠市与淮南市健身广场上每平方米人数的秩次统计表,第一栏列出被调查城市,N 为样本量,Mean Rank 为平均秩次,Sum of Ranks 为秩和。表 1653 为蚌埠市与淮南市健身广场上每平方米人数的非参数检验结果,其中 Mann-Whitney U、Wilcoxon W 以及 Z 为统计量,Asymp. sig. (2-tailed)为基于渐近分布的双侧检验概率,本例概率大于 0.05,可以认为在 0.05 水平上蚌埠市与淮南市健身广场上每平方米人数之间的差异不具有显著性。

表 1654　蚌埠市与阜阳市健身广场上每平方米人数的秩次统计

	被调查城市	N	Mean Rank	Sum of Ranks
健身广场上每平方米的人数	蚌埠市	9	19.50	175.50
	阜阳市	28	18.84	527.50
	Total	37		

表 1655　蚌埠市与阜阳市健身广场上每平方米人数的非参数检验结果[a,b]

	健身广场上每平方米的人数
Mann-Whitney U	121.500
Wilcoxon W	527.500
Z	$-.160$
Asymp. Sig. (2-tailed)	.873
Exact Sig. [2 * (1-tailed Sig.)]	.876[a]

a. Not corrected for ties.

b. Grouping Variable：调查城市

　　表 1654 为蚌埠市与阜阳市健身广场上每平方米人数的秩次统计表,第一栏列出被调查城市,N 为样本量,Mean Rank 为平均秩次,Sum of Ranks 为秩和。表 1655 为蚌埠市与阜阳市健身广场上每平方米人数的非参数检验结果,其中 Mann-Whitney U、Wilcoxon W 以及 Z 为统计量,Asymp. sig. (2-tailed)为基于渐近分布的双侧检验概率,本例概率大于 0.05,可以认为在 0.05 水平上蚌埠市与阜阳市健身广场上每平方米人数之间的差异不具有显著性。

表 1656　蚌埠市与亳州市健身广场上每平方米人数的秩次统计

	被调查城市	N	Mean Rank	Sum of Ranks
健身广场上每平方米的人数	蚌埠市	9	20.83	187.50
	亳州市	21	13.21	277.50
	Total	30		

表 1657　蚌埠市与亳州市健身广场上每平方米人数的非参数检验结果[a,b]

	健身广场上每平方米的人数
Mann-Whitney U	46.500
Wilcoxon W	277.500
Z	−2.179
Asymp. Sig. (2-tailed)	.029
Exact Sig. [2 * (1-tailed Sig.)]	.028[a]

　　a. Not corrected for ties.
　　b. Grouping Variable:调查城市

　　表 1656 为蚌埠市与亳州市健身广场上每平方米人数的秩次统计表,第一栏列出被调查城市,N 为样本量,Mean Rank 为平均秩次,Sum of Ranks 为秩和。表 1657 为蚌埠市与亳州市健身广场上每平方米人数的非参数检验结果,其中 Mann-Whitney U、Wilcoxon W 以及 Z 为统计量,Asymp. sig. (2-tailed)为基于渐近分布的双侧检验概率,本例概率小于 0.05,可以认为在 0.05 水平上蚌埠市与亳州市健身广场上每平方米人数之间的差异具有显著性。

表 1658　淮南市与阜阳市健身广场上每平方米人数的秩次统计

	被调查城市	N	Mean Rank	Sum of Ranks
健身广场上每平方米的人数	淮南市	18	22.33	402.00
	阜阳市	28	24.25	679.00
	Total	46		

表 1659　淮南市与阜阳市健身广场上每平方米人数的非参数检验结果[a]

	健身广场上每平方米的人数
Mann-Whitney U	231.000
Wilcoxon W	402.000
Z	−.473
Asymp. Sig. (2-tailed)	.636

　　a. Grouping Variable:调查城市

表 1658 为淮南市与阜阳市健身广场上每平方米人数的秩次统计表,第一栏列出被调查城市,N 为样本量,Mean Rank 为平均秩次,Sum of Ranks 为秩和。表 1659 为淮南市与阜阳市健身广场上每平方米人数的非参数检验结果,其中 Mann-Whitney U、Wilcoxon W 以及 Z 为统计量,Asymp. sig.（2-tailed）为基于渐近分布的双侧检验概率,本例概率大于 0.05,可以认为在 0.05 水平上淮南市与阜阳市健身广场上每平方米人数之间的差异不具有显著性。

表 1660　淮南市与亳州市健身广场上每平方米人数的秩次统计

	被调查城市	N	Mean Rank	Sum of Ranks
健身广场上每平方米的人数	淮南市	18	23.67	426.00
	亳州市	21	16.86	354.00
	Total	39		

表 1661　淮南市与亳州市健身广场上每平方米人数的非参数检验结果[a,b]

	健身广场上每平方米的人数
Mann-Whitney U	123.000
Wilcoxon W	354.000
Z	−1.866
Asymp. Sig. (2-tailed)	.062
Exact Sig. [2 * (1-tailed Sig.)]	.065[a]

a. Not corrected for ties.
b. Grouping Variable：调查城市

表 1660 为淮南市与亳州市健身广场上每平方米人数的秩次统计表,第一栏列出被调查城市,N 为样本量,Mean Rank 为平均秩次,Sum of Ranks 为秩和。表 1661 为淮南市与亳州市健身广场上每平方米人数的非参数检验结果,其中 Mann-Whitney U、Wilcoxon W 以及 Z 为统计量,Asymp. sig.（2-tailed）为基于渐近分布的双侧检验概率,本例概率大于 0.05,可以认为在 0.05 水平上淮南市与亳州市健身广场上每平方米人数之间的差异不具有显著性。

表 1662　阜阳市与亳州市健身广场上每平方米人数的秩次统计

	被调查城市	N	Mean Rank	Sum of Ranks
健身广场上每平方米的人数	阜阳市	28	30.11	843.00
	亳州市	21	18.19	382.00
	Total	49		

表 1663　阜阳市与亳州市健身广场上每平方米人数的非参数检验结果[a]

	健身广场上每平方米的人数
Mann-Whitney U	151.000
Wilcoxon W	382.000
Z	−2.894
Asymp. Sig. (2-tailed)	.004

a. Grouping Variable：调查城市

表 1662 为阜阳市与亳州市健身广场上每平方米人数的秩次统计表,第一栏列出被调查城市,N 为样本量,Mean Rank 为平均秩次,Sum of Ranks 为秩和。表 1663 为阜阳市与亳州市健身广场上每平方米人数的非参数检验结果,其中 Mann-Whitney U、Wilcoxon W 以及 Z 为统计量,Asymp. sig.（2-tailed）为基于渐近分布的双侧检验概率,本例概率小于 0.05,可以认为在 0.05 水平上阜阳市与亳州市健身广场上每平方米人数之间的差异具有显著性。

4.2.1.3   皖北六市不同锻炼时间段健身广场拥挤度的描述性统计

表 1664   皖北六市不同锻炼时间段健身广场上每平方米人数的描述性统计

	调查时间段	样本量	平均数	标准差	最小值	最大值
健身广场上每平方米的人数	05:00—09:00	33	0.14606	0.313189	0.000	1.810
	16:00—19:00	26	0.08888	0.083973	0.000	0.340
	19:00—22:00	50	0.15240	0.106801	0.000	0.440
	Total	109	0.13533	0.191206	0.000	1.810

注:下文晨练阶段界定为 05:00—09:00;傍晚练阶段界定为 16:00—19:00;晚练阶段界定为 19:00—22:00。

调查显示,皖北六市 109 块健身广场每平方米人数的平均数为 0.13533,标准差为 0.191206,最小值为 0.000,最大值为 1.810。不同锻炼时间段的平均数、标准差、最小值、最大值,见表 1664。

平均数 19:00—22:00 最大,16:00—19:00 最小。标准差 05:00—09:00 最大,16:00—19:00 最小。最大值 05:00—09:00 最大,16:00—19:00 最小。最小值三个时间段都为 0。三个时间段相比较,总体拥挤度 19:00—22:00＞05:00—09:00＞16:00—19:00。把《体育发展"十三五"规划》的目标(即努力实现到 2020 年人均体育场地面积达到 1.8 平方米)换算为每平方米体育场地的人数为 0.55556。表 1664 显示皖北六市三个时间段每平方米健身广场上人数的平均数为 0.13533,低于 0.55556,说明总体上皖北六市城区三个时间段健身广场的拥挤程度并不严重。但是根据最大值的数值,个别时间段每平方米健身广场上人数的最大值接近或大于 0.55556,说明个别时间段健身场地接近供求平衡或供小于求。同时根据最小值的数值,三个时间段每平方米健身广场上人数的最小值都为 0,说明个别时间段健身场地存在供大于求。

4.2.1.4   皖北六市不同锻炼时间段健身广场拥挤度的非参数检验

表 1665   皖北六市不同锻炼时间段健身广场上每平方米人数的平均秩

	调查时间段	N	Mean Rank
健身广场上每平方米的人数	05:00—09:00	33	47.47
	16:00—19:00	26	45.08
	19:00—22:00	50	65.13
	Total	109	

表 1665 为皖北六市不同锻炼时间段健身广场上每平方米人数的样本量和平均秩,平均

秩降序排列为:19:00—22:00 为 65.13、05:00—09:00 为 47.47、16:00—19:00 为 45.08。

表 1666 皖北六市不同锻炼时间段健身广场上每平方米人数的非参数检验结果[a,b]

	健身广场上每平方米的人数
Chi-Square	9.588
Df	2
Asymp. Sig.	.008

a. Kruskal Wallis Test
b. Grouping Variable:调查时间段

表 1666 为 Kruskal-Wallis 检验,Asymp. Sig. 为检验统计量 $\chi^2 = 9.588$、df=2 时基于渐近分布概率,本例概率 p=0.008<0.05,所以否定检验的原假设,即可以认为皖北六市不同锻炼时间段健身广场上每平方米人数之间的差异在 0.05 水平上具有显著性。

表 1667 晨练阶段与傍晚阶段健身广场上每平方米人数的秩次统计

	调查时间段	N	Mean Rank	Sum of Ranks
健身广场上每平方米的人数	05:00—09:00	33	30.11	993.50
	16:00—19:00	26	29.87	776.50
	Total	59		

表 1668 晨练阶段与傍晚阶段健身广场上每平方米人数的非参数检验结果[a]

	被调查者推荐朋友锻炼
Mann-Whitney U	425.500
Wilcoxon W	776.500
Z	−.054
Asymp. Sig. (2-tailed)	.957

a. Grouping Variable:调查时间段

表 1667 为晨练阶段与傍晚阶段健身广场上每平方米人数的秩次统计表,第一栏列出被调查时间段,N 为样本量,Mean Rank 为平均秩次,Sum of Ranks 为秩和。表 1668 为晨练阶段与傍晚阶段健身广场上每平方米人数的非参数检验结果,其中 Mann-Whitney U、Wilcoxon W 以及 Z 为统计量,Asymp. sig. (2-tailed)为基于渐近分布的双侧检验概率,本例概率大于 0.05,可以认为在 0.05 水平上晨练阶段与傍晚阶段健身广场上每平方米人数之间的差异不具有显著性。

表 1669 晨练阶段与晚上阶段健身广场上每平方米人数的秩次统计

	调查时间段	N	Mean Rank	Sum of Ranks
健身广场上每平方米的人数	05:00—09:00	33	34.36	1134.00
	19:00—22:00	50	47.04	2352.00
	Total	83		

表 1670 晨练阶段与晚上阶段健身广场上每平方米人数的非参数检验结果[a]

	被调查者推荐朋友锻炼
Mann-Whitney U	573.000
Wilcoxon W	1134.000
Z	−2.347
Asymp. Sig. (2-tailed)	.019

a. Grouping Variable：被调查者的性别

表 1669 为晨练阶段与晚上阶段健身广场上每平方米人数的秩次统计表，第一栏列出被调查时间段，N 为样本量，Mean Rank 为平均秩次，Sum of Ranks 为秩和。表 1670 为晨练阶段与晚上阶段健身广场上每平方米人数的非参数检验结果，其中 Mann-Whitney U、Wilcoxon W 以及 Z 为统计量，Asymp. sig. (2-tailed) 为基于渐近分布的双侧检验概率，本例概率小于 0.05，可以认为在 0.05 水平上晨练阶段与晚上阶段健身广场上每平方米人数之间的差异具有显著性。

表 1671 傍晚阶段与晚上阶段健身广场上每平方米人数的秩次统计

	调查时间段	N	Mean Rank	Sum of Ranks
健身广场上每平方米的人数	16：00—19：00	26	28.71	746.50
	19：00—22：00	50	43.59	2179.50
	Total	76		

表 1672 傍晚阶段与晚上阶段健身广场上每平方米人数的非参数检验结果[a]

	健身广场上每平方米的人数
Mann-Whitney U	395.500
Wilcoxon W	746.500
Z	−2.789
Asymp. Sig. (2-tailed)	.005

a. Grouping Variable：调查时间段

表 1671 为傍晚阶段与晚上阶段健身广场上每平方米人数的秩次统计表，第一栏列出被调查时间段，N 为样本量，Mean Rank 为平均秩次，Sum of Ranks 为秩和。表 1672 为傍晚阶段与晚上阶段健身广场上每平方米人数的非参数检验结果，其中 Mann-Whitney U、Wilcoxon W 以及 Z 为统计量，Asymp. sig. (2-tailed) 为基于渐近分布的双侧检验概率，本例概率小于 0.05，可以认为在 0.05 水平上傍晚阶段与晚上阶段健身广场上每平方米人数之间的差异具有显著性。

4.2.2　皖北六市健身步道拥挤度

4.2.2.1　皖北不同市健身步道拥挤度的描述性统计

表 1673　皖北六市健身步道通行人数的描述性统计

	调查城市	样本量	平均数	标准差	最小值	最大值
健身步道上每分钟的通行人数	淮北市	7	27.6286	18.32816	8.90	54.30
	宿州市	14	11.6021	12.31610	.00	35.50
	蚌埠市	8	30.1250	12.90280	12.00	45.00
	淮南市	13	26.1923	16.82079	2.00	56.50
	阜阳市	12	23.9583	20.74571	3.00	73.50
	亳州市	12	24.7917	32.26415	.00	108.00
	Total	66	23.0656	20.49001	.00	108.00

调查显示,皖北六市 66 个健身步道每分钟通行人数的平均数为 23.0656,平均数蚌埠市最大值为 30.1250。宿州市最小值为 11.6021。标准差为 20.49001。最小值为 0.00,最大值为 108.00。各市的平均数、标准差、最小值、最大值,见表 1673。

据观察健身步道每分钟通行人数小于 60,健身步道能保持畅通。皖北六市 66 个健身步道每分钟通行人数的平均数为 23.0656,低于 60,说明总体上皖北六市城区健身步道的拥挤程度并不严重。但是根据最大值的数值,个别市个别时间点健身步道每分钟通行人数人数的最大值大于 60,说明个别市个别时间点健身步道供小于求。同时根据最小值的数值,个别市健身步道每分钟通行人数为 0,说明个别市个别时间点健身步道存在供大于求。

4.2.2.2　皖北不同市健身步道拥挤度的非参数检验

表 1674　皖北六市健身步道通行人数的平均秩

	被调查城市	N	Mean Rank
健身步道上每分钟的通行人数	淮北市	7	40.71
	宿州市	14	20.64
	蚌埠市	8	45.56
	淮南市	13	38.46
	阜阳市	12	34.71
	亳州市	12	29.67
	Total	66	

表 1674 为皖北六市健身步道通行人数的样本量和平均秩,平均秩降序排列为:蚌埠市为 45.56、淮北市为 40.71、淮南市为 38.46、阜阳市为 34.71、亳州市为 29.67、宿州市为 20.64。

表 1675   皖北不同市健身步道通行人数的非参数检验结果[a,b]

	健身步道上每分钟的通行人数
Chi-Square	11.827
Df	5
Asymp. Sig.	.037

a. Kruskal Wallis Test
b. Grouping Variable：被调查者居住的城市

表 1675 为 Kruskal-Wallis 检验，Asymp. Sig. 为检验统计量 $\chi^2 = 11.827$、df＝5 时基于渐近分布概率，本例概率 p＝0.037＜0.05，所以否定检验的原假设，即可以认为皖北不同市健身步道通行人数之间的差异在 0.05 水平上具有显著性。

表 1676   淮北市与宿州市健身步道通行人数的秩次统计

	被调查城市	N	Mean Rank	Sum of Ranks
健身步道上每分钟的通行人数	淮北市	7	15.29	107.00
	宿州市	14	8.86	124.00
	Total	21		

表 1677   淮北市与宿州市健身步道通行人数的非参数检验结果[a,b]

	健身步道上每分钟的通行人数
Mann-Whitney U	19.000
Wilcoxon W	124.000
Z	−2.239
Asymp. Sig. (2-tailed)	.025
Exact Sig. [2 * (1-tailed Sig.)]	.025[a]

a. Not corrected for ties.
b. Grouping Variable：调查城市

表 1676 为淮北市与宿州市健身步道通行人数的秩次统计表，第一栏列出被调查城市，N 为样本量，Mean Rank 为平均秩次，Sum of Ranks 为秩和。表 1677 为淮北市与宿州市健身步道通行人数的非参数检验结果，其中 Mann-Whitney U、Wilcoxon W 以及 Z 为统计量，Asymp. sig.（2-tailed）为基于渐近分布的双侧检验概率，本例概率小于 0.05，可以认为在 0.05 水平上淮北市与宿州市健身步道通行人数之间的差异具有显著性。

表 1678   淮北市与蚌埠市健身步道通行人数的秩次统计

	被调查城市	N	Mean Rank	Sum of Ranks
健身步道上每分钟的通行人数	淮北市	7	7.29	51.00
	蚌埠市	8	8.63	69.00
	Total	15		

表 1679　淮北市与蚌埠市健身步道通行人数的非参数检验结果[a,b]

	健身步道上每分钟的通行人数
Mann-Whitney U	23.000
Wilcoxon W	51.000
Z	−.579
Asymp. Sig. (2-tailed)	.563
Exact Sig. [2 * (1-tailed Sig.)]	.613[a]

a. Not corrected for ties.

b. Grouping Variable：调查城市

　　表 1678 为淮北市与蚌埠市健身步道通行人数的秩次统计表,第一栏列出被调查城市,N 为样本量,Mean Rank 为平均秩次,Sum of Ranks 为秩和。表 1679 为淮北市与蚌埠市健身步道通行人数的非参数检验结果,其中 Mann-Whitney U、Wilcoxon W 以及 Z 为统计量,Asymp. sig. (2-tailed)为基于渐近分布的双侧检验概率,本例概率大于 0.05,可以认为在 0.05 水平上淮北市与蚌埠市健身步道通行人数之间的差异不具有显著性。

表 1680　淮北市与淮南市健身步道通行人数的秩次统计

	被调查城市	N	Mean Rank	Sum of Ranks
健身步道上每分钟的通行人数	淮北市	7	11.00	77.00
	淮南市	13	10.23	133.00
	Total	20		

表 1681　淮北市与淮南市健身步道通行人数的非参数检验结果[a,b]

	健身步道上每分钟的通行人数
Mann-Whitney U	42.000
Wilcoxon W	133.000
Z	−.277
Asymp. Sig. (2-tailed)	.781
Exact Sig. [2 * (1-tailed Sig.)]	.817[a]

a. Not corrected for ties.

b. Grouping Variable：调查城市

　　表 1680 为淮北市与淮南市健身步道通行人数的秩次统计表,第一栏列出被调查城市,N 为样本量,Mean Rank 为平均秩次,Sum of Ranks 为秩和。表 1681 为淮北市与淮南市健身步道通行人数的非参数检验结果,其中 Mann-Whitney U、Wilcoxon W 以及 Z 为统计量,Asymp. sig. (2-tailed)为基于渐近分布的双侧检验概率,本例概率大于 0.05,可以认为在 0.05 水平上淮北市与淮南市健身步道通行人数之间的差异不具有显著性。

表 1682　淮北市与阜阳市健身步道通行人数的秩次统计

	被调查城市	N	Mean Rank	Sum of Ranks
健身步道上每分钟的通行人数	淮北市	7	10.86	76.00
	阜阳市	12	9.50	114.00
	Total	19		

表 1683　淮北市与阜阳市健身步道通行人数的非参数检验结果[a,b]

	健身步道上每分钟的通行人数
Mann-Whitney U	36.000
Wilcoxon W	114.000
Z	−.507
Asymp. Sig. (2-tailed)	.612
Exact Sig. [2 * (1-tailed Sig.)]	.650[a]

a. Not corrected for ties.
b. Grouping Variable：调查城市

表 1682 为淮北市与阜阳市健身步道通行人数的秩次统计表,第一栏列出被调查城市,N 为样本量,Mean Rank 为平均秩次,Sum of Ranks 为秩和。表 1683 为淮北市与阜阳市健身步道通行人数的非参数检验结果,其中 Mann-Whitney U、Wilcoxon W 以及 Z 为统计量,Asymp. sig. (2-tailed)为基于渐近分布的双侧检验概率,本例概率大于 0.05,可以认为在 0.05 水平上淮北市与阜阳市健身步道通行人数之间的差异不具有显著性。

表 1684　淮北市与亳州市健身步道通行人数的秩次统计

	被调查城市	N	Mean Rank	Sum of Ranks
健身步道上每分钟的通行人数	淮北市	7	12.29	86.00
	亳州市	12	8.67	104.00
	Total	19		

表 1685　淮北市与亳州市健身步道通行人数的非参数检验结果[a,b]

	健身步道上每分钟的通行人数
Mann-Whitney U	26.000
Wilcoxon W	104.000
Z	−1.353
Asymp. Sig. (2-tailed)	.176
Exact Sig. [2 * (1-tailed Sig.)]	.196[a]

a. Not corrected for ties.
b. Grouping Variable：调查城市

表 1684 为淮北市与亳州市健身步道通行人数的秩次统计表,第一栏列出被调查城市,N 为样本量,Mean Rank 为平均秩次,Sum of Ranks 为秩和。表 1685 为淮北市与亳州市健身步道通行人数的非参数检验结果,其中 Mann-Whitney U、Wilcoxon W 以及 Z 为统计量,Asymp. sig. (2-tailed)为基于渐近分布的双侧检验概率,本例概率大于 0.05,可以认为在 0.05 水平上淮北市与亳州市健身步道通行人数之间的差异不具有显著性。

表 1686　宿州市与蚌埠市健身步道通行人数的秩次统计

	被调查城市	N	Mean Rank	Sum of Ranks
健身步道上每分钟的通行人数	宿州市	14	8.57	120.00
	蚌埠市	8	16.63	133.00
	Total	22		

表 1687　宿州市与蚌埠市健身步道通行人数的非参数检验结果^{a,b}

	健身步道上每分钟的通行人数
Mann-Whitney U	15.000
Wilcoxon W	120.000
Z	−2.799
Asymp. Sig. (2-tailed)	.005
Exact Sig. [2 * (1-tailed Sig.)]	.004[a]

a. Not corrected for ties.

b. Grouping Variable：调查城市

　　表 1686 为宿州市与蚌埠市健身步道通行人数的秩次统计表，第一栏列出被调查城市，N 为样本量，Mean Rank 为平均秩次，Sum of Ranks 为秩和。表 1687 为宿州市与蚌埠市健身步道通行人数的非参数检验结果，其中 Mann-Whitney U、Wilcoxon W 以及 Z 为统计量，Asymp. sig. (2-tailed)为基于渐近分布的双侧检验概率，本例概率小于 0.05，可以认为在 0.05 水平上宿州市与蚌埠市健身步道通行人数之间的差异具有显著性。

表 1688　宿州市与淮南市健身步道通行人数的秩次统计

	被调查城市	N	Mean Rank	Sum of Ranks
健身步道上每分钟的通行人数	宿州市	14	10.57	148.00
	淮南市	13	17.69	230.00
	Total	27		

表 1689　宿州市与淮南市健身步道通行人数的非参数检验结果^{a,b}

	健身步道上每分钟的通行人数
Mann-Whitney U	43.000
Wilcoxon W	148.000
Z	−2.331
Asymp. Sig. (2-tailed)	.020
Exact Sig. [2 * (1-tailed Sig.)]	.019[a]

a. Not corrected for ties.

b. Grouping Variable：调查城市

　　表 1688 为宿州市与淮南市健身步道通行人数的秩次统计表，第一栏列出被调查城市，N 为样本量，Mean Rank 为平均秩次，Sum of Ranks 为秩和。表 1689 为宿州市与淮南市健身步道通行人数的非参数检验结果，其中 Mann-Whitney U、Wilcoxon W 以及 Z 为统计量，Asymp. sig. (2-tailed)为基于渐近分布的双侧检验概率，本例概率小于 0.05，可以认为在 0.05 水平上宿州市与淮南市健身步道通行人数之间的差异具有显著性。

表 1690　宿州市与阜阳市健身步道通行人数的秩次统计

	被调查城市	N	Mean Rank	Sum of Ranks
健身步道上每分钟的通行人数	宿州市	14	10.93	153.00
	阜阳市	12	16.50	198.00
	Total	26		

表 1691　宿州市与阜阳市健身步道通行人数的非参数检验结果[a,b]

	健身步道上每分钟的通行人数
Mann-Whitney U	48.000
Wilcoxon W	153.000
Z	−1.853
Asymp. Sig.（2-tailed）	.064
Exact Sig.［2 * （1-tailed Sig.）］	.067[a]

a. Not corrected for ties.

b. Grouping Variable：调查城市

　　表 1690 为宿州市与阜阳市健身步道通行人数的秩次统计表,第一栏列出被调查城市,N 为样本量,Mean Rank 为平均秩次,Sum of Ranks 为秩和。表 1691 为宿州市与阜阳市健身步道通行人数的非参数检验结果,其中 Mann-Whitney U、Wilcoxon W 以及 Z 为统计量,Asymp. sig.（2-tailed）为基于渐近分布的双侧检验概率,本例概率大于 0.05,可以认为在 0.05 水平上宿州市与阜阳市健身步道通行人数之间的差异不具有显著性。

表 1692　宿州市与亳州市健身步道通行人数的秩次统计

	被调查城市	N	Mean Rank	Sum of Ranks
健身步道上每分钟的通行人数	宿州市	14	11.71	164.00
	亳州市	12	15.58	187.00
	Total	26		

表 1693　宿州市与亳州市健身步道通行人数的非参数检验结果[a,b]

	健身步道上每分钟的通行人数
Mann-Whitney U	59.000
Wilcoxon W	164.000
Z	−1.287
Asymp. Sig.（2-tailed）	.198
Exact Sig.［2 * （1-tailed Sig.）］	.212[a]

a. Not corrected for ties.

b. Grouping Variable：调查城市

　　表 1692 为宿州市与亳州市健身步道通行人数的秩次统计表,第一栏列出被调查城市,N 为样本量,Mean Rank 为平均秩次,Sum of Ranks 为秩和。表 1693 为宿州市与亳州市健身步道通行人数的非参数检验结果,其中 Mann-Whitney U、Wilcoxon W 以及 Z 为统计量,Asymp. sig.（2-tailed）为基于渐近分布的双侧检验概率,本例概率大于 0.05,可以认为在 0.05 水平上宿州市与亳州市健身步道通行人数之间的差异不具有显著性。

表 1694　蚌埠市与淮南市健身步道通行人数的秩次统计

	被调查城市	N	Mean Rank	Sum of Ranks
健身步道上每分钟的通行人数	蚌埠市	8	12.13	97.00
	淮南市	13	10.31	134.00
	Total	21		

表 1695　蚌埠市与淮南市健身步道通行人数的非参数检验结果[a,b]

	健身步道上每分钟的通行人数
Mann-Whitney U	43.000
Wilcoxon W	134.000
Z	−.652
Asymp. Sig.（2-tailed）	.514
Exact Sig.［2 * (1-tailed Sig.)］	.547[a]

a. Not corrected for ties.

b. Grouping Variable：调查城市

　　表 1694 为蚌埠市与淮南市健身步道通行人数的秩次统计表，第一栏列出被调查城市，N 为样本量，Mean Rank 为平均秩次，Sum of Ranks 为秩和。表 1695 为蚌埠市与淮南市健身步道通行人数的非参数检验结果，其中 Mann-Whitney U、Wilcoxon W 以及 Z 为统计量，Asymp. sig.（2-tailed）为基于渐近分布的双侧检验概率，本例概率大于 0.05，可以认为在 0.05 水平上蚌埠市与淮南市健身步道通行人数之间的差异不具有显著性。

表 1696　蚌埠市与阜阳市健身步道通行人数的秩次统计

	被调查城市	N	Mean Rank	Sum of Ranks
健身步道上每分钟的通行人数	蚌埠市	8	12.56	100.50
	阜阳市	12	9.13	109.50
	Total	20		

表 1697　蚌埠市与阜阳市健身步道通行人数的非参数检验结果[a,b]

	健身步道上每分钟的通行人数
Mann-Whitney U	31.500
Wilcoxon W	109.500
Z	−1.273
Asymp. Sig.（2-tailed）	.203
Exact Sig.［2 * (1-tailed Sig.)］	.208[a]

a. Not corrected for ties.

b. Grouping Variable：调查城市

　　表 1696 为蚌埠市与阜阳市健身步道通行人数的秩次统计表，第一栏列出被调查城市，N 为样本量，Mean Rank 为平均秩次，Sum of Ranks 为秩和。表 1697 为蚌埠市与阜阳市健身步道通行人数的非参数检验结果，其中 Mann-Whitney U、Wilcoxon W 以及 Z 为统计量，Asymp. sig.（2-tailed）为基于渐近分布的双侧检验概率，本例概率大于 0.05，可以认为在 0.05 水平上蚌埠市与阜阳市健身步道通行人数之间的差异不具有显著性。

表 1698　蚌埠市与亳州市健身步道通行人数的秩次统计

	被调查城市	N	Mean Rank	Sum of Ranks
健身步道上每分钟的通行人数	蚌埠市	8	13.63	109.00
	亳州市	12	8.42	101.00
	Total	20		

表 1699   蚌埠市与亳州市健身步道通行人数的非参数检验结果[a,b]

	健身步道上每分钟的通行人数
Mann-Whitney U	23.000
Wilcoxon W	101.000
Z	−1.930
Asymp. Sig. (2-tailed)	.054
Exact Sig. [2 * (1-tailed Sig.)]	.057[a]

a. Not corrected for ties.

b. Grouping Variable：调查城市

表 1698 为蚌埠市与亳州市健身步道通行人数的秩次统计表,第一栏列出被调查城市,N 为样本量,Mean Rank 为平均秩次,Sum of Ranks 为秩和。表 1699 为蚌埠市与亳州市健身步道通行人数的非参数检验结果,其中 Mann-Whitney U、Wilcoxon W 以及 Z 为统计量,Asymp. sig. (2-tailed)为基于渐近分布的双侧检验概率,本例概率大于 0.05,可以认为在 0.05 水平上蚌埠市与亳州市健身步道通行人数之间的差异不具有显著性。

表 1700   淮南市与阜阳市健身步道通行人数的秩次统计

	被调查城市	N	Mean Rank	Sum of Ranks
健身步道上每分钟的通行人数	淮南市	13	13.92	181.00
	阜阳市	12	12.00	144.00
	Total	25		

表 1701   淮南市与阜阳市健身步道通行人数的非参数检验结果[a,b]

	健身步道上每分钟的通行人数
Mann-Whitney U	66.000
Wilcoxon W	144.000
Z	−.653
Asymp. Sig. (2-tailed)	.514
Exact Sig. [2 * (1-tailed Sig.)]	.538[a]

a. Not corrected for ties.

b. Grouping Variable：调查城市

表 1700 为淮南市与阜阳市健身步道通行人数的秩次统计表,第一栏列出被调查城市,N 为样本量,Mean Rank 为平均秩次,Sum of Ranks 为秩和。表 1701 为淮南市与阜阳市健身步道通行人数的非参数检验结果,其中 Mann-Whitney U、Wilcoxon W 以及 Z 为统计量,Asymp. sig. (2-tailed)为基于渐近分布的双侧检验概率,本例概率大于 0.05,可以认为在 0.05 水平上淮南市与阜阳市健身步道通行人数之间的差异不具有显著性。

表 1702   淮南市与亳州市健身步道通行人数的秩次统计

	被调查城市	N	Mean Rank	Sum of Ranks
健身步道上每分钟的通行人数	淮南市	13	14.31	186.00
	亳州市	12	11.58	139.00
	Total	25		

表 1703　淮南市与亳州市健身步道通行人数的非参数检验结果[a,b]

	健身步道上每分钟的通行人数
Mann-Whitney U	61.000
Wilcoxon W	139.000
Z	−.926
Asymp. Sig. (2-tailed)	.355
Exact Sig. [2 * (1-tailed Sig.)]	.376[a]

a. Not corrected for ties.

b. Grouping Variable：调查城市

　　表 1702 为淮南市与亳州市健身步道通行人数的秩次统计表,第一栏列出被调查城市,N 为样本量,Mean Rank 为平均秩次,Sum of Ranks 为秩和。表 1703 为淮南市与亳州市健身步道通行人数的非参数检验结果,其中 Mann-Whitney U、Wilcoxon W 以及 Z 为统计量,Asymp. sig. (2-tailed)为基于渐近分布的双侧检验概率,本例概率大于 0.05,可以认为在 0.05 水平上淮南市与亳州市健身步道通行人数之间的差异不具有显著性。

表 1704　阜阳市与亳州市健身步道通行人数的秩次统计

	被调查城市	N	Mean Rank	Sum of Ranks
健身步道上每分钟的通行人数	阜阳市	12	13.58	163.00
	亳州市	12	11.42	137.00
	Total	24		

表 1705　阜阳市与亳州市健身步道通行人数的非参数检验结果[a,b]

	健身步道上每分钟的通行人数
Mann-Whitney U	59.000
Wilcoxon W	137.000
Z	−.751
Asymp. Sig. (2-tailed)	.452
Exact Sig. [2 * (1-tailed Sig.)]	.478[a]

a. Not corrected for ties.

b. Grouping Variable：调查城市

　　表 1704 为阜阳市与亳州市市健身步道通行人数的秩次统计表,第一栏列出被调查城市,N 为样本量,Mean Rank 为平均秩次,Sum of Ranks 为秩和。表 1705 为阜阳市与亳州市健身步道通行人数的非参数检验结果,其中 Mann-Whitney U、Wilcoxon W 以及 Z 为统计量,Asymp. sig. (2-tailed)为基于渐近分布的双侧检验概率,本例概率大于 0.05,可以认为在 0.05 水平上阜阳市与亳州市健身步道通行人数之间的差异不具有显著性。

4.2.2.3 皖北六市不同锻炼时间段健身步道拥挤度的描述性统计

表 1706 皖北六市不同锻炼时间段健身步道通行人数的描述性统计

	调查时间段	样本量	平均数	标准差	最小值	最大值
健身步道上每分钟的通行人数	05:00—09:00	18	17.2961	16.86362	2.00	72.00
	16:00—19:00	23	22.3565	22.43090	.00	108.00
	19:00—22:00	25	27.8720	20.61319	.00	73.5
	Total	66	23.0656	20.49001	.00	108.00

调查显示,皖北六市 66 个健身步道每分钟通行人数的平均数为 23.0656。平均数 19:00—22:00 最大值为 27.8720,05:00—09:00 最小值为 17.2961。标准差为 20.49001, 16:00—19:00 最大值为 22.43090,05:00—09:00 最小值为 16.86362。最小值为 0.00,最大值为 108.00。不同时间段的平均数、标准差、最小值、最大值,见表 1706。

据观察健身步道每分钟通行人数小于 60,健身步道能保持畅通。皖北六市 66 个健身步道每分钟通行人数的平均数为 23.0656,低于 60,说明总体上皖北六市城区健身步道的拥挤程度并不严重。但是根据最大值的数值,个别时间点健身步道每分钟通行人数人数的最大值大于 60,说明部分健身步道供小于求。同时根据最小值的数值,个别市健身步道每分钟通行人数为 0,说明个别时间点健身步道存在供大于求。

4.2.2.4 皖北六市不同锻炼时间段健身步道拥挤度的非参数检验

表 1707 皖北六市不同锻炼时间段健身步道通行人数的平均秩

	调查时间段	N	Mean Rank
健身步道上每分钟的通行人数	05:00—09:00	18	27.81
	16:00—19:00	23	32.70
	19:00—22:00	25	38.34
	Total	66	

表 1707 为皖北六市不同锻炼时间段健身步道通行人数的样本量和平均秩,平均秩降序排列为:19:00—22:00 为 38.34、16:00—19:00 为 32.70、05:00—09:00 为 27.81。

表 1708 皖北六市不同锻炼时间段健身步道通行人数的非参数检验结果[a,b]

	健身步道上每分钟的通行人数
Chi-Square	3.215
Df	2
Asymp. Sig.	.200

a. Kruskal Wallis Test

b. Grouping Variable:调查时间段

表 1708 为 Kruskal-Wallis 检验,Asymp. Sig. 为检验统计量 $\chi^2 = 3.215$、df = 2 时基于渐近分布概率,本例概率 p = 0.200 > 0.05,所以肯定检验的原假设,即可以认为皖北六市不同锻炼时间段健身步道通行人数之间的差异在 0.05 水平上不具有显著性。

表 1709　晨练阶段与傍晚阶段健身步道通行人数的秩次统计

	调查时间段	N	Mean Rank	Sum of Ranks
健身步道上每分钟的通行人数	05:00—09:00	18	18.97	341.50
	16:00—19:00	23	22.59	519.50
	Total	41		

表 1710　晨练阶段与傍晚阶段健身步道通行人数的非参数检验结果a

	健身步道上每分钟的通行人数
Mann-Whitney U	170.500
Wilcoxon W	341.500
Z	−.959
Asymp. Sig. (2-tailed)	.337

a. Grouping Variable：调查时间段

　　表 1709 为晨练阶段与傍晚阶段健身步道通行人数的秩次统计表，第一栏列出被调查时间段，N 为样本量，Mean Rank 为平均秩次，Sum of Ranks 为秩和。表 1710 为晨练阶段与傍晚阶段健身步道通行人数的非参数检验结果，其中 Mann-Whitney U、Wilcoxon W 以及 Z 为统计量，Asymp. sig. (2-tailed) 为基于渐近分布的双侧检验概率，本例概率大于 0.05，可以认为在 0.05 水平上晨练阶段与傍晚阶段健身步道通行人数之间的差异不具有显著性。

表 1711　晨练阶段与晚上阶段健身步道通行人数的秩次统计

	调查时间段	N	Mean Rank	Sum of Ranks
健身步道上每分钟的通行人数	05:00—09:00	18	18.33	330.00
	19:00—22:00	25	24.64	616.00
	Total	43		

表 1712　晨练阶段与晚上阶段健身步道通行人数的非参数检验结果a

	健身步道上每分钟的通行人数
Mann-Whitney U	159.000
Wilcoxon W	330.000
Z	−1.625
Asymp. Sig. (2-tailed)	.104

a. Grouping Variable：调查时间段

　　表 1711 为晨练阶段与晚上阶段健身步道通行人数的秩次统计表，第一栏列出被调查时间段，N 为样本量，Mean Rank 为平均秩次，Sum of Ranks 为秩和。表 1712 为晨练阶段与晚上阶段健身步道通行人数的非参数检验结果，其中 Mann-Whitney U、Wilcoxon W 以及 Z 为统计量，Asymp. sig. (2-tailed) 为基于渐近分布的双侧检验概率，本例概率大于 0.05，可以认为在 0.05 水平上晨练阶段与晚上阶段健身步道通行人数之间的差异不具有显著性。

表 1713　傍晚阶段与晚上阶段健身步道通行人数的秩次统计

	调查时间段	N	Mean Rank	Sum of Ranks
健身步道上每分钟的通行人数	16:00—19:00	23	22.11	508.50
	19:00—22:00	25	26.70	667.50
	Total	48		

表 1714　傍晚阶段与晚上阶段健身步道通行人数的非参数检验结果ᵃ

	健身步道上每分钟的通行人数
Mann-Whitney U	232.500
Wilcoxon W	508.500
Z	−1.135
Asymp. Sig. (2-tailed)	.256

a. Grouping Variable：调查时间段

表 1713 为傍晚阶段与晚上阶段健身步道通行人数的秩次统计表,第一栏列出被调查时间段,N 为样本量,Mean Rank 为平均秩次,Sum of Ranks 为秩和。表 1714 为傍晚阶段与晚上阶段健身步道通行人数的非参数检验结果,其中 Mann-Whitney U、Wilcoxon W 以及 Z 为统计量,Asymp. sig. (2-tailed)为基于渐近分布的双侧检验概率,本例概率大于 0.05,可以认为在 0.05 水平上傍晚阶段与晚上阶段健身步道通行人数之间的差异不具有显著性。

4.2.3　皖北六市健身器材拥挤度

4.2.3.1　皖北不同市健身器材拥挤度的描述性统计

表 1715　皖北六市健身人数与器材数量比的描述性统计

	调查城市	样本量	平均数	标准差	最小值	最大值
健身人数与器材数量比	淮北市	9	0.7056	0.44867	.00	1.50
	宿州市	9	1.0861	1.03288	.00	2.82
	蚌埠市	8	2.5663	2.72162	0.50	9.00
	淮南市	11	1.3973	1.08536	0.69	3.17
	阜阳市	39	0.8977	1.08536	.00	5.00
	亳州市	57	0.8450	1.05439	.00	5.25
	Total	133	1.0165	1.22308	.00	9.00

调查显示,皖北六市 133 个健身器材点锻炼人数与器材数量比的平均数为 1.0165,标准差为 1.22308,最小值为 0.00,最大值为 9.00。各市的平均数、标准差、最小值、最大值,见表 1715。

通常健身器材点锻炼人数与器材数量比小于或等于 1,居民使用健身器材不用等待。

皖北六市 133 个健身器材点锻炼人数与器材数量比的平均数为 1.0165,稍大于 1。说明总体上皖北六市城区健身器材的供需平衡。但是根据平均数最大值的数值,个别市健身器材点锻炼人数与器材数量比大于 2,说明部分市健身器材供小于求。同时根据平均数最小值的数值,个别市健身器材点锻炼人数与器材数量比小于 0.8,说明部分市健身器材存在供大于求。

4.2.3.2 皖北不同市健身器材拥挤度的非参数检验

表 1716 皖北六市健身人数与器材数量比的平均秩

	被调查者居住的城市	N	Mean Rank
健身人数与器材数量比	淮北市	9	63.89
	宿州市	9	71.89
	蚌埠市	8	103.25
	淮南市	11	94.45
	阜阳市	39	61.72
	亳州市	57	59.95
	Total	133	

表 1716 为皖北六市健身人数与器材数量比的样本量和平均秩,平均秩降序排列为:蚌埠市为 103.25、淮南市为 94.45、宿州市为 71.89、淮北市为 63.89、阜阳市为 61.72、亳州市为 59.95。

表 1717 皖北不同市健身人数与器材数量比的非参数检验结果[a,b]

	健身人数与器材数量比
Chi-Square	15.627
Df	5
Asymp. Sig.	.008

a. Kruskal Wallis Test
b. Grouping Variable:被调查者居住的城市

表 1717 为 Kruskal-Wallis 检验,Asymp. Sig. 为检验统计量 $\chi^2=15.627$、df=5 时基于渐近分布概率,本例概率 p=0.008<0.05,所以否定检验的原假设,即可以认为皖北不同市健身人数与器材数量比之间的差异在 0.05 水平上具有显著性。

表 1718 淮北市与宿州市健身人数与器材数量比的秩次统计

	被调查城市	N	Mean Rank	Sum of Ranks
健身人数与器材数量比	淮北市	9	9.17	82.50
	宿州市	9	9.83	88.50
	Total	18		

表 1719　淮北市与宿州市健身人数与器材数量比的非参数检验结果[a,b]

	健身人数与器材数量比
Mann-Whitney U	37.500
Wilcoxon W	82.500
Z	−.265
Asymp. Sig. (2-tailed)	.791
Exact Sig. [2 * (1-tailed Sig.)]	.796[a]

a. Not corrected for ties.

b. Grouping Variable：调查城市

　　表 1718 为淮北市与宿州市健身人数与器材数量比的秩次统计表，第一栏列出被调查城市，N 为样本量，Mean Rank 为平均秩次，Sum of Ranks 为秩和。表 1719 为淮北市与宿州市健身人数与器材数量比的非参数检验结果，其中 Mann-Whitney U、Wilcoxon W 以及 Z 为统计量，Asymp. sig. (2-tailed)为基于渐近分布的双侧检验概率，本例概率大于 0.05，可以认为在 0.05 水平上淮北市与宿州市健身人数与器材数量比之间的差异不具有显著性。

表 1720　淮北市与蚌埠市健身人数与器材数量比的秩次统计

	被调查城市	N	Mean Rank	Sum of Ranks
健身人数与器材数量比	淮北市	9	6.00	54.00
	蚌埠市	8	12.38	99.00
	Total	17		

表 1721　淮北市与蚌埠市健身人数与器材数量比的非参数检验结果[a,b]

	健身人数与器材数量比
Mann-Whitney U	9.000
Wilcoxon W	54.000
Z	−2.598
Asymp. Sig. (2-tailed)	.009
Exact Sig. [2 * (1-tailed Sig.)]	.008[a]

a. Not corrected for ties.

b. Grouping Variable：调查城市

　　表 1720 为淮北市与蚌埠市健身人数与器材数量比的秩次统计表，第一栏列出被调查城市，N 为样本量，Mean Rank 为平均秩次，Sum of Ranks 为秩和。表 1721 为淮北市与蚌埠市健身人数与器材数量比的非参数检验结果，其中 Mann-Whitney U、Wilcoxon W 以及 Z 为统计量，Asymp. sig. (2-tailed)为基于渐近分布的双侧检验概率，本例概率小于 0.05，可以认为在 0.05 水平上淮北市与蚌埠市健身人数与器材数量比之间的差异具有显著性。

表 1722　淮北市与淮南市健身人数与器材数量比的秩次统计

	被调查城市	N	Mean Rank	Sum of Ranks
健身人数与器材数量比	淮北市	9	6.72	60.50
	淮南市	11	13.59	149.50
	Total	20		

表 1723　淮北市与淮南市健身人数与器材数量比的非参数检验结果[a,b]

	健身人数与器材数量比
Mann-Whitney U	15.500
Wilcoxon W	60.500
Z	-2.588
Asymp. Sig. (2-tailed)	.010
Exact Sig. [2 * (1-tailed Sig.)]	.007[a]

a. Not corrected for ties.

b. Grouping Variable:调查城市

　　表 1722 为淮北市与淮南市健身人数与器材数量比的秩次统计表,第一栏列出被调查城市,N 为样本量,Mean Rank 为平均秩次,Sum of Ranks 为秩和。表 1723 为淮北市与淮南市健身人数与器材数量比的非参数检验结果,其中 Mann-Whitney U、Wilcoxon W 以及 Z 为统计量,Asymp. sig. (2-tailed)为基于渐近分布的双侧检验概率,本例概率小于 0.05,可以认为在 0.05 水平上淮北市与淮南市健身人数与器材数量比之间的差异具有显著性。

表 1724　淮北市与阜阳市健身人数与器材数量比的秩次统计

	被调查城市	N	Mean Rank	Sum of Ranks
	淮北市	9	26.11	235.00
健身人数与器材数量比	阜阳市	39	24.13	941.00
	Total	48		

表 1725　淮北市与阜阳市健身人数与器材数量比的非参数检验结果[a,b]

	健身人数与器材数量比
Mann-Whitney U	161.000
Wilcoxon W	941.000
Z	$-.385$
Asymp. Sig. (2-tailed)	.700
Exact Sig. [2 * (1-tailed Sig.)]	.716[a]

a. Not corrected for ties.

b. Grouping Variable:调查城市

　　表 1724 为淮北市与阜阳市健身人数与器材数量比的秩次统计表,第一栏列出被调查城市,N 为样本量,Mean Rank 为平均秩次,Sum of Ranks 为秩和。表 1725 为淮北市与阜阳市健身人数与器材数量比的非参数检验结果,其中 Mann-Whitney U、Wilcoxon W 以及 Z 为统计量,Asymp. sig. (2-tailed)为基于渐近分布的双侧检验概率,本例概率大于 0.05,可以认为在 0.05 水平上淮北市与阜阳市健身人数与器材数量比之间的差异不具有显著性。

表 1726　淮北市与亳州市健身人数与器材数量比的秩次统计

	被调查城市	N	Mean Rank	Sum of Ranks
	淮北市	9	35.89	323.00
健身人数与器材数量比	亳州市	57	33.12	1888.00
	Total	66		

表 1727　淮北市与亳州市健身人数与器材数量比的非参数检验结果[a,b]

	健身人数与器材数量比
Mann-Whitney U	235.000
Wilcoxon W	1888.00
Z	−.405
Asymp. Sig. (2-tailed)	.686

a. Not corrected for ties.

b. Grouping Variable：调查城市

表 1726 为淮北市与亳州市健身人数与器材数量比的秩次统计表，第一栏列出被调查城市，N 为样本量，Mean Rank 为平均秩次，Sum of Ranks 为秩和。表 1727 为淮北市与亳州市健身人数与器材数量比的非参数检验结果，其中 Mann-Whitney U、Wilcoxon W 以及 Z 为统计量，Asymp. sig. (2-tailed) 为基于渐近分布的双侧检验概率，本例概率大于 0.05，可以认为在 0.05 水平上淮北市与亳州市健身人数与器材数量比之间的差异不具有显著性。

表 1728　宿州市与蚌埠市健身人数与器材数量比的秩次统计

	被调查城市	N	Mean Rank	Sum of Ranks
健身人数与器材数量比	宿州市	9	6.78	61.00
	蚌埠市	8	11.50	92.00
	Total	17		

表 1729　宿州市与蚌埠市健身人数与器材数量比的非参数检验结果[a,b]

	健身人数与器材数量比
Mann-Whitney U	16.000
Wilcoxon W	61.000
Z	−1.925
Asymp. Sig. (2-tailed)	.054
Exact Sig. [2 * (1-tailed Sig.)]	.059[a]

a. Not corrected for ties.

b. Grouping Variable：调查城市

表 1728 为宿州市与蚌埠市健身人数与器材数量比的秩次统计表，第一栏列出被调查城市，N 为样本量，Mean Rank 为平均秩次，Sum of Ranks 为秩和。表 1729 为宿州市与蚌埠市健身人数与器材数量比的非参数检验结果，其中 Mann-Whitney U、Wilcoxon W 以及 Z 为统计量，Asymp. sig. (2-tailed) 为基于渐近分布的双侧检验概率，本例概率大于 0.05，可以认为在 0.05 水平上宿州市与蚌埠市健身人数与器材数量比之间的差异不具有显著性。

表 1730　宿州市与淮南市健身人数与器材数量比的秩次统计

	被调查城市	N	Mean Rank	Sum of Ranks
健身人数与器材数量比	宿州市	9	8.00	72.00
	淮南市	11	12.55	138.00
	Total	20		

表 1731　宿州市与淮南市健身人数与器材数量比的非参数检验结果[a,b]

	健身人数与器材数量比
Mann-Whitney U	27.000
Wilcoxon W	72.000
Z	−1.710
Asymp. Sig. (2-tailed)	.087
Exact Sig. [2 * (1-tailed Sig.)]	.095[a]

a. Not corrected for ties.

b. Grouping Variable：调查城市

　　表 1730 为宿州市与淮南市健身人数与器材数量比的秩次统计表，第一栏列出被调查城市，N 为样本量，Mean Rank 为平均秩次，Sum of Ranks 为秩和。表 1731 为宿州市与淮南市健身人数与器材数量比的非参数检验结果，其中 Mann-Whitney U、Wilcoxon W 以及 Z 为统计量，Asymp. sig.（2-tailed）为基于渐近分布的双侧检验概率，本例概率大于 0.05，可以认为在 0.05 水平上宿州市与淮南市健身人数与器材数量比之间的差异不具有显著性。

表 1732　宿州市与阜阳市健身人数与器材数量比的秩次统计

	被调查城市	N	Mean Rank	Sum of Ranks
健身人数与器材数量比	宿州市	9	28.56	257.00
	阜阳市	39	23.56	919.00
	Total	48		

表 1733　宿州市与阜阳市健身人数与器材数量比的非参数检验结果[a,b]

	健身人数与器材数量比
Mann-Whitney U	139.000
Wilcoxon W	919.000
Z	−.969
Asymp. Sig. (2-tailed)	.333
Exact Sig. [2 * (1-tailed Sig.)]	.348[a]

a. Not corrected for ties.

b. Grouping Variable：调查城市

　　表 1732 为宿州市与阜阳市健身人数与器材数量比的秩次统计表，第一栏列出被调查城市，N 为样本量，Mean Rank 为平均秩次，Sum of Ranks 为秩和。表 1733 为宿州市与阜阳市健身人数与器材数量比的非参数检验结果，其中 Mann-Whitney U、Wilcoxon W 以及 Z 为统计量，Asymp. sig.（2-tailed）为基于渐近分布的双侧检验概率，本例概率大于 0.05，可以认为在 0.05 水平上宿州市与阜阳市健身人数与器材数量比之间的差异不具有显著性。

表 1734　宿州市与亳州市健身人数与器材数量比的秩次统计

	被调查城市	N	Mean Rank	Sum of Ranks
健身人数与器材数量比	宿州市	9	38.72	348.50
	亳州市	57	32.68	1862.50
	Total	66		

表 1735　宿州市与亳州市健身人数与器材数量比的非参数检验结果[a]

	健身人数与器材数量比
Mann-Whitney U	209.500
Wilcoxon W	1862.00
Z	$-.885$
Asymp. Sig. (2-tailed)	.376

a. Grouping Variable:调查城市

　　表 1734 为宿州市与亳州市健身人数与器材数量比的秩次统计表,第一栏列出被调查城市,N 为样本量,Mean Rank 为平均秩次,Sum of Ranks 为秩和。表 1735 为宿州市与亳州市健身人数与器材数量比的非参数检验结果,其中 Mann-Whitney U、Wilcoxon W 以及 Z 为统计量,Asymp. sig. (2-tailed)为基于渐近分布的双侧检验概率,本例概率大于 0.05,可以认为在 0.05 水平上宿州市与亳州市健身人数与器材数量比之间的差异不具有显著性。

表 1736　蚌埠市与淮南市健身人数与器材数量比的秩次统计

	被调查城市	N	Mean Rank	Sum of Ranks
健身人数与器材数量比	蚌埠市	8	11.88	95.00
	淮南市	11	8.64	95.00
	Total	19		

表 1737　蚌埠市与淮南市健身人数与器材数量比的非参数检验结果[a,b]

	健身人数与器材数量比
Mann-Whitney U	29.000
Wilcoxon W	95.000
Z	-1.239
Asymp. Sig. (2-tailed)	.215
Exact Sig. [2 * (1-tailed Sig.)]	.238[a]

a. Not corrected for ties.
b. Grouping Variable:调查城市

　　表 1736 为蚌埠市与淮南市健身人数与器材数量比的秩次统计表,第一栏列出被调查城市,N 为样本量,Mean Rank 为平均秩次,Sum of Ranks 为秩和。表 1737 为蚌埠市与淮南市健身人数与器材数量比的非参数检验结果,其中 Mann-Whitney U、Wilcoxon W 以及 Z 为统计量,Asymp. sig. (2-tailed)为基于渐近分布的双侧检验概率,本例概率大于 0.05,可以认为在 0.05 水平上蚌埠市与淮南市健身人数与器材数量比之间的差异不具有显著性。

表 1738　蚌埠市与阜阳市健身人数与器材数量比的秩次统计

	被调查城市	N	Mean Rank	Sum of Ranks
健身人数与器材数量比	蚌埠市	8	35.06	280.50
	阜阳市	39	21.73	847.50
	Total	47		

表 1739   蚌埠市与阜阳市健身人数与器材数量比的非参数检验结果[a,b]

	健身人数与器材数量比
Mann-Whitney U	67.500
Wilcoxon W	847.500
Z	−2.514
Asymp. Sig. (2-tailed)	.012
Exact Sig. [2 * (1-tailed Sig.)]	.010[a]

a. Not corrected for ties.
b. Grouping Variable：调查城市

表 1738 为蚌埠市与阜阳市健身人数与器材数量比的秩次统计表,第一栏列出被调查城市,N 为样本量,Mean Rank 为平均秩次,Sum of Ranks 为秩和。表 1739 为蚌埠市与阜阳市健身人数与器材数量比的非参数检验结果,其中 Mann-Whitney U、Wilcoxon W 以及 Z 为统计量,Asymp. sig. (2-tailed)为基于渐近分布的双侧检验概率,本例概率小于 0.05,可以认为在 0.05 水平上蚌埠市与阜阳市健身人数与器材数量比之间的差异具有显著性。

表 1740   蚌埠市与亳州市健身人数与器材数量比的秩次统计

	被调查城市	N	Mean Rank	Sum of Ranks
健身人数与器材数量比	蚌埠市	8	50.44	403.50
	亳州市	57	30.55	1741.50
	Total	65		

表 1741   蚌埠市与亳州市健身人数与器材数量比的非参数检验结果[a]

	健身人数与器材数量比
Mann-Whitney U	88.500
Wilcoxon W	1741.500
Z	−2.804
Asymp. Sig. (2-tailed)	.005

a. Grouping Variable：调查城市

表 1740 为蚌埠市与亳州市健身人数与器材数量比的秩次统计表,第一栏列出被调查城市,N 为样本量,Mean Rank 为平均秩次,Sum of Ranks 为秩和。表 1741 为蚌埠市与亳州市健身人数与器材数量比的非参数检验结果,其中 Mann-Whitney U、Wilcoxon W 以及 Z 为统计量,Asymp. sig. (2-tailed)为基于渐近分布的双侧检验概率,本例概率小于 0.05,可以认为在 0.05 水平上蚌埠市与亳州市健身人数与器材数量比之间的差异具有显著性。

表 1742   淮南市与阜阳市健身人数与器材数量比的秩次统计

	被调查城市	N	Mean Rank	Sum of Ranks
健身人数与器材数量比	淮南市	11	34.50	379.50
	阜阳市	39	22.96	895.50
	Total	50		

表 1743　淮南市与阜阳市健身人数与器材数量比的非参数检验结果[a]

	健身人数与器材数量比
Mann-Whitney U	115.500
Wilcoxon W	895.500
Z	−2.326
Asymp. Sig. (2-tailed)	.020

a. Grouping Variable：调查城市

　　表 1742 为淮南市与阜阳市健身人数与器材数量比的秩次统计表,第一栏列出被调查城市,N 为样本量,Mean Rank 为平均秩次,Sum of Ranks 为秩和。表 1743 为淮南市与阜阳市健身人数与器材数量比的非参数检验结果,其中 Mann-Whitney U、Wilcoxon W 以及 Z 为统计量,Asymp. sig. (2-tailed)为基于渐近分布的双侧检验概率,本例概率小于 0.05,可以认为在 0.05 水平上淮南市与阜阳市健身人数与器材数量比之间的差异具有显著性。

表 1744　淮南市与亳州市健身人数与器材数量比的秩次统计

	被调查城市	N	Mean Rank	Sum of Ranks
健身人数与器材数量比	淮南市	11	49.18	541.00
	亳州市	57	31.67	1805.00
	Total	68		

表 1745　淮南市与亳州市健身人数与器材数量比的非参数检验结果[a]

	健身人数与器材数量比
Mann-Whitney U	152.000
Wilcoxon W	1805.000
Z	−2.705
Asymp. Sig. (2-tailed)	.007

a. Grouping Variable：调查城市

　　表 1744 为淮南市与亳州市健身人数与器材数量比的秩次统计表,第一栏列出被调查城市,N 为样本量,Mean Rank 为平均秩次,Sum of Ranks 为秩和。表 1745 为淮南市与亳州市健身人数与器材数量比的非参数检验结果,其中 Mann-Whitney U、Wilcoxon W 以及 Z 为统计量,Asymp. sig. (2-tailed)为基于渐近分布的双侧检验概率,本例概率小于 0.05,可以认为在 0.05 水平上淮南市与亳州市健身人数与器材数量比之间的差异具有显著性。

表 1746　阜阳市与亳州市健身人数与器材数量比的秩次统计

	被调查城市	N	Mean Rank	Sum of Ranks
健身人数与器材数量比	阜阳市	39	49.33	1924.00
	亳州市	57	47.93	2732.00
	Total	96		

表 1747　阜阳市与亳州市健身人数与器材数量比的非参数检验结果ᵃ

	健身人数与器材数量比
Mann-Whitney U	1079.000
Wilcoxon W	2732.000
Z	−.244
Asymp. Sig. (2-tailed)	.807

a. Grouping Variable：调查城市

　　表 1746 为阜阳市与亳州市健身人数与器材数量比的秩次统计表,第一栏列出被调查城市,N 为样本量,Mean Rank 为平均秩次,Sum of Ranks 为秩和。表 1747 为阜阳市与亳州市健身人数与器材数量比的非参数检验结果,其中 Mann-Whitney U、Wilcoxon W 以及 Z 为统计量,Asymp. sig. (2-tailed)为基于渐近分布的双侧检验概率,本例概率大于 0.05,可以认为在 0.05 水平上阜阳市与亳州市健身人数与器材数量比之间的差异不具有显著性。

4.2.3.3　皖北六市不同锻炼时间段健身器材拥挤度的描述性统计

表 1748　皖北六市不同锻炼时间段健身人数与器材数量比的描述性统计

	调查时间段	样本量	平均数	标准差	最小值	最大值
健身人数与器材数量比	05：00—09：00	32	0.9900	1.84465	0.00	9.00
	16：00—19：00	39	0.8860	0.95052	0.00	3.30
	19：00—22：00	62	1.1123	0.96147	.00	5.25
	Total	133	1.0165	1.22308	0.00	9.00

　　调查显示,皖北六市 133 个健身器材点锻炼人数与器材数量比的平均数为 1.0165,标准差为 1.22308,最小值为 0.00,最大值为 9.00。不同锻炼时间段的平均数、标准差、最小值、最大值,见表 1748。

　　通常健身器材点锻炼人数与器材数量比小于或等于 1,居民使用健身器材不用等待。皖北六市 133 个健身器材点锻炼人数与器材数量比的平均数为 1.0165,稍大于 1。说明总体上皖北六市三个时间段城区健身器材的供需平衡。但是根据平均数最大值的数值,时间段 19：00—22：00 健身器材点锻炼人数与器材数量比大于 1,说明 19：00—22：00 时间段健身器材供小于求。同时根据平均数最小值的数值,时间段 16：00—19：00 健身器材点锻炼人数与器材数量比小于 0.9,说明 16：00—19：00 时间紧段健身器材存在供大于求。

4.2.3.4　皖北六市不同锻炼时间段健身器材拥挤度的非参数检验

表 1749　皖北六市不同锻炼时间健身人数与器材数量比的平均秩

	调查时间段	N	Mean Rank
健身人数与器材数量比	`05：00—09：00	32	54.06
	16：00—19：00	39	63.62
	19：00—22：00	62	75.81
	Total	133	

表 1749 为皖北六市不同锻炼时间段健身人数与器材数量比的样本量和平均秩,平均秩降序排列为:19:00—22:00 为 75.81、16:00—19:00 为 63.62、05:00—09:00 为 54.06。

表 1750　皖北六市不同锻炼时间段健身人数与器材数量比的非参数检验结果[a,b]

	健身人数与器材数量比
Chi-Square	7.200
Df	2
Asymp. Sig.	.027

a. Kruskal Wallis Test
b. Grouping Variable:调查时间段

表 1750 为 Kruskal-Wallis 检验,Asymp. Sig. 为检验统计量 $\chi^2=7.200$、df=2 时基于渐近分布概率,本例概率 p=0.027<0.05,所以否定检验的原假设,即可以认为皖北六市不同锻炼时间段健身人数与器材数量比之间的差异在 0.05 水平上具有显著性。

表 1751　晨练阶段与傍晚阶段健身人数与器材数量比的秩次统计

	调查时间段	N	Mean Rank	Sum of Ranks
健身人数与器材数量比	05:00—09:00	32	32.59	1043.00
	16:00—19:00	39	38.79	1513.00
	Total	71		

表 1752　晨练阶段与傍晚阶段健身人数与器材数量比的非参数检验结果[a]

	健身人数与器材数量比
Mann-Whitney U	515.000
Wilcoxon W	1043.000
Z	−1.269
Asymp. Sig. (2-tailed)	.205

a. Grouping Variable:调查时间段

表 1751 为晨练阶段与傍晚阶段健身人数与器材数量比的秩次统计表,第一栏列出被调查时间段,N 为样本量,Mean Rank 为平均秩次,Sum of Ranks 为秩和。表 1752 为晨练阶段与傍晚阶段健身人数与器材数量比的非参数检验结果,其中 Mann-Whitney U、Wilcoxon W 以及 Z 为统计量,Asymp. sig. (2-tailed) 为基于渐近分布的双侧检验概率,本例概率大于 0.05,可以认为在 0.05 水平上晨练阶段与傍晚阶段健身人数与器材数量比之间的差异不具有显著性。

表 1753　晨练阶段与晚上阶段健身人数与器材数量比的秩次统计

	调查时间段	N	Mean Rank	Sum of Ranks
健身人数与器材数量比	05:00—09:00	32	37.97	1215.00
	19:00—22:00	62	52.42	3250.00
	Total	94		

表 1754　晨练阶段与晚上阶段健身人数与器材数量比的非参数检验结果ᵃ

	健身人数与器材数量比
Mann-Whitney U	687.000
Wilcoxon W	1215.000
Z	−2.444
Asymp. Sig. (2-tailed)	.015

a. Grouping Variable：被调查者的性别

　　表 1753 为晨练阶段与晚上阶段健身人数与器材数量比的秩次统计表，第一栏列出被调查时间段，N 为样本量，Mean Rank 为平均秩次，Sum of Ranks 为秩和。表 1754 为晨练阶段与晚上阶段健身人数与器材数量比的非参数检验结果，其中 Mann-Whitney U、Wilcoxon W 以及 Z 为统计量，Asymp. sig. (2-tailed) 为基于渐近分布的双侧检验概率，本例概率小于0.05，可以认为在 0.05 水平上晨练阶段与晚上阶段健身人数与器材数量比之间的差异具有显著性。

表 1755　傍晚阶段与晚上阶段健身人数与器材数量比的秩次统计

	调查时间段	N	Mean Rank	Sum of Ranks
健身人数与器材数量比	16：00—19：00	39	44.82	1748.00
	19：00—22：00	62	54.89	3403.00
	Total	101		

表 1756　傍晚阶段与晚上阶段健身人数与器材数量比的非参数检验结果ᵃ

	健身人数与器材数量比
Mann-Whitney U	968.000
Wilcoxon W	1748.000
Z	−1.685
Asymp. Sig. (2-tailed)	.092

a. Grouping Variable：调查时间段

　　表 1755 为傍晚阶段与晚上阶段健身人数与器材数量比的秩次统计表，第一栏列出被调查时间段，N 为样本量，Mean Rank 为平均秩次，Sum of Ranks 为秩和。表 1756 为傍晚阶段与晚上阶段健身人数与器材数量比的非参数检验结果，其中 Mann-Whitney U、Wilcoxon W 以及 Z 为统计量，Asymp. sig. (2-tailed) 为基于渐近分布的双侧检验概率，本例概率大于0.05，可以认为在 0.05 水平上傍晚阶段与晚上阶段健身人数与器材数量比之间的差异不具有显著性。

4.2.4　小结

4.2.4.1　皖北六市健身广场拥挤度

　　调查显示，皖北六市 109 块健身广场每平方米人数的平均数为 0.13533，标准差为0.191206，最小值为 0.000，最大值为 1.810。皖北各市每平方米健身广场上人数的平均数、标准差、最小值、最大值。各市的平均数、标准差、最小值、最大值,见表1631。

平均数淮北市最大,淮南市最小。标准差阜阳市最大,蚌埠市最小。把《体育发展"十三五"规划》的目标(即努力实现到2020年人均体育场地面积达到1.8平方米)换算为每平方米体育场地的人数为0.55556。皖北六市109块健身广场每平方米人数的平均数为0.13533,低于0.55556,说明总体上皖北六市城区健身广场的拥挤程度并不严重。但是根据最大值的数值,个别市每平方米健身广场上人数的最大值接近或大于0.55556,说明部分健身广场接近供求平衡或供小于求。同时根据最小值的数值,个别市每平方米健身广场上人数的最小值接近0,说明部分健身广场存在供大于求。

平均数19:00—22:00最大,16:00—19:00最小。标准差05:00—09:00最大,16:00—19:00最小。最大值05:00—09:00最大,16:00—19:00最小。最小值三个时间段都为0。三个时间段相比较,总体拥挤度19:00—22:00>05:00—09:00>16:00—19:00。把《体育发展"十三五"规划》的目标(即努力实现到2020年人均体育场地面积达到1.8平方米)换算为每平方米体育场地的人数为0.55556。皖北六市三个时间段每平方米健身广场上人数的平均数为0.13533,低于0.55556,说明总体上皖北六市城区三个时间段健身广场的拥挤程度并不严重。但是根据最大值的数值,个别时间段每平方米健身广场上人数的最大值接近或大于0.55556,说明个别时间段健身场地接近供求平衡或供小于求。同时根据最小值的数值,三个时间段每平方米健身广场上人数的最小值都为0,说明个别时间段健身场地存在供大于求。

多个独立样本的非参数检验显示,皖北不同市、不同时间段每平方米健身广场上人数之间的差异具有显著性。两个独立样本的非参数检验显示,淮北市与宿州市、淮北市与蚌埠市、淮北市与淮南市、淮北市与阜阳市、宿州市与蚌埠市、宿州市与淮南市、宿州市与阜阳市、宿州市与亳州市、蚌埠市与淮南市、蚌埠市与阜阳市、淮南市与阜阳市、淮南市与亳州市每平方米健身广场上人数之间的差异不具有显著性。淮北市与亳州市、蚌埠市与亳州市、阜阳市与亳州市每平方米健身广场上人数之间的差异具有显著性;05:00—09:00与16:00—19:00每平方米健身广场上人数之间的差异不具有显著性。05:00—09:00与19:00—22:00、16:00—19:00与19:00—22:00每平方米健身广场上人数之间的差异具有显著性。总体上皖北六市城区健身广场的拥挤程度并不严重,但不同地点、不同时间段存在差异,健身广场供大于求、供求平衡、供小于求三种情况都存在。

4.2.4.2　皖北六市健身步道拥挤度

调查显示,皖北六市66个健身步道每分钟通行人数的平均数为23.0656,平均数蚌埠市最大值为30.1250。宿州市最小值为11.6021。标准差为20.49001。最小值为0.00,最大值为108.00。各市的平均数、标准差、最小值、最大值,见表1673。

据观察健身步道每分钟通行人数小于60,健身步道能保持畅通。皖北六市66个健身步道每分钟通行人数的平均数为23.0656,低于60,说明总体上皖北六市城区健身步道的拥挤程度并不严重。但是根据最大值的数值,个别市个别时间点健身步道每分钟通行人数人数的最大值大于60,说明个别市个别时间点健身步道供小于求。同时根据最小值的数值,个别市健身步道每分钟通行人数为0,说明个别市个别时间点健身步道存在供大于求。

多个独立样本的非参数检验显示,皖北不同市健身步道通行人数之间的差异在0.05水平上具有显著性。两个独立样本的非参数检验显示,淮北市与蚌埠市、淮北市与淮南市、淮北市与阜阳市、淮北市与亳州市、宿州市与阜阳市、宿州市与亳州市、蚌埠市与淮南市、蚌埠市与阜阳市、蚌埠市与亳州市、淮南市与阜阳市、淮南市与亳州市、阜阳市与亳州市健身步道通行人数之间的差异不具有显著性。淮北市与宿州市、宿州市与蚌埠市、宿州市与淮南市健身步道通行人数之间的差异具有显著性。

调查显示,皖北六市 66 个健身步道每分钟通行人数的平均数为 23.0656。平均数 19:00—22:00 最大值为 27.8720,05:00—09:00 最小值为 17.2961。标准差为 20.49001,16:00—19:00 最大值为 22.43090,05:00—09:00 最小值为 16.86362。最小值为 0.00,最大值为 108.00。不同时间段的平均数、标准差、最小值、最大值,见表 1706。

据观察健身步道每分钟通行人数小于 60,健身步道能保持畅通。皖北六市 66 个健身步道每分钟通行人数的平均数为 23.0656,低于 60,说明总体上皖北六市城区健身步道的拥挤程度并不严重。但是根据最大值的数值,个别时间点健身步道每分钟通行人数人数的最大值大于 60,说明部分健身步道供小于求。同时根据最小值的数值,个别市健身步道每分钟通行人数为 0,说明个别时间点健身步道存在供大于求。

多个独立样本的非参数检验显示,皖北六市不同锻炼时间段健身步道通行人数之间的差异在 0.05 水平上不具有显著性。两个独立样本的非参数检验显示,晨练阶段与傍晚阶段健身步道通行人数之间的差异不具有显著性。晨练阶段与晚上阶段健身步道通行人数之间的差异不具有显著性。傍晚阶段与晚上阶段健身步道通行人数之间的差异不具有显著性。

4.2.4.3 皖北六市健身器材拥挤度

调查显示,皖北六市 133 个健身器材点锻炼人数与器材数量比的平均数为 1.0165,标准差为 1.22308,最小值为 0.00,最大值为 9.00。各市的平均数、标准差、最小值、最大值,见表 1715。

通常健身器材点锻炼人数与器材数量比小于或等于 1,居民使用健身器材不用等待。皖北六市 133 个健身器材点锻炼人数与器材数量比的平均数为 1.0165,稍大于 1。说明总体上皖北六市城区健身器材的供需平衡。但是根据平均数最大值的数值,个别市健身器材点锻炼人数与器材数量比大于 2,说明部分市健身器材供小于求。同时根据平均数最小值的数值,个别市健身器材点锻炼人数与器材数量比小于 0.8,说明部分市健身器材存在供大于求。

多个独立样本的非参数检验显示,皖北不同市健身人数与器材数量比之间的差异在 0.05 水平上具有显著性。两个独立样本的非参数检验显示,淮北市与宿州市、淮北市与阜阳市、淮北市与亳州市、宿州市与蚌埠市、宿州市与淮南市、宿州市与阜阳市、宿州市与亳州市、蚌埠市与淮南市、阜阳市与亳州市健身人数与器材数量比之间的差异不具有显著性。淮北市与蚌埠市、淮北市与淮南市、蚌埠市与阜阳市、蚌埠市与亳州市、淮南市与阜阳市、淮南市与亳州市健身人数与器材数量比之间的差异具有显著性。

调查显示,皖北六市 133 个健身器材点锻炼人数与器材数量比的平均数为 1.0165,标准差为 1.22308,最小值为 0.00,最大值为 9.00。不同锻炼时间段的平均数、标准差、最小值、最大值,见表 1748。

通常健身器材点锻炼人数与器材数量比小于或等于 1,居民使用健身器材不用等待。

皖北六市 133 个健身器材点锻炼人数与器材数量比的平均数为 1.0165,稍大于 1。说明总体上皖北六市三个时间段城区健身器材的供需平衡。但是根据平均数最大值的数值,时间段 19:00—22:00 健身器材点锻炼人数与器材数量比大于 1,说明 19:00—22:00 时间段健身器材供小于求。同时根据平均数最小值的数值,时间段 16:00—19:00 健身器材点锻炼人数与器材数量比小于 0.9,说明 16:00—19:00 时间紧段健身器材存在供大于求。

多个独立样本的非参数检验显示,皖北六市不同锻炼时间段健身人数与器材数量比之间的差异在 0.05 水平上具有显著性。两个独立样本的非参数检验显示,傍晚阶段与晚上阶段、晨练阶段与傍晚阶段健身人数与器材数量比之间的差异不具有显著性。晨练阶段与晚上阶段健身人数与器材数量比之间的差异具有显著性。

4.3 基于拥挤度评价视角的皖北城区公共体育设施供需特征研究小结

4.3.1 皖北六市居民健身拥挤感问卷调查研究小结

4.3.1.1 健身广场拥挤感

(1) 皖北不同市居民感知健身广场的拥挤度

总体上皖北六市居民感知健身广场数量"多"的占比比"少"的占比偏多一点。但各市情况不同,阜阳市、宿州市、淮北市"多"和"非常多"占比与"少"和"非常少"占比之差为正,蚌埠市、亳州市、淮南市为负。排序为:阜阳市>宿州市>淮北市>蚌埠市>亳州市>淮南市。

多个独立样本的非参数检验显示,皖北六市居民感知健身广场数量之间的差异在 0.05 水平上具有显著性。两个独立样本的非参数检验显示,淮北市与宿州市、淮北市与蚌埠市、淮北市与阜阳市、宿州市与阜阳市、蚌埠市与淮南市、蚌埠市与阜阳市、蚌埠市与亳州市、淮南市与亳州市被调查者感知居住区的健身广场数量之间的差异不具有显著性。淮北市与淮南市、淮北市与亳州市、宿州市与蚌埠市、宿州市与淮南市、宿州市与亳州市、淮南市与阜阳市、阜阳市与亳州市被调查者感知居住区的健身广场数量之间的差异具有显著性。

总体上皖北六市居民感知健身广场面积"大"的占比比"小"的占比偏多一点。但各市情况不同,阜阳市、宿州市、淮北市、蚌埠市"大"和"非常大"占比与"小"和"非常小"占比之差为正,亳州市、淮南市为负。排序为:阜阳市>宿州市>淮北市>蚌埠市>亳州市>淮南市。

多个独立样本的非参数检验显示,皖北六市居民感知健身广场面积之间的差异在 0.05 水平上具有显著性。两个独立样本的非参数检验显示,淮北市与宿州市、淮北市与蚌埠市、淮北市与淮南市、淮北市与阜阳市、淮北市与亳州市、宿州市与蚌埠市、宿州市与阜阳市、宿州市与亳州市、蚌埠市与淮南市、蚌埠市与阜阳市、淮南市与亳州市被调查者感知居住区健身广场面积之间的差异不具有显著性。宿州市与淮南市、蚌埠市与亳州市、淮南市与阜阳市、阜阳市与亳州市被调查者感知居住区健身广场面积之间的差异具有显著性。

总体上皖北六市居民感知锻炼高峰期健身广场上健身者密度"大"的占比比"小"的占比普遍偏多。皖北六市居民感知锻炼高峰期健身广场上健身者密度"大"和"非常大"占比与"小"和"非常小"占比之差都为为正。排序为:宿州市>淮北市>阜阳市>蚌埠市>淮南市>亳州市。

多个独立样本的非参数检验显示,皖北六市居民感知锻炼高峰期健身广场上健身者密度之间的差异在 0.05 水平上具有显著性。两个独立样本的非参数检验显示,淮北市与宿州市、淮北市与蚌埠市、淮北市与阜阳市、淮北市与亳州市、宿州市与阜阳市、蚌埠市与淮南市、蚌埠市与阜阳市、蚌埠市与亳州市、淮南市与阜阳市、淮南市与亳州市、阜阳市与亳州市被调查者感知锻炼高峰期健身广场上健身者的密度之间的差异不具有显著性。淮北市与淮南市、宿州市与蚌埠市、宿州市与淮南市、宿州市与亳州市被调查者感知锻炼高峰期健身广场上健身者的密度之间的差异具有显著性。

总体上皖北六市居民感知锻炼高峰期锻炼人数比被调查者预期的人数“多”的占比比“少”的占比普遍偏多。皖北六市居民感知锻炼高峰期锻炼人数比被调查者预期的人数“多”和“非常多”占比与“少”和“非常少”占比之差都为为正。排序为:宿州市＞淮北市＞阜阳市＞蚌埠市＞淮南市＞亳州市。

多个独立样本的非参数检验显示,皖北六市居民感知锻炼高峰期健身者人数比预期情况之间的差异在 0.05 水平上不具有显著性。

（2）皖北六市不同居住区居民感知健身广场的拥挤度

总体上皖北六市不同居住区域居民感知健身广场数量“多”的占比比“少”的占比偏多一点。但各区域情况不同,中央区域、中央与郊区之间“多”和“非常多”占比与“少”和“非常少”占比之差为正,郊区、农村地区为负。排序为:中央区域＞中央与郊区之间＞郊区＞农村地区。相关检验显示,皖北六市被调查者居住的区域与被调查者感知健身广场数量的皮尔逊相关系数为 0.517,斯皮尔曼相关系数为 0.505,p＝0.000＜0.05,相关具有显著性。

多个独立样本的非参数检验显示,皖北六市不同居住区居民感知居住区健身广场数量之间的差异在 0.05 水平上具有显著性。两个独立样本的非参数检验显示,中央区域与中央与郊区之间、中央区域与郊区、中央区域与农村地区、中央区域与郊区之间与郊区、中央区域与郊区之间与农村地区、郊区与农村地区被调查者感知居住区的健身广场数量之间的差异具有显著性。

总体上皖北六市不同居住区域居民感知居住区健身广场面积“大”的占比比“小”的占比偏多一点。但各区域情况不同,中央区域、中央与郊区之间“大”和“非常大”占比与“小”和“非常小”占比之差为正,郊区、农村地区为负。排序为:中央区域＞中央与郊区之间＞郊区＞农村地区。相关检验显示,皖北六市被调查者居住的区域与被调查者感知居住区健身广场面积的皮尔逊相关系数为 0.441,斯皮尔曼相关系数为 0.427,p＝0.000＜0.05,相关具有显著性。

多个独立样本的非参数检验显示,皖北六市不同居住区居民感知居住区健身广场面积之间的差异在 0.05 水平上具有显著性。两个独立样本的非参数检验显示,中央区域与中央与郊区之间、中央区域与郊区、中央区域与农村地区、中央区域与郊区之间与郊区、郊区与农村地区、中央区域与郊区之间与农村地区被调查者感知居住区的健身广场面积之间的差异具有显著性。

总体上皖北六市不同居住区域居民感知锻炼高峰期健身广场上健身者密度“大”的占比比“小”的占比偏多。但各区域情况不同,中央区域、中央与郊区之间、郊区“大”和“非常大”占比与“小”和“非常小”占比之差为正,农村地区为负。排序为:中央区域＞中央与郊区之间＞郊区＞农村地区。相关检验显示,皖北六市被调查者居住的区域与被调查者感知锻炼高峰期健身广场上健身者密度的皮尔逊相关系数为 0.389,斯皮尔曼相关系数为 0.363,p=0.000<0.05,相关具有显著性。

多个独立样本的非参数检验显示,皖北六市不同居住区居民感知锻炼高峰期健身广场上健身者密度之间的差异在 0.05 水平上具有显著性。两个独立样本的非参数检验显示,中央区域与中央与郊区之间、中央区域与郊区、中央区域与农村地区、中央区域与郊区之间与郊区、中央区域与郊区之间与农村地区、郊区与农村地区被调查者感知锻炼高峰期健身广场上健身者的密度之间的差异具有显著性。

总体上皖北六市不同居住区域居民感知锻炼高峰期健身广场上人数比预期人数"多"的占比比"少"的占比偏多。但各区域情况不同,中央区域、中央与郊区之间"多"和"非常多"占比与"少"和"非常少"占比之差为正,郊区、农村地区为负。排序为:中央区域>中央与郊区之间>郊区>农村地区。相关检验显示,皖北六市被调查者居住的区域与被调查者感知锻炼高峰期健身广场上人数比预期人数的皮尔逊相关系数为 0.361,斯皮尔曼相关系数为0.341,p=0.000<0.05,相关具有显著性。

多个独立样本的非参数检验显示,皖北六市不同居住区居民感知锻炼高峰期健身广场上人数比预期人数之间的差异在 0.05 水平上具有显著性。两个独立样本的非参数检验显示,中央区域与中央与郊区之间、中央区域与郊区、中央区域与农村地区、中央区域与郊区之间与郊区、中央区域与郊区之间与农村地区、郊区与农村地区被调查者感知锻炼高峰期健身广场上人数比预期人数之间的差异具有显著性。

（3）皖北六市不同居住密度居民感知健身广场的拥挤度

总体上皖北六市不同居住密度居民感知居住区健身广场数量"多"的占比比"少"的占比偏多一点。但不同居住密度情况不同,居住密度大、非常大的居民感知居住区健身广场数量"多"和"非常多"占比与"非常少"和"少"占比之差为正,居住密度中等、稀疏、非常稀疏的地区为负。排序为:居住密度非常大>大>中等>稀疏>非常稀疏。相关检验显示,皖北六市被调查者居住的密度与被调查者感知居住区健身广场数量的皮尔逊相关系数为 0.525,斯皮尔曼相关系数为 0.532,p=0.000<0.05,相关具有显著性。

多个独立样本的非参数检验显示,皖北六市不同居住密度居民感知居住区健身广场数量之间的差异在 0.05 水平上具有显著性。两个独立样本的非参数检验显示,居住密度非常稀疏与稀疏被调查者感知居住区的健身广场数量之间的差异不具有显著性。居住密度非常稀疏与中等、非常稀疏与大、非常稀疏与非常大、稀疏与中等、稀疏与大、稀疏与非常大、中等与大、中等与非常大、大与非常大被调查者感知居住区的健身广场数量的差异具有显著性。

总体上皖北六市不同居住密度居民感知居住区健身广场面积"大"的占比比"小"的占比偏多一点。但不同居住密度情况不同,居住密度大、非常大的居民感知居住区健身广场面积"大"和"非常大"占比与"非常小"和"小"占比之差为正,居住密度中等、稀疏、非常稀疏的地区为负。排序为:居住密度大>非常大>中等>非常稀疏>稀疏。相关检验显示,皖北六市被调查者居住的密度与被调查者感知居住区健身广场面积的皮尔逊相关系数为 0.472,斯皮尔曼相关系数为 0.463,p=0.000<0.05,相关具有显著性。

多个独立样本的非参数检验显示,皖北六市不同居住密度居民感知居住区健身广场面积之间的差异在 0.05 水平上具有显著性。两个独立样本的非参数检验显示,居住密度非常稀疏与稀疏被调查者感知居住区的健身广场面积之间的差异不具有显著性。居住密度非常稀疏与中等、非常稀疏与非常大、非常稀疏与非常大、稀疏与中等、稀疏与大、稀疏与非常大、中等与大、中等与非常大、大与非常大被调查者感知居住区的健身广场面积之间的差异具有显著性。

总体上皖北六市不同居住密度居民感知锻炼高峰期健身广场上健身者密度"大"的占比比"小"的占比偏多。但不同居住密度情况不同,居住密度中等、大、非常大的居民感知锻炼高峰期健身广场上健身者密度"大"和"非常大"占比与"非常小"和"小"占比之差为正,居住密度稀疏、非常稀疏的地区为负。排序为:居住密度非常大>大>中等>非常稀疏>稀疏。相关检验显示,皖北六市被调查者居住的密度与被调查者感知锻炼高峰期健身广场上健身者密度的皮尔逊相关系数为 0.432,斯皮尔曼相关系数为 0.441,p=0.000<0.05,相关具有显著性。

多个独立样本的非参数检验显示,皖北六市不同居住密度居民感知锻炼高峰期健身广场上健身者密度之间的差异在 0.05 水平上具有显著性。两个独立样本的非参数检验显示,居住密度非常稀疏与稀疏被调查者感知锻炼高峰期健身广场上健身者密度之间的差异不具有显著性。居住密度非常稀疏与中等、非常稀疏与非常大、非常稀疏与非常大、稀疏与中等、稀疏与大、稀疏与非常大、中等与大、中等与非常大、大与非常大居住密度被调查者感知锻炼高峰期健身广场上健身者密度之间的差异具有显著性。

总体上皖北六市不同居住密度居民感知锻炼高峰期健身广场上人数比预期人数"多"的占比比"少"的占比偏多。但不同居住密度情况不同,居住密度中等、大、非常大的居民感知锻炼高峰期健身广场上人数比预期人数"多"和"非常多"占比与"非常少"和"少"占比之差为正,居住密度稀疏、非常稀疏的地区为负。排序为:居住密度非常大>大>中等>稀疏>非常稀疏。相关检验显示,皖北六市被调查者居住的密度与被调查者感知锻炼高峰期健身广场上人数比预期人数的皮尔逊相关系数为 0.402,斯皮尔曼相关系数为 0.403,p=0.000<0.05,相关具有显著性。

多个独立样本的非参数检验显示,皖北六市不同居住密度居民感知锻炼高峰期健身广场上人数比预期人数之间的差异在 0.05 水平上具有显著性。两个独立样本的非参数检验显示,居住密度非常稀疏与稀疏被调查者感知锻炼高峰期健身广场上人数比预期人数之间的差异不具有显著性。居住密度非常稀疏与中等、非常稀疏与大、非常稀疏与非常大、稀疏与中等、稀疏与大、稀疏与非常大、中等与大、大与非常大、中等与非常大被调查者感知锻炼高峰期健身广场上人数比预期人数之间的差异具有显著性。

(4) 皖北六市不同性别居民感知健身广场的拥挤度

皖北六市不同性别居民感知居住区健身广场数量的差异具有显著性。总体上皖北六市不同性别居民感知居住区健身广场数量,"多"的占比比"少"的占比偏多一点。男性居民感知居住区健身广场数量"多"的占比与"少"的占比之差为正,女性为负。排序为:男性>女性。相关检验显示,皖北六市被调查者的性别与被调查者感知居住区健身广场数量的皮尔逊相关系数为 0.169,斯皮尔曼相关系数为 0.165,p=0.000<0.05,相关具有显著性。

皖北六市不同性别居民感知居住区健身广场面积的差异具有显著性。总体上皖北六市不同性别居民感知居住区健身广场面积"大"的占比比"小"的占比偏多一点。男性居民感知居住区健身广场面积"大"的占比与"小"的占比之差为正,女性为负。排序为:男性>女性。相关检验显示,皖北六市被调查者的性别与被调查者感知居住区健身广场面积的皮尔逊相关系数为 0.163,斯皮尔曼相关系数为 0.154,p=0.000<0.05,相关具有显著性。

皖北六市不同性别居民感知锻炼高峰期健身广场上健身者密度的差异具有显著性。总体上皖北六市不同性别居民感知锻炼高峰期健身广场上健身者密度"大"的占比比"小"的占比偏多。男性和女性居民感知锻炼高峰期健身广场上健身者密度"大"的占比与"小"的占比之差都为正。排序为:男性>女性。相关检验显示,皖北六市被调查者的性别与被调查者感知锻炼高峰期健身广场上健身者密度的皮尔逊相关系数为 0.094,p=0.015<0.05,斯皮尔曼相关系数为 0.091,p=0.018<0.05,相关具有显著性。

皖北六市不同性别居民感知锻炼高峰期健身广场上人数比预期人数的差异具有显著性。总体上皖北六市不同性别居民感知居住区健身广场数量,"多"的占比比"少"的占比偏多。男性和女性居民感知锻炼高峰期健身广场上人数比预期人数"多"的占比与"少"的占比之差都为正。排序为:男性>女性。相关检验显示,皖北六市被调查者的性别与被调查者感知锻炼高峰期健身广场上人数比预期人数的皮尔逊相关系数为 0.094,p=0.015<0.05,斯皮尔曼相关系数为 0.097,p=0.012<0.05,相关具有显著性。

(5) 皖北六市不同年龄区间居民感知健身广场的拥挤度

总体上皖北六市不同年龄区间居民感知居住区健身广场面积,"大"的占比比"小"的占比偏多一点。12 岁以下、13—19 岁、40—59 岁、60 岁以上居民感知居住区健身广场面积,"大"和"非常大"的占比与"小"和"非常小"的占比之差为正,20—39 岁为负。排序为:12 岁以下>60 岁以上>13—19 岁>40—59 岁>20—39 岁。相关检验显示,皖北六市被调查者的年龄区间与被调查者感知居住区健身广场面积的皮尔逊相关系数为 0.053,p=0.173>0.05,相关不具有显著性。斯皮尔曼相关系数为 0.086,p=0.025<0.05,相关具有显著性。

多个独立样本的非参数检验显示,皖北六市不同年龄区间居民感知居住区健身广场数量之间的差异在 0.05 水平上具有显著性。两个独立样本的非参数检验显示,年龄区间 13—19 岁与 20—39 岁、13—19 岁与 40—59 岁、20—39 岁与 40—59 岁被调查者感知居住区的健身广场数量的差异不具有显著性。年龄区间 12 岁以下与 13—19 岁、12 岁以下与 20—39 岁、12 岁以下与 40—59 岁、12 岁以下与 60 岁以上、13—19 岁与 60 岁以上、20—39 岁与 60 岁以上、40—59 岁与 60 岁以上被调查者感知居住区的健身广场数量的差异具有显著性。

总体上皖北六市不同年龄区间居民感知居住区健身广场面积,"大"的占比比"小"的占比偏多一点。12 岁以下、13—19 岁、40—59 岁、60 岁以上居民感知居住区健身广场面积,"大"和"非常大"的占比与"小"和"非常小"的占比之差为正,20—39 岁为负。排序为:12 岁以下>60 岁以上>13—19 岁>40—59 岁>20—39 岁。相关检验显示,皖北六市被调查者的年龄区间与被调查者感知居住区健身广场面积的皮尔逊相关系数为 0.053,p=0.173>0.05,相关不具有显著性。斯皮尔曼相关系数为 0.086,p=0.025<0.05,相关具有显著性。

多个独立样本的非参数检验显示,皖北六市不同年龄区间居民感知居住区健身广场面积之间的差异在 0.05 水平上具有显著性。两个独立样本的非参数检验显示,年龄区间 12 岁以下与 60 岁以上、13—19 岁与 40—59 岁、13—19 岁与 60 岁以上被调查者感知居住区健身广场面积的差异不具有显著性。年龄区间 12 岁以下与 13—19 岁、12 岁以下与 20—39 岁、12 岁以下与 40—59 岁、13—19 岁与 20—39 岁、20—39 岁与 40—59 岁、20—39 岁与 60 岁以上、40—59 岁与 60 岁以上被调查者感知居住区健身广场面积的差异具有显著性。

　　总体上皖北六市不同年龄区间居民感知锻炼高峰期健身广场上健身者密度,"大"的占比比"小"的占比偏多。各年龄区间居民感知锻炼高峰期健身广场上健身者密度,"大"和"非常大"的占比与"小"和"非常小"的占比之差都为正。排序为:12岁以下>13—19岁>40—59岁>60岁以上>20—39岁。相关检验显示,皖北六市被调查者的年龄区间与被调查者感知锻炼高峰期健身广场上健身者密度的皮尔逊相关系数为0.003,p=0.940>0.05,相关不具有显著性。斯皮尔曼相关系数为0.034,p=0.384>0.05,相关不具有显著性。

　　多个独立样本的非参数检验显示,皖北六市不同年龄区间居民感知锻炼高峰期健身广场上健身者密度的差异在0.05水平上具有显著性。两个独立样本的非参数检验显示,年龄区间12岁以下与60岁以上、13—19岁与20—39岁、13—19岁与40—59岁、13—19岁与60岁以上、20—39岁与40—59岁、40—59岁与60岁以上被调查者感知锻炼高峰期健身广场上健身者密度的差异不具有显著性。年龄区间12岁以下与13—19岁、12岁以下与20—39岁、12岁以下与40—59岁、20—39岁与60岁以上被调查者感知锻炼高峰期健身广场上健身者密度的差异具有显著性。

　　总体上皖北六市不同年龄区间居民感知锻炼高峰期健身广场上人数比预期人数,"多"的占比比"少"的占比偏多。各年龄区间居民感知锻炼高峰期健身广场上人数比预期人数,"多"和"非常多"的占比与"少"和"非常少"的占比之差都为正。排序为:13—19岁>60岁以上>40—59岁>20—39岁>12岁以下。相关检验显示,皖北六市被调查者的年龄区间与被调查者感知锻炼高峰期健身广场上人数比预期人数的皮尔逊相关系数为0.002,p=0.960>0.05,相关不具有显著性。斯皮尔曼相关系数为0.033,p=0.391>0.05,相关不具有显著性。

　　多个独立样本的非参数检验显示,皖北六市不同年龄区间居民感知锻炼高峰期健身广场上人数比预期人数之间的差异在0.05水平上具有显著性。两个独立样本的非参数检验显示,年龄区间12岁以下与13—19岁、12岁以下与60岁以上、13—19岁与40—59岁、13—19岁与60岁以上、20—39岁与40—59岁、40—59岁与60岁以上被调查者感知锻炼高峰期健身广场上人数比预期人数的差异不具有显著性。年龄区间12岁以下与20—39岁、12岁以下与40—59岁、13—19岁与20—39岁、20—39岁与60岁以上被调查者感知锻炼高峰期健身广场上人数比预期人数的差异具有显著性。

　　(6)皖北六市不同锻炼次数居民感知健身广场的拥挤度

　　总体上皖北六市不同锻炼次数居民感知居住区健身广场数量,"多"的占比比"少"的占比偏多一点。锻炼次数多、非常多的居民感知居住区健身广场数量,"多"和"非常多"的占比与"少"和"非常少"的占比之差为正。锻炼次数非常少、少、中等的居民感知居住区健身广场数量,"多"和"非常多"的占比与"少"和"非常少"的占比之差为负。排序为:非常少<少<中等<多<非常多。相关检验显示,皖北六市被调查者的锻炼次数与被调查者感知居住区健身广场数量的皮尔逊相关系数为0.379,斯皮尔曼相关系数为0.372,p=0.000<0.05,相关具有显著性。

　　多个独立样本的非参数检验显示,皖北六市不同锻炼次数居民感知居住区健身广场数量之间的差异在0.05水平上具有显著性。两个独立样本的非参数检验显示,体育锻炼次数少与中等被调查者感知居住区健身广场数量的差异不具有显著性。体育锻炼次数非常少与少、非常少与中等、非常少与多、非常少与非常多、少与多、少与非常多、中等与多、中等与非常多、多与非常多被调查者感知居住区健身广场数量的差异具有显著性。

　　总体上皖北六市不同锻炼次数居民感知居住区健身广场面积,"大"的占比比"小"的占比偏多一点。锻炼次数多、非常多的居民感知居住区健身广场面积,"大"和"非常大"的占比与"小"和"非常小"的占比之差为正。锻炼次数非常少、少、中等的居民感知居住区健身广场面积,"大"和"非常大"的占比与"小"和"非常小"的占比之差为负。排序为:非常少<少<中等<多<非常多。相关检验显示,皖北六市被调查者的锻炼次数与被调查者感知居住区健身广场面积的皮尔逊相关系数为0.422,斯皮尔曼相关系数为0.411,p=0.000<0.05,相关具有显著性。

　　多个独立样本的非参数检验显示,皖北六市不同锻炼次数居民感知居住区健身广场面积之间的差异在0.05水平上具有显著性。两个独立样本的非参数检验显示,体育锻炼次数少与中等被调查者感知居住区健身广场面积的差异不具有显著性。体育锻炼次数非常少与少、非常少与中等、非常少与多、非常少与非常多、少与多、少与非常多、中等与多、中等与非常多、多与非常多被调查者感知居住区健身广场面积的差异具有显著性。

　　总体上皖北六市不同锻炼次数居民感知锻炼高峰期健身广场上健身者密度,"大"的占比比"小"的占比偏多一点。锻炼次数多、非常多的居民感知锻炼高峰期健身广场上健身者密度,"大"和"非常大"的占比与"小"和"非常小"的占比之差为正。锻炼次数非常少、少、中等的居民感知锻炼高峰期健身广场上健身者密度,"大"和"非常大"的占比与"小"和"非常小"的占比之差为负。排序为:非常少<少<中等<多<非常多。相关检验显示,皖北六市被调查者的锻炼次数与被调查者感知锻炼高峰期健身广场上健身者密度的皮尔逊相关系数为0.415,斯皮尔曼相关系数为0.398,p=0.000<0.05,相关具有显著性。

　　多个独立样本的非参数检验显示,皖北六市不同锻炼次数居民感知锻炼高峰期健身广场上健身者密度之间的差异在0.05水平上具有显著性。两个独立样本的非参数检验显示,体育锻炼次数少与中等被调查者感知锻炼高峰期健身广场上健身者密度的差异不具有显著性。体育锻炼次数非常少与少、非常少与中等、非常少与多、非常少与非常多、少与多、少与非常多、中等与多、中等与非常多、多与非常多被调查者感知锻炼高峰期健身广场上健身者密度的差异具有显著性。

　　总体上皖北六市不同锻炼次数居民感知锻炼高峰期健身广场上人数比预期人数,"多"的占比比"少"的占比偏多。锻炼次数多、非常多、中等的居民感知锻炼高峰期健身广场上人数比预期人数,"多"和"非常多"的占比与"少"和"非常少"的占比之差为正。锻炼次数非常少、少的居民感知锻炼高峰期健身广场上人数比预期人数,"多"和"非常多"的占比与"少"和"非常少"的占比之差为负。排序为:非常少<少<多<中等<非常多。相关检验显示,皖北六市被调查者的锻炼次数与被调查者感知锻炼高峰期健身广场上人数比预期人数的皮尔逊相关系数为0.459,斯皮尔曼相关系数为0.442,p=0.000<0.05,相关具有显著性。

　　多个独立样本的非参数检验显示,皖北六市不同锻炼次数居民感知锻炼高峰期健身广场上人数比预期人数之间的差异在0.05水平上具有显著性。两个独立样本的非参数检验显示,体育锻炼次数少与中等被调查者感知锻炼高峰期健身广场上人数比预期人数的差异不具有显著性。体育锻炼次数非常少与少、非常少与中等、非常少与多、非常少与非常多、少与多、少与非常多、中等与多、中等与非常多、多与非常多被调查者感知锻炼高峰期健身广场上人数比预期人数的差异具有显著性。

4.3.1.2　健身步道拥挤感

（1）皖北不同市居民感知健身步道的拥挤度

皖北六市居民感知健身步道数量之间的差异在 0.05 水平上不具有显著性。总体上皖北六市居民感知健身步道数量"多"的占比比"少"的占比偏少一点。宿州市"多"和"非常多"占比与"少"和"非常少"占比之差为正，阜阳市、淮北市、蚌埠市、亳州市、淮南市为负。排序为：宿州市＞蚌埠市＞阜阳市＞淮北市＞淮南市＞亳州市。

皖北六市居民感知健身步道长度之间的差异在 0.05 水平上不具有显著性。总体上皖北六市居民感知健身步道长度"长"的占比比"短"的占比偏多一点。淮北市、阜阳市、宿州市、蚌埠市"长"和"非常长"占比与"短"和"非常短"占比之差为正，亳州市、淮南市为负。排序为：宿州市＞阜阳市＞淮北市＞蚌埠市＞淮南市＞亳州市。

总体上皖北六市居民感知健身步道宽度"宽"的占比比"窄"的占比偏多一点。淮北市、宿州市、阜阳市居民感知健身步道宽度"宽"和"非常宽"占比与"窄"和"非常窄"占比之差为正。蚌埠市、淮南市、亳州市为负。排序为：宿州市＞阜阳市＞淮北市＞蚌埠市＝淮南市＞亳州市。

多个独立样本的非参数检验显示，皖北六市居民感知健身步道宽度之间的差异在 0.05 水平上具有显著性。两个独立样本的非参数检验显示，淮北市与宿州市、淮北市与蚌埠市、淮北市与淮南市、淮北市与阜阳市、宿州市与蚌埠市、宿州市与阜阳市、蚌埠市与淮南市、蚌埠市与阜阳市、蚌埠市与亳州市、淮南市与阜阳市、淮南市与亳州市、阜阳市与亳州市被调查者感知居住区健身步道宽度之间的差异不具有显著性。淮北市与亳州市、宿州市与淮南市、宿州市与亳州市被调查者感知居住区健身步道宽度之间的差异具有显著性。

总体上皖北六市居民锻炼高峰期通过一段健身步道所需时间"短"的占比比"长"的占比偏少。淮北市、阜阳市、宿州市、蚌埠市、淮南市"短"和"非常短"占比与"长"和"非常长"占比之差为负，亳州市持平。排序为：亳州市＞淮南市＞淮北市＞蚌埠市＞阜阳市＞宿州市。

多个独立样本的非参数检验显示，皖北六市居民感知锻炼高峰期通过一段健身步道所需时间之间的差异在 0.05 水平上具有显著性。两个独立样本的非参数检验显示，淮北市与蚌埠市、淮北市与淮南市、淮北市与阜阳市、淮北市与亳州市、宿州市与蚌埠市、宿州市与阜阳市、蚌埠市与淮南市、蚌埠市与阜阳市、蚌埠市与亳州市、淮南市与阜阳市、淮南市与亳州市、阜阳市与亳州市居民感知锻炼高峰期通过一段健身步道时间之间的差异不具有显著性。淮北市与宿州市、宿州市与淮南市宿州市与亳州市感知锻炼高峰期通过一段健身步道时间之间的差异具有显著性。

（2）皖北六市不同居住区居民感知健身步道的拥挤度

总体上皖北六市不同居住区域居民感知居住区健身步道数量"多"的占比比"少"的占比偏少一点。但各区域情况不同，中央区域、中央与郊区之间"多"和"非常多"占比与"少"和"非常少"占比之差为正，郊区、农村地区为负。排序为：中央区域＞中央与郊区之间＞郊区＞农村地区。相关检验显示，皖北六市被调查者居住的区域与被调查者感知居住区健身步道数量的皮尔逊相关系数为 0.444，斯皮尔曼相关系数为 0.439，p＝0.000＜0.05，相关具有显著性。

多个独立样本的非参数检验显示，皖北六市不同居住区居民感知居住区健身步道数量之间的差异在 0.05 水平上具有显著性。两个独立样本的非参数检验显示,中央区域与中央与郊区之间、中央区域与郊区、中央区域与农村地区、中央区域与郊区之间与郊区、中央区域与郊区之间与农村地区、郊区与农村地区被调查者感知居住区的健身步道数量之间的差异具有显著性。

总体上皖北六市不同居住区域居民感知居住区健身步道长度"长"的占比比"短"的占比偏多一点。但各区域情况不同,中央区域、中央与郊区之间"长"和"非常长"占比与"短"和"非常短"占比之差为正,郊区、农村地区为负。排序为:中央区域>中央与郊区之间>郊区>农村地区。相关检验显示,皖北六市被调查者居住的区域与被调查者感知居住区健身步道长度的皮尔逊相关系数为 0.402,斯皮尔曼相关系数为 0.398,p=0.000<0.05,相关具有显著性。

多个独立样本的非参数检验显示,皖北六市不同居住区居民感知居住区健身步道长度之间的差异在 0.05 水平上具有显著性。两个独立样本的非参数检验显示,中央区域与中央与郊区之间、中央区域与郊区、中央区域与农村地区、中央区域与郊区之间与郊区、中央区域与郊区之间与农村地区郊区与农村地区被调查者感知居住区的健身步道长度之间的差异具有显著性。

总体上皖北六市不同居住区域居民感知居住区健身步道宽度"宽"的占比比"窄"的占比偏多一点。但各区域情况不同,中央区域、中央与郊区之间"宽"和"非常宽"占比与"窄"和"非常窄"占比之差为正,郊区、农村地区为负。排序为:中央区域>中央与郊区之间>郊区>农村地区。相关检验显示,皖北六市被调查者居住的区域与被调查者感知居住区健身步道宽度的皮尔逊相关系数为 0.429,斯皮尔曼相关系数为 0.414,p=0.000<0.05,相关具有显著性。

多个独立样本的非参数检验显示,皖北六市不同居住区居民感知居住区健身步道宽度之间的差异在 0.05 水平上具有显著性。两个独立样本的非参数检验显示,中央区域与中央与郊区之间、中央区域与中央与郊区之间、中央区域与农村地区、中央区域与郊区之间与郊区、郊区与农村地区、中央区域与郊区之间与农村地区被调查者感知居住区健身步道宽度之间的差异具有显著性。

总体上皖北六市不同居住区域居民感知锻炼高峰期通过一段健身步道时间"长"的占比比"短"的占比偏多。但各区域情况不同,中央区域、中央与郊区之间"长"和"非常长"占比与"短"和"非常短"占比之差为正,郊区为零,农村地区为负。排序为:中央区域>中央与郊区之间>郊区>农村地区。相关检验显示,皖北六市被调查者居住的区域与被调查者感知锻炼高峰期通过一段健身步道时间的皮尔逊相关系数为 0.349,斯皮尔曼相关系数为 0.333,p=0.000<0.05,相关具有显著性。

多个独立样本的非参数检验显示,皖北六市不同居住区居民感知锻炼高峰期通过一段健身步道时间之间的差异在 0.05 水平上具有显著性。两个独立样本的非参数检验显示,中央区域与中央与郊区之间、中央区域与郊区、中央区域与农村地区、中央区域与郊区之间与郊区、中央区域与郊区之间与农村地区、郊区与农村地区被调查者感知锻炼高峰期通过一段健身步道时间之间的差异具有显著性。

（3）皖北六市不同居住密度居民感知健身步道的拥挤度

总体上皖北六市不同居住密度居民感知居住区健身步道数量"多"的占比比"少"的占比

偏少一点。但不同居住密度情况不同,居住密度大、非常大的居民感知居住区健身步道数量"多"和"非常多"占比与"非常少"和"少"占比之差为正,居住密度中等、稀疏、非常稀疏的地区为负。排序为:居住密度非常大>大>中等>非常稀疏>稀疏。相关检验显示,皖北六市被调查者居住的密度与被调查者感知居住区健身步道数量的皮尔逊相关系数为 0.438,斯皮尔曼相关系数为 0.433,p=0.000<0.05,相关具有显著性。

多个独立样本的非参数检验显示,皖北六市不同居住密度居民感知居住区健身步道数量之间的差异在 0.05 水平上具有显著性。两个独立样本的非参数检验显示,居住密度非常稀疏与稀疏被调查者感知居住区的健身步道数量之间的差异不具有显著性。居住密度非常稀疏与中等、非常稀疏与大、非常稀疏与非常大、稀疏与中等、稀疏与大、稀疏与非常大、中等与大、中等与非常大、大与非常大被调查者感知居住区的健身步道数量之间的差异具有显著性。

总体上皖北六市不同居住密度居民感知居住区健身步道长度"长"的占比比"短"的占比偏多一点。但不同居住密度情况不同,居住密度大、非常大的居民感知居住区健身步道长度"长"和"非常长"占比与"非常短"和"短"占比之差为正,居住密度中等、稀疏、非常稀疏的地区为负。排序为:居住密度非常大>大>中等>非常稀疏>稀疏。相关检验显示,皖北六市被调查者居住的密度与被调查者感知居住区健身步道长度的皮尔逊相关系数为 0.389,斯皮尔曼相关系数为 0.389,p=0.000<0.05,相关具有显著性。

多个独立样本的非参数检验显示,皖北六市不同居住密度居民感知居住区健身步道长度之间的差异在 0.05 水平上具有显著性。两个独立样本的非参数检验显示,居住密度非常稀疏与稀疏被调查者感知居住区健身步道长度之间的差异不具有显著性。居住密度非常稀疏与中等、非常稀疏与大、非常稀疏与非常大、稀疏与中等、稀疏与大、稀疏与非常大、中等与大、中等与非常大、大与非常大被调查者感知居住区健身步道长度之间的差异具有显著性。

总体上皖北六市不同居住密度居民感知居住区健身步道宽度"宽"的占比比"窄"的占比偏多一点。但不同居住密度情况不同,居住密度大、非常大的居民感知居住区健身步道宽度"宽"和"非常宽"占比与"非常窄"和"窄"占比之差为正,居住密度中等、稀疏、非常稀疏的地区为负。排序为:居住密度非常大>大>中等>非常稀疏>稀疏。相关检验显示,皖北六市被调查者居住的密度与被调查者感知居住区健身步道宽度的皮尔逊相关系数为 0.402,斯皮尔曼相关系数为 0.395,p=0.000<0.05,相关具有显著性。

多个独立样本的非参数检验显示,皖北六市不同居住密度居民感知居住区健身步道宽度之间的差异在 0.05 水平上具有显著性。两个独立样本的非参数检验显示,居住密度非常稀疏与稀疏被调查者感知居住区健身步道宽度之间的差异不具有显著性。居住密度非常稀疏与中等、非常稀疏与大、非常稀疏与非常大、稀疏与中等、稀疏与大、稀疏与非常大、中等与大、中等与非常大、大与非常大被调查者感知居住区健身步道宽度之间的差异具有显著性。

总体上皖北六市不同居住密度居民感知锻炼高峰期通过一段健身步道时间"长"的占比比"短"的占比偏多。但不同居住密度情况不同,居住密度大、非常大的居民感知锻炼高峰期通过一段健身步道时间"长"和"非常长"占比与"非常短"和"短"占比之差为正,居住密度中等、稀疏、非常稀疏的地区为负。排序为:居住密度非常大>大>中等>稀疏>非常稀疏。相关检验显示,皖北六市被调查者居住的密度与被调查者感知锻炼高峰期通过一段健身步道时间的皮尔逊相关系数为 0.425,斯皮尔曼相关系数为 0.426,p=0.000<0.05,相关具有

显著性。

多个独立样本的非参数检验显示,皖北六市不同居住密度居民感知锻炼高峰期通过一段健身步道时间之间的差异在0.05水平上具有显著性。两个独立样本的非参数检验显示,居住密度非常稀疏与稀疏被调查者感知锻炼高峰期通过一段健身步道时间之间的差异不具有显著性。居住密度非常稀疏与中等、非常稀疏与大、非常稀疏与非常大、稀疏与中等、稀疏与大、稀疏与非常大、中等与大、中等与非常大、大与非常大被调查者感知锻炼高峰期通过一段健身步道时间之间的差异具有显著性。

（4）皖北六市不同性别居民感知健身步道的拥挤度

皖北六市不同性别居民感知居住区健身步道数量的差异具有显著性。总体上皖北六市不同性别居民感知居住区健身步道数量"多"的占比比"少"的占比偏少一点。男性居民感知居住区健身步道数量"多"的占比与"少"的占比之差为正,女性为负。排序为:男性＞女性。相关检验显示,皖北六市被调查者的性别与被调查者感知居住区健身步道数量的皮尔逊相关系数为0.164,斯皮尔曼相关系数为0.152,p=0.000＜0.05,相关具有显著性。

皖北六市不同性别居民感知居住区健身步道长度的差异具有显著性。总体上皖北六市不同性别居民感知居住区健身步道"长"的占比比"短"的占比偏多一点。男性居民感知居住区健身步道"长"的占比与"短"的占比之差为正,女性为负。排序为:男性＞女性。相关检验显示,皖北六市被调查者的性别与被调查者感知居住区健身步道长度的皮尔逊相关系数为0.168,斯皮尔曼相关系数为0.164,p=0.000＜0.05,相关具有显著性。

皖北六市不同性别居民感知居住区健身步道宽度的差异具有显著性。总体上皖北六市不同性别居民感知居住区健身步道"宽"的占比比"窄"的占比偏多一点。男性居民感知居住区健身步道"宽"的占比与"窄"的占比之差为正,女性为负。排序为:男性＞女性。相关检验显示,皖北六市被调查者的性别与被调查者感知居住区健身步道宽度的皮尔逊相关系数为0.181,斯皮尔曼相关系数为0.171,p=0.000＜0.05,相关具有显著性。

皖北六市不同性别居民感知锻炼高峰期通过一段健身步道时间的差异具有显著性。总体上皖北六市不同性别居民感知锻炼高峰期通过一段健身步道时间,"长"的占比比"短"的占比偏多。男性和女性居民感知锻炼高峰期通过一段健身步道的时间,"长"的占比与"短"的占比之差都为正。排序为:男性＞女性。相关检验显示,皖北六市被调查者的性别与被调查者感知锻炼高峰期通过一段健身步道时间的皮尔逊相关系数为0.130,斯皮尔曼相关系数为0.133,p=0.001＜0.05,相关具有显著性。

（5）皖北六市不同年龄区间居民感知健身步道的拥挤度

总体上皖北六市不同年龄区间居民感知居住区健身步道数量,"多"的占比比"少"的占比偏少一点。12岁以下、60岁以上居民感知居住区健身步道数量,"多"和"非常多"的占比与"少"和"非常少"的占比之差为正。13—19岁、20—39岁、40—59岁感知居住区健身步道数量,"多"和"非常多"的占比与"少"和"非常少"的占比之差为负。排序为:12岁以下＞60岁以上＞13—19岁＞40—59岁＞20—39岁。相关检验显示,皖北六市被调查者的年龄区间与被调查者感知居住区健身步道数量的皮尔逊相关系数为0.020,p=0.606＞0.05,相关不具有显著性。斯皮尔曼相关系数为0.043,p=0.264＞0.05,相关不具有显著性。

多个独立样本的非参数检验显示,皖北六市不同年龄区间居民感知居住区健身步道数量之间的差异在0.05水平上具有显著性。两个独立样本的非参数检验显示,年龄区间12

岁以下与 60 岁以上、13—19 岁与 20—39 岁、13—19 岁与 40—59 岁、13—19 岁与 60 岁以上、20—39 岁与 40—59 岁、40—59 岁与 60 岁以上被调查者感知居住区健身步道数量的差异不具有显著性。年龄区间 12 岁以下与 13—19 岁、12 岁以下与 20—39 岁、12 岁以下与 40—59 岁、12 岁以下与 13—19 岁被调查者感知居住区健身步道数量的差异具有显著性。

总体上皖北六市不同年龄区间居民感知居住区健身步道长度,"长"的占比比"短"的占比偏多一点。12 岁以下、13—19 岁、60 岁以上居民感知居住区健身步道长度,"长"和"非常长"的占比与"短"和"非常短"的占比之差为正。20—39 岁感知居住区健身步道长度,"长"和"非常长"的占比与"短"和"非常短"的占比之差为负。40—59 岁感知居住区健身步道长度,"长"和"非常长"的占比与"短"和"非常短"的占比之差为零。排序为:12 岁以下>60 岁以上>13—19 岁>40—59 岁>20—39 岁。相关检验显示,皖北六市被调查者的年龄区间与被调查者感知居住区健身步道长度的皮尔逊相关系数为 0.009,p=0.808>0.05,相关不具有显著性。斯皮尔曼相关系数为 0.033,p=0.396>0.05,相关不具有显著性。

多个独立样本的非参数检验显示,皖北六市不同年龄区间居民感知居住区健身步道长度之间的差异在 0.05 水平上具有显著性。两个独立样本的非参数检验显示,年龄区间 12 岁以下与 60 岁以上、13—19 岁与 40—59 岁、13—19 岁与 60 岁以上、20—39 岁与 40—59 岁被调查者感知居住区健身步道长度的差异不具有显著性。年龄区间 12 岁以下与 13—19 岁、12 岁以下与 20—39 岁、12 岁以下与 40—59 岁、13—19 岁与 20—39 岁、20—39 岁与 60 岁以上、40—59 岁与 60 岁以上被调查者感知居住区健身步道长度的差异具有显著性。

总体上皖北六市不同年龄区间居民感知居住区健身步道宽度,"宽"的占比比"窄"的占比偏多一点。12 岁以下、13—19 岁、40—59 岁、60 岁以上居民感知居住区健身步道宽度,"宽"和"非常宽"的占比与"窄"和"非常窄"的占比之差为正。20—39 岁感知居住区健身步道宽度,"宽"和"非常宽"的占比与"窄"和"非常窄"的占比之差为负。排序为:12 岁以下>60 岁以上>13—19 岁>40—59 岁>20—39 岁。相关检验显示,皖北六市被调查者的年龄区间与被调查者感知居住区健身步道宽度的皮尔逊相关系数为 0.019,p=0.626>0.05,相关不具有显著性。斯皮尔曼相关系数为 0.014,p=0.719>0.05,相关不具有显著性。

多个独立样本的非参数检验显示,皖北六市不同年龄区间居民感知居住区健身步道宽度之间的差异在 0.05 水平上具有显著性。两个独立样本的非参数检验显示,年龄区间 12 岁以下与 13—19 岁、13—19 岁与 40—59 岁、13—19 岁与 60 岁以上、20—39 岁与 40—59 岁被调查者感知居住区健身步道宽度的差异不具有显著性。年龄区间 12 岁以下与 20—39 岁、12 岁以下与 40—59 岁、12 岁以下与 60 岁以上、13—19 岁与 20—39 岁、20—39 岁与 60 岁以上、40—59 岁与 60 岁以上被调查者感知居住区健身步道宽度的差异具有显著性。

总体上皖北六市不同年龄区间居民感知锻炼高峰期通过一段健身步道时间,"长"的占比比"短"的占比偏多。各年龄区间居民感知锻炼高峰期通过一段健身步道时间,"长"和"非常长"的占比与"短"和"非常短"的占比之差为正。排序为:12 岁以下>13—19 岁>60 岁以上>40—59 岁>20—39 岁。相关检验显示,皖北六市被调查者的年龄区间与被调查者感知锻炼高峰期通过一段健身步道时间的皮尔逊相关系数为 0.004,p=0.921>0.05,相关不具有显著性。斯皮尔曼相关系数为 0.042,p=0.274>0.05,相关不具有显著性。

多个独立样本的非参数检验显示,皖北六市不同年龄区间居民感知锻炼高峰期通过一段健身步道时间之间的差异在 0.05 水平上具有显著性。两个独立样本的非参数检验显示,年龄区间 13—19 岁与 40—59 岁、13—19 岁与 60 岁以上、12 岁以下与 60 岁以上、40—59 岁与 60 岁以上被调查者感知锻炼高峰期通过一段健身步道时间的差异不具有显著性。年龄区间 12 岁以下与 13—19 岁、12 岁以下与 20—39 岁、12 岁以下与 40—59 岁、13—19 岁与 20—39 岁、20—39 岁与 40—59 岁、20—39 岁与 60 岁以上被调查者感知锻炼高峰期通过一段健身步道时间的差异具有显著性。

（6）皖北六市不同锻炼次数居民感知健身步道的拥挤度

总体上皖北六市不同锻炼次数居民感知居住区健身步道数量，"多"的占比比"少"的占比偏少一点。锻炼次数多、非常多的居民感知居住区健身步道数量，"多"和"非常多"的占比与"少"和"非常少"的占比之差为正。锻炼次数非常少、少、中等的居民感知居住区健身步道数量，"多"和"非常多"的占比与"少"和"非常少"的占比之差为负。排序为：非常少＜少＜中等＜多＜非常多。相关检验显示，皖北六市被调查者的锻炼次数与被调查者感知居住区健身步道数量的皮尔逊相关系数为 0.404，斯皮尔曼相关系数为 0.385，p＝0.000＜0.05，相关具有显著性。

多个独立样本的非参数检验显示，皖北六市不同锻炼次数居民感知居住区健身步道数量之间的差异在 0.05 水平上具有显著性。两个独立样本的非参数检验显示，体育锻炼次数非常少与少、非常少与中等、非常少与多、非常少与非常多、少与中等、少与多、少与非常多、中等与多、中等与非常多、多与非常多被调查者感知居住区健身步道数量的差异具有显著性。

总体上皖北六市不同锻炼次数居民感知居住区健身步道长度，"长"的占比比"短"的占比偏多一点。锻炼次数多、非常多的居民感知居住区健身步道长度，"长"和"非常长"的占比与"短"和"非常短"的占比之差为正。锻炼次数非常少、少、中等的居民感知居住区健身步道长度，"长"和"非常长"的占比与"短"和"非常短"的占比之差为负。排序为：非常少＜少＜中等＜多＜非常多。相关检验显示，皖北六市被调查者的锻炼次数与被调查者感知居住区健身步道长度的皮尔逊相关系数为 0.386，斯皮尔曼相关系数为 0.372，p＝0.000＜0.05，相关具有显著性。

多个独立样本的非参数检验显示，皖北六市不同锻炼次数居民感知居住区健身步道长度之间的差异在 0.05 水平上具有显著性。两个独立样本的非参数检验显示，体育锻炼次数少与中等被调查者感知居住区健身步道长度的差异不具有显著性。体育锻炼次数非常少与少、非常少与中等、非常少与多、非常少与非常多、少与多、少与非常多、中等与多、中等与非常多、多与非常多被调查者感知居住区健身步道长度的差异具有显著性。

总体上皖北六市不同锻炼次数居民感知居住区健身步道宽度，"宽"的占比比"窄"的占比偏多一点。锻炼次数多、非常多的居民感知居住区健身步道宽度，"宽"和"非常宽"的占比与"窄"和"非常窄"的占比之差为正。锻炼次数非常少、少、中等的居民感知居住区健身步道宽度，"宽"和"非常宽"的占比与"窄"和"非常窄"的占比之差为负。排序为：非常少＜少＜中等＜多＜非常多。相关检验显示，皖北六市被调查者的锻炼次数与被调查者感知居住区健身步道宽度的皮尔逊相关系数为 0.438，斯皮尔曼相关系数为 0.425，p＝0.000＜0.05，相关具有显著性。

多个独立样本的非参数检验显示，皖北六市不同锻炼次数居民感知居住区健身步道宽度之间的差异在 0.05 水平上具有显著性。两个独立样本的非参数检验显示，体育锻炼次数非常少与少、非常少与中等、非常少与多、非常少与非常多、少与中等、少与多、少与非常多、中等与多、中等与非常多、多与非常多被调查者感知居住区健身步道宽度的差异具有显著性。

总体上皖北六市不同锻炼次数居民感知锻炼高峰期通过一段健身步道时间，"长"的占比比"短"的占比偏多。锻炼次数多、非常多、中等的居民感知锻炼高峰期通过一段健身步道时间，"长"和"非常长"的占比与"短"和"非常短"的占比之差为正。锻炼次数非常少、少的居民感知锻炼高峰期通过一段健身步道时间，"长"和"非常长"的占比与"短"和"非常短"的占比之差为负。排序为：非常少＜少＜中等＜多＜非常多。相关检验显示，皖北六市被调查者的锻炼次数与被调查者感知锻炼高峰期通过一段健身步道时间的皮尔逊相关系数为0.433，斯皮尔曼相关系数为0.420，p＝0.000＜0.05，相关具有显著性。

多个独立样本的非参数检验显示，皖北六市不同锻炼次数居民感知锻炼高峰期通过一段健身步道时间之间的差异在0.05水平上具有显著性。两个独立样本的非参数检验显示，体育锻炼次数非常少与少、非常少与中等、非常少与多、非常少与非常多、少与中等、少与多、少与非常多、中等与多、中等与非常多、多与非常多被调查者感知锻炼高峰期通过一段健身步道时间的差异具有显著性。

4.3.1.3　健身器材拥挤感

（1）皖北不同市居民感知健身器材的拥挤度

总体上皖北六市居民感知居住周围健身器材数量"多"的占比比"少"的占比偏少。宿州市、阜阳市"多"和"非常多"占比与"少"和"非常少"占比之差为正，淮北市、蚌埠市、淮南市、亳州市为负。排序为：阜阳市＞宿州市＞淮北市＞蚌埠市＞亳州市＞淮南市。

多个独立样本的非参数检验显示，皖北六市居民感知居住周围健身器材数量之间的差异在0.05水平上具有显著性。两个独立样本的非参数检验显示，淮北市与宿州市、淮北市与蚌埠市、淮北市与淮南市、淮北市与阜阳市、宿州市与蚌埠市、宿州市与阜阳市、蚌埠市与淮南市、蚌埠市与阜阳市、淮南市与亳州市被调查者感知居住区健身器材数量之间的差异不具有显著性。淮北市与亳州市、宿州市与淮南市、宿州市与亳州市、蚌埠市与亳州市、淮南市与阜阳市、阜阳市与亳州市被调查者感知居住区健身器材数量之间的差异具有显著性。

总体上皖北六市居民感知锻炼高峰期使用健身器材人数"多"的占比比"少"的占比偏多。淮北市、宿州市、阜阳市、淮南市、蚌埠市、亳州市"多"和"非常多"占比与"少"和"非常少"占比之差都为正。排序为：宿州市＞淮北市＞阜阳市＞蚌埠市＞亳州市＞淮南市。

多个独立样本的非参数检验显示，皖北六市居民感知锻炼高峰期使用健身器材人数之间的差异在0.05水平上具有显著性。两个独立样本的非参数检验显示，淮北市与宿州市、淮北市与蚌埠市、淮北市与阜阳市、淮北市与亳州市、宿州市与阜阳市、蚌埠市与淮南市、蚌埠市与阜阳市、蚌埠市与亳州市、淮南市与阜阳市、淮南市与亳州市被调查者感知锻炼高峰期使用健身器材人数之间的差异不具有显著性。淮北市与淮南市、宿州市与蚌埠市、宿州市与淮南市、宿州市与亳州市、阜阳市与亳州市被调查者感知锻炼高峰期使用健身器材人数之间的差异具有显著性。

总体上皖北六市居民感知锻炼高峰期使用健身器材的排队时间"短"的占比比"长"的占比偏少。淮北市、阜阳市、宿州市、蚌埠市、亳州市"短"和"非常短"占比与"长"和"非常长"占比之差为负,淮南市为正。排序为:淮南市>亳州市>蚌埠市>淮北市>阜阳市>宿州市。

多个独立样本的非参数检验显示,皖北六市居民感知锻炼高峰期使用健身器材排队时间之间的差异在 0.05 水平上具有显著性。两个独立样本的非参数检验显示,淮北市与蚌埠市、淮北市与淮南市、淮北市与阜阳市、淮北市与亳州市、宿州市与蚌埠市、宿州市与阜阳市、蚌埠市与淮南市、蚌埠市与阜阳市、蚌埠市与亳州市、淮南市与亳州市、阜阳市与亳州市被调查者感知锻炼高峰期使用健身器材排队时间之间的差异不具有显著性。淮北市与宿州市、宿州市与淮南市、宿州市与亳州市、淮南市与阜阳市被调查者感知锻炼高峰期使用健身器材排队时间之间的差异具有显著性。

(2) 皖北六市不同居住区居民感知健身器材的拥挤度

总体上皖北六市不同居住区域居民感知居住区健身器材数量"多"的占比比"少"的占比偏少一点。但各区域情况不同,中央区域、中央与郊区之间"多"和"非常多"占比与"少"和"非常少"占比之差为正,郊区、农村地区为负。排序为:中央区域>中央与郊区之间>郊区>农村地区。相关检验显示,皖北六市居民居住的区域与皖北六市居民感知健身器材数量的皮尔逊相关系数为 0.454,斯皮尔曼相关系数为 0.443,p=0.000<0.05,相关具有显著性。

多个独立样本的非参数检验显示,皖北六市不同居住区居民感知居住区健身器材数量之间的差异在 0.05 水平上具有显著性。两个独立样本的非参数检验显示,中央区域与中央与郊区之间、中央区域与郊区、中央区域与农村地区、中央区域与郊区之间与郊区、中央区域与郊区之间与农村地区、郊区与农村地区被调查者感知居住区健身器材数量之间的差异具有显著性。

总体上皖北六市不同居住区域居民感知锻炼高峰期使用健身器材人数"多"的占比比"少"的占比偏多。但各区域情况不同,中央区域、中央与郊区之间"多"和"非常多"占比与"少"和"非常少"占比之差为正,郊区、农村地区为负。排序为:中央区域>中央与郊区之间>郊区>农村地区。相关检验显示,皖北六市居民居住的区域与皖北六市居民感知锻炼高峰期使用健身器材人数的皮尔逊相关系数为 0.348,斯皮尔曼相关系数为 0.33,p=0.000<0.05,相关具有显著性。

多个独立样本的非参数检验显示,皖北六市不同居住区居民感知锻炼高峰期使用健身器材人数之间的差异在 0.05 水平上具有显著性。两个独立样本的非参数检验显示,中央区域与中央与郊区之间、中央区域与郊区、中央区域与农村地区、中央区域与郊区之间与郊区、中央区域与郊区之间与农村地区、郊区与农村地区被调查者感知锻炼高峰期使用健身器材人数之间的差异具有显著性。

总体上皖北六市不同居住区域居民感知锻炼高峰期使用健身器材排队时间"长"的占比比"短"的占比偏多。但各区域情况不同,中央区域、中央与郊区之间"长"和"非常长"占比与"短"和"非常短"占比之差为正,郊区、农村地区为负。排序为:中央区域>中央与郊区之间>郊区>农村地区。相关检验显示,皖北六市居民居住的区域与皖北六市居民感知锻炼高峰期使用健身器材排队时间的皮尔逊相关系数为 0.307,斯皮尔曼相关系数为 0.286,p=0.000<0.05,相关具有显著性。

多个独立样本的非参数检验显示,皖北六市不同居住区居民感知锻炼高峰期使用健身器材排队时间之间的差异在 0.05 水平上具有显著性。两个独立样本的非参数检验显示,居住密度非常稀疏与稀疏被调查者感知锻炼高峰期使用健身器材排队时间之间的差异不具有显著性。居住密度非常稀疏与中等、非常稀疏与大、非常稀疏与非常大、稀疏与中等、稀疏与大、稀疏与非常大、中等与大、中等与非常大、大与非常大被调查者感知锻炼高峰期使用健身器材排队时间之间的差异具有显著性。

（3）皖北六市不同居住密度居民感知健身器材的拥挤度

总体上皖北六市不同居住密度居民感知居住区健身器材数量"多"的占比比"少"的占比偏少一点。但各区域情况不同，居住密度非常大、大的居民感知"多"和"非常多"占比与"少"和"非常少"占比之差为正，居住密度中等、稀疏、非常稀疏的居民感知为负。排序为：非常大＞大＞中等＞非常稀疏＞稀疏。相关检验显示，皖北六市居民居住的密度与皖北六市居民感知健身器材数量的皮尔逊相关系数为 0.427，斯皮尔曼相关系数为 0.417，p＝0.000＜0.05，相关具有显著性。

多个独立样本的非参数检验显示，皖北六市不同居住密度居民感知居住区健身器材数量之间的差异在 0.05 水平上具有显著性。两个独立样本的非参数检验显示，居住密度非常稀疏与稀疏被调查者感知居住区的健身器材数量之间的差异不具有显著性。居住密度非常稀疏与中等、非常稀疏与大、非常稀疏与非常大、稀疏与中等、稀疏与大、稀疏与非常大、中等与大、中等与非常大、大与非常大被调查者感知居住区的健身器材数量之间的差异具有显著性。

总体上皖北六市不同居住密度居民感知锻炼高峰期使用健身器材人数"多"的占比比"少"的占比偏多。但各区域情况不同，居住密度中等、非常大、大的居民感知"多"和"非常多"占比与"少"和"非常少"占比之差为正，居住密度稀疏、非常稀疏的居民感知为负。排序为：非常大＞大＞中等＞非常稀疏＞稀疏。相关检验显示，皖北六市居民居住的密度与皖北六市居民感知锻炼高峰期使用健身器材人数的皮尔逊相关系数为 0.358，斯皮尔曼相关系数为 0.373，p＝0.000＜0.05，相关具有显著性。

多个独立样本的非参数检验显示，皖北六市不同居住密度居民感知锻炼高峰期使用健身器材人数之间的差异在 0.05 水平上具有显著性。两个独立样本的非参数检验显示，居住密度非常稀疏与稀疏被调查者感知锻炼高峰期使用健身器材人数之间的差异不具有显著性。居住密度非常稀疏与中等、非常稀疏与大、非常稀疏与非常大、稀疏与中等、稀疏与大、稀疏与非常大、中等与大、中等与非常大、大与非常大被调查者感知锻炼高峰期使用健身器材人数之间的差异具有显著性。

总体上皖北六市不同居住密度居民感知锻炼高峰期使用健身器材排队时间"长"的占比比"短"的占比偏多。但不同居住密度情况不同，居住密度中等、大、非常大的居民感知锻炼高峰期使用健身器材排队时间"长"和"非常长"占比与"非常短"和"短"占比之差为正，居住密度稀疏、非常稀疏的地区为负。排序为：居住密度非常大＞大＞中等＞非常稀疏＞稀疏。相关检验显示，皖北六市被调查者居住的密度与被调查者感知锻炼高峰期使用健身器材排队时间的皮尔逊相关系数为 0.373，斯皮尔曼相关系数为 0.366，p＝0.000＜0.05，相关具有显著性。

多个独立样本的非参数检验显示，皖北六市不同居住密度居民感知锻炼高峰期使用健身器材排队时间之间的差异在 0.05 水平上具有显著性。两个独立样本的非参数检验显示，居住密度非常稀疏与稀疏被调查者感知锻炼高峰期使用健身器材排队时间之间的差异不具有显著性。居住密度非常稀疏与中等、非常稀疏与大、非常稀疏与非常大、稀疏与中等、稀疏与大、稀疏与非常大、中等与大、中等与非常大、大与非常大被调查者感知锻炼高峰期使用健身器材排队时间之间的差异具有显著性。

（4）皖北六市不同性别居民感知健身器材的拥挤度

皖北六市不同性别居民感知居住区健身器材数量的差异具有显著性。总体上皖北六市不同性别居民感知居住区健身器材数量"多"的占比比"少"的占比偏少一点。男性居民感知居住区健身器材数量"多"的占比与"少"的占比之差为正，女性为负。排序为：男性＞女性。相关检验显示，皖北六市被调查者的性别与被调查者感知居住区健身器材数量的皮尔逊相关系数为 0.161，斯皮尔曼相关系数为 0.153，p＝0.000＜0.05，相关具有显著性。

皖北六市不同性别居民感知锻炼高峰期使用健身器材人数的差异具有显著性。总体上皖北六市不同性别居民感知锻炼高峰期使用健身器材人数，"多"的占比比"少"的占比偏多。男性和女性居民感知锻炼高峰期使用健身器材人数，"多"的占比与"少"的占比之差都为正。排序为：男性＞女性。相关检验显示，皖北六市被调查者的性别与被调查者感知锻炼高峰期使用健身器材人数的皮尔逊相关系数为 0.095，p＝0.014＜0.05，斯皮尔曼相关系数为 0.092，p＝0.018＜0.05，相关具有显著性。

皖北六市不同性别居民感知锻炼高峰期使用健身器材排队时间的差异具有显著性。总体上皖北六市不同性别居民感知锻炼高峰期使用健身器材排队时间，"长"的占比比"短"的占比偏多。男性和女性居民感知锻炼高峰期使用健身器材排队时间，"长"的占比与"短"的占比之差都为正。排序为：男性＞女性。相关检验显示，皖北六市被调查者的性别与被调查者感知锻炼高峰期使用健身器材排队时间的皮尔逊相关系数为 0.094，p＝0.015＜0.05，斯皮尔曼相关系数为 0.092，p＝0.017＜0.05，相关具有显著性。

（5）皖北六市不同年龄区间居民感知健身器材的拥挤度

总体上皖北六市不同年龄区间居民感知居住区健身器材数量，"多"的占比比"少"的占比偏少一点。12 岁以下、60 岁以上居民感知居住区健身器材数量，"多"和"非常多"的占比与"少"和"非常少"的占比之差为正。13—19 岁、20—39 岁、40—59 岁感知居住区健身器材数量，"多"和"非常多"的占比与"少"和"非常少"的占比之差为负。排序为：12 岁以下＞60岁以上＞40—59 岁＞13—19 岁＞20—39 岁。相关检验显示，皖北六市被调查者的年龄区间与被调查者感知居住区健身器材数量的皮尔逊相关系数为 0.004，p＝0.913＞0.05，相关不具有显著性。斯皮尔曼相关系数为 0.033，p＝0.394＞0.05，相关不具有显著性。

多个独立样本的非参数检验显示，皖北六市不同年龄区间居民感知居住区健身器材数量之间的差异在 0.05 水平上具有显著性。两个独立样本的非参数检验显示，年龄区间13—19 岁与 20—39 岁、13—19 岁与 40—59 岁、13—19 岁与 60 岁以上、40—59 岁与 60 岁以上被调查者感知居住区健身器材数量的差异不具有显著性。年龄区间 12 岁以下与 13—19 岁、12 岁以下与 20—39 岁、12 岁以下与 40—59 岁、12 岁以下与 60 岁以上、20—39 岁与40—59 岁、20—39 岁与 60 岁以上被调查者感知居住区健身器材数量的差异具有显著性。

总体上皖北六市不同年龄区间居民感知锻炼高峰期使用健身器材人数，"多"的占比比"少"的占比偏多。各年龄区间居民感知锻炼高峰期使用健身器材人数，"多"和"非常多"的占比与"少"和"非常少"的占比之差都为正。排序为：12 岁以下＞40—59 岁＞13—19 岁＞20—39 岁＞60 岁以上。相关检验显示，皖北六市被调查者的年龄区间与被调查者感知锻炼高峰期使用健身器材人数的皮尔逊相关系数为 0.002,p=0.966>0.05,相关不具有显著性。斯皮尔曼相关系数为 0.032,p=0.409>0.05,相关不具有显著性。

多个独立样本的非参数检验显示,皖北六市不同年龄区间居民感知锻炼高峰期使用健身器材人数之间的差异在 0.05 水平上具有显著性。两个独立样本的非参数检验显示,年龄区间 12 岁以下与 60 岁以上、13—19 岁与 20—39 岁、13—19 岁与 40—59 岁、13—19 岁与 60 岁以上、20—39 岁与 40—59 岁、40—59 岁与 60 岁以上被调查者感知锻炼高峰期使用健身器材人数的差异不具有显著性。12 岁以下与 13—19 岁、12 岁以下与 20—39 岁、12 岁以下与 40—59 岁、20—39 岁与 60 岁以上被调查者感知锻炼高峰期使用健身器材人数的差异具有显著性。

皖北六市不同年龄区间居民感知锻炼高峰期使用健身器材排队时间之间的差异在 0.05 水平上具有显著性。总体上皖北六市不同年龄区间居民感知锻炼高峰期使用健身器材排队时间,"长"的占比比"短"的占比偏多。各年龄区间居民感知锻炼高峰期使用健身器材排队时间,"长"和"非常长"的占比与"短"和"非常短"的占比之差都为正。排序为:12 岁以下>60 岁以上>40—59 岁>20—39 岁>13—19 岁。相关检验显示,皖北六市被调查者的年龄区间与被调查者感知锻炼高峰期使用健身器材排队时间的皮尔逊相关系数为 0.014,p=0.726>0.05,相关不具有显著性。斯皮尔曼相关系数为 0.056,p=0.151>0.05,相关不具有显著性。

多个独立样本的非参数检验显示,皖北六市不同年龄区间居民感知锻炼高峰期使用健身器材排队时间之间的差异在 0.05 水平上具有显著性。两个独立样本的非参数检验显示,年龄区间 13—19 岁与 20—39 岁、13—19 岁与 40—59 岁、13—19 岁与 60 岁以上、40—59 岁与 60 岁以上被调查者感知锻炼高峰期使用健身器材排队时间的差异不具有显著性。年龄区间 12 岁以下与 13—19 岁、12 岁以下与 20—39 岁、12 岁以下与 40—59 岁、12 岁以下与 60 岁以上、20—39 岁与 40—59 岁、20—39 岁与 60 岁以上被调查者感知锻炼高峰期使用健身器材排队时间的差异具有显著性。

(6)皖北六市不同锻炼次数居民感知健身器材的拥挤度

总体上皖北六市不同锻炼次数居民感知居住区健身器材数量,"多"的占比比"少"的占比偏少一点。锻炼次数多、非常多的居民感知居住区健身器材数量,"多"和"非常多"的占比与"少"和"非常少"的占比之差为正。锻炼次数非常少、少、中等的居民感知居住区健身器材数量,"多"和"非常多"的占比与"少"和"非常少"的占比之差为负。排序为:非常少<少<中等<多<非常多。相关检验显示,皖北六市被调查者的锻炼次数与被调查者感知居住区健身器材数量的皮尔逊相关系数为 0.467,斯皮尔曼相关系数为 0.450,p=0.000<0.05,相关具有显著性。

多个独立样本的非参数检验显示,皖北六市不同锻炼次数居民感知居住区健身器材数量之间的差异在 0.05 水平上具有显著性。两个独立样本的非参数检验显示,体育锻炼次数非常少与少、非常少与中等、非常少与多、非常少与非常多、少与中等、少与多、少与非常多、中等与多、中等与非常多多与非常多被调查者感知居住区健身器材数量的差异具有显著性。

总体上皖北六市不同锻炼次数居民感知锻炼高峰期使用健身器材人数,"多"的占比比"少"的占比偏多。锻炼次数多、非常多、少、中等的居民感知锻炼高峰期使用健身器材人数,"多"和"非常多"的占比与"少"和"非常少"的占比之差为正。锻炼次数非常少的居民感知锻炼高峰期使用健身器材人数,"多"和"非常多"的占比与"少"和"非常少"的占比之差为负。排序为:非常少<少<中等<多<非常多。相关检验显示,皖北六市被调查者的锻炼次数与被调查者感知锻炼高峰期使用健身器材人数的皮尔逊相关系数为0.421,斯皮尔曼相关系数为0.407,p=0.000<0.05,相关具有显著性。

多个独立样本的非参数检验显示,皖北六市不同锻炼次数居民感知锻炼高峰期使用健身器材人数之间的差异在0.05水平上具有显著性。两个独立样本的非参数检验显示,体育锻炼次数中等与多被调查者感知锻炼高峰期使用健身器材人数的差异不具有显著性。体育锻炼次数非常少与少、非常少与中等、非常少与多、非常少与非常多、少与中等、少与多、少与非常多、中等与非常多、多与非常多被调查者感知锻炼高峰期使用健身器材人数的差异具有显著性。

总体上皖北六市不同锻炼次数居民感知锻炼高峰期使用健身器材排队时间,"长"的占比比"短"的占比偏多。锻炼次数多、非常多、中等的居民感知锻炼高峰期使用健身器材排队时间,"长"和"非常长"的占比与"短"和"非常短"的占比之差为正。锻炼次数非常少、少的居民感知锻炼高峰期使用健身器材排队时间,"长"和"非常长"的占比与"短"和"非常短"的占比之差为负。排序为:非常少<少<中等<多<非常多。相关检验显示,皖北六市被调查者的锻炼次数与被调查者感知锻炼高峰期使用健身器材排队时间的皮尔逊相关系数为0.367,斯皮尔曼相关系数为0.353,p=0.000<0.05,相关具有显著性。

多个独立样本的非参数检验显示,皖北六市不同锻炼次数居民感知锻炼高峰期使用健身器材排队时间之间的差异在0.05水平上具有显著性。两个独立样本的非参数检验显示,体育锻炼次数非常少与少、中等与多被调查者感知锻炼高峰期使用健身器材排队时间的差异不具有显著性。体育锻炼次数非常少与中等、非常少与多、非常少与非常多、少与中等、少与多、少与非常多、中等与非常多、多与非常多被调查者感知锻炼高峰期使用健身器材排队时间的差异具有显著性。

4.3.1.4　公共体育设施对皖北居民健身的影响

（1）公共体育设施对皖北不同市居民健身的影响

总体上皖北六市居民对居住区周围公共体育设施"满意"的占比比"不满意"的占比偏多。阜阳市、宿州市、淮北市、蚌埠市、亳州市、淮南市居民对居住区周围公共体育设施"满意"和"非常满意"的占比与"不满意"和"非常不满意"的占比之差都为正。排序为:阜阳市>宿州市>淮北市>亳州市>蚌埠市>淮南市。

多个独立样本的非参数检验显示,皖北六市居民对居住区周围公共体育设施满意度之间的差异在0.05水平上具有显著性。两个独立样本的非参数检验显示,淮北市与宿州市、淮北市与蚌埠市、淮北市与淮南市、淮北市与阜阳市、淮北市与亳州市、宿州市与蚌埠市、宿州市与阜阳市、宿州市与亳州市、蚌埠市与淮南市、蚌埠市与阜阳市、淮南市与亳州市、阜阳市与亳州市被调查者在居住区锻炼满意程度之间的差异不具有显著性。宿州市与淮南市、蚌埠市与亳州市、淮南市与阜阳市被调查者在居住区锻炼满意程度之间的差异具有显著性。

总体上皖北六市居民对公共体育设施使用的拥挤度影响锻炼看法,"赞同"的占比比"不赞同"的占比偏多。阜阳市、宿州市、淮北市、蚌埠市、亳州市、淮南市居民对公共体育设施使用的拥挤度影响锻炼看法,"赞同"和"非常赞同"的占比与"不赞同"和"非常不赞同"的占比之差都为正。排序为:淮南市＞宿州市＝淮北市＞阜阳市＞蚌埠市＞亳州市。

多个独立样本的非参数检验显示,皖北六市居民对公共体育设施使用的拥挤度影响锻炼看法之间的差异在 0.05 水平上具有显著性。两个独立样本的非参数检验显示,淮北市与宿州市、淮北市与蚌埠市、淮北市与淮南市、淮北市与阜阳市、宿州市与淮南市、宿州市与阜阳市、蚌埠市与淮南市、蚌埠市与阜阳市、淮南市与阜阳市被调查者对公共体育设施使用的拥挤度影响锻炼的看法之间的差异不具有显著性。淮北市与亳州市、宿州市与蚌埠市、宿州市与亳州市、蚌埠市与亳州市、淮南市与亳州市、阜阳市与亳州市被调查者对公共体育设施使用的拥挤度影响锻炼的看法之间的差异具有显著性。

皖北六市居民对公共体育设施使用的拥挤度影响锻炼看法之间的差异在 0.05 水平上不具有显著性。总体上皖北六市居民来这里"来这里"的占比比"不来这里"的占比偏多。宿州市、淮南市、阜阳市、淮北市、亳州市、蚌埠市"来这里"占比与"不来这里"占比之差都为正。排序为:宿州市＞淮南市＞阜阳市＞淮北市＞亳州市＞蚌埠市。

皖北不同市居民是否推荐朋友来这里锻炼之间的差异在 0.05 水平上不具有显著性。总体上皖北六市居民推荐朋友"来这里"锻炼的占比比"不来这里"的占比偏多。宿州市、淮南市、阜阳市、淮北市、亳州市、蚌埠市居民推荐朋友"来这里"锻炼的占比与"不来这里"锻炼的占比之差都为正。排序为:宿州市＞淮北市＞蚌埠市＞亳州市＞阜阳市＞淮南市。

（2）公共体育设施对皖北六市不同居住区居民健身的影响

总体上皖北六市不同居住区域居民对居住区周围公共体育设施满意度"满意"的占比比"不满意"的占比偏多。但各区域情况不同,中央区域、中央与郊区之间、郊区"满意"和"非常满意"占比与"不满意"和"非常不满意"占比之差为正,农村地区为负。排序为:中央区域＞郊区＞中央与郊区之间＞农村地区。相关检验显示,皖北六市被调查者居住的区域与被调查者对居住区周围公共体育设施满意度的皮尔逊相关系数为 0.267,斯皮尔曼相关系数为 0.254,p＝0.000＜0.05,相关具有显著性。

多个独立样本的非参数检验显示,皖北六市不同居住区居民对居住区周围公共体育设施满意度之间的差异在 0.05 水平上具有显著性。两个独立样本的非参数检验显示,中央区域与郊区之间与郊区被调查者在居住区附近锻炼满意程度之间的差异不具有显著性。中央区域与中央与郊区之间、中央区域与郊区、中央区域与农村地区、中央与郊区之间与农村地区、郊区与农村地区被调查者在居住区附近锻炼满意程度之间的差异具有显著性。

总体上皖北六市不同居住区域居民对公共体育设施使用的拥挤度影响锻炼看法"赞同"的占比比"不赞同"的占比偏多。中央区域、中央与郊区之间、郊区、农村地区"赞同"和"非常赞同"占比与"不赞同"和"非常不赞同"占比之差都为正。排序为:中央区域＞中央与郊区之间＞农村地区＞郊区。相关检验显示,皖北六市被调查者居住的区域与被调查者对公共体育设施使用的拥挤度影响锻炼看法的皮尔逊相关系数为 0.204,斯皮尔曼相关系数为 0.202,p＝0.000＜0.05,相关具有显著性。

多个独立样本的非参数检验显示,皖北六市不同居住区居民对公共体育设施使用的拥挤度影响锻炼看法之间的差异在 0.05 水平上具有显著性。两个独立样本的非参数检验显示,郊区与农村地区被调查者对公共体育设施使用的拥挤度影响锻炼的看法之间的差异不具有显著性。中央区域与中央与郊区之间、中央区域与郊区、中央区域与农村地区、中央区域与郊区之间与郊区、中央区域与郊区之间与农村地区被调查者对公共体育设施使用的拥挤度影响锻炼的看法之间的差异具有显著性。

总体上皖北六市不同居住区域居民下次锻炼是否"来这里"锻炼的占比比"不来这里"的占比偏多。中央区域、中央与郊区之间、郊区、农村地区"来这里"锻炼的占比与"不来这里"锻炼的占比之差为正。排序为:中央区域＞中央与郊区之间＞郊区＞农村地区。相关检验显示,皖北六市被调查者居住的区域与被调查者下次来这里锻炼的皮尔逊相关系数为0.228,斯皮尔曼相关系数为0.219,p＝0.000＜0.05,相关具有显著性。

多个独立样本的非参数检验显示,皖北六市不同居住区居民下次锻炼是否来这里之间的差异在0.05水平上具有显著性。两个独立样本的非参数检验显示,中央区域与中央与郊区之间、郊区与农村地区被调查者被调查者下次锻炼是否来这里之间的差异不具有显著性。中央区域与郊区、中央区域与农村地区、中央区域与郊区之间与郊区、中央区域与郊区之间与农村地区被调查者被调查者下次锻炼是否来这里之间的差异具有显著性。

总体上皖北六市不同居住区域居民是否推荐朋友"来这里"锻炼的占比比"不来这里"锻炼的占比偏多。但各区域情况不同,中央区域、中央与郊区之间、郊区居民推荐朋友"来这里"锻炼的占比与"不来这里"锻炼的占比之差为正,农村地区为负。排序为:中央区域＞中央与郊区之间＞郊区＞农村地区。相关检验显示,皖北六市被调查者居住的区域与被调查者推荐朋友来这里锻炼的皮尔逊相关系数为0.217,斯皮尔曼相关系数为0.209,p＝0.000＜0.05,相关具有显著性。

多个独立样本的非参数检验显示,皖北六市不同居住区居民是否推荐朋友来这里锻炼之间的差异在0.05水平上具有显著性。两个独立样本的非参数检验显示,中央区域与中央与郊区之间、郊区与农村地区被调查者推荐朋友锻炼是否来这里之间的差异不具有显著性。中央区域与郊区、中央区域与农村地区、中央区域与郊区之间与郊区、中央区域与郊区之间与农村地区被调查者推荐朋友锻炼是否来这里之间的差异具有显著性。

（3）公共体育设施对皖北六市不同居住密度居民健身的影响

总体上皖北六市不同居住密度居民对居住区周围公共体育设施"满意"的占比比"不满意"的占比偏多。但不同居住密度情况不同,居住密度中等、大、非常大的居民对居住区周围公共体育设施"满意"和"非常满意"占比与"不满意"和"非常不满意"占比之差为正,居住密度稀疏、非常稀疏的地区为负。排序为:居住密度大＞非常大＞中等＞非常稀疏＞稀疏。相关检验显示,皖北六市被调查者居住的密度与被调查者对居住区周围公共体育设施满意度的皮尔逊相关系数为0.194,斯皮尔曼相关系数为0.205,p＝0.000＜0.05,相关具有显著性。

多个独立样本的非参数检验显示,皖北六市不同居住密度居民对居住区周围公共体育设施满意度之间的差异在0.05水平上具有显著性。两个独立样本的非参数检验显示,居住密度非常稀疏与稀疏、非常稀疏与中等、稀疏与中等、大与非常大被调查者在居住区附近锻炼的满意程度之间的差异不具有显著性。居住密度非常稀疏与大、非常稀疏与非常大、稀疏与大、稀疏与非常大、中等与大、中等与非常大被调查者在居住区附近锻炼的满意程度之间的差异具有显著性。

总体上皖北六市不同居住密度居民对公共体育设施使用的拥挤度影响锻炼看法,"赞同"的占比比"不赞同"的占比偏多。居住密度稀疏、非常稀疏、中等、大、非常大的居民对公共体育设施使用的拥挤度影响锻炼看法,"赞同"和"非常赞同"的占比与"不赞同"和"非常不赞同"的占比之差都为正。排序为:居住密度大>非常大>中等>稀疏>非常稀疏。相关检验显示,皖北六市被调查者居住的密度与被调查者对公共体育设施使用的拥挤度影响锻炼看法的皮尔逊相关系数为0.188,斯皮尔曼相关系数为0.204,p=0.000<0.05,相关具有显著性。

多个独立样本的非参数检验显示,皖北六市不同居住密度居民对公共体育设施使用的拥挤度影响锻炼看法之间的差异在0.05水平上具有显著性。两个独立样本的非参数检验显示,居住密度非常稀疏与稀疏、非常稀疏与中等、非常稀疏与大、中等与大被调查者对公共体育设施使用的拥挤度影响锻炼看法之间的差异不具有显著性。居住密度非常稀疏与非常大、稀疏与中等、稀疏与大、稀疏与非常大、中等与非常大、大与非常大被调查者对公共体育设施使用的拥挤度影响锻炼看法之间的差异具有显著性。

总体上皖北六市不同居住密度居民下次锻炼是否"来这里"锻炼的占比比"不来这里"锻炼的占比偏多。居住密度非常稀疏、稀疏、中等、大、非常大居民"来这里"锻炼的占比与"不来这里"锻炼的占比之差为正。排序为:居住密度大>非常大>中等>非常稀疏>稀疏。相关检验显示,皖北六市被调查者的居住密度与被调查者下次来这里锻炼的皮尔逊相关系数为0.161,斯皮尔曼相关系数为0.168,p=0.000<0.05,相关具有显著性。

多个独立样本的非参数检验显示,皖北六市不同居住密度居民下次锻炼是否来这里之间的差异在0.05水平上具有显著性。两个独立样本的非参数检验显示,居住密度非常稀疏与稀疏、非常稀疏与中等、非常稀疏与非常大、中等与非常大、大与非常大被调查者下次锻炼是否来这里之间的差异不具有显著性。居住密度非常稀疏与大、稀疏与中等、稀疏与大、稀疏与非常大、中等与大被调查者下次锻炼是否来这里之间的差异具有显著性。

总体上皖北六市不同居住密度居民是否推荐朋友"来这里"锻炼的占比比"不来这里"的占比偏多。居住密度非常稀疏、中等、大、非常大居民推荐朋友"来这里"锻炼的占比与"不来这里"锻炼的占比之差为正,居住密度稀疏的为负。排序为:居住密度大>非常大>中等>非常稀疏>稀疏。相关检验显示,皖北六市被调查者的居住密度与被调查者推荐朋友来这里锻炼的皮尔逊相关系数为0.114,斯皮尔曼相关系数为0.119,p=0.003<0.05,p=0.002<0.05,相关具有显著性。

多个独立样本的非参数检验显示,皖北六市不同居住密度居民是否推荐朋友来这里锻炼之间的差异在0.05水平上具有显著性。两个独立样本的非参数检验显示,居住密度非常稀疏与稀疏、非常稀疏与中等、非常稀疏与非常大、中等与非常大被调查者推荐朋友锻炼是否来这里之间的差异不具有显著性。居住密度非常稀疏与大、稀疏与中等、稀疏与大、稀疏与非常大、中等与大、大与非常大被调查者推荐朋友锻炼是否来这里之间的差异具有显著性。

（4）公共体育设施对皖北六市不同性别居民健身的影响

皖北六市不同性别居民对居住区周围公共体育设施满意度的差异具有显著性。总体上皖北六市不同性别居民对居住区周围公共体育设施"满意"的占比比"不满意"的占比偏多。男性和女性居民对居住区周围公共体育设施"满意"和"非常满意"占比与"不满意"和"非常不满意"占比之差都为正。排序为:男性>女性。相关检验显示,皖北六市被调查者的性别与被调查者对居住区周围公共体育设施满意度的皮尔逊相关系数为0.071,p=0.067>0.05,相关不具有显著性。斯皮尔曼相关系数为0.083,p=0.031<0.05,相关具有显著性。

皖北六市不同性别居民对公共体育设施使用的拥挤度影响锻炼看法的差异具有显著性。总体上皖北六市不同性别居民对公共体育设施使用的拥挤度影响锻炼看法,"赞同"的占比比"不赞同"的占比偏多。男性和女性居民对居住区周围公共体育设施"赞同"和"非常赞同"占比与"不赞同"和"非常不赞同"占比之差都为正。排序为:男性>女性。相关检验显示,皖北六市被调查者的性别与被调查者对公共体育设施使用的拥挤度影响锻炼看法的皮尔逊相关系数为 0.068,p=0.081>0.05,相关不具有显著性。斯皮尔曼相关系数为 0.077,p=0.046<0.05,相关具有显著性。

皖北六市不同性别居民下次锻炼是否来这里的差异不具有显著性。总体上皖北六市不同性别居民下次锻炼是否"来这里"锻炼的占比比"不来这里"锻炼的占比偏多。男性与女性居民"来这里"锻炼的占比与"不来这里"锻炼的占比之差都为正。排序为:男性>女性。相关检验显示,皖北六市被调查者的性别与被调查者下次来这里锻炼的皮尔逊相关系数为 0.040,斯皮尔曼相关系数为 0.040,p=0.299>0.05,相关不具有显著性。

皖北六市不同性别居民是否推荐朋友来这里锻炼的差异不具有显著性。总体上皖北六市不同性别居民是否推荐朋友"来这里"锻炼的占比比"不来这里"的占比偏多。男性与女性居民推荐朋友"来这里"锻炼的占比与"不来这里"锻炼的占比之差为正。排序为:男性>女性。相关检验显示,皖北六市被调查者的性别与被调查者是否推荐朋友来这里锻炼的皮尔逊相关系数为 0.062,斯皮尔曼相关系数为 0.062,p=0.108>0.05,相关不具有显著性。

(5)公共体育设施对皖北六市不同年龄区间居民健身的影响

总体上皖北六市不同年龄区间居民对居住区周围公共体育设施"满意"的占比比"不满意"的占比偏多。各年龄区间居民对居住区周围公共体育设施"满意"和"非常满意"的占比与"不满意"和"非常不满意"的占比之差都为正。排序为:12 岁以下>13—19 岁>60 岁以上>40—59 岁>20—39 岁。相关检验显示,皖北六市被调查者的年龄区间与被调查者对居住区周围公共体育设施满意度的皮尔逊相关系数为 0.007,斯皮尔曼相关系数为 0.032,p=0.866>0.05,p=0.406>0.05,相关不具有显著性。

多个独立样本的非参数检验显示,皖北六市不同年龄区间居民对居住区周围公共体育设施满意度之间的差异在 0.05 水平上具有显著性。两个独立样本的非参数检验显示,年龄区间 12 岁以下与 60 岁以上、13—19 岁与 40—59 岁、13—19 岁与 60 岁以上、20—39 岁与 40—59 岁被调查者在居住区附近锻炼的满意程度的差异不具有显著性。年龄区间 12 岁以下与 13—19 岁、12 岁以下与 20—39 岁、12 岁以下与 40—59 岁、13—19 岁与 20—39 岁、20—39 岁与 60 岁以上、40—59 岁与 60 岁以上被调查者在居住区附近锻炼的满意程度的差异具有显著性。

总体上皖北六市不同年龄区间居民对公共体育设施使用的拥挤度影响锻炼看法,"赞同"的占比比"不赞同"的占比偏多。各年龄区间居民对公共体育设施使用的拥挤度影响锻炼看法,"赞同"和"非常赞同"的占比与"不赞同"的占比之差都为正。排序为:12 岁以下>20—39 岁>40—59 岁>13—19 岁>60 岁以上。相关检验显示,皖北六市被调查者的年龄区间与被调查者对公共体育设施使用的拥挤度影响锻炼看法的皮尔逊相关系数为 0.104,p=0.007<0.05,相关具有显著性。斯皮尔曼相关系数为 0.070,p=0.073>0.05,相关不具有显著性。

多个独立样本的非参数检验显示,皖北六市不同年龄区间居民对公共体育设施使用的拥挤度影响锻炼看法之间的差异在 0.05 水平上具有显著性。两个独立样本的非参数检验显示,年龄区间 13—19 岁与 20—39 岁、13—19 岁与 40—59 岁、13—19 岁与 60 岁以上、20—39 岁与 60 岁以上、40—59 岁与 60 岁以上、12 岁以下与 60 岁以上被调查者对公共体育设施使用的拥挤度影响锻炼的看法的差异不具有显著性。年龄区间 12 岁以下与 13—19 岁、12 岁以下与 20—39 岁、12 岁以下与 40—59 岁、20—39 岁与 40—59 岁被调查者对公共体育设施使用的拥挤度影响锻炼的看法的差异具有显著性。

皖北六市不同年龄区间居民下次锻炼是否来这里之间的差异在 0.05 水平上不具有显著性。总体上皖北六市不同年龄区间居民下次锻炼是否"来这里"锻炼的占比比"不来这里"锻炼的占比偏多。年龄区间 12 岁以下、13—19 岁、20—39 岁、40—59 岁、60 岁以上居民"来这里"锻炼的占比与"不来这里"锻炼的占比之差为正。排序为:12 岁以下>60 岁以上>40—59 岁>20—39 岁>13—19 岁。相关检验显示,皖北六市被调查者的年龄区间与被调查者下次来这里锻炼的皮尔逊相关系数为 0.065,斯皮尔曼相关系数为 0.075,p=0.094>0.05,p=0.052>0.05,相关不具有显著性。

总体上皖北六市不同年龄区间居民是否推荐朋友"来这里"锻炼的占比比"不来这里"锻炼的占比偏多。年龄区间 12 岁以下、13—19 岁、20—39 岁、40—59 岁、60 岁以上居民推荐朋友"来这里"锻炼的占比与"不来这里"锻炼的占比之差都为正。排序为:60 岁以上>12 岁以下>40—59 岁>20—39 岁>13—19 岁。相关检验显示,皖北六市被调查者的年龄区间与被调查者是否推荐朋友来这里锻炼的皮尔逊相关系数为 0.111,斯皮尔曼相关系数为 0.123,p=0.004<0.05,p=0.002<0.05,相关具有显著性。

多个独立样本的非参数检验显示,皖北六市不同年龄区间居民下次锻炼是否来这里之间的差异在 0.05 水平上具有显著性。两个独立样本的非参数检验显示,年龄区间 12 岁以下与 13—19 岁、12 岁以下与 20—39 岁、12 岁以下与 40—59 岁、12 岁以下与 60 岁以上、13—19 岁与 20—39 岁、20—39 岁与 40—59 岁、40—59 岁与 60 岁以上被调查者是否推荐朋友来这里锻炼的差异不具有显著性。年龄区间 13—19 岁与 40—59 岁、13—19 岁与 60 岁以上、20—39 岁与 60 岁以上被调查者是否推荐朋友来这里锻炼的差异具有显著性。

(6) 公共体育设施对皖北六市不同锻炼次数居民健身的影响

总体上皖北六市不同锻炼次数居民对居住区周围公共体育设施"满意"的占比比"不满意"的占比偏多。锻炼次数少、中等、多、非常多的居民对居住区周围公共体育设施"满意"和"非常满意"的占比与"不满意"和"非常不满意"的占比之差为正,锻炼次数非常少的居民对居住区周围公共体育设施"满意"和"非常满意"的占比与"不满意"和"非常不满意"的占比之差为负。排序为:非常少<少<中等<多<非常多。相关检验显示,皖北六市被调查者的锻炼次数与被调查者对居住区周围公共体育设施满意度的皮尔逊相关系数为 0.370,斯皮尔曼相关系数为 0.350,p=0.000<0.05,p=0.000<0.05,相关具有显著性。

多个独立样本的非参数检验显示,皖北六市不同锻炼次数居民对居住区周围公共体育设施满意度之间的差异在 0.05 水平上具有显著性。两个独立样本的非参数检验显示,体育锻炼次数少与中等被调查者在居住区附近锻炼的满意程度的差异不具有显著性。体育锻炼次数非常少与少、非常少与中等、非常少与多、非常少与非常多、少与多、少与非常多、中等与多、中等与非常多、多与非常多被调查者在居住区附近锻炼的满意程度的差异具有显著性。

总体上皖北六市不同锻炼次数居民对公共体育设施使用的拥挤度影响锻炼看法,"赞同"的占比比"不赞同"的占比偏多。锻炼次数非常少、少、中等、多、非常多的居民对公共体育设施使用的拥挤度影响锻炼看法,"赞同"和"非常赞同"的占比与"不赞同"和"非常不赞同"的占比之差都为正。排序为:非常少<少<中等<多<非常多。相关检验显示,皖北六市被调查者的锻炼次数与被调查者对公共体育设施使用的拥挤度影响锻炼看法的皮尔逊相关系数为 0.256,斯皮尔曼相关系数为 0.262,p=0.000<0.05,相关具有显著性。

多个独立样本的非参数检验显示,皖北六市不同锻炼次数居民对公共体育设施使用的拥挤度影响锻炼看法之间的差异在 0.05 水平上具有显著性。两个独立样本的非参数检验显示,体育锻炼次数非常少与少、中等与多被调查者对公共体育设施使用的拥挤度影响锻炼的看法的差异不具有显著性。体育锻炼次数非常少与中等、非常少与多、非常少与非常多、少与中等、少与多、少与非常多、中等与非常多、多与非常多被调查者对公共体育设施使用的拥挤度影响锻炼的看法的差异具有显著性。

总体上皖北六市不同锻炼次数居民下次锻炼是否"来这里"锻炼的占比比"不来这里"锻炼的占比偏多。锻炼次数非常少、少、中等、多、非常多居民"来这里"锻炼的占比与"不来这里"锻炼的占比之差为正。排序为:锻炼次数非常少<少<中等<多<非常多。相关检验显示,皖北六市被调查者的锻炼次数与被调查者下次来这里锻炼的皮尔逊相关系数为 0.172,斯皮尔曼相关系数为 0.173,p=0.000<0.05,相关具有显著性。

多个独立样本的非参数检验显示,皖北六市不同锻炼次数居民下次锻炼是否来这里之间的差异在 0.05 水平上具有显著性。两个独立样本的非参数检验显示,体育锻炼次数非常少与少、非常少与中等、少与中等、中等与多、多与非常多被调查者下次锻炼是否来这里的差异不具有显著性。体育锻炼次数非常少与多、非常少与非常多、少与多、少与非常多、中等与非常多被调查者下次锻炼是否来这里的差异具有显著性。

总体上皖北六市不同锻炼次数居民是否推荐朋友"来这里"锻炼的占比比"不来这里"锻炼的占比偏多。锻炼次数少、中等、多、非常多居民推荐朋友"来这里"锻炼的占比与"不来这里"锻炼的占比之差为正,锻炼次数非常少的为负。排序为:锻炼次数非常少<少<中等<非常多<多。相关检验显示,皖北六市被调查者的锻炼次数与被调查者是否推荐朋友来这里锻炼的皮尔逊相关系数为 0.173,斯皮尔曼相关系数为 0.175,p=0.000<0.05,相关具有显著性。

多个独立样本的非参数检验显示,皖北六市不同锻炼次数居民是否推荐朋友来这里锻炼之间的差异在 0.05 水平上具有显著性。两个独立样本的非参数检验显示,体育锻炼次数非常少与少、少与中等、中等与非常多、多与非常多被调查者是否推荐朋友来这里锻炼的差异不具有显著性。体育锻炼次数非常少与中等、非常少与多、非常少与非常多、少与多、少与非常多、中等与多被调查者是否推荐朋友来这里锻炼的差异具有显著性。

4.3.2 皖北六市公共体育设施拥挤度实地调查研究小结

4.3.2.1 皖北六市健身广场拥挤度

调查显示,皖北六市 109 块健身广场每平方米人数的平均数为 0.13533,标准差为 0.191206,最小值为 0.000,最大值为 1.810。皖北各市每平方米健身广场上人数的平均数、标准差、最小值、最大值。各市的平均数、标准差、最小值、最大值,见表 1631。

平均数淮北市最大,淮南市最小。标准差阜阳市最大,蚌埠市最小。把《体育发展"十三五"规划》的目标(即努力实现到 2020 年人均体育场地面积达到 1.8 平方米)换算为每平方米体育场地的人数为 0.55556。皖北六市 109 块健身广场每平方米人数的平均数为 0.13533,低于 0.55556,说明总体上皖北六市城区健身广场的拥挤程度并不严重。但是根据最大值的数值,个别市每平方米健身广场上人数的最大值接近或大于 0.55556,说明部分健身广场接近供求平衡或供小于求。同时根据最小值的数值,个别市每平方米健身广场上人数的最小值接近 0,说明部分健身广场存在供大于求。

平均数 19:00—22:00 最大,16:00—19:00 最小。标准差 05:00—09:00 最大,16:00—19:00 最小。最大值 05:00—09:00 最大,16:00—19:00 最小。最小值三个时间段都为 0。三个时间段相比较,总体拥挤度 19:00—22:00＞05:00—09:00＞16:00—19:00。把《体育发展"十三五"规划》的目标(即努力实现到 2020 年人均体育场地面积达到 1.8 平方米)换算为每平方米体育场地的人数为 0.55556。

表 1664 显示皖北六市三个时间段每平方米健身广场上人数的平均数为 0.13533,低于 0.55556,说明总体上皖北六市城区三个时间段健身广场的拥挤程度并不严重。但是根据最大值的数值,个别时间段每平方米健身广场上人数的最大值接近或大于 0.55556,说明个别时间段健身场地接近供求平衡或供小于求。同时根据最小值的数值,三个时间段每平方米健身广场上人数的最小值都为 0,说明个别时间段健身场地存在供大于求。

多个独立样本的非参数检验显示,皖北不同市、不同时间段每平方米健身广场上人数之间的差异具有显著性。两个独立样本的非参数检验显示,淮北市与宿州市、淮北市与蚌埠市、淮北市与淮南市、淮北市与阜阳市、宿州市与蚌埠市、宿州市与淮南市、宿州市与阜阳市、宿州市与亳州市、蚌埠市与淮南市、蚌埠市与阜阳市、淮南市与阜阳市、淮南市与亳州市每平方米健身广场上人数之间的差异不具有显著性。淮北市与亳州市、蚌埠市与亳州市、阜阳市与亳州市每平方米健身广场上人数之间的差异具有显著性;05:00—09:00 与 16:00—19:00每平方米健身广场上人数之间的差异不具有显著性。05:00—09:00 与 19:00—22:00、16:00—19:00 与 19:00—22:00 每平方米健身广场上人数之间的差异具有显著性。总体上皖北六市城区健身广场的拥挤程度并不严重,但不同地点、不同时间段存在差异,健身广场供大于求、供求平衡、供小于求三种情况都存在。

4.3.2.2 皖北六市健身步道拥挤度

调查显示,皖北六市 66 个健身步道每分钟通行人数的平均数为 23.0656,标准差为 20.49001,最小值为 0.00,最大值为 108.00。各市的平均数、标准差、最小值、最大值,见表 1673。

多个独立样本的非参数检验显示,皖北不同市健身步道通行人数之间的差异在 0.05 水平上具有显著性。两个独立样本的非参数检验显示,淮北市与蚌埠市、淮北市与淮南市、淮北市与阜阳市、淮北市与亳州市、宿州市与阜阳市、宿州市与亳州市、蚌埠市与淮南市、蚌埠市与阜阳市、蚌埠市与亳州市、淮南市与阜阳市、淮南市与亳州市、阜阳市与亳州市健身步道通行人数之间的差异不具有显著性。淮北市与宿州市、宿州市与蚌埠市、宿州市与淮南市健身步道通行人数之间的差异具有显著性。

调查显示,皖北六市 66 个健身步道每分钟通行人数的平均数为 23.0656,标准差为

20.49001,最小值为 0.00,最大值为 108.00。不同时间段的平均数、标准差、最小值、最大值,见表 1706。

多个独立样本的非参数检验显示,皖北六市不同锻炼时间段健身步道通行人数之间的差异在 0.05 水平上不具有显著性。两个独立样本的非参数检验显示,晨练阶段与傍晚阶段健身步道通行人数之间的差异不具有显著性。晨练阶段与晚上阶段健身步道通行人数之间的差异不具有显著性。傍晚阶段与晚上阶段健身步道通行人数之间的差异不具有显著性。

4.3.2.3 皖北六市健身器材拥挤度

调查显示,皖北六市 133 个健身器材点锻炼人数与器材数量比的平均数为 1.0165,标准差为 1.22308,最小值为 0.00,最大值为 9.00。各市的平均数、标准差、最小值、最大值,见表 1715。

多个独立样本的非参数检验显示,皖北不同市健身人数与器材数量比之间的差异在 0.05 水平上具有显著性。两个独立样本的非参数检验显示,淮北市与宿州市、淮北市与阜阳市、淮北市与亳州市、宿州市与蚌埠市、宿州市与淮南市、宿州市与阜阳市、宿州市与亳州市、蚌埠市与淮南市、阜阳市与亳州市健身人数与器材数量比之间的差异不具有显著性。淮北市与蚌埠市、淮北市与淮南市、蚌埠市与阜阳市、蚌埠市与亳州市、淮南市与阜阳市、淮南市与亳州市健身人数与器材数量比之间的差异具有显著性。

调查显示,皖北六市 133 个健身器材点锻炼人数与器材数量比的平均数为 1.0165,标准差为 1.22308,最小值为 0.00,最大值为 9.00。不同锻炼时间段的平均数、标准差、最小值、最大值,见表 1748。

多个独立样本的非参数检验显示,皖北六市不同锻炼时间段健身人数与器材数量比之间的差异在 0.05 水平上具有显著性。两个独立样本的非参数检验显示,傍晚阶段与晚上阶段、晨练阶段与傍晚阶段健身人数与器材数量比之间的差异不具有显著性。晨练阶段与晚上阶段健身人数与器材数量比之间的差异具有显著性。

从皖北六市居民的健身拥挤感和皖北六市公共体育设施拥挤度的调查结果来看,总体上皖北城区公共体育设施的拥挤程度并不严重,供大于求、供求平衡、供小于求三种情况并存。与晨练阶段和傍晚锻炼阶段相比,晚练阶段公共体育设施的拥挤程度较大。针对锻炼高峰期公共体育设施的"拥挤"状况,笔者认为应从完善公共体育法律法规和提高公共体育设施的智能化水平两个方面来解决这一问题。

5　基于拥挤度评价视角的皖北城区公共体育设施优化策略

5.1　公共体育设施界定和管理存在的问题

5.1.1　公共体育设施的外延

公共体育设施外延界定过时,没有随时代的变化而发展。中华人民共和国体育运动委员会在《城市公共体育运动设施用地定额指标暂行规定》中指出,公共体育设施不包括各类学校、企事业单位和部队内部以及运动员训练基地的体育运动设施用地[3]。这一界定随着公共体育设施供需矛盾的突出逐渐呈现出不适合时宜的地方。一方面当前城市建设用地寸土寸金,可用的增加体育场地设施建设的土地不多,锻炼高峰期的拥挤状况难以解决。另一方面锻炼高峰期大量学校、企事业单位、部队内部以及运动员训练基地的体育场地设施闲置。因此有些学者呼吁开放上述场地设施,以解决公共体育设施供需矛盾,但现实情况是上述学校等部门开放意愿低,其中部分原因是开放场馆安保、噪声、卫生等管理难度加大。为推进学校、企事业单位以及运动员训练基地的体育场地设施开放,政府相关部门应完善公共体育法律法规,从外延界定上扩大公共体育设施涵盖的范围,强制推进学校、企事业单位以及运动员训练基地的体育场地设施限时低价有偿开放,并明确管理主体及管理责任。

5.1.2　公共体育设施的公益性

对公共体育设施的公益性界定不清,不能调动学校等部门开放场地设施的积极性。很多研究包括政府颁布的文件中认为公共体育设施具有政府主导、面向公众开放、公益性三个特点[4]。但随着经济体制的变化,公共体育设施建设和管理虽然仍然是政府主导,但从融资渠道和经营管理来看公共体育设施的供给和管理主体呈现多元化的发展趋势。这一发展变化决定了公共体育设施的开放程度和公益程度是有限的。政府相关部门应完善公共体育法律法规对公共体育设施建设和管理主体的权限、开放程度、公益程度进行重新界定。并不是所有的公共体育设施都是公益的,有些公共体育设施在使用管理过程中会产生费用,进行限时低价有偿收费是合情合理的。法律法规明确公共体育设施的收费标准和利益分配将有助于调动学校等部门开放体育场地设施的积极性,提高场地设施的利用率。

5.1.3 公共体育设施的智能程度

公共体育设施的信息化程度低,滞后于智慧城市的建设。调查显示皖北六市大部分公共体育硬件设施和 IT 基础设施是分离的,一方面是健身广场、健身步道、健身器材、篮球场、足球场、羽毛球场等;另一方面是数据中心、个人电脑、移动电话、路由器、宽带等。皖北六市公共体育设施管理的精细化、信息化、智能化水平不高,因而提高公共体育设施管理的精细化、信息化、智能化水平是必要的。文献统计显示近年来数字公共体育设施研究增多,但公共体育硬件设施和 IT 基础设施统一的"智慧"公共体育设施研究不多。笔者认为构建"智慧"公共体育设施服务体系有助于缓解锻炼高峰期公共体育设施的"拥挤"状况。

5.2 "智慧"公共体育设施服务体系的构建

5.2.1 "智慧"公共体育设施的定义

智慧指聪明才智,体现为更好的解决问题的能力。佛教中智慧是指超越世俗认识,达到把握真理的能力。《博弈圣经》将智慧定义为文化进程中独创的执行力,善于把握事物的运动变化规律、顺应社会时世的发展潮流、以实现圆满或比较好的结果的能力。狭义智慧是指生物所具有的基于神经器官的一种高级综合能力,包含有感知、知识、记忆、理解、联想、情感、逻辑、辨别、计算、分析、判断、文化、中庸、包容、决定等多种能力。智慧让人可以深刻理解人、事、物、社会、宇宙、现状、过去、将来,拥有思考、分析、探求真理的能力。与智力不同,智慧表示智力器官的终极功能,与"形而上谓之道"有异曲同工之处,智力是"形而下谓之器"。智慧使人做出导致成功的决策,有智慧的人称为智者[77]。广义智慧不仅指生物的高级综合能力,还包括人类创造的无生命物体的高级综合能力,如智能机器人、智慧地球、智慧城市等。

2008 年 11 月 IBM 提出"智慧地球"概念。2009 年 8 月 IBM 又发布了《智慧地球赢在中国》计划书,正式揭开 IBM"智慧地球"中国战略的序幕。伴随着 IT 产业的发展变化,从 1996 年至今,IBM 先后推出过 3 个概念。1996 年提出"电子商务",让 IBM 从硬件转型到以提供偏硬件的 IT 服务。2003 年提出"电子商务随需应变",使 IBM 转型为以咨询和软件为主导的更高利润率的服务领域。此时的 IBM 已经跨出 IT 领域,不仅可以提供 IT 服务解决方案,也能提供商业和战略咨询。"电子商务"和"电子商务随需应变"时期 IBM 的客户主要是企业,"智慧地球"时期,IBM 的客户将扩展到企业、机构、政府乃至整个地球。这些概念在内涵和外延上逐渐扩大,让 IBM 在市场广度和深度上得到了进一步拓展。在"电子商务"和"随需应变"时代,IBM 主要关注用户应用 IT 产品和服务的需求和体验;而从"智慧地球"开始,它将融入用户所在领域的业务智能化应用。显然,这种无处不在的需求,将让 IBM 获得更大规模、更纵深的业务。在此前提下,开放合作是 IBM 放大市场的不二法则。根据设想,在"智慧地球"时代,IT 将变成让地球智慧运转的隐性能动工具,弥漫于人、自然系统、社会体系、商业系统和各种组织中。因此,在这样的时代,IBM 希望自己能像空气一样渗透到智慧运转的每个角落,成为人类地球生存不可或缺的因素。"你可能在选择某种服务时,直接找到 IBM;或者在一些看似自然产生的服务背后,了解到提供支撑的力量也来源于 IBM。"说出这番畅想的是 IBM 中国研究院院长李实恭。尽管李实恭在眼下还无法对"智慧地球"的未来影响力进行测算和估量,但不可忽视的一点却是,在推动"智慧地球"的过程中,IBM 又一次充当了市场的引领者[78]。

近几年世界各国的科技发展布局,IBM"智慧地球"战略已经得到了各国的普遍认可。数字化、网络化和智能化,被公认为是未来社会发展的大趋势,而与"智慧地球"密切相关的物联网、云计算等,更成为科技发达国家制定本国发展战略的重点。自 2009 年以来,美国、欧盟、日本和韩国等纷纷推出本国的物联网、云计算相关发展战略。IBM 构想为整个世界带来更高的智能化,让每个人、每个企业、每个组织和机构更好、更高效地沟通,构建"智慧地球"。云计算应运而生,云计算将使信息技术行业发生重大变革,对改变人们工作方式和企业运营产生深远的影响。云计算可以随时随地提供大规模扩展的计算资源、简化服务的交付、实现新商业模式的快速创新、为新一代数据中心提供动态基础架构。云计算的演变从 1990 年左右开始,经历了网格计算、效用计算、软件服务几个阶段[78]。

智慧城市概念源于 2008 年 IBM 公司提出的智慧地球理念,是数字城市与物联网相结合的产物,被认为是信息时代城市发展的方向,文明发展的趋势,其实质是运用现代信息技术推动城市运行系统的互联、高效和智能,从而为城市人创造更加美好的生活,使城市发展更加和谐、更具活力。数字城市是数字地球的重要组成部分,是传统城市的数字化形态。数字城市是应用计算机、互联网、3S、多媒体等技术将城市地理信息和城市其他信息相结合,数字化并存储于计算机网络上所形成的城市虚拟空间。数字城市建设通过空间数据基础设施的标准化、各类城市信息的数字化整合多方资源,从技术和体制两方面为实现数据共享和相互操作提供了基础,实现了城市 3S 技术的一体化集成和各行业、各领域信息化的深入应用。数字城市的发展积累了大量的基础和运行数据,也面临诸多挑战,包括城市级海量信息的采集、分析、存储、利用等处理问题,多系统融合中的各种复杂问题,以及技术发展带来的城市发展异化问题[79]。

新一代信息技术的发展使得城市形态在数字化基础上进一步实现智能化成为现实。依托物联网可实现智能化感知、识别、定位、跟踪和监管;借助云计算及智能分析技术可实现海量信息的处理和决策支持。同时伴随知识社会环境下创新 2.0 形态的逐步展现,现代信息技术在对工业时代各类产业完成面向效率提升的数字化改造之后,逐步衍生出一些新的产业业态、组织形态,使人们对信息技术引领的创新形态演变、社会变革有了更真切的体会,对科技创新以人为本有了更深入的理解,对现代科技发展下的城市形态演化也有了新的认识[79]。

研究机构将智慧城市定义为通过智能计算技术的应用,使得城市管理、教育、医疗、房地产、交通运输、公用事业和公众安全等城市组成的关键基础设施组件和服务更互联、高效和智能。从技术发展的视角,有学者认为智慧城市是数字城市与物联网相结合的产物。另有学者则从城市资源观念演变的视角论述了数字城市相对应的信息资源、智能城市相对应的软件资源、网络城市相对应的组织资源之间的关系。值得关注的是,一些城市信息化建设的先行城市也越来越多的开始从以人为本的视角开展智慧城市的建设,如欧盟启动了面向知识社会创新 2.0 的 Living Lab 计划,致力于将城市打造成为开放创新空间,营造有利于创新涌现的城市生态。智慧城市不但广泛采用物联网、云计算、人工智能、数据挖掘、知识管理、社交网络等技术工具,也注重用户参与、以人为本的创新2.0理念及其方法的应用,构建有利于创新涌现的制度环境,以实现智慧技术高度集成、智慧产业高端发展、智慧服务高效便民、以人为本持续创新,完成从数字城市向智慧城市的跃升。智慧城市将是创新2.0时代以人为本的可持续创新城市[79]。

2010年,IBM正式提出了"智慧城市"愿景,智慧城市起源于传媒领域,是指利用各种信息技术或创新概念,将城市的系统和服务打通、集成,以提升资源运用的效率,优化城市管理和服务,以及改善市民生活质量。IBM经过研究认为,城市由关系到城市主要功能的不同类型的网络、基础设施和环境六个核心系统组成:组织(人)、业务/政务、交通、通讯、水和能源。这些系统不是零散的,而是以一种协作的方式相互衔接。而城市本身则是由这些系统所组成的宏观系统。智慧城市是把新一代信息技术充分运用在城市中各行各业基于知识社会下一代创新的城市信息化高级形态,实现信息化、工业化与城镇化深度融合,有助于缓解"大城市病",提高城镇化质量,实现精细化和动态管理,并提升城市管理成效和改善市民生活质量。国内智慧城市发展历程如下[80]。

2012年国家公布首批90个试点智慧城市,安徽省芜湖市、铜陵市、蚌埠市、淮南市是首批试点城市。随着人口纷纷涌入城市地区,水、电及交通等关键城市系统已不堪重负、几近崩溃。对城市居民而言,智慧城市的基本要件就是能轻松找到最快捷的上下班路线、供水供电有保障,且街道更加安全。如今的消费者正日益占据主导地位,他们希望在城市负担人口流入、实现经济增长的同时,自己对生活质量的要求能够得到满足[79]。

2013年科技部、国家标准化管理委员会确定国家智慧城市技术和标准。智慧城市作为信息技术的深度拓展和集成应用,是新一代信息技术孕育突破的重要方向之一,是全球战略新兴产业发展的重要组成部分。确定智慧城市技术和标准是科技部和国家标准委为促进中国智慧城市建设健康有序发展,推动中国自主创新成果在智慧城市中推广应用的一项示范性工作,旨在形成中国具有自主知识产权的智慧城市技术与标准体系和解决方案,为中国智慧城市建设提供科技支撑。2013年国家公布的智慧城市试点名单,安徽省阜阳市、黄山市、淮北市、合肥高新技术产业开发区、宁国港口生态工业园区、六安市霍山县成为国家智慧城市技术和标准试点城市、试点区[79]。

2014年8月29日,经国务院同意,发改委、工信部、科技部、公安部、财政部、国土部、住建部、交通部等八部委印发《关于促进智慧城市健康发展的指导意见》,要求各地区、各有关部门落实本指导意见提出的各项任务,确保智慧城市建设健康有序推进。意见提出,到2020年,建成一批特色鲜明的智慧城市,聚集和辐射带动作用大幅增强,综合竞争优势明显提高,在保障和改善民生服务、创新社会管理、维护网络安全等方面取得显著成效。2018年,经过十年的探索,中国智慧城市建设已进入新阶段,一座座更高效、更灵敏、更可持续发展的城市正在应运而生。数据统计显示,截至2017年底,中国超过500个城市均已明确提出或正在建设智慧城市,预计到2021年市场规模将达到18.7万亿元[79]。

综上所述,智慧地球、智慧城市就是利用现代技术让地球、城市拥有类似生物的"感应系统"、"神经系统"和"反应系统",变得敏锐而聪明,具备感知反应能力,不仅能够了解外界环境并与之互动,同时也具有学习和适应的能力。"智慧"公共体育设施是智慧地球、智慧城市建设的一部分。

　　"智慧"公共体育设施是通过新一代信息技术,提出比数字公共体育设施更智慧的方法,让公共体育设施拥有类似生物的"感应系统"、"神经系统"和"反应系统",变得敏锐而聪明。"智慧"公共体育设施充分应用现代信息技术成果,集成应用计算机与网络技术、物联网技术、音视频技术、传感器技术、无线通信技术、人工智能、自动控制及专家智慧与知识平台,实现公共体育设施远程可视化、反馈、控制、交流、预测、预警等智能管理,逐步建立公共体育信息服务的可视化传播与应用模式;实现对健身环境的远程精准监测和控制,提高公共体育设施建设管理水平,依靠存储在知识库中的健身知识,运用推理、分析等机制,提高公共体育服务水平。

　　"智慧"公共体育设施包括四类要素,公共体育设施硬件、信息基础设施硬件、技术支撑、服务管理。通过物联化、互联化、智能化把新一代的IT、互联网技术充分运用到公共体育设施建设和管理中,把感应器嵌入、装备到全市的公共体育设施中,通过互联网形成物联网;而后通过超级计算机和云计算,使得市民以更加精细、动态的方式使用,从而在区、市范围内提升"智慧"水平。

　　"智慧"公共体育设施的智慧主要体现在三个方面:第一,能够更透彻地感应和度量公共体育设施的性质和运行数量变化;第二,促进公共体育设施更全面地互联互通;第三,在上述基础上借助云计算技术实现所有公共体育设施、使用流程、管理方式的深度智能化,用户因此获得更智能的体验和创新平台。"智慧"公共体育设施并不是数字公共体育设施的另外一种表述,与数字公共体育设施存在以下六方面的差异。

　　首先,数字公共体育设施是通过地理空间信息与公共体育设施各方面信息的数字化在虚拟空间再现传统公共体育设施。"智慧"公共体育设施则注重在此基础上进一步利用传感技术和智能技术实现对公共体育设施运行状态的自动、实时、全面透彻的感知。其次,数字公共体育设施通过初步的行业融合实现了公共体育设施的部分信息化功能。"智慧"公共体育设施则更强调复杂巨系统的开放、整合、协同的公共体育设施信息化架构,发挥公共体育设施信息化的整体效能。第三,数字公共体育设施是基于互联网形成初步的业务协同。"智慧"公共体育设施则更注重通过泛在网络、移动技术实现无所不在的互联和随时随地的智能融合。第四,数字公共体育设施关注数据资源的生产、积累和应用。"智慧"公共体育设施更关注用户视角的服务设计,用户思维将成为"智慧"公共体育设施建设运营中的主旋律。第五,数字公共体育设施更多注重利用信息技术为管理者服务,信息的开放程度低。"智慧"公共体育设施则更强调公众的主体地位,更强调公众的参与和开放的创新空间。最后,数字公共体育设施致力于通过信息化手段实现公共体育设施的自动化运行。"智慧"公共体育设施则更强调通过政府、互联网企业、通讯运营商、公众的参与和协同实现公共体育设施的价值塑造。

　　伴随物联网、云计算与移动技术的深度融合以及创新的大众化进程,知识社会环境下的"智慧"公共体育设施是继数字公共体育设施之后信息化公共体育设施发展的高级形态。概括来说,"智慧"公共体育设施具有感知反应的灵敏性、信息架构的整体性、互联时空的非限制性、用户视角的设计、创新空间的开放性、参与主体的多元化特征。

5.2.2　"智慧"公共体育设施服务体系的定义

　　体系是指不同的系统按照一定的秩序和内部联系组成的具有特定功能的整体[81]。服务是指履行职责,为他人做事,并使他人从中受益的一种有偿或无偿的活动[82]。服务体系是指不同的服务系统按照一定的秩序和内部联系组成的具有特定服务功能的整体。"智慧"公共体育设施服务体系是指由公共体育设施硬件系统、信息基础设施硬件系统、信息技术支撑系统、服务系统按照一定的秩序和内在联系组成的具有智慧服务功能的整体。公共体育设施硬件系统由健身广场、健身步道、健身器材、各体育项目专门场馆设施等组成。信息基础设施硬件系统由感应器、光缆、微波、卫星、移动通信、输入输出、中央处理器等网络设备设施组成。技术支撑系统由物联网技术、信息技术、移动互联网、自动化技术、云技术、地理信息、人工智能、数字化双胞胎、大数据、5G等技术组成。服务系统由服务目标、服务主体、服务客体、服务项目、服务制度等组成。如图1。

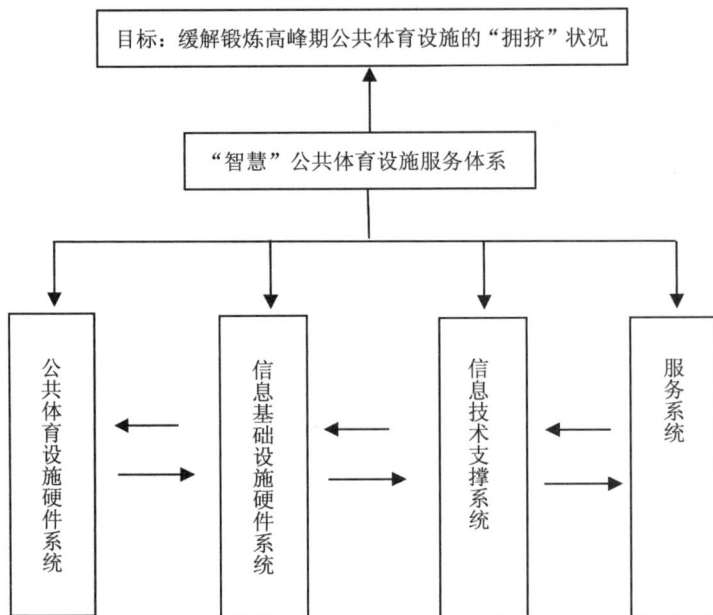

图1 "智慧"公共体育设施服务体系

"智慧"公共体育设施服务体系是由多个既相对独立又相互制约的具有反馈和交互功能的复杂系统构成。只有公共体育设施硬件系统、信息基础设施硬件系统、信息技术支撑系统、服务系统的协同配合才能实现"智慧"公共体育设施服务体系的目标。依据如下。

5.3 "智慧"公共体育设施服务体系构建的理论基础

5.3.1 系统论基础

系统论由冯·贝塔朗费创立,核心思想是整体观念,整体功能大于各部分功能之和,反对局部代表整体的机械论观点。任何系统都不是各个部分的机械组合或简单相加,而是一个整体,整体具有各要素在孤立状态下所没有的性质[83]。根据系统论的观点,"智慧"公共体育设施服务体系的功能要大于公共体育设施硬件系统、信息基础设施硬件系统、信息技术支撑系统和服务系统各自的功能。公共体育设施硬件系统是传统公共体育设施的主要构件。数字公共体育设施是应用计算机、互联网、3S、多媒体等技术将地理信息和公共体育设施硬件系统信息相结合。传统的公共体育设施及数字化的公共体育设施只是公共体育设施发展过程中的一个阶段，各子系统还不能充分发挥整体功能。无法完全消融公共体育设施信息分享的壁垒，无法实现人与公共体育设施的高级交互方式，无法提高实时信息处理能力及感应与响应速度，无法改善锻炼高峰期公共体育设施使用拥堵状况，无法提高居民健身娱乐质量，无法创造出更舒适、更安全、更高效、更节能、更环保的公共体育空间。因而传统的公共体育设施以及数字化的公共体育设施功能要小于"智慧"公共体育设施服务体系的功能。

5.3.2　逻辑学基础

类比推理亦称"类推"，是逻辑学中推理的一种形式。根据两个对象在某些属性上相同或相似，通过比较而推断出它们在其他属性上也相同的推理过程。它是从观察个别现象开始的，因而近似归纳推理。但它又不是由特殊到一般，而是由特殊到特殊，因而又不同于归纳推理[84]。根据逻辑学中的类比推理方法，"智慧"公共体育设施服务体系有可能具有消融公共体育设施信息分享的壁垒，改变人与公共体育设施的高级交互方式，提高实时信息处理能力及感应与响应速度，改善锻炼高峰期公共体育设施使用拥堵状况，提升公共体育设施利用的效率，优化公共体育设施管理和服务，提高居民健身娱乐质量，创造出更舒适、更安全、更高效、更节能、更环保公共体育空间的功能。依据如下。

"智慧"是一个内涵明确的概念，从"智慧"地球概念的提出到"智慧城市"建设的实践过程可以看出，大量的实践证明公共体育设施管理之外的领域，如政务管理[85]、水电管理[86][87]、能源管理[88]、教育管理[89]、交通管理[90]等领域，特别是交通管理领域，"智慧"交通服务体系的建设有效地消融了交通信息分享的壁垒，改变了人与交通设施的交互方式，提高了实时信息处理能力及感应与响应速度，改善了上下班高峰期交通的拥堵状况，提升了交通通行效率，节约了能源，优化了交通管理服务，提高了居民的通行体验[91]。因此通过类比推理构建"智慧"公共体育设施服务体系有可能消融公共体育设施信息分享的壁垒，改变人与公共体育设施的交互方式，提高实时信息处理的能力及感应与响应的速度，改善锻炼高峰期公共体育设施使用拥挤的状况，提升公共体育设施利用的效率，优化公共体育设施管理和服务，提高居民健身娱乐质量，创造出更舒适、更安全、更高效、更节能、更环保公共体育空间的功能。

5.3.3　协同论基础

协同论由联邦德国斯图加特大学教授、著名物理学家哈肯创立。协同论认为千差万别的系统，尽管其属性不同但在整个环境中各个系统间存在着相互影响而又相互合作的关系。协同理论的主要内容之一是协同效应。协同效应是指由于协同作用而产生的结果，是指复杂开放系统中大量子系统相互作用而产生的整体效应或集体效应[92]。对"智慧"公共体育设施服务体系而言，也存在着协同作用。协同作用是公共体育设施硬件系统、信息基础设施硬件系统、信息技术支撑系统和服务系统的有序结构形成的内驱力。这种内驱力达到某种临界值时，子系统之间就会产生协同作用。这种协同作用能使"智慧"公共体育设施服务体系在临界点发生质变产生协同效应，使"智慧"公共体育设施服务体系从无序变为有序，从混沌中产生某种稳定结构。这种稳定结构决定了"智慧"公共体育设施服务体系具有消融公共体育设施信息分享的壁垒,改变人与公共体育设施的高级交互方式,提高实时信息处理能力及感应与响应速度,改善锻炼高峰期公共体育设施使用拥挤状况,提升公共体育设施利用的效率,优化公共体育设施管理和服务,提高居民健身娱乐质量,创造出更舒适、更安全、更高效、更节能、更环保公共体育空间的功能。

综上所述,从系统论和协同论角度来看,公共体育设施硬件系统、信息基础设施硬件系统、信息技术支撑系统、服务系统的协同配合有助于实现"智慧"公共体育设施服务体系的整体目标。从类比推理的角度,建设"智慧"公共体育设施服务体系有可能是解决锻炼高峰期公共体育设施"拥挤"的重要突破口。建设"智慧"公共体育设施服务体系对经济和社会发展的必要性表述如下。

5.4 "智慧"公共体育设施服务体系建设的必要性

5.4.1 建设"智慧"公共体育设施服务体系是实现城市可持续发展的需要

"智慧"公共体育设施服务体系是在整个公共体育设施服务领域充分利用物联网、空间感知、云计算、移动互联网等新一代信息技术,综合运用现代科学、系统方法、人工智能、知识挖掘等理论与工具,以全面感知、深度融合、主动服务、科学决策为目标,通过建设实时的动态信息服务体系,深度挖掘公共体育设施服务相关数据,形成问题分析模型,实现公共资源配置优化能力、公共决策能力、公共管理能力、公众服务能力的提升,推动公共体育设施服务更安全、更高效、更便捷、更经济、更环保、更舒适的运行和发展。"智慧"公共体育设施服务体系建设有助于扩大内需,带动公共体育服务相关产业转型、升级,有助于解决"城市病",实现城市的可持续发展。

5.4.2 建设"智慧"公共体育设施服务体系是信息技术发展的需要

信息技术与公共体育设施两者虽然相对独立但可以相互促进,其实践结合将对扩大内需、调整结构、转变经济发展方式产生重要影响,是提高城市现代化水平的重要途径。信息技术的发展为提高公共体育设施的"智慧"水平提供了前提。"智慧"公共体育设施服务体系建设是在充分整合、挖掘、利用信息技术与信息资源的基础上,汇聚人类的智慧,赋予物以智能,从而实现对公共体育设施的精确化管理,实现对公共体育资源的集约化利用。"智慧"公共体育设施服务体系建设将有助于带动包括物联网、云计算、卫星导航、三网融合、下一代互联网、软件服务以及新一代信息技术在内的战略性新兴产业的发展。

5.4.3 建设"智慧"公共体育设施服务体系是全面深化公共体育服务改革的重要载体

十八届三中全会《中共中央关于全面深化改革若干重大问题的决定》中指出推进国

家治理体系和治理能力现代化[93]。随着城市人口的增多,当代政府的公共体育服务能
力已经面临严峻挑战,社会参与和共治成为必要手段,信息化技术发展则为社会参与创
造奠定了基础,信息化建设将成为公共体育服务能力现代化的重要手段。"智慧"公共体
育设施服务体系建设将成为公共体育服务领域深化政府体制改革、加快建设服务型政
府、全面提升政府有效治理能力、主动顺应新兴信息技术和互联网发展新趋势的重要
载体。

5.5 "智慧"公共体育设施服务体系建设的可行性

5.5.1 政策红利为"智慧"公共体育设施服务体系的建设提供了良好的机遇

2008 年,IBM 提出"智慧地球"概念。2010 年,IBM 正式提出了"智慧城市"愿景。2012
年,IBM 开始与中国政府部门展开合作,随之国家公布首批 90 个试点智慧城市。2013 年科
技部、国家标准化管理委员会确定国家"智慧城市"技术和标准以及第 2 批试点城市。2014
年 8 月 29 日,经国务院同意,发改委、工信部、科技部、公安部、财政部、国土部、住建部、交通
部等八部委印发《关于促进智慧城市健康发展的指导意见》。截至 2017 年底,中国超过 500
个城市均已明确提出或正在建设智慧城市,预计到 2021 年市场规模将达到 18.7 万亿
元[78]。由此可见,近年来政府部门高度重视智慧城市的发展,大力完善城市基础设施和信
息化基础设施两个系统,并将信息化提升到战略层次。公共体育设施建设是城市建设的重
要组成部分。国家支持智慧城市建设的政策红利将为"智慧"公共体育设施服务体系的建设
提供良好的发展机遇。

5.5.2 新兴技术为"智慧"公共体育设施服务体系的建设提供了
强大的支撑

信息化革命是 20 世纪 80 年代以来世界发展的最重要特征,极大地推动了人类经济、
社会、政治、军事等各方面的发展进程,创新了发展模式,提高了发展质量。新一代互联
网、云计算、智能传感、通信、遥感、卫星定位、地理信息系统等技术的结合,将可以实现对
一切物品的智能化识别、定位、跟踪、监控与管理,从而使地球达到"智慧"的状态,使建设
智慧地球从技术上成为可能[94]。对公共体育设施而言,利用物联网技术可以全面感知公
共体育基础设施、监控其运行情况及其使用情况。利用大数据技术则可以充分挖掘和利
用信息数据的价值,盘活现有数据,在此基础上进行应用、评价、决策,服务于公共体育服
务部门的管理与决策。云计算则为各类公共体育设施数据的存储提供了新模式,"公共体
育设施云"的建立可以打破"信息孤岛",彻底实现信息资源共享、系统互联互通。通过使
用移动互联网技术可以实现信息顺畅传输、交换,从而达到各种公共体育设施的合理布局
及协调、高效运行。因此新兴技术的快速发展为"智慧"公共体育设施服务体系的建设提
供了强大的技术支撑。

5.6 "智慧"公共体育设施服务体系建设的注意事项

5.6.1 "智慧"公共体育设施服务体系建设应与智慧城市建设统筹规划

 针对锻炼高峰期公共体育设施拥挤、信息化程度低、公共体育服务水平低等问题,以物联网和云计算等为支撑的"智慧"公共体育设施服务体系建设或许是解决问题的出路。按照事物由低级向高级发展的一般规律,公共体育物理设施必定要向数字化公共体育设施的方向发展,数字化公共体育设施必定要向"智慧"公共体育设施的方向发展。"智慧"公共体育设施服务体系的建设是一个长期的过程,只能伴随智慧城市的建设逐步实现,不可能一蹴而就。但"智慧"公共体育设施服务体系的建设不会伴随着智慧城市的建设自动实现。调查显示,当前"智慧"公共体育设施服务体系的建设明显滞后于智慧城市的建设,需要政府相关部门重视,需要结合当地的环境和条件进行系统的顶层设计和总体规划,并制定实施步骤。

5.6.2 "智慧"公共体育设施服务体系建设应转变思维方式

 在全国政协十二届二次会议中,李克强总理提出要制定"互联网+"行动计划,意味着"互联网+"正式上升为国家战略,未来互联网将同物联网、云计算、大数据深度渗透融合,对相关领域产生深刻变革,并将成为升级公共体育设施和提升公共体育服务水平的重要思路[95]。目前在公共基础设施建设还存在思维上的障碍,政府相关部门应具有大数据思维、跨界思维和用户思维。大数据思维是将非涉密数据有条件地开放,鼓励企业对数据进行深度挖掘,挖掘大数据的潜在价值,为百姓提供更好的信息服务。跨界思维是将电子商务、智能定位等信息与公共体育服务逐步融合,使得城市居民的锻炼出行与体育购物、体育消费等服务结合在一起,给用户全新的体验。用户思维是指运用互联网移动技术关注百姓需求和注重百姓参与,了解百姓最迫切希望解决的问题,有针对性地进行公共体育服务建设。

5.6.3 "智慧"公共体育设施服务体系建设应重视信息技术的国产化

 党的十八大报告强调走中国特色新型工业化、信息化、城镇化道路[96]。在城镇化建设过程中要处理好信息技术的引进与国产化之间的关系,要全面评估国外信息技术的安全性、可靠性和垄断性,应选择能够最终实现国产化的信息技术路径。只有实现信息技术的国产化才能体现新型城镇化的中国特色。"智慧"公共体育设施建设只有实现信息技术的国产化才能扩大内需,产生新的经济增长点,才能带动卫星导航、物联网、智能交通、智能电网、云计算、软件服务等多行业的快速发展。信息技术的国产化不足存在较大公共安全风险,并会耗费更多的公共资源。

5.6.4　"智慧"公共体育设施服务体系建设应重视法律法规的完善

完善法律法规,用法治思维和手段解决公共体育服务问题和推进公共体育设施建设工作。法治思维是指将法律作为判断是非和处理事务的准绳,它要求崇尚法治、尊重法律,善于运用法律手段解决问题和推进工作[97]。当前关于公共体育服务和信息技术的法律法规还不完善,政府要更多地考虑政策创新,考虑政府信息公开,考虑完善公平公正的市场环境。制定相关政策法规,积极鼓励多方资本进入公共体育服务领域,同时通过营造创新文化氛围、推动数据开放等举措,为公共体育服务领域的业务创新、商业模式创新等提供良好的环境。此外,政府还要更多地承担起公共体育服务的监督管理职责,通过制定评估考核指标体系等,对公共体育服务进行监督管理。

5.7　小　　结

5.7.1　公共体育设施界定和管理存在的问题

主要表现为三个方面:一是公共体育设施外延界定过时,没有随时代的变化而发展;二是对公共体育设施的公益性界定不清,不能调动学校等部门开放体育设施的积极性;三是公共体育设施的信息化程度低,滞后于智慧城市的建设。笔者认为应完善法律法规重新界定公共体育设施涵盖的范围和公益性,在此基础上构建"智慧"公共体育设施服务体系有助于缓解锻炼高峰期公共体育设施的"拥挤"状况。

5.7.2　"智慧"公共体育设施及其服务体系的定义

"智慧"公共体育设施是智慧地球、智慧城市建设的一部分。"智慧"公共体育设施是通过新一代信息技术,提出比数字公共体育设施更智慧的方法,让公共体育设施拥有类似生物的"感应系统"、"神经系统"和"反应系统",变得敏锐而聪明。"智慧"公共体育设施充分应用现代信息技术成果,集成应用计算机与网络技术、物联网技术、音视频技术、传感器技术、无线通信技术、人工智能、自动控制及专家智慧与知识平台,实现公共体育设施远程可视化、反馈、控制、交流、预测、预警等智能管理,逐步建立公共体育信息服务的可视化传播与应用模式;实现对健身环境的远程精准监测和控制,提高公共体育设施建设管理水平,依靠存储在知识库中的健身知识,运用推理、分析等机制,提高公共体育服务水平。与数字公共体育设施相比较,"智慧"公共体育设施具有感知反应的灵敏性、信息架构的整体性、互联时空的非限制性、用户视角的设计、创新空间的开放性、参与主体的多元化特征。

"智慧"公共体育设施服务体系是指由公共体育设施硬件系统、信息基础设施硬件系统、信息技术支撑系统、服务系统按照一定的秩序和内在联系组成的具有智慧服务功能的整体。公共体育设施硬件系统由健身广场、健身步道、健身器材、各体育项目专门场馆设施等组成。信息基础设施硬件系统由感应器、光缆、微波、卫星、移动通信、输入输出、中央处理器等网络设备设施组成。技术支撑系统由物联网技术、信息技术、移动互联网、自动化技术、云技术、地理信息、人工智能、数字化双胞胎、大数据、5G 等技术组成。服务系统由服务目标、服务主体、服务客体、服务项目、服务制度等组成。

5.7.3 "智慧"公共体育设施服务体系构建的理论基础及功能

从系统论和协同论角度来看,只有公共体育设施硬件系统、信息基础设施硬件系统、信息技术支撑系统、服务系统的协同配合才能实现"智慧"公共体育设施服务体系的整体目标。

从类比推理的角度,构建"智慧"公共体育设施服务体系有可能消融公共体育设施信息分享的壁垒,改变人与公共体育设施的交互方式,提高实时信息处理的能力及感应与响应的速度,改善锻炼高峰期公共体育设施使用拥挤的状况,提升公共体育设施利用的效率,优化公共体育设施管理和服务,提高居民健身娱乐质量,创造出更舒适、更安全、更高效、更节能、更环保公共体育空间的功能。因而建设"智慧"公共体育设施服务体系有可能是解决锻炼高峰期公共体育设施"拥挤"的重要突破口。建设"智慧"公共体育设施服务体系有其必要性。

5.7.4 "智慧"公共体育设施服务体系建设的必要性

"智慧"公共体育设施服务体系是信息技术与公共体育设施的深度融合。信息技术与公共体育设施虽然相对独立但可以相互促进,其实践结合将对扩大内需、调整结构、转变经济发展方式、解决"城市病"、促进城市的可持续发展产生重要的影响。同时也是政府深化体制改革、推进公共体育治理体系和治理能力现代化的重要载体。

5.7.5 "智慧"公共体育设施服务体系建设的可行性

近年来国家高度重视智慧城市的发展,大力完善城市基础设施和信息化基础设施两个系统,并将信息化提升到战略层次。公共体育设施建设是城市建设的重要组成部分。国家支持智慧城市建设的政策红利将为"智慧"公共体育设施服务体系的建设提供良好的发展机遇。

利用物联网技术可以全面感知公共体育基础设施、监控其运行情况及其使用情况。利用大数据技术则可以充分挖掘和利用信息数据的价值,盘活现有数据,在此基础上进行应用、评价、决策服务于公共体育服务部门的管理与决策。云计算则为各类公共体育设施数据的存储提供了新模式,"公共体育设施服务云"的建立可以打破"公共体育设施信息孤岛",彻底实现信息资源共享、系统互联互通。通过使用移动互联网技术可以实现信息顺畅传输、交换,从而达到各种公共体育设施的合理布局及协调、高效运行。因此新兴技术的快速发展为"智慧"公共体育设施服务体系的建设提供了强大的技术支撑。但在"智慧"公共体育设施服务体系建设过程中应注意以下方面。

5.7.6 "智慧"公共体育设施服务体系建设的注意事项

当前"智慧"公共体育设施服务体系的建设明显滞后于智慧城市的建设,建设"智慧"公共体育设施服务体系:首先应与智慧城市建设统筹规划。其次应转变思维方式,树立大数据思维、跨界思维和用户思维。再次要处理好信息技术的引进与国产化之间的关系,要全面评估国外信息技术的安全性、可靠性和垄断性,应选择能够最终实现国产化的信息技术路径。最后要完善法律法规,用法治思维和手段解决公共体育服务问题和推进公共体育设施建设工作。

6 结 束 章

6.1 基于拥挤度评价视角的皖北城区公共体育设施供需特征研究结论

6.1.1 皖北六市居民健身拥挤感问卷调查结论

6.1.1.1 健身广场拥挤感

（1）皖北不同市居民感知健身广场的拥挤度

总体上皖北六市居民感知健身广场数量"多"的占比比"少"的占比偏多一点。但各市情况不同，阜阳市、宿州市、淮北市"多"和"非常多"占比与"少"和"非常少"占比之差为正，蚌埠市、亳州市、淮南市为负。排序为：阜阳市＞宿州市＞淮北市＞蚌埠市＞亳州市＞淮南市。

多个独立样本的非参数检验显示，皖北六市居民感知健身广场数量之间的差异在 0.05 水平上具有显著性。两个独立样本的非参数检验显示，淮北市与宿州市、淮北市与蚌埠市、淮北市与阜阳市、宿州市与阜阳市、蚌埠市与淮南市、蚌埠市与阜阳市、蚌埠市与亳州市、淮南市与亳州市被调查者感知居住区的健身广场数量之间的差异不具有显著性。淮北市与淮南市、淮北市与亳州市、宿州市与蚌埠市、宿州市与淮南市、宿州市与亳州市、淮南市与阜阳市、阜阳市与亳州市被调查者感知居住区的健身广场数量之间的差异具有显著性。

总体上皖北六市居民感知健身广场面积"大"的占比比"小"的占比偏多一点。但各市情况不同，阜阳市、宿州市、淮北市、蚌埠市"大"和"非常大"占比与"小"和"非常小"占比之差为正，亳州市、淮南市为负。排序为：阜阳市＞宿州市＞淮北市＞蚌埠市＞亳州市＞淮南市。

多个独立样本的非参数检验显示，皖北六市居民感知健身广场面积之间的差异在 0.05 水平上具有显著性。两个独立样本的非参数检验显示，淮北市与宿州市、淮北市与蚌埠市、淮北市与淮南市、淮北市与阜阳市、淮北市与亳州市、宿州市与蚌埠市、宿州市与阜阳市、宿州市与亳州市、蚌埠市与淮南市、蚌埠市与阜阳市、淮南市与亳州市被调查者感知居住区健身广场面积之间的差异不具有显著性。宿州市与淮南市、蚌埠市与亳州市、淮南市与阜阳市、阜阳市与亳州市被调查者感知居住区健身广场面积之间的差异具有显著性。

总体上皖北六市居民感知锻炼高峰期健身广场上健身者密度"大"的占比比"小"的占比普遍偏多。皖北六市居民感知锻炼高峰期健身广场上健身者密度"大"和"非常大"占比与"小"和"非常小"占比之差都为为正。排序为：宿州市＞淮北市＞阜阳市＞蚌埠市＞淮南市>亳州市。

多个独立样本的非参数检验显示,皖北六市居民感知锻炼高峰期健身广场上健身者密度之间的差异在 0.05 水平上具有显著性。两个独立样本的非参数检验显示,淮北市与宿州市、淮北市与蚌埠市、淮北市与阜阳市、淮北市与亳州市、宿州市与阜阳市、蚌埠市与淮南市、蚌埠市与阜阳市、蚌埠市与亳州市、淮南市与阜阳市、淮南市与亳州市、阜阳市与亳州市被调查者感知锻炼高峰期健身广场上健身者的密度之间的差异不具有显著性。淮北市与淮南市、宿州市与蚌埠市、宿州市与淮南市、宿州市与亳州市被调查者感知锻炼高峰期健身广场上健身者的密度之间的差异具有显著性。

总体上皖北六市居民感知锻炼高峰期锻炼人数比被调查者预期的人数"多"的占比比"少"的占比普遍偏多。皖北六市居民感知锻炼高峰期锻炼人数比被调查者预期的人数"多"和"非常多"占比与"少"和"非常少"占比之差都为为正。排序为:宿州市>淮北市>阜阳市>蚌埠市>淮南市>亳州市。

多个独立样本的非参数检验显示,皖北六市居民感知锻炼高峰期健身者人数比预期情况之间的差异在 0.05 水平上不具有显著性。

(2) 皖北六市不同居住区居民感知健身广场的拥挤度

总体上皖北六市不同居住区域居民感知健身广场数量"多"的占比比"少"的占比偏多一点。但各区域情况不同,中央区域、中央与郊区之间"多"和"非常多"占比与"少"和"非常少"占比之差为正,郊区、农村地区为负。排序为:中央区域>中央与郊区之间>郊区>农村地区。相关检验显示,皖北六市被调查者居住的区域与被调查者感知健身广场数量的皮尔逊相关系数为 0.517,斯皮尔曼相关系数为 0.505,p=0.000<0.05,相关具有显著性。

多个独立样本的非参数检验显示,皖北六市不同居住区居民感知居住区健身广场数量之间的差异在 0.05 水平上具有显著性。两个独立样本的非参数检验显示,中央区域与中央与郊区之间、中央区域与郊区、中央区域与农村地区、中央区域与郊区之间与郊区、中央区域与郊区之间与农村地区、郊区与农村地区被调查者感知居住区的健身广场数量之间的差异具有显著性。

总体上皖北六市不同居住区域居民感知居住区健身广场面积"大"的占比比"小"的占比偏多一点。但各区域情况不同,中央区域、中央与郊区之间"大"和"非常大"占比与"小"和"非常小"占比之差为正,郊区、农村地区为负。排序为:中央区域>中央与郊区之间>郊区>农村地区。相关检验显示,皖北六市被调查者居住的区域与被调查者感知居住区健身广场面积的皮尔逊相关系数为 0.441,斯皮尔曼相关系数为 0.427,p=0.000<0.05,相关具有显著性。

多个独立样本的非参数检验显示,皖北六市不同居住区居民感知居住区健身广场面积之间的差异在 0.05 水平上具有显著性。两个独立样本的非参数检验显示,中央区域与中央与郊区之间、中央区域与郊区、中央区域与农村地区、中央区域与郊区之间与郊区、郊区与农村地区、中央区域与郊区之间与农村地区被调查者感知居住区的健身广场面积之间的差异具有显著性。

总体上皖北六市不同居住区域居民感知锻炼高峰期健身广场上健身者密度"大"的占比比"小"的占比偏多。但各区域情况不同,中央区域、中央与郊区之间、郊区"大"和"非常大"占比与"小"和"非常小"占比之差为正,农村地区为负。排序为:中央区域>中央与郊区之间＞郊区＞农村地区。相关检验显示,皖北六市被调查者居住的区域与被调查者感知锻炼高峰期健身广场上健身者密度的皮尔逊相关系数为 0.389,斯皮尔曼相关系数为 0.363,p＝0.000＜0.05,相关具有显著性。

多个独立样本的非参数检验显示,皖北六市不同居住区居民感知锻炼高峰期健身广场上健身者密度之间的差异在 0.05 水平上具有显著性。两个独立样本的非参数检验显示,中央区域与中央与郊区之间、中央区域与郊区、中央区域与农村地区、中央区域与郊区之间与郊区、中央区域与郊区之间与农村地区、郊区与农村地区被调查者感知锻炼高峰期健身广场上健身者的密度之间的差异具有显著性。

总体上皖北六市不同居住区域居民感知锻炼高峰期健身广场上人数比预期人数“多”的占比比“少”的占比偏多。但各区域情况不同,中央区域、中央与郊区之间“多”和“非常多”占比与“少”和“非常少”占比之差为正,郊区、农村地区为负。排序为:中央区域＞中央与郊区之间＞郊区＞农村地区。相关检验显示,皖北六市被调查者居住的区域与被调查者感知锻炼高峰期健身广场上人数比预期人数的皮尔逊相关系数为 0.361,斯皮尔曼相关系数为0.341,p＝0.000＜0.05,相关具有显著性。

多个独立样本的非参数检验显示,皖北六市不同居住区居民感知锻炼高峰期健身广场上人数比预期人数之间的差异在 0.05 水平上具有显著性。两个独立样本的非参数检验显示,中央区域与中央与郊区之间、中央区域与郊区、中央区域与农村地区、中央区域与郊区之间与郊区、中央区域与郊区之间与农村地区、郊区与农村地区被调查者感知锻炼高峰期健身广场上人数比预期人数之间的差异具有显著性。

（3）皖北六市不同居住密度居民感知健身广场的拥挤度

总体上皖北六市不同居住密度居民感知居住区健身广场数量“多”的占比比“少”的占比偏多一点。但不同居住密度情况不同,居住密度大、非常大的居民感知居住区健身广场数量“多”和“非常多”占比与“非常少”和“少”占比之差为正,居住密度中等、稀疏、非常稀疏的地区为负。排序为:居住密度非常大＞大＞中等＞稀疏＞非常稀疏。相关检验显示,皖北六市被调查者居住的密度与被调查者感知居住区健身广场数量的皮尔逊相关系数为 0.525,斯皮尔曼相关系数为 0.532,p＝0.000＜0.05,相关具有显著性。

多个独立样本的非参数检验显示,皖北六市不同居住密度居民感知居住区健身广场数量之间的差异在 0.05 水平上具有显著性。两个独立样本的非参数检验显示,居住密度非常稀疏与稀疏被调查者感知居住区的健身广场数量之间的差异不具有显著性。居住密度非常稀疏与中等、非常稀疏与大、非常稀疏与非常大、稀疏与中等、稀疏与大、稀疏与非常大、中等与大、中等与非常大、大与非常大被调查者感知居住区的健身广场数量的差异具有显著性。

总体上皖北六市不同居住密度居民感知居住区健身广场面积“大”的占比比“小”的占比偏多一点。但不同居住密度情况不同,居住密度大、非常大的居民感知居住区健身广场面积“大”和“非常大”占比与“非常小”和“小”占比之差为正,居住密度中等、稀疏、非常稀疏的地区为负。排序为:居住密度大＞非常大＞中等＞非常稀疏＞稀疏。相关检验显示,皖北六市被调查者居住的密度与被调查者感知居住区健身广场面积的皮尔逊相关系数为 0.472,斯皮尔曼相关系数为 0.463,p＝0.000＜0.05,相关具有显著性。

多个独立样本的非参数检验显示,皖北六市不同居住密度居民感知居住区健身广场面积之间的差异在 0.05 水平上具有显著性。两个独立样本的非参数检验显示,居住密度非常稀疏与稀疏被调查者感知居住区的健身广场面积之间的差异不具有显著性。居住密度非常稀疏与中等、非常稀疏与非常大、非常稀疏与非常大、稀疏与中等、稀疏与大、稀疏与非常大、中等与大、中等与非常大、大与非常大被调查者感知居住区的健身广场面积之间的差异具有显著性。

总体上皖北六市不同居住密度居民感知锻炼高峰期健身广场上健身者密度"大"的占比比"小"的占比偏多。但不同居住密度情况不同,居住密度中等、大、非常大的居民感知锻炼高峰期健身广场上健身者密度"大"和"非常大"占比与"非常小"和"小"占比之差为正,居住密度稀疏、非常稀疏的地区为负。排序为:居住密度非常大>大>中等>非常稀疏>稀疏。相关检验显示,皖北六市被调查者居住的密度与被调查者感知锻炼高峰期健身广场上健身者密度的皮尔逊相关系数为 0.432,斯皮尔曼相关系数为 0.441,p=0.000<0.05,相关具有显著性。

多个独立样本的非参数检验显示,皖北六市不同居住密度居民感知锻炼高峰期健身广场上健身者密度之间的差异在 0.05 水平上具有显著性。两个独立样本的非参数检验显示,居住密度非常稀疏与稀疏被调查者感知锻炼高峰期健身广场上健身者密度之间的差异不具有显著性。居住密度非常稀疏与中等、非常稀疏与非常大、非常稀疏与非常大、稀疏与中等、稀疏与大、稀疏与非常大、中等与大、中等与非常大、大与非常大居住密度被调查者感知锻炼高峰期健身广场上健身者密度之间的差异具有显著性。

总体上皖北六市不同居住密度居民感知锻炼高峰期健身广场上人数比预期人数"多"的占比比"少"的占比偏多。但不同居住密度情况不同,居住密度中等、大、非常大的居民感知锻炼高峰期健身广场上人数比预期人数"多"和"非常多"占比与"非常少"和"少"占比之差为正,居住密度稀疏、非常稀疏的地区为负。排序为:居住密度非常大>大>中等>稀疏>非常稀疏。相关检验显示,皖北六市被调查者居住的密度与被调查者感知锻炼高峰期健身广场上人数比预期人数的皮尔逊相关系数为 0.402,斯皮尔曼相关系数为 0.403,p=0.000<0.05,相关具有显著性。

多个独立样本的非参数检验显示,皖北六市不同居住密度居民感知锻炼高峰期健身广场上人数比预期人数之间的差异在 0.05 水平上具有显著性。两个独立样本的非参数检验显示,居住密度非常稀疏与稀疏被调查者感知锻炼高峰期健身广场上人数比预期人数之间的差异不具有显著性。居住密度非常稀疏与中等、非常稀疏与大、非常稀疏与非常大、稀疏与中等、稀疏与大、稀疏与非常大、中等与大、大与非常大、中等与非常大被调查者感知锻炼高峰期健身广场上人数比预期人数之间的差异具有显著性。

（4）皖北六市不同性别居民感知健身广场的拥挤度

皖北六市不同性别居民感知居住区健身广场数量的差异具有显著性。总体上皖北六市不同性别居民感知居住区健身广场数量,"多"的占比比"少"的占比偏多一点。男性居民感知居住区健身广场数量"多"的占比与"少"的占比之差为正,女性为负。排序为:男性>女性。相关检验显示,皖北六市被调查者的性别与被调查者感知居住区健身广场数量的皮尔逊相关系数为 0.169,斯皮尔曼相关系数为 0.165,p=0.000<0.05,相关具有显著性。

皖北六市不同性别居民感知居住区健身广场面积的差异具有显著性。总体上皖北六市不同性别居民感知居住区健身广场面积"大"的占比比"小"的占比偏多一点。男性居民感知居住区健身广场面积"大"的占比与"小"的占比之差为正,女性为负。排序为:男性>女性。

相关检验显示,皖北六市被调查者的性别与被调查者感知居住区健身广场面积的皮尔逊相关系数为 0.163,斯皮尔曼相关系数为 0.154,p=0.000<0.05,相关具有显著性。

皖北六市不同性别居民感知锻炼高峰期健身广场上健身者密度的差异具有显著性。总体上皖北六市不同性别居民感知锻炼高峰期健身广场上健身者密度"大"的占比比"小"的占比偏多。男性和女性居民感知锻炼高峰期健身广场上健身者密度"大"的占比与"小"的占比之差都为正。排序为:男性>女性。相关检验显示,皖北六市被调查者的性别与被调查者感知锻炼高峰期健身广场上健身者密度的皮尔逊相关系数为 0.094,p=0.015<0.05,斯皮尔曼相关系数为 0.091,p=0.018<0.05,相关具有显著性。

皖北六市不同性别居民感知锻炼高峰期健身广场上人数比预期人数的差异具有显著性。总体上皖北六市不同性别居民感知居住区健身广场数量,"多"的占比比"少"的占比偏多。男性和女性居民感知锻炼高峰期健身广场上人数比预期人数"多"的占比与"少"的占比之差都为正。排序为:男性>女性。相关检验显示,皖北六市被调查者的性别与被调查者感知锻炼高峰期健身广场上人数比预期人数的皮尔逊相关系数为 0.094,p=0.015<0.05,斯皮尔曼相关系数为 0.097,p=0.012<0.05,相关具有显著性。

(5) 皖北六市不同年龄区间居民感知健身广场的拥挤度

总体上皖北六市不同年龄区间居民感知居住区健身广场面积,"大"的占比比"小"的占比偏多一点。12 岁以下、13—19 岁、40—59 岁、60 岁以上居民感知居住区健身广场面积,"大"和"非常大"的占比与"小"和"非常小"的占比之差为正,20—39 岁为负。排序为:12岁以下>60 岁以上>13—19 岁>40—59 岁>20—39 岁。相关检验显示,皖北六市被调查者的年龄区间与被调查者感知居住区健身广场面积的皮尔逊相关系数为 0.053,p=0.173>0.05,相关不具有显著性。斯皮尔曼相关系数为 0.086,p=0.025<0.05,相关具有显著性。

多个独立样本的非参数检验显示,皖北六市不同年龄区间居民感知居住区健身广场数量之间的差异在 0.05 水平上具有显著性。两个独立样本的非参数检验显示,年龄区间13—19 岁与 20—39 岁、13—19 岁与 40—59 岁、20—39 岁与 40—59 岁被调查者感知居住区的健身广场数量的差异不具有显著性。年龄区间 12 岁以下与 13—19 岁、12 岁以下与20—39 岁、12 岁以下与 40—59 岁、12 岁以下与 60 岁以上、13—19 岁与 60 岁以上、20—39岁与 60 岁以上、40—59 岁与 60 岁以上被调查者感知居住区的健身广场数量的差异具有显著性。

总体上皖北六市不同年龄区间居民感知居住区健身广场面积,"大"的占比比"小"的占比偏多一点。12 岁以下、13—19 岁、40—59 岁、60 岁以上居民感知居住区健身广场面积,"大"和"非常大"的占比与"小"和"非常小"的占比之差为正,20—39 岁为负。排序为:12岁以下>60 岁以上>13—19 岁>40—59 岁>20—39 岁。相关检验显示,皖北六市被调查者的年龄区间与被调查者感知居住区健身广场面积的皮尔逊相关系数为 0.053,p=0.173>0.05,相关不具有显著性。斯皮尔曼相关系数为 0.086,p=0.025<0.05,相关具有显著性。

多个独立样本的非参数检验显示,皖北六市不同年龄区间居民感知居住区健身广场面积之间的差异在 0.05 水平上具有显著性。两个独立样本的非参数检验显示,年龄区间 12岁以下与 60 岁以上、13—19 岁与 40—59 岁、13—19 岁与 60 岁以上被调查者感知居住区健身广场面积的差异不具有显著性。年龄区间 12 岁以下与 13—19 岁、12 岁以下与 20—39岁、12 岁以下与 40—59 岁、13—19 岁与 20—39 岁、20—39 岁与 40—59 岁、20—39 岁与 60

岁以上、40—59 岁与 60 岁以上被调查者感知居住区健身广场面积的差异具有显著性。

总体上皖北六市不同年龄区间居民感知锻炼高峰期健身广场上健身者密度,"大"的占比比"小"的占比偏多。各年龄区间居民感知锻炼高峰期健身广场上健身者密度,"大"和"非常大"的占比与"小"和"非常小"的占比之差都为正。排序为:12 岁以下>13—19 岁>40—59 岁>60 岁以上>20—39 岁。相关检验显示,皖北六市被调查者的年龄区间与被调查者感知锻炼高峰期健身广场上健身者密度的皮尔逊相关系数为 0.003,p=0.940>0.05,相关不具有显著性。斯皮尔曼相关系数为 0.034,p=0.384>0.05,相关不具有显著性。

多个独立样本的非参数检验显示,皖北六市不同年龄区间居民感知锻炼高峰期健身广场上健身者密度的差异在 0.05 水平上具有显著性。两个独立样本的非参数检验显示,年龄区间 12 岁以下与 60 岁以上、13—19 岁与 20—39 岁、13—19 岁与 40—59 岁、13—19 岁与 60 岁以上、20—39 岁与 40—59 岁、40—59 岁与 60 岁以上被调查者感知锻炼高峰期健身广场上健身者密度的差异不具有显著性。年龄区间 12 岁以下与 13—19 岁、12 岁以下与 20—39 岁、12 岁以下与 40—59 岁、20—39 岁与 60 岁以上被调查者感知锻炼高峰期健身广场上健身者密度的差异具有显著性。

总体上皖北六市不同年龄区间居民感知锻炼高峰期健身广场上人数比预期人数,"多"的占比比"少"的占比偏多。各年龄区间居民感知锻炼高峰期健身广场上人数比预期人数,"多"和"非常多"的占比与"少"和"非常少"的占比之差都为正。排序为:13—19 岁>60 岁以上>40—59 岁>20—39 岁>12 岁以下。相关检验显示,皖北六市被调查者的年龄区间与被调查者感知锻炼高峰期健身广场上人数比预期人数的皮尔逊相关系数为 0.002,p=0.960>0.05,相关不具有显著性。斯皮尔曼相关系数为 0.033,p=0.391>0.05,相关不具有显著性。

多个独立样本的非参数检验显示,皖北六市不同年龄区间居民感知锻炼高峰期健身广场上人数比预期人数之间的差异在 0.05 水平上具有显著性。两个独立样本的非参数检验显示,年龄区间 12 岁以下与 13—19 岁、12 岁以下与 60 岁以上、13—19 岁与 40—59 岁、13—19 岁与 60 岁以上、20—39 岁与 40—59 岁、40—59 岁与 60 岁以上被调查者感知锻炼高峰期健身广场上人数比预期人数的差异不具有显著性。年龄区间 12 岁以下与 20—39 岁、12 岁以下与 40—59 岁、13—19 岁与 20—39 岁、20—39 岁与 60 岁以上被调查者感知锻炼高峰期健身广场上人数比预期人数的差异具有显著性。

（6）皖北六市不同锻炼次数居民感知健身广场的拥挤度

总体上皖北六市不同锻炼次数居民感知居住区健身广场数量,"多"的占比比"少"的占比偏多一点。锻炼次数多、非常多的居民感知居住区健身广场数量,"多"和"非常多"的占比与"少"和"非常少"的占比之差为正。锻炼次数非常少、少、中等的居民感知居住区健身广场数量,"多"和"非常多"的占比与"少"和"非常少"的占比之差为负。排序为:非常少<少<中等<多<非常多。相关检验显示,皖北六市被调查者的锻炼次数与被调查者感知居住区健身广场数量的皮尔逊相关系数为 0.379,斯皮尔曼相关系数为 0.372,p=0.000<0.05,相关具有显著性。

多个独立样本的非参数检验显示,皖北六市不同锻炼次数居民感知居住区健身广场数量之间的差异在 0.05 水平上具有显著性。两个独立样本的非参数检验显示,体育锻炼次数少与中等被调查者感知居住区健身广场数量的差异不具有显著性。体育锻炼次数非常少与少、非常少与中等、非常少与多、非常少与非常多、少与多、少与非常多、中等与多、中等与非常多、多与非常多被调查者感知居住区健身广场数量的差异具有显著性。

总体上皖北六市不同锻炼次数居民感知居住区健身广场面积,"大"的占比比"小"的占比偏多一点。锻炼次数多、非常多的居民感知居住区健身广场面积,"大"和"非常大"的占比与"小"和"非常小"的占比之差为正。锻炼次数非常少、少、中等的居民感知居住区健身广场面积,"大"和"非常大"的占比与"小"和"非常小"的占比之差为负。排序为:非常少<少<中等<多<非常多。相关检验显示,皖北六市被调查者的锻炼次数与被调查者感知居住区健身广场面积的皮尔逊相关系数为 0.422,斯皮尔曼相关系数为 0.411,$p=0.000<0.05$,相关具有显著性。

多个独立样本的非参数检验显示,皖北六市不同锻炼次数居民感知居住区健身广场面积之间的差异在 0.05 水平上具有显著性。两个独立样本的非参数检验显示,体育锻炼次数少与中等被调查者感知居住区健身广场面积的差异不具有显著性。体育锻炼次数非常少与少、非常少与中等、非常少与多、非常少与非常多、少与多、少与非常多、中等与多、中等与非常多、多与非常多被调查者感知居住区健身广场面积的差异具有显著性。

总体上皖北六市不同锻炼次数居民感知锻炼高峰期健身广场上健身者密度,"大"的占比比"小"的占比偏多一点。锻炼次数多、非常多的居民感知锻炼高峰期健身广场上健身者密度,"大"和"非常大"的占比与"小"和"非常小"的占比之差为正。锻炼次数非常少、少、中等的居民感知锻炼高峰期健身广场上健身者密度,"大"和"非常大"的占比与"小"和"非常小"的占比之差为负。排序为:非常少<少<中等<多<非常多。相关检验显示,皖北六市被调查者的锻炼次数与被调查者感知锻炼高峰期健身广场上健身者密度的皮尔逊相关系数为 0.415,斯皮尔曼相关系数为 0.398,$p=0.000<0.05$,相关具有显著性。

多个独立样本的非参数检验显示,皖北六市不同锻炼次数居民感知锻炼高峰期健身广场上健身者密度之间的差异在 0.05 水平上具有显著性。两个独立样本的非参数检验显示,体育锻炼次数少与中等被调查者感知锻炼高峰期健身广场上健身者密度的差异不具有显著性。体育锻炼次数非常少与少、非常少与中等、非常少与多、非常少与非常多、少与多、少与非常多、中等与多、中等与非常多、多与非常多被调查者感知锻炼高峰期健身广场上健身者密度的差异具有显著性。

总体上皖北六市不同锻炼次数居民感知锻炼高峰期健身广场上人数比预期人数,"多"的占比比"少"的占比偏多。锻炼次数多、非常多、中等的居民感知锻炼高峰期健身广场上人数比预期人数,"多"和"非常多"的占比与"少"和"非常少"的占比之差为正。锻炼次数非常少、少的居民感知锻炼高峰期健身广场上人数比预期人数,"多"和"非常多"的占比与"少"和"非常少"的占比之差为负。排序为:非常少<少<多<中等<非常多。相关检验显示,皖北六市被调查者的锻炼次数与被调查者感知锻炼高峰期健身广场上人数比预期人数的皮尔逊相关系数为 0.459,斯皮尔曼相关系数为 0.442,$p=0.000<0.05$,相关具有显著性。

多个独立样本的非参数检验显示,皖北六市不同锻炼次数居民感知锻炼高峰期健身广场上人数比预期人数之间的差异在 0.05 水平上具有显著性。两个独立样本的非参数检验显示,体育锻炼次数少与中等被调查者感知锻炼高峰期健身广场上人数比预期人数的差异不具有显著性。体育锻炼次数非常少与少、非常少与中等、非常少与多、非常少与非常多、少与多、少与非常多、中等与多、中等与非常多、多与非常多被调查者感知锻炼高峰期健身广场上人数比预期人数的差异具有显著性。

6.1.1.2　健身步道拥挤感

（1）皖北不同市居民感知健身步道的拥挤度

皖北六市居民感知健身步道数量之间的差异在 0.05 水平上不具有显著性。总体上皖北六市居民感知健身步道数量"多"的占比比"少"的占比偏少一点。宿州市"多"和"非常多"占比与"少"和"非常少"占比之差为正，阜阳市、淮北市、蚌埠市、亳州市、淮南市为负。排序为：宿州市＞蚌埠市＞阜阳市＞淮北市＞淮南市＞亳州市。

皖北六市居民感知健身步道长度之间的差异在 0.05 水平上不具有显著性。总体上皖北六市居民感知健身步道长度"长"的占比比"短"的占比偏多一点。淮北市、阜阳市、宿州市、蚌埠市"长"和"非常长"占比与"短"和"非常短"占比之差为正，亳州市、淮南市为负。排序为：宿州市＞阜阳市＞淮北市＞蚌埠市＞淮南市＞亳州市。

总体上皖北六市居民感知健身步道宽度"宽"的占比比"窄"的占比偏多一点。淮北市、宿州市、阜阳市居民感知健身步道宽度"宽"和"非常宽"占比与"窄"和"非常窄"占比之差为正。蚌埠市、淮南市、亳州市为负。排序为：宿州市＞阜阳市＞淮北市＞蚌埠市＝淮南市＞亳州市。

多个独立样本的非参数检验显示，皖北六市居民感知健身步道宽度之间的差异在 0.05 水平上具有显著性。两个独立样本的非参数检验显示，淮北市与宿州市、淮北市与蚌埠市、淮北市与淮南市、淮北市与阜阳市、宿州市与蚌埠市、宿州市与阜阳市、蚌埠市与淮南市、蚌埠市与阜阳市、蚌埠市与亳州市、淮南市与阜阳市、淮南市与亳州市、阜阳市与亳州市被调查者感知居住区健身步道宽度之间的差异不具有显著性。淮北市与亳州市、宿州市与淮南市、宿州市与亳州市被调查者感知居住区健身步道宽度之间的差异具有显著性。

总体上皖北六市居民锻炼高峰期通过一段健身步道所需时间"短"的占比比"长"的占比偏少。淮北市、阜阳市、宿州市、蚌埠市、淮南市"短"和"非常短"占比与"长"和"非常长"占比之差为负，亳州市持平。排序为：亳州市＞淮南市＞淮北市＞蚌埠市＞阜阳市＞宿州市。

多个独立样本的非参数检验显示，皖北六市居民感知锻炼高峰期通过一段健身步道所需时间之间的差异在 0.05 水平上具有显著性。两个独立样本的非参数检验显示，淮北市与蚌埠市、淮北市与淮南市、淮北市与阜阳市、淮北市与亳州市、宿州市与蚌埠市、宿州市与阜阳市、蚌埠市与淮南市、蚌埠市与阜阳市、蚌埠市与亳州市、淮南市与阜阳市、淮南市与亳州市、阜阳市与亳州市居民感知锻炼高峰期通过一段健身步道时间之间的差异不具有显著性。淮北市与宿州市、宿州市与淮南市宿州市与亳州市感知锻炼高峰期通过一段健身步道时间之间的差异具有显著性。

（2）皖北六市不同居住区居民感知健身步道的拥挤度

总体上皖北六市不同居住区域居民感知居住区健身步道数量"多"的占比比"少"的占比偏少一点。但各区域情况不同，中央区域、中央与郊区之间"多"和"非常多"占比与"少"和"非常少"占比之差为正，郊区、农村地区为负。排序为：中央区域＞中央与郊区之间＞郊区＞农村地区。相关检验显示，皖北六市被调查者居住的区域与被调查者感知居住区健身步道数量的皮尔逊相关系数为 0.444，斯皮尔曼相关系数为 0.439，p＝0.000＜0.05，相关具有显著性。

多个独立样本的非参数检验显示,皖北六市不同居住区居民感知居住区健身步道数量之间的差异在 0.05 水平上具有显著性。两个独立样本的非参数检验显示,中央区域与中央与郊区之间、中央区域与郊区、中央区域与农村地区、中央区域与郊区之间与郊区、中央区域与郊区之间与农村地区、郊区与农村地区被调查者感知居住区的健身步道数量之间的差异具有显著性。

总体上皖北六市不同居住区域居民感知居住区健身步道长度“长”的占比比“短”的占比偏多一点。但各区域情况不同,中央区域、中央与郊区之间“长”和“非常长”占比与“短”和“非常短”占比之差为正,郊区、农村地区为负。排序为:中央区域＞中央与郊区之间＞郊区＞农村地区。相关检验显示,皖北六市被调查者居住的区域与被调查者感知居住区健身步道长度的皮尔逊相关系数为 0.402,斯皮尔曼相关系数为 0.398,p＝0.000＜0.05,相关具有显著性。

多个独立样本的非参数检验显示,皖北六市不同居住区居民感知居住区健身步道长度之间的差异在 0.05 水平上具有显著性。两个独立样本的非参数检验显示,中央区域与中央与郊区之间、中央区域与郊区、中央区域与农村地区、中央区域与郊区之间与郊区、中央区域与郊区之间与农村地区郊区与农村地区被调查者感知居住区的健身步道长度之间的差异具有显著性。

总体上皖北六市不同居住区域居民感知居住区健身步道宽度“宽”的占比比“窄”的占比偏多一点。但各区域情况不同,中央区域、中央与郊区之间“宽”和“非常宽”占比与“窄”和“非常窄”占比之差为正,郊区、农村地区为负。排序为:中央区域＞中央与郊区之间＞郊区＞农村地区。相关检验显示,皖北六市被调查者居住的区域与被调查者感知居住区健身步道宽度的皮尔逊相关系数为 0.429,斯皮尔曼相关系数为 0.414,p＝0.000＜0.05,相关具有显著性。

多个独立样本的非参数检验显示,皖北六市不同居住区居民感知居住区健身步道宽度之间的差异在 0.05 水平上具有显著性。两个独立样本的非参数检验显示,中央区域与中央与郊区之间、中央区域与中央与郊区之间、中央区域与农村地区、中央区域与郊区之间与郊区、郊区与农村地区、中央区域与郊区之间与农村地区被调查者感知居住区健身步道宽度之间的差异具有显著性。

总体上皖北六市不同居住区域居民感知锻炼高峰期通过一段健身步道时间“长”的占比比“短”的占比偏多。但各区域情况不同,中央区域、中央与郊区之间“长”和“非常长”占比与“短”和“非常短”占比之差为正,郊区为零,农村地区为负。排序为:中央区域＞中央与郊区之间＞郊区＞农村地区。相关检验显示,皖北六市被调查者居住的区域与被调查者感知锻炼高峰期通过一段健身步道时间的皮尔逊相关系数为 0.349,斯皮尔曼相关系数为 0.333,p＝0.000＜0.05,相关具有显著性。

多个独立样本的非参数检验显示,皖北六市不同居住区居民感知锻炼高峰期通过一段健身步道时间之间的差异在 0.05 水平上具有显著性。两个独立样本的非参数检验显示,中央区域与中央与郊区之间、中央区域与郊区、中央区域与农村地区、中央区域与郊区之间与郊区、中央区域与郊区之间与农村地区、郊区与农村地区被调查者感知锻炼高峰期通过一段健身步道时间之间的差异具有显著性。

（3）皖北六市不同居住密度居民感知健身步道的拥挤度

总体上皖北六市不同居住密度居民感知居住区健身步道数量“多”的占比比“少”的占比

偏少一点。但不同居住密度情况不同,居住密度大、非常大的居民感知居住区健身步道数量"多"和"非常多"占比与"非常少"和"少"占比之差为正,居住密度中等、稀疏、非常稀疏的地区为负。排序为:居住密度非常大>大>中等>非常稀疏>稀疏。相关检验显示,皖北六市被调查者居住的密度与被调查者感知居住区健身步道数量的皮尔逊相关系数为0.438,斯皮尔曼相关系数为0.433,p=0.000<0.05,相关具有显著性。

多个独立样本的非参数检验显示,皖北六市不同居住密度居民感知居住区健身步道数量之间的差异在0.05水平上具有显著性。两个独立样本的非参数检验显示,居住密度非常稀疏与稀疏被调查者感知居住区的健身步道数量之间的差异不具有显著性。居住密度非常稀疏与中等、非常稀疏与大、非常稀疏与非常大、稀疏与中等、稀疏与大、稀疏与非常大、中等与大、中等与非常大、大与非常大被调查者感知居住区的健身步道数量之间的差异具有显著性。

总体上皖北六市不同居住密度居民感知居住区健身步道长度"长"的占比比"短"的占比偏多一点。但不同居住密度情况不同,居住密度大、非常大的居民感知居住区健身步道长度"长"和"非常长"占比与"非常短"和"短"占比之差为正,居住密度中等、稀疏、非常稀疏的地区为负。排序为:居住密度非常大>大>中等>非常稀疏>稀疏。相关检验显示,皖北六市被调查者居住的密度与被调查者感知居住区健身步道长度的皮尔逊相关系数为0.389,斯皮尔曼相关系数为0.389,p=0.000<0.05,相关具有显著性。

多个独立样本的非参数检验显示,皖北六市不同居住密度居民感知居住区健身步道长度之间的差异在0.05水平上具有显著性。两个独立样本的非参数检验显示,居住密度非常稀疏与稀疏被调查者感知居住区健身步道长度之间的差异不具有显著性。居住密度非常稀疏与中等、非常稀疏与大、非常稀疏与非常大、稀疏与中等、稀疏与大、稀疏与非常大、中等与大、中等与非常大、大与非常大被调查者感知居住区健身步道长度之间的差异具有显著性。

总体上皖北六市不同居住密度居民感知居住区健身步道宽度"宽"的占比比"窄"的占比偏多一点。但不同居住密度情况不同,居住密度大、非常大的居民感知居住区健身步道宽度"宽"和"非常宽"占比与"非常窄"和"窄"占比之差为正,居住密度中等、稀疏、非常稀疏的地区为负。排序为:居住密度非常大>大>中等>非常稀疏>稀疏。相关检验显示,皖北六市被调查者居住的密度与被调查者感知居住区健身步道宽度的皮尔逊相关系数为0.402,斯皮尔曼相关系数为0.395,p=0.000<0.05,相关具有显著性。

多个独立样本的非参数检验显示,皖北六市不同居住密度居民感知居住区健身步道宽度之间的差异在0.05水平上具有显著性。两个独立样本的非参数检验显示,居住密度非常稀疏与稀疏被调查者感知居住区健身步道宽度之间的差异不具有显著性。居住密度非常稀疏与中等、非常稀疏与大、非常稀疏与非常大、稀疏与中等、稀疏与大、稀疏与非常大、中等与大、中等与非常大、大与非常大被调查者感知居住区健身步道宽度之间的差异具有显著性。

总体上皖北六市不同居住密度居民感知锻炼高峰期通过一段健身步道时间"长"的占比比"短"的占比偏多。但不同居住密度情况不同,居住密度大、非常大的居民感知锻炼高峰期通过一段健身步道时间"长"和"非常长"占比与"非常短"和"短"占比之差为正,居住密度中等、稀疏、非常稀疏的地区为负。排序为:居住密度非常大>大>中等>稀疏>非常稀疏。相关检验显示,皖北六市被调查者居住的密度与被调查者感知锻炼高峰期通过一段健身步道时间的皮尔逊相关系数为0.425,斯皮尔曼相关系数为0.426,p=0.000<0.05,相关具有

显著性。

多个独立样本的非参数检验显示,皖北六市不同居住密度居民感知锻炼高峰期通过一段健身步道时间之间的差异在 0.05 水平上具有显著性。两个独立样本的非参数检验显示,居住密度非常稀疏与稀疏被调查者感知锻炼高峰期通过一段健身步道时间之间的差异不具有显著性。居住密度非常稀疏与中等、非常稀疏与大、非常稀疏与非常大、稀疏与中等、稀疏与大、稀疏与非常大、中等与大、中等与非常大、大与非常大被调查者感知锻炼高峰期通过一段健身步道时间之间的差异具有显著性。

(4) 皖北六市不同性别居民感知健身步道的拥挤度

皖北六市不同性别居民感知居住区健身步道数量的差异具有显著性。总体上皖北六市不同性别居民感知居住区健身步道数量"多"的占比比"少"的占比偏少一点。男性居民感知居住区健身步道数量"多"的占比与"少"的占比之差为正,女性为负。排序为:男性>女性。相关检验显示,皖北六市被调查者的性别与被调查者感知居住区健身步道数量的皮尔逊相关系数为 0.164,斯皮尔曼相关系数为 0.152,p=0.000<0.05,相关具有显著性。

皖北六市不同性别居民感知居住区健身步道长度的差异具有显著性。总体上皖北六市不同性别居民感知居住区健身步道"长"的占比比"短"的占比偏多一点。男性居民感知居住区健身步道"长"的占比与"短"的占比之差为正,女性为负。排序为:男性>女性。相关检验显示,皖北六市被调查者的性别与被调查者感知居住区健身步道长度的皮尔逊相关系数为 0.168,斯皮尔曼相关系数为 0.164,p=0.000<0.05,相关具有显著性。

皖北六市不同性别居民感知居住区健身步道宽度的差异具有显著性。总体上皖北六市不同性别居民感知居住区健身步道"宽"的占比比"窄"的占比偏多一点。男性居民感知居住区健身步道"宽"的占比与"窄"的占比之差为正,女性为负。排序为:男性>女性。相关检验显示,皖北六市被调查者的性别与被调查者感知居住区健身步道宽度的皮尔逊相关系数为 0.181,斯皮尔曼相关系数为 0.171,p=0.000<0.05,相关具有显著性。

皖北六市不同性别居民感知锻炼高峰期通过一段健身步道时间的差异具有显著性。总体上皖北六市不同性别居民感知锻炼高峰期通过一段健身步道时间,"长"的占比比"短"的占比偏多。男性和女性居民感知锻炼高峰期通过一段健身步道的时间,"长"的占比与"短"的占比之差都为正。排序为:男性>女性。相关检验显示,皖北六市被调查者的性别与被调查者感知锻炼高峰期通过一段健身步道时间的皮尔逊相关系数为 0.130,斯皮尔曼相关系数为 0.133,p=0.001<0.05,相关具有显著性。

(5) 皖北六市不同年龄区间居民感知健身步道的拥挤度

总体上皖北六市不同年龄区间居民感知居住区健身步道数量,"多"的占比比"少"的占比偏少一点。12 岁以下、60 岁以上居民感知居住区健身步道数量,"多"和"非常多"的占比与"少"和"非常少"的占比之差为正。13—19 岁、20—39 岁、40—59 岁感知居住区健身步道数量,"多"和"非常多"的占比与"少"和"非常少"的占比之差为负。排序为:12 岁以下>60岁以上>13—19 岁>40—59 岁>20—39 岁。相关检验显示,皖北六市被调查者的年龄区间与被调查者感知居住区健身步道数量的皮尔逊相关系数为 0.020,p=0.606>0.05,相关不具有显著性。斯皮尔曼相关系数为 0.043,p=0.264>0.05,相关不具有显著性。

多个独立样本的非参数检验显示,皖北六市不同年龄区间居民感知居住区健身步道数量之间的差异在 0.05 水平上具有显著性。两个独立样本的非参数检验显示,年龄区间 12

岁以下与 60 岁以上、13—19 岁与 20—39 岁、13—19 岁与 40—59 岁、13—19 岁与 60 岁以上、20—39 岁与 40—59 岁、40—59 岁与 60 岁以上被调查者感知居住区健身步道数量的差异不具有显著性。年龄区间 12 岁以下与 13—19 岁、12 岁以下与 20—39 岁、40—59 岁、12 岁以下与 13—19 岁被调查者感知居住区健身步道数量的差异具有显著性。

总体上皖北六市不同年龄区间居民感知居住区健身步道长度,"长"的占比比"短"的占比偏多一点。12 岁以下、13—19 岁、60 岁以上居民感知居住区健身步道长度,"长"和"非常长"的占比与"短"和"非常短"的占比之差为正。20—39 岁感知居住区健身步道长度,"长"和"非常长"的占比与"短"和"非常短"的占比之差为负。40—59 岁感知居住区健身步道长度,"长"和"非常长"的占比与"短"和"非常短"的占比之差为零。排序为:12 岁以下>60 岁以上>13—19 岁>40—59 岁>20—39 岁。相关检验显示,皖北六市被调查者的年龄区间与被调查者感知居住区健身步道长度的皮尔逊相关系数为 0.009,p=0.808>0.05,相关不具有显著性。斯皮尔曼相关系数为 0.033,p=0.396>0.05,相关不具有显著性。

多个独立样本的非参数检验显示,皖北六市不同年龄区间居民感知居住区健身步道长度之间的差异在 0.05 水平上具有显著性。两个独立样本的非参数检验显示,年龄区间 12 岁以下与 60 岁以上、13—19 岁与 40—59 岁、13—19 岁与 60 岁以上、20—39 岁与 40—59 岁被调查者感知居住区健身步道长度的差异不具有显著性。年龄区间 12 岁以下与 13—19 岁、12 岁以下与 20—39 岁、12 岁以下与 40—59 岁、13—19 岁与 20—39 岁、20—39 岁与 60 岁以上、40—59 岁与 60 岁以上被调查者感知居住区健身步道长度的差异具有显著性。

总体上皖北六市不同年龄区间居民感知居住区健身步道宽度,"宽"的占比比"窄"的占比偏多一点。12 岁以下、13—19 岁、40—59 岁、60 岁以上居民感知居住区健身步道宽度,"宽"和"非常宽"的占比与"窄"和"非常窄"的占比之差为正。20—39 岁感知居住区健身步道宽度,"宽"和"非常宽"的占比与"窄"和"非常窄"的占比之差为负。排序为:12 岁以下>60 岁以上>13—19 岁>40—59 岁>20—39 岁。相关检验显示,皖北六市被调查者的年龄区间与被调查者感知居住区健身步道宽度的皮尔逊相关系数为 0.019,p=0.626>0.05,相关不具有显著性。斯皮尔曼相关系数为 0.014,p=0.719>0.05,相关不具有显著性。

多个独立样本的非参数检验显示,皖北六市不同年龄区间居民感知居住区健身步道宽度之间的差异在 0.05 水平上具有显著性。两个独立样本的非参数检验显示,年龄区间 12 岁以下与 13—19 岁、13—19 岁与 40—59 岁、13—19 岁与 60 岁以上、20—39 岁与 40—59 岁被调查者感知居住区健身步道宽度的差异不具有显著性。年龄区间 12 岁以下与 20—39 岁、12 岁以下与 40—59 岁、12 岁以下与 60 岁以上、13—19 岁与 20—39 岁、20—39 岁与 60 岁以上、40—59 岁与 60 岁以上被调查者感知居住区健身步道宽度的差异具有显著性。

总体上皖北六市不同年龄区间居民感知锻炼高峰期通过一段健身步道时间,"长"的占比比"短"的占比偏多。各年龄区间居民感知锻炼高峰期通过一段健身步道时间,"长"和"非常长"的占比与"短"和"非常短"的占比之差为正。排序为:12 岁以下>13—19 岁>60 岁以上>40—59 岁>20—39 岁。相关检验显示,皖北六市被调查者的年龄区间与被调查者感知锻炼高峰期通过一段健身步道时间的皮尔逊相关系数为 0.004,p=0.921>0.05,相关不具有显著性。斯皮尔曼相关系数为 0.042,p=0.274>0.05,相关不具有显著性。

多个独立样本的非参数检验显示,皖北六市不同年龄区间居民感知锻炼高峰期通过一段健身步道时间之间的差异在 0.05 水平上具有显著性。两个独立样本的非参数检验显示,年龄区间 13—19 岁与 40—59 岁、13—19 岁与 60 岁以上、12 岁以下与 60 岁以上、40—59 岁与 60 岁以上被调查者感知锻炼高峰期通过一段健身步道时间的差异不具有显著性。年龄区间 12 岁以下与 13—19 岁、12 岁以下与 20—39 岁、12 岁以下与 40—59 岁、13—19 岁与 20—39 岁、20—39 岁与 40—59 岁、20—39 岁与 60 岁以上被调查者感知锻炼高峰期通过一段健身步道时间的差异具有显著性。

（6）皖北六市不同锻炼次数居民感知健身步道的拥挤度

总体上皖北六市不同锻炼次数居民感知居住区健身步道数量，"多"的占比比"少"的占比偏少一点。锻炼次数多、非常多的居民感知居住区健身步道数量，"多"和"非常多"的占比与"少"和"非常少"的占比之差为正。锻炼次数非常少、少、中等的居民感知居住区健身步道数量，"多"和"非常多"的占比与"少"和"非常少"的占比之差为负。排序为：非常少＜少＜中等＜多＜非常多。相关检验显示，皖北六市被调查者的锻炼次数与被调查者感知居住区健身步道数量的皮尔逊相关系数为 0.404，斯皮尔曼相关系数为 0.385，p＝0.000＜0.05，相关具有显著性。

多个独立样本的非参数检验显示，皖北六市不同锻炼次数居民感知居住区健身步道数量之间的差异在 0.05 水平上具有显著性。两个独立样本的非参数检验显示，体育锻炼次数非常少与少、非常少与中等、非常少与多、非常少与非常多、少与中等、少与多、少与非常多、中等与多、中等与非常多、多与非常多被调查者感知居住区健身步道数量的差异具有显著性。

总体上皖北六市不同锻炼次数居民感知居住区健身步道长度，"长"的占比比"短"的占比偏多一点。锻炼次数多、非常多的居民感知居住区健身步道长度，"长"和"非常长"的占比与"短"和"非常短"的占比之差为正。锻炼次数非常少、少、中等的居民感知居住区健身步道长度，"长"和"非常长"的占比与"短"和"非常短"的占比之差为负。排序为：非常少＜少＜中等＜多＜非常多。相关检验显示，皖北六市被调查者的锻炼次数与被调查者感知居住区健身步道长度的皮尔逊相关系数为 0.386，斯皮尔曼相关系数为 0.372，p＝0.000＜0.05，相关具有显著性。

多个独立样本的非参数检验显示，皖北六市不同锻炼次数居民感知居住区健身步道长度之间的差异在 0.05 水平上具有显著性。两个独立样本的非参数检验显示，体育锻炼次数少与中等被调查者感知居住区健身步道长度的差异不具有显著性。体育锻炼次数非常少与少、非常少与中等、非常少与多、非常少与非常多、少与多、少与非常多、中等与多、中等与非常多、多与非常多被调查者感知居住区健身步道长度的差异具有显著性。

总体上皖北六市不同锻炼次数居民感知居住区健身步道宽度，"宽"的占比比"窄"的占比偏多一点。锻炼次数多、非常多的居民感知居住区健身步道宽度，"宽"和"非常宽"的占比与"窄"和"非常窄"的占比之差为正。锻炼次数非常少、少、中等的居民感知居住区健身步道宽度，"宽"和"非常宽"的占比与"窄"和"非常窄"的占比之差为负。排序为：非常少＜少＜中等＜多＜非常多。相关检验显示，皖北六市被调查者的锻炼次数与被调查者感知居住区健身步道宽度的皮尔逊相关系数为 0.438，斯皮尔曼相关系数为 0.425，p＝0.000＜0.05，相关具有显著性。

多个独立样本的非参数检验显示，皖北六市不同锻炼次数居民感知居住区健身步道宽度之间的差异在 0.05 水平上具有显著性。两个独立样本的非参数检验显示，体育锻炼次数非常少与少、非常少与中等、非常少与多、非常少与非常多、少与中等、少与多、少与非常多、中等与多、中等与非常多、多与非常多被调查者感知居住区健身步道宽度的差异具有显著性。

总体上皖北六市不同锻炼次数居民感知锻炼高峰期通过一段健身步道时间,"长"的占比比"短"的占比偏多。锻炼次数多、非常多、中等的居民感知锻炼高峰期通过一段健身步道时间,"长"和"非常长"的占比与"短"和"非常短"的占比之差为正。锻炼次数非常少、少的居民感知锻炼高峰期通过一段健身步道时间,"长"和"非常长"的占比与"短"和"非常短"的占比之差为负。排序为:非常少<少<中等<多<非常多。相关检验显示,皖北六市被调查者的锻炼次数与被调查者感知锻炼高峰期通过一段健身步道时间的皮尔逊相关系数为0.433,斯皮尔曼相关系数为0.420,p=0.000<0.05,相关具有显著性。

多个独立样本的非参数检验显示,皖北六市不同锻炼次数居民感知锻炼高峰期通过一段健身步道时间之间的差异在0.05水平上具有显著性。两个独立样本的非参数检验显示,体育锻炼次数非常少与少、非常少与中等、非常少与多、非常少与非常多、少与中等、少与多、少与非常多、中等与多、中等与非常多、多与非常多被调查者感知锻炼高峰期通过一段健身步道时间的差异具有显著性。

6.1.1.3 健身器材拥挤感

(1) 皖北不同市居民感知健身器材的拥挤度

总体上皖北六市居民感知居住周围健身器材数量"多"的占比比"少"的占比偏少。宿州市、阜阳市"多"和"非常多"占比与"少"和"非常少"占比之差为正,淮北市、蚌埠市、淮南市、亳州市为负。排序为:阜阳市>宿州市>淮北市>蚌埠市>亳州市>淮南市。

多个独立样本的非参数检验显示,皖北六市居民感知居住周围健身器材数量之间的差异在0.05水平上具有显著性。两个独立样本的非参数检验显示,淮北市与宿州市、淮北市与蚌埠市、淮北市与淮南市、淮北市与阜阳市、宿州市与蚌埠市、宿州市与阜阳市、蚌埠市与淮南市、蚌埠市与阜阳市、淮南市与亳州市被调查者感知居住区健身器材数量之间的差异不具有显著性。淮北市与亳州市、宿州市与淮南市、宿州市与亳州市、蚌埠市与亳州市、淮南市与阜阳市、阜阳市与亳州市被调查者感知居住区健身器材数量之间的差异具有显著性。

总体上皖北六市居民感知锻炼高峰期使用健身器材人数"多"的占比比"少"的占比偏多。淮北市、宿州市、阜阳市、淮南市、蚌埠市、亳州市"多"和"非常多"占比与"少"和"非常少"占比之差都为正。排序为:宿州市>淮北市>阜阳市>蚌埠市>亳州市>淮南市。

多个独立样本的非参数检验显示,皖北六市居民感知锻炼高峰期使用健身器材人数之间的差异在0.05水平上具有显著性。两个独立样本的非参数检验显示,淮北市与宿州市、淮北市与蚌埠市、淮北市与阜阳市、淮北市与亳州市、宿州市与阜阳市、蚌埠市与淮南市、蚌埠市与阜阳市、蚌埠市与亳州市、淮南市与阜阳市、淮南市与亳州市被调查者感知锻炼高峰期使用健身器材人数之间的差异不具有显著性。淮北市与淮南市、宿州市与蚌埠市、宿州市与淮南市、宿州市与亳州市、阜阳市与亳州市被调查者感知锻炼高峰期使用健身器材人数之间的差异具有显著性。

总体上皖北六市居民感知锻炼高峰期使用健身器材的排队时间"短"的占比比"长"的占比偏少。淮北市、阜阳市、宿州市、蚌埠市、亳州市"短"和"非常短"占比与"长"和"非常长"占比之差为负,淮南市为正。排序为:淮南市>亳州市>蚌埠市>淮北市>阜阳市>宿州市。

多个独立样本的非参数检验显示,皖北六市居民感知锻炼高峰期使用健身器材排队时间之间的差异在 0.05 水平上具有显著性。两个独立样本的非参数检验显示,淮北市与蚌埠市、淮北市与淮南市、淮北市与阜阳市、淮北市与亳州市、宿州市与蚌埠市、宿州市与阜阳市、蚌埠市与淮南市、蚌埠市与阜阳市、蚌埠市与亳州市、淮南市与亳州市、阜阳市与亳州市被调查者感知锻炼高峰期使用健身器材排队时间之间的差异不具有显著性。淮北市与宿州市、宿州市与淮南市、宿州市与亳州市、淮南市与阜阳市被调查者感知锻炼高峰期使用健身器材排队时间之间的差异具有显著性。

(2) 皖北六市不同居住区居民感知健身器材的拥挤度

总体上皖北六市不同居住区域居民感知居住区健身器材数量"多"的占比比"少"的占比偏少一点。但各区域情况不同,中央区域、中央与郊区之间"多"和"非常多"占比与"少"和"非常少"占比之差为正,郊区、农村地区为负。排序为:中央区域>中央与郊区之间>郊区>农村地区。相关检验显示,皖北六市居民居住的区域与皖北六市居民感知健身器材数量的皮尔逊相关系数为 0.454,斯皮尔曼相关系数为 0.443,p＝0.000＜0.05,相关具有显著性。

多个独立样本的非参数检验显示,皖北六市不同居住区居民感知居住区健身器材数量之间的差异在 0.05 水平上具有显著性。两个独立样本的非参数检验显示,中央区域与中央与郊区之间、中央区域与郊区、中央区域与农村地区、中央区域与郊区之间与郊区、中央区域与郊区之间与农村地区、郊区与农村地区被调查者感知居住区健身器材数量之间的差异具有显著性。

总体上皖北六市不同居住区域居民感知锻炼高峰期使用健身器材人数"多"的占比比"少"的占比偏多。但各区域情况不同,中央区域、中央与郊区之间"多"和"非常多"占比与"少"和"非常少"占比之差为正,郊区、农村地区为负。排序为:中央区域>中央与郊区之间>郊区>农村地区。相关检验显示,皖北六市居民居住的区域与皖北六市居民感知锻炼高峰期使用健身器材人数的皮尔逊相关系数为 0.348,斯皮尔曼相关系数为 0.33,p＝0.000＜0.05,相关具有显著性。

多个独立样本的非参数检验显示,皖北六市不同居住区居民感知锻炼高峰期使用健身器材人数之间的差异在 0.05 水平上具有显著性。两个独立样本的非参数检验显示,中央区域与中央与郊区之间、中央区域与郊区、中央区域与农村地区、中央区域与郊区之间与郊区、中央区域与郊区之间与农村地区、郊区与农村地区被调查者感知锻炼高峰期使用健身器材人数之间的差异具有显著性。

总体上皖北六市不同居住区域居民感知锻炼高峰期使用健身器材排队时间"长"的占比比"短"的占比偏多。但各区域情况不同,中央区域、中央与郊区之间"长"和"非常长"占比与"短"和"非常短"占比之差为正,郊区、农村地区为负。排序为:中央区域>中央与郊区之间>郊区>农村地区。相关检验显示,皖北六市居民居住的区域与皖北六市居民感知锻炼高峰期使用健身器材排队时间的皮尔逊相关系数为 0.307,斯皮尔曼相关系数为 0.286,p＝0.000＜0.05,相关具有显著性。

多个独立样本的非参数检验显示,皖北六市不同居住区居民感知锻炼高峰期使用健身器材排队时间之间的差异在 0.05 水平上具有显著性。两个独立样本的非参数检验显示,居住密度非常稀疏与稀疏被调查者感知锻炼高峰期使用健身器材排队时间之间的差异不具有显著性。居住密度非常稀疏与中等、非常稀疏与大、非常稀疏与非常大、稀疏与中等、稀疏与大、稀疏与非常大、中等与大、中等与非常大、大与非常大被调查者感知锻炼高峰期使用健身器材排队时间之间的差异具有显著性。

（3）皖北六市不同居住密度居民感知健身器材的拥挤度

总体上皖北六市不同居住密度居民感知居住区健身器材数量"多"的占比比"少"的占比偏少一点。但各区域情况不同，居住密度非常大、大的居民感知"多"和"非常多"占比与"少"和"非常少"占比之差为正，居住密度中等、稀疏、非常稀疏的居民感知为负。排序为：非常大＞大＞中等＞非常稀疏＞稀疏。相关检验显示，皖北六市居民居住的密度与皖北六市居民感知健身器材数量的皮尔逊相关系数为 0.427，斯皮尔曼相关系数为 0.417，p＝0.000＜0.05，相关具有显著性。

多个独立样本的非参数检验显示，皖北六市不同居住密度居民感知居住区健身器材数量之间的差异在 0.05 水平上具有显著性。两个独立样本的非参数检验显示，居住密度非常稀疏与稀疏被调查者感知居住区的健身器材数量之间的差异不具有显著性。居住密度非常稀疏与中等、非常稀疏与大、非常稀疏与非常大、稀疏与中等、稀疏与大、稀疏与非常大、中等与大、中等与非常大、大与非常大被调查者感知居住区的健身器材数量之间的差异具有显著性。

总体上皖北六市不同居住密度居民感知锻炼高峰期使用健身器材人数"多"的占比比"少"的占比偏多。但各区域情况不同，居住密度中等、非常大、大的居民感知"多"和"非常多"占比与"少"和"非常少"占比之差为正，居住密度稀疏、非常稀疏的居民感知为负。排序为：非常大＞大＞中等＞非常稀疏＞稀疏。相关检验显示，皖北六市居民居住的密度与皖北六市居民感知锻炼高峰期使用健身器材人数的皮尔逊相关系数为 0.358，斯皮尔曼相关系数为 0.373，p＝0.000＜0.05，相关具有显著性。

多个独立样本的非参数检验显示，皖北六市不同居住密度居民感知锻炼高峰期使用健身器材人数之间的差异在 0.05 水平上具有显著性。两个独立样本的非参数检验显示，居住密度非常稀疏与稀疏被调查者感知锻炼高峰期使用健身器材人数之间的差异不具有显著性。居住密度非常稀疏与中等、非常稀疏与大、非常稀疏与非常大、稀疏与中等、稀疏与大、稀疏与非常大、中等与大、中等与非常大、大与非常大被调查者感知锻炼高峰期使用健身器材人数之间的差异具有显著性。

总体上皖北六市不同居住密度居民感知锻炼高峰期使用健身器材排队时间"长"的占比比"短"的占比偏多。但不同居住密度情况不同，居住密度中等、大、非常大的居民感知锻炼高峰期使用健身器材排队时间"长"和"非常长"占比与"非常短"和"短"占比之差为正，居住密度稀疏、非常稀疏的地区为负。排序为：居住密度非常大＞大＞中等＞非常稀疏＞稀疏。相关检验显示，皖北六市被调查者居住的密度与被调查者感知锻炼高峰期使用健身器材排队时间的皮尔逊相关系数为 0.373，斯皮尔曼相关系数为 0.366，p＝0.000＜0.05，相关具有显著性。

多个独立样本的非参数检验显示，皖北六市不同居住密度居民感知锻炼高峰期使用健身器材排队时间之间的差异在 0.05 水平上具有显著性。两个独立样本的非参数检验显示，居住密度非常稀疏与稀疏被调查者感知锻炼高峰期使用健身器材排队时间之间的差异不具有显著性。居住密度非常稀疏与中等、非常稀疏与大、非常稀疏与非常大、稀疏与中等、稀疏与大、稀疏与非常大、中等与大、中等与非常大、大与非常大被调查者感知锻炼高峰期使用健身器材排队时间之间的差异具有显著性。

（4）皖北六市不同性别居民感知健身器材的拥挤度

皖北六市不同性别居民感知居住区健身器材数量的差异具有显著性。总体上皖北六市不同性别居民感知居住区健身器材数量"多"的占比比"少"的占比偏少一点。男性居民感知居住区健身器材数量"多"的占比与"少"的占比之差为正，女性为负。排序为：男性＞女性。相关检验显示，皖北六市被调查者的性别与被调查者感知居住区健身器材数量的皮尔逊相关系数为 0.161，斯皮尔曼相关系数为 0.153，p＝0.000＜0.05，相关具有显著性。

皖北六市不同性别居民感知锻炼高峰期使用健身器材人数的差异具有显著性。总体上皖北六市不同性别居民感知锻炼高峰期使用健身器材人数，"多"的占比比"少"的占比偏多。男性和女性居民感知锻炼高峰期使用健身器材人数，"多"的占比与"少"的占比之差都为正。排序为：男性＞女性。相关检验显示，皖北六市被调查者的性别与被调查者感知锻炼高峰期使用健身器材人数的皮尔逊相关系数为 0.095，p＝0.014＜0.05，斯皮尔曼相关系数为 0.092，p＝0.018＜0.05，相关具有显著性。

皖北六市不同性别居民感知锻炼高峰期使用健身器材排队时间的差异具有显著性。总体上皖北六市不同性别居民感知锻炼高峰期使用健身器材排队时间，"长"的占比比"短"的占比偏多。男性和女性居民感知锻炼高峰期使用健身器材排队时间，"长"的占比与"短"的占比之差都为正。排序为：男性＞女性。相关检验显示，皖北六市被调查者的性别与被调查者感知锻炼高峰期使用健身器材排队时间的皮尔逊相关系数为 0.094，p＝0.015＜0.05，斯皮尔曼相关系数为 0.092，p＝0.017＜0.05，相关具有显著性。

（5）皖北六市不同年龄区间居民感知健身器材的拥挤度

总体上皖北六市不同年龄区间居民感知居住区健身器材数量，"多"的占比比"少"的占比偏少一点。12 岁以下、60 岁以上居民感知居住区健身器材数量，"多"和"非常多"的占比与"少"和"非常少"的占比之差为正。13—19 岁、20—39 岁、40—59 岁感知居住区健身器材数量，"多"和"非常多"的占比与"少"和"非常少"的占比之差为负。排序为：12 岁以下＞60 岁以上＞40—59 岁＞13—19 岁＞20—39 岁。相关检验显示，皖北六市被调查者的年龄区间与被调查者感知居住区健身器材数量的皮尔逊相关系数为 0.004，p＝0.913＞0.05，相关不具有显著性。斯皮尔曼相关系数为 0.033，p＝0.394＞0.05，相关不具有显著性。

多个独立样本的非参数检验显示，皖北六市不同年龄区间居民感知居住区健身器材数量之间的差异在 0.05 水平上具有显著性。两个独立样本的非参数检验显示，年龄区间 13—19 岁与 20—39 岁、13—19 岁与 40—59 岁、13—19 岁与 60 岁以上、40—59 岁与 60 岁以上被调查者感知居住区健身器材数量的差异不具有显著性。年龄区间 12 岁以下与 13—19 岁、12 岁以下与 20—39 岁、12 岁以下与 40—59 岁、12 岁以下与 60 岁以上、20—39 岁与 40—59 岁、20—39 岁与 60 岁以上被调查者感知居住区健身器材数量的差异具有显著性。

总体上皖北六市不同年龄区间居民感知锻炼高峰期使用健身器材人数，"多"的占比比"少"的占比偏多。各年龄区间居民感知锻炼高峰期使用健身器材人数，"多"和"非常多"的占比与"少"和"非常少"的占比之差都为正。排序为：12 岁以下＞40—59 岁＞13—19 岁＞20—39 岁＞60 岁以上。相关检验显示，皖北六市被调查者的年龄区间与被调查者感知锻炼高峰期使用健身器材人数的皮尔逊相关系数为 0.002,p=0.966>0.05,相关不具有显著性。斯皮尔曼相关系数为 0.032,p=0.409>0.05,相关不具有显著性。

多个独立样本的非参数检验显示,皖北六市不同年龄区间居民感知锻炼高峰期使用健身器材人数之间的差异在 0.05 水平上具有显著性。两个独立样本的非参数检验显示,年龄区间 12 岁以下与 60 岁以上、13—19 岁与 20—39 岁、13—19 岁与 40—59 岁、13—19 岁与 60 岁以上、20—39 岁与 40—59 岁、40—59 岁与 60 岁以上被调查者感知锻炼高峰期使用健身器材人数的差异不具有显著性。12 岁以下与 13—19 岁、12 岁以下与 20—39 岁、12 岁以下与 40—59 岁、20—39 岁与 60 岁以上被调查者感知锻炼高峰期使用健身器材人数的差异具有显著性。

皖北六市不同年龄区间居民感知锻炼高峰期使用健身器材排队时间之间的差异在 0.05 水平上具有显著性。总体上皖北六市不同年龄区间居民感知锻炼高峰期使用健身器材排队时间,"长"的占比比"短"的占比偏多。各年龄区间居民感知锻炼高峰期使用健身器材排队时间,"长"和"非常长"的占比与"短"和"非常短"的占比之差都为正。排序为:12 岁以下>60 岁以上>40—59 岁>20—39 岁>13—19 岁。相关检验显示,皖北六市被调查者的年龄区间与被调查者感知锻炼高峰期使用健身器材排队时间的皮尔逊相关系数为 0.014,p=0.726>0.05,相关不具有显著性。斯皮尔曼相关系数为 0.056,p=0.151>0.05,相关不具有显著性。

多个独立样本的非参数检验显示,皖北六市不同年龄区间居民感知锻炼高峰期使用健身器材排队时间之间的差异在 0.05 水平上具有显著性。两个独立样本的非参数检验显示,年龄区间 13—19 岁与 20—39 岁、13—19 岁与 40—59 岁、13—19 岁与 60 岁以上、40—59 岁与 60 岁以上被调查者感知锻炼高峰期使用健身器材排队时间的差异不具有显著性。年龄区间 12 岁以下与 13—19 岁、12 岁以下与 20—39 岁、12 岁以下与 40—59 岁、12 岁以下与 60 岁以上、20—39 岁与 40—59 岁、20—39 岁与 60 岁以上被调查者感知锻炼高峰期使用健身器材排队时间的差异具有显著性。

(6) 皖北六市不同锻炼次数居民感知健身器材的拥挤度

总体上皖北六市不同锻炼次数居民感知居住区健身器材数量,"多"的占比比"少"的占比偏少一点。锻炼次数多、非常多的居民感知居住区健身器材数量,"多"和"非常多"的占比与"少"和"非常少"的占比之差为正。锻炼次数非常少、少、中等的居民感知居住区健身器材数量,"多"和"非常多"的占比与"少"和"非常少"的占比之差为负。排序为:非常少<少<中等<多<非常多。相关检验显示,皖北六市被调查者的锻炼次数与被调查者感知居住区健身器材数量的皮尔逊相关系数为 0.467,斯皮尔曼相关系数为 0.450,p=0.000<0.05,相关具有显著性。

多个独立样本的非参数检验显示,皖北六市不同锻炼次数居民感知居住区健身器材数量之间的差异在 0.05 水平上具有显著性。两个独立样本的非参数检验显示,体育锻炼次数非常少与少、非常少与中等、非常少与多、非常少与非常多、少与中等、少与多、少与非常多、中等与多、中等与非常多多与非常多被调查者感知居住区健身器材数量的差异具有显著性。

总体上皖北六市不同锻炼次数居民感知锻炼高峰期使用健身器材人数,"多"的占比比"少"的占比偏多。锻炼次数多、非常多、少、中等的居民感知锻炼高峰期使用健身器材人数,"多"和"非常多"的占比与"少"和"非常少"的占比之差为正。锻炼次数非常少的居民感知锻炼高峰期使用健身器材人数,"多"和"非常多"的占比与"少"和"非常少"的占比之差为负。排序为:非常少<少<中等<多<非常多。相关检验显示,皖北六市被调查者的锻炼次数与被调查者感知锻炼高峰期使用健身器材人数的皮尔逊相关系数为 0.421,斯皮尔曼相关系数为 0.407,p=0.000<0.05,相关具有显著性。

多个独立样本的非参数检验显示,皖北六市不同锻炼次数居民感知锻炼高峰期使用健身器材人数之间的差异在 0.05 水平上具有显著性。两个独立样本的非参数检验显示,体育锻炼次数中等与多被调查者感知锻炼高峰期使用健身器材人数的差异不具有显著性。体育锻炼次数非常少与少、非常少与中等、非常少与多、非常少与非常多、少与中等、少与多、少与非常多、中等与非常多、多与非常多被调查者感知锻炼高峰期使用健身器材人数的差异具有显著性。

总体上皖北六市不同锻炼次数居民感知锻炼高峰期使用健身器材排队时间,"长"的占比比"短"的占比偏多。锻炼次数多、非常多、中等的居民感知锻炼高峰期使用健身器材排队时间,"长"和"非常长"的占比与"短"和"非常短"的占比之差为正。锻炼次数非常少、少的居民感知锻炼高峰期使用健身器材排队时间,"长"和"非常长"的占比与"短"和"非常短"的占比之差为负。排序为:非常少<少<中等<多<非常多。相关检验显示,皖北六市被调查者的锻炼次数与被调查者感知锻炼高峰期使用健身器材排队时间的皮尔逊相关系数为 0.367,斯皮尔曼相关系数为 0.353,p=0.000<0.05,相关具有显著性。

多个独立样本的非参数检验显示,皖北六市不同锻炼次数居民感知锻炼高峰期使用健身器材排队时间之间的差异在 0.05 水平上具有显著性。两个独立样本的非参数检验显示,体育锻炼次数非常少与少、中等与多被调查者感知锻炼高峰期使用健身器材排队时间的差异不具有显著性。体育锻炼次数非常少与中等、非常少与多、非常少与非常多、少与中等、少与多、少与非常多、中等与非常多、多与非常多被调查者感知锻炼高峰期使用健身器材排队时间的差异具有显著性。

6.1.1.4 公共体育设施对皖北居民健身的影响
(1) 公共体育设施对皖北不同市居民健身的影响
总体上皖北六市居民对居住区周围公共体育设施"满意"的占比比"不满意"的占比偏多。阜阳市、宿州市、淮北市、蚌埠市、亳州市、淮南市居民对居住区周围公共体育设施"满意"和"非常满意"的占比与"不满意"和"非常不满意"的占比之差都为正。排序为:阜阳市>宿州市>淮北市>亳州市>蚌埠市>淮南市。

多个独立样本的非参数检验显示,皖北六市居民对居住区周围公共体育设施满意度之间的差异在 0.05 水平上具有显著性。两个独立样本的非参数检验显示,淮北市与宿州市、淮北市与蚌埠市、淮北市与淮南市、淮北市与阜阳市、淮北市与亳州市、宿州市与蚌埠市、宿州市与阜阳市、宿州市与亳州市、蚌埠市与淮南市、蚌埠市与阜阳市、淮南市与亳州市、阜阳市与亳州市被调查者在居住区锻炼满意程度之间的差异不具有显著性。宿州市与淮南市、蚌埠市与亳州市、淮南市与阜阳市被调查者在居住区锻炼满意程度之间的差异具有显著性。

总体上皖北六市居民对公共体育设施使用的拥挤度影响锻炼看法,"赞同"的占比比"不赞同"的占比偏多。阜阳市、宿州市、淮北市、蚌埠市、亳州市、淮南市居民对公共体育设施使用的拥挤度影响锻炼看法,"赞同"和"非常赞同"的占比与"不赞同"和"非常不赞同"的占比之差都为正。排序为:淮南市>宿州市=淮北市>阜阳市>蚌埠市>亳州市。

多个独立样本的非参数检验显示,皖北六市居民对公共体育设施使用的拥挤度影响锻炼看法之间的差异在 0.05 水平上具有显著性。两个独立样本的非参数检验显示,淮北市与宿州市、淮北市与蚌埠市、淮北市与淮南市、淮北市与阜阳市、宿州市与淮南市、宿州市与阜阳市、蚌埠市与淮南市、蚌埠市与阜阳市、淮南市与阜阳市被调查者对公共体育设施使用的拥挤度影响锻炼的看法之间的差异不具有显著性。淮北市与亳州市、宿州市与蚌埠市、宿州市与亳州市、蚌埠市与亳州市、淮南市与亳州市、阜阳市与亳州市被调查者对公共体育设施使用的拥挤度影响锻炼的看法之间的差异具有显著性。

皖北六市居民对公共体育设施使用的拥挤度影响锻炼看法之间的差异在 0.05 水平上不具有显著性。总体上皖北六市居民来这里"来这里"的占比比"不来这里"的占比偏多。宿州市、淮南市、阜阳市、淮北市、亳州市、蚌埠市"来这里"占比与"不来这里"占比之差都为正。排序为:宿州市>淮南市>阜阳市>淮北市>亳州市>蚌埠市。

皖北不同市居民是否推荐朋友来这里锻炼之间的差异在 0.05 水平上不具有显著性。总体上皖北六市居民推荐朋友"来这里"锻炼的占比比"不来这里"的占比偏多。宿州市、淮南市、阜阳市、淮北市、亳州市、蚌埠市居民推荐朋友"来这里"锻炼的占比与"不来这里"锻炼的占比之差都为正。排序为:宿州市>淮北市>蚌埠市>亳州市>阜阳市>淮南市。

(2) 公共体育设施对皖北六市不同居住区居民健身的影响

总体上皖北六市不同居住区域居民对居住区周围公共体育设施满意度"满意"的占比比"不满意"的占比偏多。但各区域情况不同,中央区域、中央与郊区之间、郊区"满意"和"非常满意"占比与"不满意"和"非常不满意"占比之差为正,农村地区为负。排序为:中央区域>郊区>中央与郊区之间>农村地区。相关检验显示,皖北六市被调查者居住的区域与被调查者对居住区周围公共体育设施满意度的皮尔逊相关系数为 0.267,斯皮尔曼相关系数为 0.254,p=0.000<0.05,相关具有显著性。

多个独立样本的非参数检验显示,皖北六市不同居住区居民对居住区周围公共体育设施满意度之间的差异在 0.05 水平上具有显著性。两个独立样本的非参数检验显示,中央区域与郊区之间与郊区被调查者在居住区附近锻炼满意程度之间的差异不具有显著性。中央区域与中央与郊区之间、中央区域与郊区、中央区域与农村地区、中央区域与郊区之间与农村地区、郊区与农村地区被调查者在居住区附近锻炼满意程度之间的差异具有显著性。

总体上皖北六市不同居住区域居民对公共体育设施使用的拥挤度影响锻炼看法"赞同"的占比比"不赞同"的占比偏多。中央区域、中央与郊区之间、郊区、农村地区"赞同"和"非常赞同"占比与"不赞同"和"非常不赞同"占比之差都为正。排序为:中央区域>中央与郊区之间>农村地区>郊区。相关检验显示,皖北六市被调查者居住的区域与被调查者对公共体育设施使用的拥挤度影响锻炼看法的皮尔逊相关系数为 0.204,斯皮尔曼相关系数为 0.202,p=0.000<0.05,相关具有显著性。

多个独立样本的非参数检验显示,皖北六市不同居住区居民对公共体育设施使用的拥挤度影响锻炼看法之间的差异在 0.05 水平上具有显著性。两个独立样本的非参数检验显示,郊区与农村地区被调查者对公共体育设施使用的拥挤度影响锻炼的看法之间的差异不具有显著性。中央区域与中央与郊区之间、中央区域与郊区、中央区域与农村地区、中央区域与郊区之间与郊区、中央区域与郊区之间与农村地区被调查者对公共体育设施使用的拥挤度影响锻炼的看法之间的差异具有显著性。

总体上皖北六市不同居住区域居民下次锻炼是否"来这里"锻炼的占比比"不来这里"的占比偏多。中央区域、中央与郊区之间、郊区、农村地区"来这里"锻炼的占比与"不来这里"锻炼的占比之差为正。排序为:中央区域>中央与郊区之间>郊区>农村地区。相关检验显示,皖北六市被调查者居住的区域与被调查者下次来这里锻炼的皮尔逊相关系数为0.228,斯皮尔曼相关系数为0.219,p=0.000<0.05,相关具有显著性。

多个独立样本的非参数检验显示,皖北六市不同居住区居民下次锻炼是否来这里之间的差异在0.05水平上具有显著性。两个独立样本的非参数检验显示,中央区域与中央与郊区之间、郊区与农村地区被调查者被调查者下次锻炼是否来这里之间的差异不具有显著性。中央区域与郊区、中央区域与农村地区、中央区域与郊区之间与郊区、中央区域与郊区之间与农村地区被调查者被调查者下次锻炼是否来这里之间的差异具有显著性。

总体上皖北六市不同居住区域居民是否推荐朋友"来这里"锻炼的占比比"不来这里"锻炼的占比偏多。但各区域情况不同,中央区域、中央与郊区之间、郊区居民推荐朋友"来这里"锻炼的占比与"不来这里"锻炼的占比之差为正,农村地区为负。排序为:中央区域>中央与郊区之间>郊区>农村地区。相关检验显示,皖北六市被调查者居住的区域与被调查者推荐朋友来这里锻炼的皮尔逊相关系数为0.217,斯皮尔曼相关系数为0.209,p=0.000<0.05,相关具有显著性。

多个独立样本的非参数检验显示,皖北六市不同居住区居民是否推荐朋友来这里锻炼之间的差异在0.05水平上具有显著性。两个独立样本的非参数检验显示,中央区域与中央与郊区之间、郊区与农村地区被调查者推荐朋友锻炼是否来这里之间的差异不具有显著性。中央区域与郊区、中央区域与农村地区、中央区域与郊区之间与郊区、中央区域与郊区之间与农村地区被调查者推荐朋友锻炼是否来这里之间的差异具有显著性。

(3)公共体育设施对皖北六市不同居住密度居民健身的影响

总体上皖北六市不同居住密度居民对居住区周围公共体育设施"满意"的占比比"不满意"的占比偏多。但不同居住密度情况不同,居住密度中等、大、非常大的居民对居住区周围公共体育设施"满意"和"非常满意"占比与"不满意"和"非常不满意"占比之差为正,居住密度稀疏、非常稀疏的地区为负。排序为:居住密度大>非常大>中等>非常稀疏>稀疏。相关检验显示,皖北六市被调查者居住的密度与被调查者对居住区周围公共体育设施满意度的皮尔逊相关系数为0.194,斯皮尔曼相关系数为0.205,p=0.000<0.05,相关具有显著性。

多个独立样本的非参数检验显示,皖北六市不同居住密度居民对居住区周围公共体育设施满意度之间的差异在0.05水平上具有显著性。两个独立样本的非参数检验显示,居住密度非常稀疏与稀疏、非常稀疏与中等、稀疏与中等、大与非常大被调查者在居住区附近锻炼的满意程度之间的差异不具有显著性。居住密度非常稀疏与大、非常稀疏与非常大、稀疏与大、稀疏与非常大、中等与大、中等与非常大被调查者在居住区附近锻炼的满意程度之间的差异具有显著性。

总体上皖北六市不同居住密度居民对公共体育设施使用的拥挤度影响锻炼看法,"赞同"的占比比"不赞同"的占比偏多。居住密度稀疏、非常稀疏、中等、大、非常大的居民对公共体育设施使用的拥挤度影响锻炼看法,"赞同"和"非常赞同"的占比与"不赞同"和"非常不赞同"的占比之差都为正。排序为:居住密度大＞非常大＞中等＞稀疏＞非常稀疏。相关检验显示,皖北六市被调查者居住的密度与被调查者对公共体育设施使用的拥挤度影响锻炼看法的皮尔逊相关系数为 0.188,斯皮尔曼相关系数为 0.204,p＝0.000＜0.05,相关具有显著性。

多个独立样本的非参数检验显示,皖北六市不同居住密度居民对公共体育设施使用的拥挤度影响锻炼看法之间的差异在 0.05 水平上具有显著性。两个独立样本的非参数检验显示,居住密度非常稀疏与稀疏、非常稀疏与中等、非常稀疏与大、中等与大被调查者对公共体育设施使用的拥挤度影响锻炼看法之间的差异不具有显著性。居住密度非常稀疏与非常大、稀疏与中等、稀疏与大、稀疏与非常大、中等与非常大、大与非常大被调查者对公共体育设施使用的拥挤度影响锻炼看法之间的差异具有显著性。

总体上皖北六市不同居住密度居民下次锻炼是否"来这里"锻炼的占比比"不来这里"锻炼的占比偏多。居住密度非常稀疏、稀疏、中等、大、非常大居民"来这里"锻炼的占比与"不来这里"锻炼的占比之差为正。排序为:居住密度大＞非常大＞中等＞非常稀疏＞稀疏。相关检验显示,皖北六市被调查者的居住密度与被调查者下次来这里锻炼的皮尔逊相关系数为 0.161,斯皮尔曼相关系数为 0.168,p＝0.000＜0.05,相关具有显著性。

多个独立样本的非参数检验显示,皖北六市不同居住密度居民下次锻炼是否来这里之间的差异在 0.05 水平上具有显著性。两个独立样本的非参数检验显示,居住密度非常稀疏与稀疏、非常稀疏与中等、非常稀疏与非常大、中等与非常大、大与非常大被调查者下次锻炼是否来这里之间的差异不具有显著性。居住密度非常稀疏与大、稀疏与中等、稀疏与大、稀疏与非常大、中等与大被调查者下次锻炼是否来这里之间的差异具有显著性。

总体上皖北六市不同居住密度居民是否推荐朋友"来这里"锻炼的占比比"不来这里"的占比偏多。居住密度非常稀疏、中等、大、非常大居民推荐朋友"来这里"锻炼的占比与"不来这里"锻炼的占比之差为正,居住密度稀疏的为负。排序为:居住密度大＞非常大＞中等＞非常稀疏＞稀疏。相关检验显示,皖北六市被调查者的居住密度与被调查者推荐朋友来这里锻炼的皮尔逊相关系数为 0.114,斯皮尔曼相关系数为 0.119,p＝0.003＜0.05,p＝0.002＜0.05,相关具有显著性。

多个独立样本的非参数检验显示,皖北六市不同居住密度居民是否推荐朋友来这里锻炼之间的差异在 0.05 水平上具有显著性。两个独立样本的非参数检验显示,居住密度非常稀疏与稀疏、非常稀疏与中等、非常稀疏与非常大、中等与非常大被调查者推荐朋友锻炼是否来这里之间的差异不具有显著性。居住密度非常稀疏与大、稀疏与中等、稀疏与大、稀疏与非常大、中等与大、大与非常大被调查者推荐朋友锻炼是否来这里之间的差异具有显著性。

(4) 公共体育设施对皖北六市不同性别居民健身的影响

皖北六市不同性别居民对居住区周围公共体育设施满意度的差异具有显著性。总体上皖北六市不同性别居民对居住区周围公共体育设施"满意"的占比比"不满意"的占比偏多。男性和女性居民对居住区周围公共体育设施"满意"和"非常满意"占比与"不满意"和"非常不满意"占比之差都为正。排序为:男性＞女性。相关检验显示,皖北六市被调查者的性别与被调查者对居住区周围公共体育设施满意度的皮尔逊相关系数为 0.071,p＝0.067＞0.05,相关不具有显著性。斯皮尔曼相关系数为 0.083,p＝0.031＜0.05,相关具有显著性。

皖北六市不同性别居民对公共体育设施使用的拥挤度影响锻炼看法的差异具有显著性。总体上皖北六市不同性别居民对公共体育设施使用的拥挤度影响锻炼看法,"赞同"的占比比"不赞同"的占比偏多。男性和女性居民对居住区周围公共体育设施"赞同"和"非常赞同"占比与"不赞同"和"非常不赞同"占比之差都为正。排序为:男性＞女性。相关检验显示,皖北六市被调查者的性别与被调查者对公共体育设施使用的拥挤度影响锻炼看法的皮尔逊相关系数为 0.068,p＝0.081＞0.05,相关不具有显著性。斯皮尔曼相关系数为 0.077,p＝0.046＜0.05,相关具有显著性。

皖北六市不同性别居民下次锻炼是否来这里的差异不具有显著性。总体上皖北六市不同性别居民下次锻炼是否"来这里"锻炼的占比比"不来这里"锻炼的占比偏多。男性与女性居民"来这里"锻炼的占比与"不来这里"锻炼的占比之差都为正。排序为:男性＞女性。相关检验显示,皖北六市被调查者的性别与被调查者下次来这里锻炼的皮尔逊相关系数为 0.040,斯皮尔曼相关系数为 0.040,p＝0.299＞0.05,相关不具有显著性。

皖北六市不同性别居民是否推荐朋友来这里锻炼的差异不具有显著性。总体上皖北六市不同性别居民是否推荐朋友"来这里"锻炼的占比比"不来这里"的占比偏多。男性与女性居民推荐朋友"来这里"锻炼的占比与"不来这里"锻炼的占比之差为正。排序为:男性＞女性。相关检验显示,皖北六市被调查者的性别与被调查者是否推荐朋友来这里锻炼的皮尔逊相关系数为 0.062,斯皮尔曼相关系数为 0.062,p＝0.108＞0.05,相关不具有显著性。

（5）公共体育设施对皖北六市不同年龄区间居民健身的影响

总体上皖北六市不同年龄区间居民对居住区周围公共体育设施"满意"的占比比"不满意"的占比偏多。各年龄区间居民对居住区周围公共体育设施"满意"和"非常满意"的占比与"不满意"和"非常不满意"的占比之差都为正。排序为:12 岁以下＞13—19 岁＞60 岁以上＞40—59 岁＞20—39 岁。相关检验显示,皖北六市被调查者的年龄区间与被调查者对居住区周围公共体育设施满意度的皮尔逊相关系数为 0.007,斯皮尔曼相关系数为 0.032,p＝0.866＞0.05,p＝0.406＞0.05,相关不具有显著性。

多个独立样本的非参数检验显示,皖北六市不同年龄区间居民对居住区周围公共体育设施满意度之间的差异在 0.05 水平上具有显著性。两个独立样本的非参数检验显示,年龄区间 12 岁以下与 60 岁以上、13—19 岁与 40—59 岁、13—19 岁与 60 岁以上、20—39 岁与 40—59 岁被调查者在居住区附近锻炼的满意程度的差异不具有显著性。年龄区间 12 岁以下与 13—19 岁、12 岁以下与 20—39 岁、12 岁以下与 40—59 岁、13—19 岁与 20—39 岁、20—39 岁与 60 岁以上、40—59 岁与 60 岁以上被调查者在居住区附近锻炼的满意程度的差异具有显著性。

总体上皖北六市不同年龄区间居民对公共体育设施使用的拥挤度影响锻炼看法,"赞同"的占比比"不赞同"的占比偏多。各年龄区间居民对公共体育设施使用的拥挤度影响锻炼看法,"赞同"和"非常赞同"的占比与"不赞同"和"非常不赞同"的占比之差都为正。排序为:12 岁以下＞20—39 岁＞40—59 岁＞13—19 岁＞60 岁以上。相关检验显示,皖北六市被调查者的年龄区间与被调查者对公共体育设施使用的拥挤度影响锻炼看法的皮尔逊相关系数为 0.104,p＝0.007＜0.05,相关具有显著性。斯皮尔曼相关系数为 0.070,p＝0.073＞0.05,相关不具有显著性。

多个独立样本的非参数检验显示,皖北六市不同年龄区间居民对公共体育设施使用的拥挤度影响锻炼看法之间的差异在 0.05 水平上具有显著性。两个独立样本的非参数检验显示,年龄区间 13—19 岁与 20—39 岁、13—19 岁与 40—59 岁、13—19 岁与 60 岁以上、20—39 岁与 60 岁以上、40—59 岁与 60 岁以上、12 岁以下与 60 岁以上被调查者对公共体育设施使用的拥挤度影响锻炼的看法的差异不具有显著性。年龄区间 12 岁以下与 13—19 岁、12 岁以下与 20—39 岁、12 岁以下与 40—59 岁、20—39 岁与 40—59 岁被调查者对公共体育设施使用的拥挤度影响锻炼的看法的差异具有显著性。

皖北六市不同年龄区间居民下次锻炼是否来这里之间的差异在 0.05 水平上不具有显著性。总体上皖北六市不同年龄区间居民下次锻炼是否"来这里"锻炼的占比比"不来这里"锻炼的占比偏多。年龄区间 12 岁以下、13—19 岁、20—39 岁、40—59 岁、60 岁以上居民"来这里"锻炼的占比与"不来这里"锻炼的占比之差为正。排序为:12 岁以下>60 岁以上>40—59 岁>20—39 岁>13—19 岁。相关检验显示,皖北六市被调查者的年龄区间与被调查者下次来这里锻炼的皮尔逊相关系数为 0.065,斯皮尔曼相关系数为 0.075,p＝0.094>0.05,p＝0.052>0.05,相关不具有显著性。

总体上皖北六市不同年龄区间居民是否推荐朋友"来这里"锻炼的占比比"不来这里"锻炼的占比偏多。年龄区间 12 岁以下、13—19 岁、20—39 岁、40—59 岁、60 岁以上居民推荐朋友"来这里"锻炼的占比与"不来这里"锻炼的占比之差都为正。排序为:60 岁以上>12 岁以下>40—59 岁>20—39 岁>13—19 岁。相关检验显示,皖北六市被调查者的年龄区间与被调查者是否推荐朋友来这里锻炼的皮尔逊相关系数为 0.111,斯皮尔曼相关系数为 0.123,p＝0.004<0.05,p＝0.002<0.05,相关具有显著性。

多个独立样本的非参数检验显示,皖北六市不同年龄区间居民下次锻炼是否来这里之间的差异在 0.05 水平上具有显著性。两个独立样本的非参数检验显示,年龄区间 12 岁以下与 13—19 岁、12 岁以下与 20—39 岁、12 岁以下与 40—59 岁、12 岁以下与 60 岁以上、13—19 岁与 20—39 岁、20—39 岁与 40—59 岁、40—59 岁与 60 岁以上被调查者是否推荐朋友来这里锻炼的差异不具有显著性。年龄区间 13—19 岁与 40—59 岁、13—19 岁与 60 岁以上、20—39 岁与 60 岁以上被调查者是否推荐朋友来这里锻炼的差异具有显著性。

(6) 公共体育设施对皖北六市不同锻炼次数居民健身的影响

总体上皖北六市不同锻炼次数居民对居住区周围公共体育设施"满意"的占比比"不满意"的占比偏多。锻炼次数少、中等、多、非常多的居民对居住区周围公共体育设施"满意"和"非常满意"的占比与"不满意"和"非常不满意"的占比之差为正,锻炼次数非常少的居民对居住区周围公共体育设施"满意"和"非常满意"的占比与"不满意"和"非常不满意"的占比之差为负。排序为:非常少<少<中等<多<非常多。相关检验显示,皖北六市被调查者的锻炼次数与被调查者对居住区周围公共体育设施满意度的皮尔逊相关系数为 0.370,斯皮尔曼相关系数为 0.350,p＝0.000<0.05,p＝0.000<0.05,相关具有显著性。

多个独立样本的非参数检验显示,皖北六市不同锻炼次数居民对居住区周围公共体育设施满意度之间的差异在 0.05 水平上具有显著性。两个独立样本的非参数检验显示,体育锻炼次数少与中等被调查者在居住区附近锻炼的满意程度的差异不具有显著性。体育锻炼次数非常少与少、非常少与中等、非常少与多、非常少与非常多、少与多、少与非常多、中等与多、中等与非常多、多与非常多被调查者在居住区附近锻炼的满意程度的差异具有显著性。

总体上皖北六市不同锻炼次数居民对公共体育设施使用的拥挤度影响锻炼看法,"赞同"的占比比"不赞同"的占比偏多。锻炼次数非常少、少、中等、多、非常多的居民对公共体育设施使用的拥挤度影响锻炼看法,"赞同"和"非常赞同"的占比与"不赞同"和"非常不赞同"的占比之差都为正。排序为:非常少<少<中等<多<非常多。相关检验显示,皖北六市被调查者的锻炼次数与被调查者对公共体育设施使用的拥挤度影响锻炼看法的皮尔逊相关系数为 0.256,斯皮尔曼相关系数为 0.262,p=0.000<0.05,相关具有显著性。

多个独立样本的非参数检验显示,皖北六市不同锻炼次数居民对公共体育设施使用的拥挤度影响锻炼看法之间的差异在 0.05 水平上具有显著性。两个独立样本的非参数检验显示,体育锻炼次数非常少与少、中等与多被调查者对公共体育设施使用的拥挤度影响锻炼的看法的差异不具有显著性。体育锻炼次数非常少与中等、非常少与多、非常少与非常多、少与中等、少与多、少与非常多、中等与非常多、多与非常多被调查者对公共体育设施使用的拥挤度影响锻炼的看法的差异具有显著性。

总体上皖北六市不同锻炼次数居民下次锻炼是否"来这里"锻炼的占比比"不来这里"锻炼的占比偏多。锻炼次数非常少、少、中等、多、非常多居民"来这里"锻炼的占比与"不来这里"锻炼的占比之差为正。排序为:锻炼次数非常少<少<中等<多<非常多。相关检验显示,皖北六市被调查者的锻炼次数与被调查者下次来这里锻炼的皮尔逊相关系数为 0.172,斯皮尔曼相关系数为 0.173,p=0.000<0.05,相关具有显著性。

多个独立样本的非参数检验显示,皖北六市不同锻炼次数居民下次锻炼是否来这里之间的差异在 0.05 水平上具有显著性。两个独立样本的非参数检验显示,体育锻炼次数非常少与少、非常少与中等、少与中等、中等与多、多与非常多被调查者下次锻炼是否来这里的差异不具有显著性。体育锻炼次数非常少与多、非常少与非常多、少与多、少与非常多、中等与非常多被调查者下次锻炼是否来这里的差异具有显著性。

总体上皖北六市不同锻炼次数居民是否推荐朋友"来这里"锻炼的占比比"不来这里"锻炼的占比偏多。锻炼次数少、中等、多、非常多居民推荐朋友"来这里"锻炼的占比与"不来这里"锻炼的占比之差为正,锻炼次数非常少的为负。排序为:锻炼次数非常少<少<中等<非常多<多。相关检验显示,皖北六市被调查者的锻炼次数与被调查者是否推荐朋友来这里锻炼的皮尔逊相关系数为 0.173,斯皮尔曼相关系数为 0.175,p=0.000<0.05,相关具有显著性。

多个独立样本的非参数检验显示,皖北六市不同锻炼次数居民是否推荐朋友来这里锻炼之间的差异在 0.05 水平上具有显著性。两个独立样本的非参数检验显示,体育锻炼次数非常少与少、少与中等、中等与非常多、多与非常多被调查者是否推荐朋友来这里锻炼的差异不具有显著性。体育锻炼次数非常少与中等、非常少与多、非常少与非常多、少与多、少与非常多、中等与多被调查者是否推荐朋友来这里锻炼的差异具有显著性。

6.1.2　皖北六市公共体育设施拥挤度实地调查结论

6.1.2.1　皖北六市健身广场拥挤度

调查显示,皖北六市 109 块健身广场每平方米人数的平均数为 0.13533,标准差为 0.191206,最小值为 0.000,最大值为 1.810。皖北各市每平方米健身广场上人数的平均数、标准差、最小值、最大值。各市的平均数、标准差、最小值、最大值,见表 1631。

　　平均数淮北市最大,淮南市最小。标准差阜阳市最大,蚌埠市最小。把《体育发展"十三五"规划》的目标(即努力实现到 2020 年人均体育场地面积达到 1.8 平方米)换算为每平方米体育场地的人数为 0.55556。皖北六市 109 块健身广场每平方米人数的平均数为 0.13533,低于 0.55556,说明总体上皖北六市城区健身广场的拥挤程度并不严重。但是根据最大值的数值,个别市每平方米健身广场上人数的最大值接近或大于 0.55556,说明部分健身广场接近供求平衡或供小于求。同时根据最小值的数值,个别市每平方米健身广场上人数的最小值接近 0,说明部分健身广场存在供大于求。

　　平均数 19:00—22:00 最大,16:00—19:00 最小。标准差 05:00—09:00 最大,16:00—19:00 最小。最大值 05:00—09:00 最大,16:00—19:00 最小。最小值三个时间段都为 0。三个时间段相比较,总体拥挤度 19:00—22:00＞05:00—09:00＞16:00—19:00。把《体育发展"十三五"规划》的目标(即努力实现到 2020 年人均体育场地面积达到 1.8 平方米)换算为每平方米体育场地的人数为 0.55556。

　　表 1664 显示皖北六市三个时间段每平方米健身广场上人数的平均数为 0.13533,低于 0.55556,说明总体上皖北六市城区三个时间段健身广场的拥挤程度并不严重。但是根据最大值的数值,个别时间段每平方米健身广场上人数的最大值接近或大于 0.55556,说明个别时间段健身场地接近供求平衡或供小于求。同时根据最小值的数值,三个时间段每平方米健身广场上人数的最小值都为 0,说明个别时间段健身场地存在供大于求。

　　多个独立样本的非参数检验显示,皖北不同市、不同时间段每平方米健身广场上人数之间的差异具有显著性。两个独立样本的非参数检验显示,淮北市与宿州市、淮北市与蚌埠市、淮北市与淮南市、淮北市与阜阳市、宿州市与蚌埠市、宿州市与淮南市、宿州市与阜阳市、宿州市与亳州市、蚌埠市与淮南市、蚌埠市与阜阳市、淮南市与阜阳市、淮南市与亳州市每平方米健身广场上人数之间的差异不具有显著性。淮北市与亳州市、蚌埠市与亳州市、阜阳市与亳州市每平方米健身广场上人数之间的差异具有显著性;05:00—09:00 与 16:00—19:00 每平方米健身广场上人数之间的差异不具有显著性。05:00—09:00 与 19:00—22:00、16:00—19:00 与 19:00—22:00 每平方米健身广场上人数之间的差异具有显著性。总体上皖北六市城区健身广场的拥挤程度并不严重,但不同地点、不同时间段存在差异,健身广场供大于求、供求平衡、供小于求三种情况都存在。

6.1.2.2　皖北六市健身步道拥挤度

　　调查显示,皖北六市 66 个健身步道每分钟通行人数的平均数为 23.0656,标准差为 20.49001,最小值为 0.00,最大值为 108.00。各市的平均数、标准差、最小值、最大值,见表 1673。

　　多个独立样本的非参数检验显示,皖北不同市健身步道通行人数之间的差异在 0.05 水平上具有显著性。两个独立样本的非参数检验显示,淮北市与蚌埠市、淮北市与淮南市、淮北市与阜阳市、淮北市与亳州市、宿州市与阜阳市、宿州市与亳州市、蚌埠市与淮南市、蚌埠市与阜阳市、蚌埠市与亳州市、淮南市与阜阳市、淮南市与亳州市、阜阳市与亳州市健身步道通行人数之间的差异不具有显著性。淮北市与宿州市、宿州市与蚌埠市、宿州市与淮南市健身步道通行人数之间的差异具有显著性。

　　调查显示,皖北六市 66 个健身步道每分钟通行人数的平均数为 23.0656,标准差为

20.49001,最小值为 0.00,最大值为 108.00。不同时间段的平均数、标准差、最小值、最大值,见表 1706。

多个独立样本的非参数检验显示,皖北六市不同锻炼时间段健身步道通行人数之间的差异在 0.05 水平上不具有显著性。两个独立样本的非参数检验显示,晨练阶段与傍晚阶段健身步道通行人数之间的差异不具有显著性。晨练阶段与晚上阶段健身步道通行人数之间的差异不具有显著性。傍晚阶段与晚上阶段健身步道通行人数之间的差异不具有显著性。

6.1.2.3　皖北六市健身器材拥挤度

调查显示,皖北六市 133 个健身器材点锻炼人数与器材数量比的平均数为 1.0165,标准差为 1.22308,最小值为 0.00,最大值为 9.00。各市的平均数、标准差、最小值、最大值,见表 1715。

多个独立样本的非参数检验显示,皖北不同市健身人数与器材数量比之间的差异在 0.05 水平上具有显著性。两个独立样本的非参数检验显示,淮北市与宿州市、淮北市与阜阳市、淮北市与亳州市、宿州市与蚌埠市、宿州市与淮南市、宿州市与阜阳市、宿州市与亳州市、蚌埠市与淮南市、阜阳市与亳州市健身人数与器材数量比之间的差异不具有显著性。淮北市与蚌埠市、淮北市与淮南市、蚌埠市与阜阳市、蚌埠市与亳州市、淮南市与阜阳市、淮南市与亳州市健身人数与器材数量比之间的差异具有显著性。

调查显示,皖北六市 133 个健身器材点锻炼人数与器材数量比的平均数为 1.0165,标准差为 1.22308,最小值为 0.00,最大值为 9.00。不同锻炼时间段的平均数、标准差、最小值、最大值,见表 1748。

多个独立样本的非参数检验显示,皖北六市不同锻炼时间段健身人数与器材数量比之间的差异在 0.05 水平上具有显著性。两个独立样本的非参数检验显示,傍晚阶段与晚上阶段、晨练阶段与傍晚阶段健身人数与器材数量比之间的差异不具有显著性。晨练阶段与晚上阶段健身人数与器材数量比之间的差异具有显著性。

从皖北六市居民的健身拥挤感和皖北六市公共体育设施拥挤度的调查结果来看,总体上皖北城区公共体育设施的拥挤程度并不严重,供大于求、供求平衡、供小于求三种情况并存。与晨练阶段和傍晚锻炼阶段相比,晚练阶段公共体育设施的拥挤程度较大。针对锻炼高峰期公共体育设施的"拥挤"状况,笔者认为应从完善公共体育法律法规和提高公共体育设施的智能化水平两个方面来解决这一问题。

6.2　基于拥挤度评价视角的皖北城区公共体育设施优化研究结论

6.2.1　公共体育设施界定和管理存在的问题

主要表现为三个方面:一是公共体育设施外延界定过时,没有随时代的变化而发展;二是对公共体育设施的公益性界定不清,不能调动学校等部门开放体育设施的积极性;三是公共体育设施的信息化程度低,滞后于智慧城市的建设。笔者认为应完善法律法规重新界定公共体育设施涵盖的范围和公益性,在此基础上构建"智慧"公共体育设施服务体系有助于缓解锻炼高峰期公共体育设施的"拥挤"状况。

6.2.2 "智慧"公共体育设施及其服务体系的定义

"智慧"公共体育设施是智慧地球、智慧城市建设的一部分。"智慧"公共体育设施是通过新一代信息技术,提出比数字公共体育设施更智慧的方法,让公共体育设施拥有类似生物的"感应系统"、"神经系统"和"反应系统",变得敏锐而聪明。"智慧"公共体育设施充分应用现代信息技术成果,集成应用计算机与网络技术、物联网技术、音视频技术、传感器技术、无线通信技术、人工智能、自动控制及专家智慧与知识平台,实现公共体育设施远程可视化、反馈、控制、交流、预测、预警等智能管理,逐步建立公共体育信息服务的可视化传播与应用模式;实现对健身环境的远程精准监测和控制,提高公共体育设施建设管理水平,依靠存储在知识库中的健身知识,运用推理、分析等机制,提高公共体育服务水平。与数字公共体育设施相比较,"智慧"公共体育设施具有感知反应的灵敏性、信息架构的整体性、互联时空的非限制性、用户视角的设计、创新空间的开放性、参与主体的多元化特征。

"智慧"公共体育设施服务体系是指由公共体育设施硬件系统、信息基础设施硬件系统、信息技术支撑系统、服务系统按照一定的秩序和内在联系组成的具有智慧服务功能的整体。公共体育设施硬件系统由健身广场、健身步道、健身器材、各体育项目专门场馆设施等组成。信息基础设施硬件系统由感应器、光缆、微波、卫星、移动通信、输入输出、中央处理器等网络设备设施组成。技术支撑系统由物联网技术、信息技术、移动互联网、自动化技术、云技术、地理信息、人工智能、数字化双胞胎、大数据、5G等技术组成。服务系统由服务目标、服务主体、服务客体、服务项目、服务制度等组成。

6.2.3 "智慧"公共体育设施服务体系构建的理论基础及功能

从系统论和协同论角度来看,只有公共体育设施硬件系统、信息基础设施硬件系统、信息技术支撑系统、服务系统的协同配合才能实现"智慧"公共体育设施服务体系的整体目标。

从类比推理的角度,构建"智慧"公共体育设施服务体系有可能消融公共体育设施信息分享的壁垒,改变人与公共体育设施的交互方式,提高实时信息处理的能力及感应与响应的速度,改善锻炼高峰期公共体育设施使用拥挤的状况,提升公共体育设施利用的效率,优化公共体育设施管理和服务,提高居民健身娱乐质量,创造出更舒适、更安全、更高效、更节能、更环保公共体育空间的功能。因而建设"智慧"公共体育设施服务体系有可能是解决锻炼高峰期公共体育设施"拥挤"的重要突破口。建设"智慧"公共体育设施服务体系有其必要性。

6.2.4 "智慧"公共体育设施服务体系建设的必要性

"智慧"公共体育设施服务体系是信息技术与公共体育设施的深度融合。信息技术与公共体育设施虽然相对独立但可以相互促进,其实践结合将对扩大内需、调整结构、转变经济发展方式、解决"城市病"、促进城市的可持续发展产生重要的影响。同时也是政府深化体制改革、推进公共体育治理体系和治理能力现代化的重要载体。

6.2.5 "智慧"公共体育设施服务体系建设的可行性

近年来国家高度重视智慧城市的发展,大力完善城市基础设施和信息化基础设施两个系统,并将信息化提升到战略层次。公共体育设施建设是城市建设的重要组成部分。国家支持智慧城市建设的政策红利将为"智慧"公共体育设施服务体系的建设提供良好的发展机遇。

利用物联网技术可以全面感知公共体育基础设施、监控其运行情况及其使用情况。利用大数据技术则可以充分挖掘和利用信息数据的价值,盘活现有数据,在此基础上进行应用、评价、决策服务于公共体育服务部门的管理与决策。云计算则为各类公共体育设施数据的存储提供了新模式,"公共体育设施服务云"的建立可以打破"公共体育设施信息孤岛",彻底实现信息资源共享、系统互联互通。通过使用移动互联网技术可以实现信息顺畅传输、交换,从而达到各种公共体育设施的合理布局及协调、高效运行。因此新兴技术的快速发展为"智慧"公共体育设施服务体系的建设提供了强大的技术支撑。但在"智慧"公共体育设施服务体系建设过程中应注意以下方面。

6.2.6 "智慧"公共体育设施服务体系建设的注意事项

当前"智慧"公共体育设施服务体系的建设明显滞后于智慧城市的建设,建设"智慧"公共体育设施服务体系:首先应与智慧城市建设统筹规划。其次应转变思维方式,树立大数据思维、跨界思维和用户思维。再次要处理好信息技术的引进与国产化之间的关系,要全面评估国外信息技术的安全性、可靠性和垄断性,应选择能够最终实现国产化的信息技术路径。最后要完善法律法规,用法治思维和手段解决公共体育服务问题和推进公共体育设施建设工作。

7 参考文献

[1]百度百科．十九大报告[EB/OL]．https://baike.baidu.com/,2020—7—22.

[2]高铭鸿．我国公共体育设施安全问题研究——以湖南省为例[D].2013.

[3]中华人民共和国体育运动委员会．城市公共体育运动设施用地定额指标暂行规定[S].1986.

[4]中华人民共和国国务院．公共文化体育设施条例[S].2003.

[5]国家体育总局．体育发展"十三五"规划[S].2016.

[6]百度百科．拥挤[EB/OL]．https://baike.baidu.com/,2020—7—22.

[7]王建涛等．皖北六市健身广场拥挤度调查研究[J]．体育科技文献通报,2020,(10).

[8]王建涛等．皖北六市居民健身器材拥挤感调查研究[J]．体育科技文献通报,2021,(2).

[9]刘建荣等．地铁拥挤度和出行者异质性对时间价值的影响[J]．交通运输系统工程与信息,2020,20(02):122—126+173.

[10]张文会等．考虑拥挤度的常规公交与地铁出行方式选择模型[J/OL]．吉林大学学报(工学版):1—6[2020—07—28].https://doi.org/10.13229/j.cnki.jdxbgxb20191045.

[11]金月赛,张美亮,张金荃．存量规划的容积率管控机制研究[J]．城市发展研究,2019,26(03):79—84.

[12]李超,陈韵,刘娟,廖江花,丁新华,付开赟,郭文超,何江．拥挤度和光照条件对赤拟谷盗成虫逃逸行为的影响[J]．新疆农业科学,2019,56(04):724—730.

[13]龚诚,闻娟,李佳岭,李煌．Spee曲线和拥挤度对口腔正畸模型2D与3D测量法的影响[J]．口腔医学研究,2018,34(06):657—661.

[14]张晓玲．开放型世界遗产地旅游黄金周拥挤度评价及预警系统[D]．安徽师范大学,2017.

[15]黄艳国．城市道路交通拥堵机理及控制方法研究[D]．华南理工大学,2015.

[16]崔瑞华等．辽宁省公共体育设施建设与经济发展的协调性分析[J]．武汉体育学院学报,2012,46(4):13.

[17]张金桥等．我国公共体育设施供给实践的内在逻辑[J]．北京体育大学学报,2013,36(8):6.

[18]崔瑞华等．辽宁省城市公共体育设施空间分布特征与形成机制[J]．资源开发与市场,2013,29(4):355.

[19]杨乃彤等．BOT融资方式在公共体育设施建设中的应用障碍及对策研究[J]．商场现代化,2006,(470):157.

[20]邓波．公共体育设施推行PFI融资模式的SWOT分析与对策[J]．成都体育学院学报,2007,33(4):40.

[21]汪全胜等．论公共体育设施的供给及制度保障[J]．武汉体育学院学报,2015,49(9):5.

[22]徐卫华等．厦门市公共体育设施专项规划编制探讨[J]．北京体育大学学报,2004,27(9):1189.

[23]马成国等．上海市公共体育设施建设现状与对策研究[J]．沈阳体育学院学报,2012,31(3):29.

[24]张欣．基于地理信息技术的城市公共体育设施服务辐射能力分析[J]．沈阳体育学院学报,2012,31

(2):35.

[25] 毕红星."点一轴系统"理论与城市公共体育设施建设布局[J].上海体育学院学报,2012,36(6):29.

[26] 蔡玉军等.城市公共体育空间结构理想模式研究[J].天津体育学院学报,2012,27(5):432.

[27] 蔡玉军等.城市公共体育空间结构现状模式研究[J].体育科学,2012,32(7):9.

[28] 蔡玉军等.城市公共体育空间基本理论与应用研究[J].成都体育学院学报,2014,40(3):38.

[29] 蔡玉军等.问题与策略:我国城市公共体育空间集约化发展模式研究[J].天津体育学院学报,2015,30
(6):467.

[30] 朱宏.基于低碳出行理念的城市社区公共体育设施规划研究[J].成都体育学院学报,2013,39(3):26.

[31] 张峰筠等.城市社区公共体育设施场地的空间布局[J].上海体育学院学报,2014,38(1):80.

[32] 朱晓东等.上海市日常体育生活圈的公共体育设施配置研究[J].人文地理,2015,(1):84.

[33] 闫永涛等.面向全民健身的公共体育设施专项规划编制探索——以广州为例[J].规划师,2015,
(7):11.

[34] 谢冬兴等人.城市公共体育空间结构现状模式研究[J].山东体育学院学报,2016,32(5):39.

[35] 杜长亮等.社区公共体育设施选址规划研究[J].中国体育科技,2016,52(3):13.

[36] 张利.我国公共体育设施的发展及改革路径研究[J].中国体育科技,2017,53(2):88.

[37] 罗平.日本公共体育设施运营的指定管理者制度及启示[J].上海体育学院学报,2010,34(6):22.

[38] 汪一鸣等.英国地方公共体育设施管理发展现状及启示[J].西安体育学院学报,2012,29(4):450.

[39] 桂海辰等.公共体育设施管理的意识形态问题研究[J].体育与科学,2013,34(4):105.

[40] 高军等.日本公共体育设施指定管理者制度分析及启示—基于政府职能转变的视角[J].上海体育学
院学报,2016,40(6):30.

[41] 徐盛城等.日本残疾人公共体育设施现状解析及启示[J].体育文化导刊,2017,(11):73.

[42] 马玉芳.从经济学理论视角分析城市公共体育设施的免费开放[J].南京体育学院学报,2011,26
(6):88.

[43] 吴建依.论我国公共体育设施特许经营的困境与出路[J].社会科学研究,2012:73.

[44] 陈德旭,李福臻,成向荣.欧美发达国家公共体育服务体系建设的特征及启示[J].体育成人教育学刊,
2020(1):42—50.

[45] 苏文典.全民健身视角下厦门市社区体育推广研究[J].当代体育科技,2015,5(032):192—192.

[46] 高海潮.中原经济区智慧体育教育资源共享服务平台构建研究[C]//第十一届全国体育科学大会论文
摘要汇编.2019.

[47] 李德智.城市"智慧体育"发展框架及路径的研究[D].

[48] 朱琳祎.城市中心区大型体育设施更新实践与探索——以上海徐家汇体育公园为例[C]//持续发展 理
性规划——2017 中国城市规划年会论文集(02 城市更新).2017.

[49] 顾碧威,朱淦芳."互联网+亚运会"背景下杭州共享智慧体育平台建设探讨[J].浙江体育科学,2018
(5):31—35.

[50] 陈晓静,杨俊峰."互联网+"背景下武汉市智慧城市与智慧体育场馆建设研究[J].智能建筑,2018
(10):18—20.

[51] 杜恺.上海体育健身信息服务平台的传播模式及特点研究[D].

[52] 谢颖.宁波市"智慧体育"建设的现状调查及建议[J].宁波工程学院学报,2014(01):49—52.

[53] 冯岩.智慧型体育场馆的构建设想及应用[J].现代职业教育,2017,(35):172—172.

[54] 李静.智慧型体育场馆的构建设想及应用分析[J].电脑知识与技术,2019.

[55] 周靖雄.基于WebGIS的城市体育场馆移动智能服务系统的研究[D].福建师范大学,2013.

[56] 郑美艳等.大型公共体育设施国民经济评价研究 I[J].南京体育学院学报,2008,22(5):1.

[57] 郑美艳等.大型公共体育设施国民经济评价研究 II[J].南京体育学院学报,2008,22(6):1.

[58]程敏.公共体育设施项目后评价研究[J].成都体育学院学报,2008,34(2):49.

[59]张大超等.我国公共体育设施发展水平评价指标体系研究[J].体育科学,2013,33(4):3.

[60]郑旗等.县域公共体育设施服务质量评价与改进:基于IPA分析与实证[J].上海体育学院学报,2015,39(6):11.

[61]百度百科.拥[EB/OL].https://baike.baidu.com/,2020—4—22.

[62]百度百科.挤[EB/OL].https://baike.baidu.com/,2020—4—22.

[63]百度汉语.拥挤[EB/OL].https://hanyu.baidu.com/,2020—4—22.

[64]沈飞.国内外大城市交通结构演变及其与北京的对比研究[D].北京交通大学,2007.

[65]百度知道.怎样计算交通拥挤度[EB/OL].https://zhidao.baidu.com/,2020—4—22.

[66]百度文库.道路饱和度计算[EB/OL].https://wenku.baidu.com/,2020—4—22.

[67]百度百科.交通指数[EB/OL].https://baike.baidu.com/,2020—4—22.

[68]百度.地铁拥挤度[EB/OL].https://baijiahao.baidu.com/,2020—4—22.

[69]百度知道.航班拥挤度[EB/OL].https://zhidao.baidu.com/,2020—4—22.

[70]百度百科.容积率[EB/OL].https://baike.baidu.com/,2020—4—22.

[71]百度百科.网络拥挤[EB/OL].https://baike.baidu.com/,2020—4—22.

[72]百度百科.平均拥挤度[EB/OL].https://baike.baidu.com/,2020—4—22.

[73]百度百科.牙齿拥挤度[EB/OL].https://baike.baidu.com/,2020—4—22.

[74]百度文库.大分子拥挤[EB/OL].https://wenku.baidu.com/,2020—4—22.

[75]百度百科.皖北[EB/OL].https://baike.baidu.com/,2019—4—25.

[76]陈及治.体育统计[M].人民体育出版社,2010.152.

[77]百度百科.智慧[EB/OL].https://baike.baidu.com/,2020—7—22.

[78]百度百科.智慧地球[EB/OL].https://baike.baidu.com/,2020—7—22.

[79]百度百科.智慧城市[EB/OL].https://baike.baidu.com/,2020—7—22.

[80]曹静宇.沈阳智慧和平建设项目投资效益分析[D].吉林大学,2014.

[81]百度百科.体系[EB/OL].https://baike.baidu.com/,2020—7—22.

[82]百度百科.服务[EB/OL].https://baike.baidu.com/,2020—7—22.

[83]百度百科.系统论[EB/OL].https://baike.baidu.com/,2020—7—22.

[84]林崇德.心理学大辞典[M].上海教育出版社,2003.

[85]张晓峰.智慧管理:破解基层治理难题之策——龙游县乡村治理创新探索实践[J].人民论坛,2020(04):70—71.

[86]李子阳等.人民胜利渠灌区智慧管理平台的物联网架构[J].中国农村水利水电,2019(06):88—92.

[87]刘凤友等.基于数字化的可视化风电项目智慧管理解决方案[J].水力发电,2020,46(04):101—104.

[88]曹闯明等.中国海油一体化企业智慧管理平台建设[J].油气储运,2018,37(07):741—750.

[89]刘毓航.高职院校的智慧管理及其实现路径[J].职教论坛,2017(10):47—50.

[90]王豫炜.智慧高速公路的设计与实践[J].建筑结构,2019,49(S2):984—987.

[91]百度百科.协同论[EB/OL].https://baike.baidu.com/,2020—7—22.

[92]中共中央.关于全面深化改革若干重大问题的决定[S].2013.

[93]百度百科.智慧地球[EB/OL].https://baike.baidu.com/,2020—7—22.

[94]信息技术与标准化编辑部.智慧医疗走进百姓生活[J].信息技术与标准化,2014(4):1.

[95]十二届全国人大三次会议审议的政府工作报告[S].2015.

[96]百度百科.十八大报告[EB/OL].https://baike.baidu.com/,2020—7—22.

[97]百度百科.法制思维[EB/OL].https://baike.baidu.com/,2020—7—22.

8 附　　件

附件 1　居民健身拥挤感调查问卷

您好,本次调查您居住周边公共体育设施的使用情况,旨在为政府完善公共体育设施提供参考,请根据实际情况填写,不记名,谢谢合作!

一、基本情况

1. 您的性别(　　)

　　A 男　　　　　　　B 女

2. 您的年龄在区间(　　)

　　A 12 岁以下　　　B 13—19 岁　　　C 20—39 岁　　　D 40—59 岁　　　E 60 岁以上

3. 您居住的城市是(　　)

　　A 淮北市　　　　　B 宿州市　　　　　C 蚌埠市

　　D 淮南市　　　　　E 阜阳市　　　　　F 亳州市

4. 右图,假设 A 区是城市的中央区域,C 区是城市的郊区,B 区是中央区域与郊区之间的区域,D 区是农村地区,您目前大体居住在(　　)

　　A 中央区域　　　　B 中央区域与郊区之间

　　C 郊区　　　　　　D 农村地区

5. 您居住的地方,人口密度(　　)

　　A 非常大　　　　　B 大　　　　　　　C 中等　　　　　　D 稀疏　　　　　　E 非常稀疏

6. 您参加体育锻炼(　　)

　　A 非常多　　　　　B 多　　　　　　　C 中等　　　　　　D 少　　　　　　　E 非常少

7. 您居住的地方,公共健身广场的数量(　　)

　　A 非常多　　　　　B 多　　　　　　　C 中等　　　　　　D 少　　　　　　　E 非常少

8. 您居住的地方,公共健身广场的面积(　　)

　　A 非常大　　　　　B 大　　　　　　　C 中等　　　　　　D 小　　　　　　　E 非常小

9. 您居住的地方,公共健身步道的数量(　　)

　　A 非常多　　　　　B 多　　　　　　　C 中等　　　　　　D 少　　　　　　　E 非常少

10. 您居住的地方,公共健身步道的长度(　　)
　　A 非常长　　　　　B 长　　　　　　C 中等　　　　　D 短　　　　　E 非常短

11. 您居住的地方,公共健身步道的宽度(　　)
　　A 非常宽　　　　　B 宽　　　　　　C 中等　　　　　D 窄　　　　　E 非常窄

12. 您居住的地方,公共健身器材的数量(　　)
　　A 非常多　　　　　B 多　　　　　　C 中等　　　　　D 少　　　　　E 非常少

二、锻炼高峰期居民健身拥挤感调查
1. 锻炼高峰期,来这里锻炼的人比我预期的(　　)
　　A 非常多　　　　　B 多　　　　　　C 中等　　　　　D 少　　　　　E 非常少

2. 锻炼高峰期,公共健身广场上人的密度(　　)
　　A 非常大　　　　　B 大　　　　　　C 中等　　　　　D 小　　　　　E 非常小

3. 锻炼高峰期,公共健身步道上人的密度(　　)
　　A 非常大　　　　　B 大　　　　　　C 中等　　　　　D 小　　　　　E 非常小

4. 锻炼高峰期,通过一段公共健身步道需要的时间(　　)
　　A 非常长　　　　　B 长　　　　　　C 中等　　　　　D 短　　　　　E 非常短

5. 锻炼高峰期,使用公共健身器材的人(　　)
　　A 非常多　　　　　B 多　　　　　　C 中等　　　　　D 少　　　　　E 非常少

6. 锻炼高峰期,使用公共健身器材的排队时间(　　)
　　A 非常　　　　　　B 长　　　　　　C 中等　　　　　D 短　　　　　E 非常短

三、拥挤影响调查
1. 在这里锻炼,我(　　)
　　A 非常满意　　　　B 满意　　　　　C 中等　　　　　D 不满意　　　　E 非常不满意

2. 下次锻炼,我(　　)
　　A 还会来这里　　　　　　　　B 不会来这里

3. 推荐朋友锻炼,我(　　)
　　A 会推荐朋友来这里　　　　　B 不会推荐朋友来这里

4. 公共体育设施使用的拥挤程度影响居民锻炼参与,我(　　)
　　A 非常赞同　　　　B 赞同　　　　　C 中等　　　　　D 不赞同　　　　E 非常不赞同

附件 2 淮北市城区公共体育设施调查数据

时　间	地　点	类　别	时长（分钟）	面积（平方米）	器材数量（个）	健身类型	人数（个）	广场密度	通行人数	人器材比
2019/8/9　20:00—20:20	东湖湿地公园（桥）	健身步道	20			健身走	243		12.2	
2019/8/9　20:35—20:35	东湖湿地公园（门口）	健身广场		648		健身操	38	0.06		
2019/8/9　20:50—20:50	红星美凯龙（门口）	健身广场		400.68		交谊舞	47	0.12		
2019/8/9　21:02—21:02	滨湖新城西北	健身广场		561.6		健身操	193	0.34		
2019/8/9　21:30—21:30	栢潭公园西南	健身广场		563.76		交谊舞	53	0.09		
2019/8/10　18:15—18:25	栢潭公园东门	健身步道	10			健身走	89		8.9	
	栢潭公园东南	健身器材			9	器械健身	9			1
	栢潭公园东南	健身广场		182.16		太极剑	21	0.12		
2019/8/10　19:00—19:00	栢潭公园西南	健身广场		563.76		交谊舞	193	0.34		
2019/8/10　19:00—19:00	栢潭公园西南	健身步道	10			健身走	234		23.4	
2019/8/10　19:15—19:15	东岗立交桥下	健身器材			19	器械健身	17			0.89
2019/8/10　19:18—19:18	东岗立交桥下	健身广场		289.38		太极扇	27	0.09		
2019/8/10　19:20—19:20	东岗立交桥下	健身广场		102.6		健身操	19	0.19		
2019/8/10　19:20—19:20	东岗立交桥下	健身广场		327.6		交谊舞	38	0.12		
2019/8/12　19:23—19:23	碧桂园前面小区	健身器材			10	器械健身	7			0.7

（续表）

时间	地点	类别	时长(分钟)	面积(平方米)	器材数量(个)	健身类型	人数(个)	广场密度	通行人数	人器材比
2019/8/12 19:40—19:40	长山公园东南	健身器材			9	器械健身	7			0.8
2019/8/12 19:46—19:56	长山公园三角	健身广场		43.2		健身操	7	0.16		
	长山公园广场	健身广场		597.98		健身操	125	0.21		
	相山公园门口	健身步道	10			健身走	543		54.3	
	相山公园广场	健身广场		207.36		健身操	43	0.21		
	人民路政府大楼前广场	健身广场		2617.92		健身操	346	0.13		
2019/8/12 21:00—21:00	市体育场西北角	健身器材			16	器械健身	3			0.19
	市体育场田径场旁	健身器材			22	器械健身	33			1.5
	市体育场田径跑道	健身步道	3			健身走	124		41.3	
	篮球场	场地			1	打篮球	21	0.05		
	市体育场综合馆南侧	健身器材			27	器械健身	12			0.44
2019/8/13 18:41—18:41	淮师大家属区	健身器材			2	器械健身	0			0
	篮球场	场地			1	打篮球	21	0.05		
	田径场跑道		5			跑步	213		42.6	
2019/8/13 20:30—20:30	泉山路桂苑路西南角	健身器材			6	器械健身	5			0.83
	泉山路桂苑路西南角	健身广场		201.6		健身操	37	0.18		
	南湖		4				43		10.8	

附件 3 宿州市城区公共体育设施调查数据

时 间	地 点	类 别	时长(分钟)	平方米	器材数量(个)	健身类型	人数(个)	广场密度	通行人数	人器材比
2019/8/19 18:44—18:44	宿州埇桥区滨河公园沱河北岸	健身步道	10			健身走	33		3.3	
2019/8/19 18:59—18:59	天鹅湾对面滨河公园	健身器材			9	器械健身	4			0.44
	天鹅湾对面滨河公园	健身广场		157.3		休憩	5	0.03		
	天鹅湾对面滨河公园	健身器材			8	器械健身	3			0.375
2019/8/19 19:05—19:05	天鹅湾对面滨河公园	健身广场		191.1		休憩	2	0.01		
2019/8/19 19:10—19:10	天鹅湾对面滨河公园	健身广场		1705		休憩	18	0.01		
	天鹅湾对面滨河公园	健身器材			9	器械健身	7			0.78
2019/8/19 19:19—19:19	公园道一号对面	健身步道	10			健身走	65		6.5	
2019/8/19 19:38—19:38	宿州大道头	健身广场		36		健身操	13	0.36		
		健身广场		36		休憩	16	0.44		
		健身广场		36		休憩	11	0.31		
		健身广场		36		休憩	10	0.28		
2019/8/19 20:14—20:14	恒大御景湾对面	健身步道	10			健身走	267		26.7	

（续表）

时间	地点	类别	时长（分钟）	平方米	器材数量（个）	健身类型	人数（个）	广场密度	通行人数	人器材比
2019/8/19 20:27—20:27	恒大御景湾对面	健身步道	1			健身走	22		2.2	
	希尔顿逸林酒店对面三角洲北面	健身步道	1			健身走	8		0.8	
	宿州欢乐世界旁	健身步道	1	81		健身走	21		21	
	宿州欢乐世界旁	健身广场					0	0		
2019/8/19 20:47—20:47	卞河乐园	健身步道	10			健身走	21		2.1	
	卞河乐园	健身广场					0		0	
	卞河乐园	健身广场					0		0	
	卞河乐园	健身器材			6	器械健身	7			1.17
2019/8/19 20:59—20:59	新卞河与汇源大道交汇西南	健身广场		239.4		交谊舞	39	0.16		
	新卞河与汇源大道交汇西南角大广场	健身广场		3600		休憩	19	0.01		
	新卞河与汇源大道交汇西北角广场	健身广场		207.4		健身操	14	0.07		
2019/8/19 21:25—21:25	宿州大道公园	健身广场				K歌休憩	44			
2019/8/19 21:50—21:50	汇源大道与沱河交汇（鼓楼医院）	健身器材			7	器械健身	0			0

（续表）

时 间	地 点	类 别	时长（分钟）	平方米	器材数量（个）	健身类型	人数（个）	广场密度	通行人数	人器材比
2019/8/20 06:00—06:00	沱河南岸	健身器材			22	器械健身	12			0.55
	雪枫公园	健身广场		1048		太极	23	0.02		
	雪枫公园	健身步道	3			健身走	70		23.33	
	雪枫公园	健身步道	2			健身走	71		35.5	
	雪枫公园	健身器材			22	器械健身	62			2.82
	雪枫公园	健身广场		326.7		太极	23	0.07		
	雪枫公园	健身广场		93.6		太极	12	0.13		
	雪枫公园	中间广场		927.4			39	0.04		
	雪枫公园	羽毛球场			8	打羽毛球	45			2.81
	雪枫公园	健身广场靠近体育场		437.4			13	0.03		
2019/8/20 06:44—06:44	宿州体育场	跑道	2				54		27	
	雪枫公园北沱河南岸	健身步道	2			健身走	10		5	
	雪枫公园北沱河南岸	健身步道	2			健身走	18		9	
2019/8/20 07:08—07:08		健身器材			12		10			0.83
2019/8/20 08:00—08:00	雪枫公园	健身广场		1048		健身操	76	0.07		

附件 4　蚌埠市城区公共体育设施调查数据

时　间	地　点	时长（分钟）	面积	器材数量（个）	人数（个）	广场密度	通行人数	人器材比
2019/8/20　17:40—17:40	蚌埠龙子湖西岸（胜利东路南）	1			34		34	
	儿童游玩沙滩				7			
	儿童游玩沙滩＋滑梯				11			
	绳柱				7			
	环形梯坡				4			
	轮滑场				1			
	湖边健身步道	1			43		43	
	湖边广场				26			
	龙湖新天地儿童游玩场旁的广场				0			
2019/8/20　18:40—18:40	龙兴观湖商务酒店对面							
	北面跷跷板			3	10			3.3
	南面跷跷板			3	6			2
	湖边广场		522.7		21	0.04		
	健身步道	2			25		12.5	
2019/8/20　18:50—18:50	天湖国际对面							

（续表）

时间	地点	时长（分钟）	面积	器材数量（个）	人数（个）	广场密度	通行人数	人器材比
	不规则广场				20			
2019/8/20　19:37—19:37	湖边广场		453.6		29	0.06		
	健身步道	2			24		12	
	曹凌路对面水上健身步道	2			50		25	
2019/8/20　20:09—20:09	市政府对面广场东南		36		10			
	市政府东南路边健身步道	1			45	0.28	45	
2019/8/20　20:35—20:35	张公岛桥	1			40		40	
	张公岛广场		334.1		59	0.18		
	淮河文化广场							
2019/8/20　21:00—21:00	会展中心旗杆广场		829.4		57	0.07		
	器材			9	16			1.8
	市体育场篮球场			3	77			1.28
	市体育场足球场			1	28			1.27
	网球场			4	11			1.38
2019/8/21　06:15—06:15	红旗路与朝阳路交汇广场东南角		760.3		201	0.26		
	朝阳路与涂山路交汇西南角		441		56	0.13		
	张公山公园东北角		183.6		17	0.09		

（续表）

时间	地点	时长(分钟)	面积	器材数量(个)	人数(个)	广场密度	通行人数	人器材比
2019/8/21 07:15—07:15	羽毛球场			2	18			9
	大塘公园	2			59		29.5	
	西南广场				塞满			
	南门西侧广场		748.4		110	0.15		
2019/8/21 08:40—08:40	胜利西路南侧前进路交叉口			4	2			0.5
	小广场				7			
2019/8/21 08:45—08:45	大禹文化广场				0			

附件 5　淮南市城区公共体育设施调查数据

时间	地点	类别	时长(分钟)	面积	器材数量(个)	人数(个)	广场密度	通行人数	人器材比
2019/8/21 17:30—17:30	淮南市体育中心西门北侧草坪					28			
2019/8/21 17:40—17:40	淮南市体育中心足球场			4500	1	76	0.02		
	淮南市体育中心田径场跑道		2			54		27	
2019/8/21 18:20—18:20	淮南市体育中心足球场								
	淮南市体育中心田径场跑道		2			78		39	
	淮南市体育中心健身器材				64	90			1.41

（续表）

时间	地点	类别	时长（分钟）	面积	器材数量（个）	人数（个）	广场密度	通行人数	人器材比
	淮南市体育中心乒乓球台				19	42			1.11
	淮南市体育中心篮球场				3	51			0.85
	淮南市体育中心半个游泳场					46			
	广场1			570		126	0.22		
	广场2			108		19	0.18		
	广场3			302		48	0.16		
	广场4			452		28	0.06		
	健身器材				12	38			3.17
2019/8/21 19:00—19:00	龙湖公园门口		2			94		47	
			2			64		32	
			2			113		56.5	
	广场1			251		76	0.3		
	广场2			268		16	0.06		
	广场3			670		76	0.11		
	广场4			821		144	0.18		
	广场5			288		20	0.07		
	健身器材				16	29			1.81

（续表）

时 间	地 点	类 别	时长（分钟）	面积	器材数量（个）	人数（个）	广场密度	通行人数	人器材比
2019/8/22 19:33—19:33	沿淮路与堤顶路公交站对面	健身器材			13	14			1.08
2019/8/21 20:10—20:10	沿淮路与堤顶路公交站对面	健身器材			13	9			0.69
	五一公园	健身广场		1687		284	0.17		
		篮球场			1	20			1
		健身步道	2			40		20	
		健身步道	1			34		34	
		健身步道	1			38		38	
		健身广场		464		66＋边58	0.27		
		健身器材			8	12			1.5
		健身器材			8	12			1.5
		健身广场		245		20	0.08		
		健身器材			4	5			1.25
		健身广场		194		22	0.11		
2019/8/22 06:18—06:18	舜耕山风景区	环山健身步道	2			25		12.5	
		上山路	1			20		20	
		停车区环路	1			6		6	
		停车位			2	4	0.13		

（续表）

时间	地点	类别	时长（分钟）	面积	器材数量（个）	人数（个）	广场密度	通行人数	人器材比
2019/8/22 06:49—06:49	周集坝公园	健身步道	2			13		6.5	
		健身广场		127		4	0.03		
2019/8/22 07:01—07:01	中央公园	健身步道	2			2		2	
		北侧广场太极				1			
	淮南一中南立交桥下公园广场					1			
2019/8/22 08:10—08:10	龙湖公园北金色河畔小区北侧公园					8			
	龙湖公园北金色河畔小区北侧路对面公园					0	0		
	淮南新旧输送带淮河边少					2			
	淮河边步道少，广场少					0	0		
	淮航水路货运船舶调度对面	健身广场				0	0		

附件6 阜阳市城区公共体育设施调查数据

时 间	地 点	类别	时长(分钟)	面积	器材数量(个)	健身类型	人数(个)	广场密度	通行人数	人器材比
2019/8/22 16:36—16:36	阜阳体育中心综合体育馆馆南广场			2520			5	0.001		
	小足球场						0			0
	健身器材				36		12			0.33
	网球场				4		0			0
	田径场器材				3		0			0
	田径场						24			
	北侧健身广场				2		5			
	北侧健身器材				18		4			0.22
	羽毛球室内馆				6		37			3.08
	乒乓球台				2		4			2
	阜阳师大东区篮球半场				37		44			0.12
	阜阳师大东区健身器材				8		2			0.25
	阜阳师大东区田径场健身器材				5		0			0
	阜阳师大东区田径场				1		14			
2019/8/22 17:29—17:29	中清河游园健身器材				9		8			0.89

（续表）

时间	地点	类别	时长（分钟）	面积	器材数量（个）	健身类型	人数（个）	广场密度	通行人数	人器材比
2019/8/22 18:09—18:09	中清河游园健身器材				9		6			0.67
	健身广场			360			32	0.09		
	文峰公园		2				34		17	
	文峰公园		2				42		21	
	文峰塔西			199		太极扇	21	0.11		
	文峰塔北						2			
	文峰塔北侧广场					武术	14			
	棋牌广场，木石羡子多			254			46			
	扇形广场						8	0.03		
	羽毛球场					1		2			1
	健身广场			317			46	0.15		
	圆形广场			1017			33	0.03		
	河滨东路与文峰路交叉路口对面广场	健身器材			8		15			1.88
		健身器材			16		40			2.5
		健身器材			9		20			2.22
		健身步道	2				24		12	
		健身广场		416		羽毛球舞蹈	32	0.08		

（续表）

时间	地点	类别	时长（分钟）	面积	器材数量（个）	健身类型	人数（个）	广场密度	通行人数	人器材比
2019/8/22 19:00—10:00	三角洲公园	健身广场		342			54	0.16		
		健身广场		974			215	0.22		
		健身步道	2				56		28	
		健身广场		206			20	0.1		
		健身广场		288			76	0.26		
		健身步道	2				147		73.5	
		健身步道	1				53		53	
		健身步道	2				38		19	
		健身器材			18		16			0.89
		健身器材			18		33			1.83
		健身器材			39		17			0.44
	河滨中路泉河风景带	健身广场		1158			114	0.1		
		健身广场		46.1			10	0.22		
		健身广场		144			22	0.15		
		健身广场		135			25	0.19		
		健身广场		216			34	0.16		
		健身器材			60		23			0.38

（续表）

时间	地点	类别	时长（分钟）	面积	器材数量（个）	健身类型	人数（个）	广场密度	通行人数	人器材比
2019/8/22 21:30—21:30	泉河边	健身步道	1				33		33	
	东方公园	健身广场		184			23	0.12		
		篮球场				4打4余4,5打5余5,边18人				2.25
		健身器材			8		6			0.75
2019/8/22 21:47—21:47	东三角游园	健身广场		720			51	0.07		
		健身器材			9		4			0.44
		健身器材			11		6			0.55
		羽毛球场			2		0			0
		健身器材			7		0			0
		健身器材			2		0			0
		健身器材			3		1			0.33
		健身器材			10		7			0.7
		门球			2		0			0
	西南新区，周边在建，公园大，健身者稀少，空气差。									
2019/8/23 06:25—06:25	与淮南中央公园相似	健身步道	1				5		5	

（续表）

时间	地点	类别	时长（分钟）	面积	器材数量（个）	健身类型	人数（个）	广场密度	通行人数	人器材比
2019/8/23　06:40—06:40	和平公园	健身广场		432			6	0.04		
		健身步道	1				3		3	
	新区，淮河路与颍州南路	乐生活广场		324			4	0.01		
	南三角公园	健身步道	1				10		10	
	健身广场	非正式场地				打羽毛球	8			
		健身器材			18		37			2.06
	健身广场	健身步道	1	378			33	0.09		
	青颍公园	健身步道	1				13		13	
		健身广场		51.8			15	0.29		
		健身广场		130			19	0.15		
		健身广场		108			12	0.11		
		健身广场		90			17	0.19		
		健身广场		32.4			13	0.4		
	自设羽毛球网，栓在树上				4		20			5
		健身器材			19		26			1.37
		健身器材			16		25			1.56
		篮球场			2		32			0.8

(续表)

时 间	地 点	类别	时长（分钟）	面积	器材数量（个）	健身类型	人数（个）	广场密度	通行人数	人器材比
	河溪中路泉河风景带	健身广场		144			9	0.06		
		健身广场		144			20	0.14		0.11
	三优花园小区西北方向路对面	健身器材			9		1			0.11
		健身器材			18		6			0.33
2019/8/23 08:00—08:00	阜阳生态乐园对面									
	欧阳修路与北京西路交汇	健身器材			17		1			0.06
		健身器材			9		0			0

附件 7 亳州市城区公共体育设施调查数据

时 间	地 点	类别	时长（分钟）	面积	器材数量（个）	健身类型	人数（个）	广场密度	通行人数	人器材比
2019/8/23 18:00—18:00	郑店子湿地公园	健身步道	1				7		7	
	凌西湖公园	秋千			4		2			0.5
	花戏楼北侧涡河边	健身步道	1				8		8	
	咸宁街东南涡河边	健身步道	1				7		7	
		健身广场		540			20	0.04		

（续表）

时　间	地　点	类别	时长（分钟）	面积	器材数量（个）	健身类型	人数（个）	广场密度	通行人数	人器材比
2019/8/23　18:22—18:22	咸宁街东南涡河边	健身器材			4		5			1.25
	花戏楼社区晨晚练习点	健身器材			14		7			0.5
	花戏楼社区晨晚练习点	乒乓球台			1		0			0
	新华北路与涡河交汇西侧河边	健身广场					0	0		
		健身器材			8		0			0
		健身器材			4		2			0.5
		健身器材			6		3			0.5
		健身器材			9		7			0.78
		健身广场		576		经营	10			0.02
		健身步道	1				8			
2019/8/23　18:44—18:44	新华北路桥头（东南）涡河南	健身器材			5		1			0.2
		健身广场		452			0	0		
		健身器材			7		5			0.71
		健身广场		58			4	0.07		
		健身器材			17		9			0.53
		健身广场		254		经营	7	0.03		
		健身器材			8		2			0.25

（续表）

时间	地点	类别	时长（分钟）	面积	器材数量（个）	健身类型	人数（个）	广场密度	通行人数	人器材比
2019/8/23 19:04—19:04	涡河北岸	健身广场		163			4	0.02		
		健身步道	1				7			
		健身器材	1		5		5			1
		健身步道	1				10		10	
		健身器材		288	9		6	0.08		0.67
		健身广场					24			
2019/8/23 19:26—19:26	亳州体育公园							晚早	晚早	晚早
	地下车库出口			216			20,3	0.09,0.01		0,0
	门球场				2		0,0			0,0
	羽毛球场				4		18,0			2.25,0
	健身步道		2				52,15		26,7.5	
	健身器材				5		12,9			2.4,1.8,
	网球场				2		0,0			0,0
	小足球场				2		81,0			1.84,0
	篮球场				3		65,2			1.08,0.03
水质好,停车方便	健身步道		1				峰108,0		108,0	
	健身广场			450			35,6	0.08,0.01		

（续表）

时间	地点	类别	时长（分钟）	面积	器材数量（个）	健身类型	人数（个）	广场密度	通行人数	人器材比
	轮滑池					休憩	56,0			
	羽毛球				2		21,0			5.25,0
	羽毛球				4		24,2			3,0.25
	小足球场				1		14,0			0.64,0
	乒乓球台				16		20,3			0.625,0.09
	篮球场				5		144,16			1.44,0.16
	门球场				2		0,0			0,0
	健身器材				1		1,0			1,0
	健身器广场			86			36,0	0.42,0		
	露天泳池				1		0,0			0,0
	健身器材				5		10,1			2,0.2
2019/8/23 20:36—20:36	曹操公园									
	门口			317			32	0.1		
	右侧广场						0	0		
	篮球场				1		28			1.4
	羽毛球场				2		17			4.25

（续表）

时间	地点	类别	时长（分钟）	面积	器材数量（个）	健身类型	人数（个）	广场密度	通行人数	人器材比
2019/8/23　21:10—21:10	健身器材				8		7			0.88
	健身器材		1		13		25			1.92
	健身步道						20		20	
	魏武广场									
	健身器材				8		11			1.38
	乒乓球台				10		30			1.5
	健身器材				8		12			1.5
	健身器材				15		12			0.8
	健身器材				12		14			1.17
				54						
2019/8/24　06:10—06:10　亳州市文化公园	健身步道	1					22		22	
	健身步道	1					峰72		72	
	健身器材				32		30			0.94，0.45
	健身广场						10	0.19		

（续表）

时间	地点	类别	时长（分钟）	面积	器材数量（个）	健身类型	人数（个）	广场密度	通行人数	人器材比
	健身广场			254			6	0.02		
	健身广场			18			32	1.81		
	健身广场			349			5	0.01		
	健身步道	1		70			25			
	健身广场						10	0.14		
	健身器材				11		11			
2019/8/24 07:10—07:10	亳州市政公园	新区								
	健身器材				12		7			0.58,0.33
	健身器材				8		3			0.38,0.21
	健身步道	1					10		10	
	健身广场						0	0		

图书在版编目(CIP)数据

皖北公共体育设施"拥挤度"及优化研究/王建涛著.
一上海:上海三联书店,2021.6
ISBN 978 - 7 - 5426 - 7390 - 9

Ⅰ.①皖… Ⅱ.①王… Ⅲ.①体育器材—城市公用设施—
公共服务—研究—皖北地区 Ⅳ.①G818.3

中国版本图书馆 CIP 数据核字(2021)第 115272 号

皖北公共体育设施"拥挤度"及优化研究

著　　者　王建涛

责任编辑　钱震华
装帧设计　陈益平

出版发行　上海三联书店
　　　　　(200030)中国上海市漕溪北路 331 号

印　　刷　上海昌鑫龙印务有限公司

版　　次　2021 年 7 月第 1 版
印　　次　2021 年 7 月第 1 次印刷
开　　本　787×1092　1/16
字　　数　980 千字
印　　张　40.25
书　　号　ISBN 978 - 7 - 5426 - 7390 - 9/G · 1596
定　　价　98.00 元